실시학사
실학연구총서 20

순암 안정복 연구

順菴 安鼎福 研究

박인호 · 윤재환 · 조현범 · 정호훈 · 함영대 저

재단법인 실시학사 편

학자원

순암 안정복 초상

이택재 전경사진

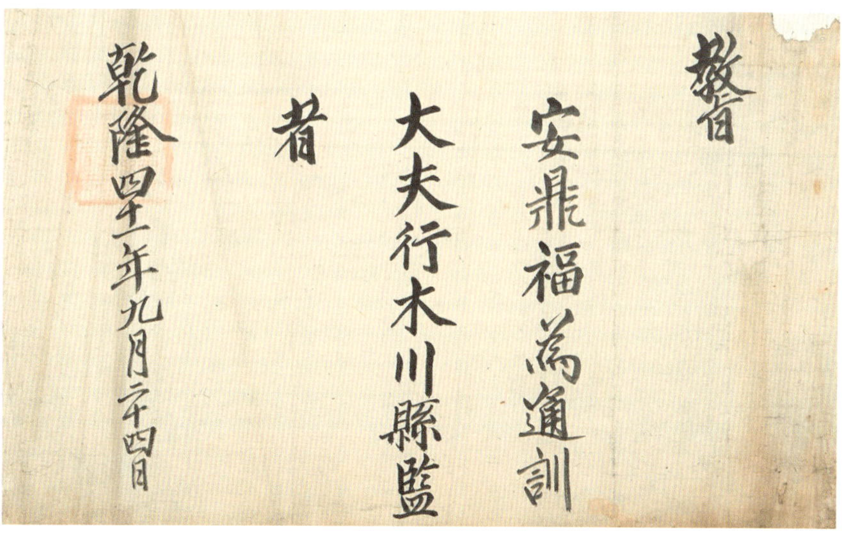

敎旨

安鼎福爲通訓

大夫行木川縣監

者

乾隆四十二年九月二十四日

목천현감 교지(국립중앙도서관 소장)

목천현감 거사비

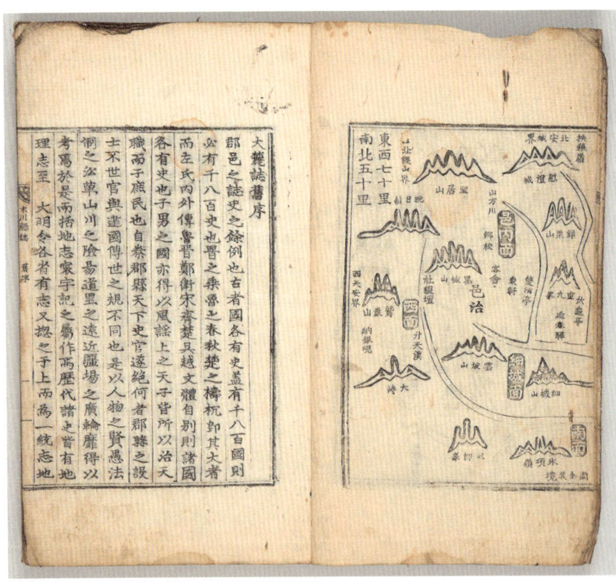

목천현지(국립중앙도서관 소장)

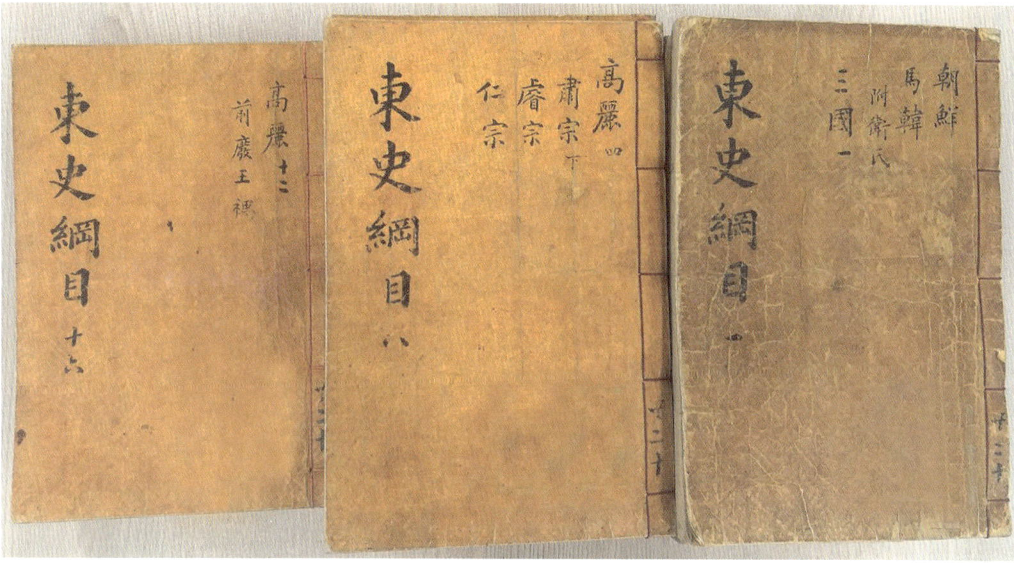

동사강목(규장각한국학연구원 소장)

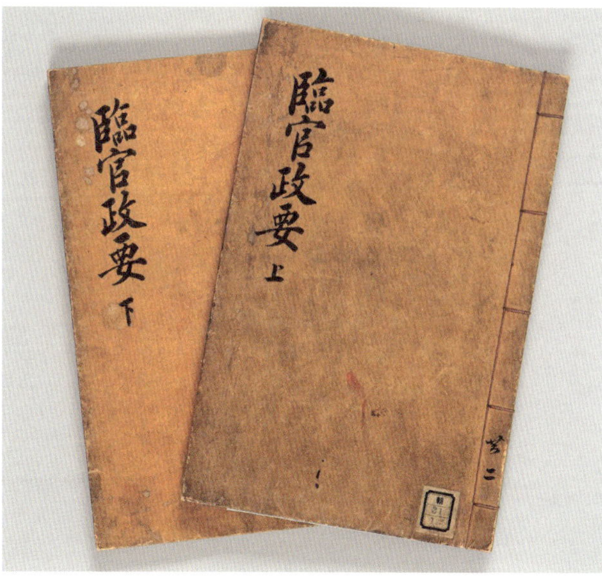

임관정요(국립중앙도서관 소장)

순암선생문집(국립중앙도서관 소장)

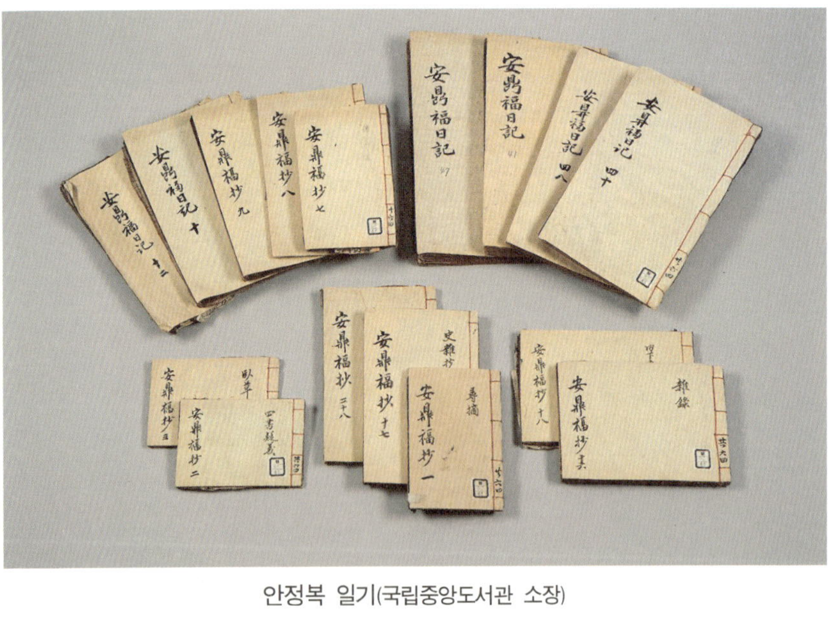

안정복 일기(국립중앙도서관 소장)

안정복 장서인

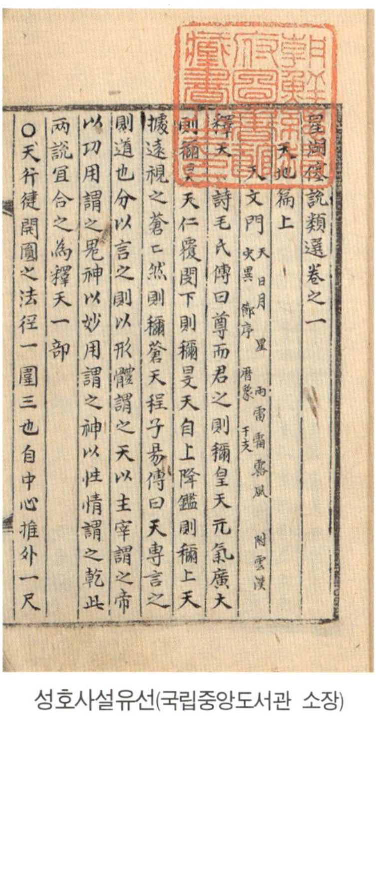

성호사설유선(국립중앙도서관 소장)

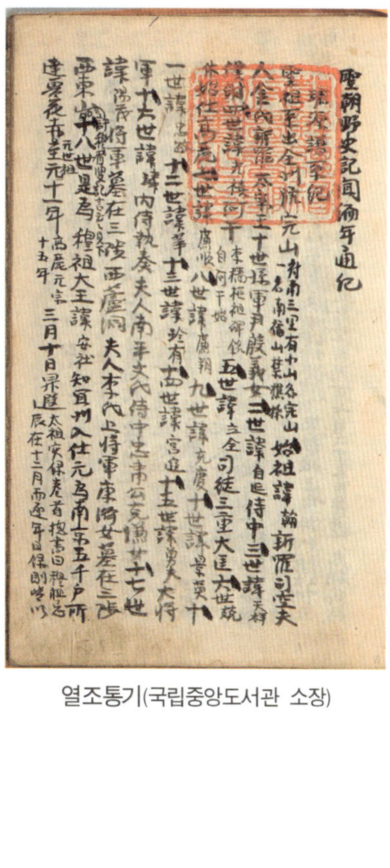

열조통기(국립중앙도서관 소장)

성호 이익 묘소

목천현 관아 유지

實學硏究叢書를 펴내며

실학(實學)이 우리나라 학계에 연구주제로 떠올라, 정식의 학술논문으로 학술지에 등재(登載)되기 시작한 것은 1952년 이후의 일이다. 천관우(千寬宇)의 「반계 류형원(磻溪 柳馨遠) 연구」가 『역사학보(歷史學報)』 2·3집에 발표된 것이 그 시발점이다. 지난 계몽기(啓蒙期)의 몇몇 선학(先學)들이 실학에 대한 관심을 표명해 왔으나 일반 신문 잡지에 논설조(論說調)로 내놓은 것이 고작이었던 것에 비하면, 천관우의 글은 당시 비록 한편에서 저널리스트식 필치로 써내려온 것이란 비판이 있었지만 일단 수미정연(首尾整然)한 체제를 갖춘 논문으로 주목할 만하였다. 그러나 당시 연구자의 수가 많지 않고 학계의 관심도 분산되어 있어서 개별 실학자에 대한 연구가 간헐적으로 있는 정도였고 그리 활발한 편은 아니었다. 그중에서 1961년에 한우근(韓沽劤)의 성호(星湖) 이익(李瀷)에 관한 연구가 『이조후기(李朝後期)의 사회(社會)와 사상(思想)』이란 책으로 나와, 그의 실증사학(實證史學)으로서의 견고한 학풍을 보여주었다.

그러다가 1970년에 이우성(李佑成)의 「실학연구서설(實學硏究序說)」이 나와, 그동안 유동적이었던 실학의 명칭문제가 일단 타결된 듯이 보이고, 나아가 실학의 내용을 경세치용(經世致用) · 이용후생(利用厚生) · 실사구시(實事求是)의 세 파로 나누어 설명함으로써 그 학문의 성격을 용이하게 파악할 수 있게 하였다. 또한 경세치용파를 근기지방(近畿地方)의 농촌토착적 환경에서, 그리고 이용후생파를 서울의 도시적 상황 속에 형성된 것으로 이해하면서 「18세기 서울의 도시적 양상」을 묘사하여 이용후생파의 성립 배경을 밝히려고 하였다. 다시 나아가 다산(茶山) 정약용(丁若鏞)에 이르러 위의 양파(兩派)가 회합(匯合)되는 동시에 호한(浩汗)한 경전해석(經典解釋)으로 실사구시파(實事求是派)를 추동(推動)시킨 느낌이 있어, 다산학이 실학의 대성을 의미하는 것이라고 언급하였다. 이후 계속해서 실학의 후속 학자로 최한기(崔漢綺)와 최성환(崔瑆煥)을 연구하여 최한기가 『기학(氣學)』과 『인정(人政)』을 저술하는 한편 서양 과학지식을 대폭 수용하고, 최성환은 중인(中人) 출신으로 국왕(國王)의 자문에 응한다는 취지에서 『고문비략(顧問備略)』을 저술하여 전반적 제도 개혁을 주장한 것을 높게 평가하였다. 특히 최성환의 바로 뒤에 중인층의 후배들이 개화운동의 배후 공작자로 활약하게 된 것을 말함으로써 실학사상(實學思想)과 개화사상(開化思想)의 연결 관계를 미루어 알게 하였다.

한편 '실학국제회의(實學國際會議)'를 구성하여 한 · 중 · 일 삼국의 학자들이 각자 자국의 실학을 중심으로, 2년마다 돌아가면서 국제회의를 개최하도록 함으로써 동아시아세계로 실학의 지평을 넓혔다. 그리고 '한국실학학회(韓國實學學會)'를 조직하여 국내 학자들을 수시로 발표시키고 1년에 두 차례 학보를 발행하여 우리나라 실학연구를 다소 진작되게 하기도 하였다.

실시학사(實是學舍)가 서울에서 근기(近畿) 쪽으로 옮긴 뒤에도 나는 젊은 학도들과 강독 및 연토(硏討)를 지속해오고 있지만 연로신쇠(年老

身衰)한 처지에서 불원 철수 은퇴할 것을 생각하고 있었다. 뜻밖에 나의 친구 모하(慕何) 이헌조(李憲祖) 형이 거액의 사재를 출연하여 실시학사를 재단법인으로 만들고 그 기금으로 실학연구에 박차를 가해 줄 것을 권유해 왔다. 나는 사회와 학문에 대한 그의 열정에 감동하여 사양치 않고 그의 뜻에 따랐다. 즉시 연구계획을 세우고 국내학자들을 널리 동원하여 1차 연도에 성호·다산을, 2차 연도에 담헌(湛軒)·연암(燕巖)과 실학파 문학을, 그리고 3차 연도에 반계와 초정(楚亭)을 다루기로 하였다. 각 팀에 5명을 한 단위로 하여 1년 동안의 공동연구 끝에 각사 논문을 제출하여 한 권의 책을 내기로 하였다.

이제 2년의 세월이 흘렀다. 각기 1년씩의 기간이 끝나 논문들이 함께 나와, 무려 5책을 한꺼번에 출판하게 되었다. 집필자들은 모두 해당 분야의 전문 연구자로서 가장 정예(精銳)로운 분들이라고 생각한다. 독자 여러분의 보살핌을 바란다. 앞으로 3차에 이어, 4차, 5차로 계속 진행될 것이다. 국내외 학계 여러분의 성원과 협조를 기대하여 마지않는다.

이 글을 마치려 함에 있어, 거듭 모하(慕何) 형에게 고마움을 표하면서 앞으로 그 뜻을 살려 더욱 성과를 내게 될 것을 다짐한다.

2012년 임진 4월 3일

李佑成

| 實學研究叢書 제20권을 펴내며 |

실시학사의 실학연구총서가 제20권을 출간하게 되었다. 2012년에 『성호 이익 연구』(제1권), 『다산 정약용 연구』(제2권), 『담헌 홍대용 연구』(제3권), 『연암 박지원 연구』(제4권), 『실학파 문학 연구』(제5권) 5권을 출간한 이래 13년만에 이룩한 성과이다. '20'이라는 숫자 자체가 중요성을 갖는 것은 아니지만 제1권 출간 이래 쉬지 않고 연구를 계속하여 20권의 업적을 쌓은 지금, 남다른 감회가 없을 수 없다.

그동안 실학연구총서는 그 학문적 업적을 인정받아 제1권, 제2권, 제5권이 2013년에 학술원 우수학술도서로 선정되었으며 제16권 『추사 김정희 연구』도 2021년에 학술원 우수학술도서로 선정되었다. 우수학술도서로 선정된 것이 이 저서들의 우수성을 절대적으로 보장하는 것은 아니지만 실시학사에서 지원하는 실학연구가 외로운 작업이 아님을 반증해준다고 하겠다.

돌이켜 보면 오늘날의 이 성과는 1990년에 실시학사를 창립하여 꾸준히 후학들을 지도해 오셨던 벽사(碧史) 이우성(李佑成) 선생님의 학덕(學德)과, 2010년에 거액의 사재를 출연하여 실시학사를 재단법인으로 성립시켜 주신 모하(慕何) 이헌조(李憲祖) 회장의 은덕(恩德)이 있었기에 가능한 일이었다. 지금은 고인이 된 두 분의 평소의 바람에 부응하기 위하여 우리는 꾸준히 노력할 것임을 다짐한다.

실학연구총서는 제5권 『실학파 문학 연구』와 제11권 『실학시대 역사학 연구』를 제외하면 모두 실학자 개인에 대한 연구로 구성되었다. '실학자의 범위를 어떤 기준으로 규정해야 하는가'라는 문제가 남아 있지만 우리는 가능한 한 융통성 있는 기준으로 실학자를 선정하여 앞으로도 실학자 개인에 대한 연구를 계속할 것이다. 이 개인 연구가 어느 정도 마무리되면 실학에 대한 주제별 연구에 착수할 예정이다. 이렇게 해서 실시학사가 명실공히 한국 실학연구의 거점이 되기를 바란다. 그리고 한 팀에 5명으로 되어있는 연구원 구성과 연구비 액수도 앞으로 형편에 따라 조정할 수 있음을 밝혀둔다.

2025년 5월

실시학사 연구원장 송재소

| 이 책을 내면서 |

재단법인 실시학사에서는 2012년부터 실학연구총서를 지속적으로 간행하여 왔다. 앞서 제19권으로 『금대 이가환 연구』가 2024년 출간되었으며, 그다음 순번인 제20권으로 『순암 안정복 연구』를 2025년 간행하게 되었다. 먼저 이 책의 기획 의도와 연구진 구성, 연구 수행 과정을 소개하고자 한다.

2022년 10월 13일 재단법인 실시학사 송재소 원장으로부터 순암(順菴) 안정복(安鼎福)에 대한 기획과 구성을 의뢰받았다.

순암 안정복은 성호(星湖) 이익(李瀷)을 이어 기호 남인 학맥에서 커다란 족적을 남긴 분이었다. 역사학 분야만 하더라도 우리나라 역사를 강목(綱目)의 형식으로 정리한 『동사강목(東史綱目)』은 그 형식에서뿐만 아니라 수록된 내용이 가지는 자주성(自主性)과 선진성(先進性) 때문에 많은 학자들에 의해 연구가 이루어지고 그 학술 가치가 높이 평가되어 왔다. 또한 사상적으로 보수적 유학관을 견지하면서 서학에 적극적으로 대응하여 결과적으로 남인 후학들이 서슬 퍼런 사상 박해 속에서도 살아남는 데 크게 기여하였다. 최근 순암 안정복 선생 기념사업회가 결성되어 많은 학술발표회와 연구총서 간행 사업을 지속하여 안정복이 조선 후기 사상계의 큰 별이었음을 누구나 알게 되었다.

그런데 이제 기존의 연구 성과를 바탕으로 새로운 연구의 방향 설정과 과제 도출이 필요한 시점이라는 기획 의도를 들으면서 순암 안정복 선생의 명성에 누를 끼치는 것이 아니냐는 두려움도 있었지만, 오히려 제대로 한번 작업을 진행하여 안정복 연구의 새로운 방향을 열고 싶다는 욕심도 있었다. 이에 우선 기존의 연구 성과를 일별(一瞥)하면서 5개 분야를 연구 주제로 정한 다음 참여가 가능한 인력의 명단을 만들어 송재소 원장과 순암 안정복 선생 기념사업회의 안병걸 국립경국대 명예교수께 보고한 뒤 최종적으로 참여할 연구자를 확정하였다.

2022년 11월 들어 본격적으로 연락을 돌려 이들 연구자로부터 참여 약속을 받게 되었다. 이를 통해 한 팀을 이루게 된 연구자들은 역사학에서는 박인호 국립금오공대 교수, 서학에서는 조현범 한국학중앙연구원 교수, 사회사상에서는 정호훈 서울대 규장각한국학연구원 교수, 문학에서는 윤재환 단국대 교수, 경학에서는 함영대 경상국립대 교수였다. 참여 연구자들은 그동안 해당 분야에서 연구 활동에 매진(邁進)하면서 큰 성과를 이미 거두고 계신 분들이었다.

연구팀은 2022년 12월 3일 서울 재단법인 실시학사 사무실에서 상견례를 겸한 첫 모임을 가졌다. 첫 모임에서 연구자들은 자율적인 판단에 따라 관련 분야의 연구를 진행하기로 하였다. 그러면서도 각 분야에서 기존의 연구사에 대한 반성적 고찰을 진행할 것, 지금까지 제대로 알려지지 않은 원자료를 발굴하여 이를 통해 연구를 진행할 것, 관련 분야별로 연구 방향에 대한 과제 제시뿐만 아니라 그러한 방향의 연구를 직접 진행함으로써 향후 관련 연구에 중요한 사례가 될 수 있도록 할 것 등의 연구 진행 방향에 대해 논의하였다. 이에 따라 각자 자유롭게 주제를 정해 진행하되 논의된 공통의 방향성은 유지되도록 하였다.

이번 연구를 시작하면서 연구팀에서는 인물 연구에서 중요한 현장 확인을 위해 관련 유적의 답사를 기획하였다. 인물이 맞이한 현실과 현장성은 해당 인물의 사상과 행동을 이해하는 데 있어 중요한 연결 고리가 될 수 있기 때문이었다.

1차 답사는 2023년 2월 24일 있었으며, 서울 헌릉(獻陵)과 광주 텃골을 방문하였다. 이때는 함영대 교수의 차량 봉사가 있었다. 안정복은 정조(正祖)의 지우(知遇)를 받아 1783년 헌릉 령(令)으로 임명되어 본격적으로 『동사강목』의 교열본을 작성할 수 있게 되었다. 그리고 광주의 텃골[德谷里]은 광주 안씨의 보장지처(保障之處)로서 안정복은 1736년 이곳에 집을 짓고 거처로 삼았으며 이곳에서 숨을 거두셨다. 선생의 숨결이 남은 이곳을 직접 답사한 경험은 선생의 유업(遺業)을 거듭 새기는 계기가 되었다.

2차 답사는 2023년 6월 15일과 16일 양일간에 걸쳐 이루어졌으며, 순암 안정복 선생 기념사업회의 도움을 받아 대절 버스를 타고 답사를 진행하였다. 이익과 안정복의 족손이신 안용환, 윤형진, 이우형 세 분도 이에 동참하였다. 게다가 재단법인 실시학사의 김시업 이사장, 송재소 원장도 같이 참여하여 자리를 풍성하게 해 주셨다. 답사팀은 수서역에서 집합한 다음 먼저 안정복의 탄생지인 제천시 대랑동의 느르번[楡院]으로 향하였다.

서울 청파리(靑坡里)에 거주하였던 조부 안서우(安瑞羽, 1664~1735)가 가속(家屬)을 거느리고 잠시 제천의 친척 칠원(漆原) 윤씨(尹氏) 윤훈갑(尹訓甲)의 집으로 이사하였는데, 1712년 이곳에서 선생이 태어났다. 제천에 동족 마을을 형성했던 저명한 남인계 집안 가운데 하나인 칠원 윤씨는 윤덕형(尹德亨, 1477~1549) 대에 처음 제천으로 이주해 들어와 아들 윤신(尹信) 대에 대랑동(大郎洞)에 터전을 마련하였다. 그 이후 칠원 윤씨의 후손들은 제천시 대랑동, 고명동 일대로 옮겨 나갔다. 윤훈갑의 고조부가 바로 윤신이다.

이어 선생이 목민관으로 근무하였던 천안 목천(木川)에 가서 관아 터(현 목천 초등학교 자리)를 살펴보았다. 목천에서의 수령 생활은 지방 행정에 대한 생각을 실무에 구현해 볼 수 있는 좋은 기회였으나 1777년 아들 안경증(安景曾)이 먼저 세상을 떠나는 참척(慘慽)의 고통을 겪기도 한 시기였다. 준비해 간 조선 후기의 고지도와 현재의 모습을 비교하면서 안정복의 수령 생활을 엿보았다. 저녁은 곤지암 리조트에서 숙박하였다.

16일 아침에는 안정복이 평소 존경했던 실학(實學)의 개조(開祖) 반계(磻溪) 유형원(柳馨遠)의 용인 묘소를 참배하였다. 이어 안산으로 옮겨 이익의 생가(生家)터를 둘러보고, 묘소를 참배하였다. 그리고 진주 유씨 집성촌 관련 유적인 안산시 부곡동의 청문당(淸聞堂)과 경성당(竟成堂)을 살펴보고 인천시 남동구 도림동에 있는 소남(邵南) 윤동규(尹東奎)의 유허지(遺墟址)를 답사하였다. 안정복이 성호학파 내에서 차지하고 있는 위상과 성호학파의 초기 기반을 마련하였던 윤동규와의 연결 고리를 확인할 수 있었던 작업이었다.

연구팀은 답사를 통해 역사의 현장에서 선현의 숨결을 느끼면서 마음을 다잡는 계기를 마련하였다. 각자 자신의 연구 분야와 관련된 여러 산지식을 얻게 되는 성과가 있었다.

이후 본격적으로 연구를 진행하면서 중간 발표회를 겸하여 2023년 11월 6일 성균관대학교 600주년기념관에서 실학연구 발표회를 개최하게 되었다. 중간 발표회에는 지정 토론자를 두어서 심도 있는 문제 제기가 이루어지도록 하였다. 토론자로는 박인호의 논문에는 김남일 한국카메라박물관 학예사, 조현범의 논문에는 해미국제성지 서종태 연구원, 정호훈의 논문에는 조성산 성균관대학교 교수, 윤재환의 논문에는 손혜리 한국학중앙연구원 교수, 함영대의 논문에는 이영호 성균관대학교 교수가 수고하였다. 그리고 종합 토론에서는 안병걸 명예교수가 논의 과정을 전반적으로 조율해 주었다. 이 발표에서 연구자들은 각자 논문이 지향하는 바를 보고하였으며, 대략적인 연구 내용을 제시하였다. 토론자들로부터 여러 도움 되는 지적이 있어서 연구자들이 더욱 연구에 매진하는 계기가 되었다.

우리 연구팀은 2024년 말 각자 원고를 완성하는 단계에 접어들었다. 그리하여 완성된 원고를 가 책자로 만들어 2025년 1월 21일 재단법인 실시학사 사무실에서 연구 집담회를 개최하였다. 각자 연구에서 주안점을 두었던 부분과 새롭게 밝혀낸 것을 중심으로 집담회를 열었다. 이 연구서의 끝에는 당시 집담회의 녹취본을 독자들에게 제공하여 연구서를 읽으면서 궁금한 부분에 대해 입말로나마 해소할 수 있도록 하였다. 연구서의 끝에는 관련된 자료로 『순암선생연보』를 첨부하였으며 「연구 논저 목록」을 제공하여 현 단계까지 이루어진 안정복 연구의 역사를 알 수 있도록 하였다.

연구자들은 완성된 원고를 1월 24일 실시학사에 최종 제출함으로써 2년에 걸친 연구의 과정이 끝을 맺게 되었다. 통상적인 논문 원고보다 훨씬 많은 250매 이상의 원고를 제출함으로써 안정복 연구의 도약을 위한 새로운 기반을 마련하였다.

제1주제는 박인호의 「순암 안정복의 역사학에 대한 재검토」이다. 박인호는 안정복의 역사학을 다루면서 서지적 측면에서 여러 역사학 저술을 검토하여 원본과 이에 파생된 각종의 이본(異本)을 확인하였다. 이를 통해 기존에 알려진 것보다 안정복의 유학적 입장이 역사 저술에 반영되어 있음을 확인할 수 있었다. 게다가 역사서의 편집 과정에서 안정복의 유학적 입장에 제자인 정현동(鄭顯東)의 보수적 유자로서의 입장이 더해지고 있음을 지적하였다. 또한 안정복의 중국사에 대한 연구에서 단련된 정통론의 입장이 『동사강목』의 편찬 과정과 맞물려서 상호 밀접한 연관 속에 집필되어 기자(箕子)—마한(馬韓) 정통과 삼국 무통(無統), 문무왕(文武王)과 태조(太祖) 통일 이후의 정통 국가의 성립이라는 방식으로 나타나고 있음을 지적하였다.

제2주제는 조현범의 「순암 안정복의 서학론에 관한 연구」이다. 조현범은 안정복의 서학에 대한 인식의 변화 양상을 소개하면서 『천학설문(天學設問)』, 『천학고(天學考)』와 『천학혹문(天學或問)』 그리고 『천학문답(天學問答)』의 저술에서 보이는 서학에 대한 보수적 태도를 지적하였다. 특히 이전의 단순한 학문적 차원에서의 서학 비판에서 『진도자증(眞道自證)』을 통해 순도 높은 교리적 측면의 비판으로 나아갔음을 보여주었다. 이를 통해 안정복은 남인 후학들에게 유교적 가치로 돌아갈 것을 주창하였으며 이는 영남 남인계의 보수적 척사론의 형성에 크게 영향을 미치게 되었다고 평가하였다.

제3주제는 정호훈의 「안정복 사회사상의 구조와 성격」이다. 정호훈은 안정복 사회사상의 특질로 동리(洞里)의 재발견이라고 규정하면서 안정복은 하부 단위의 동리가 잘 운영되면 군현(郡縣)의 운영이 원활해진다는 관점에서 출발하고 있다고 지적하였다. 기존 연구에서는 안정복에게서 국가주의적 측면이 부족한 것으로 지적되어 왔으나 정호훈은 오히려 지방 향촌 지식인으로서 한계로 인해 안정복 자신이 의도하지 않았음에도 『이리동약(二里洞約)』에서 출발하여 『임관정요(臨官政要)』의 단계를 거치면서 민심에 순응하는 정치의식으로 무장할 수 있었으며, 이것이 안정복 사회사상의 특징적 측면을 이루게 되었다고 주장하였다.

제4주제는 윤재환의 「순암 안정복의 시문학과 후대의 영향」이다. 윤재환은 타 분야에 비해 문학 분야의 연구가 부족한 것은 안정복의 문학적 유산이 부족한 점도 있지만 시문학 작품의 수집과 정리에 불완전함이 있었음을 지적하였다. 윤재환은 『순암집(順菴集)』과 『부부고(覆瓿稿)』에 수록된 시문을 발굴한 다음 이에 대한 분석을 시도하였다. 윤재환은 안정복이 도학(道學), 수양(修養), 지행(志行)을 강조하는 유가적 문학관을 고수하였으며 시문의 형식보다 내용을 중시하는 태도를 가지고 있었음을 지적하였다. 안정복의 이러한 보수적 문학관은 성호학파 가운데 안정복－황덕일(黃德壹), 황덕길(黃德吉)－허전(許傳), 안경의(安景禕), 한익상(韓益相) 등에게 전승되었으며 이들의 계보의식에 크게 영향을 미치게 되었음을 시문을 통해 보여주었다.

제5주제는 함영대의 「순암 안정복의 경학과 예학」이다. 함영대는 안정복의 경학과 예학 관련 자료를 집성한 다음 이 분야의 학문은 인식과 실천이 일관된 방식으로 제시되고 있음을 지적하였다. 삶과 학문을 분리하지 않으려는 안정복의 학문적 태도가 예학이나 예제의 실행에 적용되어 나타남으로써 학인으로서의 진정성을 드러냈다고 평가하였다.

이들 연구에서 가장 공통으로 나타나는 특징은 각자 원전 자료에 대해 집중적인 서지적 검토를 시도하였다는 점이다. 그동안 기존의 안정복에 대한 연구는 편집되어 간행된 『순암집』과 『동사강목』를 중심으로 진행되어 왔으나 이번 연구에서는 국립중앙도서관을 비롯한 각 도서관에 수장된 원자료를 발굴하여 연구를 진행하고 있어 향후 해당 분야 연구에 지남철 역할을 하게 되었다. 이것은 이번 연구가 보여주는 가장 큰 성과이기도 하다. 다만 원전 자료와 후일 후학들에 의해 정리된 자료를 비교해 보면 당시 남인들이 향촌에서 처한 현실 때문에 도덕주의적 측면이 강화되고 있는데 이 경우 안정복 본인의 것과 편집하면서 첨삭을 가하였던 후학의 것을 어떻게 구별할 수 있느냐는 점은 향후 과제로 넘기게 되었다.

한편 논의 과정에서 중요하게 제기된 문제는 당시 노론 중심의 사회

속에서 궁벽(窮僻)한 향촌의 남인 지식인인 안정복이 과연 이 시기 사상계에 어떠한 위상을 차지하고 있는가에 대한 것이었다. 영·정조대 서울의 사상계에서는 남인의 대표적 사상가로 안정복을 언급하거나 안정복의 저술을 인용하고 있는 현상을 보면 당시 남인계 내에서 안정복이 차지하는 위상을 엿볼 수 있다. 그런데도 노론계를 포함한 전반적인 사상계의 동향 속에서 안정복의 사상사적 위상을 찾아야 한다는 문제 제기는 여전히 이 시대 사상계의 동향을 전면적으로 재검토해야 한다는 새로운 연구 과제를 안겨주고 있다.

마지막으로 순암 안정복에 대해 분야별로 재검토할 수 있는 기회를 주신 재단법인 실시학사의 김시업 이사장, 송재소 원장 이하 여러 임직원들의 도움에 감사드린다. 그리고 답사와 연구 토론에 적극적으로 참여하면서 연구팀에 도움과 각성의 계기를 만들어주신 안병걸 명예교수께도 감사의 인사를 전하다. 그리고 방대한 원고의 편집과 교정에 노고를 다해주신 학자원 편집진의 여러분께도 고마운 마음을 전한다.

2025년 1월 24일

집필진을 대표하여 박인호 씀

| 차 례 |

순암 안정복의 서학론에 관한 연구

|조현범|

안정복 사회사상의 자료적 근거와 성격

|정호훈|

순암 안정복의 경학과 예학

– 인식과 실천의 정합성을 중심으로

|함영대|

| 順菴 |

순암 안정복의 역사학에 대한 재검토

박인호 | 국립금오공과대학교 교양학부 명예교수

1. 머리말

안정복(安鼎福, 1712~1791)에 대한 연구 성과 가운데 역사학 분야는 『동사강목(東史綱目)』에 대한 연구에서부터 시작하였다. 한말(韓末) 『동사강목』 필사본의 유포와 1915년 조선고서간행회에서의 활자본 간행은 연구 자료인 『동사강목』의 구득을 손쉽게 만들어 주었다. 이에 따라 『동사강목』을 자료로 이용한 연구가 활발하게 이루어지면서 일제강점기 초기에는 『동사강목』의 고증적 연구 수준이 크게 주목받았다. 또한 해방 이후 일제의 식민사관 극복 문제가 대두되어 기존의 한국사 연구에 대한 반성적 접근이 이루어지면서 전통 역사학에서 계승할 수 있는 수준으로 평가된 것 역시 『동사강목』이었다.

1970년대 차츰 한국학 분야에 관심이 고조되면서 주요 원전 자료가 영인되기 시작하였다. 이때 성균관대 대동문화연구원에서는 『순암총서(順庵叢書)』 제하에 안정복의 저술을 영인하였다.[1] 이 영인본의 간행으로 안정복 연구는 『동사강목』 위주의 역사서 연구에서 문학론과 사회론 등 사상 연구로 외연을 확대할 수 있게 되었다.

1955~65년 베이비 붐 세대에 태어난 학생들이 1980년대 대학에 진학하면서 대학 교육을 이수하였으며, 또한 폭발적으로 확대된 대학원 교육의 문호 개방으로 많은 학생들이 대학원에 진학하게 되었다. 한국학 분야에서의 수요 증가에 따른 공급책의 일환으로 다수의 영인 업체가 쏟아져 나와 주요 문적들의 영인본이 본격적으로 학계에 공급

1 『順庵叢書』 1(順菴先生文集, 癸甲日錄, 下學指南, 臨政官要, 萬物類聚), 2(列朝通紀), 성균관대 대동문화연구원, 1970.

되었다. 이때 안정복도 학문적 주요성이 주목되면서 『순암전집(順庵全集)』 제하에 안정복 저술이 영인되었다.[2] 이러한 원전 자료의 제공은 안정복에 대한 연구를 더욱 추동(推動)시켜 다양한 분야에서의 후속 연구를 가능케 하였다.

한편 1997년 외환 위기에서 촉발된 IMF 구제 금융 신청으로 기업 파산과 대량 실직이 일어나게 되었다. 이에 1990년대 말부터 고용 증진 차원에서 정부 지원으로 각 기관에서 학술 자료 정보화 사업을 추진하였다. 이에 대규모 인원이 학술 자료의 전산화에 동원되어 원전 자료의 디지털화가 진전되었으며, 차츰 페이퍼가 아니라 디지털 형태로 쉽게 자료를 볼 수 있게 되었다. 이에 따라 연구자들이 안정복뿐만 아니라 성호학파(星湖學派) 자료까지 한꺼번에 볼 수 있게 되면서 안정복 연구의 깊이와 범위가 더욱 커지게 되었다. 게다가 원자료의 확보가 가능해지면서 후대의 편집된 형태가 아닌 안정복이 원래 가졌던 생각이 어떠하였는지도 확인 가능해졌다.

이 논문에서 주안을 두고자 하는 방향은 다음과 같다. 첫째 이러한 자료의 공개 속에서 인쇄되었거나 혹은 영인된 안정복의 역사 관련 자료를 안정복이 직접 산출한 자료와 비교함으로써 안정복이 원래 가졌던 생각을 적극적으로 드러내 보고자 한다. 이러한 안정복의 자료에 대한 재검토는 『동사강목』 위주로 이루어졌던 기존 연구의 한계를 극복하는 데 하나의 시사점도 줄 수 있을 것이다. 두 번째 기존 안정복의 역사학에 대한 연구가 『동사강목』 위주로 이루어지면서 과거 인

2 『順庵全集』, 1(文集), 2(下學指南, 希賢錄, 撰問), 3(日省錄, 臨官政要, 木川政事, 木川縣志), 4(萬物類聚), 여강출판사, 1984.

식에 대한 연구에 치우친 감이 있다. 안정복은 당대의 중국, 일본, 조선의 역사에 대해서도 많은 관심을 가지고 있었다. 이러한 당대에 대한 문제의식을 살펴 역사인식과 현실의식의 측면도 재검토함으로써 안정복의 역사학 연구에서 새로운 방향을 모색해 보고자 한다.

2. 안정복의 역사학 저술에 대한 검토

1) 동국사(東國史)에 대한 관심

안정복은 우리나라의 역사와 지리에 대해 관심이 높았다. 특히 역사를 읽는 자는 반드시 먼저 강역(疆域)을 명확하게 설정해 놓고 읽어야 한다거나 믿을 수 있는 역사책을 보아야 한다는 점을 강조하였는데[3], 좋은 역사책을 가지고 올바른 지식 속에서 역사를 읽어야 한다는 것이다. 우리나라 역사와 관련하여 현재 남아 있는 안정복의 저술 가운데 가장 저명한 것으로는 『동사강목』이 있다. 그런데 이외에도 필사본으로 『동사외전(東史外傳)』, 『동사보궐(東史補闕)』, 그리고 『부부고(覆瓿稿)』에 수록된 지리고(地理考) 기록 등이 전한다.

(1) 『동사강목(東史綱目)』

안정복의 동국사에 대한 대표 저술은 『동사강목』이라고 할 수 있다. 『동사강목』을 성책(成冊)해 나가는 과정에는 여러 번 초고의 작성이 있었다.

3 『東史綱目』, 부록 하, 「地理考識」.

문집의 초고에 해당하는 『부부고』 16번 책 뒷부분에는 지리고와 고이(考異)의 일부 기록이 수록되어 있다.[4] 「동사강목범례(東史綱目凡例)」와 「동국지리기의(東國地理記疑)」 등의 항목을 내세운 부분에서는 우리나라 고대의 주요 역사와 지리에 대한 고증을 진행하였다.[5] 『동사강목』의 부록 집필과정에서 자신의 생각을 급하게 적어 놓은 것이다.

국립중앙도서관 소장의 3책본 『유편고금명현휘어(類篇古今名賢彙語)』[6]의 이면에 『동사강목』의 초고를 수록하고 있다.[7] 책1의 첫머리 1면에는 『목재가숙동국통감제강(木齋家塾東國通鑑提綱)』에서 지명과 안설(按說)을 초략하고 있다. 그리고 5면부터 『동사강목』의 구성과 일부 범례에 대한 구상을 약기하였다. 21면부터 신라 혁거세 입국 원년인 갑자년부터 경오년(북위 효문제 태화 14, 신라 소지왕 12년, 고구려 장수왕 78년, 백제 동성왕 12년)까지를 다루었는데, 초고 상태이기 때문에 현재 남아 있는 『동사강목』과 비교해 보면 자구, 연도 등에 일정한

---

4 『覆瓿稿』 16번 책(총 불분권 19책, 2책 결), 국립중앙도서관(한貴古朝93-2). 국사편찬위원회에서는 17책 모두를 활자로 입력하여 『順菴覆瓿稿』(한국사료총서 56, 2012)로 간행하였다.

5 『順菴覆瓿稿』 下, 2012, 447~478쪽.

6 『類篇古今名賢彙語』는 22권 10책으로 구성되어 있다. 중국 국가도서관에 22권 10책본(선본번호11563)이 있는데 국립중앙도서관 소장 3책본 『東史綱目』(한貴古朝50-20)의 이면에 보이는 것과 동일한 명각본이다. 『동사강목』 이면의 책1은 戊集(권6 「綠雪亭雜言」・권7 「莘野纂聞」), 책2는 辛集(권14 「駒陰冗記」・권15 「聽雨紀談」・권16 「西京雜記」), 책3은 庚集(권11 「近峰聞略」・권12 「畜德錄」・권13 「三餘贅筆」)에 해당한다. 중국에서도 희귀한 명각본이 안정복 장서에 있었던 점은 흥미롭다.

7 『東史綱目』(표지명 '名賢彙語'), 筆寫本(自筆草本), 3책, 국립중앙도서관(한貴古朝50-20).

차이가 있다. 또한 현재의 편집본에는 마한, 혹은 기년으로 기재되어 있으나, 이 책에는 마한기(馬韓紀)라고 적어 안정복이 마한을 별도의 기로 내세워 정통임을 보이려 하였음을 확인할 수 있다.

책2는 잡다한 초록집인데 구성고(九城考), 부여고(扶餘考), 웅진도독부고(熊津都督府考), 안동도호부고(安東都護府考), 강역고정(疆域考正) 등에서부터 말갈고(靺鞨考), 살수고(薩水考), 삼한고(三韓考)에 이르기까지 『동사강목』 「지리고」에 해당하는 초고가 16면부터 나온다. 이 부분은 「지리고」로 나아가는 과정의 원고인데 내용에서 보면 『부부고』의 초기 작업에서 조금 더 심화되는 양상을 보여준다.

책3은 제례(祭禮) 행사 때의 예제(禮制)에 대한 주석을 시도한 것이다.

한편 이택재(麗澤齋) 장서에서 나온 국립중앙도서관 소장의 5책본 『동사강목』도 이러한 편찬 과정을 보여주는 책이다.[8] 5책본 『동사강목』 가운데 1책은 표지명을 『동사외전(東史外傳)』이라고 적었으며, 오른쪽 상단에 발해(渤海)와 동진(東眞)이라 적었다. 발해와 동진에 대한 내용은 없고 선전비결(仙傳秘訣)의 방중(方中)에 대한 것을 초록한 이면에 4면부터 신라, 고구려, 백제의 관직 자료를 정리한 것과 범례의 초고가 나온다. 32면의 범례는 '일준주자강목(一遵朱子綱目)'이라고 하여 『자치통감강목(資治通鑑綱目)』의 범례를 준용(遵用)하여 『동사강목』 범례의 초고를 작성하였음을 밝히고 있다. 범례는 통계례(統系例)를 시작으로 재상례(災祥例)에 이르는데 20책본 『동사강목』에 수록된 범례와 비교하면 매우 부실하다.[9] 20책본 『동사강목』의 범례

---

8 『東史綱目』, 筆寫本(自筆草本), 5책, 국립중앙도서관(한貴古朝50-77).

9 20권 20책본은 규장각본, 영국국립도서관본, 한국교회사연구소본(한국고전번역원 영인) 등이 있는데 여기서는 한국고전번역원의 『동사강목』 국역과 영인을 기준으

조는 이러한 초고 작업을 거쳐 완성되었다.

2책은 『동사강목』 부록 상으로 우상단에 '고이(考異)'라 적었다. 20책본 『동사강목』과 비교하면 부록 상권의 상(고이), 중(괴설변증), 하(잡설)가 분리되지 않고 섞여 있는 상태이다. 후일 20책본 『동사강목』을 편찬하면서 글의 성격에 따라 분리하였음을 알 수 있다. 또한 2책의 고이에는 대부분 삼국시대의 것만 있어 이때까지만 하더라도 고려시대 고이 부분은 거의 편찬되지 못하였음을 알 수 있다.

3책은 『동사강목』 부록 하로 우상단에 '역대지도(歷代地圖)'와 '지리고(地理考)'라고 적었다. 역대지도는 〈동방지리총도(東方地理總圖)〉, 〈조선사군삼한도(朝鮮四郡三韓圖)〉, 〈삼국초기도(三國初期圖)〉, 〈신라통일지도(新羅統一地圖)〉, 〈고려통일지도(高麗統一地圖)〉를 싣고 있다. 20책본 『동사강목』 권수에 수록된 「동사강목도(東史綱目圖)」의 초기 형태이다.[10] 18면 이후의 지리고 부분은 20책본 『동사강목』 부록 하 「지리고」의 초고본이다. 3책본 『동사강목』의 책2에 수록된 지리에 대한 고설과 비교하면 내용이 정제되어 한편의 책을 이루고 있다. 다만 20책본에 비하면 난삽하여 그 중간 단계에서 성책된 것이라고 할 수 있다.

4책과 5책은 『성호사설(星湖僿說)』을 항목별로 나누어 정리한 것으로 『성호사설유선(星湖僿說類選)』의 초고본이다.

한편 일본 동양문고에는 『고려사별록(高麗史別錄)』 표지명 아래에

로 설명한다.

10 『東史綱目』 卷首의 「東史綱目圖」에 〈歷代疆域)地圖〉, 〈朝鮮四郡三韓圖〉, 〈三國初期圖〉, 〈高句麗全盛圖〉, 〈百濟全盛圖〉, 〈新羅全盛圖〉, 〈新羅統一圖〉, 〈高麗統一圖〉를 싣고 있다. 초고본과 비교하면 삼국의 전성도를 추기하고 있다. 박인호(2021), 198~209쪽.

2책본이 있는데 수록된 내용은 안정복의 친필 수고본 『동사강목』의 낙질이다.[11]

책1 건(乾)은 무오 우왕 4년(1378)부터 시작하여 무진 우왕 14년 3월까지, 책2 곤(坤)은 무진 우왕 14년 4월부터 공양왕 4년(1392) 7월 고려 멸망까지 수록되어 있다. 책2 말미에는 일부 추기 기사가 있다. 『동사강목』이 완성되기 전의 수고본으로 이 책의 삭제와 교정 표시에 따라 충실하게 교열이 이루어져 후일 완성본 『동사강목』이 이루어지게 되었다.[12] 이 책은 우왕과 창왕을 신우, 신창으로 기술하는 것을 반대하였던 안정복의 생각이 반영되어 신우(辛禑), 신창(辛昌)에 삭제 표시하고 대신 전폐주(前廢主), 후폐주(後廢主)라고 적고 있다. 창왕에 대해서도 주(主)가 되었다고 하였다가 즉위(卽位)로 고치고 있다. 안정복은 우왕, 창왕 부자를 공민왕의 후손이며 적통을 이은 것으로 본 셈이다.[13]

한편 같은 시기에 만들어진 필사본으로 이화여대 도서관에 『동사강목』 3책이 있다. 「전조선기(前朝鮮紀)」에서부터 「삼국기(三國紀)」 무진(戊辰), 당(唐) 총장(總章) 원년까지 다루고 있다.[14]

이를 통해 보면 『동사강목』는 여러 차례 수정하면서 완성해 나온 것을 확인할 수 있다. 또한 각 초기 필사본에서는 『동사강목』에서 주요한 논점이 되는 내용을 다루고 있어 그러한 논쟁적 내용은 오랜 고민의 산물이었음을 확인할 수 있다. 『순암선생연보(順菴先生年譜)』에 의하면 1759년(48세) '『동사강목』을 완성하였다.'고 한다.[15] 이때 어느

11 『高麗史別錄(東史綱目稿本)』, 친필 수고본, 2책. 日本 東洋文庫(XI-4-B-67).

12 김남일, 「동사강목고본 해제」, 고려대학교 해외한국학자료센터.

13 김문식(2022).

14 『東史綱目』, 筆寫本(自筆草本), 3책, 이화여자대학교 도서관(951 안 813A).

정도 정리된 『동사강목』을 이루었을 것이다. 1781년(정조 5) 정조의 『동사강목』을 올리라는 하교가 있어 승선 정지검(鄭志儉)을 통해 올렸다. 정조는 전주 감영에 명하여 책을 등사하도록 하였다. 그런데 감영 등사본에 오자가 많아 1783년(정조 7) 정조는 안정복을 헌릉령(獻陵令)으로 임명하면서 『동사강목』을 교정하게 하였다. 안정복은 재소(齋所)에서 입직하면서 일을 진행하여 그해 9월 작업을 마치고 반납하였다.[16] 그 과정에서 안정복이 『동사강목』의 교정을 본 기록은 『안정복일기(安鼎福日記)』 37번 책에 수록된 「내하동사강목교상초(內下東史綱目校上草)」라는 일종의 교정표에서 살필 수 있다.[17] 이러한 과정을 통해 왕실은 20권 20책의 완성본을 확보할 수 있었던 것으로 보인다.

한편 안정복 소장인이 있는 연세대 필사본이 있다.[18] 이 초고본은 현재 통행하는 20책본의 형태를 갖추고 있다.[19] 김남일은 이 책의 편찬 시기에 대해 헌릉령으로 있으면서 올린 책을 다시 돌려받아 최종 교정한 것이라고 보았다. 그리고 그 시기는 권9상, 권10상, 제11상 표지 이면의 '본초교준 을사칠월(本草校準 乙巳七月)'이라는 기록과 권13상의 '필준(筆准)'이라는 주기를 통해 1785년(정조 9) 교정을 끝낸 것으로 보았다.[20] 연세대본과 20권 20책으로 완비된 『동사강목』 필사본

---

15 『順菴集年譜』, 영종대왕(英宗大王) 35년 기묘(1759), 선생의 나이 48세.

16 『順菴集年譜』; 『順庵全集』 1, 여강출판사, 1984.

17 『安鼎福日記』 37, 「內下東史綱目校上草」, 필사본, 58책 중 37번 책, 表題 '安鼎福抄十八', 국립중앙도서관(한貴古朝93-44-37).

18 『東史綱目』, 필사본, 수권 1책, 본권 17권 17책, 부록 2권 2책, 총 20권 20책, 연세대학교(고서(귀) 363 0).

19 금지아(2005).

20 김남일(2013), 주 18.

및 한국고서간행회의 인쇄본을 비교해 보면 연세대본에서 중간에 수정 표시한 것이 이들 책에서 모두 교정되어 있다. 따라서 완성된 『동사강목』은 모두 연세대본이나 그것을 저본으로 한 책을 가지고 필사하거나 인쇄한 것으로 보인다.

『동사강목』에 대한 관심으로 근대기에 다양한 필사본이 유행되었다.[21] 근대기에 나온 필사본 가운데 필사 시기를 추정할 수 있는 것으로는 교회사연구소본, 고려대본, 연세대본2 등을 들 수 있다. 한국교회사연구소본[22]은 배접지의 필사기에 의하면 1886년 무렵 왕실 근위대가 중심이 되어 필사한 것으로 적혀 있다.[23] 이어서 나온 것이 고려대본과 연세대본2이다. 이 두 책은 모두 '청주(淸州) 한진창(韓鎭昌) 교(校)'라는 표현이 있어 한진창의 교열 뒤에 필사된 것임을 알 수 있다.[24] 그 외에도 일본 교토대 가와이 문고본, 부산대학교 도서관본 등이 있다.

현재 남아 있는 것이 모두 필사본이므로 어느 것이 정본인지는 확실하지 않으나 『동사강목』의 경우 안정복이 1783년(정조 7) 헌릉령으로 있으면서 교정하여 납본하였고 이후 나온 필사본은 이에서 출발하여 교열되었으므로 원전에 대한 고민은 줄어든다. 20권 20책의 완성된 형태를 갖추고 있는 규장각본, 영국국립도서관본, 한국교회사연구

21 박인호(2022).

22 『東史綱目』, 필사본, 권수 1권, 17권, 부2권, 합 20책, 교회사연구소(고 000.2 동51). '白南益印'이라는 朱印이 있다.

23 박종기(2017), 279쪽.

24 『東史綱目』, 필사본, 韓鎭昌(朝鮮) 校, 목록 1권, 부록 2권, 본문 17권, 20권 20책, 고려대학교 도서관(대학원 貴 600); 『東史綱目』, 필사본, 韓鎭昌(朝鮮) 校, 목록 1권, 부록 2권, 본문 17권, 20권 20책, 연세대학교 도서관(고서(I) 951 안정복 동-필).

소본 등의 필사본을 바탕으로 연구하면 될 것으로 생각된다.[25]

이 외 1915년 조선고서간행회에서 『동사강목』을 활자로 간행하였다.[26] 경인문화사에서 1975년 조선고서간행회본을 영인하였다. 1977년 규장각본을 저본으로 민족문화추진회에서 한글 번역을 냈고, 이를 한국고전번역원에서 DB로 제공하고 있다.

(2) 『동사외전(東史外傳)』, 『동사보궐(東史補闕)』

안정복이 스승인 이익에게 보낸 서간인 「동사문답(東史問答)」에는 『동사강목』을 보충하는 책으로 『동사보궐』을 만들되 그 가운데 『동사외전』에는 발해와 동진을 수록하려고 한다는 내용이 보인다.

> 동사편년강목(東史編年綱目) 외에 또 그 빠진 것을 수합하여 보궐(補闕)이라는 책을 만들려고 합니다. 외전(外傳) 중에는 발해(渤海)과 동진(東眞) 등의 전을 두려고 합니다. 여진과 일본의 경우는 오늘에 이르기까지 자세히 기록하여 경세자(經世者)가 한번 상고할 자료를 만들려고 합니다. 대마도(對馬島)의 경우는 부용전(附庸傳)에 소속시킬 것입니다. 대개 나려(羅麗)로부터 우리나라 초기에 이르기까지 속국으로 대하였습니다. 『여지승람(輿地勝覽)』에도 옛날 계림(鷄林)에 속했다고 전하고 태종 을해년 대마도를 치는 교서(教書)에서도 대마도는 본래 우리나라 땅이라고 하였으니, 역시 근거할 만한 것이 있습니다. 또 그들을 다스리는 방법도 속국으로서 꾸짖어야 나중에 쉽게 말할 수 있을 것입니다.[27]

---

25 『東史綱目』, 규장각(奎5916), 교회사연구소(000.2 동51), 영국국립도서관(British Library).

26 『東史綱目』, 활자본, 전4권, 釋尾春芿 編, 朝鮮古書刊行會, 大正 4年(1915), 朝鮮群書大系 續 16.

현재 남아 있는 『동사외전』에는 표제에 발해와 동진만 올려놓고 해당 내용은 전혀 기술되어 있지 않다.[28] 그러나 『열조통기(列朝通紀)』와 『잡동산이(雜同散異)』 등의 일본 관련 기사에서 그 출처로 『동사외전』을 들고 있어[29] 혹 발해, 동진, 일본 관련 기사가 다루어진 별도의 『동사외전』이 존재하였을 가능성도 있다.

이와는 별도로 『동사강목』의 초고 자료로 『동사보궐』이 있다.[30] 『동사보궐』은 『방정학언(方正學言)』 표지명의 잡록이다. 표제의 방정학은 방효유(方孝孺)인데 실제 글은 소식(蘇軾)의 「상신종황제서(上神宗皇帝書)」, 주희(朱熹)의 「무신봉사(戊申封事)」, 「잡록(雜錄)」의 글을 필사하여 집록한 것이다. 그런데 이 책의 이면에 『동사보궐』이라는 제목 아래에 인물에 대한 기사를 적어 놓았다. 『동사강목』은 강목의 형태에 따라 편년 순으로 편찬되어 인물이나 사건이 파편화되었기 때문에 이를 보완하기 위해 『동사보궐』은 전(傳)의 형태로 정리를 시도하였다. 또한 이것이 기전체(紀傳體)의 열전에 해당한다는 것은 안정복도 결국 기전체의 역사서를 최종적으로 염두에 두었다는 의미이기도 하다.

『동사보궐』에서는 「삼국열전(三國列傳)」, 「대마도전(對馬島傳)」, 「일

---

27 『順菴先生文集』 권10, 書, 「東史問答」, 〈星湖先生書[丁丑]〉. "東史編年綱目之外, 又欲收其闕漏者, 爲補闕一書. 外傳中有渤海東眞等傳, 女眞日本則至于今日而詳錄之. 或欲爲經世者一考之資耳. 對馬島則屬于附庸傳, 盖自羅麗至于我國初, 待之以屬國. 而輿地勝覽曰, 舊隷鷄林, 太宗己亥, 討對馬島敎書曰: 對馬爲島, 本我國之地云, 則亦有可據者矣. 且其彈壓之道, 亦當以屬國責之. 庶乎後來易爲說也."

28 『東史綱目』, 筆寫本(自筆草本), 5책 중 1책(표지명 『東史外傳』), 국립중앙도서관(한貴古朝50-77).

29 『列朝通紀』 권13, 선조 20년 11월.; 『雜同散異』 권4, 「渤海」.

30 『東史補闕』, 필사본, 1책 80장, 국립중앙도서관(한古朝53-가4). 『동사보궐』의 면 수는 국립중앙도서관에서 촬영한 이면의 385면을 기준으로 적었다.

본제도전(日本諸島傳)」, 「일본전(日本傳)」, 「유구전(琉球傳)」, 「신라열전(新羅列傳)」 등이 수록되어 있다.[31] 109면의 「대마도전」에서는 대마도의 위치에서부터 영역, 도주(島主)의 명칭과 가계, 왜란, 왜관 등과 함께 우리나라와의 교섭 기사 등을 적고 있다. 이용한 자료로는 『국조정토록(國朝征討錄)』, 『예조등록(禮曹謄錄)』, 『접왜고(接倭考)』 등이 있다.[32] 대마도를 일본과 분리하여 다룬 것은 대마도가 옛 우리나라의 땅이었다는 인식에서 출발하고 있기 때문이다. 204면의 「일본제도전」에서는 일본 여타 섬과 우리나라가 교섭한 기록을 발췌한 것이다. 225면의 「일본전」에서는 일본과의 통신사 파견에 대한 연대기적 기술이다. 선조를 전후한 시기 기록에는 일본의 침략 위기와 임진왜란 발생에 따른 정세 소개 등이 있다. 『패관잡기(稗官雜記)』, 『명신록(名臣錄)』, 『남씨가승(南氏家乘)』, 이맹휴(李孟休)의 『접왜고(接倭考)』 등의 자료를 이용하였다. 안정복의 대일 인식에는 이맹휴의 영향이 크다.[33] 안정복이 조선시대사를 다룬 『열조통기』에서는 이맹휴의 『접왜고』를 다수 인용하고 있다. 『동사보궐』에서는 '이순수(李醇叟)' 혹은 '이우(李友)'라는 이름으로 인용하고 있다.

274면의 「유구전」은 교린(交隣)의 관점에서 고려부터 조선 전기까지의 유구와의 교섭 기사를 정리한 것으로 외이(外夷)의 열전을 기록한 것이다.

『동사보궐』에 보이는 여러 외국에 대한 전을 보면 안정복이 기전체의 「외이전(外夷傳)」을 구상하였던 것으로 보인다. 그리고 대마도, 일

31 박한남(2012).

32 『國朝征討錄』, 장서각(PB6B-99); 김혁 역주(2009). 『접왜고』, 패림 소재.

33 김문식(2019).

본, 유구에 대한 전을 적은 것에서 안정복의 교린적(交隣的) 외이관을 볼 수 있다. 대마도를 교린적 관점에서 보아야 한다는 데서 안정복의 강경한 대일관이 잘 드러난다.[34] 연도별 교섭 기사를 정리한 점 등도 전통적인 교린관에서 크게 벗어난 것은 아니었다. 따라서 『동사보궐』에서는 우리나라를 중심으로 발해, 동진, 일본, 유구 등을 외전의 형식에서 관리하려는 안정복의 보수적인 대외인식을 확인할 수 있다.

2) 조선시대사에 대한 정리

안정복은 조선시대 당대사에 대한 관심을 놓치지 않았다. 『전와(傳譌)』에서는 조선의 역대 왕실에 대해 간략히 기술하고 있다. 『기문(記聞)』에서는 남인 계열의 상소문을 주로 발췌하고 있다. 그 외에도 조선 당대 인물에 대한 각종의 비지 문자를 모은 초록집이 남아 있다. 안정복의 조선시대 당대사에 대한 인식을 보여주는 것으로 『열조통기』가 있다. 그런데 『열조통기』에는 여러 이본이 존재하는데 그동안 이본의 확인을 등한시한 면이 있다. 이본의 확인을 통해 안정복의 당대사 인식에 대해 정밀하게 검증하는 방식으로 연구를 진행할 필요가 있다.

(1) 『전와(傳譌)』

일종의 역사 초록집이다.[35] 4면에는 우리나라 각국의 역년을 기록하고 있다. 단군—기자(삼한)—위만(사군이부)—신라 · 백제 · 고구려—

---

34 하우봉(1988).

35 『傳譌』, 국립중앙도서관(한古朝56-나21).

고려-조선으로 이어지는 역사 정통관이 보인다. 5면부터는 조선 태조(太祖)에서 성종(成宗)에 이르기까지 역대 왕대의 주요 사건에 대한 간단한 기록이다. 91면은 호를 기준으로 특정 명칭이 들어간 문집을 유형별로 나누어 정리한 것이다. 99면 책의 말미에 전하는 지지(地誌)는 『동국역대총목(東國歷代總目)』에 수록된 「지지(地誌)」를 초록한 기사이다.[36] 이 책은 왕들의 역년을 파악하는 기초 자료로 초록된 것이며, 특히 조선 역대 왕들의 즉위와 역년을 적고 있다는 점에서 후일 『열조통기』의 편찬과 관련이 있다.

(2) 『열조통기(列朝通紀)』

안정복의 조선 당대에 대한 문제의식을 보여주는 역사서는 『열조통기』다. 안정복은 단군조선에서 고려에 이르는 우리나라 역사를 다룬 『동사강목』을 편찬한 이후 1767년(영조 43)부터 조선 왕조 역대 군주의 사적을 정리하는 작업에 착수하여 『열조통기』를 편찬하였다.[37] 이 작업을 생전에 완성하지 못하고 사망하자 문인이었던 정현동(鄭顯東)[38]이 이를 이어서 1800년(정조 24)에 완성하였다.

『열조통기』에 대한 기존의 연구를 보면 특정 도서관 소장본을 중심으로 진행하고 있다.[39] 그런데 『열조통기』의 권 수나 이본의 종에 대

---

36 『東國歷代總目』, 규장각(가람古951.01-H758d).

37 국립중앙도서관본(한貴古朝50-76)의 태조 2년조에 "○試取李逖等五十四人, 設武科."라고 적은 다음 "此條備考不見"이라고 적고 있다. 따라서 안정복은 1770년 편찬된 『東國文獻備考』의 내용을 파악한 위에 이 책을 저술하고 있다.

38 鄭顯東(1730~1815)의 본관은 東萊로, 초명은 升淵, 자는 龍卿, 호는 晩悟이다. 부친은 鄭德彬이다. 남인계 집안의 후손이다. 문집은 남아 있지 않으나 야담집으로 『晩悟漫筆』이 있다. 안대회 외 옮김(2021).

한 몇 가지 다른 정보가 있다. 「순암선생연보」에 의하면 『열조통기』는 25권으로 되어 있으며 안정복의 저술 목록에 의하면 30권으로 구성되어 있었다. 조선사편수회의 조사에 의하면 경기도 경안면 중대리에 살고 있던 안정복의 후손가를 들렀다가 선조(先祖)의 유고를 거의 매도하였다는 말을 들었으며, 장지리에 사는 안정복의 제자인 정현동의 후손을 만나 『열조통기』 사본을 확인하고 있다.[40] 따라서 『열조통기』는 일제강점기까지만 하더라도 안학수(安學洙)가 가지고 있었던 안정복의 원본과 정현동의 교열본이 있었음을 확인할 수 있다.[41]

현재 남아 있는 『열조통기』의 이본으로 국립중앙도서관본, 중추원–국사편찬위원회본, 이양재본,[42] 규장각본 등이 있으며 별도로 장서각본이 있다. 그 외 경희대 도서관, 국민대 도서관 등에는 일부 낙질본이 소장되어 있다. 사본의 순서에 대해서는 국사편찬위원회본은 아예 제외하고 규장각본이 원본에 가까우며 장서각본은 이를 후에 필사한 것으로 추정하는 김세윤의 의견이 있다.[43] 대략적인 추정은 옳다고 동의하나 문제는 원본인 국립중앙도서관본을 보지 못하였기 때문에 원본의 문제에 관한 한 재검토의 여지가 있다.[44]

---

39 김세윤(1985; 1986; 1993); 오항녕(2013).

40 김현영(2013), 41~43쪽.

41 국사편찬위원회 사진판 『열조통기』를 보면 安學洙의 집에서 찍은 사진으로 국립중앙도서관 소장본과 같은 것이다.

42 이양재본은 경매에 나와서 제주도와 부산으로 흩어졌으나 규장각본과 구별하기 위해 옛 소장자의 이름을 붙여 이양재본으로 기재한다. 현재 국가유산청 국가유산포털(www.heritage.go.kr)에서 원본을 제공하고 있다.

43 김세윤(1993), 20쪽.

44 김현영은 국립중앙도서관본을 해제하면서 수권 1책과 본문 28책을 소개하고 본문에서 3책이 결하였음과 국립중앙도서관본이 안정복 친필본임을 밝혔다. 김현영

이본의 편찬 순서를 살펴본다면 국립중앙도서관의 친필본, 초기 정현동 수정본, 일제시기 필사된 규장각본의 원본, 정현동 수정본을 정리한 이양재본의 순으로 이루어졌을 것으로 보인다.

친필본은 이택재-국립중앙도서관본이다. 국립중앙도서관본은 안정복의 친필본이므로 난삽하게 수록되어 있으며, 초고이기 때문에 해당 연기(年紀) 속에서도 월에 따른 순서도 일정하지 않아 편년에 따른 순서가 일정하지 않다. 안정복의 생각이 그때그때 다양하게 반영되어 초고 형태로 남아 있다. 현재 국립중앙도서관에 26책이 남아 있다.[45] 대상은 조선 태조로부터 진종(眞宗)에까지 이른다.

난삽한 초고 형태의 국립중앙도서관본은 정현동에 의해 편년 순으로 교열되어 완성된 형태를 갖추었다. 이 과정에서 자료에 대한 취사선택이 이루어져 일정 문장이 없어지기도 하고 간혹 새로운 문장이 들어가기도 하였다. 또한 초고본에는 안정복의 안설이 다양하게 남아 있는데 정현동의 교열 과정에서 삭제되거나 혹은 '안(按)'이 사라진 채 남기도 하였다.

정현동 교열본 가운데 최초본의 일부가 남은 것이 국사편찬위원회본이다. 정현동의 수보본(修補本)인 국사편찬위원회본은 태조에서 선조대까지 다룬 총 7책이 남아 있다. 한 책당 2권으로 구성되어 14권이 남아 있는 셈이다.[46] 정현동의 교열이 '우교(愚校)', '우안(愚按)'으로 적혀 있어 초기 교열본으로 보인다.

(2012).

45 『列朝通紀』, 총 29책, 3책 결락, 현존 26책, 국립중앙도서관(한貴古朝50-76).

46 『列朝通紀』, 총 7책, 국사편찬위원회(KO 중B5B 9). 이외 수권 포함된 영본 6책(KO B3B 29), 인용서목 1책(KO B17B 70)이 있다.

규장각본은 수권의 필사기에 의하면 경기도 광주군 경안면 중대리의 안학수 소장본을 바탕으로 1928년 호영택(扈榮澤)에 의해 필사가 이루어졌다고 적고 있다. 필사 시기는 늦었지만 내용적인 면에서는 정현동의 수정분을 바탕으로 필사가 이루어졌다. 규장각본은 수권(首卷) 외 28권 17책으로 구성되어 태조로부터 1776년(영조 52)까지 다루고 있다.[47]

한편 정현동 수보본 초고를 정서하면서 수정된 것이 이양재본이다. 이양재본은 아쉽게도 현재 선조 31년(1598)부터 선조 40년(1607)까지의 제12책과 숙종 20년(1694)부터 경종 4년(1724)까지의 기록이 실려 있었을 제20책, 그리고 영조 36년(1760) 이후의 기록이 실려 있었을 제22책의 세 책 정도가 유실된 총 19책이 전하고 있다. 정현동의 수보본을 재정리한 것이라는 점에서 역시 자료적 중요성이 있다.

규장각본과 이양재본을 비교하면 권에 따라 수정이 진행된 것과 미진행된 것이 혼재되어 선행 형태를 알기 어려우나 전체적으로 보면 규장각본에는 이양재본에 없는 인용처 표기나 일부 간단한 내용이 나오는 점, 일부에서 정현동의 안설이 우교(愚校)로 나오는 점, 규장각본은 '당저(當宁)'라고 하였으나 이양재본에서는 '후개(後改)'인 점 등으로 보아 필사는 일제강점기에 이루어졌으나 실제 바탕으로 한 텍스트는 규장각본이 더 이른 시기의 것으로 보인다.[48] 그리고 이양재본은 규장

47 『列朝通紀』, 首卷, 28卷, 총 20책 가운데 3책 결락 현존 17책, 규장각(奎7475).

48 국회도서관본과 규장각본 태조 3년조에 "敎諸道有水旱霜雹蝗災, 州郡踏驗免租."라고 적고 "此條當在秋初耳."라고 적고 있다. 이양재본은 해당 부분을 9월조 앞에 별도의 공간에 적어 놓고 있다. 따라서 이양재본이 뒤에 나온 것으로 보인다. '當宁'는 태종 2년조 기사 참조.

각본이 바탕으로 한 안학수 소장본을 같이 이용한 것인지 별도의 정현동 수보본을 이용한 것인지는 잘 알 수 없다. 다만 동일한 내용 속에서도 서술 방식이나 인용 부분이 다르거나 연대가 더 정확하게 적혀 있기도 하고 전체 문장에서도 서술의 방식과 내용이 다른 부분이 있으며[49], 국사편찬위원회본에서 수정 지시가 된 부분이 이양재본에서는 그대로 수정되어 있는 점에서 별도의 정현동 수보본을 가지고 필사하였을 가능성도 있다. 두 본이 전체 내용에서는 유사하지만 이양재본에서 편년의 내용 가운데 일부 문장이 생략된 부분이 많다. 따라서 규장각본을 기본으로 하되 결본인 인조 8년에서 27년은 이양재본 15~16책으로 보충하면 정현동 교열본의 전체 모습을 마련할 수 있다. 규장각본이 총독부취조국에서 나온 용지에 기록된 것이라는 점에서 그 사료적 가치를 낮게 평가하였으나, 정현동의 수보본의 형태가 온전히 남아 있다는 점에서 사학사적으로 의미가 있다.

그런데 장서각에는 표제 『반명기전(盤明紀傳)』, 내제 『열조통기』인 책이 있다. 14권 14책으로 1656년(효종 7)까지 수록하고 있다.[50] 이 장서각본은 구입 초기부터[51] 『열조통기』라는 책 이름 때문에 안정복의 『열조통기』로 알려져 왔다. 그리하여 성균관대 대동문화연구원에서 안정복의 순암총서를 간행하면서 장서각본 『반명기전』을 『열조통기』

49 태조 4년 전문.

50 『列朝通紀』, 14권 14책, 장서각(K2-80).

51 이왕직서무계 도서실에서는 일제 강점 직후인 1911년 2월부터 6월까지 많은 양의 책을 구입하였다. 1910년에서 1914년까지 구입한 서적을 등록한 『朝版財産目錄』(李王職圖書室編, 장서각 K2-4664)에 의하면 『열조통기』 22책을 1911년(명치 44) 8월 1일 구입한 것으로 확인된다. 그런데 『반명기전』은 14권 14책이어서 책의 숫자가 맞지 않다.

로 간주하여 영인하였다.[52] 그런데 이 책은 안정복 원본의 국립중앙도서관본이나 정현동 교열 『열조통기』와 유사한 내용을 가지고 있으나 인용 문헌이 삭제되고 내용이 축약되거나 변경되어 실제로는 큰 차이를 보인다. 게다가 내제인 '열조통기'는 해당 부분이 도삭된 자리에 별도로 추가해 넣은 것이다. 이제까지 장서각본은 『열조통기』의 내용을 수정하면서 만든 것으로 보았으나 오히려 별도의 책으로 보는 것이 옳을 것이다.

현재 『반명기전』 제하의 책은 장서각 소장 14권 14책, 말박물관 소장 2책이 전한다. 말박물관본에는 육조의 병조(兵曹)에 대한 기록이 수록되어 있어 기전체 지(志)의 한 분야에 해당한다. 따라서 『반명기전』은 별도의 편찬된 기전체 사서라고 할 수 있다. 그런데 『반명기전』의 편찬자로 남이익(南履翼, 1757~1833)[53]을 지목하는 기록을 찾을 수 있다.

> 일찍이 전고를 살피는 데 마음을 두어 반고(盤古)에서부터 명(明)에 이르기까지 모두 한 질을 이루어 『반명기전』이라고 이름 지었다. 동국은 단군과 기자에서부터 우리 조정에 이르기까지 산천, 도리, 전곡, 갑병, 연혁까지 상세하게 다루었다. 국사와 야승에서 같은 일을 다르

---

52 대동문화연구원에서는 장서각본을 대본으로 하되 낙장이었던 선조 10년~24년, 효종 8년~영조 52년까지는 규장각본으로 보충하여 『순암총서』 2로 간행하였다.

53 南履翼(1757~1833)의 본관은 宜寧, 자는 公勵, 호는 芝雲이다. 1789년 문과에 급제하였다. 조부 南泰齊는 1752년 연행하면서 『椒蔗錄』을 남겼는데 남이익은 1822년 연행사의 정사로 다녀오면서 조부를 이어 『椒蔗續編』을 저술하였다. 이들은 친노론계 소북 집안 출신으로 廣州 광남동의 直谷과 芝谷 일대에서 거주하였다. 남이익은 광주의 先壟 아래에 집을 짓고 자주 살폈다고 하므로 광주의 지곡에서 거주하였던 것으로 보인다.

게 적었거나 비문과 행록의 여러 곳에 나오는 것까지 모두 모아서 아울러 놓아서 싣지 않은 것이 없었다. 총 백여 권에 이르렀으며 집에 보관하고 있다.[54]

고종 연간에 나온 노론계 유서(類書)인 『번천만록(樊川漫錄)』의 〈인용목록〉에서도 『반명기전』의 편찬자를 남이익으로 적고 있으며, 일부 주제에서는 『반명기전』을 대폭 인용하고 있다는 점에서 당시는 『반명기전』이 어느 정도 외부에 알려져 있었음을 확인할 수 있다.

추론을 한다면 남이익은 『반명기전』이라는 기전체 사서를 만들었는데 그 가운데 조선의 편년 역사는 정현동 수보본의 『열조통기』를 재정리하여 편찬하였던 것으로 보인다. 이 경우 장서각본을 『열조통기』에 편입하여 원본 가운데 하나라고 해야 하는가라는 문제가 발생한다. 장서각본은 『열조통기』를 바탕으로 남이익이 수정 · 정리한 별도 책의 일부라고 보아야 한다.

따라서 『열조통기』를 통해 안정복의 조선시대관을 살펴보려면 국립중앙도서관본을 바탕으로 하되 정현동의 수보본인 규장각본과 이양재본을 가지고 보아야 한다. 다만 국립중앙도서관본 『열조통기』가 편년 순이라고 하기 어려울 정도로 난삽하게 남아 있어 이것을 가지고 안정복의 조선관을 살펴보는 것은 한계가 있다. 여기서는 비록 정현동의 교열을 거친 것이지만 안정복의 편찬의도가 상대적으로 많이 남아 있는 규장각본을 바탕으로 하면서 원본인 국립중앙도서관본과

---

54 趙斗淳, 『心庵遺稿』 권27, 「諡狀」, 〈兵曹判書南公 履翼 諡狀〉. "嘗留心典攷, 始自盤古, 訖于皇明, 彙成一袠, 名曰盤明紀傳. 尤詳於東國, 自檀箕以降, 逮我朝, 山川道里錢穀甲兵沿革. 國史野乘之同事異記者, 碑文行錄之雜出互見者, 俱收幷蓄, 無不畢載. 摠累百卷, 藏于家."

이양재본을 가지고 자료의 신빙성을 검토한 위에 안정복의 조선관을 살펴보아야 함을 지적하고자 한다. 이 경우에 안설에서 안정복의 것과 정현동의 것은 구별할 필요가 있다.

〈표 1〉『열조통기』의 체재

국립중앙도서관본	국사편찬위원회본	규장각본	이양재본	장서각본
首卷 : 聖朝野史記聞編年通紀(仁用書目, 璿源譜系紀, 列聖繼序圖, 王業肇刱紀, 龍潛事功紀) 1책 : 태조, 정종 2책 : 태종 3책 : 세종 상 (세종 원년~19년) 4책 : 세종 하 (세종20년~32년), 문종, 단종 5책 : 세조, 덕종, 예종 6책 : 성종 7책 : 연산군 8책 : 중종 (원년~14년) 9책 : 중종(15년~39년), 인종 10책 : 명종 상 (원년~6년) 11책 [결]: 명종 하 (7년~22년) 12책 : 선조1 (원년~15년) 13책 : 선조2 (16년~24년) 14책 [결]: 선조3 (25년~29년) 15책 : 선조4	1책 : 정현동근지, 권1 태조, 정종 권2 태종 2책 : 권3 세종 원년~18년 권4 세종 19년~32년, 문종, 단종 3책 : 권5 세조, 예종, 권6 성종 4책 : 권7 연산군, 중종 원년~7년 권8 중종 8년~24년 5책 : 권9 중종 25년~39년, 인종, 권10 명종 원년 ~17년 6책 : 권11 명종 18년 ~선조 10년 권12 선조 11년 ~18년 7책 : 권13 선조 19년 ~25년 8월 권14 선조 25년 9월 ~30년	首卷 : 聖朝野史記聞編年通紀(璿源譜系紀, 列聖繼序圖, 王業肇創紀, 龍潛事功紀, 引用書目) 1책 : 列朝通紀小識, 권1 태조, 정종, 권2 태종 2책 : 권3 세종 원년~18년 권4 세종 19년 ~단종 3년 권5 세조 원년 ~예종 원년 3책 : 권6 성종 원년~25년, 권7 연산군 원년 ~중종 7년 권8 중종 8년~24년 4책 : 권9 중종 25년 ~인종 원년 권10 명종 원년 ~17년 5책 : 권11 명종 18년 ~선조 10년 권12 선조 11년 ~18년 6책 : (권) 선조 19년~25년	1책 : 태조, 정종, 태종 상 원년~8년 2책 : 태종 하 9년~18년, 세종 원년~14년 3책 : 세종 15년~32년, 문종, 단종 4책 : 세조, 예종, 성종 원년~10년 5책 : 성종 11년 ~25년, 연산군, 중종 원년~4년 6책 : 중종 5년~24년 7책 : 중종 25년~명종 2년 8책 : 명종 3년~22년 9책 : 선조 원년 ~16년 10책 : 선조 17년~선조 25년 6월 11책 : 선조 25년 7월 ~선조 30년 12책 [결] : 선조 31년 ~41년 13책 : 광해군 원년~11년 14책 : 광해군 12년 ~인조 4년 15책 : 인조 5년 ~13년 16책 : 인조 14년 ~27년	1책 : 권1 璿系, 潛龍時, 王業肇基, 태조 상 원년 2책 : 권2 태조 2년 ~태종 3년 3책 : 권3 정종 원년 ~태종 18년 4책 : 권4 세종 원년~29년 5책 : 권5 세종 30년 ~성종 9년 6책 : 권6 성종 10년 ~중종 13년 7책 : 권7 중종 14년 ~명종 4년 8책 : 권8 명종 5년 ~선조 9년 9책 : 권9 선조 10년~24년, 선조 25년 10책 : 권10 선조 26년 ~30년 11책 : 권11 선조 31년

(30년~41년) 16책 : 광해 상 (원년~7년) 17책 : 광해 하 (8년~14년) 18책 : 인조 상 (원년~5년) 19책 [결] : 인조 중 (6년~13년) 20책 : 인조 하 (14년~27년) 21책 : 효종 22책 : 현종 23책 : 숙종 상 (원년~14년) 24책 : 숙종 하 (15년~46), 경종 25책 : 영종 상 (원년~25년) 26책 : 영종 하 (26년~52년), 진종 27책 : 보유1 선조 (임진~정미) 28책 : 보유2 현종, 숙종, 중종, 선조 등		8월 권13 선조 25년 9월 ~30년 7책 : 권14 선조 31년 ~41년 8책 : 권15 광해군 원년 ~9년 9책 : 권16 광해군 10년 ~인조 원년 10책 : 권17 인조 2년~7년 권18 [결] 인조 8년~ 권19 [결] -인조 27년 11책 : 권20 효종 원년 ~현종 2년 12책 : 권21 현종 3년 ~숙종 원년 13책 : 권22 숙종 2년~9년, (권) 숙종 10년~24년 14책 : 권25 숙종 25년 ~경종 4년 15책 : 권26, 영조 원년 ~13년 16책 : 권27, 영조 14년 ~41년, (권), 영조 42년 ~52년	17책 : 효종 원년 ~현종 4년 18책 : 현종 5년~ 숙종 4년 19책 : 숙종 5년 ~19년 20책 [결] : 숙종 20년 ~경종4년 21책 : 영조 원년 ~35년 이하 [결]	~광해군 4년 12책 : 권12 광해군 5년~ 인조 2년 정월 13책 : 권13 인조 2년 2월~ 인조 14년 4월 14책 : 권14 인조 14년 5월 ~효종 7년

* 국립중앙도서관본 총 29책(수권 1책 포함), 3책 결, 현 26책
* 장서각본 총 14권 14책
* 규장각본 28권 17책(수권 1권 1책 포함)
* 이양재본 현 19책.

3) 우리나라 인물에 대한 관심

안정복은 인물에 대한 관심이 높았다. 특히 당대 인물에 대한 비지문자(碑誌文字) 초록이 다수 남아 있다. 『동사잡록(東事雜錄)』[55]은 야사를 초록한 것으로 조선시대 인물에 대한 안정복의 관점을 보여주는 것이다. 『수득록(隨得錄)』[56]은 조선시대 인물들의 묘지명이나 신도비 등 비지문자를 수집하였을 때마다 모아서 기록한 것이다. 『동유사우록(東儒師友錄)』은 박세채의 것을 초록한 것이다. 이러한 필사본류가 있다는 것은 안정복이 조선시대 당대 인물에 대해 지속적으로 관심을 가지고 있었음을 보여준다. 다만 이러한 인물에 대한 관심에도 불구하고 제대로 성책된 것은 거의 없다. 『동사보궐』「전」과 『노릉전말(魯陵顚末)』이 인물에 대한 성책 자료라고 할 수 있다.

(1) 『동사보궐(東史補闕)』「전」

『동사보궐』에 수록된 「전」 가운데 「삼국열전」과 「신라열전」은 우리나라 역사에 등장하는 인물에 대한 열전이라고 할 수 있다. 「삼국열전」의 16면에는 「동사보궐초목록(東史補闕草目錄)」을 두었는데, 인물의 성격을 드러내는 전의 명칭을 붙이고 그 아래에 간략하게 삼국의 인물을 정리하였다. 삼국시대 인물에 대한 열전식 서술을 시도하고 있다. 삼국시대 인물의 위에는 열녀전(烈女傳), 기술전(技術傳), 방외전(方外傳), 충의전(忠義傳), 은일전(隱逸傳), 승석전(僧釋傳), 효행전(孝行傳) 등 두주를 통해 인물 항목의 분류를 시도하고 있다. 281면부터는

55 『東事雜錄』, 1책, 국립중앙도서관(古2150-76).

56 『隨得錄』, 1책, 국립중앙도서관(古朝44-가4).

「신라열전」을 초하였다. 편년 강목 형식으로 『동사강목』이 편찬되면서 인물을 항목별로 다루지 못한 것을 기전체 형식을 빌려 열전 항목으로 다루되 그 열전을 재분류하여 항목별로 다룬 것이다.

(2) 『노릉전말(魯陵顚末)』[57]

『노릉전말』은 단종이 퇴위하고 세조가 즉위하게 된 계유정난(癸酉靖難)의 전말을 소개하고 당시 주요 정치인의 행적과 절의(節義)·행실(行實)을 정리한 책이다. 단종(端宗)을 위해 절의하였던 신하들의 행적(行蹟)과 각종 사제문(賜祭文), 기문(記文)을 수록하여 안정복이 가졌던 절의적 역사의식을 보여주고 있다. 이는 『열조통기』에서의 단종편에 보이는 생각과 통한다.

4) 지역 역사에 대한 정리

안정복은 자신이 살고 있던 광주에 대한 사찬 읍지인 『광주지(廣州志)』와 자신이 근무하였던 목천에 대한 사찬 읍지인 『대록지(大麓志)』를 편찬하였다. 지역의 역사가 가지는 중요성을 읍지의 편찬을 통해 보여주고 있다. 안정복은 지리지가 나라의 경영과 관련된 것이라고 말하면서 지리지 편찬의 중요성을 강조하였다. 게다가 변방 경계는 반드시 적어야 한다고 하여 강역 파악의 중요성을 강조하고 있다.[58]

---

57 『魯陵顚末』, 1책, 국립중앙도서관(古2151-2).

58 『順菴集』 권7, 書, 「與李廷藻 家煥書 乙酉」. "地誌盖有經國之謨. 而若勝覽等書, 詩文過半, 詩文果何益於經國乎! 人物最難, 黨論以後, 意見不同, 必多爭端矣. 至姓名下書字貫, 有文章則但曰以文章名, 有經術則但曰以經術名, 皆以二三字斷之. 雖有言行,

이는 안정복의 지리지 편찬 작업이 실천적이고 경세적인 문제의식에서 나왔음을 보여준다.

(1) 『광주지(廣州志)』

안정복은 광주에서 살고 있었던 1753년(영조 29) 광주의 사찬 읍지인 『광주지』를 편찬하였다. 『연보』에 의하면 책은 2권이며 서문이 있다고 한다. 당시 나이가 42세로 이전까지 성리서(性理書)를 주로 편찬하였던 안정복이 처음으로 지리서를 편찬하였다. 광주유수겸수어사(廣州留守兼守禦使)로 재임하였던 이기진(李箕鎭, 1687~1755)은 1753년 여름 안정복에게 서간을 보내 읍지를 편찬하도록 권유하였다.[59] 안정복이 책을 급하게 편찬하였으나 이기진이 체직(遞職)되어 돌아가고 또 얼마 되지 않아 작고하면서 책은 간행되지 못하였다.[60]

이 책의 명칭에 대해 황덕길(黃德吉)이 편찬한 행장에는 『광주지』라고 언급하고 있다. 『하학지남(下學指南)』에 수록된 문인 황필수(黃泌秀)가 쓴 순암의 저술목록에서는 『광릉지(廣陵志)』, 『오주연문장전산고(五洲衍文長箋散稿)』에서는 "안정복(安鼎福) 남한지(南漢志), 홍계

在所當畧, 亦無關於經國之道而然也. 此意未知如何, 域中地理, 自當探驗, 至於邊界, 必須詳錄."

59 李箕鎭은 1751년 3월 제수되어 동월 10일 부임하여 1753년 정월 교체되었다. 2월 인사에서 이기진은 홍문관 제학, 洪啓禧는 광주 유수에 제수되었다. 1754년 4월 홍계희는 이조 판서에 제수되었으며 윤4월 徐命彬이 광주 유수로 임명되었다. 그런데 관안에는 이기진 이임 이후 바로 서명빈 도임이 기록되어 있다(『廣州府邑誌』, 「官案」, 장서각(K2-4216)). 따라서 이기진이 부탁한 시점에는 혼돈이 있다.

60 『順菴集』 권18, 序, 「廣州府志序」. "癸酉夏, 留守李公慨然于斯, 以不佞爲土人而習于故事, 發書問之, 委以撰述之役. ……(中略)…… 書旣成, 而李公遞歸, 未幾而卒, 書因而不行焉."

희(洪啓禧) 북한지(北漢志)"라고 적고 있다. 한편 서명응(徐命膺)이 편찬한 것을 증정(增訂)하여 홍경모(洪敬謨)가 『중정남한지(重訂南漢誌)』를 편찬하고 있는데,[61] 부지(府志)로서의 『광주부지(廣州府志)』와 산성지(山城誌)로서의 『남한지』는 성격이 달랐다고 생각한다. 다만 『광주부지』가 광주부의 읍지로 편찬되었으나 안정복이 정묘호란과 병자호란의 치욕을 생각하면서 붓을 멈추었다고 적은 점에서 남한산성의 일까지도 묘사하였을 것으로 생각된다.[62] 현재 『광주부지』는 남아 있지 않다. 규장각에 보이는 여러 『광주부읍지』는 대부분 19세기 이후에 편찬된 것이다.[63] 따라서 안정복이 편찬한 『광주부지』의 흔적을 찾기는 어렵다. 이 점은 산성지로 편찬한 홍경모의 『중정남한지』에서도 마찬가지다.[64]

다만 현재 남은 『광주부읍지』에서 그 흔적을 찾는다면 먼저 「능침(陵寢)」조에서 계림군 김균(金稛)의 묘 위치를 오포면(五浦面)이라고 적었는데 원래 다른 것에는 없던 기록으로 안정복의 『남한지』 초안에 "계림군의 무덤은 오포면에 있다"고 적혀 있었다는 것이다.[65] 또한 「고적」조에는 온조왕대의 노파 기사가 있는데 『삼국사기』 「백제본기」의 기사에서 나온 것이다. 여기서 김부식은 위례성의 위치를

---

61 남한산성을 중심으로 한 읍지인 『南漢志』는 정조가 守禦使 徐命膺에게 명하여 편찬하였으나 완성되지는 못하였으며, 1846년(헌종 12)에 洪敬謨(1774~1851)가 서명응의 『남한지』를 바탕으로 중정하였다.

62 『順菴集』 권1, 詩, 「修廣州府志至丙丁事閣筆潸然謾書一律」.

63 『廣州府邑誌』, 규장각(奎10740, 奎10741, 奎12180, 奎10701, 古915.12-G994b) 및 『廣州府邑誌』, 장서각(K2-4216).

64 『重訂南漢誌』, 규장각(奎7113-v.1-6).

65 안대회 외 옮김(2021), 505쪽.

명시적으로 말하지 않았으나 안정복은 『동사강목』에서 직산이라고 비정하였다.[66] 「고적」조에서 위례성(慰禮城)=직산(稷山)설을 적시한 것은 안정복이 읍지를 편찬하면서 제시한 흔적으로 여겨진다. 또한 「인물」조에서 다른 관찬의 읍지와는 달리 사찬 읍지에서 인물을 다루는 수준으로 자세하게 묘사하고 있다. 안정복이 『광주부지』를 편찬한다는 말을 들었을 때 이익(李瀷)이 쉽게 비방을 초래할 수 있는 일이라고 우려를 표한 것[67]도 인물의 선정과 기술과 관련된 부분일 것이다. 이에 안정복이 인물을 모두 망라하는 방식을 취하였을 것으로 보이며 현재 남은 『광주부읍지』에서 인물조가 상세한 것은 이 때문으로 여겨진다.

(2) 『대록지(大麓志)』

안정복은 1776년(영조 52) 9월 목천현감(木川縣監)에 제수되었다. 10월 목천으로 내려가 정무를 보았다. 안정복은 고을에는 해당 지역의 읍지가 있어야 한다고 생각하여 목천의 읍지인 『대록지』를 1779년(정조 3) 편찬하였다. 『대록지』를 비롯하여 그 뒤에 편찬된 목천의 읍지를 편찬의 순서에 따라 살펴보고자 한다.

일본 교토대 가와이 문고에서는 2권 1책의 필사본 『대록지(大麓志)』[68]가 있다. 1779년(정조 3) 용회당(用晦堂)에서 적었다는 서문이 있다. 『대록지』 상에는 건치연혁, 관원, 강역, 면리, 풍속, 형승, 산천, 토산,

66 『東史綱目』 1상, 〈乙卯年〉. 『東史綱目』 부록 하, 「地理考」, 〈百濟疆域考〉.

67 『星湖全集』 권24, 書, 「答安百順 癸酉」.

68 『大麓志』, 日本 京都大 河合文庫(タ-16 199595).

진공, 누정, 공해, 전결, 창곡, 부세, 요역, 늠봉, 군기, 호구, 군액, 교원, 단묘, 제언, 역원, 교량, 장시, 불우가, 『대록지』 하는 임관, 성씨, 인물(고려, 본조, 부 우거, 유행, 문예, 효자, 열녀, 충의), 과신(문과, 사마, 무과), 총묘, 고적, 잡사, 제영, 보유의 순으로 이루어져 있다. 이 책은 「임관」조의 안정복 항목에서 "금상병신구월이전익찬(今上丙申九月以前翊贊)"이라고 적고 있다. 이 『대록지』는 안정복이 목천현에 도임하고 나서 작성을 시작하여 윤문을 거쳐 완성된 것으로 보인다.[69] 한편 안정복 이하의 기사에는 다른 글씨로 이후 도임하는 현감에 대한 기록을 추가해 넣고 있는데, 마지막 임희후(任希厚)의 기사로 보아 1786년(정조 10) 이후 다른 누군가에 의해 보충된 것으로 보인다.

규장각 소장 『목천읍지(木川邑誌)』[70]도 역시 안정복과 관련된 것인데 제영 뒤에 '대록지 하(大麓誌 下)'를 보유로 첨부하였다. 임관조를 보면 1558년(명종 13) 목천현감으로 부임한 임종(林悰)부터 1776년(영조 52) 부임한 안정복까지 지방관 명단을 적고 있다. 이 책도 안정복의 『대록지』를 바탕으로 편찬한 것이다. 내용면에서 본다면 안정복이 만든 것을 바탕으로 필사한 것으로 여겨진다.

규장각 소장 『목천현지』[71]는 표지명을 『대록지』, 판심제와 내제를

69 이에 대한 정보로 『順菴集』 권9, 書, 「與鄭子尙書 辛丑」에 의하면 "그런데 글씨 쓰는 사람이 무식하여 삭제하거나 첨가한 것과 두 번 기록된 것을 구분하지 못하고 써 놓았는데, 지금 형의 편지를 보고 나서 서둘러 정리하면서 고쳐 쓰기도 하고 삭제하기도 하였습니다. 이게 비록 正本이라고는 하나 여전히 초안에 불과하므로 至尊께 보여드릴 수 없으므로 매우 황송할 따름입니다."라고 적고 있다. 가와이 문고본은 안정복의 초고를 바탕으로 누군가가 정리한 것으로 보인다.

70 『木川邑誌』, 표지명 木川縣邑誌, 규장각(奎17382).

71 『木川縣誌』, 표지명 大麓志, 규장각(奎3259).

목천현지(木川縣誌)로 하는 목판본이다. 1817년(순조 17) 현감이었던 조국인(趙國仁)이 안정복이 이전에 편찬한 『대록지』를 증보하여 간행한 것이다. 임관 항목에서 안정복까지를 적고 속(續)과 증(增)을 통해 조국인(趙國仁)까지를 다루고 있다. 규장각 소장 상백도서의 『목천현지』도 같은 목판본이다.[72]

또 다른 규장각 소장의 『대록지』[73]는 필사기에 의하면 1929년 필사한 것이다. 목판본 『목천현지』를 대본으로 하였다. 한편 천원군 대록지편집위원회에서 김봉수 편집으로 『대록지』를 연활자본으로 간행하였다.[74] 이 책은 시기는 1968년에 나왔으나 목판본에 이어서 당대까지 사항을 보충하여 한문본으로 간행한 것이다.

안정복은 광주와 목천 등 자신과 연고가 있는 지역의 읍지를 편찬하였다. 지역 읍지의 편찬은 그가 관심을 가졌던 학문 분야 가운데 하나였다. 다만 안정복이 편찬한 목천의 읍지는 다른 당색인의 입장에서 보았을 때는 남인 편향성이 강하였다. 후임 목천현감인 노론계 황윤석(黃胤錫)은 이 점을 비판하였다.[75]

5) 중국사에 대한 정리

안정복의 중국사에 대한 관심은 각종의 초록집에서 보인다. 중국

72 『木川縣誌』, 표지명 大麓誌, 규장각(想白古915.13-M724).

73 『大麓志』, 규장각(一簑古915.13-An1d).

74 金鵬洙 編(1968).

75 『頤齋亂藁』 권31, 1779년 10월 18일 戊辰. “得鄉廳所藏安木川鼎福所編大麓誌上下編, 卽木川本縣志也. 比官上本志, 可謂詳悉. 而偏詳於南人家, 此其胎病故歟.”

인물에 대한 초록집으로는 『열전칠십가(列傳七十家)』, 『명신록장초(名臣錄章抄)』, 『희현록(希賢錄)』[76] 등을 들 수 있으며 역사서에 대한 초략집으로는 『중국고대사초(中國古代史抄)』, 『전한서초(前漢書抄)』, 『계한서초(季漢書抄)』, 『진서문초(晋書文鈔)』, 『황명강목(皇明綱目)』, 『성경통지(盛京通志)』 등을 들 수 있다. 그 외에도 임상정(林象鼎)의 『임씨사통(林氏史統)』[77] 가운데 3대 부분은 실제로는 안정복의 것을 이용한 것이었다.[78] 중국사에 대한 저술로는 역대 사실과 사론을 집성한 『사론(史論)』, 중국 삼황오제(三皇五帝)에서 주까지의 역사를 다룬 『사감(史鑑)』, 고대에서 오대까지를 다룬 『독사상절(讀史詳節)』 등이 있다.[79]

(1) 『사론(史論)』

『사론』[80]은 전설시대부터 몽고(蒙古)까지 역대 왕들의 계승 관계를

---

76 『希賢錄』, 장서각 소장(K2-652).

77 林象鼎의 저술로 남은 것은 현재 완본으로 장서각의 권수제 『林氏史統』 75권 35책이 유일하며 낙질본으로 국립중앙도서관의 권수제 『歷代史統』의 21권 21책(장서각본 50권 21책에 해당), 연세대 도서관의 권수제 『歷代史要』(전 75권 33책, 현존 72권 32책, 권25~27결), 영남대 미산문고의 권수제 『歷代史要』(전 75권 33책, 현존 27책, 권1~2, 5~6, 10~20, 25~37, 40~52, 55~65, 68~75)가 있다. 『順菴集』의 '歷代史要'라는 표현을 보건대 '사요'가 '사통'보다 앞서 만들어졌던 것으로 보인다.

78 『順菴集』 권9, 書, 「與鄭子尙書 辛丑」. "在昔先王朝, 林成川象鼎丈撰歷代史要, 三代三卷用鄙撰."
장서각본 『林氏史統』 제4책이 周 威烈王 23년에서 시작되므로 이때 말하는 三代는 『임씨사통』의 3책 6권(上古紀~東周 威烈王 22년)을 의미한다. 먼저 『歷代史要』가 편찬된 후 3책 6권이 나중에 들어온 것은 장서각본 4책의 권7 이하 권의 숫자 표시가 후에 개삭되어 번호가 부여된 것에서 짐작될 수 있다.

79 국립중앙도서관 소장본 『史論』, 『史鑑』, 『讀史詳節』 3종에 대해서는 김현영(2012), 해제 참조.

80 『史論』, 국립중앙도서관(한貴古朝50-17).

적고 관련 사론을 모은 책이다. 건, 곤 2책으로 이루어져 있다. 1책은 반고씨(盤古氏), 천황씨(天皇氏), 지황씨(地皇氏), 인황씨(人皇氏)와 부(附) 십기(十紀), 그리고 유소씨(有巢氏), 수인씨(遂人氏), 오제(五帝) 즉 태고 복희씨(太皐 伏義氏), 염제 신농씨(炎帝 神農氏), 황제 유웅씨(黃帝 有熊氏), 소호 금천씨(少昊 金天氏), 전욱 고양씨(顓頊 高陽氏)를 정리하였다. 이어 제곡 고신씨(帝嚳 高辛氏), 제요 도당씨(帝堯 陶唐氏), 제순 유우씨(帝舜 有虞氏), 하(夏), 상(商), 주(周), 동주(東周), 부(附) 열국(列國)을 정리하였다. 41면에는 진(秦), 서한(西漢), 부 신망(新莽)이 첨부되어 있다. 65면부터는 동한(東漢)과 촉한(蜀漢), 부 위(魏), 부 오(吳), 그리고 서진(西晉), 동진(東晉), 부 십팔국(十八國)을 정리하였다. 105면부터는 남북조(南北朝)로 남조의 송(宋), 제(齊), 양(梁), 진(陳)과 북조의 위(魏), 동위(東魏), 북제(北齊), 후주(後周), 수(隋)를 다루었다. 2책에서는 당(唐), 부 오대[五代; 후량(後梁), 후당(後唐), 후진(後晉), 후한(後漢), 후주(後周)], 거란(契丹), 기(岐), 양오(楊吳), 오월(吳越), 전촉(前蜀), 남초(南楚), 민(閩), 연(燕), 남한(南漢), 남평(南平), 후촉(後蜀), 남당(南唐), 북한(北漢), 송(宋), 남송(南宋), 부 요(遼), 부 금(金), 부 하(夏), 부 몽고(蒙古), 원(元)까지를 다루었다.

서술은 역대 왕명과 재위 년대 등을 간략히 적었으며, 정통 국가가 아닌 열국(列國), 신망(新莽), 위(魏) 등은 부(附)로 첨부하였다. 이 책에서는 원대까지 중국 역사를 나라와 왕위의 계승을 중심으로 『통감(通鑑)』과 『강목(綱目)』, 중국의 각 정사류 등 책에서 사론, 찬, 안설 등을 발췌하여 수록하고 있다. 안정복은 별도의 안설을 덧붙이지는 않았으나 동한(東漢)-촉한(蜀漢)을 역사의 정통으로 보았기 때문에 위(魏)와 오(吳)는 부록으로 적었으며 거란, 몽고의 경우 중원을 차지하지 못한 단계에서는 정통으로 인정하지 않았기 때문에 부록으로 정리함으로써 『자치통감강목』의 촉한 정통론을 수용하여 정리하고 있다.

(2) 『독사상절(讀史詳節)』

16책의 중국 역사서이다.[81] 상고기(上古紀) 반고씨부터 시작하여 당과 오대까지 편년의 순에 따라 다루고 있다. 『사론』이 역대 왕조의 왕을 중심으로 간략하게 연대를 파악하려고 하였다면 『독사상절』은 상고기에서 당과 오대까지 중국의 전 역사를 다루려고 하였다. 『독사상절』은 1759년(영조 35) 아우 정록(鼎祿)과 아들 경증(景曾)에게 주는 유서에서 이미 언급하고 있어, 그 이전에 어느 정도 편찬한 것으로 보이나 현재 완성에 이르지는 못하고 필사본의 상태로 남아 있다.

> 『독사상절(讀史詳節)』 또한 그 번거로움과 간결함이 적절하나 양한(兩漢) 부분이 없어졌고 송명(宋明)의 것은 편찬하지 못했으며, 중간에도 줄이거나 윤색하지 못한 것이 많으니, 이것은 완성되지 못한 책이다.[82]

『독사상절』은 사마광(司馬光)의 『자치통감(資治通鑑)』, 주희(朱熹)의 『자치통감강목(資治通鑑綱目)』, 이연수(李延壽)의 『남북사(南北史)』, 구양수(歐陽修) · 송기(宋祁)의 『신당서(新唐書)』 등을 비롯하여 매우 다양한 저술을 이용하여 정리하였다. 서한 일부와 신(新) 왕망(王莽) 등이 빠져 있는데 이미 안정복 당대에 망실하였기 때문이다. 8책에는

---

81 『讀史詳節』, 국립중앙도서관(한貴古朝50-74).

82 『順菴集』 권14, 雜著, 「弟鼎祿子景曾遺書 己卯」.

특이하게도 중국역사지도(中國歷史地圖)와 부록으로 각성지도(各省地圖)와 성경지도(盛京地圖), 각 산도(山圖), 왜국지도(倭國地圖) 등을 수록하고 있다. 이는 이 책에서 가장 특징적인 부분 가운데 하나로, 8책에 수록된 지도에는 황명지도를 포함한 천하도와 『성경통지』 내의 각 형세도를 수록하고 있다. 천하도는 천하도와 황명지도, 그리고 각 시기별 지도를 수록하였다. 이에는 서주 이래의 역사지도와 청대의 각 성 지도까지 포함하고 있다. 『성경통지』 지도에서는 『성경통지』 내의 지도 가운데 〈성경여지전도(盛京輿地全圖)〉, 〈금주부형세도(錦州府形勢圖)〉, 〈흑룡강자운소속형세도(黑龍江將軍所屬形勢圖)〉, 〈영고탑장군소속형세도(寧古塔將軍所屬形勢圖)〉, 〈봉천장군소속형세도(奉天將軍所屬形勢圖)〉, 〈의무려산도(醫巫閭山圖)〉, 〈장백산도(長白山圖)〉, 〈천산도(千山圖)〉를 수록하였다.

지도를 통해 강역을 이해하려는 방식은 『동사강목』에 수록된 「동사강목도」와 통하는 것으로, 중국의 역사를 시각적으로 확인하려고 한 것이다. 책의 말미에는 우리나라 사신들의 의주(義州)에서 연경(燕京)까지의 연행로, 회령(會寧)에서 오랄(烏喇)까지의 지명, 오랄에서 심양(瀋陽)까지의 지명 등도 거리와 함께 정리하였다.

이 책은 미완성의 중국사이지만 안정복의 중국에 대한 인식을 보여준다는 점에서 중요한 자료이다. 서술의 방식은 『동사강목』과 동일하게 간지를 적고 연도별로 강과 목의 형태로 설명을 전개하며, 논평이 필요한 경우 본인의 안설 대신에 선현의 사론을 덧붙이고 있다. 기록에서는 인용 출처를 하단에 밝히고 있다. 다만 제순 유우씨 이후는 서술에서 앞에 60갑자 간지를 내세우고 있다.

〈표 2〉『독사상절』의 체재

책	기	대상
1책	上古紀	盤古氏, 天皇氏, 地皇氏, 人皇氏
		附 十紀〈天地開闢~魯 哀公 獲麟〉: 一九龍紀, 二五龍紀, 三攝提紀, 四合雒紀, 五連通紀, 六敘命紀, 七循蜚紀, 八因提紀, 九禪通紀, 十疏仡紀
	三皇紀	太昊伏羲氏, 炎帝神農氏, 黃帝有熊氏
	五帝紀	少昊金天氏, 顓頊高陽氏, 帝嚳高辛氏, 帝堯陶唐氏, 帝舜有虞氏
	夏紀	大禹, 啓, 太康, 仲康, 相, 少康, 杼, 槐, 芒, 泄, 不降, 扃, 廑, 孔甲, 皐, 發, 癸: 大禹~桀王 17世
	商紀	成湯, 太甲, 沃丁, 太庚, 小甲, 雍己, 太戊, 中丁, 外壬, 河亶甲, 祖乙, 祖辛, 沃甲, 祖丁, 南庚, 陽甲, 盤庚, 小辛, 小乙, 武丁, 祖庚, 祖甲, 廩辛, 庚丁, 武乙, 太丁, 帝乙, 帝辛 : 成湯~紂 28王
	西周紀 上	武王
2책	西周紀 下	成王, 康王, 昭王, 穆王, 共王, 懿王, 孝王, 夷王, 厲王, 宣王, 幽王 : 武王~幽王 12王 352년
	東周紀(1)	平王, 桓王, 莊王
3책	東周紀(2)	僖王, 惠王, 襄王, 頃王, 匡王, 定王, 簡王, 靈王, 景王 上
4책	東周紀(3)	景王 下, 悼王, 敬王, 元王, 貞定王, 哀王, 思王, 考王, 威烈王 上
5책	東周紀(4)	威烈王 下, 安王, 烈王, 顯王, 愼靚王, 赧王
	七國紀	東周君
	列國年紀	秦, 楚, 燕, 魏, 趙, 韓, 齊(無統列國)
	後秦紀	始皇帝 下, 二世
망실	西漢紀	太祖高皇帝, 孝惠皇帝, 高皇后, 太宗孝文皇帝, 孝景皇帝, 世宗孝武皇帝, 孝昭皇帝, 中宗孝宣皇帝, 孝元皇帝, 孝成皇帝, 孝哀皇帝, 孝平皇帝, 孺子嬰, 淮陽王
	東漢紀 上	世祖光武皇帝, 顯宗孝明皇帝, 肅宗孝章皇帝, 孝和皇帝, 孝殤皇帝, 孝安皇帝, 孝順皇帝, 孝沖皇帝, 孝質皇帝, 孝桓皇帝, 孝靈皇帝
6책	東漢紀 下	帝辯, 孝獻皇帝
	季漢紀	昭烈皇帝, 後皇帝
7책	西晉紀	(宣帝, 景帝, 文帝), 世祖武皇帝, 孝惠皇帝, 孝懷皇帝, 孝愍皇帝

<table>
<tr><td></td><td colspan="3">東晉紀</td><td>中宗元皇帝, 肅宗明皇帝, 顯宗成皇帝, 康皇帝, 孝宗穆皇帝, 哀皇帝, 廢帝 帝奕, 太宗簡文皇帝, 烈宗孝武皇帝, 安皇帝, 恭皇帝</td></tr>
<tr><td>8책</td><td colspan="3">地圖</td><td>皇明地圖, 西周以上地圖, 春秋地圖, 列國地圖, 秦漢地圖, 楚漢之際方隅割據圖, 西漢末方隅割據之圖, 東漢地圖, 東漢末方隅割據圖, 季漢地圖, 兩晉地圖, 南北朝隋地圖, 隋末方隅割據之圖, 唐地圖, 唐末藩鎭建置之圖, 唐末五代方隅割據之圖, 五代北宋地圖, 南宋胡元地圖, 天下總圖, 北直隸圖, 山東省圖, 江南省圖, 浙江省圖, 河南省圖, 福建省圖, 江西省圖, 湖廣省圖, 廣東省圖, 廣西省圖, 山西省圖, 陝西省圖, 泗川省圖, 貴州省圖, 雲南省圖, 『盛京通志』 地圖(盛京興地全圖, 錦州府形勢圖, 黑龍江將軍所屬形勢圖, 寧古塔將軍所屬形勢圖, 奉天將軍所屬形勢圖, 醫巫閭山圖, 長白山圖, 千山圖) 天下圖, 倭國地圖</td></tr>
<tr><td rowspan="3">9책</td><td rowspan="3">南北朝</td><td rowspan="2">南朝</td><td>宋紀</td><td>(劉宋) 高祖武帝, 少帝, 太祖文帝, 世祖孝武帝, 廢帝, 太宗明帝, 後廢帝, 順帝</td></tr>
<tr><td>濟紀</td><td>(南齊) 太祖高帝, 世祖武帝, 廢帝鬱林王, 廢帝海陵王, 高宗明帝, 廢帝東昏侯, 和帝</td></tr>
<tr><td>北朝</td><td>魏紀</td><td>(北魏) 太祖道武帝, 太宗明元帝, 世祖太武帝, 恭宗景穆帝, 南安王, 高宗文成帝, 顯祖獻文帝, 高祖孝文帝, 世宗宣武帝</td></tr>
<tr><td rowspan="2">10책</td><td rowspan="2">南北朝</td><td>南朝</td><td>梁紀</td><td>(南梁) 高祖武帝, 太宗簡文帝, 世祖孝元帝, 敬帝
(後梁[西梁]) 高宗昭明帝, 中宗宣帝</td></tr>
<tr><td>北朝</td><td>魏紀, 齊紀, 周紀</td><td>(北魏) 世宗宣武帝 景明3年, 肅宗孝明帝, 敬宗孝莊帝, 廢主曄, 節閔帝, 廢主朗, 孝武帝
(東魏) 孝靜帝[中山王]
(西魏) 文帝, 魏主欽, 恭帝
(北齊) 〈太祖獻武帝[高祖神武帝], 世宗文襄帝〉, 顯祖文宣帝
(北周) 〈太祖文帝, 孝閔帝〉, 世宗明帝</td></tr>
<tr><td rowspan="3">11책</td><td rowspan="2">南北朝</td><td>南朝</td><td>梁紀, 陳紀</td><td>(後梁) 世宗孝明帝, 後主
(南陳) 高祖武帝, 世祖文帝, 廢帝, 高宗孝宣帝, 後主</td></tr>
<tr><td>北朝</td><td>齊紀, 周紀</td><td>(北齊) 廢帝, 肅宗孝昭帝, 世祖武成帝, 後主緯, 幼主恒
(北周) 世宗明帝, 高祖武帝, 宣帝, 靜帝</td></tr>
<tr><td colspan="3">隋紀</td><td>高祖文皇帝, 煬皇帝, 恭帝侑</td></tr>
<tr><td>12책</td><td colspan="3">唐紀</td><td>(隋) 恭帝侗, (唐) 高祖神堯大聖大光孝皇帝, 太宗文武大聖大廣孝皇帝, 高宗天皇大聖大弘孝皇帝, 中宗皇帝, 睿宗皇帝, 附 武后, 中宗大和大聖大昭孝皇帝(復)</td></tr>
<tr><td>13책</td><td colspan="3">唐紀</td><td>睿宗玄眞大聖大興孝皇帝(復), 玄宗至道大聖大明孝皇帝, 肅宗文明武德大聖大宣孝皇帝, 代宗睿文孝武皇帝</td></tr>
<tr><td>14책</td><td colspan="3">唐紀</td><td>德宗神武孝文皇帝, 順宗至德弘道大聖大安孝皇帝, 憲宗昭文章</td></tr>
</table>

			武大聖至神孝皇帝, 穆宗睿聖文惠孝皇帝, 敬宗睿武昭愍孝皇帝, 文宗元聖昭獻孝皇帝
15책	唐紀		武宗至道昭肅孝皇帝, 宣宗元聖至明成武獻文睿智章仁神聰懿道大孝皇帝, 懿宗昭聖恭惠孝皇帝, 僖宗惠聖恭定孝皇帝, 昭宗聖穆景文孝皇帝, 景宗昭宣光烈孝皇帝
16책	五代紀	後梁紀	太祖, 末帝
		後唐紀	莊宗, 明宗, 閔帝, 潞王
		後晉紀	高祖, 齊王
		後漢紀	高祖, 隱帝,
		後周紀	太祖, 世宗, 恭帝
	北漢紀		世祖神武帝, 孝和帝
	附		岐王, 吳王, 晉王, 蜀王, 吳越王, 楚王, 閩王, 契丹

(3) 『사감(史鑑)』

『사감』[83]은 7권 7책으로 삼황오제부터 동주(東周)에 이르기까지 중국의 역사를 편년 강목의 형태로 정리하였다. 『사감』은 상고기부터 위열왕(威烈王) 23년까지 다루고 있는데 『독사상절』과 『사감』의 편찬 순서는 1759년(영조 35) 이미 『독사상절』에 대해 언급하면서 미완성이라고 하는 것으로 보아 『독사상절』이 어느 정도 만들어진 후 『사감』을 만든 것으로 보인다. 『사감』은 연보에 의하면 1763년(영조 39) 안정복의 나이 52세 때 완성하였다.[84] 『사감』은 편년 방식으로 기술한 점에서 보면 『독사상절』의 해당 부분과 유사한데 상고기부터 위열왕 23년까지를 별도로 분리하여 『사감』의 제하로 만든 것이다.

83 『史鑑』, 국립중앙도서관(한貴古朝50-22).

84 『順菴集』, 「年譜」, 〈三十九年癸未 先生五十二歲〉, "史鑑成. 自上古至綱目以上節刪成之, 名之曰史鑑, 書凡八卷."

〈표 3〉『사감』의 체재

책	권	기	간지	비고
1책	수권	上古紀		盤古氏, 天皇氏, 地皇氏, 人皇氏
		附十紀		天地開闢～魯 哀公 獲麟 : 226萬7千年
		三皇紀		太昊伏羲氏, 炎帝神農氏, 黃帝有熊氏
		五帝紀		少昊金天氏, 顓頊高陽氏, 帝嚳高辛氏, 帝堯陶唐氏, 帝舜有虞氏
	권1상	唐虞紀	甲辰(堯元載)～乙亥(舜50載)	帝堯陶唐氏, 帝舜有虞氏 : 152載
		夏紀	丙子(禹元歲)～乙未(后癸53歲)	夏后氏禹, 后啓, 太康, 仲康, 相, 少康, 后杼, 后槐, 后芒, 后泄, 后不降, 后扃, 后廑, 后孔甲, 后皐, 后發, 后癸 : 17王 440年
2책	권1중	商紀	乙未(成湯18祀)～己卯(帝辛33祀)	成湯, 太甲, 沃丁, 太庚, 小甲, 雍己, 太戊, 中丁, 外壬, 河亶甲, 祖乙, 祖辛, 沃甲, 祖丁, 南庚, 陽甲, 盤庚, 小辛, 小乙, 武丁, 祖庚, 祖甲, 廩辛, 庚丁, 武乙, 太丁, 帝乙, 帝辛 : 28王 645祀
	권1하	(西)周紀	己卯(武王13年)～庚午(幽王11年)	武王, 成王, 康王, 昭王, 穆王, 共王, 懿王, 孝王, 夷王, 厲王, 宣王, 幽王 : 12王 352年
3책	권3상	東周紀1	辛未(平王元年)～甲辰(僖王5年)	平王, 桓王, 莊王, 僖王
4책	권3하	東周紀2	乙巳(惠王元年)～甲午(襄王25年)	惠王, 襄王 上
5책	권4	東周紀3	乙未(襄王26年)～己丑(簡王14年)	襄王 下, 頃王, 匡王, 定王, 簡王
7책 (원6책)	권5상	東周紀4	庚寅(靈王元年)～己未(景王3年)	靈王, 景王
실 (원7책)	권6상	東周紀5	庚申(悼王元年)～戊子(敬王7年)	悼王, 敬王 上
6책 (원8책)	권6하	東周紀6	己丑(敬王8年)～戊寅(威烈王23年)	敬王 下, 元王, 貞定王, 哀王, 思王, 考王, 威烈王

『사감』에서는 상고기[上古紀, 부십기(附十紀)], 삼황기[三皇紀, 태호 복희씨(太昊 伏羲氏)-황제 유웅씨], 오제기[五帝紀, 소호 금천씨-제순 유우씨], 당우기(唐虞紀)[제요 도당씨-제순 유우씨], 하기(夏紀)[우왕(禹王)-걸왕(桀王)], 상기(商紀)[성탕(成湯)-주(紂)], 서주기(西周紀)[무왕(武王)-유왕(幽王)], 동주기(東周紀)[평왕(平王)-위열왕]의 기(紀)로 시대를 구분하였다. 동주의 위열왕 23년까지 다룬 것은 『자치통감』과 『자치통감강목』에서 위열왕 23년에서 시작하였기 때문이다. 형태는 『자치통감외기(資治通鑑外紀)』의 분권을 참고하였기 때문에 분권 양상이 유사하다.[85]

현재 7책이 남아 있는데 국립중앙도서관본은 동주의 도왕(悼王), 경왕(敬王) 상(上)을 다룬 부분이 망실되어 있다. 따라서 원래는 8책이었다. 책의 순서도 7책과 6책의 순서가 바뀌어 있다. 7책은 6책으로, 실전된 책은 7책으로, 6책은 8책으로 순서를 정해야 한다.

이에 대해 안정복은 사마정(司馬貞)의 『색은(索隱)』의 "기(紀)라는 것은 기록하는 것이다. 사건을 근본으로 삼아 기록하는 것이므로 본기라고 하였다. 또한 기는 정리하는 것이다. 제왕의 일을 기라고 하는 것은 후대까지 계속 이어지기 때문이다"[86]라는 말을 인용하고 있다. 안정복은 중국 역사를 적을 때 근본이 되는 정통의 계통을 연결하여 기술하여야 하며, 또한 여러 일들을 모아 정리해야 한다는 입장에서 역사를 보고 있음을 사마정의 『색은』을 통해 말하고 있다. 『사감』의

---

85 『資治通鑑外紀』, 世界書局, 1935.

86 『史鑑』 卷之首, 上古紀. "司馬貞索隱曰, 紀者, 記之也. 本其事而記之也, 故曰, 本紀. 又紀, 理也. 帝王書稱紀者, 言爲後代綱紀也."; 『史記索隱』 권1, 「五帝本紀」 第一. "紀者記也, 本其事而記之, 故曰本紀. 又紀, 理也, 絲縷有紀, 而帝王書稱紀者, 言爲後代綱紀也."

정리된 중국사의 전개는 안정복이 보았던 정통론의 입장에서 나온 것이다.

책은 진경(陳桱)의 『통감속편(通鑑續編)』을 기본으로 하되 유서(劉恕)의 『자치통감외기』와 증선지(曾先之)의 『십팔사략(十八史略)』 등으로 보충하였다. 삼황과 오제는 『속편』, 『사기(史記)』, 『십팔사략』 등의 것을 가져왔다.

동주 시기는 중국의 춘추전국시대(기원전 771년~기원전 221년)에 해당하는데 주나라가 이민족의 침략으로 기원전 771년 평왕(平王)이 호경(鎬京)에서 동쪽 낙읍(洛邑)으로 천도한 것이 시작점이었다. 춘추시대는 기원전 771년에서 기원전 403년 사이의 시기로 주나라의 권위가 인정되었던 시기이나 주나라의 위열왕이 진(晉)나라의 조(趙)·위(魏)·한(韓) 분열을 인정한 위열왕 23년(기원전 403년)부터는 전국시대라고 하였는데 각국이 왕을 칭하면서 독립국으로 행세하였다. 그런데 안정복은 춘추전국시대임에도 맹주로서의 동주(東周)의 권위를 인정하는 입장에서 기술하고 있다.

3. 안정복의 역사학에 대한 연구 현황

1) 1960년대~80년대

안정복의 『동사강목』은 일찍부터 연구자들 사이에서 주목되었으며, 일제강점기 일본학자들이 주도한 조선고서간행회에서는 『동사강목』의 활자본을 간행하였다.[87]

1960년에는 북한에서도 『동사강목』에 대해 일찍부터 그 가치에 대해 주목하였다. 김사억은 안정복이 이룬 분석적이고 비판적인 연구 내용은 편사학상 봉건시대 역사학의 최고, 최후의 위치를 차지한다고 평가하였다.[88]

다른 시대사보다 일본 학자들이 집중하여 연구하고 있었던 한국 고대사 분야에 1970년대부터 국내 연구자들이 본격적으로 논문을 양산하기 시작하면서 『삼국사기』와 『삼국유사』 외의 한국 고대사 관련 원전 저술이 학문적 조명을 받게 되었다. 그 가운데 『동사강목』의 안설에서 보여주었던 안정복의 문제의식은 한국 고대사 연구자들이 연구방향을 설정함에 있어서 지시등과 같았다. 이에 따라 고대사 연구자들은 『동사강목』에 대해 크게 관심을 가지기도 하였다. 특히 안설에서 제기한 안정복의 논리를 자신이 집필하는 논문의 문제의식으로 발전시키기도 하였다.

1970년대에는 석사학위 논문을 시작으로,[89] 안정복을 대상으로 한 연구가 본격적으로 시작되었다. 안정복의 저작 원전이 영인되면서 학생 연구자들도 쉽게 안정복에 접근할 수 있게 되었다.[90] 이 시기에는 안정복의 저작에 대한 국역도 활발하게 진행되어 『동사강목』이 번역 간행되었으며 그 외 여러 번역서가 나왔다.[91]

---

87 『東史綱目』, 朝鮮群書大系 15~18, 朝鮮古書刊行會, 大正4(1915); 『동사강목』, 경인문화사, 1970.

88 김사억(1965).

89 이구용(1970); 변원림(1973).

90 金鵬洙 編(1968); 『順庵叢書』, 성균관대 대동문화연구원, 1970.; 『雜同散異』, 亞細亞文化社, 1981.; 『順庵全集』, 驪江出版社, 1984.

91 민족문화추진회 역(1977); 김동주 역(1982); 이채구 역(1991).

1980년대에는 역사인식, 사관, 중국인식, 신라인식, 지리인식 등 인식적 측면에 대한 연구가 진전되었다.[92] 이러한 연구를 통해 안정복이 『동사강목』이나 『열조통기』를 통해 민족사를 체계적으로 정리하고 자료를 충실하게 고증하였음을 확인할 수 있었다. 민족사 인식이나 과거 인식에서는 스승인 이익보다 진일보한 측면을 보이나 일본 인식이나 제도개혁의 측면에서는 보수적 · 후진적 태도를 지니고 있음이 지적되었나. 특히 안정복의 역사 인식이 유교적 보수주의의 입장에서 개진되었던 점이 확인되기도 하였다. 1985년과 1987년 안정복에 대한 기존의 연구를 연구사적[93]으로 정리하면서 연구자들은 이러한 점을 지적하기 시작하였다. 그러나 이때만 하더라도 연구가 『동사강목』의 내용을 소개하고 각 연구 분야별로 분석하는 방식에 머물러서 안정복의 저술이 앞뒤 시기와 어떻게 연결되는가에 대한 통시대적 접근은 부족하였다.

2) 1990년대~2000년대

1990년대는 안정복의 역사학에 대해 분야별로 구체적인 연구 성과가 산출되었다. 강세구는 안정복에 대한 학위논문을 집필하면서 안정복의 역사학에 대한 광범위한 연구를 진행하였으며,[94] 학위논문이 제출된 다음에도 연구를 지속하여 별도로 안정복의 학문과 사상에 대한

---

92 심우준(1981; 1985); 조광(1982; 2010); 진영일(1983); 김세윤(1985; 1986; 1993); 강세구(1986; 1994); 김수태(1987); 정구복(1987; 2008); 한영우(1988; 1989).

93 조광(1985); 조성을(1987).

94 강세구(1990; 1991; 1992; 1993a; 1993b; 1994; 2012).

연구서를 간행하였다.[95] 또한 안정복의 고려시대에 대한 인식과 역사관에 대해 논문을 발표하였다.[96] 북한에서도 『동사강목』에 대한 사학사적인 관심에서 강광원의 논문이 발표되었으나 남한에서는 구득하여 보기 어려웠다.[97]

한편 사학사적 관점에서의 『동사강목』에 대한 연구가 본격적으로 시작되면서 『동사강목』의 안설이 주목되었다. 차장섭은 기존의 연구자들이 안설에 대해 본격적으로 검토하지 못하고 있었던 점에 주목하여 전체 『동사강목』의 안설을 분석하였는데, 그 결과 안설의 내용이 지니고 있었던 보수성의 측면을 보여주었다.[98] 이기백은 안설의 연구방법과 접근 태도를 살펴 안정복의 사실 고증 자세를 살폈다.[99] 안설에 대한 관심은 이후에도 이어져 안설의 현실적·정치적 입장에 기초하여 사서의 내용을 분석하는 방법을 취하여 최성환은 군신간 의리위주 탕평의 표준 제시와 제도개혁서라는 점에,[100] 원재린은 왕도정치를 실현하기 위한 시무책을 역사적으로 검정하는 결과물이라는 점에 주목하였다.[101]

그리고 전통시대 각 시대에 대한 안정복의 인식을 다룬 논문으로는 고려편을 살핀 박종기[102]와 고려 무신정권에 대한 견해를 다룬 슌

95 강세구(1996; 2012).
96 강세구(2000; 2012).
97 강광원(1991).
98 차장섭(1992).
99 이기백(1999).
100 최성환(2003).
101 원재린(2010).
102 박종기(1993; 2006).

츠,[103] 고려시대 인식을 다룬 전제현,[104] 기자를 다룬 김문식,[105] 영사시(詠史詩)에서 보이는 역사 인식을 다룬 김영숙[106]의 연구가 있다. 또한 이우성은 근기학파의 정통론에 대한 기존의 논문을 발전시켜 『동사강목』의 편찬에 이르는 과정을 정리하였다.[107] 이 연구 논문들은 2012년 순암 안정복에 대한 연구를 집성한 연구총서에 수록되었다.[108] 이를 통해 서술이나 안설에서 보이는 안정복의 고증적인 연구 자세를 확인할 수 있었으며, 인물의 충절을 강조하고 이에 대한 포폄을 중시하는 안정복의 유학자적 입장을 확인할 수 있었다.

3) 2010년대 이후

2010년대에 들어와서는 『동사강목』의 서술태도, 서법, 서술과정 등을 다룬 논문이 나오기 시작하였다. 이전의 연구가 인식적 차원의 연구에 머물렀다면 2010년대 연구에서는 전후의 시기별 혹은 동시대 다른 자료와의 비교를 통해 안정복의 역사학이 지니고 있는 사학사적 위상을 검증하려는 차원으로 나아가고 있다. 대부분의 연구는 안정복의 서법과 저술에서의 우수성을 검증하는 내용으로 이루어져 있으나 기존 연구에 대한 반성적 차원에서 『동사강목』의 긍·부정의 측면을 드러내어 재평가를 해야 한다는 주장이 나오기도 하였다.[109] 한편 이

103 슐츠(2006).

104 전제현(2009).

105 김문식(2000).

106 김영숙(2006).

107 이우성(2004; 2005).

108 이우성·이기백 외(2012).

시기에는 국립중앙도서관을 비롯하여 각 기관에 분산 소장된 안정복 자료에 대한 본격적인 소개와 자료 발굴이 이루어졌다. 특히 안정복의 저술이 다수 소장된 국립중앙도서관에서 해제집을 내어 안정복 저술의 전체상을 그려 볼 수 있도록 하였다.[110] 순암선생 탄신 300주년 기념사업회에서는 2012년 순암 연구를 발전시키기 위해 기존의 연구를 종합하여 책자로 간행하였으며, 또한 대규모의 학술대회를 개최하였다.[111] 학술대회의 논문은 순암 안정복 선생 기념사업회에서 2권의 책으로 간행하였다.[112] 원전 번역도 이어졌다.[113]

2020년대에 들어와서 안정복에 대한 개별 논문은 여전히 이어져 나오고 있다. 다만 최근까지의 연구 경향을 보면 주로 과거에 대한 인식적인 측면을 다루고 있어 현재적 문제의식을 밝히는 부분은 여전히 미비한 편이다.[114] 그러한 점에서 본다면 현시점에서 이러한 연구가 기존의 연구 성과를 어느 정도 뛰어넘었는지, 또한 새로운 관점에서 접근하고 있는지, 연구방법에서 기존의 틀에서 얼마나 벗어났는지에 대해 반성적 검토를 할 필요가 있다.

---

109 김남일(2011; 2012; 2013); 신항수(2013). 오항녕(2013; 2015). 유국충(2013). 박한남(2013). 박종기(2015). 이강한(2015), 김수자(2015). 채미하(2016). 김경태(2018).

110 안병걸(2012).

111 순암선생 탄신 300주년 기념사업회(2012), 순암연구총서 1. 2. 3. 4. 5.

112 순암 안정복 선생 기념사업회(2013), 순암연구총서 6. 7.

113 원재린 역(2012); 박지현 역(2014); 오항녕(2015); 이상하 역주(2016).

114 박인호(2021); 김수태(2021); 홍창우(2022); 손혜리(2022); 김학수(2022); 김문식(2022); 박인호(2022); 지정민(2023).

4. 안정복의 역사학의 연구 과제와 안정복 상의 재구성

1) 안정복의 역사인식에 대한 평가의 문제

안정복이 역사 서술에서 보인 역사인식이 다른 이들과 비교하여 선진성을 가지고 있었다고 평가할 수 있는가라는 점이다. 안정복은 보수적 도덕사관을 가진 인물이라고 평가해도 과언은 아니다. 안정복의 저술이 고증적인 측면에서는 이전의 사람들이 내어놓은 것에 비해 진일보하였다고 평가할 수 있다. 고증에 접근하는 방식이 단순히 연도나 사건을 밝히는 것이 아니라 다양한 사례를 들어 검증하거나 여타 자료를 통해 잘못된 내용임을 밝히는 수준에 이르고 있다. 이 점은 이전의 역사학자와는 다른 면모이다. 여러 자료를 수집하여 고증적으로 연구하는 방법론을 구사하고 있으며 단순한 사료 수집 차원을 넘어 사료 비평을 가하고 있다는 점은 이전의 역사학에 비해 분명 진일보한 것이었다.

그러나 역사 인식의 측면에서 기존의 성리학자들이 역사를 보는 태도와 관점에서 어느 정도 차이가 있는지는 살펴볼 필요가 있다. 오히려 이익(李瀷)은 기존의 도덕적 해석에서 형세에 의한 객관적 역사 이해가 존재함을 밝히는 역사 이론을 발전시키고 있다. 역사 사상적인 측면에서 도덕사관인가 혹은 진일보한 새로운 역사관을 가졌는가는 중요할 것인데 역사의 동력이나 역사의 변동점을 파악하는 역사철학적 측면에서 안정복은 오히려 기존의 도덕적 감계주의(鑑戒主義)에서 어느 정도 벗어나 있다고 할 수 있는가에 대해서는 의문이 있다.

안정복은 18세기 최고 수준의 역사 연구자로 평가되지만 서법이나 서술태도에서 정통론과 강목의 서술체재를 벗어나지 못하였다는 점에서 전통적인 주자학자로서의 역사 서술에서 크게 벗어나지 못하고 있다.[115] 개혁적 문제의식이라는 측면에서 본다면 명말 청초 중국의 고염무(顧炎武)나 방효유(方孝孺) 등의 글을 초록하고 있는 것으로 보아 사회적 문제의식에서는 앞서가고 있다. 그러나 화이관(華夷觀)만 하더라도 종족적 · 지리적 화이관은 탈피하고 있다고 하더라도 열전을 기술하는 방식이나 「일본전」·「유구전」에서의 기술 방식은 중화문명 중심의 문화적 화이관을 넘어서지 못하고 있다. 중국을 보는 방식도 『황명강목』에서 보이듯이 명에 대한 사대존명(事大存明)의 태도가 그대로 남아 있다. 『사론』, 『사감』, 『독사상절』에서 보이는 중국역사에 대한 기술 태도는 주자학적 중국사 이해 방식에서 크게 벗어나지 못하고 있다.

안정복이 지니고 있었던 이러한 보수적 대외관과 존명적(尊明的) 논리를 역사관의 측면에서 어떻게 평가할 것인가는 여전히 앞으로 다루어 보아야 할 중요한 문제라고 할 수 있다.

2) 민족에 대한 인식의 문제

안정복이 가진 민족 인식의 특징이 무엇이며, 우리는 이를 어떻게 평가해야 하는 것인가라는 점이다. 안정복은 단군 중심의 정통론 기술을 통해 민족사의 정통적 체계를 마련하고 있다. 중세 유교적인 정통론적 역사 인식 내에 있지만 홍여하(洪汝河)의 신라정통론에서 많은

115 조광, 김세윤, 한영우, 강광원, 차장섭 등의 지적이 그러하다.

영향을 받아 단군 - 기자 - 마한 - 삼국(무통) - 통일신라 - 고려의 국가를 정통으로 보는 계통 인식을 보이고 있다. 그리고 마한기를 별도로 설정하는 마한 정통론을 주장하여 마한을 역사의 주류로 올려놓았다. 이를 통해 후대 연구자들이 단군 - 기자 - 마한으로 이어지는 우리 민족을 상정할 수 있게 되었으며 상고기 역사에서 우리 역사의 정체성과 독자성을 발전하는 단초가 되기도 하였다. 우리나라 역사에서 중국과 구별되는 우리 민족의 정통성과 정체성을 발견하는 학술적 계기를 제공하였다는 점에서 매우 주요한 인식상의 진전이라고 할 수 있다.[116] 그러나 단군 - 기자 - 마한 정통을 주장함으로써 기자와 마한기에 있었던 여타 많은 군소 국가들의 위상은 상대적으로 축소될 수밖에 없었다. 따라서 우리 상고사가 가지는 다양성은 상대적으로 소홀하게 보았다고 할 수 있다.

또한 중국사에 대한 기록을 보면 화이적 세계의식에서 얼마나 벗어나 있는지는 의문이다. 안정복은 반청(反淸) 의식을 가지고 중국사를 보고 있다.[117] 그런데 이러한 반청 의식이 민족적 자주성으로 연결될 수 있는가라는 것은 또 다른 문제이다.[118] 안정복은 동국사에 대한 기록을 통해 민족적 정체성을 마련하고 있으나, 대외적 인식에는 대명의리의식이 여전히 강고하게 자리잡고 있다. 따라서 그의 반청 의식을 민족의 자주성으로 연결하기에는 어려운 점이 있다. 명에 대한 의리관과 화이론적 세계관에서 벗어나지 못하였다면 과연 안정복의 역사관을 어떻게 평가해야 할 것인가.

---

116 원재린(2003), 234~245쪽.

117 박인호(2021).

118 한영우(1988); (1989), 314쪽.

3) 역사 서술에서의 선진성

안정복이 정통성을 중시하고 강목체 서술을 선호한 것이 역사학적으로 어떤 의미를 가지는가를 살펴볼 필요가 있다. 안정복은 포폄을 중시하는 강목체의 방식으로 역사를 기술하려고 하였다. 안정복은 『동국통감』에서 보여주는 조선 초기의 도덕적 의리론에서는 벗어났다고 하나, 이념성에서 본다면 오히려 주자학의 논리가 강화된 포폄을 직접 역사 기술에 적용하였던 강목체를 적용하여 우리나라 역사를 서술하고 있다.

이러한 도덕주의적 강목체 서술에도 불구하고 안정복은 『동사강목』의 안설에서 보인 논리적 사유로 인해 선진적인 역사 인식을 보였다고 평가받았다. 그러나 강목 논리가 역사 서술에 적용될 때에는 인물에 대한 논평, 사건에 대한 평가가 작동하기 마련이다. 안정복이 당대 여러 인물들에 대한 비지문자(碑誌文字)를 모으고 행장과 인물에 대한 초록집을 작성한 것은 여전히 인물에 대한 기존의 유학적 방식의 인물 평가가 작동하고 있음을 보여준다. 야사에 대한 집록이 빈약한 것도 여전히 유교적인 도덕주의가 작동하였기 때문일 것이다. 이러한 이념성은 안정복의 역사학의 한계라고 할 수 있다.

물론 이러한 이념성에도 불구하고 강목을 통해 역사에서 자신이 보이고자 하는 바를 명확하거나 혹은 역사 서술을 명료하고 간략하게 한 점은 역사학에서의 선진적 측면이다. 안설을 통해 여러 자료를 종합하면서 합리적인 결론을 도출하는 방식은 이전의 단순 사료 나열 수준에서 벗어난 것으로 그러한 점 때문에 현대 역사학에서도 안정복의 안설이 주목받고 있는 것이다.

4) 대외 위기에 대한 인식의 문제

안정복은 대외 비어의식이나 위기의식에 있어서는 스승이었던 이익보다 오히려 더 보수적 태도를 보이고 있다. 이에 따라 정통론과 대명의리론에서는 강도가 오히려 강화되었다.[119] 오히려 이익은 안정복에 비해 풍부한 대외 정보와 유연한 대외 인식을 가지고 있었으므로 외부 세력에 대해서는 적대감보다는 학문적 호기심이 더 강하였다. 그러나 안정복은 외부의 위기에 대해, 그리고 서학 지식이 가지는 위험성에 대한 대응에서는 더 적대적이었다. 사위였던 권일신(權日身)과 외손자였던 권상문(權相問)이 서학에 심취한 것도 위험하게 보았다. 대외적으로는 「일본전」이나 「유구전」에서 교린적인 방식으로 대처하려고 하였다.[120] 당시 일본의 발전이나 북방에서의 위기에도 불구하고 안정복의 대처하는 방식에는 비어적(備禦的) 관점이 부족하였으며 소론계나 노론계에 비해 더 폐쇄적인 면이 있다. 안정복의 화이론적 대외관과 폐쇄적인 서학 인식은 당시 근기 남인계 학파가 가진 보수성을 보여주기도 한다.

5) 역사지리 연구의 성과가 가지는 위상

안정복은 스승이었던 이익의 가르침을 수용함으로써 고증적인 측면을 강화하고 역사를 파악하는 독창적인 관점을 발전시켰기에 18세기를 대표하는 학자로 성장할 수 있었다. 안정복이 각종의 역사서에

119 김문식(2012), 303~318쪽.

120 하우봉(1987); (1989), 136~138쪽.

서 구사한 고증이나 역사적 사실의 검증은 그가 당대 최고의 수준을 지닌 학자였음을 보여준다.

그런데 안정복은 1744년(영조 20) 유형원(柳馨遠)의 증손인 유발(柳潑)의 집에 갔다가 유형원이 저술한 서적을 소개받고 있는데, '동국지지(東國地志)'라는 이름이 등장한다. 그리고 후일 안정복이 초록해 둔 잡문집인 『동사례(東史例)』에 유형원의 여러 논설을 수록하고 있는데, 그 가운데 유형원이 박자진(朴自振)에게 보낸 역사지리 관련 서간인 「여박진사자진논동국지지(與朴進士自振論東國地志)」가 수록되어 있어 안정복이 『동사강목』을 편찬하는 데 유형원의 역사지리에 대한 시각이 큰 영향을 미치고 있음을 알 수 있다.[121]

안정복은 『동사강목』 권수의 「동사강목도(東史綱目圖)」에 〈역대강역지도(歷代疆域地圖)〉를 넣고 있다. 이는 일종의 역사지도로서 이것은 조선 초기 역사서에 역사지도를 편찬하여 첨가하였던 전통을 이은 것이며, 이러한 전통은 18세기 신경준(申景濬)의 관방지도와 19세기 초 한진서(韓鎭書)의 『해동역사(海東繹史)』 「지리고(地理考)」, 19세기 말 윤정기(尹廷琦)의 『동환록(東寰錄)』이나 20세기 초 장지연(張志淵)의 『대한강역고(大韓疆域考)』 등으로 이어진다. 역사지리를 전문적으로 연구하였던 학자들은 역사지도의 편찬을 통해 시각적으로 과거 역사지리의 변천을 파악하려고 한다.

안정복은 우리나라 고대사의 영역을 넓게 설정해 주로 요동 일대를 단군과 그를 계승한 여러 국가들의 주 활동무대로 설정하고 남쪽으로는 한수 이북 일대까지를 영역으로 보고 있다. 특히 고구려는 전성기

---

121 박인호(1989).

때 요서와 한수 이남 충청도 동북 일대까지 이른 것으로 보았다. 남쪽의 삼한은 대체로 한백겸(韓百謙)의 『동국지리지(東國地理誌)』 이래의 고증을 따르되 지리산 서쪽의 변한 일부는 백제에 흡수된 것으로 보고 있다. 이러한 『동사강목』 「지리고」의 인식은 국립중앙도서관 소장본 『부부고(覆瓿稿)』 내에 보이는 「동국지리기의(東國地理記疑)」에서 출발하여 『동사강목』 표제의 초기 이본들을 거쳐 완성된 것이다.

안정복은 북방 지역에 대한 연구에 많은 시간과 공력을 바쳤으며, 많은 연구 성과를 낳기도 하였다. 그러나 요동 지역의 구체적인 지명 비정이나 혹은 옛 지명을 현 지명에 결합시키는 부분에 있어서는 부족한 면을 보이고 있었다. 이는 상대적으로 현지 지리를 살필 기회가 적었고, 주로 문헌을 중심으로 연구한 결과였다.

5. 안정복의 역사인식과 현실의식

1) 조선 정치사 연구가 갖는 의미

안정복이 1767년(영조 43)부터 조선왕조 역대 군주의 사적을 정리하는 작업에 착수하였으나 완성하지 못하고 사망하자, 문인이었던 정현동(鄭顯東)이 이를 이어서 1800년(정조 24)에 완성한 것이 『열조통기』이다. 여러 필사본 가운데 국립중앙도서관본이 원본이지만 규장각본과 이양재본이 가장 정리된 형태이므로 규장각본을 바탕으로 하면서 누락된 부분은 이양재본으로 보충하여 전체적인 서술 내용과 의미를 찾아보고자 한다.

이 책의 제명을 ‘열조통기’라고 한 것은 진건(陳建)의 『황명통기(皇明通紀)』의 예를 따른 것이다. 자료로는 『국조보감(國朝寶鑑)』, 『고려사(高麗史)』, 『동문선(東文選)』, 『여지승람』, 『용비어천가(龍飛御天歌)』, 『숙묘보감(肅廟寶鑑)』, 『동국역대총목』 등 관·사찬 사서, 『동각잡기(東閣雜記)』, 『필원잡기(筆苑雜記)』, 『해동야언(海東野言)』, 『미수기언(眉叟記言)』, 『청야만집(青野謾輯)』, 『오산설림(五山說林)』, 『하담잡록(荷潭雜錄)』 등 야사 자료, 『고사촬요(攷事撮要)』, 『문헌비고(文獻備考)』 등 사전류에 이른다. 그 외 개인 문집 자료, 금석문, 족보류 등 당대에 이용할 수 있는 다양한 자료를 수집하여 편찬하였다. 각 문장의 끝에는 출처를 모두 적고 있어서 이용된 자료의 풍부함을 확인할 수 있다. 게다가 자신이 편찬하였던 『동사강목』도 인용하여 상호 연계되어 있음을 밝히고 있다.[122]

왕조사의 서술은 간지를 적고 재위년도를 적는 방식으로 연대를 표시하고 월일을 통해 편년 순서에 따라 적었다. 즉위년에는 각 왕에 대한 개략적인 소개가 있다. 서술에서는 인사 동정, 인물 사항, 왕실 동향, 주요 언론, 주요 정책 반포, 중국, 일본과의 외교 등 같은 시기의 주요 현안들에 대해 모두 기술하는 방식을 취하고 있다. 이에 따라 당색에 따른 평가는 인용문에 따라 조금 다른데 모두 인용하는 방식으로 전개하고 있다.

자신의 의견은 안설을 통해 개진하고 있다. 『열조통기』에서는 안정복이 많은 안설을 남기고 있다. 이에서는 조선 왕조를 보는 안정복의

---

122 丙子 五年(태조5년 1396) “式年試, 取金益精等三十三人.” 다음 국립중앙도서관본과 규장각본에는 “詳東史綱目恭讓末年.”이라고 주기하였다.

입장이 드러나고 있다. 게다가 '안'설이라고 적지 않았으나 간단하게 주기한 것이 곳곳에 있어[123] 이 역시 안정복의 생각이 반영된 것이라고 할 수 있다.

〈표 4〉 안정복 안설

	연도	내용	비고
1	태조2년 (1393)	按, 芳碩爲世子, 似在夏秋間. 癸酉二月, 定陵碑云, 芳碩幼, 是年, 繕工監搆亭於世子邸. 丁丑, 貞陵願堂碑云, 篤生元良芳碩之爲世子, 前乎此矣.	이양재본은 안표시 없음.
2	태조2년 (1393)	按, 韓后追封, 故道傳等, 不以爲嫡.	이양재본은 안표시 없음.
3	태조6년 (1397)	按, 摠竟卒中國. 又陽村集, 有使臣柳珣鄭摠鄭臣義等, 被拘大國, 請速還本國疏文. 而明史云, 珣釋歸, 臣義無見, 當俟後考. 百氏譜略, 摠, 樞之子, 號復齋, 帝以表辭不恭流. 陽村集云, 金若恒與摠, 入京師, 被鞫不屈, 流遠裔, 授資憲, 未還卒.	
4	태조6년 (1397)	擇里志, 太祖時, 以王氏木主置大船, 浮於臨津江. 船自逆水, 上至麻田縣, 江上佛寺前止. 縣以聞, 上命移佛像於他寺, 以木主安於寺, 號崇義殿云. 而按, 崇義之號, 定於文宗二年, 且此說不近理, 盖釋子所造之言也歟!	규장각본에는 안 표시 없음.
5	태조7년 (1398)	按, 觀此一表, 陽村五經掃地矣.	
6	태종5년 (1405)	按, 此云七年, 則還都在丙戌, 而諸書皆係乙酉, 當更考.	이양재본 무.
7	태종9년 (1409)	按, 諸國記云, 自我國東萊釜山浦, 至對馬島之都伊沙只四十八里, 又至船越浦十九里, 又至一岐之風木浦四十八里, 又至毛都爾浦五里, 又至胞前州之上稱浦十三里, 始至琉球之惠羅武一百六十五里, 又至大島一百四十五里, 又至度九島三十里, 又至輿論島五十五里, 至國島十五里, 都計五百四十五里. 我國十里, 當	

123 국립중앙도서관본 세종 12년, "帝賜王世子七章冕服"에서 "五禮儀云: 景泰元年. 未知孰是."라고 적었다.

		倭一里, 當爲五千四百五十里.	
8	세종2년 (1420)	按, 南氏鶴鳴晦隱集曰, 尹月汀根壽爲承旨, 見睿宗朝日記. 下教曰, 恭靖大王無廟號, 是闕典, 今宜上謚, 遂謚安宗. 其後安宗之謚, 竟廢不行, 未知何故? 肅廟朝, 校理吳道一啓請上謚, 謚定宗, 吳亦未詳事實耶? 邦家典禮, 可謂垂亂.	
9	세종3년 (1421)	按, 成俔慵齋叢話曰, 文宗, 古東宮, 在景福宮大內東, 文宗爲世子二十餘年, 常御宮, 書筵侍講之處爲資善堂, 受朝百官之處爲繼照堂. 世宗末年不豫, 世子代決機務, 朝臣賢有名者, 爲詹事, 集賢殿十人爲經筵, 十八爲書筵, 聖學高明 文章華美, 筆法亦精妙.	
10	세종4년 (1422)	按, 曺伸謏聞瑣錄曰, 群臣論罪曰, 某在東宮, 太宗講武平康, 當拜送, 而辭以疾潛往衿川, 遊獵三日而返. 又溺於娼妓, 辭疾不肯侍宴. 又要取進鷹也, 使人要取之, 代以他鷹. 又四月八日, 踰墻而走, 與憸之徒, 挾彈爲戲月夜, 又與姦小之輩, 彈琵琶遊街上. 又每夜召李五方李法華等, 踰檣而入宮, 達夜酣歌, 親效其技, 无所不至. 又聞中樞副使郭旋之妾於里之美, 竊之以歸, 納于宮中. 及被放廣州, 踰墻竊取二妓, 太宗昇遐二十日, 乃於利川, 使人耘田, 唱農歌曰, 樂哉. 又山陵纔畢, 縱犬逐獐, 又怨對上書, 請置之於法. 上皆不從.	
11	세종5년 (1423)	按, 明史傳曰, 先是, 勅貢馬萬匹, 至是如數, 至賜白金綺絹. 今據攷事撮要, 辛丑癸卯二年, 皆貢馬萬匹, 似當以明史爲正, 而攷事分爲二事矣.	
12	세종6년 (1424)	按, 申檣, 叔舟父, 號巖軒, 善額書. 世宗得雪菴書韋蘇州兵衛森晝戟帖, 脫兵衛森三字, 命檣補之, 官工曹左參判.	
13	세종10년 (1428)	按, 鄭麟趾甲午登第, 丙申兵郎, 時上爲忠寧君, 謂上云云, 似在其後.	이양재본에는 현동교.
14	세종11년 (1429)	按, 明史, 帝賜書珍禽奇, 獻非朕所好, 明史掩諱而然也.	이양재본 무.
15	세종12년 (1430)	按, 李良, 李元桂女婿, 兄弟一不參勳, 可想與圃隱之義不異, 自守不固, 議者短之.	
16	세종15년 (1433)	按, 名臣錄, 庚子生, 年七十二卒, 是辛亥卒. 而今據西征錄, 思誠在是年冬, 七十四卒, 當更考.	
17	세종16년 (1434)	按, 世宗欲移慶源於蘇多老, 而輿覽不見. 但云, 世宗十年, 移慶源於會叱家之地, 當更詳之. 又按, 慶源, 古迹也. 郎城, 卽蘇多老, 在府東十里, 會叱家川, 在府南一里.	

18	세종24년 (1442)	按, 津寬寺, 做業甚勤, 酬唱不休, 有僧一庵得傳寫, 名津寛, 要覽, 曾在弘文館, 見失於丙子亂.	
19	세종25년 (1443)	按, 釜山浦至馬島之都沙只四十八里, 船越浦十九里, 壹歧島之風本浦四十八里, 築前州之博多三十八里, 長門州之赤間關三十里, 卽日本西陸也. 自小海泝上 至竈戶關三十五里, 尾戶關三十五里, 兵庫關七十里, 已上水路. 又至山城州之王城十八里, 此陸路水路三百二十三里, 陸路十八里. 倭一里, 爲我國十里.	
20	세종28년 (1446)	按, 今民間古帖, 有金字佛經, 安平大君書者, 或數紙, 或數行.	
21	세종29년 (1447)	按, 式年重試親試, 皆在戊辰, 當更考.	
22	세종32년 (1450)	按, 宋仁宗崩, 英宗悲慕, 有人言, 使死者復生, 英宗命試之, 無效. 乃曰, 太宗與仁宗宴, 臨白玉欄干賞牧丹, 無意復來人間, 英宗知誕妄, 亦不深罪, 妖術之誕妄, 大抵如此.	
23	세종32년 (1450)	按, 萬曆丙子, 宣祖聞王太祖肖像, 在豐基龍泉寺, 命該司, 具儀仗, 安于崇義殿.	규장각본, 이양재본 무.
24	세조2년 (1457)	按, 肅宗壬戌, 立六臣祠于露梁.	이양재본 무.
25	세조2년 (1457)	按, 佐翼勳, 乙亥受禪後事, 丙子後, 就其中, 陛昌孫, 加錄金瓆. 洪氏總目, 冊佐翼勳爲丙子, 後討六臣事, 誤矣.	이양재본 무.
26	세조6년 (1461)	按, 許忠貞琮行狀, 爲遠接使, 與董越有此事, 未知誰是.	
27	세조12년 (1466)	按, 謹, 平澤人, 居水原, 官同知成均.	
28	세조13년 (1467)	按, 宗文見漏於國乘, 後寧海議祭社.	
29	성종15년 (1484)	按, 涪溪記聞曰, 成廟始建環翠亭, 命諸詞臣記之. 使左承旨金宗直科次, 徐居正之作, 僅點三下, 餘皆塗抹. 上改命宗直記之, 一揮而就文, 不加點, 上極加稱賞. 掛諸楣間達成典, 文衡二十餘年, 不辭退. 一日問族侄曰, 外議以我爲何如, 對曰, 皆嫌某久典文柄. 徐憮然曰, 我退, 則金宗直必爲之, 蓋惡之也.	
30	성종20년 (1489)	按, 仁粹之薨, 在甲子, 而燕山之立廟封陵, 已在于丙辰, 則此說, 恐誤.	
31	성종20년 (1489)	按, 此時, 金海府五鄕所, 卽前義城縣令金係錦, 前青山縣監白啓英, 前引儀裴炯, 前參奉宋叔亨, 進士金伯堅, 皆一府之望, 醴泉	

		三鄕所, 權五福之父爲座首, 尹季殷, 提學祥之子也, 又與權推爲別監.	
32	성종22년 (1491)	按, 窺標之制, 不傳. 今時憲曆法儀象說, 有通光耳之制, 或稱窺管附儀而施行, 蓋古玉衡之遺法也. 窺標, 專爲候中星, 則似與通光耳, 相類.	
33	연산10년 (1504)	按, 俗傳, 燕山惡人見己, 順門, 嘗仰視, 故殺之云.	
34	연산11년 (1505)	按, 李顆獄者, 卽甄城君悰死. 中廟癸酉朴永文申允武之獄, 寧山君恮亦入, 而得不死. 此下段之說, 誤耶?	
35	연산12년 (1506)	按, 功臣錄, 無閔希建.	
36	중종1년 (1506)	按, 東閣雜記曰, 反正翌日, 柳洵等入啓, 卽夕愼氏出. 己卯記云, 初四日, 三功臣啓廢. 璿譜云, 初九日, 遜于私第, 今從譜.	
37	중종1년 (1506)	按, 楡相漫錄曰, 具淹, 燕山外孫也. 中廟盡以燕山私帑歸之, 富甲東國, 有一女端嚴, 時稱具淹宅一阿只氏. 李芑有子, 不辨菽麥, 求婚於具, 誓死不許. 芑中以危法, 竄甲山, 又脅之其家, 惶怖涕出, 而歸其女. 芑子無子, 以荇之孫爲後, 至今甲富.	
38	중종2년 (1507)	按, 崇祖賢者, 而與袞貞同事, 此必有迫不得已之端. 末乃以不卽告被罪, 卽可知非其本心矣. 星湖僿說曰, 君子不能無憾於斯人.	
39	중종13년 (1518)	按, 安老以灾異之生, 爲此諸臣而發. 乃若甘心於士禍, 眞奸人之言哉!	
40	중종25년 (1530)	按, 申企齋集, 谿谷以申詩作, 爲朴祥詩, 恐誤.	
41	중종28년 (1533)	按, 名臣錄, 許磁, 己丑秋卒. 而又云, 灼鼠之變, 公敢論不避. 據此則灼鼠之變, 又出於是年之前矣. 且沈貞之死, 多云庚寅, 而此錄如是, 當考.	
42	중종34년 (1539)	按, 諸記事, 在癸卯, 而此在己亥, 當更考.	
43	중종38년 (1543)	按, 甲辰誤.	
44	명종2년 (1547)	按, 沙伐, 尙州舊號. 稱沙伐者, 指斥光準而藏其名也. 本傳云, 有榮昌宰相, 不言此姓名.	
45	명종3년	按, 此詩, 稗官小說云, 世人以此爲成三問之作, 誤也. 蓋皇明孫蕡所作, 未詳孰是. 然而撫松小說, 金應南庶子命時所撰, 而韓智源	

	(1548)	孫壻, 其說似有據也. ○杖流孫弘績, 當在此下, 而誤在下.	
46	명종5년 (1550)	按, 廣李世蹟, 李潤慶行狀曰, 時有人上疏, 言事辭語多悖, 且指斥慈殿, 政院姑留. 陳復昌誣潤慶, 掩抑亂言之疏, 不卽上, 啖臺諫駁之, 門外黜送. 李浚慶碑銘曰, 庚戌五月, 芑復昌交搆而逐之. 己卯錄曰, 浚慶與具壽聃, 同坐廢云, 則三人被罪, 一事也. 更考.	
47	명종6년 (1547)	按, 雜記又曰, 磁謫洪原, 未幾芑欲加罪, 詣闕未及啓而暴死, 磁得免. 記言曰, 芑爲首相, 竄逐宰相, 公及李浚慶閔齊仁宋純李潤慶. 具公旣賜死, 公亦將不免, 一日芑暴死朝堂. 有讒書在袖中. 據此二書, 則芑之死, 先於磁, 而李譜, 芑死於癸丑, 退溪集李參判瀣碑, 公卒後數年, 芑以罪廢憂死云, 則芑之死, 在庚戌後數年明甚. 二書恐誤. 掛一錄, 芑奏事筵前暴死, 暴死之說, 明矣.	
48	명종8년 (1553)	按, 稗官雜記曰, 晦齋少時, 有所眄有身, 曺知事潤孫占爲妾, 生男名曰玉𤥭. 晦齋嘗戱謂曺曰, 妾則任公取, 何不歸我子乎? 曺但一笑而已. 及曺卒, 玉𤥭服衰, 頗聞其事, 密問其母, 母曰, 汝實李贊成子也. 玉𤥭遂赴贊成謫所, 改名全仁爲子.	
49	명종20년 (1565)	按, 蘭貞妖惡, 爲世所賤惡, 故至今委巷誓辭, 以蘭貞子爲賤.	
50	선조15년 (1582)	按, 此晩全集, 論西厓事, 而此則出李景霖. 栗谷年譜.	
51	선조16년 (1583)	按, 栗谷, 旣已被召, 入內兵曹, 則其志, 將欲入對也. 及至內兵曹, 有何不可入對之事, 而托疾不進耶. 行狀云, 公素患眩暈, 至是疾甚. 入臥內兵曹, 是人事之近理者也. 東人之彈者, 有若以稱疾而退者, 恐非事實.	
52	선조16년 (1583)	按, 兩李, 卽鰲漢也. 以此觀, 栗谷之主西, 較然矣.	
53	선조20년 (1587)	按, 秀吉爲信長復讐. 而我國不知以弑逆加之, 非其罪也, 何以服夷心乎!	
54	선조22년 (1589)	按, 姜弘立別錄云, 本僧本姓崔.	
55	선조22년 (1589)	按, 掛一錄, 尹元衡女壻鄭姓人所著. 以元衡之故, 爲世所廢, 不涉東西之論, 其書於元衡之事, 皆直書不諱, 其言甚公.	
56	선조23년 (1590)	按, 馬島信使初接之所, 此行異於平昔聘問之時, 一動一靜, 自當以禮自盡, 不可使有毫末之違可也. 使臣之來, 自有館所, 況此時國事未竣, 則國分寺之遊觀, 已涉歇後, 如鄭誠謹者當之, 必不爲	

		此事也. 且國書之來, 島主當祗迎, 而無宗義調之出迎, 又無責其不迎之事, 何也? 義調雖稱病, 使義智代行, 亦當有所處 而不少挽見, 入都後, 界濱徑出, 國書受來, 雖牽制於黃許, 亦受君命, 出使異城, 則豈可爲人沮抑而終不遂其志乎! 甚可惜也.	
57	선조24년 (1591)	按, 愚伏集柳狀曰, 領相李山海以爲皇朝若以交通罪我, 則無說矣. 成龍曰, 使价往來, 有國之所不免. 成化間, 日本因我求貢中朝, 卽奏聞, 前事卽然. 今不以聞, 非徒於義不可, 倭有犯順之謀, 而由他國聞之, 其疑必深, 遂建白具奏. 名臣錄朴東賢傳曰, 柳成龍以爲夷虜恐動之言, 不可輕奏. 金尙憲石室語錄曰, 海原主當奏之論, 西厓主不當奏之論, 爭辨日中不決. 懲毖錄, 自家獨啓以奏云, 海原嘗言西厓記壬辰事不平. 按, 愚伏豈阿私之人. 而其撰行狀, 如是詳載, 此時朋黨攻擊之習, 不可信. 西厓見事甚明, 而豈爲此中人以下所不言之語乎? 殊可笑也. 玄素歸至鳥嶺, 斫樹白而書曰, 明年, 若得東風便三百餘州談笑中, 是其奸謀已著, 而我乃泄泄然, 庶幾賊之不渝約也, 異哉!	
58	선조35년 (1602)	按, 愚伏之賢, 而寧如是, 北渚亦有是理乎? 愚伏, 西厓文人, 北渚, 牛溪文人. 故北人鷹犬專斥西南, 故有是之啓, 不足信如是.	
59	선조41년 (1608)	按, 光海弑逆之說, 至今疑案. 但執迹而論之, 有十分無疑者. 宣廟遺敎, 使人讀之, 無不淚下, 忍殺永昌. 且從節目, 卽位之論, 以被髮徒跣, 而易衮冕, 受山呼舞蹈之禮, 是可忍乎! 以是心何事不忍乎? 爾瞻之被竄, 彷徨不去, 若等待然 其有說施, 明若觀火.	
60	광해1년 (1609)	按, 倭敎, 曰景直, 怒其日供之薄. 志完曰, 申叔舟海東記昭載. 日供宴饗節目. 今依此爲之, 此記非但在我, 爾父調信在時, 傳送一卒於我, 爾不見耶? 景直默然.	
61	광해5년 (1613)	按, 金潛谷堉作名臣錄, 求序於趙龍洲絅. 絅辭曰, 裕陵咀呪告变之, 朴東亮入于名德之列, 所集沒公道, 不可序.	
62	효종4년 (1653)	按, 萬松院似指玄蘇.	
63	현종1년 (1660)	按, 語類, 宗子只得立嫡, 雖庶長立不得, 若無嫡子, 亦立庶子, 所謂世子之同母弟, 世子是嫡. 若世子死則, 立世子之親弟, 亦是次嫡也. 是庶子不得立也. 據此則眉老之言益明. 而當時無人刱之, 或未考而然歟!	
64	현종4년 (1663)	按, 眉翁好古動法古昔, 是以其言非堯舜不陳, 陳非三代不言, 建儲之疏, 寀出於國制保傳之意. 時懷川倡論, 孝廟不害爲仁祖之	

		庶子. 又有檀弓免子游裒, 果不足恤之語, 南人一隊, 目以貶薄君父, 以孝廟非嫡統之議爲罪. 而眉翁又進國本未定之疏, 故西人以爲禍心所發. 後來此竟爲一罪目.	
65	숙종15년 (1689)	按, 政院日記及聞見, 所載如此.	
66	영조26년 (1750)	按. 時時宰多干囑, 入于中小戶, 以永安尉宮爲中戶, 戶之不實多如是.	

위의 안설은 정현동의 수보본인 규장각본과 이양재본에서 추출한 안성복의 안설에 일부 국립중앙도서관본의 것을 합한 것으로 모두 66편이다. 이본마다 안설로 표시한 부분이 다른 것도 있어 이를 합하면 이보다 숫자가 더 많을 것이나 위의 정리된 안설만으로도 안정복의 조선시대에 대한 생각을 파악하는 데는 문제가 없을 것이다.

수보본의 안설을 국립중앙도서관 원본에 수록된 안설과 비교해 보면 '안' 표시 없이 인용하거나, 두 개의 안설을 합하여 하나의 안설로 하거나 혹은 내용을 축약하거나[124] 아예 안설을 없앤 것도 많다. 특히 규장각본과 이양재본의 정현동 수보본에서는 안정복의 안설이라도 단순하게 다른 책에서 인용한 것은 대부분 '안' 표시를 제외하고 출처만을 적는 교열을 가하고 있다.[125] 따라서 수보본은 안정복의 모든 안

124 태조2년(1393) 기사에 대해 국립중앙도서관본에서는 "按, 此之嫡, 指康后也. 韓后爲追封, 而康氏以宮室封爲王妃, 故鄭道傳等, 盖以韓氏, 不爲正嫡矣."라고 적었으나, 규장각본에서는 "按, 韓后追封, 故道傳等, 不以爲嫡."로 교열하였다.

125 태종9년(1409) "按 逐睡篇曰"; 태종18년(1418) "按 世傳, 又按 紫海筆談曰, 又按 逐睡篇曰"; 세종29년(1447) "按 慵齋叢話曰, 按 筆苑雜記曰"; 문종 2년(1452) "按 列聖御製 世祖賜諸子書曰"; 단종1년(1453) "按 海東野言, 按 五山說林曰"; 세조2년(1457) "按 慵齋叢話曰"; 세조4년(1459) "按 松窩雜記曰, 逐睡篇曰, 又雪壑謏聞曰"; 세조14년(1469) "按 芝峯類說曰"; 성종16년(1458) "按 東儒錄 陽川覆瓶藁曰"; 성종18년(1487) "按 謏聞瑣錄曰, 又按 判事崔敬止狎鷗亭詩曰"; 성종20년(1489) "按 逐睡篇曰, 按 己

설을 그대로 가져온 것이 아니라 교열을 진행했다는 점을 염두에 두고 살펴보아야 한다. 다만 중종 대 이후에는 원본에서도 본인의 안과 인용처를 분리하여 기술하여 정현동의 교열이 상대적으로 줄어들고 있다.

단순 인용의 안설을 제외하고 본인의 생각을 표현한 안설을 분석해 보면, 연대의 오류를 지적하거나 전거 자료 사이의 상이점을 지적하는 교열에 대한 것이 대다수를 차지한다. 한편 사론적인 내용을 담고 있는 안설을 보면, 안정복은 율곡(栗谷)이 병조(兵曹)에서 칭병하여 물러난 것에 대해 동인들이 비판하지만 원래부터 가진 질병에 의한 것이라는 데서 보이듯이 사안에 따라 객관적 자세를 취하려고 하였다(〈표 4〉 안정복 안설 51. 참조). 그러나 조선 후기 기록에서는 전반적으로 친남인의 색채가 강하게 나타난다. 안정복은 유성룡(柳成龍)의 일본 침략 가능성에 대해 적극적으로 중국에 알리려 하였다는 입장에 대한 지지(〈표 4〉 안정복 안설 57. 참조)와 정경세(鄭經世)의 탄금대 유홍 전문(傳聞)에 대한 비판적 입장(〈표 4〉 안정복 안설 58. 참조)에서 보이듯이 남인 입장에서 사안을 보고 있다. 또한 현종대 예설에 대해서는 남인과 허목의 예설에 대한 지지 의사를 보이고 있다(〈표 4〉 안정복 안설 63, 64. 참조). 따라서 안정복은 친남인의 정치적 입장을 명확하게 가지고 조선시대사를 보고 있는 셈이다.

卯錄補遺曰, 按 松窩雜記曰"; 성종21년(1490) "按 東儒師友錄 趙孝同薦學行疏曰"; 연산1년(1495) "按 稗官雜記曰"; 연산10년(1504) "按 僿說曰"; 연산11년(1505) "按 謏聞瑣錄曰"; 연산12년(1506) "按 逐睡篇曰"; 중종1년(1506) "按 逐睡篇曰"; 중종5년(1510) "按 世傳"; 명종5년(1550) "又按 百氏譜略曰"

〈표 5〉 정현동 평

	연도	내용	비고
1	태종2년 (1402)	愚校, 此疏與書雲觀所奏, 未詳先後.	
2	태종7년 (1407)	愚校, 戒此漢條老必之敎, 必在己丑後乎!	이양재본은 축약함.
3	태종12년 (1412)	後至宣廟時, 許葑啓, 致祭贈大司諫. 愚校, 國初諸臣, 皆失節之人, 反欲禁守節之士耶?	이양재본 무.
4	세종2년 (1420)	愚按, 太宗世宗之世, 有此闕典, 何也? 勢固然也. 創業之君, 自爲太祖, 而繼世之君, 非別有功德, 則不稱祖宗. 四祖之追上, 初稱王不稱祖, 太宗以下, 必謚祖宗, 於恭靖大王, 獨無廟號爲闕文. 睿宗朝安宗之謚, 爲申叔舟所格, 不幸不忠哉!	이양재본 무.
5	세종5년 (1423)	愚按, 明史綱目, 辛丑冬, 天子將議北征, 壬寅癸卯甲辰, 連爲北征, 無乃. 辛丑責貢萬匹, 壬寅如數入貢, 故癸卯, 有此金幣, 攷事誤分而二之耶?	
6	세종30년 (1448)	愚按, 筆苑雜記云, 世宗楚辭左傳又加百遍. 又按, 式年重試親試三科, 皆在此年, 當更考.	
7	세종32년 (1450)	按, 文廟, 哀毁骨立, 又勵精宵旰, 此忠臣孝子憂遑之時, 不克三年, 而昇遐, 痛哉痛哉! 閔伸, 其言忠乎! 鄭獜趾之言, 宜爲靖亂元勳.	규장각본 안, 이양재본 무.
8	세종32년 (1450)	按, 全州崔氏譜, 有崔道一, 有二女, 一永順君溥, 一恭嬪. 無後以詔訓進冊爲嬪, 此必權妃, 以後事文宗, 卽位以嬪爲妃. 故明史謂王妃崔氏, 其事無疑. 革除之際, 事多漫漶, 實錄之撰, 出於後代, 則事有可諱者, 因以沒之無經也.	규장각본 안, 이양재본 무.
9	단종1년 (1453)	顯東校, 壬申九月, 已葬. 顯陵, 則何以曰, 梓宮在殯. 且世租奉使, 若在壬申九月前, 則何謂謝恩也? 更當考.	규장각본 안, 이양재본 현동교.
10	세조3년 (1458)	愚按, 禍福之來, 事機適輳. 當是時, 天朝則英宗爲上皇在南城, 我朝則端宗爲上王, 出御錦邸, 六臣之變纔起, 勳臣之計, 方綢繆不測, 而英宗復辟之詔適至 上王, 安得以安乎! 然景泰之復號, 于謙之雪寃, 不至多年, 我朝則至數百年, 而公議始伸, 何哉! 蓋大國多恢弘之論, 小國爲謹守之規, 此所以不同也夫!	
11	세조3년 (1458)	愚校, 諸家多言, 端宗遇害之時, 事各不同, 未詳孰是孰非. 而寧越嚴氏興道之子孫, 至今寔繁且貴, 爲士班者, 多野言所記, 似可信.	
12	세조5년 (1460)	愚校, 楊汀, 失御孛兒罕, 以致邊釁, 誅孛兒, 必在是年, 而未知何月. 姑附此, 必詳於北征錄.	

13	세조6년 (1461)	顯東校, 正月兀良哈與阿比車人寇, 二月兀狄哈尼厤車來朝拜謝, 其言多齟齬, 更考.	
14	세조10년 (1464)	顯東校, 憲宗甲申正月登極, 其年當遣使, 而此言乙酉拜相, 何也?	
15	예종1년 (1469)	愚校, 以非禮而格之耶? 以無德而格之耶? 以定廟之至德, 獨無廟號, 何也? 噫! 旣負文宗又負, 定廟不忠之人, 可與事君.	
16	성종20년 (1489)	顯東校, 諸記之說, 多齟齬不同. 尹氏性行不淑, 備說於傳旨. 燕山之不能英武, 已在世子時, 可知孫舜孝之撫床. 及以趙之瑞大小人語觀之, 豈英武而然哉! 若使尹氏, 不死而得志, 其禍尤可勝言哉! 且燕山之誅殺舊臣及二弟, 若是其忍荒淫無道, 若是其甚, 不念父王, 其能孝於母, 抱帨而泣, 以至心病乎!	
17	성종20년 (1489)	顯東校, 鄉族之賤, 士族視之如下賤. 甚矣! 法久而弊也.	
18	성종22년 (1491)	愚校, 我朝女樂之非禮, 天使至以夷風斥之, 以世宗及成宗之聖, 每欲革之, 而爲流俗, 大臣所持惜哉!	
19	성종23년 (1492)	顯東校, 子曰, 邦有道, 危言危行, 邦無道, 危行言遜. 成廟之時, 諸賢輩出, 言行雖危, 而名益高, 此濯纓之編吊義帝文於史, 以致戊午之禍, 不知有道之世, 不能久. 而時遷事變, 禍福無常, 畢齋濯纓, 難乎免哉! 且己丑甲子之士禍作, 而信史安得見乎!	
20	성종24년 (1493)	愚按, 東峯, 奇節之士, 方外之人, 自絶於世, 規之聖賢之道, 可謂不中不庸. 其亦夷齊之亞乎!	이양재본 무.
21	연산4년 (1498)	愚校, 袞, 此傳子光心事於筆端畫出, 所謂小人能知. 小人, 仍想己卯時事, 其排布節次, 規模氣像, 與子光戊午事一串來, 依此可描作南袞傳.	
22	연산10년 (1504)	愚校, 無可誅之罪, 而曰可誅. 君子死, 寧有是耶? 新堂以養德山林之士, 出於是時, 可謂一失, 直曰可誅, 無一言匡捄, 二失也. 其出也懼禍, 其言也懼禍, 懼禍則不顧義, 不顧義而生, 何貴乎士? 或曰, 成世純諫, 殺沈順門, 而猶不死新堂, 雖曰不可誅, 亦不必死. 是則不然, 燕山所殺, 若非積忤之人, 必讀書之士, 新堂有見乎! 此誠謹之死, 固不能救, 自混其跡, 以避禍耳.	
23	연산10년 (1504)	愚按, 張順孫之起舞, 誠非矣. 洪彦忠之涕泣, 不亦過乎! 嵇侍中之血, 先儒已疑之.	이양재본 무.
24	연산10년 (1504)	愚校, 九月二十九日, 有拿來之命, 連有傳旨, 至處斬云, 十月初一日, 先生, 乃就刑云, 二日之內, 監刑官至順天耶?	
25	연산12년 (1506)	愚按, 扈聖三等勳, 有宦閔希騫驪興君. 光海癸丑誣宦者, 閔希騫謂僞書先王遺教, 其間近十年, 豈一人之事? 安氏小說, 多傳聞之訛說, 不取.	이양재본 무.

26	중종2년 (1507)	愚按, 李顒之獄, 在是年九月云. 而是年夏, 史獄伸雪, 子光被謫而死, 則李顒獄在似春間.	이양재본 무.
27	중종2년 (1507)	愚校, 誣告, 自子光生, 告南怡而急於功名者, 接跡而起. 策勳, 亦自申叔舟, 冊翊戴, 而利於錄勳者, 揚袂而作, 豈不大有累於東方禮義之俗, 聖主仁厚之治耶? 惟我英宗大王五十三年, 及當宁二十餘年間, 誅不逞者屢矣. 一不冊勳, 雖有陰險者, 不敢誣告, 貪嗜者, 亦不利鍛鍊, 椅其休哉! 且溪高光, 或唐宗宋祖, 以匹夫百戰, 取天下, 而功臣不過數十人而止. 翊戴之勳, 只誅南怡康純不明之罪, 而錄勳四十. 定難之勳, 只誅李顒晻昧之罪, 而錄二十人, 靖國之勳, 至百有餘人, 又何濫也? 甚矣! 其時用事人之過也. 吁! 我英宗當宁之盛德深慮, 可以法萬世矣.	
28	중종7년 (1512)	愚校, 新堂見景舟, 若是其驚心, 介石不終日, 安得不免於辭也. 重有感於己卯諸賢也, 昌山得此書於新堂, 亦足爲賢, 亦可謂榮也.	
29	중종8년 (1513)	愚校, 昭陵之廢, 神人之所共寃, 菁川深懼, 愼妃復位之援, 例故如是堅執, 而盧金二人之賢, 亦以爲難, 以順功臣之志, 惜哉! 顧瞻如此, 可謂忠乎?	
30	중종8년 (1513)	愚校, 趙光輔, 責朴元宗, 松窩, 責成希顔, 未必二人皆然, 當考.	
31	중종8년 (1513)	愚校, 當時群賢, 不度時宜, 勇於有爲, 激濁揚淸, 挽回世道. 有若鄭文翼之持重, 則刺譏之不遺餘力, 及其神武門半夜之禍. 若無文翼, 人其魚而肉, 而爲己卯諸賢之領袖, 爲我朝相業之最著, 始信宰相之器局, 自有其人, 以陰崖之賢, 尙不能譏, 餘何言哉?	
32	중종8년 (1513)	愚校, 陰崖記曰, 永文獄成, 宋軼鄭光弼李思鈞, 動色相賀, 自以爲己功, 洪彦弼, 陰譎多詐, 請罪寧山君. 此等言, 皆過不敢信也.	
33	중종13년 (1518)	愚校, 是日沈貞爲刑判, 而安老獨不言, 此人何也?	
34	중종13년 (1518)	愚校, 慢天瀆神, 無過於此署, 此而不罷, 何以爲禮義之國乎?	
35	중종14년 (1519)	愚校, 君臣以義, 父子以恩, 苟際遇之隆, 恩義俱深. 靜菴之終夜痛哭, 其舜之號泣于旻天也.	
36	중종14년 (1519)	愚校, 宋理宗朝, 四學儒生, 斥史嵩之鄭時爲之首. 及見帝嚮, 用嵩之, 卽其時反斥儒生, 今黃李沃之事, 與之相類. 何代無賢? 眞所謂反覆小人也.	
37	중종22년 (1527)	愚校, 灼鼠之變, 敬嬪朴氏及福城君嵋, 左議政沈貞, 駙馬洪礪死, 或云丁亥, 或云庚寅, 則安老在竄謫中, 若在壬辰癸巳. 則名臣錄許硡卒於己丑, 而灼鼠之獄, 公敢論不避. 己卯黨籍云, 辛	

		卯鍾樓粘書之獄, 沈思順以父生死未分, 故粘書云, 仁宗御製, 母子相踵而死, 洪礪亦殞杖下. 然則灼鼠之變, 初出於丁亥, 灼鼠又乃在癸巳. 種閣粘書, 非辛卯, 而在癸巳二月之後耶? 當更考. 又校, 安應昌日記曰, 文定王后侍婢, 針鼠目云云. 此當時, 不明之事, 何敢質言耶?	
38	중종28년 (1533)	愚校, 灼鼠之獄, 沈貞之死, 皆出於安老之鍛鍊. 而安老之入在辛卯, 則鼠目貫針之變, 起於丁亥, 而朴氏與嵋, 謫于常州, 癸巳幷賜死, 出安應昌日記. 庚寅 左議政沈貞, 以灼鼠之獄, 交結朴氏, 謫江西, 出於己卯黨籍. 且仁廟上疏曰, 嵋事臣年幼, 不能詳知. 又曰, 竄在荒裔, 亦已過矣. 厥後, 又興大獄, 母子相踵而死, 洪礪亦殞杖下. 鄭文翼光弼碑文曰, 癸巳, 洪礪獄起, 公啓云云, 罷相, 無乃灼鼠之變, 已出於丁亥, 而朴氏及嵋竄, 至庚寅, 貞亦竄時, 仁廟年十三, 幼不能詳知. 懸木牌不道之書, 洪礪自誣服而死, 於是, 朴氏與嵋及貞死, 此所謂其後. 又興大獄者, 諸書多云, 癸巳, 鄭光弼碑文, 又爲癸巳, 今斷以係之於癸巳二月二十六日.	
39	중종30년 (1535)	愚校, 是時大臣, 金謹思安老輩, 而有是言. 蓋信人可廢而言, 不可廢, 足爲奸人之最.	
40	중종30년 (1535)	愚校, 安老, 訢之子, 沆, 琮之孫, 無擇, 壽之孫. 賢人之子若孫, 何爲其蛇蝎? 其性爲國之亂臣, 家之悖子, 身且不保, 不過見利而動, 而吾未見其利也. 後人當鑑玆哉!	
41	중종33년 (1538)	愚按, 醫者之治病, 不能執症, 則蔘苓無效. 人臣之匡君, 不得稱情, 則骨鯁何益. 晦齋之告于中宗, 其言切中其病, 己卯群賢, 非不知遇, 而袞貞抵隙, 以上之執德不固也. 繼之以三兇竊柄, 害及骨肉, 朝著大紊, 以上之知人不明也. 剛明二字, 眞人君藥石之言也.	이양재본 우안 무.
42	인종1년 (1543)	愚校, 苟有是心, 則必有是政. 若假數年之壽, 可致三代之化, 斯民也. 焉有作奸而犯科者耶? 可以痛哭.	
43	인종1년 (1543)	愚校, 此說太錯, 上之大漸, 已有日矣, 亦已傳位矣. 平日雖不慈, 此時不必有此事, 必無送麥餠之理, 亦必無御麥餠之理. 蓋安應昌小說, 多謊多錯. 且上之至孝, 出於中心, 宮人安敢以試犬猫之說, 肆然告於上, 上豈止曰, 豈有是理云而已耶? 此中人以下事, 敢疑於大聖人耶?	
44	명종1년 (1546)	愚校, 白日之下, 魑魅魍魎, 不得逃其形, 宜其欲設簾於當宁, 此權奸所以如鬼也, 痛哉!	
45	명종2년	愚校, 奏壁書, 容或恕也. 聯啓加罪, 亦可恕也. 獨啓林錦湖, 何也?	

	(1547)	雖無他可記之惡, 而獨啓一款, 甚可駭矣. 安得免追罪之科乎?	
46	명종4년 (1549)	愚校, 事在一時, 心係平生, 旣悔而改之斯已, 何尤乎前也? 吾於許公磁亦云.	
47	명종5년 (1550)	愚按, 三人一時被罪, 必一事, 李潤慶行狀曰, 也有人上疏語多悖, 下條, 李瀣碑云, 具壽聃坐死語多觸上, 己卯錄李浚慶與具壽聃同坐. 李潤慶行狀, 有人上書, 卽具壽聃上書, 明矣.	이양재본 무.
48	명종6년 (1551)	愚校, 無疆之見困, 章淳之問金也. 李相之厚遺, 萊公之蒸羊也. 小人之行事, 每如是薄惡, 君子之用心, 每如是忠厚, 是所謂觀過知仁, 雖然矜悶則過矣. 獨不念群賢之駢首就戮乎!	
49	명종6년 (1551)	按, 芑之死, 在癸丑, 則明矣. 李譜與退溪集, 可以信矣. 袖中啓草, 亦明矣. 記言與東閣記, 亦可以信矣. 許磁之卒, 必在癸丑後, 許李兩家文籍, 宜乎不錯. 而如是註違不敢質書, 以俟他日.	규장각본 안, 이양재본 무.
50	명종10년 (1555)	愚校, 邊協之陞長興, 在明年, 當考.	
51	명종11년 (1556)	愚校, 名臣錄李潤慶傳, 載此事同. 丙辰夏, 公爲完伯馳啓, 邊協傳云, 乙卯協保海南, 一載大捷, 擒天朝人, 奏解賞銀錦, 以功超長興府使云, 是以, 乙卯, 御倭通爲一事, 此難明卞. 而此云邊將, 必是邊協, 而邊協傳, 自不分明而然耶?	
52	선조1년 (1568)	愚校, 以聞見之誤, 致貶論之過. 此史, 其可信乎!	
53	선조4년 (1571)	愚校, 新進士林, 以激揚爲務, 宿德宰相, 以鎭靜爲量, 可以並行, 而無違戾然後, 朝廷和而國家理矣. 以鄭光弼之賢相, 而己卯諸賢短之, 不直一錢. 以李浚慶之賢相, 而宣廟儒臣短之, 不遺餘力, 觀於陰崖石潭之錄, 而可知保, 令人才 協成治化, 自古爲難, 惜哉! 及其神武之禍起, 而鄭相之德, 著東西之黨分, 而李相之言驗, 吁矣.	
54	선조5년 (1572)	愚校, 皇明丘瓊山濬, 以文章學識, 高出一世. 而其言, 以秦檜有再造之功, 范文正未免生事, 岳武穆未必有成, 其所見紕繆, 何哉! 蓋才識出人, 欲壓倒一世, 則必別立奇論, 羞作陳談, 此好勝之弊也. 我東奇高峯, 卽退溪, 許之以通儒, 乃以乙巳保社非僞勳, 先王已定, 不可削, 萬世公論之外, 有此別見, 何哉! 若非僞勳, 則乙巳諸賢, 眞箇逆耶, 果非逆, 則勳是僞也. 僞則不可不削, 苟非其宜已削之科, 猶可後已定之勳, 不可削耶? 高峯此見, 誠不可知.	
55	선조11년 (1578)	愚校, 凡野史中, 記事之詳細, 莫過於石潭日記. 而立言之際, 頗不平恕, 使一世名公, 無一可取, 而世無全人, 至於逆揣, 上意, 有損聖德, 與春秋諱國之義 異矣. 故多節其言而不書.	

56	선조23년 (1590)	愚校, 崔永慶之死, 一邊以爲鄭澈搆而殺之, 一邊以爲鄭澈捄之不得. 兩邊筆蹟相殊, 可置疑信之間. 而鄭弘祚得放, 則洪廷瑞之誣, 明矣. 洪千璟告變, 皆一世之高士, 而按之無實, 則千璟廷瑞, 應被反坐之律, 而不以律罪之, 是罪有所歸也. 記者, 皆言鄭澈嗾二人誣告, 此則雖百其舌, 必不能分疏也.	
57	선조25년 (1592)	愚校, 上特召斗壽, 至復原封. 翌日, 上西幸, 斗壽隨駕, 至東坡, 諭公兄弟, 勿離左右, 死生勿負, 解佩囊賜之, 入開城, 爲御營大將, 俄拜右相, 右出名臣錄. 又曰, 當此之時, 當召聚人才, 豈竄逐之時耶? 到此, 猶有黨習, 是可忍乎!	
58	선조25년 (1592)	愚校, 名臣錄, 節愼君壽崑, 詣賓廳, 痛哭爭之. 海豊君叱之曰, 自上處置事, 年少何知而妄言, 壽崑泣訴不已. 大臣以其言入啓, 此言是矣, 卽令更奉安而來, 又校衛社功臣錄曰, 行至興義驛, 宗室壽崑禮胤誠胤聖胤聞之, 以爲不當埋, 請對奉還, 與順義君景溫議不合, 拔劒相鬩, 大臣尹斗壽白上陪來, 寄齋雜錄言, 鄭昌衍不議大臣, 海豊君痛哭爲言, 與名臣錄功臣錄相左, 可疑, 當考.	
59	선조25년 (1592)	愚校, 申砬失策, 鳥嶺不守, 申硈失策, 臨津不守, 二人死於王事, 則忠矣, 誤國則大矣. 鳥嶺守而八路勤王兵, 華於京師, 未必至於西狩, 臨津守而天朝東援之兵, 來於平壤, 則庶可以恢復, 然實天之所使. 奪之魂, 而誘其衷, 與棄國偸生之輩, 實天壤矣.	
60	선조25년 (1592)	愚校, 重峯之死, 非節義, 而何死生進退, 無愧於義? 八字可以質神明而爭星日, 千古凜凜, 有生氣, 人以人而不亡, 吁可歎矣! 但重峯, 一有傾向, 雖死不易其忠, 其誠至矣. 以是而直前不顧, 卒義徑情, 少愼重之味, 是可惜!	
61	선조26년 (1593)	愚校, 淸正倭酋之最勇悍而善鬪者, 分兵入北, 一道盡陷爲賊藪, 加以叛民, 接跡應賊, 鄭文孚以一將幕佐, 僨敗奔竄之餘, 能擧義兵, 以數百孤軍, 自保於窮荒絶塞, 豺虎之叢北, 倚賊豪橫叛逆之輩, 次第誅擒摧, 破倭賊廓淸北關, 豈不偉哉? 聞淸正之敗, 走踰嶺也. 歎曰, 吾見天下名將, 只此一人, 送寶劒一柄而走, 尙在其家云耳.	
62	선조30년 (1597)	愚校, 此語多爽.	
63	선조35년 (1602)	愚校, 鄜塢之誣, 尙然. 愚伏之見誣, 何異? 彈琴臺戰歿, 不出十年事, 雖行路之人, 莫不揮淚而不忍過其下, 寧有其子, 挾妓張樂於其父戰歿之地. 爲此言者, 其無人心.	
64	선조41년 (1508)	愚校, 敢以此托之五字, 雖千載之後, 人莫不涔涔, 然淚下, 以其子而承父命, 如是哀乞, 而恬不爲念, 是無一分人心, 其居疑懼	

		之地, 以爾瞻爲謀主, 速圖大位, 必無所不至, 大妃數三十六罪, 而無藥飯之說, 皆以顯人耳目者言之. 光海不能出一言自明. 而藥飯置毒在黯黮中, 必爲疑案, 故特不言下敎中, 旣曰弑君, 則非置毒, 而何大妃慮事詳密有? 非淺丈夫所及, 楊廣之弑文帝, 昭不可掩, 唐祖擧義之時, 不明正其罪, 故事多苟且彌縫之弊, 先儒以是誠之, 若使唐宗明隋廣之罪, 而討之, 唐之擧義, 豈下於三代之光明哉?	
65	광해5년 (1613)	愚校, 平地論人易, 而事到危急時, 手脚慌忙. 若非平日定力, 廓然靡奪, 則苟且圖生之, 言不必一一苛責, 裕陵咀呪涉於母殿, 何敢開口以爲自脫之計乎! 以錦溪之名宰, 有此大失, 惜哉! 明其事而勿接引, 正其言而勿回護, 盡吾道而已, 死生命也. 人於天何哉! 此秋浦卓然於數君之上, 其可敬也哉!	
66	광해5년 (1613)	愚校, 李志完金止男之啓辭, 如是明正, 而袖中二草, 誰得以見之乎? 不必舍已顯之啓辭, 臆人於未必然之事, 黨論以後, 野史不可準信也, 如是夫!	
67	인조1년 (1623)	愚校, 於于死, 或係戊辰年. 而浦渚曉喩文載, 於于事爲癸亥秋, 後事文左附于此, 而爲更考. 可信之書, 而正之耳, 當宁丁巳申白, 賜贈諡文靖.	
68	인조3년 (1625)	愚校, 辛巳之獄, 爲己卯後, 添一士禍, 其誣告者, 雖在他人, 孰不欲寢皮而食肉? 況祀連之於安, 相以好誼, 則謂舅甥, 可以大分, 則謂奴主, 亦可矣. 若犯上不道, 則大義可以滅親, 而奴告主, 亦關綱常, 乃若所告者, 謂謀害袞貞也. 持弔客, 錄役軍, 簿以誣告, 祀連之罪惡, 其可一日, 容戴覆載之間乎! 亂賊之人, 至祀連而極矣. 祀連, 旣自絶其親誼, 則安氏, 豈不欲還賊耶? 此人情之固然法理之當然, 三賢, 旣受學於斯人, 三子, 私心閼之, 則可至於上疏伸寃, 謂識者之深嘆, 則過之矣.	
69	인조10년 (1632)	愚校, 此錄與荷潭錄, 頗不同, 盖統錄始終, 而非在十一月內.	
70	인조11년 (1633)	愚校, 效元爲光海所殺, 今云云何也?	
71	인조13년 (1635)	愚校, 寶鑑云, 甲戌閏八月, 祔元宗於太廟, 此云祔廟何也? 甲戌閏八月, 卽祔仁穆王后之期, 成宗世宗之請. 又在今年春, 則必在祔元宗之前, 仁穆祔廟之說無記, 無乃誤書而然耶? 諸記穆陵之變在乙亥, 元宗祔廟, 亦在其時云.	
72	인조15년 (1637)	愚校, 烈哉! 此人之孝也. 如是而後, 方可謂人.	
73	인조15년 (1637)	愚校. 汗固英傑之主, 而何屑屑焉. 索斥和人也, 被志在大, 不在小, 東槍非其志, 而顧後之慮深, 故必此索人以懲後人, 以冀不	

		復敗盟.	
74	인조20년 (1642)	愚校, 烈哉! 斯人林將軍慶業聞之, 能不泚顙乎!	
75	숙종15년 (1689)	愚校, 己巳遺聞, 乃云, 當夜內兵曹之更鞫也, 睦來善厲聲曰, 此罪人各別嚴刑, 泰輔亦厲聲曰, 在御前天威震最, 國當嚴刑, 吾有何罪? 今此外庭從, 若是掠治乎! 來善杖之, 考察一次, 脛骨拉碎, 體汁泉湧, 野史之不可信也. 如是一世, 因以相傳, 至今不止, 殊可怪也.	
76	숙종24년 (1698)	愚校, 爲親爲國諱, 亦大義理. 我朝名公卿儒賢, 或以復位不可, 藥泉此言, 不必深斥, 義理亦不出於人心較量義理之大小. 肅廟此備忘記, 雖千世之下, 孰不感泣而鼓舞哉! 光廟初, 奉上王月三起居爲鄭麟趾等所誤, 有出處之擧, 又因六臣之變爲堤坊之道, 出不得已非上王之有過. 景泰帝既不欲迎駕, 又深錮南城得罪兄, 皇與宗社, 大矣. 英宗廢爲郕王, 及其嗣皇卽爲複號, 史稱盛德事, 惟義所在, 古人亦徙治命, 況光廟已遵奉上王乎! 噫! 昭陵貞陵溫陵, 已盡追復, 列朝盛德, 至矣.	
77	영조6년 (1730)	愚校, 此條似在下, 庚申趙賢命爲相後.	

* 이양재본을 기준으로 작성하되 국립중앙도서본과 규장각본을 참조함.

한편 교열자인 정현동의 교열 양상을 살펴보면, 수보본『열조통기』에는 정현동의 입장이 매우 크게 작동하고 있음을 알 수 있다.

> 국립중앙도서관본 : 李重煥擇里志: 太祖卽位, <u>毁王氏太廟,</u> 以木主置大船, 浮之臨津江. 船自逆水, 上至麻田縣江上佛寺前止. 縣人以聞, 太祖命移佛像於他寺, 以木主安於寺, 號崇義殿云. <u>而崇義之號, 定于文宗二年, 且此說不近.</u>
>
> 규장각본 : 李重煥擇里志曰: 太祖卽位, 以王氏木主置大船, 浮之臨津江. 船自逆水, 上至麻田縣江上佛寺前止. 縣以聞, 太祖命移佛像於他寺, 以木主安於寺, 號崇義殿云. <u>而崇義之號, 定於文宗二年, 且此說不近.</u>
>
> 이양재본 : 擇里志: 太祖時, 以王氏木主置大船, 浮於臨津江. 船自逆水, 上至麻田縣江上佛寺前止. 縣以聞, 上命移佛像於他寺, 以木主安於寺,

號崇義殿云. 而按 崇義之號, 定於文宗二年, 且此說不近理, 盖釋子所造之言也歟.

이와 같이 각 필사본 모두 안정복의 안설이라는 것을 밝히고 있으나, 이양재본에서 불교 무리들이 만들어낸 것이라는 말을 추가한 사람은 정현동이다. 이와 같이 본문에서도 적지 않은 변개가 일어나고 있다. 또한 정현동의 교열이라는 표시가 없어도 정현동의 교열인 경우도 있다.[126] 정현동 교열본에서 '안'이라고 적어 놓아도 이것은 안정복의 안설이 아니라 정현동의 안설인 경우도 있다.

정현동의 입장을 살피기 위해 교열평을 보면 대체로 날짜나 편집의 순서, 자료의 오류 지적, 사료로서의 신뢰성 등 교열과 관련된 것이 대부분이다. 다만 정현동은 "야사 기록은 믿을 수 없다"고 하여 야사의 자료적 가치에 대해 부정적인 입장을 보이고 있다(〈표 5〉 정현동 평 66, 75. 참조). 『석담일기(石潭日記)』에 대한 비판적 인식을 보여 당색적 입장을 보이기도 한다(〈표 5〉 정현동 평 55. 참조).

교열평의 내용적 측면을 살펴보면 인물의 도덕적 행위나 충효 행위에 대한 자신의 찬탄이나 부정의 행위에 대한 비판적 입장의 표현이 다수 수록되어 있어 보수적 유학자로서의 정현동의 입장을 파악할 수 있다. 이러한 입장은 안정복보다 더 강하게 유학자로서의 도덕주의적 입장이 강조되고 있다. 이에 반해 개혁론에 대한 평은 1489년(성종 20)

---

126 태종 2년(1402) 壬午條에 "野人連歲來侵, 遷德安二陵於咸興."에 "此條輿覽作十年庚寅, 可疑."가 있다. 태종 10년(1410)에서는 "穆祖及妣德安二陵, 初葬咸興, 至是女眞年歲越邊, 遂移葬于咸興西北加平社. 輿覽. 此條, 寶鑑作二年壬午, 可疑."라고 적었다. 이 둘 다 국립중앙도서관본에 없는 정현동의 교열이다. 태종 14년(1414) 8월 重試 시행 기사도 정현동의 교열평이다.

의 사족들이 향족을 노비와 같이 보는 것에 대한 비판에서 보일 뿐(〈표 5〉 정현동 평 17. 참조) 다른 곳에서는 거의 보이지 않는다. 따라서 교열평에서는 보수 유자로서의 정현동의 입장을 볼 수 있다. 이 때문에 정현동 교열본의 경우, 특히 안설의 경우에는 안정복의 것과 정현동의 것을 구별해서 살펴야 한다.

『열조통기』는 조선 후기를 살았던 재야의 학자가 조선왕조사를 어떻게 이해하였는가를 보여준다는 점에서 의미가 크다. 『열조통기』의 경우 사론을 거의 남기지 않았다고 알려져 왔으나 이는 남이익에 의해 재편된 장서각본에서 비롯된 오해이며 원본이나 정현동 수보본에서는 안정복의 많은 안설이 남아 있다. 이 안설에서는 국왕과 조선왕조의 정통성을 강조하고 성리학적 명분론에 입각하여 세상의 일을 포폄하려고 하였다. 교열을 진행하였던 정현동의 입장은 안정복보다 훨씬 도덕적 윤리관을 가진 유자의 입장에서 교열하고 있다. 이 점이 현존 『열조통기』를 통해 볼 수 있는 남인계의 조선시대관이라고 할 수 있다.

2) 중국사 연구가 갖는 의미

안정복이 중국사를 연구한 것은 정통의 국가를 구하는 과정이었다. 『사론』은 중국 정통 국가의 흐름을 정리한 것이다. 『사감』은 삼대(三代)에서 위열왕(威烈王) 23년까지의 중국 역사를 편년의 순서에 따라 정리한 것이다. 『독사상절』은 중국의 역사를 정통론의 관점에서 정리한 것이다.

안정복은 강화도 만녕전(萬寧殿)에서 근무할 때[127] 강화부(江華府)의 경력(經歷)으로 있던 임상정을 만나 자문을 해 준 적이 있었다.[128] 안정복은 임상정의 『역대사요(歷代史要)』가 편찬되는 과정에서 큰 도움을 주었으며 삼대(三代) 부분은 자신의 것을 이용하였다고 말하고 있다.[129] 아마 이때 임상정의 역사서 편찬에 일정한 도움을 주었던 것으로 보인다.

〈표 6〉 『임씨사통』 목차

책	권	기	간지	왕조 및 왕	비고
1책	권1	唐紀	甲辰(帝堯陶唐氏元載) -癸未(帝堯陶唐氏一百載)	唐堯	乙酉(舜 避于河南)
		虞紀	丙戌(帝舜有虞氏元載) -癸酉(四十八載)	唐堯	乙亥(禹 避于陽城)
		夏紀	丙子(夏后禹元歲) -乙未(后癸53歲)	夏禹, 夏啓, 夏 太康 仲康相, 夏 少康, 夏	乙未 是世夏亡, 夏 17世 起禹丙子 終傑 乙未 共 440년
		商紀	乙未(成湯18祀) -甲申(紂辛33祀)	殷湯, 殷	甲申 是歲商亡, 商 28세 起湯乙未 終紂 己卯 共 645년
		周紀	己卯(武王13年) -庚午(幽王11年)	周 武王, 周 成王, 周 康王, 周 昭王, 周 穆王, 周 共王懿王孝王, 周 夷王, 周 厲王, 周 宣王, 周 幽王	代殷受命, 王都鎬京
	권2	東周紀	辛未(平王元年)	周 平王, 周 桓王,	東遷洛陽 故王東周

127 『順菴集年譜』에 의하면 萬寧殿 參奉은 1749년(38세) 11월에 임명되어 12월에 부임한 후, 1751년(40세) 義盈庫 奉事로 승진하여 서울에 돌아왔다.

128 『順菴集』 권2, 書, 「上星湖先生書 甲戌」. "前日在江華時, 見林經歷象鼎, 頗有史學, 有所編輯, 立綱之時, 多有所問."

129 『順菴集』 권9, 書, 「與鄭子尙書 辛丑」. "在昔先王朝, 林成川象鼎丈撰歷代史要, 三代三卷用鄙撰."

			-甲辰(僖王5年)	周 莊王, 周 僖王	
2책	권3	周紀	乙巳(惠王元年) -己丑(簡王14年)	周 惠王, 周 襄王, 周 頃王, 周 匡王, 周 定王, 周 簡王	
	권4		庚寅(靈王元年) -丙辰(靈王27年)	周 靈王	
3책	권5	周紀	丁巳(景王元年) -辛亥(敬王30年)	周 景王, 周 悼王, 周 敬王 上	
	권6		壬子(敬王31年) -丁丑(威烈王22年)	周 敬王 下, 周 元王, 周 貞定王, 周 哀王思王 考王, 周 威烈王 上, 附 十三諸侯	魯, 齊, 晉, 衛, 蔡, 鄭, 曹, 陳, 宋, 秦, 燕, 楚, 吳

임상정의 『임씨사통』과 안정복의 연대순 중국사 기록인 『사감』을 비교하면 『임씨사통』에서는 『사감』의 권수에 기록하였던 상고기, 삼황기, 오제기가 없으나 당, 하, 상, 주기로 나누어 간지에 따라 왕의 연대를 기술하는 방식은 안정복의 『사감』과 같다. 다만 서주(西周)와 동주(東周)를 구분하지 않고 주기(周紀)-동주기(東周紀)-주기(周紀)로 표시한 것은 임상정의 입장이 반영된 것으로 보인다. 그 외 실제 내용의 기술에서는 강(綱)의 내용은 상당한 동일성을 보여주고 있으며, 목(目)의 내용은 대부분 간략하게 서술한 특징이 있다. 따라서 안정복의 "자신의 것을 이용했다"는 말이 완전히 근거가 없는 것은 아니었다.

한편 안정복의 중국사에 대한 전반적인 서술은 『독사상절』에서 보인다. 『독사상절』의 삼황기와 오제기는 여진(余進)의 『십구사략(十九史略)』에서 출발하고 있다.[130] 내용의 서술에는 『황극경세서(皇極經世

130 『讀史詳節』 권1, 「人皇氏」.

書)』, 『사기』, 『강감(綱鑑)』, 『강목전편(綱目前篇)』 등 역사서에서부터 『서전(書傳)』, 『공자가어(孔子家語)』, 『국어(國語)』 등 다양한 고전 경전을 이용하고 있다. 중국의 상고기 기술에는 유서(劉恕)의 『자치통감외기(資治通鑑外紀)』, 김이상(金履祥)의 『통감강목전편(通鑑綱目前編)』, 남헌(南軒)의 『통감강목전편(通鑑綱目前編)』, 진경(陳桱)의 『통감속편(通鑑續編)』에 이르기까지 매우 다양한 자료를 모두 이용하고 있다. 안정복의 중국사 기술에서는 다양한 자료를 이용하였다는 것이 특징적이다.

하기(夏紀)에서는 대우(大禹)－걸왕(桀王)까지 17세를, 상기(商紀)에서는 성탕(成湯)－주(紂)까지 28왕을, 서주기(西周紀)에는 무왕(武王)－유왕(幽王)까지 12왕 352년을 다루었다. 견융(犬戎)의 침공으로 서주의 호경이 함락되고 유왕이 피살되어 서주시대는 막을 내리고 이어 제후들이 평왕을 옹립하면서 수도를 낙읍으로 옮긴 이후 동주 시대가 열렸다. 동주기(東周紀)에서 평왕부터 마지막 군주였던 주(周) 난왕(赧王)까지 다루고 있다.

그런데 주희 『강목』에서는 『자치통감』의 서술을 받들어 위열왕 23년을 전국시대의 개막으로 보았다. 『독사상절』 권5는 위열왕 하편으로 23년부터 시작하고 있다. 이때 등장하는 전국칠웅은 진시황제가 중국 통일할 때까지 살아남은 진(秦), 초(楚), 연(燕), 위(魏), 조(趙), 한(韓), 제(齊) 7나라였다. 이들은 서로 병탄하거나 정복할 수 없어 '웅(雄)'이라고 하였다.[131] 그러나 위열왕 23년부터 난왕 59년까지는 정통이 주(周)에 있었다. 주희는 주대에 봉한 나라를 열국이라고 하였

131 『讀史詳節』 권5, 「東周紀 附 戰國七雄」. "按, 自相呑併, 莫能相下, 故曰雄."

다.[132] 안정복은 동주의 난왕이 죽자 주(周)와 진(秦)의 사이에 진, 초, 연, 위, 조, 한, 제가 있었던 시기를 '무통열국(無統列國)'으로 적었다. 이 역시 주희의 해석을 받아들인 것이다.[133]

안정복은 정통의 시작은 천하를 통일한 때인 주(周)는 위열왕(威烈王), 진(秦)은 시황제(始皇帝), 한(漢)은 태조(太祖) 고황제(高皇帝), 후한(後漢)은 세조(世祖) 광무제(光武帝), 진(晉)은 세조(世祖) 무황제(武皇帝), 수(隋)는 고조(高祖) 문황제(文皇帝), 당(唐)은 고조(高祖) 신요황제(神堯皇帝)로부터 적었다. 계한기(季漢紀)에서는 진(晉) 습착치(習鑿齒)가 제시한 이래 『자치통감강목』에서 채택된 촉(蜀) 정통론을 수용하고 있다. 정통 군주는 주대는 왕(王), 진한 이후에는 제(帝)라고 하였다. 불성군(不成君)의 경우에는 제모(帝某)라고 하였다. 무통시대의 군주는 진한 이후에는 모제(某帝), 혹은 모왕(某王)이라고 하였다.

남북조시대는 무통의 시대여서 남북조로 나눈 후 각 나라별 기를 작성하였다. 그런데 남북조의 국가들 가운데 지역으로 보면 북위(北魏) - 동위 · 서위(西魏) - 북제 - 북주(北周)를 이어 수(隋)가 천하를 통일하였다. 그러나 남쪽에서는 동진(東晉)을 이어서 송(宋) · 제(齊) · 양(梁) · 진(陳)의 나라가 들어섰다. 이에 따라 북제 출신 위수(魏收)가 편찬한 『위서(魏書)』와 당 출신 이백약(李百藥)이 쓴 『북제서(北齊書)』, 영호덕분(令狐德棻)이 편찬한 『주서(周書)』는 북위에서 이어지는 것을 정통으로 본 반면, 남조의 역사를 다룬 『송서(宋書)』, 『남제서(南齊書)』, 『양서(梁書)』, 『진서(陳書)』는 유송(劉宋) 이래를 정통으로 보았다. 그러자

---

132 『資治通鑑綱目』, 「凡例」, 〈統系〉.

133 朱熹는 周와 秦, 秦과 漢, 漢과 晉, 晉과 隋, 隋와 唐, 그리고 五代를 無統의 시대라고 보았다.

정통 문제는 이제 지역적 배경을 바탕으로 정치적 의미를 지니게 되었다. 북조에는 북제(北齊) 출신으로 동위(東魏)를 정통으로 내세우는 위수의 『위서』가 있었으나 서위(西魏)에서 북주(北周)로, 북주에서 수(隋)로 이어졌다고 보았던 수 문제(文帝)는 위담(魏澹) 등에게 서위(西魏)를 정통으로 보는 새로운 『위서』를 편찬하도록 하였다.[134] 당(唐) 초기에도 영호덕분(令狐德棻)이 주관하여 편찬한 『주서(周書)』에는 서위 정통의 기술이 이어졌다.[135] 그러나 이연수(李延壽)의 『남사(南史)』와 『북사(北史)』가 편찬되면서 북조에 치우친 이러한 관념에서 벗어나 남북 모두에 정통성을 주는 방향으로 나아갔다. 안정복은 남북에 모두 정통을 주는 이연수의 방식을 취하고 있다.

안정복은 오대는 무통의 시대이지만 현실적으로 황제위(皇帝位)에 즉위한 것을 고려하여 오대기(五代紀)로 설정하였다. 오대의 5국은 모두 황제를 기술하였으나 그 아래의 군소 국가들은 왕이라고 적었다. 구양수의 『구오대사(舊五代史)』 서술 원칙을 따르고 있다. 다만 오대기 아래에 북한기(北漢紀)를 별도로 설정하고 있는데, 십국 가운데 북한은 후일 송에 의해 천하통일이 이루어지기 전까지 존립하였으므로 독립된 기를 둔 것으로 보인다.

6. 맺음말

안정복은 기존에 널리 알려진 『동사강목』 이외에 여러 주제의 역사

134 周一良(1935); (1998), 325쪽.

135 김상범(2011).

서를 편찬하였다. 이는 우리에게 『동사강목』을 중심으로 한 단선적 접근 방식에서 벗어나 안정복의 역사학에 대해 전반적으로 재검토할 것을 요구한다.

안정복이 저술한 여러 역사 편찬물을 검토해 보면 우리나라 역사에 대한 『동사강목』의 저술뿐만 아니라 조선시대사, 지방사, 인물사, 중국사 등 다양한 방면에서 편찬 작업을 진행하였음을 확인할 수 있다. 이를 통해 보면 「외이전」의 편찬을 통한 교린적 이해방식, 읍지의 편찬을 통한 지역사 이해의 강조, 열전을 통한 상고기 인물 재조명, 조선시대 당대사에 관심 등이 안정복의 역사학에서 특징적으로 나온다.

그 가운데 특히 주목되는 것은 조선시대 당대사를 저술한 『열조통기』이다. 『열조통기』와 관련한 서지적 검토를 진행하여 장서각본 『열조통기』는 친노론 성향의 소북계인 남이익이 재정리한 것임을 지적하였다. 그동안 장서각본 『열조통기』가 영인되면서 이를 통해 안정복의 조선시대관을 살펴 왔으나 안정복의 조선시대관을 살펴보려면 먼저 국립중앙도서관의 『열조통기』 친필 원본에서 출발하여 규장각본과 이양재본인 정현동 수보본을 종합적으로 살펴야 함을 지적하였다. 이 연구에서는 정현동 수보본을 중심으로 살펴보면서 기존에 알려진 것보다 많은 안정복의 안설을 찾을 수 있었다.

이를 통해 안정복은 남인계의 정치적 입장과 유학자의 보수적 입장에 서 있음을 확인할 수 있었다. 그리고 안정복의 유학자적 입장에 정현동의 보수적 유자로서의 입장이 더해진 것이 정현동 교열본임을 확인할 수 있었다. 내용적인 면에서는 단종과 사화 연구에서의 절의적 측면의 강조, 『대록지』와 『열조통기』에서의 친남인 편향성, 안설에서 보이는 도덕주의적 측면 등에서 볼 수 있듯이 보수적 유자의 입장이 크게 작동하고 있다.

안정복의 중국사에 대한 연구는 『사감』과 『독사상절』의 초고본을 통해 살펴볼 수 있었다. 『사감』은 임상정의 『임씨사통』 삼대 부분과 통하는 것으로, 편년 순으로 삼대에서 위열왕 23년까지 정리한 것이다. 『독사상절』은 상고기에서 오대기까지 중국 역사를 정통 왕조를 중심으로 정리한 것이다. 대체로 주희의 『자치통감강목』의 서술 원칙에 따라 정통 왕조를 기술하고 있다. 무통열국이나 전환기의 각국은 무통국의 서술 원칙에 따라 적고 있다. 안정복의 중국사 연구는 『동사강목』의 편찬 과정과 맞물려서 상호 밀접한 연관 속에 집필되고 있다. 특히 중국사의 정통에 대한 전반적인 파악과 저술은 『동사강목』에서 독특하게 보이는 기자-마한 정통과 삼국 무통, 문무왕(文武王)과 태조 통일 이후의 정통 국가의 성립으로 나타났다. 이는 『동국통감』의 삼조선론(三朝鮮論)이나 홍여하(洪汝河)의 신라정통론과는 다른 주장이었다.

요컨대 안정복의 역사에 대한 인식에는 유학자적 입장이 크게 작동하고 있다. 『동사강목』이나 문집에서 나오는 개혁적 논리를 역사관에 적용하여 설명하는 경우도 있으나 초고의 상태에서 보여주는 역사 관련 저술들은 보수적 유학자로서 안정복의 역사관을 보여주고 있다. 이렇게 된 데에는 역사 연구가 오랜 기간의 수련과 학습을 거쳐 이루어지는 것이므로 사회적 개혁관과는 또 다른 안정복의 사상적 측면을 보여주기 때문일 것이다.

參考文獻

1. 자료

『高麗史別錄(東史綱目稿本)』, 日本 東洋文庫(XI-4-B-67).

『廣州府邑誌』, 규장각(奎10740, 奎10741, 奎12180, 奎10701, 古915.12-G994b).

『廣州府邑誌』, 장서각(K2-4216).

『國朝征討錄』, 장서각(B6B-99).

『大麓誌』, 규장각(一簑古915.13-An1d).

『大麓誌』, 安鼎福 纂輯; 金鵬洙 編, 天原郡, 大麓誌編輯委員會, 1968.

『大麓誌』, 일본 京都大 河合文庫(タ-16 199595).

『讀史詳節』, 국립중앙도서관(한貴古朝50-74).

『東國歷代總目』, 규장각(가람古951.01-H758d).

『東史綱目(표제 名賢彙語)』, 국립중앙도서관(한貴古朝50-20).

『東史綱目』, 朝鮮群書大系 15~18, 朝鮮古書刊行會, 大正4(1915); 『동사강목』, 경인문화사, 1970.

『東史綱目』, 국립중앙도서관(한貴古朝50-77).

『東史綱目』, 교회사연구소(000.2 동51).

『東史綱目』, 규장각(奎5916).

『東史綱目』, 연세대학교 도서관(고서(귀) 363 0).

『東史綱目』, 영국국립도서관(British Library), 한국국립중앙도서관 디지털.

『東史綱目』, 이화여자대학교 도서관(951 안 813A).

『東史綱目』, 고려대학교 도서관(대학원 貴 600).

『東史綱目』, 연세대학교 도서관(951 안정복 동-필사본).

『東史綱目』, 釋尾春芿 編, 朝鮮古書刊行會, 大正 4年(1915). 朝鮮群書大系續 16.

『東史補闕』, 국립중앙도서관(한古朝53-가4).

『東史雜錄』, 국립중앙도서관(古2150-76).

『木川邑誌』, 표지명 木川縣邑誌, 규장각(奎17382).

『木川縣誌』, 표지명 大麓誌, 규장각(奎3259).

『木川縣誌』, 표지명 大麓誌, 규장각(想白古915.13-M724).
『歷代史要』, 연세대학교 도서관(용재 38 0-1).
『歷代史要』, 영남대학교 도서관(古㖞912-역대사).
『歷代史統』, 국립중앙도서관(한古朝50-84).
『列朝通紀』, 장서각(K2-80).
『列朝通紀』, 규장각(奎7475).
『列朝通紀』, 국가유산청 국가유산포털(http://116.67.83.213:18080/streamdocs/view/sd;streamdocsId=72059347706925575, 검색일 : 2022년 8월 17일).
『列朝通紀』, 국립중앙도서관(한貴古朝50-76).
『列朝通紀』, 국사편찬위원회(B5B 9 1).
『魯陵顚末』, 국립중앙도서관(古2151-2-48).
『林氏史統』, 장서각(K2-130).
『木川縣邑誌』, 규장각(奎17382).
『史鑑』, 국립중앙도서관(한貴古朝50-22).
『史論』, 국립중앙도서관(한貴古朝50-17).
『星湖全集』, 韓國文集叢刊 198~200, 民族文化推進會, 2007.
『隨得錄』, 국립중앙도서관(古朝44-가4).
『順菴覆瓿稿』, 한국사료총서 56, 국사편찬위원회, 2012.
『順庵全集』, 1(文集), 2(下學指南, 希賢錄, 撰問), 3(日省錄, 臨官政要, 木川政事, 木川縣志), 4(萬物類聚), 여강출판사, 1984.
『順庵叢書』 1(順菴先生文集, 癸甲日錄, 下學指南, 臨政官要, 萬物類聚), 2(列朝通紀), 성균관대 대동문화연구원, 1970.
『心庵遺稿』, 趙斗淳; 韓國文集叢刊 307, 民族文化推進會, 2003.
『安鼎福日記』 37, 「內下東史綱目校上草」, 『表題: 安鼎福抄 18』, 국립중앙도서관(古朝93).
『資治通鑑外紀』, 세계서국, 1935.
『雜同散異』, 亞細亞文化社, 1981.
『傳謠』, 국립중앙도서관(한古朝56-나21).
『朝版財產目錄』, 李王職圖書室編, 장서각(K2-4664).
『重訂南漢誌』, 규장각(규奎7113).

『希賢錄』, 장서각(K2-652).
『國朝征討錄』, 김혁 역주, 군사문헌집 20, 국방부 군사편찬연구소, 2009.
『(국역)대록지』, 김준기 역주, 아우내문화원, 2000.
『(국역)동사강목』, 민족문화추진회, 1977.
『晩梧漫筆』, 정현동 편, 안대회 외 옮김, 성균관대출판부, 2021.
『순암 안정복의 만물유취』, 박지현 역, 성균관대학교 출판부, 사람의무늬, 2014.
『(국역)순암집』, 민족문화추진회, 1996~1997.
『(교감역주)순암집』, 이상하 역, 성균관대학교출판부, 2016.
『(국역)臨官政要』, 김동주 역, 을유문화사, 1982.
『(국역)임관정요』, 송갑준 역주, 경남대학교 출판부, 2003.
『臨官政要』, 원재린 역, 혜안, 2012.
『(국역)下學指南』, 이채구 역, 信成文化社, 1991.

2. 논저

강광원(1991), 「동사강목 연구」, 『역사과학론문집』 16, 과학백과사전출판사.
강세구(1986), 「순암 안정복의 동사강목 지리고에 관한 일고찰」, 『역사학보』 112, 역사학회.
______(1990), 「안정복의 역사고증방법 - 동사강목 고이를 중심으로」, 『실학사상연구』 1. 무악실학회.
______(1991), 「안정복의 국방론 - 동사강목 사론을 중심으로」, 『실학사상연구』 2. 무악실학회.
______(1992), 「순암 안정복의 충절론에 관한 일고찰」, 『국사관논총』 34, 국사편찬위원회.
______(1993), 「동사강목의 국사체계와 마한정통론에 관한 고찰」, 『실학사상연구』 4. 무악실학회.
______(1993), 『동사강목 연구』, 서강대학교 대학원 박사학위 논문.
______(1994), 『동사강목 연구』, 민족문화사.
______(1996), 『순암 안정복의 학문과 사상 연구』, 혜안.
______(2000), 「순암 안정복의 고려인식」, 『실학사상연구』 14, 무악실학회.
______(2000), 「안정복의 역사이론 전개와 그 성격」, 『국사관논총』 93, 국사편찬위원회.

______(2012), 『순암 안정복의 동사강목 연구』, 성균관대학교출판부.

______(2012), 『순암 안정복의 사상과 학문세계』, 성균관대학부출판부.

금지아(2005), 「동사강목 해제」, 연세대 국학연구원 편, 『연세대학교 중앙도서관 소장 고서해제 III』, 평민사.

김경태(2018), 「이익과 안정복의 동국정통론 재검토」, 『한국사학보』 70, 고려사학회.

김남일(2011), 「동사강목의 편찬 배경과 강목체 기년」, 『한국사학사학보』 24, 한국사학사학회.

______(2012), 「안정복의 자치통감강목 서법 이해와 동사강목 마한정통론의 강목체 필법」, 『한국사학사학보』 26, 한국사학사학회.

______(2013), 「안정복이 『동사강목』에서 강목체 필법으로 쓴 인물 평가와 그 위계 질서 - 明統系 · 嚴纂逆 · 褒忠節 筆例와 기존 강목체 史書와의 비교」, 『한국사학사학보』 28, 한국사학사학회.

______, 「동사강목고본 해제」, 고려대학교 해외한국학자료센터(http://kostma.korea.ac.kr/dir/list?uci=RIKS+CRMA+KSM-WU.0000.0000-20140423.TOYO_1540, 검색일: 2023년 11월 6일).

김문식(2000), 「18세기 후반 순암 안정복의 기자 인식」, 『한국실학연구』 2, 한국실학연구회.

______(2012), 「성호의 역사인식」, 『성호이익연구』, 사람의무늬.

______(2019), 「성호 이익의 역사 만들기 - 이맹휴 저작의 소개와 활용」, 『한국사학사학보』 40. 한국사학사학회.

______(2022), 「순암 안정복의 우왕 · 창왕 이해」, 『성호학보』 24, 성호학회.

김사억(1965), 「안정복의 역사관과 그의 조국역사 편사에 대하여(1, 2)」, 『력사과학』 5, 6, 북한[평양] : 과학원출판사

김상범(2011), 「令狐德棻의 史學과 『周書』」, 『역사문화연구』 38. 역사문화연구소.

김세윤(1985), 「안정복의 열조통기에 대한 일고찰」, 『부산여대사학』 3, 부산여자대학교.

______(1986), 「순암 안정복의 조선시대인식 - 열조통기의 사론을 중심으로」, 『부산여대사학』 4, 부산여자대학교.

______(1993), 『朝鮮後期 私撰史書 硏究 : 『列朝通紀』 『燃藜室記述』 『樂坡漫錄』을 중심으로』, 서강대학교 대학원 박사학위논문.

김수자(2015), 「20세기 신채호의 18세기 안정복에 대한 역사인식 - 안정복의 동사강목을 중심으로」, 『동방학』 33, 한서대학교 동양고전연구소.

김수태(1987), 「안정복의 대록지」, 『백제연구』 18, 충남대학교 백제연구소.

______(2021), 「안정복의 대록지 보론」, 『한국사학사학보』 43, 한국사학사학회.

김영숙(2006), 「안정복의 영사시에 나타난 역사, 문학성과 역사의식」, 『퇴계학과 한국문화』 38, 경북대학교 퇴계연구소.

김학수(2022), 「安鼎福과 嶺南學人의 교유 - 18세기 중후반 '京南'과 '嶺南'의 지식문화적 交感」, 『장서각』 48, 한국학중앙연구원.

김현영(2012), 「열조통기해제」, 『선본해제』 14, 국립중앙도서관.

______(2013), 「순암 이택재 장서의 형성과 산일」, 『순암 안정복의 일상과 이택재 장서』, 성균관대출판부.

박인호(1989), 「유형원의 동국여지지에 대한 일고찰」, 『청계사학』 6, 청계사학회.

______(2021), 「순암 안정복의 북방 인식」, 『한국실학연구』 42, 한국실학학회.

______(2022), 「동사강목의 편찬과 유행, 그리고 근대 역사학에서의 수용」, 『성호학보』 24, 성호학회.

박종기(1993), 「동사강목 고려편 검토 - 안정복의 수택본을 중심으로」, 『성곡논총』 24, 성곡학술문화재단.

______(2006), 『안정복, 고려사를 공부하다』, 고즈윈.

______(2015), 「필사본 동사강목의 자료 가치와 성격 - 연세대 소장본을 중심으로」, 『동방학지』 171, 연세대학교 국학연구원.

______(2017), 『동사강목의 탄생』, 휴머니스트.

박한남(2012), 「동사보궐 해제」, 『선본해제』 14, 국립중앙도서관.

______(2013), 「동사문답을 통해 본 동사강목의 편찬 과정」, 『순암 안정복의 일상과 이택재 장서』, 성균관대출판부.

변원림(1973), 「안정복의 역사인식」, 『사총』 17 · 18, 고려대학교 사학회.

손혜리(2022), 「안정복의 명나라 유민에 대한 기록과 인식 - 잡동산이를 중심으로」, 『한국실학연구』 43, 한국실학학회.

순암선생 탄신 300주년 기념사업회(2012), 순암연구총서 1, 『순암 안정복의 동사강목 연구』, 성균관대출판부.

______________________(2012), 순암연구총서 2, 『순암 안정복의 사상과 학문세계』, 성균관대출판부.

______________________(2012), 순암연구총서 3, 『순암 안정복의 역사학』, 성균관대출판부.

______________________(2012), 순암연구총서 4, 『순암 안정복의 경학과 사회사상』, 성균관대출판부.

______________________(2012), 순암연구총서 5, 『순암 안정복의 서학인식과 교육사상』, 성균관대출판부.

순암 안정복 선생 기념사업회(2013), 순암연구총서 6, 『순암 안정복의 학문과 사상』, 성균관대출판부.

__________________(2013), 순암연구총서 7, 『순암 안정복의 일상과 이택재 장서』, 성균관대출판부.

슐츠(2006), 「안정복과 동사강목」, 『한국실학연구』 11, 한국실학학회.

신항수(2013), 「이익과 안정복의 고려 말 역사 서술에 대한 논의와 동사강목」, 『진단학보』 117, 진단학회.

심우준(1981), 「순암 안정복의 사관」, 『중앙대논문집』 25, 중앙대학교.

_____(1985), 『순암 안정복 연구』, 일지사.

안대회(2021), 「만오만필 해제」, 『만오만필』, 성균관대출판부.

안병걸(2012), 『국립중앙도서관 선본해제』 14(순암 안정복), 국립중앙도서관.

오항녕(2013), 「순암 안정복의 단대사 편년체 열조통기」, 『한국실학연구』 25, 한국실학학회.

_____(2015), 『조선 역사학의 저력 : 순암 안정복의 동사강목』, 한국고전번역원.

옥영정(2012), 『廣州安氏 順菴 安鼎福 宗家 古典籍』, 한국학중앙연구원 출판부.

원재린(2003), 『조선후기 성호학파의 학풍 연구』, 혜안.

_____(2010), 「순암 안정복의 시무 인식 - 동사강목 안설을 중심으로」, 『한국사상사학』 34, 한국사상사학회.

유국충(2013), 「동사강목과 통감강목의 대비 연구」, 『순암 안정복의 학문과 사상』, 성균관대출판부.

이강한(2015), 「동사강목의 삼국 · 고려 시대사 서술에 대한 검토」, 『실학시대의 역사학 연구』, 사람의무늬.

이구용(1970), 「순암 안정복의 역사관 : 동사강목을 중심으로」, 연세대학교 교육대학원 논문.

이기백(1999), 「순암 안정복의 합리주의적 사실고증」, 『한국실학연구』 1, 한국실학학회.

이우성(2004), 「이조후기 근기학파에 있어서 사학의 형성과 동사강목 - 반계 유형원 · 성호 이익 · 순암 안정복」, 『학술원논문집』 43, 대한민국학술원.

______(2005), 『고양만록』, 경인문화사.

이우성 · 이기백 외(2012), 『순암 안정복의 역사학』, 성균관대출판부.

전제현(2009), 「유계와 안정복의 고려사 인식 - 여사제강과 동사강목의 사론을 중심으로」, 『한국학논총』 32, 국민대학교 한국학연구소.

정구복(1987), 「안정복의 사학사상 - 동사강목을 중심으로」, 『제2차 한일합동학술회의 한일근세사회의 정치와 문화』, 한일문화교류기금.

______(2008), 『한국근세사학사』, 경인문화사.

조 광(1982), 「조선왕조시대의 신라인식 - 동사강목을 중심으로」, 『민족문화연구』 16, 고려대학교 민족문화연구원.

______(1985), 한국사연구회편, 「조선후기의 역사인식」, 『한국사학사의 연구』, 을유문화사.

______(2010), 『한국사학사의 인식과 과제』, 경인문화사.

조성을(1987), 한국근현대사연구회편, 「조선후기 사학사 연구 현황」, 『한국 중세사회 해체기의 제 문제』, 한울.

周一良(1935), 「魏收之史學」, 『燕京學報』 18期, 哈佛燕京學社.

______(1998), 『周一良集』1(魏晉南北朝史論), 遼寧教育出版社.

지정민(2023), 「성리학적 역사학과 심성함양 : 동사강목을 중심으로」, 『도덕교육연구』 35-2, 한국도덕교육학회.

진영일(1983), 「동사강목의 분석적 고찰」, 『공주교대 논문집』 19, 공주교육대학교.

차장섭(1992), 「안정복의 역사관과 동사강목」, 『조선사연구』 1, 조선사연구회.

채미하(2016), 「안정복의 신라 국가제사에 대한 이해와 그 의미」, 『한국실학연구』 32, 한국실학학회.

최성환(2003), 「영 · 정조대 안정복의 학문과 동사강목의 편찬」, 『한국학보』 110, 일지사.

하우봉(1987), 「순암 안정복의 일본인식」, 『전라문화논총』 2, 전북대학교 전라문화연구소.

______(1989), 『조선후기 실학자의 일본관연구』, 일지사.

한영우(1988), 「安鼎福의 思想과 東史綱目」, 『한국학보』 53, 일지사.

______(1989), 『조선후기사학사연구』, 일지사.

홍창우(2022), 「동사강목의 후고구려 인식」, 『역사학연구』 86, 호남사학회.

| 順菴 |

순암 안정복의 시문학과 후대의 영향

윤재환 | 단국대학교 국어국문학과 교수

1. 시작하며

순암(順菴) 안정복(安鼎福, 1712~1791, 숙종 38~정조 15)은 조선 후기 근기 남인계열의 대표적인 지식인이자 학자의 한 사람으로 잘 알려져 있다. 특히 그는 성호(星湖) 이익(李瀷)의 고제(高弟) 네 사람 중 한 사람으로 역사학 분야에서 지대한 성취를 이루었다고 평가된다. 그가 이익의 고제로 알려지게 된 것은 기본적으로 이익에게 받은 영향 때문이겠지만, 보다 근본적인 이유는 이익 사후 이익의 학문적·사회적 영향력을 유지하여 성호학파의 존속에 지대한 역할을 했기 때문이라고 보인다. 또 그는『동사강목(東史綱目)』을 저술하고,『성호사설(星湖僿說)』의 목차와 내용을 첨삭·정리하여『성호사설유선(星湖僿說類選)』을 편찬하였으며,『하학지남(下學指南)』·『열조통기(列朝通紀)』·『잡동산이(雜同散異)』·『임관정요(臨官政要)』·『이리동약(二里洞約)』 등을 저술하기도 했다. 이와 같은 안정복의 행적은 안정복에 대한 연구가 역사와 정치, 사상과 서학(西學)에 대한 대응 또는 이익이나 성호학파와의 관계를 중심으로 이루어지게 하는 이유가 되었다. 이러한 연구 경향이 안정복의 생애와 학문적 성취, 또 당대 사회에서 그의 위상에 근거한 것이라는 점에서 당연하다고 할 수 있지만, 이런 연구만으로는 안정복을 전체적이고 입체적으로 조망하기 쉽지 않다. 그것은 안정복뿐만 아니라 안정복 당대의 지식인 대부분이 의식적 혹은 무의식적으로 몸담고 있었던 문학에 대해 이해하기 어렵기 때문이다.

특히 안정복은 조선 후기 남인계열의 대표적인 실학자이자 역사학자로 알려져 있지만, 그가 보여주었던 강한 주자학적 의리관(義理觀)과 전통적이고 원칙적인 사유와 행동으로 인해 그는 보수와 진보, 수구와 개혁의 상반된 관점에서 각기 다른 평가를 받고 있다. 이와 같은 평가는 안정복이라는 인물을 온전하게 이해하기 위해서는 그의 학문과 사상뿐만 아니라 의식과 정서를 입체적으로 파악해야 할 필요가 있음을 보여주는데, 이를 위해서는 그의 문학에 대한 깊이 있는 분석과 검토가 이루어져야 한다. 그것은 문학이 작자의 내면 의식과 기층 심리를 전체적으로 보여주는 가시적인 결과물이기 때문이다. 문학의 이와 같은 특성은 시문학으로 갈수록 커지지만, 아직까지 시는 물론이고 안정복의 문학론이나 문학 전반에 대한 연구조차 미미한 실정이다.[1]

그간 안정복의 문학 특히 시문학에 대한 연구자들의 관심 부족은 크게 두 가지 이유 때문이라고 보인다. 첫 번째는 안정복의 학문적 지향과 성취에 의한 연구자의 선험적 인식이다. 안정복의 생애와 행적을 살펴보면 안정복을 문학에 주력한 문인이라고 보기는 어렵다. 그의 문집인 『순암집(順菴集)』이나 『부부고(覆瓿稿)』에는 문학 작품이 그다지 많지 않다. 여기에 더해 그의 문학관이나 문학론, 문학에 관한 구체적인 의식을 확인할 수 있는 글 역시 찾아보기 쉽지 않다. 그래서인지 현재까지 이루어진 얼마 되지 않는 안정복의 문학 연구 역시 그의 문학관이나 문학론을 언급하는 대신 학문관을 살피거나 개별 작품을 다루고 있고, 안정복의 시에 대한 선행 연구에서도 그의 시를 "학

1 현재까지 이루어진 안정복의 문학 관련 연구는 일반논문 8편, 석사학위논문 3편이다. 안정복의 문학에 관한 연구가 1965년 시작되었다는 점에서 볼 때 이와 같은 연구 결과는 극히 미미한 것이라고 할 수밖에 없다. 안정복의 문학에 대한 그간의 연구를 제시하면 일반논문 8편은 다음과 같다. 최준하(2003); 윤재민(2004: 2015); 김영숙(2006); 백승호(2015); 윤재환(2019a; 2019b; 2023). 학위논문 3편은 위경숙(2013); 박종훈(2013); 강창순(2017)이다.

문면려, 우국충정, 강호한정(學問勉勵, 憂國衷情, 江湖閑情)"[2]이나 "경학 공부를 통한 심성 수양, 역사적 인물 · 사건에 대한 포폄, 일상생활에서 포착한 시적 흥취, 천학(天學) 비판을 통한 도학(道學) 수호"[3] 등으로 정리하여 안정복의 사상과 문학을 동일시하고 있다.

두 번째는 분석이나 검토를 위한 시문학 작품의 수집과 정리의 불완전이다. 2003년 최준하에 의해 시작된 안정복 문학 연구는 2015년 백승호에 의해 『부부고』가 검토되기 전까지 『순암집』만을 논의의 대상으로 하였다. 2015년 백승호에 의해 안정복 문학 연구 자료가 『순암집』에서 『부부고』로 확장되면서 안정복의 시문학은 "관물에 기반을 둔 생의(生意)의 성찰, 평온한 농촌풍경 속의 관풍(觀風)과 기속(紀俗), 속담 · 우리말 시어 사용"[4]이나 "민족의식의 주체적 자각과 고취, 충절에 대한 시비와 의리론 강조, 은일에 대한 동경과 일상의 정취, 관물에 대한 자아의 성찰, 천주교 비판과 도학의 수호, 벙어리에 투영된 고독과 소외"[5]로 논의되었는데, 이와 같은 언급은 연구의 대상과 시선의 확장에 의한 것이다. 그러나 이러한 연구 대상과 시선의 확장에도 불구하고 아직까지 안정복의 문학 특히 시문학 세계가 온전하게 규명되었다고 보기에는 부족한 부분이 적지 않다.

이 글은 이 지점에서 기획되었다. 이 글은 안정복에 대한 선험적 인식을 배제한 상태에서 시를 중심으로 안정복의 문학 세계에 다가가 보고자 하는 것이다. 이 글에서 안정복에 대한 선험적 인식의 배제를

2 최준하(2003), 506~512쪽.

3 위경숙(2013), 27~86쪽.

4 백승호(2015), 103~113쪽.

5 강창순(2017), 36~82쪽.

안정복 문학에 대한 접근의 전제로 삼는 것은, 안정복의 행적과 학문적 지향의 이해가 안정복을 파악하는 기본적인 요소인 것은 분명하지만, 이에 대한 인식을 기본으로 안정복의 문학에 접근할 경우, 안정복 문학의 전체적인 모습보다 한 부분에 집중하게 만들거나 안정복의 문학 세계를 그에 대해 전제한 인식을 증명하는 도구로 만들 가능성이 있기 때문이다. 이런 인식은 조선 후기 근기 남인계열의 대표적인 실학자이자 역사학자이면서 강한 주자학적 의리관과 전통적이고 원칙적인 의식을 지닌 인물로 평가받고 있는 안정복의 문학 세계를 실상과 상관없이 도학적(道學的)이고 전통적인 것으로 규정지을 위험성을 지닌다. 따라서 이 글에서는 안정복에 대한 선험적 인식을 배제한 상태에서 시를 중심으로 안정복의 문학 세계에 다가가 보고자 하는 것이다.

이를 위해 이 글에서는 먼저 안정복의 문학에 대한 그간의 연구 현황을 살펴보고 이어서 안정복의 문집인 『순암집』과 안정복의 『부부고』에 수록되어 있는 시의 현황을 살펴본 뒤, 안정복의 시문학관과 그가 창작한 시세계의 실제적인 양상을 검토하고, 마지막으로 안정복 후대 문인들의 문학 경향에 대해 알아보도록 한다. 이 글이 안정복과 안정복의 문학에 관심 가진 사람들에게 조금이라도 보탬이 될 수 있기를 기대한다.

2. 안정복 문학의 연구 현황

안정복에 대한 연구는 『동사강목』을 중심으로 시작되었다. 이 연구가 1965년 제출되었으니[6] 안정복 연구는 이제 60년에 이르는 적지 않은 역사를 지녔다. 이후 안정복 연구는 역사학 분야에서 사상, 철학, 경학, 정치 등 학문 제 분야로 확대되었다. 안정복 문학에 대한 연구 역시 안정복에 대한 관심의 영역이 확대되면서 시작되었지만, 다른 분야와 비교해 볼 때 상대적으로 연구의 역사가 상당히 짧고 연구 성과 역시 풍족하다고 하기 어렵다. 이와 같은 현상은 기본적으로 안정복이 문학에 주력한 문인이 아니었으며, 남아 전하는 작품도 풍부하다고 하기 어렵다는 사실에 기인한다. 즉 안정복의 문학에 대한 접근이 안정복을 규명하는 본질적인 요소가 될 수 없다는 인식이 그간 안정복에 대한 접근에서 그의 문학을 상대적으로 소홀히 여기게 만들었다고 보인다.

그러나 안정복에 대한 그간의 평가가 분명한 사실이라고 하더라도 안정복의 문학에 대한 접근은 안정복을 전체적이고 입체적으로 조망할 수 있게 하는 중요한 방법이 된다. 그것은 문학이 한 개인의 내면 의식과 기층 심리를 전체적으로 보여주는 심리 표출의 실체적 결과물이자 의식과 정서를 입체적으로 드러내는 결정체이기 때문이다. 따라서 안정복의 문학에 대한 접근은 안정복의 실체적 진실, 입체적 면모를 확인하기 위해 중요한 가치와 의미를 지닌다. 따라서 이 글에서는 안정복의 문학이 지니는 의미를 되새기고 그의 문학에 새롭게 접근하기 위해 먼저 그간의 안정복 문학에 대한 연구를 정리해 보도록 한다.

안정복 문학에 대한 연구는 최준하에 의해 시작되었다.[7] 그는 2003

---

6 김사억(1965a; 1965b).

7 최준하(2003)

년 발표한 「순암 안정복 문학의 일고찰 - '시(詩)'와 '전(傳)'을 중심으로」에서 안정복의 생애와 사상을 약술하고 이어 안정복의 문학을 살폈는데, 이 글에서 그는 안정복 시문학의 특성을 학문 면려와 우국충정, 강호 한정으로 정리한 뒤 「여용국전(女容國傳)」과 「영장산객전(靈長山客傳)」, 「홍생원유기(洪生遠遊記)」를 검토하였다. 최준하는 안정복의 시는 후손과 후학들에 대한 학문 면려 의식과 애민 의식을 바탕으로 한 충효 사상, 강호 지향과 자연 회귀를 통한 인생무상 의식이 두드러지며, 안정복의 전은 소재에서 특이성을 지니면서도 인생관의 묘사와 흥미 본위의 지괴담(志怪談)에 사실성을 확보하려는 시도가 나타나, 당시 지배층에 대한 신랄한 비판이나 풍자는 보이지 않지만, 섬세한 감정과 사실적 표현이 잘 드러난다고 했다.

안정복의 문학에 대한 두 번째 연구는 윤재민에 의해 이루어졌다.[8] 그는 2004년 「18세기 광주와 문학 - 순암 안정복의 「영장산객전(靈長山客傳)」을 중심으로」에서 안정복의 자전적(自傳的) 내용을 담고 있는 「영장산객전」을 분석하여 「영장산객전」은 탁전(托傳)의 형식을 취함으로써 과장과 해학의 방법으로 안정복의 정신적 면모를 형상화했지만, 형사(形似)의 측면에서 실전(實傳)의 성격이 강하다고 보았다. 이어 「영장산객전」에는 안정복의 개인사적인 배경과 정신적 지향이 깔려 있는데, 작품의 주인공인 '영장산객'의 일생을 형상화하고 평가하는 안정복의 태도에서 주목되는 것은 대상을 바라보는 너그럽고 여유 있는 열린 자세이고 이는 안정복의 도학자적 태도와 관계되는 것이라고 평가했다.

---

8 윤재민(2004)

세 번째 연구는 김영숙에 의해 이루어졌다.[9] 그는 2006년 「안정복의 영사시에 나타난 역사 · 문학성과 역사의식」에서 안정복의 영사시(詠史詩) 「관동사유감 효악부체 오장(觀東史有感 效樂府體 五章)」 · 「영사(詠史)」 · 「독여사유감(讀麗史有感)」을 통해 안정복의 역사의식을 살폈다. 그는 안정복의 「관동사유감 효악부체오장」을 타국과의 전쟁에서 용맹을 떨친 장수를 찬양하거나 나라를 걱정하는 안정복의 마음을 표현한 시로 보았고, 「영사」를 남북조시대(南北朝時代)의 혼란기를 살았던 진(晉)나라의 유곤(劉琨) · 곽박(郭璞) · 왕도(王導) · 온교(溫嶠)의 재능을 찬양하면서 관직 생활의 득실을 평가한 시로, 「독려사유감」을 고려(高麗)와 조선이 교체하던 시기의 인물인 이색(李穡) · 최영(崔瑩) · 길재(吉再) · 권근(權近)의 재능을 찬양하면서 충절에 기준을 두어 관직 생활의 처신을 평가한 시로 보았다. 이어 안정복이 계통과 시비, 충절과 찬역(簒逆)에 대한 엄격한 역사인식을 지녀, 그의 영사시에 충절과 시비에 대한 포폄이 강하게 드러나 있다고 했다. 이 세 편의 연구가 안정복 문학에 대한 초기 연구라고 할 수 있는데, 그래서인지 세 편의 연구 모두 안정복 문학에 대한 접근 이전에 안정복의 생애와 사상에 대한 개괄적인 내용을 언급했다는 특징이 있다.

다음 연구는 세 번째 연구 이후 약 10년의 시간이 흐른 2015년에 나왔다. 윤재민과 백승호에 의해 이루어진 것으로, 두 편의 연구 모두 2014년 12월 13일 "순암 안정복의 문학과 학문"이라는 주제로 개최된 한국한문학회 동계학술대회의 발표 논문을 2015년 학술지에 게재한 것이다.[10] 윤재민은 「순암 안정복의 문학과 학문」에서 안정복의 수학

9 김영숙(2006)

기(修學期) 생활이 도시적 배경에서 이루어졌으며, 수학기 안정복의 두드러지는 모습은 박학(博學)을 추구하는 문학가의 모습이라고 했다. 그는 안정복이 도학(道學)에 뜻을 두게 된 것은 광주(廣州)에 거처하게 된 이후이기 때문에, 그 이전의 안정복은 도학보다는 박학을 추구했고, 안정복의 박학이 지닌 성격으로 볼 때 안정복은 문학가 또는 경세가(經世家)에 가깝다고 했다. 그는 안정복이 도학에 귀의한 이후에도 내성(內聖)과 외왕(外王)을 아우르려는 의식을 지니고 있었으며 이는 25년여에 달하는 안정복의 관직 생활에서 확인할 수 있다고도 했다. 또 안정복의 내성 추구는 하학(下學)을 통한 상달(上達)로, 안정복이 하학의 실천 없이 성(性)과 리(理)만을 따지는 태도를 경계했다고 보았다. 이에 따라 윤재민은 안정복이 도학적 실천이 전제된다면, 그 위에 전개되는 논의는 성(性)이나 리(理), 기(氣) 심지어 천주학설(天主學說)까지 모두 토론의 대상이 될 수 있다고 생각한 열린 도학가(道學家)였다고 평가했다.

백승호의 「세상을 향해 소리 내고픈 벙어리–순암 안정복 한시 연구」는 안정복의 『부부고』를 검토하여 안정복 한시의 문예미적 성취를 살펴보고자 한 것으로, 안정복의 『부부고』를 대상으로 한 첫 번째 연구이다. 이 글에서 백승호는 『부부고』에 수록된 안정복의 한시가 모두 281제 441수로, 이 중 『순암집』에 수록되지 않은 새로운 시가 231수라고 했으며, 후손이 문집을 간행할 때 『부부고』와 『순암집』의 한시를 비교하여 안정복의 도학자적인 면모를 강조하는 시를 위주로 문집에 시를 수록했다고 했다. 이어 『부부고』에 수록된 안정복의 시를 살

10 윤재민(2015); 백승호(2015)

펴『부부고』의 시는 안정복의 학문적 경지를 문학적으로도 잘 표현한 작품으로, 심성 수양의 경지를 시적으로 형상화하였으며 거경궁리(居敬窮理)의 경지를 자연스럽게 도출하면서 시에 "생의"를 담아내려고 했고 관풍과 기속의 시를 지으면서 일상의 소소한 풍경과 평온함 속에 경세의 뜻을 담아냈으며 속담이나 우리말을 한시에 수용하려고 노력했다고 보았다. 또 안정복이 정파와 학맥 때문에 세교(世敎)의 좌절을 경험할 수밖에 없는 처지였기 때문에 소통과 경세의 좌절감을 벙어리라는 시어로 표현하여 자신을 벙어리에 빗댄 작품을 다수 창작했는데, 안정복이 자신을 벙어리라고 지칭했지만, 그 속에는 역설적으로 세상을 향해 자신의 목소리를 내며 문제를 제기하고 싶었던 간절한 의지가 담겨 있다고 평가했다.

백승호 이후 안정복의 문학 연구는 윤재환에 의해 이어졌다. 그는 2019년 「문학을 바라보는 순암 안정복의 시선-시선의 의미와 성호와의 거리를 중심으로」[11]와 「순암 안정복 한시의 수록 양상 검토-『순암집』과 순암 『부부고』 소재 한시를 중심으로」[12], 2023년 「순암 안정복과 순암 계열 문인들의 문학론-문학론의 영향을 중심으로」[13]를 발표했는데, 이 세 편의 글은 안정복의 문학 의식에 대한 검토, 『순암집』과 『부부고』에 수록된 시의 비교 · 정리, 안정복과 안정복 후대 문인들의 문학적 관계 파악의 순으로 진행된 연속적인 연구의 결과이다.

「문학을 바라보는 순암 안정복의 시선-시선의 의미와 성호와의 거리를 중심으로」에서 윤재환은 안정복의 문장을 검토하여 안정복이

11 윤재환(2019a)

12 윤재환(2019b)

13 윤재환(2023)

유가적(儒家的) 문학관을 바탕으로 성인(聖人)의 육경(六經)을 기준으로 삼아 형식보다 내용을 강조하는 문학을 추구했으며 시와 문장의 학습 대상과 내용을 구분하고 있었다는 점에서 안정복이 시와 문장의 창작 목적과 방법, 의미와 가치를 구분하여 인식하고 있었다고 보았다. 그는 안정복이 육경을 표준으로 삼아 시문을 짓기 위해 '다독(多讀)'과 '창작 방법의 궁리(窮理)'를 강조했다고 했다. 또 윤재환은 이익과 안정복을 비교하여, 이익이 안정복보다 세도(世道)에 미치는 시의 영향을 더 심각하게 보았고, 그런 만큼 시의 창작에 더 주의하는 모습을 보였는데, 이익과 안정복의 이와 같은 차이는 시가 당대 사회와 독자에게 미칠 수 있는 영향에 대한 인식의 차이에 기인한 것이라고 했다.

「순암 안정복 한시의 수록 양상 검토-『순암집』과 순암 『부부고』 소재 한시를 중심으로」는 『순암집』과 『부부고』에 수록된 안정복의 시문학 작품들을 정리 · 비교한 것이다. 윤재환은 『순암집』에는 모두 143제 234수의 시가 수록되어 있는데, 이 중 1수가 이익의 시여서 『순암집』에 수록된 안정복의 시는 모두 142제 233수이고, 이 시들을 형식적인 면에서 보면 근체시가 많고 근체시 중에서는 7언시와 절구가 많으며 7언고시가 없다고 했다. 또 『부부고』에는 모두 349제 567수의 시가 수록되어 있는데, 중복되거나 다른 사람의 시를 제외하면 안정복의 시는 모두 295제 471수이며 수록된 시의 양상은 문집과 비슷하다고 했다. 이어 『순암집』과 『부부고』를 비교하여 『순암집』에 수록된 시 중 6제 6수를 『부부고』에서 확인할 수 없으며, 『순암집』에서는 이익의 시 1수를 제외하고는 원운이나 차 · 화운시가 모두 누락되었고, 연작시 중에는 일부만 수록된 시가 많은데 이는 편집 과정에서 안정복의 행적이나 의식과 어긋난다고 생각한 시들을 삭제한 결과라 보인다고 했다. 또 『순암집』에서는 『부부고』의 편집 오류를 바로잡고 시어(詩語)를 수정한 시를 볼 수 있는데, 이는 시의 의미를 구체적이고 명확하게 하려는 의도에서 이루어진 것이라고 했다.

「순암 안정복과 순암 계열 문인들의 문학론-문학론의 영향을 중심으로」는 안정복과 안정복 계열 문인들의 문학론을 비교한 것으로, 이 글에서 윤재환은 안정복이나 안정복의 학문적 영향 아래 놓여 있었던 안정복 계열 문인들의 경우 시와 문장의 학습 대상과 내용, 창작 목적과 방법, 의미와 가치를 구분하였고 이를 선명하게 인식하고 있었다고 보이지만, 이들의 문집을 보면 이들의 문학론이 전통적인 문학론과 별다른 차이가 없다고 했다. 또 그는 안정복 계열 문인들의 문학론이 본질적인 부분을 같이하면서도 구체적인 창작론에서 조금씩 차이를 보이며 서서히 변화해 나가는 모습을 보이는데, 그 변화의 방향은 문학의 독자성, 작자의 개성 인정이라고 했다. 그는 안정복에서부터 황덕길(黃德吉)과 허전(許傳), 허훈(許薰)으로 내려오면서 점차 변모해 가는 문학론의 변화가 비록 확연하게 드러나는 것은 아니지만 변화의 발걸음이 계속된 것은 분명하다고 했다.

이와 같은 8편의 소논문 이외에 세 편의 석사학위 논문도 발표되었는데, 첫 번째 논문은 2013년에 나온 위경숙의 「순암 안정복 한시의 연구」이다.[14] 이 논문에서 위경숙은 안정복의 학문적 지향이 박학의 추구, 도학의 지향, 역사의 탐구, 이기사칠논쟁(理氣四七論爭), 목민(牧民)의 실천, 천학(天學) 비판으로 변화하는데, 이와 같은 학문적 관심

14 위경숙(2013)

의 변화가 안정복의 시 세계에도 영향을 미쳐 안정복의 시 세계가 경학을 통한 심성 수양, 역사적 인물과 사건에 대한 포폄, 일상생활에서의 홍취, 천학 비판을 통한 도학 수호로 중심적 주제가 변화한다고 했다. 그는 또 이런 안정복의 시 세계를 근기 남인 문단의 문학적 지향과 비교하면 안정복의 문학 세계는 근기 남인 문단의 경향과 다른 문학적 개성을 보여준다고 보았다. 그는 18세기 중엽 근기 남인 문단의 문학적 지향이 『시경(詩經)』의 문학적 전통을 존중하는 상고적 성향과 사회적 책무 의식을 바탕으로 한 현실 비판 의식과 우환 의식이었던 반면 안정복은 육경을 전범으로 하는 상고적 성향은 따르면서도 현실에 대한 비판의식과 우환 의식을 거의 드러내지 않아, 일상생활 속에서 심성 수양을 중심으로 한 하학의 실천을 읊은 작품을 창작했다고 했다.

다음 논문은 박종훈의 「안정복의 아기설, 파아기설의 주제 의식」이다.[15] 이 논문은 안정복의 「아기설(啞器說)」과 「파아기설(破啞器說)」에서 비유하고 있는 역사적 사건이 출현하게 된 시대 배경과 주제 의식을 중심으로, 안정복의 시대 인식과 대안 제시를 살펴보고 정조(正祖)가 73세의 안정복에게 '쇠하지 않았구료[不衰]'라고 한 말의 의미와 평가가 정당했는지를 밝혀보고자 한 것이다.

마지막은 강창순의 「순암 안정복의 문학 연구」로[16] 이 논문은 『순암집』과 『부부고』에 나타난 안정복의 문학적 사상과 학문적 실례를 통해 역사학자이기 이전에 실학 시대의 가장 보수적인 실학자로서 안

15 박종훈(2013)
16 강창순(2017)

정복 사상의 시사점을 찾고자 한 것이다. 이 글에서 강창순은 안정복의 생애와 학문관을 개관한 뒤 안정복의 『부부고』에 수록된 한시를 주제와 소재에 따라 크게 영사시, 전원시, 사회시로 구분하여 살폈다. 그는 작품의 검토 이후 실학파 문학의 특징과 안정복의 작품들을 비교하여 안정복을 여타 실학파 문인들과 비교했을 때, 한계가 있는 것은 분명하지만 안정복 역시 실학적 사고의 바탕 아래 문학세계를 완성했다는 점에서 안정복을 이익 이래 정약용(丁若鏞)과 박지원(朴趾源)으로 완성된 실학파 문학의 과도기에 활동한 인물로 평가할 수 있다고 했다.

이렇게 그간 이루어진 안정복의 문학에 대한 연구를 살펴보면 연구 대상 자료가 『순암집』에서 『부부고』로 확장되었으며, 연구 경향 역시 실학자 · 도학자 · 경세가 안정복의 문학 이해에서 문인 안정복의 문학 이해로 변화하고 있음을 알 수 있다. 하지만 그와 같은 변화에도 불구하고 아직까지 안정복 문학의 전체적인 면모나 실체적 진실에는 온전히 다가서지는 못했다는 점에서 앞으로 안정복의 문학에 대한 더 많은 연구가 필요해 보인다.

3. 『순암집』과 안정복의 『부부고』

안정복의 문학 특히 시문학에 대해 접근하기 위해 가장 먼저 해야 할 작업이 검토 대상 작품의 확정이지만, 아직까지 안정복의 시문학을 연구하기 위한 기본 자료의 발굴과 정리가 완전하지 못하다. 이는 아직까지 안정복이 창작한 시 작품의 전체적인 모습을 확인하지 못하고 있기 때문인데, 이 문제를 해결하기 위해서는 우선 안정복의 문집인 『순암집』과 『부부고』의 차이, 『순암집』과 『부부고』에 수록된 시의 검토가 이루어져야 한다. 이를 위해 이 글에서는 『순암집』에 수록된 시 작품들을 전체적으로 살펴 형식과 유형에 따라 분류 · 검토하고, 다음으로 『부부고』에 수록된 시 작품들을 『순암집』과 동일한 방법으로 분류 · 검토한 뒤, 『순암집』과 『부부고』에 수록된 시 작품들을 비교해 보도록 한다.

먼저 『순암집』을 간략하게 살펴보면 『순암집』은 목록 1권과 원집 27권, 연보와 행장을 합해 모두 15책으로 이루어져 있다. 서문은 없고 원집의 마지막 부분에 안경의(安景禕)의 발문과 안종엽(安鍾曄)의 간행지가 있다. 안정복의 문인인 하려(下廬) 황덕길(黃德吉)의 글[17]을 보면 안정복의 문집을 가장 먼저 정리한 사람은 손자인 안철중(安喆重)이었는데, 안철중이 정리한 원고를 황덕길이 대략 30권 정도로 산삭 · 교정하였지만, 재력의 부족으로 간행하지 못한 듯하다. 이후 황덕길의 정리본을 저본으로 하여 1843년 안경의가 일부를 다시 편집하고 정사(淨寫)한 것[18]을 1900년 안종엽이 현재와 같은 체재로 간행했다.[19]

---

17 黃德吉, 『下廬集』 권2, 「答安重吉 喆重○庚辰」, “先生遺集將以校正云, 尊之誠心旣可尙, 而寔斯文之幸也. 前日及門之人無在者, 惟我老不死, 旣不能闡明遺敎, 至此等事, 又不能任其責, 視諸陶門之月川, 能不忸怩, 所恃者惟賢孫在耳. 遺集外下學指南李子粹語等諸篇, 表表可爲後學學則者, 次第修正, 工役似巨矣. 官力足以判紙本, 且聞貴邑頗有善寫胥吏輩, 可書精本, 是區區願也. 於斯時固不待盛速, 而敢不竭蹶一赴與議焉. 秪此痼恙未袪, 雖載馬難於支拄, 將如之何. 稍竢風日和暖, 量其可堪於行役而行之, 不得預爲指期, 其或恕諒乎否.”

18 安景禕, 『順菴集』, 「順菴集跋」, “顧其書有草正二本, 而下廬黃先生受托, 更加刪增, 但其寫役無人, 未得易書, 只就書頭籤付標識, 而其字行間誤缺則多未刊正, 盖其勢然也. 禕爲是之懼, 敢忘僭越, 爰謀所以正書之; 繕寫之際, 一遵黃先生所定. 而至於襍著

『순암집』에서 시는 대부분 1권에 수록되어 있고, 2권과 19권 그리고 「연보」에도 일부 수록되어 있다. 『순암집』에 수록된 시의 양에 대한 언급이 연구자에 따라 조금씩 다른데,[20] 필자가 직접 살펴본 결과 『순암집』에 수록된 안정복의 시는 모두 142제 233수였다.[21] 이 중 1권에 140제 223수가 수록되어 있고, 2권 서(書)의 「상성호선생서 무인(上星湖先生書 戊寅)」이라는 글에 1제 1수가 수록되어 있으며, 19권 제후(題後)의 「제열녀여흥이씨행록후(題烈女驪興李氏行錄後)」에 4언 8구의 고시 1제 8수가 수록되어 있고, 「연보」에 아홉 수의 시가 수록되어 있다. 그런데 「연보」에 수록된 아홉 수의 시 중 7수의 시는 1권과 중복된 것이어서 2수의 시가 새로운 시이지만, 이 중 1수는 1권 44번 시의 일부로 보인다. 『부부고』와 비교해 보면 『순암집』 1권의 44번 시는 『부부고』의 49번째에 있는 3수의 시 중 첫 번째와 세 번째 시이고 「연보」에 나오는 시는 두 번째 시가 된다. 따라서 「연보」에 나오는

七篇, 則篇目之序次, 間多改正. 凡論經文字之錯出者, 合而錄之, 名之曰經書疑義, 若戶牖襍錄橡軒隨筆所論諸條, 亦各彙類以附, 而襍錄並於隨筆. 若書齋講約之先於四禮儀節慶安洞約者, 家而國而之本於修身也. 函丈錄之先於桂坊日記木州政事者, 事君治民之資於講學也. 若夫鄉飮射儀之次於天學考問答之後, 則距邪反經之義也. 覽者詳之, 而此亦取黃先生之意而財正者也, 已何與焉. 凡七閱月而工告訖."

19 安鍾曄, 『順菴集』, 「順菴集識」, "不肖慨遺文之未傳, 念先志之未就, 盖早夜未敢忘也. 誠淺力綿, 經紀有年, 至今秋而始用活字, 印若干本, 姑且與同志之慕悅吾先祖者共之. 此於所著述, 僅十之一二, 而印布於當世慕悅者, 又百不能一二焉, 是可愧也."

20 안정복의 문집에 수록된 시의 양에 대해 한국고전번역원의 『순암집』 해제에서는 196수라고 했고, 최준하는 145수, 위경숙은 139제 216수(연보 포함 141제 218수), 강창순은 131제 216수(연보 포함 141제 218수), 백승호는 141제 218수라고 했다.

21 이 글에서 분류 · 정리 · 비교의 저본으로 삼은 『순암집』은 국립중앙도서관에 소장된 『順菴集』(한貴古朝46-가53; 古3648-45-21; 古3648-45-16)이다. 이 책을 기본으로 하고 영인 · 간행된 다양한 안정복의 문집은 참고로 삼았다.

두 수의 시 중 1수의 시는 새로운 시이기는 하지만 44번 연작시의 한 수여서 분리하여 정리할 수 없다. 나머지 1수의 시는 『부부고』에 나오지 않는 시이지만, 앞서 언급한 『순암집』 2권 서의 「상성호선생 무인」이라는 글에 있는 시와 같은 시이다. 따라서 『순암집』에 수록된 안정복의 시는 모두 142제 233수가 된다.

〈표 1〉 『순암집』 소재 한시 작품 일람표

연번	제목	형식	수량	부부고수록	창작 시기	비고
001	仲秋望日 詠退之一年明月今宵多爲韻 成七絶 辛亥	5언절구	7	(부)018	1731	
002	題望湖亭盆梔 甲寅	7언절구	1	(부)004	1734	
003	夢作 乙卯	5언절구	1	(부)128	1735	序文 있음 / 『부부고』 3책의 「夢記 己卯」 속에 이 시가 나오나 제2구가 다르며 『순암집』에는 「夢記」가 없음
004	讀心經 丁巳	7언절구	1	(부)015	1737	『부부고』의 2수 중 두 번째 수만 있으며, 『순암집』의 「연보」에도 두 번째 수가 나옴
005	敬次望湖亭盆梅韻 己未	5언율시	1	(부)013	1739	『부부고』의 2수 중 첫 번째 수만 있음
006	山居好 庚申	7언절구	1	(부)007	1740	
007	自警	7언절구	1	(부)008	1740	
008	次南公瑞 雲老 韻	5언 20구	1	(부)031	1740	『부부고』의 4수 중 세 번째 수만 있으며, 原韻 5언 20구 4수가 없음
009	次尹景和 湆 韻 辛酉	7언절구	1	(부)033	1741	
010	讀大學	7언율시	1	(부)034	1741～1746	

011	題科體東人賦冊面 丙寅	5언절구	1	(부)114	1746	
012	省吾來留數旬 及歸 口號五言短律二首以贈	5언율시	2	(부)123	1746	
013	記夢	7언절구	1	(부)127	1746	序文 있음
014	次止菴南丈 維老 見示韻 己巳	7언절구	1	(부)012	1749	『부부고』의 3수 중 두 번째 수만 있음 / 『부부고』의 제목에 原韻이라고 되어 있으나 『순암집』에는 原韻 없음
015	沁齋直中 次鄰郞宋道明 聚行 韻 庚午	5언율시	1	(부)029	1750	『부부고』의 3수 중 두 번째 수만 있음
016	高麗山 山在江華府西北五里 高麗高宗葬此 卽弘陵是也	7언절구	1	(부)041	1750	
017	義盈直中夜坐有感 辛未	7언율시	1	(부)010	1751	『순암집』과 『부부고』의 첫 구(倏忽流光隙駟駸 → 逝水流光隙駟駸)가 다름
018	詠史 時讀晉書○壬申	7언절구	4	(부)009	1752	『부부고』에서 2구만 있는 다섯 번째 수 누락
019	次宗人正進 景漸 見贈韻	7언율시	1	(부)011	1753	序文 있음 / 『부부고』의 原韻 7언율시 1수 누락
020	贈正進	7언율시	1	(부)020	1752	
021	修廣州府志 至丙丁事 閣筆潸然 謾書一律 癸酉	7언율시	1	(부)067	1753	각 구의 아래에 주석이 있음
022	出南門 憶崔遲川當日事 馬上慨然成七絶	5언절구	7	(부)065	1753	
023	又吟一絶	7언절구	1	(부)066	1753	
024	次許丈釣叟韻 許丈名塤 字仲厚 滄海之孫 世居楮島	7언율시	1	(부)036	1753	『부부고』의 3수 중 세 번째 수만 있음
025	贈奉恩寺判事體閑上人	7언절구	1	(부)023	1753	『부부고』의 2수 중 첫 번째 수만 있음
026	霜後木葉盡脫 庭畔葵花一	7언절구	1	(부)005	1756	

	枝在菊叢中 放開一花 有感而吟 丙子					
027	題鈔書籠	5언 30구	1	(부)196	1756	
028	題着書籠	5언 28구	1	(부)197	1756	
029	次楊誠齋退休南溪之上自贊韻 二首	5언 4구 1 6언 4구 1	2	(부)055	1756	『부부고』에 있는 楊誠齋의 시가 없음
030	漫吟 八絶○丁丑	7언절구	8	(부)030	1757	
031	觀物 二首	5언절구	2	(부)068	1757	
032	春日書懷	5언절구	1	(부)069	1757~1759	
033	春雨	5언율시	1	(부)071	1757~1759	
034	分宜堂漫吟 己卯	7언율시	1	(부)195	1759	
035	警女兒	7언율시	1	(부)076	1759	
036	敬次星湖先生寄涑河安秀才樂重韻二首 贈樂重 兼示正進	5언 30구	2	(부)039	1759	『순암집』에 原韻 5언 30구 1수 부기
037	期友會話園亭 代少輩戲作沁園春	장단구	2	(부)083	1759~1762	
038	偶吟	5언절구	1	(부)084	1759~1762	
039	春愁	7언절구	1	(부)087	1759~1762	
040	省事吟	7언절구	1	(부)112	1757	
041	夜坐卽事	7언절구	1	(부)028	1759~1762	
042	述病 九首	5언 12구 1 5언 10구 1 5언 12구 2 5언 10구 1 5언 8구 4	9	(부)044	1759~1762	『부부고』의 8수를 9수로 나누어 놓았음(『부부고』의 첫 번째 수 22구를 12구, 10구로 나누어 2수로 정리함)
043	觀東史有感 效樂府體 五章	장단구 악부체	5	(부)047	1759~1762	序文 있음 / 각 장의 개별 제목(成己歌, 甕山城將歌, 泉城行, 弩士行, 白馬塚歌)과 개별 序文

						도 있음
044	嘗編諸葛亮陶淵明二傳以觀之 止菴有詩要和 遂步其韻	5언율시 1 5언절구 1	2	(부)049	1759~1762	『부부고』의 3수 중 첫 번째와 세 번째 수만 있으며, 『순암집』의 「연보」에 두 번째 수만 나옴 / 「연보」까지 3수
045	奉呈止菴	7언율시	1	(부)051	1759~1762	『부부고』의 次韻詩 7언율시 1수 없음
046	次止菴韻	5언율시 2 /언율시 1	1	(부)052	1759~1762	『부부고』의 3수 중 첫 번째 수만 있으며, 原韻 5인 율시 2수, 7인 율시 1수가 없음
047	分宜堂 八詠	5언절구	8	(부)053	1759~1762	『부부고』의 이 시는 제목이 「分宜堂八詠」이 되어야 할 듯함 / 序文 있음 / 『순암집』에는 『부부고』의 원운과 차운(각각 5언 절구 8수)이 없음
048	壬午六月十八日 先考忌日 壬午	7언율시	1	(부)056	1762	
049	贈鄭君顯 赫東	7언율시	1	(부)059	1762	『순암집』과 『부부고』시의 첫 구 두 번째 글자가 다름(孟 → 國)
050	鄭君顯讀孟子 示以二絶	7언절구	2	(부)060	1762	『부부고』의 3수 중 첫 번째 수가 없음
051	書贈小孫 癸未	5언 16구	1	(부)081	1763	
052	古人宮辭之作 亦國風離騷之義也 閑居無聊 偶效其體爲二絶	7언절구	2	(부)062	1763	
053	到書堂 見庭草蕪沒 感懷而作 甲申	7언절구	4	(부)088	1764	
054	讀麗史有感	7언절구	4	(부)092	1764~1765	
055	夜坐偶吟	7언절구	2	(부)093	1764~	

					1765	
056	示小孫	7언절구	1	(부)094	1764~1765	
057	山居	7언율시	1	(부)096	1764~1765	첫 구의 두 번째 글자가 누락되었으나 『부부고』에는 慵으로 되어 있음
058	次兒閑居吟	5언율시	1	(부)103	1764~1765	
059	鄭龍卿 顯東 爲親 回甲設壽席 心服未除 不能赴會 謾呈短律一首	5언율시	1	(부)107	1764~1765	
060	自警 二絶○乙酉	7언절구	2	(부)110	1765	
061	夏日書事 丙戌	7언절구	1	(부)141	1766	
062	示家兒	5언율시	2	(부)194	1766	『부부고』의 3수 중 두 번째, 세 번째 수만 있음
063	敬次退溪先生病慵韻 並序	7언절구	1	(부)144	1766~1770	序文 있음
064	次家兒韻	7언율시	1	(부)148	1766~1770	
065	次李性之 命老 贈鱗伯韻 並序	5언 40구	1	(부)149	1766	序文 있음
066	溪北新舍 並序	7언율시	1	(부)150	1766~1770	序文 있음
067	次舍弟贈鱗伯韻	5언 46구	1	(부)151	1766~1770	
068	獨坐書懷	7언율시	1	(부)152	1766~1770	『부부고』의 2수 중 첫 번째 수만 있음
069	詠物 十絶○幷序	5언절구	10	(부)154	1766~1770	序文 있음
070	溪行	5언율시	1	(부)157	1766~1770	
071	幽事	5언율시	1	(부)158	1766~1770	

072	幽事還多事	5언율시	1	(부)159	1766~1770	
073	貧窮吟	5언 10구	1	(부)160	1766~1770	
074	題便面	5언절구	1	(부)161	1766~1770	
075	家有小僕 驕逸難使 一日誚責 頗動心氣 悔而有作	5언율시	1	(부)163	1766~1770	
076	晩步溪上	5언율시	1	(부)164	1766~1770	
077	夏日書齋卽事	7언율시	1	(부)165	1766~1770	
078	次鄭天與 錫夢	7언율시 2 7언절구 1	1	(부)171	1766~1770	『부부고』의 3수 중 두 번째 수만 있음
079	次退溪集韻 示趙生英如學俊○庚寅	7언절구	1	(부)175	1770	
080	又	7언절구	1	(부)176	1770	又로 나누어 놓은 시를 앞 시와 합하면 제목 하나가 줆
081	癸巳春祝 二首○癸巳	5언율시 1 7언절구 1	1	(부)177	1773	
082	次金勵世 百鍊 見贈韻	7언율시	1	(부)178	1770~1774	
083	水月吟	5언절구	1	(부)179	1770~1774	『부부고』에서는 「水月吟」과 「雲山吟」을 「又次二絶」로 모아놓았음
084	雲山吟	5언절구	1	(부)179	1770~1774	『부부고』에서는 「水月吟」과 「雲山吟」을 「又次二絶」로 모아놓았음
085	贈南甥	5언 40구	1	(부)181	1772	『순암집』과 『부부고』 사이에 글자의 출입이 있음
086	聞局局鳥	7언절구	1	(부)186	1770~1774	
087	次孤青居士南希顏 必復	7언율시	1	(부)189		『부부고』의 2수 중 두 번

	韻 甲午					째 수만 있음
088	東宮頒薑于宮僚 感成二絶	7언절구	2	(부)191	1774	
089	桂坊直中 二首	7언절구	2	(부)192	1774	『부부고』의 4수 중 두 번째, 세 번째 수만 있음 / 『순암집』의 「연보」에도 두 번째 수가 나옴
090	次姜直長聖表 世東 見贈韻	5언율시	1	(부)198	1774	『부부고』에 있는 原韻 5언 율시 1수가 없음
091	效邵康節經世吟 乙未	4언 16구	1	(부)188	1775	序文 있음
092	歲初見東宮令旨 感喜而作 丙申	7언절구	1	(부)200	1776	「연보」에도 나옴
093	八月十四日 赴錦營 滯雨毛老院 成三絶 丁酉	5언절구	3	(부)134	1777	
094	草邑乘題書面 戊戌	7언율시	1	(부)308	1778	
095	戲贈聾窩 朴子中 思正○ 己亥	7언율시	1	(부)203	1779	
096	四月二十日 鄕里少輩請行鄕射禮 爲草節目 權幼星來會 賦一律求和 次之 庚子	7언율시	1	(부)299	1780	
097	十一月二十三日曉 睡新覺悼權孟容 巖 枕上成短律	5언율시	1	(부)311	1780	
098	三月 課僮奴種海松及漆木各百餘株 因吟十韻古詩示兒孫 辛丑	5언 20구	1	(부)302	1781	
099	四月 南華 木川邑西村名族弟命甫 鼎銘 來言邑人立去思碑于伏龜亭店邊 聞而戲吟	7언절구	1	(부)300	1781	
100	效坡山體詠懷 贈潛翁南丈夏行	4언 8구	1	(부)306	1781	
101	漫吟	5언율시	1	(부)313	1781	

102	挽金右尹 朝潤○壬寅	7언율시	1	(부)207	1782	『순암집』에는 『부부고』의 2수 중 첫 번째 수만 있음
103	有感	7언절구	2	(부)135	1782	『순암집』에는 『부부고』의 3수 중 첫 번째, 두 번째 수만 있음
104	問蟬蟬答 四絶	7언절구	4	(부)140	1782	
105	感懷	7언율시	1	(부)208	1782	
106	龍卿 鱗伯來訪于涔寂之中 喜成一律	7언율시	1	(부)209	1782	
107	讀薛能詩有感 並序	7언절구	1	(부)212	1782	序文 있음
108	示黃莘叟 德壹 贈別 癸卯	7언율시	1	없음	1782~1783	『순암집』에 있는 이 시가 『부부고』에 없음
109	盆菊	5언절구	1	(부)213	1783	
110	甲辰初秋 余以翊贊赴命 寓草洞韓泰川 澾 性夫家 堦上有唐菊 紅紫爛開 問之 霜前皆萎云 感而有作 甲辰	7언절구	1	(부)219	1784	
111	八月一日 三度習儀 本司諸僚 以次職姓名進謁 賤臣之進 上溫諭曰何如 盖下問筋力疾病之如何也 又曰 不衰矣 諸僚無所論 而獨於賤臣有此敎 諸僚聳觀 皆致賀 塵芒小臣 何以得此 遂以不衰名軒 以志微忱 仍成一絶	7언절구	1	(부)222	1784	「연보」에도 나옴/『부부고』 11책 241의 시(「與磐巖」이라는 서간 속에 나오는 시)와 중복
112	有感	7언절구	1	(부)225	1784	
113	示鄭生元心 時復	7언절구	1	(부)226	1784	
114	聞天學大熾 吾儕中以才氣自許者 皆入其中 遂口號一絶 示元心	7언절구	1	(부)227	1784	
115	效韓歐剝啄行 乙巳	4언 20구	1	(부)223	1785	『순암집』과 『부부고』 사이에 글자의 출입이

						있음/이 시와 『부부고』 11책 234 「剝啄行效韓歐體乙巳六月二十六日」과 중복
116	幽居	7언율시	1	(부)229	1785	
117	自警	5언율시	1	(부)231	1785	
118	有感	7언율시	1	-	1785	『순암집』에 있는 이 시가 『부부고』에 없음/「연보」에도 수록되어 있음
119	閉口吟	5언 66구	1	(부)235	1785	
120	歎時 二絶	7언 절구	2	(부)236	1785	이 시는 『부부고』 15책 285 「有感 二絶」과 중복됨(글자 출입 있음)
121	三絶吟	7언절구	1	(부)237	1785	
122	有懷	7언절구	1	(부)238	1785	
123	次丁思仲 志永 來贈韻 丙午	7언절구 1	1	(부)242	1786	『부부고』의 두 번째 수인 7언절구 1수만 있음
124	寓舍有感 戊申	7언절구 1	1	(부)249	1788	『부부고』의 두 번째 수인 7언절구 1수만 있음
125	觀的示諸君求和 己酉	7언절구	1	(부) 258	1789	
126	贈思仲	7언율시	1	-	1789	『부부고』에 없음
127	觀物	5언율시	1	-	1789	『부부고』에 없음
128	感懷 二首	7언절구	2	(부)261	1789	『부부고』에서 차운시와 안정복의 시 두 편을 하나로 잘못 합하고 안정복 시의 제목을 누락한 듯함
129	除日病中口呼	7언절구	2	(부)264	1789	『부부고』의 5수 중 세 번째, 네 번째 수만 있음
130	次迷孫慶晩悟堂龍卿回甲韻 庚戌	7언율시	1	-	1789~1790	『부부고』에 없음
131	次思仲讀心經韻	7언율시	1	(부)273	1790	

132	漫吟	7언율시	1	(부)274	1790	『부부고』의 3수 중 세 번째 수만 있음
133	贈吳聖道 錫履○二首	7언율시	2	(부)276	1790	『부부고』에 있는 次韻 7언 율시 2수가 없음
134	十月三日 席上口呼 示會中諸君 時諸君持盛饌及絃歌 來賀余陞資封爵 吾豈敢哉 自邦慶以來 京外士民 多張樂同慶 而吾洞未及行 故今因此 與諸君北向四拜後行宴樂 少伸微忱	7언절구 1 7언율시 1	2	(부)280	1790	『부부고』의 3수 중 첫 번째, 두 번째 수만 있어 7언율시 1수가 누락됨 / 「연보」에도 첫 번째 수가 나옴
135	挽艮翁李判尹 獻慶○辛亥	7언율시	2	(부)282	1791	「연보」에도 두 번째 수가 나옴
136	送窮日書懷	5언절구	2	(부)286	1791	
137	漫興 此下年月無考 姑附于末	7언절구	2	(부)136	1782	『부부고』에는 1782년 71세 창작한 시 사이에 나옴
138	題樂志論後	7언율시	1	(부)138	1782	『부부고』에는 1782년 71세 창작한 시 사이에 나옴 / 『순암집』에는 『부부고』의 서문이 없음
139	自矜	7언율시	1	(부)139	1782	『부부고』에는 1782년 71세 창작한 시 사이에 나옴
140	口呼自感一首 示黃莘叟耳叟 德吉	5언 10구	1	(부)245	미상	『부부고』에서는 13책의 서간 「答李仲章」 속에 이 시가 제목 없이 수록되어 있음
141	題烈女驪興李氏行錄後(『순암집』 19권)	4언 8구	8	-	미상	『순암집』 19권 題後의 「題烈女驪興李氏行錄後」에 수록되어 있음
	嘗編諸葛亮陶淵明二傳以觀之 止菴有詩要和 遂步其韻 (「연보」-『순암집』 1권 44번 시의 일부로 보임)	7언절구	1	(부)048	1759~1762	『부부고』의 3수 중 044번 시에 첫 번째와 세 번째 수가 나오고 「연보」에 두 번째 수가 나옴

142	又題希賢錄云 淵明放曠終非道 諸葛功名謾瘁神 陋巷閉門無箇事 程花周草一般春 (「연보」)	7언절구	1	미상	1758	『순암집』 권 2 서의 「上星湖先生書 戊寅」 속에도 나옴 / 『순암집』에 있는 이 시가 『부부고』에 없음

안정복의 시 중 『순암집』 1권에 수록된 140제 223수를 형식에 따라 나누어 정리하면 다음과 같다.

[표 2] 『순암집』 1권 소재 한시 형식 분류표

연번	형식	수량	비고
1	4언고시	3제 3수	
2	5언고시	12제 13수	
3	악부 장단구	2제 7수	
4	고시 복합형	3제 12수	
5	5, 7언 절구 율시 복합형	6제 8수	
6	5언율시	17제 19수	
7	5언절구	15제 47수	
8	7언율시	35제 37수	
9	7언절구	47제 77수	
총계	140제 223수		

『순암집』에 수록된 시를 살펴보면 고시보다는 근체시가 월등하게 많고, 근체시 중에서는 5언시보다 7언시가 많으며, 율시보다 절구가 많은데, 이런 양상은 고시 중에서 7언시가 보이지 않는다는 점과 함께 『순암집』에 수록된 시의 특징적인 면이다. 특히 안정복 당대 대부분의 문인들이 7언율시를 위주로 창작 활동을 했다는 점을 고려해 본다면, 『순암집』에 수록된 안정복의 시 중 절구, 특히 7언절구가 가장

많다는 것은 분명 『순암집』에 수록된 시의 특징적인 양상이라고 할 수 있다.

다음으로 「연보」에 수록된 시는 앞서 언급한 것처럼 모두 아홉 수인데, 이 시를 수록 순서에 따라 정리하면 다음과 같다.

〈표 3〉『순암집』「연보」 소재 한시 정리표

연번	『순암집』 차례	제목	형식	수량	비고
1	004	讀心經 丁巳	7언절구	1	『순암집』 1권에는 『부부고』의 2수 중 2번째 수만 있으며, 「연보」에는 그 2번째 수가 나옴
2	044	嘗編諸葛亮陶淵明二傳以觀之 止菴有詩要和 遂步其韻	7언절구	1	『순암집』 1권에는 『부부고』의 3수 중 1번째와 3번째 수만 있으며, 「연보」에는 2번째 수만 나옴
3	연보	又題希賢錄云 淵明放曠終非道 諸葛功名謾瘁神 陋巷閉門無箇事 程花周草一般春	7언절구	1	『부부고』와 『순암집』 1권에 보이지 않으며, 『순암집』 2권 書의 「上星湖先生書 戊寅」에 나옴
4	089	桂坊直中 二首	7언절구	1	문집 1권에는 『부부고』의 4수 중 2, 3번째 수만 있으며, 「연보」에는 2번째 수만 나옴
5	092	歲初見東宮令旨 感喜而作 丙申	7언절구	1	
6	118	有感	7언율시	1	
7	111	八月一日 三度習儀 本司諸僚以次職姓名進謁 賤臣之進 上溫諭曰何如 蓋下問筋力疾病之如何也 又曰 不衰矣 諸僚無所諭 而獨於賤臣有此教 諸僚聳觀皆致賀 塵芒小臣 何以得此 遂以不衰名軒 以志微忱 仍成一絶	7언절구	1	

8	134	十月三日 席上口呼 示會中諸君 時諸君持盛饌及絃歌 來賀余陞資封爵 吾豈敢哉 自邦慶以來 京外士民 多張樂同慶 而吾洞未及行 故今因此 與諸君北向四拜後行宴樂 少伸微忱	7언절구	1	『순암집』 1권에는 『부부고』의 3수 중 1, 2번째 수만 있으며, 「연보」에는 1번째 수만 나옴
9	135	挽艮翁李判尹 獻慶○辛亥	7언율시	1	『순암집』 1권에 나오는 전체 2수 중 「연보」에는 2번째 수만 나옴

『순암집』의 「연보」에 나오는 9수의 시를 수록 순서에 따라 정리하면 2번 시와 3번 시가 『순암집』의 1권에 수록되지 않았음을 알 수 있다. 『순암집』과 『부부고』를 대조해 보았을 때 2번째 시인 『순암집』 44번 시의 경우 『부부고』에 수록되어 있는 3수의 시 중 『순암집』 1권에 2수, 「연보」에 1수가 각기 나누어 수록되어 있지만, 「연보」의 세 번째 시는 『부부고』에 나오지 않는다. 『순암집』을 살펴보면 이 시가 권2 서(書)의 「상성호선생서 무인」이라는 글에 나오는 시라는 것을 알 수 있지만, 이 시뿐만 아니라 시가 수록된 글 자체를 『부부고』에서 찾아볼 수 없는데, 이런 사실은 『순암집』 간행의 저본에 대한 의문을 일으킨다. 이 외에도 『순암집』 권19의 제후에 있는 「제열녀여홍이씨행록후」의 마지막에 4언 8구의 고시 1제 8수가 수록되어 있다. 이렇게 보았을 때 『순암집』에 수록된 안정복의 시는 모두 142제 233수인데, 이 시들은 『순암집』 1권에 140제 223수, 2권에 1제 1수, 19권에 1제 8수, 「연보」에 『순암집』 1권에서 누락된 1수로 정리할 수 있다.

『순암집』과 달리 『부부고』는 간사자(刊寫者)와 간사지(刊寫地)를 알 수 없으며, 서문과 발문이 없어 간행 경위를 확인할 수 없는 필사본이다.[22] 표지에 "모두 17[共十七]"이라고 되어 있지만, 책 수는 19까지 있다. 현재 18책은 확인되지 않으며 9책은 단국대학교 석주선기념박물관의 연민문고에 소장되어 있고,[23] 1책부터 19책 중 9책과 18책을 제외한 17책이 국립중앙도서관에 소장되어 있다.[24] 국립중앙도서관에 소장된 17책을 보면 15책과 19책이 합철되어 있고, 18책이 보이지 않는다는 점에서 만약 18책을 저작하지 않았다면 『부부고』는 모두 17책이 되어 표지에 쓰인 내용과 부합하지만, 18책의 저작 여부와 표지의 기록 이유를 확인하기 어려워 단언하기는 쉽지 않다. 16책의 마지막에 나오는 『동사보궐(東史補闕)』·「동국지리기의(東國地理記疑)」·「동사강목범례(東史綱目凡例)」 등을 18책으로 묶으려 한 것일 수도 있지만 역시 구체적인 내용은 확인하기 어렵다.

『부부고』는 『순암집』 보다 방대하며, 수록된 글과 필사된 글자체로 볼 때 안정복의 저작으로 『순암집』의 모본(母本) 중 하나라 보이는데, 전체 19책으로 추정되지만 18책을 확인할 수 없고 체제가 완전해 보이지 않으며 간행 경위를 알 수 없다는 점에서 『부부고』에 수록된 시

22 이 글에서 분류·정리·비교의 저본으로 삼은 『부부고』는 국립중앙도서관에 소장된 『부부고(한貴古朝93-2)』와 단국대학교 석주선기념박물관의 연민문고에 소장된 『부부고』 9권이다. 국사편찬위원회에서 『한국사료총서』 56권으로 영인 간행한 『順菴覆瓿稿』는 국립중앙도서관 소장 『부부고』의 검토를 위한 참고 자료로 활용하였다.

23 『覆瓿稿』의 9책은 『覆瓿』라는 題名으로 단국대학교 석주선기념박물관의 연민문고에 소장되어 있다. 유물번호는 21311이고, 형태는 線裝 50張으로, 「磻溪先生年譜」를 비롯하여 모두 6편의 글이 있다. 여기에 대한 자세한 내용은 박철상(2012), 383~386쪽 참고.

24 국립중앙도서관에 소장된 『覆瓿稿』의 청구 기호는 한貴古朝93-2로 디지털화되어 있어 외부 열람이 가능하다.

를 안정복이 창작한 시의 전부로 단언하기는 쉽지 않다. 하지만 현재 전하는 『부부고』에 수록된 안정복의 시는 중복된 시를 제외하더라도 모두 295제 471수여서, 『부부고』에는 지금까지 확인된 안정복의 시 중 가장 많은 양이 수록되어 있다.[25] 『부부고』에 수록되어 있는 시 중 안정복의 시만을 형식에 따라 정리해 보면 다음과 같다.

〈표 4〉 『부부고』 소재 안정복 시의 형식 분류표

책수	5언 절구	5언 율시	7언 절구	7언 율시	4언 고시	5언 고시	7언 고시	1제 다형식시			計
								장단구	고시	근체	
2	11제 33수	24제 30수 (1제 2수)	40제 81수 (1제 3수)	47제 57수	1제 8수	9제 21수		2제 7수	1제 2수	5제 17수	140제 256수 / 138제 251수
3	3제 12수 (1제1수)	10제 10수	2제 2수	13제 15수		3제 3수		1제 1수		1제 3수	33제 46수 / 32제 45수
4	1제 2수	2제 2수	5제 7수	3제 4수		1제 1수				1제 2수	13제 18수
6		5제 7수	3제 7수	5제 6수	1제 1수	3제 5수					17제 26수
7				1제 2수 (1제 2수)							1제 2수 / 0
8							2제 2수				2제 2수
10	1제 1수	2제 2수	16제 22수	5제 6수	1제 1수				1제 4수		26제 36수
11			4제 5수 (1제 1수)	2제 3수	1제 1수 (1제 1수)	1제 1수		1제 1수	고시 근체시 복합형 1제 2수 1수	1수	10제 13수 / 8제 11수
12			1제 2수			1제					2제 3수

25 『부부고』에 수록된 안정복의 시에 대해 백승호는 모두 281제 441수로 『순암집』에 수록되지 않은 시가 231수라고 하였고, 강창순은 원운과 차운, 중복을 제외하고 모두 293제 462수의 시가 수록되었다고 했는데, 필자가 확인한 결과 『부부고』에 수록된 시 중 원운과 차·화운시, 중복된 시를 제외하면 안정복의 시는 모두 295제 471수였다.

						1수					
13		3제 3수	5제 7수	6제 9수 (1제 1수)		1제 1수				2제 4수	17제 24수 / 16제 23수
14			7제 11수 (2제 2수)	2제 2수			1제 1수				10제 14수/ 8제 12수
15	1제 2수		7제 12수 (1제 2수)	6제 9수 (1수 제목만)						1제 3수	15제 26수/ 14제 24수
16			2제 3수	7제 8수 (6제 7수)					1제 2수 (1제 2수)	2제 6수 (2제 6수)	12제 19수/ 3제 4수
17	1제 1수	4제 4수	5제 5수	2제 2수	2제 2수	1제 1수					15제 15수
19			1제 1수								1제 1수
계	18제 51수/ 17제 50수	50제 58수/ 49제 56수	98제 165수/ 93제 157수	99제 123수/ 91제 113수	6제 13수/ 5제 12수	20제 34수	3제 3수	4제 9수	4제 9수/ 3제7수	12제 36수/ 10제 30수	314제 501수/ 295제 471수

* ( )속은 중복된 시의 수이고, '계'의 '/' 이후는 중복된 시를 제한 수임)

위의 표를 보면 『부부고』에는 고시보다 근체시가 많으며, 근체시 중에서는 율시(169수)보다 절구(207수)가 많고, 5언시보다 7언시가 많다는 것을 알 수 있다. 또 고시에서 7언고시가 3제 3수밖에 보이지 않는데 이런 모습은 문집과 같은 양상이다.

『부부고』에서 시는 1·5·9책을 제외한 14책에 수록되어 있다. 그런데 『부부고』가 시와 문의 구분이 없는 초고본이었기 때문이겠지만, 『부부고』에 수록된 시의 배열에서 일정한 원칙을 찾기 어렵다. 창작 시기나 유형, 내용에서 일정한 원칙이 보이지 않는다는 점에서 이 시들이 안정복의 기억에 따라 무작위로 기록된 것이 아닌가 추정된다. 각 책에 수록된 시를 표로 제시하고 이어 이를 조금 자세하게 살펴보도록 한다.

〈표 5〉『부부고』 소재 한시 작품 일람표

연번	책수	제목	형식	수량	창작 시기	중복 여부	『순암집』 수록	특징
001	이면	遊北寺(茂朱邑北 丁未)	5언율시	1	1727	-	-	첫 구가 002번의 3구와 같음
002		雲興寺(蔚山 丙午春)	5언절구	1	1726	-	-	
003		古木(己未九月 牙山道中)	5언율시	1	1739	O	-	016번 시와 유사
004	02책	題望湖亭盆梔(甲寅在牙湖時)	7언절구	1	1734	-	(문)002	
005		霜後木葉盡脫 庭畔葵花一枝在菊叢中 放開一花有感而吟	7언절구	1	1756	-	(문)026	
006		鄭永年自楓岳歸訪余于靖齋 盛言探歷之事 且言得一聯未成篇 因誦云汚樽剔字苔紋古 雲壁鳴舷石勢危 時余適被酒 醒後續成以別(壬申十月)	7언율시	1	1752	-	-	
007		山居好(庚申)	7언절구	1	1740	-	(문)006	
008		自警(庚申)	7언절구	1	1740	-	(문)007	
009		詠史(時讀晉書○壬申)	7언절구	5	1752	-	(문)018	마지막 시의 2구 누락 / 『순암집』에는 4수만 있음
010		義盈直中夜坐有感(辛未臘月二十五日)	7언율시	1	1751	-	(문)017	『순암집』과 첫 구가 다름
011		次宗人正進 見贈韻(壬申余守靖園 正進科行歷訪 因留奉恩寺做業 頻有過從之樂 癸酉春余在直中 正進來齋室夜話 因示一律 遂次贈)	7언율시	1	1753	-	(문)019	原韻 7언율시 1수 부기

012		敬步止庵南丈(維老)見示三絶(己巳冬至後三日) 原韻	7언절구	3	1749	-	(문)014	『순암집』에는 두 번째 시만 있음
013		敬次望湖亭盆梔韻(己未)	5언율시	2	1739	-	(문)005	『순암집』에는 첫 번째 시만 있음
014		次東坡雪韻(丁巳臘月)	7언율시	2	1737	-	-	
015		丁巳五月卄日治疾寓寺洞里家 讀心經作二首(丁巳)	7언절구	2	1737	-	(문)004 / 「연보」	『순암집』 원집에는 첫 번째 시만 있고 「연보」에는 두 번째 시만 있음
016		古木(戊午牙山道中)	5언율시	1	1738	O	-	003번 시와 유사
017		次舅氏韻(辛亥)	7언율시	1	1737	-	-	
018		仲秋望日 詠退之一年明月今宵多爲韻 成七絶(辛亥)	5언절구	7	1731	-	(문)001	
019		登赤裳山城按廉臺	7언율시	1	미상	-	-	
020		贈正進(壬申秋)	7언율시	1	1752	-	(문)020	
021		次正進韻(癸酉三月)	7언절구	1	1753	-	-	
022		靖陵齋室直中(壬申秋)	7언율시	1	1752	-	-	
023		贈奉恩寺判事體閑上人(癸酉春)	7언절구	2	1753	-	(문)025	『순암집』에는 첫 번째 시만 있음
024		次天與韻(戊寅)	7언율시	1	1758	-	-	
025		早秋夜與天與共賦二首	5언율시	2	미상	-	-	제1수 제1구 망실
026		癸酉元日次景和除夕韻	5언율시	1	1753	-	-	
027		次洞友小集韻(己卯)	7언절구	2	1759	-	-	
028		夜坐卽事	7언절구	1	1759 ~ 1762	-	(문)041	
029		沁齋直中 次鄰郞宋道明(聚行)韻 (庚午春)	5언율시	3	1750	-	(문)015	『순암집』에는 두 번째 시만 있음
030		漫吟八絶(丁丑夏)	7언절구	8	1757	-	(문)030	

031		次南公瑞(雲老)韻 (四首 庚申)	5언 20구	4	1740	-	(문)008	고시 原韻 5언 20구 4수 부기 / 『순암집』에는 세 번째 시만 있음
032		己未除日獨坐感懷偶吟(沒佳韻)	5언 80구	1	1739	-	-	
033		次尹景和韻(辛酉)	7언절구	1	1741	-	(문)009	
034		讀大學	7언율시	1	1741 ~ 1746	-	(문)010	
035		山中卽事	7언율시	1	미상	-	-	제8구 망실
036		次許丈釣叟韻三首(名塽字仲厚 滄海之孫 世居楮島 癸酉)	7언율시	3	1753	-	(문)024	『순암집』에는 세 번째 시만 있음
037		謹次宗丈友松居士(宅明)宗會詩韻(己未)	5언 20구	2	1739	-	-	
038		次族侄厚卿(堉)病後見贈韻(甲子)	5언 100구	1	1744	-	-	
039		敬次星湖先生寄涑河安秀才樂重韻(二首) 贈樂重兼示正進(己卯)	5언 30구	2	1759	-	(문)036	고시 原韻 5언 30구 1수 부기
040		新昌途中(戊午 十月)	7언절구	1	1738	-	-	
041		高麗山(山在江華府西北五里 高麗高宗葬此 卽弘陵是也 ○庚午)	7언절구	1	1750	-	(문)016	
042		記夢(辛巳)	5언 70구	1	1761	-	-	
043		眼昏	5언 20구	1	미상	-	-	
044		述病(八首)	5언 22구 1 5언 12구 2 5언 10구 1	8	1759 ~ 1762	-	(문)042	『순암집』에는 첫 번째 시를 12구와 10구로 나누어 아홉 수로 정리함

			5언 8구 4					
045		喜善徵見訪	5언율시	1	미상	-	-	
046		雪夜獨坐	5언율시	1	미상	-	-	
047		觀東史有感戲效樂府體(五章) (成已歌 甕山城將歌 泉城行 弩士行 白馬塚歌)	장단구 악부체	5	1759 ~ 1762	-	(문)043	서문 있음. 각 장의 개별 제목과 서문 있음.
048		簡寄鄭天與(丁丑)	7언율시	1	1757	O	-	287번 시와 중복
049		嘗編諸葛亮陶淵明二傳以觀之 止丈有詩要和遂步其韻	5언율시 1 7언절구 1 5언절구 1	3	1759 ~ 1762	O	(문)044 / 「연보」	288번 시와 중복 / 『순암집』 원집에는 두 번째 시가 없으며, 「연보」에 두 번째 시가 나옴
050		次止丈玩易韻(二首)	7언율시	2	미상	O	-	289번 시와 중복
051		奉呈止丈	7언율시	1	1759 ~ 1762	O	(문)045	290번 시와 중복 / 附次韻 7언율시 1수 있음 / 『순암집』에는 차운시 없음
052		次止丈韻	5언율시 2 7언율시 1	3	1759 ~ 1762	O	(문)046	291번 시와 중복 / 原韻 5언율시 2수, 7언율시 1수 부기 / 『순암집』에는 첫 번째 시만 있고 원운시가 없음
053		一首因步其韻 (分宜堂八詠(原韻及次韻見間丈)이 되어야 할 듯 함)	5언절구	8	1759 ~ 1762	-	(문)047	分宜堂八詠(原韻及次韻見間丈)이 앞에 나오며 序文 있음. 서문 뒤에 分宜堂八詠原韻과 渭陽次韻 각각

								5언절구 8수 2편이 부기됨 / 『순암집』에는 分宜堂八詠原韻과 渭陽次韻 없이 分宜堂 八詠이라고 하고 서문에 이 시의 제목을 이어 붙임
054		次止丈贈示韻	7언율시	1	미상	-	-	原韻 7언율시 1수 부기
055		次楊誠齋退休南溪之上自贊韻	5언 4구 1 6언 4구 1	2	1756	O	(문)029	293번 시와 중복 / 原韻 5언 4구 1수, 6언 4구 1수 부기 / 『순암집』에는 양성재의 시가 없음
056		壬午六月十八日(先考忌日)	7언율시	1	1762	-	(문)048	
057		仲實有書多貧病語戲示一律(丁丑)	7언율시	1	1757	O	-	296번 시와 중복
058		病中言懷呈止丈兼示善徵仲實要和	7언율시	1	미상	O	-	297번 시와 중복
059		贈鄭君顯	7언율시	1	1762	-	(문)049	『순암집』 시와 첫 구의 두 번째 글자가 다름(國→孟)
060		鄭君顯讀孟子示以三絶	7언절구	3	1762	-	(문)050	『순암집』에는 첫 번째 시가 없음
061		山火	7언율시	1	미상	O	-	295번 시와 유사(함련만 다름)
062		古人宮辭之作 亦國風離騷之義也 閑居無聊 偶效其體爲二絶	7언절구	2	1763	-	(문)052	

063		登南漢西將臺見板上諸詩有感(癸酉)	5언율시	1	1753	-	-	
064		宿開元寺	5언율시	1	1753	-	-	
065		出南門憶崔遲川當日事馬上慨然成七絕	5언절구	7	1753	-	(문)022	
066		又吟一絕	7언절구	1	1753	-	(문)023	
067		修廣州府志至丙丁事 閣筆潸然謾書一律	7언율시	1	1753	-	(문)021	주석 있음
068		觀物二絕(丁丑春)	5언절구	2	1757	-	(문)031	
069		春日書懷	5언절구	1	1757 ~ 1759	-	(문)032	
070		族弟仲胤(鼎錫) 來訪于積歲阻闊之餘 不覺喜悅聊成短律二首以示	5언율시	2	미상	-	-	
071		春雨	5언율시	1	1757 ~ 1759	-	(문)033	
072		田家記所見	5언율시	1	미상	-	-	次韻 3인의 7언율시 4수 부기
073		次善徵投示韻成三首	7언율시	3	미상	-	-	原韻 7언율시 1수 부기
074		更步前韻答善徵	7언율시	1	미상	-	-	
075		次溪丈見贈韻	5언율시	1	미상	-	-	
076		警女兒	7언율시	1	1759	O	(문)035	13책 246번 시와 중복
077		挽鄭正言德而	7언율시	3	미상	-	-	
078		贈安正字殷老(景說 癸未)	7언율시	1	1763	-	-	
079		次玩龜亭韻(永川宗人先亭)	7언율시	1	미상	-	-	
080		獨坐感懷	5언율시	1	미상	-	-	

081		書贈小孫	5언 16구	1	1763	-	(문)051	
082		次洞中少友與鄭鱗伯相和二首	7언율시	2	미상	-	-	
083		期友會話園亭(代少輩戱作沁園春)	장단구	2	1759 ~ 1762	-	(문)037	
084		偶吟	5언절구	1	1759 ~ 1762	-	(문)038	
085		午睡	7언절구	1	미상	-	-	
086		讀陳摶傳有感	7언 4수	1	미상	-	-	
087		春愁(有感而作)	7언절구	1	1759 ~ 1762	-	(문)039	
088		到書堂見庭草蕪沒感懷而作(甲申七月)	7언절구	4	1764	-	(문)053	
089		自嘲示天與	7언율시	1	미상	-	-	
090		天與次聊韻復贈律絶并六首依韻和呈	7언율시 2 5언율시 1 7언절구 2 5언절구 2	7	미상	-	-	
091		聽蟬	7언율시	1	미상	-	-	
092		讀麗史有感	7언절구	4	1764 ~ 1765	-	(문)054	
093		夜坐偶吟	7언절구	2	1764 ~ 1765	-	(문)055	

094		示小孫	7언절구	1	1764 ~ 1765	-	(문)056	
095		次舍弟韻	7언율시	1	미상	-	-	
096		山居	7언율시	1	1764 ~ 1765	-	(문)057	
097		無事	7언율시	1	미상	-	-	
098		朴和甫來誦其大人近吟一律謹步以呈	7언율시	1	미상	-	-	
099		省吾書室	7언율시	1	미상	-	-	
100		次兒田家吟韻	5언율시	1	미상	-	-	
101		宿症復發洞中少友鎭日來問强吟以謝	7언율시	1	미상	-	-	
102		示天與二首	7언절구	2	미상	-	-	
103		次兒閑居吟	5언율시	1	1764 ~ 1765	-	(문)058	
104		詠古劍	7언절구	1	미상	-	-	
105		次兒原峽道中韻	7언율시	1	미상	-	-	
106		有人携示申聖淵(光洙)丁法正(範祚) 齋夜拈韻詩軸卽依其韻口呼以贈	5언율시	1	미상	-	-	
107		鄭龍卿爲親回甲設壽席心服未除不能赴會　謾呈短律一首	5언율시	1	1764 ~ 1765	-	(문)059	
108		次子中留別韻	7언율시	1	미상	-	-	原韻 7언율시 1수 부기
109		讀星湖先生遺文感懷言志(乙酉)	7언절구	1	1765	-	-	
110		自警二絶(乙酉五月十七日)	7언절구	2	1765	-	(문)060	
111		稷山道中(甲子)	7언절구	1	1744	-	-	

112		省事吟(丁丑)	7언절구	1	1757	-	(문)040	
113		次宗丈友松居士(安進士宅明)詠松韻二首(戊午)	7언율시	2	1738	O	-	7책의 友松詩序(戊午冬)에 2수가 있음
114		題科體東人賦冊面(丙寅)	5언절구	1	1746	-	(문)011	
115		科後歸家作(丙寅春)	7언절구	1	1746	-	-	
116		洞民崔聖遇觀金剛山而來盛稱山水之美戲題一律(乙酉四月)	5언율시	1	1765	-	-	
117		次李性之鄭龍卿君顯遊洗皮川韻(己卯春)	7언율시 1 5언율시 1	2	1759	-	-	
118		諸君復以前韻見寄次送	7언율시 1 5언율시 1	2	미상	-	-	
119		己未春親耕後試士春塘臺(舊名瑞蔥臺)	7언율시	1	1739	-	-	
120		聞木溪丈隨公瑞仙槎(南雲老)之仙槎 關東名勝遊賞殆遍 賦短律以呈(癸酉春)	5언율시	1	1753	-	-	首聯 없음
121		次省吾(己卯)	7언율시	1	1759	-	-	
122		家兒上青雲庵做試業 安聖協(相民)李壯之(命老)鄭龍卿(昇淵)鄭君顯(赫基) 四友來會 作一律以呈(己卯夏)	7언율시	1	1759	-	-	
123		省吾來留數旬 及歸口號五言短句二首以贈	5언율시	2	1746	-	(문)012	
124		題朴丈(漢興)草堂(戊寅	7언율시	1	1758	-	-	

		五月)						
125		辛未七月初九日差祭獻陵時江水大漲　雨中自箭串乘船而作	7언절구	1	1751	-	-	原韻 見上이라고만 되어 있음(평성 支운 / 앞 시인 124번 시와 운이 같음
		身閑孤居絶無人來訪　簡策餘暇日親水石魚鳥而已偶成三絶奉寄順菴案下求和	7언절구	3	미상	-	-	溪上翁稿라고 쓰여 있음 / 타인작으로 보임.
126		摩尼山(庚午春)	7언율시	1	1750	-	-	
127		記夢	7언절구	1	1746	-	(문)013	序文 있음
128		夢作	5언절구	1	1735	O	(문)003	序文 있음 / 3책의 「夢記(己卯)」에 이 시가 나오나 제2구가 다름
129		送南甥歸庭(壬寅七月十七日)	7언절구	2	1782	-	-	
130		讀史有感(己酉閏五月)	5언율시	1	1789	-	-	
131		題烈女驪輿李氏行錄後(辛丑)	4언 8구	8	1781	-	(문) 19권	題後인 驪輿李氏行錄後의 마지막에 부기되어 있음 / 『순암집』 19권 題後의 「題烈女驪輿李氏行錄後 辛丑」의 마지막에 나옴
132		橡軒四絶(壬寅六月初六日)	7언절구	4	1782	O	-	137번 시와 중복
133		又漫吟	7언절구	1	미상	-	-	
134		丁酉八月十四日赴錦營滯雨毛老院成三絶	5언절구	3	1777	-	(문)092	

135		有感(壬寅六月)	7언절구	3	1782	-	(문)102	『순암집』에는 세 번째 시가 없음
136		漫興	7언절구	2	미상	-	(문)136	
137		橡軒四絶	7언절구	4	1782	O	-	132번 시와 중복
138		題樂志論後	7언율시	1	미상	-	(문)137	『부부고』의 序文이 『순암집』에는 없음
139		自矜	7언율시	1	미상	-	(문)138	
140		問蟬蟬答四絶	7언절구	4	1782	-	(문)103	
141	03책	夏日書事(丙戌)	7언절구	1	1766	-	(문)061	
142		懷天與	5언율시	1	미상	-	-	
143		戲贈天與	7언율시	1	미상	-	-	
144		敬次退溪先生病慵韻(幷序)	7언절구	1	1766 ~ 1770	-	(문)063	序文 있음
145		牛毛(幷序)	7언율시	1	미상	-	-	序文 있음
146		次天與	5언율시	1	미상	-	-	
147		天與留款 數日相對 歎老之餘 相與戲作二首 自慰而自悶焉	7언율시	2	미상	-	-	
148		次家兒韻	7언율시	1	1766 ~ 1770	-	(문)064	
149		次性之贈鱗伯韻(幷序)	5언 40구	1	1766	-	(문)065	序文 있음
150		北溪新舍	7언율시	1	1766 ~ 1770	-	(문)066	序文 있음

151		次舍弟贈鱗伯韻	5언 46구	1	1766 ~ 1770	-	(문)067	
152		獨坐書懷 二首	7언율시	2	1766 ~ 1770	-	(문)068	『순암집』에는 두 번째 시가 없음
153		憶權旣明	7언율시	1	미상	-	-	
154		詠物十絶(幷序)	5언절구	10	1766 ~ 1770	-	(문)069	序文 있음
155		前日旣明過此 留一詩軸 卽洪雯翁(應輔同甫)與其堂弟癖翁(翰輔而憲)子正漢(原溪) 自乙酉八月初一日 日作一詩 月盡而止 名其軸曰仲秋課日詩 余病中讀之 雯翁之古逸典雅 癖友之沈實圓融 原心之淸健奇矯 一室之內 宮商協奏 可謂奇矣 遂成短律	5언율시	1	1765	-	-	
156		六月卄六日 省吾自京來 留一日而歸 別後悵然 作一律以寄懷	7언율시	1	미상	-	-	
157		溪行	5언율시	1	1766 ~ 1770	-	(문)070	
158		幽事	5언율시	1	1766 ~ 1770	-	(문)071	
159		幽事還多事	5언율시	1	1766 ~ 1770	-	(문)072	
160		貧窮吟	5언 10구	1	1766 ~	-	(문)073	

					1770			
161		題便面	5언절구	1	1766 ~ 1770	-	(문)074	
162		近世士族多失業窮困　自手力農　而視文學爲別人事 感而有作	5언율시	1	미상	-	-	
163		家有小僕 驕逸難使 一日誚責 頗動心氣 悔而有作	5언율시	1	1766 ~ 1770	-	(문)075	
164		晩步溪上	5언율시	1	1766 ~ 1770	-	(문)076	
165		夏日書齋卽事	7언율시	1	1766 ~ 1770	-	(문)077	
166		憶從弟鼎祜	7언율시	1	미상	-	-	序文 있음
167		七月初三日立秋書懷自嘲	7언율시	1	미상	-	-	
168		七月十日苦熱	7언율시	1	미상	-	-	
169		贈尹述甫	5언율시	1	미상	-	-	
170		初秋苦熱贈避暑同遊少輩	7언율시	1	미상	-	-	
171		次天與三首	7언율시 2 7언절구 1	3	1766 ~ 1770	-	(문)078	『순암집』에는 두 번째 시만 있음
172		夢記 (己卯)	5언절구	1	1759	O	(문)003	記文이지만 그 속에 2책 128번 시가 나오는데, 2구가 다름(經訓卽余田→忠恕卽余田)
173		行露章	장단구	1	미상	-	-	詩經 召南의 行露를 본뜸
174	04책	次杜律韻(庚寅七月)	7언율시	1	1770	-	-	

175		次退溪集韻示趙生(學俊英如)	7언절구	1	1770	-	(문)079	
176		又	7언절구	1	1770	-	(문)079	『부부고』에 又로 나누어 놓은 두 시를 『순암집』에서는 합해놓았음
177		癸巳春祝	5언율시 1 7언절구 1	2	1773	-	(문)080	
178		次金礪世百鍊見贈韻	7언율시	1	1770 ～ 1774	-	(문)081	
179		又次二絶(水月吟 雲山吟)	5언절구	2	1770 ～ 1774	-	(문) 081/082	『순암집』에서는 又次二絶의 水月吟과 雲山吟을 별도의 시로 나누었음
180		次旣明	5언율시	1	미상	-	-	序文 있음
181		贈南甥(壬辰正月二十七日)	5언 40구	1	1772	-	(문)084	『순암집』과 글자의 출입이 있음
182		次金礪世韻 (壬辰三月)	7언율시	2	1772	-	-	原韻 7언율시 1수 부기
183		又贈金礪世	5언율시	1	미상	-	-	
184		贈金海宗人別提德鵬(宗人時求仕在京)	7언절구	3	미상	-	-	
185		午睡	7언절구	1	미상	-	-	
186		聞局局鳥	7언절구	1	1770 ～ 1774	-	(문)085	
	06책	疏菴集 / 閑居疏庵	7언절구	1	미상	-		任叔英의 『疏菴集』 권 1에 「閑居」라는

								제목으로 수록됨
		疏菴集 / 偶成	7언절구	1	미상	-		『소암집』에 같은 제목으로 나옴
		市北南相龍洲集 / 贈青齋擧人吳大賓	5언절구	1	미상	-		趙絅의 『龍洲遺稿』 21권에 용주가 병인년 중국으로 사신갈 때 青州와 齊州의 擧人 吳大賓에게 준 시로 나옴
187		簡寄子述(李承薰)時甫(李潤夏)兼呈庭藻(李家煥)案下求和(乙未十一月)	5언율시	1	1775	-	-	序文 있음
188		效邵康節經世吟 (乙未夏)	4언16구	1	1775	-	(문)090	序文 있음
189		次孤青居士南希顔(必復)韻二首 (甲午秋)	7언율시	2	1774	-	(문)086	『순암집』에는 첫 번째 시가 없음
190		次半華南子高(塾)(壬辰七月在健洞後凋堂)	5언율시	1	1772	-	-	原韻 5언율시 2수 부기
191		東宮頒薑于宮僚感成二絶(甲午四月)	7언절구	2	1774	-	(문)087	
192		桂坊直中 (甲午四月)	7언절구	4	1774	-	(문)088 / 「연보」	『순암집』 원집에는 첫 번째, 네 번째 시가 없고 「연보」에는 두 번째 시만 나오며, 「연보」에서는 절구 4수를 지었다고 하였음
193		秋日詠懷 (甲午八月)	7언율시	1	1774	-	-	
194		示家兒 (丙戌六月三日)	5언율시	3	1766	-	(문)062	『순암집』에는 첫 번째 시가 없음
195		分宜堂漫吟 (己卯四月)	7언율시	1	1759	-	(문)034	

196		題鈔書籠 (丙子八月)	5언 30구	1	1756	-	(문)027	
197		題著着書籠	5언 28구	1	1756	-	(문)028	
198		次姜直長聖表(世東)見贈韻 (甲午四月)	5언율시	1	1774	-	(문)089	原韻 5언율시 1수 부기
199		後又步前韻來別	5언율시	1	미상	-	-	
200		丙申歲初見東宮令旨感喜而作	7언절구	1	1776	-	(문)091	『순암집』 1권과 「연보」에 나옴
201		簡寄天與 (丙申九月)	7언율시	1	1776	-	-	
202		挽洪而憲三首 (名翰輔號癖庵○拙翁南整字子高)	5언 12구	3	미상	-	-	
203		戲贈聾窩(朴思正 子中)丈(己亥冬)	7언율시	1	1779	-	(문)094	
204	07책	友松詩序 (戊午冬)	7언율시	2	1738	O	-	113번 시와 중복
205	08책 본문 이전	女兒詩二首 / 七夕	7언 10구	1	미상	-	-	본문 이전에 女兒詩 두 수로 별도 抄記되어 있음
206		女兒詩二首 / 別郁兒	7언 6구	1	미상	-	-	본문 이전에 女兒詩 두 수로 별도 抄記되어 있음
207	10책	挽金右尹(朝潤) 二首 (壬寅九月)	7언율시	2	1782	-	(문)101	『순암집』에는 첫 번째 시만 있음
208		感懷 (九月)	7언율시	1	1782	-	(문)104	
209		龍卿·鱗伯來訪于涔寂之中 喜成一律	7언율시	1	1782	-	(문)105	뒤에 제목 없이 李潤夏時甫의 물음과 2편의 文이 나옴
210		癸卯立春日	7언절구	2	1783	-	-	
211		題畵鷹二首 (鄭生榥 號巽	7언절구	2	미상	-	-	

		菴 善畵 鄭河陽謙齋敾之孫也)						
212		讀薛能詩有感(並小序)	7언절구	1	1782	-	(문)106	序文 있음
213		盆菊 (癸卯十月)	5언절구	1	1783	-	(문)108	
214		題甲辰立春	7언절구	1	1784	-	-	
215		戱答士興 (甲辰正月廿八在直中)	7언절구	1	1784	-	-	
216		擬贈 (又同日)	7언절구	1	미상	-	-	
217		雨後戱呼示舍弟 (癸卯四月二十八日) (諺曰白棠花上三雨則年豊)	7언절구	1	1783	-	-	
218		與少輩遊花下戱吟 (癸卯三月)	7언절구	1	1783	-	-	
219		甲辰初秋 余以翊贊赴命寓草洞韓泰川(澾)性夫家堦上有唐菊 紅紫爛開 問之霜前皆萎云 感而有作	7언절구	1	1784	-	(문)109	
220		伯顯以庭前小渠渾濁 問舍者多以此爲嫌 故欲賦詩以美之而未及成 余口呼先成四五六七言各一絶爲戱	4언 4구 1 5언 4구 1 6언 4구 1 7언 4구 1	4	미상	-	-	
221		八月十八日歸臥橡軒口呼	7언절구	1	미상	-	-	
222		八月一日 三度習儀 本司諸僚 皆以次職姓名進謁 賤臣之進 上溫諭曰何如 盖下問筋力疾病之如何也 又曰 不衰矣 諸僚無所諭 而獨於賤臣有此敎 諸僚	7언절구	1	1784	O	(문)110 / 「연보」	241번 시와 중복 / 『순암집』의 「연보」에 나옴

		聳觀皆致賀 塵芒小臣 何以得此 遂以不衰名軒 請筆於曹翊衛允亨 請記于鄭賓客志儉 以志微忱 仍成一絶						
223		效韓歐剝琢行 (乙巳六月二十六日)	4언 20구	1	1785	O	(문)114	234번 시와 중복 / 『순암집』과 글자의 출입이 있음/
224		蟲言戲作(三首) 蟬名俗稱每厭 (乙巳六月卄日)	7언절구	3	1785	-	-	
225		有感 (甲辰冬)	7언절구	1	1784	-	(문)111	
226		示鄭生元心 (甲辰冬)	7언절구	1	1784	-	(문)112	
227		聞天學大熾 吾儕中以才氣自許者 皆入其中 遂口號一絶 示元心	7언절구	1	1784	-	(문)113	
228		寓舍三絶	7언절구	3	미상	-	-	序文 있음
229		幽居 (乙巳六月一日)	7언율시	1	1785	-	(문)115	
230		自戲效放翁 (六月十日)	5언율시	1	미상	-	-	
231		自警 (六月十一日)	5언율시	1	1785	-	(문)116	
232		贈玉川老兄(庚子春射禮後 兄老我病 更不相面 此豈四十年里閈之情乎 玆以一律奉呈 壬寅秋)	7언율시	1	1782	-	-	뒤에 제목 없이 두 편의 文이 나옴
233	11책	謾吟	7언율시	1	미상	-	-	
234		剝琢行效韓歐體(乙巳六月二十六日)	4언 20구	1	1785	O	(문)114	223번 시와 중복
235		閉口吟 (有客歷過 有愼言之戒 感而作此 乙巳七月十五日)	5언 66구	1	1785	-	(문)118	

236		歎時二絶（乙巳夏）	7언절구	2	1785	-	(문)119	
237		三絶吟（乙巳）	7언절구	1	1785	-	(문)120	
238		有懷	7언절구	1	1785	-	(문)121	
239		行路難（乙巳十月十二日）(擬香山行路難)	장단구 27구	1	1785	-	-	
240		夏日園亭（丙午）	7언율시	2	1786	-	-	
241		與礬巖	7언절구	1	1784	○	(문)110 / 「연보」	與礬巖이라는 서간 속에 나옴 / 222번 시와 중복
242		次思仲來贈韻	5언 20구 1 7언절구 1	2	1786	-	(문)122	『순암집』에는 5언 20구만 있음
243	12책	次星州崔進士益重見贈韻(丙午臘月)	7언율시	2	1786	-	-	原韻誤在下 부기 / 原韻 7언율시 2수 祭龔窩文 뒤에 있음.
244		丁未夏 丁思仲自金剛還 示遊山錄 翼日挽行而謂 有人事處 而去走呼一詩 以別	5언 10구	1	1787	-	-	次韻 5언 10구 2수 부기
		菊花辭(韓睡菴)	辭(장단구)	1	미상	-	-	韓睡菴의 작으로 보임
245	13책	答李仲章(口呼自感一首 示黃莘叟, 耳叟 德吉)	5언 10구	1	미상	-	(문)139	「答李仲章」 속에 5언 10구의 고시가 제목 없이 수록되어 있음 / 『순암집』에 「口呼自感一首 示黃莘叟, 耳叟 德吉」로 되어

								있음
246		警女兒(此詩見第四卷)	7언율시	1	1759	O	(문)035	076번 시와 중복
247		丁未二月二十八日 元同居其外祖聾窩丈喪中 借吉加元服 前與聾翁約於此兒冠日略行賓主之禮 翁今已矣 感慟口呼示志	7언율시	1	1787	-	-	
248		寓舍記所見 (戊申五六月避癘寓洞外朴泰諡家)	7언율시	2	1788	-	-	
249		寓舍有感	7언율시 1 7언절구 1	2	1788	-	(문)123	『순암집』에는 7언 절구 1수만 있음
250		挽鄭奉朝賀述祚孝先 (戊申六月)	7언율시	3	1788	-	-	
251		漫吟	7언율시	1	미상	-	-	
252		聽蟬	7언절구	1	미상	-	-	
253		嘲悲秋客	5언율시	1	미상	-	-	
254		虫言(蟬 鳴蛙)	7언절구	2	미상	-	-	鳴蛙에 俗稱악어구리亦曰莫工이라고 되어 있음
255		寓中有感	5언율시	1	미상	-	-	
256		次谿谷韻	7언율시	1	미상	-	-	
257		入山 (戊申九月八日)	5언율시	1	1788	-	-	
258		觀的示諸君求和 (己酉閏月)	7언절구	1	1789	-	(문)124	
259		咏鸕	7언절구	1	미상	-	-	
260		次思仲寄景善韻	5언율시 1 7언율시 1	2	미상	-	-	附景善次韻 7언율시 1수 부기
261		附景善次韻	7언절구	2	1789	-	(문)127	『부부고』에서

			2					차운시 한 수와 안정복의 시 두 수 이 두 편의 시를 하나로 잘못 합하고 안정복 시의 제목을 누락한 듯 함 / 『순암집』에는 「感懷」라는 제목으로 7언절구 두 수가 있음
		思仲次韻 (見上第四)	7언율시	1	미상	-	-	見上第四라 되어 있으나 이 시가 『부부고』에서 보이지 않으며, 제목으로 보아 안정복의 시가 아닌 듯 함. 앞 시(附景善次韻의 7언절구 2수)의 운자가 평성 陽운인 데 비해 이 시의 경우 평성 蒸을 사용하였음)
262		題安可中(景時)臨深齋(玩龜亭絶句韻 庚戌四月)	7언절구	1	1790	-	-	
263		己酉十月十七日	7언절구	1	1789	-	-	서문이 있음
264		己酉除日病中口呼	7언절구	5	1789	-	(문)128	『순암집』에는 세 번째, 네 번째 시만 있음
265	14책	夢中詩	7언율시	1	미상	-	-	
266		朋黨歎	7언 6구	1	미상	-	-	
267		有懷	7언절구	1	1785	O	(문)121	238번 시와 과 중복
268		三絶吟	7언절구	1	1785	O	(문)120	237번 시와 중복

269		看除目自戲(八月初四日丁巳 始拜僉樞實職 艮翁有書 推送官敎)	7언율시	1	1737	-	-	
270		山堂有感自嘲贈龍卿求和(自丙午十月初二日爲山堂講約 戊申春後廢不行)	7언절구	1	1788	-	-	
271		己酉立春 (初九日丙寅)	7언절구	1	1789	-	-	
		仙源金尙容挽公詩 (崔家文籍蕩散 挽章只此云可惜)	7언율시	1		-		金尙容의 『仙源遺稿』 下 七言長律에 崔判書瓘挽으로 나옴. 김상용의 시
		又吳楸坡允謙挽 (只有首句)	7언율시	1	미상	-	-	首聯만 있음
272		挽崔判書瓘 春城府院君南以雄	7언절구	1	미상	-	-	
273		次思仲讀心經韵 (八月)	7언율시	1	1790	-	(문)130	
274	15책	謾吟三首 (八月)	7언율시	3	1790	-	(문)131	『순암집』에는 첫 번째, 두 번째 시가 없음
275		丙午六月二十日 朝烟過午不起 問之無所炊戱吟	7언절구	1	1786	-	-	
276		寄吳上舍聖道 (庚戌九月)	7언율시	2	1790	-	(문)132	次韻 7언율시 2수 부기
277		贈思仲 (九月)	7언율시(?)	0	미상	-	-	원문 결 / 次韻 7언율시 1수 부기
278		更步前韻 (十月)	7언율시	1	미상	-	-	
279		謾吟(九月)	7언절구	2	미상	-	-	
280		庚戌十月三日 席上口呼示會中諸君	7언절구 1 7언율시 2	3	1790	-	(문)133 / 「연보」	『순암집』 원집에는 첫 번째, 두 번째 시만 있으며

								「연보」에도 첫 번째 시가 나옴
281		辛亥冬至 (庚戌十一月十六日壬辰)	7언절구	1	1791	-	-	
282		挽艮翁李判尹獻慶(夢瑞)(辛亥正月)	7언율시	2	1791	-	(문)134 / 「연보」	「연보」에 두 번째 시가 나옴
283		謾吟(庚戌春)	7언절구	2	1790	-	-	
284		有感 (二絶)	7언절구	2	1785	O	(문)119	236번 시와 중복(글자 출입 있음)
285		三絶吟	7언절구	3	미상	-	-	
286		辛亥送窮日書懷	5언절구	2	1791	-	(문)135	운자는 모두 평성 支운이나 함련의 대가 맞지 않음 / 『부부고』와 『순암집』 원문 확인 결과 두 수로 보는 것이 옳을 듯함
287	16책	簡寄鄭天與(丁丑)	7언율시	1	1757	O	-	048번 시와 중복
288		嘗編諸葛亮陶淵明二傳以觀之 止丈有詩要和遂步其韻	5언율시 1 7언절구 1 5언절구 1	3	1759 ~ 1762	O	(문)044 / 「연보」	049번 시와 중복 / 『순암집』 원집에는 두 번째 시가 없으며 「연보」에 두 번째 시가 나옴
289		次止丈玩易韻(二首)	7언율시	2	미상	O	-	050번 시와 중복
290		奉呈止丈	7언율시	1	1759 ~ 1762	O	-	051번 시와 중복 / 부기된 附次韻 7언율시 1수도 중복임
291		次止丈韻	5언율시 2	3	1759 ~	O	(문)046	052번 시와 중복 / 부기된 原韻

			7언율시 1		1762			5언율시 2수, 7언율시 1수도 중복 / 『순암집』에는 첫 번째 시만 있고 원운시가 없음
292		自嘲	7언율시	1	미상	O	-	原韻(7언 율시 1수) 부기/원운이 2책 054(次止丈贈示韻)의 원운과 같음
293		次楊誠齋退休南溪之上自贊韵 (丙子)	5언 4구 1 6언 4구 1	2	1756	O	-	055번 시와 중복 / 原韻 5언 4구 1수, 6언 4구 1수, 7언 4구 2수 총 4수 부기 / 원운의 5언 4구 1수와 6언 4구 1수도 055번 시의 원운 1, 2수와 같음.
		附原韻 (두 번째 시의 경우 1909년 03월 25일 발행된 대한협회회보 제12호에 실린 蓬萊僧의 求詩(百丈丹崖桂樹下 柴扉一掩不曾開 忽聞南海蘚仙過 喚鶴看庵乞句來)와 유사해 보임)	7언절구 1 5언절구1 2			-		앞 시의 原韻 중 7언 절구 2수 가운데 첫 번째 시는 李匡德의 『冠陽詩集』 卷之一 詩에 나오는 「題贈咸興老妓詩軸 二首」 중 첫 번째 시와 같으나 두 번째 시의 출처는 확인되지 않아 안정복의 시일 수도 있음
294		與鄭永年書 (丙子九月)	7언절구	2	1756	-	-	與鄭永年書 뒤에

								두 수가 부기되어 있음
295		山火	7언율시	1	미상	○	-	061번 시와 유사(함련만 다름)
296		仲實有書多貧　病語戲答一律	7언율시	1	1757	○	-	057번 시와 중복
297		病中言懷 奉呈止丈 兼示善徵仲契要和	7언율시	1	미상	○	-	058번 시와 중복
298		又示仲實	7언절구	1	미상	-	-	
299	17책	庚子四月二十日　鄕里少輩請行鄕射禮 爲草目 權幼星來會 賦一律求和 次之	7언율시	1	1780	-	(문)095	
300		辛丑四月南華(木川邑西村名)族弟命甫(鼎銘)來言木人立去思碑于伏龜亭店邊 聞而戲吟	7언절구	1	1781	-	(문)098	
301		七月李季永子來言　木州士民復營鐵碑　今方取斂云 聞而驚駭 有作	7언절구	1	미상	-	-	
302		辛丑三月　課僮奴種海松及漆木各百餘株　因吟十韻古詩 示兒孫	5언 20구	1	1781	-	(문)097	
303		庚子除夕次唐詩	5언율시	1	1780	-	-	
304		筮得大有之中孚　戲題一絶自嘲	7언절구	1	미상	-	-	
305		謹次潛翁南丈所步聽松韻(辛丑七月)	4언 8구	1	1781	-	-	原韻 4언 13구 1수와 차운 4언 8구 1수가 부기
306		復效坡山體詠懷, 上潛翁丈	4언 8구	1	1781	-	(문)099	
307		看野登伏龜亭次前人韻	5언절구	1	1777	-	-	

		(丁酉秋)						
308		草邑乘題書面 (戊戌冬)	7언율시	1	1778	-	(문)093	
309		用晦堂言志 (戊戌十二月十八日立春)	7언절구	1	1778	-	-	序文 있음
310		記夢	7언절구	1	미상	-	-	序文 있음
311		十一月二十三日曉 睡新覺 悼孟容 枕上成短律	5언율시	1	1780	-	(문)096	
312		題辛丑曆 (十一月二十六日冬至)	5언율시	1	1780	-	-	
313		漫吟(次名臣錄宋庠韻 辛丑正月)	5언율시	1	1781	-	(문)100	
314	19책	次申判官禹相彰烈祠韻	7언율시	1	미상	-	-	

* 표의 연번은 중복에 관계없이 안정복이 창작한 시 모두를 대상으로 부여한 것이다.

『부부고』에는 2책에서 안정복의 시가 처음 나오는데, 현재 전하는 18책 중에서 2책에 가장 많은 시가 수록되어 있다. 2책에 수록된 시는 모두 153제 293수인데, 이 중 다른 사람의 원운 및 차 · 화운시가 12제 34수이고 누구인지 특정하기 어렵지만 계상옹(溪上翁)이라는 사람이 쓴 시가 1제 3수 수록되어 있어 2책에 수록된 안정복의 시는 모두 140제 256수이다. 그런데 이 140제 256수 중 14제 24수의 시가 중복되는데, 2책 안에서 중복되는 시는 2제 5수이고 나머지 시는 모두 이후의 책에 수록되어 있다. 따라서 이 글에서는 먼저 나오는 시를 인정하여 2책 안에서 중복된 시 2제 5수만 제외하면 중복을 제외하고 2책에 수록된 안정복의 시는 모두 138제 251수이다.

『부부고』의 2책에서 안정복의 시는 표지 이후 본문이 시작되기 전 표지의 내면에 3제 3수가 나온다. 첫 번째 시가 5언율시 「유북사(遊北寺)」로, 기록된 내용을 그대로 따르면 1727년 안정복의 나이 16세 때 지은 시이고, 두 번째 시는 5언절구 「운흥사(雲興寺)」으로 안정복의 나이 15세 때, 세 번째 시는 5언율시 「고목(古木)」으로 안정복의 나이 28세 때 지은 시이다. 이 시들이 본문 이전에 나온다는 점에서 안정복의 시가 아니라고 볼 수도 있지만, 첫 번째 시의 수련 첫 구인 '만향청산구(晩向青山口)'가 두 번째 시의 3구와 같고, 세 번째 시가 16번째에 수록된 시와 함련 첫 구의 두 글자[龍身當谷口→龍身蟠地脉]와 경련 첫 구의 두 글자[壓地形容壯→截壑形容壯]를 제외하고는 모두 같고 창작 시기만 달리 기록되었다는 점에서 안정복의 시로 보인다.

또 2책에 수록된 시 중 4편의 시는 일부가 누락 되었는데, 9번 시인 「영사(詠史)」는 다섯 수의 시 중 마지막 시의 두 구가 없고, 25번 시인 「조추야여천여공부 2수(早秋夜與天與共賦二首)」는 첫 번째 수의 첫 번째 구가 없으며, 35번 시인 「산중즉사(山中卽事)」는 여덟 번째 구가 없고, 120번 시인 「문목계장수공서선사(聞木溪丈隨公瑞仙槎)……」는 수련이 없다. 131번 시인 4언 8구 여덟 수는 제후인 「여흥이씨행록(驪興李氏行錄後)」의 마지막에 부기되어 있는 것으로, 『순암집』에서도 19권에 수록되어 있다.

『부부고』의 2책에서 가장 문제가 되는 것은 53번 시인 「일수인보기운(一首因步其韻)」인데 이 시는 제목이 「분의당 8영(分宜堂 八詠)」이어야 할 듯하다. 이 시의 앞에 있는 시인 52번 시 「차지장운(次止丈韻)」 뒤에 "분의당 8영 원운급차운 견간장(分宜堂 八詠 原韻及次韻 見間丈)"이라는 글이 구분 없이 이어져 있는데, 서문을 쓴 뒤에 이어서 '분의당 8영 원운'과 '위양차운(渭陽次韻)'이라는 5언절구 여덟 수가 각각 기록되어 있다. 『순암집』을 살펴보면 『부부고』의 53번 시인 이 시의 제목 "일수인보기운"이 문집 1권 47번 시인 「분의당 8영」의 서문 마지막 문장이고, 서문 아래에 '분의당 8영 원운'과 '위양차운' 없이 「분의당 8영」이라는 제목으로 5언 절구 여덟 수가 실려 있다. 이로 볼 때 『부부고』의 시 제목과 시의 배열에 오류가 있는 것으로 보인다.

3책에는 모두 33제 46수의 시가 수록되어 있다. 이 시들은 모두 안정복의 시로 보이는데, 이 시들 이외에 원운이나 차·화운시가 없으며, 중복된 시도 172번의 「몽기(夢記)」 한 수뿐이다. 이 시는 「몽기(夢記)」라는 기문에 수록되어 있는 5언절구 1수로, 기문 속에 제목 없이 수록되어 있는데 2책 128번 시 「몽작(夢作)」과 같지만 제2구의 두 글자[經訓卽余田 → 忠恕卽余田]가 다르다. 이 외에 『시경』 「소남(召南)」의 「행로(行露)」장을 본떠 지었다고 생각되는 장단구 1수의 「행로장(行露章)」이 3책의 마지막에 나온다. 중복된 시를 제하면 3책에 수록된 안정복의 시는 모두 32제 45수이다.

4책에는 모두 14제 19수의 시가 수록되어 있는데, 이 중 7언율시 1제 1수가 안정복 시의 원운이어서 안정복의 시는 모두 13제 18수이다. 그런데 이 4책 175번 시가 「차퇴계집운 시조생(次退溪集韻 示趙生)」이고 그다음 시가 「우(又)」여서 이 두 수의 시는 하나의 제목으로 합할 수도 있다. 또 179번 시가 「우차이절(又次二絶)」인데, 『부부고』에서는 그 제목 아래에 '수월음(水月吟)'과 '운산음(雲山吟)'이라는 소제목을 달아 5언절구 1수씩으로 나누고 있지만, 문집에서는 '우차이절'이라는 제목 없이 「수월음」과 「운산음」이라는 제목으로 두 수를 분리하였다.

6책에는 모두 22제 32수의 시가 수록되어 있다. 이 중에서 2제 3수의 시가 안정복 시의 원운이고, 3제 3수의 시가 다른 사람의 문집에서 가지고 온 시여서 안정복의 시는 모두 17제 26수이다. 다른 사람들의 문집에서 가지고 시의 첫 두 수에는 「소암집 한거소암(疏菴集 閑居疏

庵)」과 「우성(偶成)」이라고 되어 있는데, 이 시들은 임숙영(任叔英)의 『소암선생집(疏菴先生集)』 1권에 「한거(閑居)」와 「우성(偶成)」이라는 제목으로 수록된 시이다. 세 번째 시도 조경(趙絅)의 『용주유고(龍洲遺稿)』 21권에 조경이 병인년 중국으로 사신 갈 때 청주(淸州)와 제주(齊州)의 거인(擧人) 오대윤(吳大贇)에게 준 시로 나온다. 6책에 수록된 시는 다른 책에 수록된 시보다 창작 시기를 확인하기 쉬운데, 대부분의 시가 60대에 창작된 것으로 보인다.

7책에는 1제 2수의 7언율시가 「우송시서(友松詩序)」라는 서문 속에 수록되어 있다. 이 시는 2책 113번 시인 「차종장우송거사(次宗丈友松居士)……」와 중복된다. 따라서 중복되는 시를 제외하면 7책에는 시가 수록되어 있지 않다. 8책에는 7언고시 2수가 수록되어 있는데, 각각 7언 10구와 7언 6구이다. 이 두 수의 시는 「여아시 2수(女兒詩二首)」라는 큰 제목 아래 「칠석(七夕)」과 「별욱아(別郁兒)」로 각기 제목을 달아 나뉘어져 있다. 이 시들은 표지 다음 본문 이전에 나오는데, 「차자 정사유월초십일(箚子 丁巳六月初十日)」에 이어 있다. 이 시와 중복되는 시를 『부부고』에서 찾을 수 없지만, 『부부고』 2책의 처음에 나오는 세 수의 시와 비슷한 상황이라고 판단되어 우선 안정복의 시로 본다.

10책에는 26제 36수의 시가 수록되어 있다. 이 시들 중 2제 2수의 시가 11책과 중복되지만, 먼저 나온 시를 인정하여 이 두 수의 시를 10책의 시로 본다. 11책에는 모두 10제 13수의 시가 수록되어 있는데, 이 중 앞서 언급한 4언 20구 1수와 7언절구 1제 1수가 10책의 시와 중복된다. 따라서 중복된 시를 제하면 11책에는 8제 11수의 시가 수록되었다. 중복된 시 중 7언절구 1제 1수는 11책에 있는 「여번암(與樊巖)」이라는 서간문 속에 수록된 시이다.

12책에는 5제 8수의 시가 수록되어 있지만, 이 중 2제 4수가 원운과 차운이고, 1제 1수가 한수암(韓睡菴)이 지었다고 생각되는 「국화사(菊花辭)」이다. 따라서 12책에 수록된 안정복의 시는 2제 3수가 된다. 또 원운인 7언율시 2수는 잘못 수록되어 243번 시인 「차성주최진사 익중 견증운(次星州崔進士 益重 見贈韻)」의 뒤가 아니라 그다음에 나오는 「제롱와문(祭聾窩文)」 뒤에 있다.

13책에는 18제 25수의 시가 수록되어 있지만, 246번 시인 7언율시 「경여아(警女兒)」가 2책의 76번 시 「경여아(警女兒)」와 중복된다. 그리고 260번 시인 「차사중 기경선운(次思仲 寄景善韻)」의 원운이 「부경선차운(附景善次韻)」으로 수록되어 있는데, 이 시에 수록되어 있는 7언율시 한 수와 7언절구 두 수 중 7언절구 두 수가 『순암집』에는 「감회(感懷)」라는 제목으로 수록되어 있다. 『부부고』와 『순암집』 어디의 오류인지 확인하기 어려워 우선은 『순암집』을 따라 「부경선차운」에 있는 두 수의 시를 안정복의 시로 보도록 한다. 또 13책의 마지막 시인 「사중차운(思仲次韻)」의 경우 '견상제사(見上第四)'라고 되어 있으나 이 시가 『부부고』에 보이지 않을 뿐만 아니라, 시의 제목으로 보아 안정복이 아니라 사중(思仲)이 지은 것으로 보인다. 이 시는 바로 앞의 시인 261번 시 「부경선차운(『순암집』의 「감회」)」의 7언절구 두 수가 평성 양운(陽韻)을 사용한 것과 달리 평성 증운(蒸韻)을 사용하여 어떤 시를 차운하였는지도 확인하기 어렵다. 이렇게 보면 13책에 수록된 안정복의 시는 모두 17제 24수이고 중복을 제외하면 16제 23수가 된다.

14책에는 모두 10제 14수의 시가 수록되어 있지만, 이 중 2제 2수가 11책과 중복되어 14책에 수록된 안정복의 시는 모두 8제 12수이다. 15책에는 모두 19제 31수가 수록되어 있는데, 이 중 첫 번째 시 「선원김상용만(仙源金尙容挽)……」이 김상용(金尙容)의 『선원유고(仙源遺稿)』 하 〈칠언장율〉에 「최판서관만(崔判書瓘挽)」으로 나오는 김상용의 시이고, 이어 나오는 「우오추파윤겸만(又吳楸坡允謙挽)」 역시 누구의 시인지 확인되지 않지만, 수련만 있는 7언율시로 보인다. 또 차운시가 2제 3수 수록되어 있으며, 284번 시인 「유감 2절(有感 二絶)」이 11책의 236번 시인 「탄시 2절(歎時 二絶)」과 중복되어 안정복의 시는 모두 14제 24수이다. 그런데 이 14제 24수 중 277번 시인 「증사중(贈思仲)」은 제목만 있고 시는 보이지 않는다. 이 시의 차운시가 7언율시인 것으로 보아 이 시도 7언율시로 추정되는데, 『순암집』의 126번 시인 「증사중(贈思仲)」이 이 시와 제목이 같고 형식도 7언율시라는 점에서 이 시와 같은 시가 아닐까 추정된다. 이 시를 제외하면 15책에 수록된 안정복의 시는 모두 13제 24수가 된다.

16책에 수록된 시는 모두 16제 26수인데, 여기에는 안정복의 시 12제 19수 이외에 원운과 차운시가 4제 7수 포함되어 있다. 이 16제 26수의 시 중 중복되는 시가 모두 13제 22수여서 16책에서 볼 수 있는 안정복의 시는 3제 4수에 불과하다. 그런데 16책에서 문제가 되는 시는 293번 시인 「차양성재 퇴휴남계지상 자찬운(次楊誠齋 退休南溪之上 自贊韵)」 2수의 뒤에 원운으로 부기된 4수의 시이다. 4수의 시 중 5언 4구 1수와 6언 4구 1수는 2책의 55번 시인 「차양성재 퇴휴남계지상 자찬운(次楊誠齋 退休南溪之上 自贊韻)」의 원운과 같지만 이어 나오는 7언절구 2수는 이와 다른 모습이다. 이 두 수의 시 중 첫 번째 시는 이광덕(李匡德)의 『관양시집(冠陽詩集)』 1권에 나오는 「제증함흥노기시축 2수(題贈咸興老妓詩軸 二首)」 중 첫 번째 시와 같으나 두 번째 시는 출처가 확인되지 않는다. 이광덕의 시인 첫 번째 시가 수구압운형

(首句押韻形)으로 평성 지운(支韻)을 사용하고 있는 반면 두 번째 시는 수구불압운형(首句不押韻形)으로 평성 회운(灰韻)을 사용하고 있다. 시의 내용에서도 두 시의 공통점을 찾기 어렵다는 점에서 이 시는 안정복의 시일 수도 있지만 확인하기는 어렵다.

17책에는 모두 17제 17수의 시가 수록되어 있는데, 이 중 2제 2수가 305번 시인 「근차잠옹남장소보청송운(謹次潛翁南丈所步聽松韻)」의 원운시와 차운시이다. 이 두 수를 제외하면 안정복의 시는 모두 15제 15수이다. 19책에는 7언율시 1제 1수가 수록되어 있다. 지금까지 살펴본 내용을 중심으로 『부부고』에 수록된 한시의 양상을 책별로 간략하게 정리하면 다음의 표와 같다.

〈표 6〉『부부고』 책별 수록 시의 양상표

책수	전체 시	원운 및 차·화운시	타인시	중복시	중복 제외 안정복 창작시	비고
2	153제 293수	12제 34수	1제 3수	2제 5수	138제 251수	
3	33제 46수			1제 1수	32제 45수	
4	14제 19수	1제 1수			13제 18수	
6	22제 32수	2제 3수	3제 3수		17제 26수	
7	1제 2수			1제 2수		
8	2제 2수				2제 2수	
10	26제 36수				26제 36수	
11	10제 13수			2제 2수	8제 11수	
12	5제 8수	2제 4수	1제 1수		2제 3수	
13	19제 26수	1제 1수	1제 1수	1제 1수	16제 23수	
14	10제 14수			2제 2수	8제 12수	
15	19제 31수	2제 3수	2제 2수	1제 2수	14제 24수	
16	17제 27수	4제 7수	1제 1수	9제 15수	3제 4수	
17	17제 17수	2제 2수			15제 15수	
19	1제 1수				1제 1수	
계	349제 567수	26제 55수	9제 11수	19제 30수	295제 471수	

『순암집』과 『부부고』에 수록된 시를 비교해 보면 『순암집』의 한시가 『부부고』에 수록된 시를 정리한 것이라는 단순한 생각에 상당한 오류가 있음을 알게 된다. 그것은 『순암집』에 수록된 시 중 모두 6제 6수(7언율시 4제 4수, 5언율시 1제 1수, 7언절구 1제 1수)의 시가 『부부고』에서 확인할 수 없는 것이기 때문이다. 그런 점에서 『순암집』은 『부부고』를 모본(母本)으로 한 것이기는 하지만, 『부부고』 만을 저본으로 했다고 보기는 어렵다.

이렇게 보면 『순암집』에는 『부부고』에 수록된 안정복의 시 295제 471수 중 136제 227수와 출처를 확인할 수 없는 6제 6수의 시가 수록되어 모두 142제 233수의 시가 실려 있음을 알 수 있다. 출처를 확인하기 어려운 6제 6수의 시 중 『순암집』에서 126번에 수록되어 있는 7언율시 「증사중(贈思仲)」의 경우 원문이 누락된 채 『부부고』 15책 277번에 수록된 「증사중(贈思仲)」과 같은 시가 아닐까 추정되지만, 나머지 시의 경우 어디에서 온 것인지 확인하기 어렵다. 다만 그 여섯 수의 시 중 가장 먼저 나오는 시가 108번 「시황신수 덕일 증별 계묘(示黃莘叟 德壹 贈別 癸卯)」로 안정복이 72세 때 창작한 시이면서 안정복이 문집을 산정한 황덕길의 형 황덕일(黃德壹)에게 준 시이고 나머지 시들도 안정복의 나이 70대 후반에 창작되었다는 점에서 이 여섯 수의 시는 황덕길 형제가 소장하고 있었던 것이 아닌가 생각되기도 한다.

『순암집』에 수록된 시와 『부부고』의 시를 비교해 보면 몇 가지 특징적인 현상을 확인할 수 있다. 첫 번째는 원운과 차 · 화운시의 수록이다. 『부부고』에는 모두 26제 55수의 적지 않은 원운과 차 · 화운시가 수록된 반면 『순암집』에는 36번 시인 「경차성호선생 기속하안수

재낙중운 2수(敬次星湖先生 寄涑河安秀才樂重韻 二首)」를 제외하고는 원운이나 차·화운시를 찾을 수 없다. 이 36번 시의 원운은 이익이 지은 것으로 『성호전집(星湖全集)』 6권에 「기속하안수재정진 경점 붕지 낙중(寄涑河安秀才正進 景漸 朋之 樂重)」이라는 제목으로 실려 있다. 『순암집』의 간행 과정으로 보아 원운과 차·화운시를 산삭한 것은 다른 무엇보다 경제적인 이유가 가장 컸던 것이 아닐까 생각되는데, 경제적인 어려움에도 불구하고 이익의 시만큼은 원운을 그대로 수록하였다는 것은 안정복뿐만 아니라 황덕길과 안정복의 후손들이 지니고 있었던 이익에 대한 경외심을 보여주는 것이라고 할 수 있다.

다음으로 확인할 수 있는 것은 연작시의 처리 문제이다. 『순암집』에는 『부부고』의 연작시를 그대로 옮긴 것도 있지만 연작시의 일부만을 추려 수록한 시도 상당하다. 『순암집』에 수록된 연작시를 『부부고』에서 찾아보면 모두 49제 165수이지만 『순암집』의 연작시를 합해보면 모두 49제 133수이다. 연작시 가운데 26제 93수만 『부부고』와 『순암집』의 시가 같고, 나머지 23제 40수는 『부부고』의 시 중 일부만 『순암집』에 실려 있다. 이 가운데 『순암집』 1권의 44번 시인 「상편제갈량도연명이전이관지(嘗編諸葛亮陶淵明二傳以觀之)……」의 경우 『순암집』 1권에는 『부부고』에 수록되어 있는 세 수 중 첫 번째, 세 번째 수만 수록되어 있고, 두 번째 수는 「연보」에 수록되어 있다. 연작시의 일부만 수록된 23제 40수 중에서 18번 시인 「영사(詠史)」는 『부부고』에 수록된 다섯 수 중 마지막 시인 육기(陸機)에 관한 시가 두 구밖에 없어 『순암집』에서 다섯 번째 시를 산삭한 것으로 보이고, 42번 시인 「술병(述病)」은 『부부고』에 여덟 수가 있지만 첫 번째 수인 5언 22구를 『순암집』에서는 5언 12구와 10구의 두 수로 나누어 전체 아홉 수로 기록하였다. 하지만 나머지 21제 27수의 시에 대해서는 수록이나 산삭의 이유에 대해 확인하기 어렵다. 이 시가 안정복의 평소 모습이나 행적 또는 사상과 다른 부분이 적지 않아 정리한 것으로 볼 수도 있지만 단언하기는 힘들다.

마지막으로 확인할 수 있는 것은 『부부고』의 오류를 바로 잡은 시와 시어(詩語)를 수정한 시이다. 『부부고』의 오류를 바로잡은 시는 앞서 언급한 42번 시 「술병」의 시를 재배열한 것과 47번 시 「분의당 8영(分宜堂 八詠)」을 정리한 것, 그리고 128번 시 「감회 2수(感懷 二首)」의 제목을 첨가한 것을 들 수 있다. 또 오류를 바로잡았다고 하기는 어렵지만, 『부부고』에서 179번 시로 묶여 있는 「우차이절(又次二絶)」을 『순암집』 1권에서 「수월음(水月吟)」과 「운산음(雲山吟)」으로 나누어 놓은 것도 『부부고』의 편집 체제를 수정한 것이라고 할 수 있다.

시어를 수정한 시는 모두 5수인데, 17번 시인 「의영직중 야좌유감(義盈直中 夜坐有感)」과 49번 시인 「증정군현 혁동(贈鄭君顯 赫東)」, 85번 시인 「증남생(贈南甥)」, 115번 시인 「효한구박탁행(效韓歐剝啄行)」, 120번 시인 「탄시 2절(歎時 二絶)」이다. 이 중 앞의 시 두 수를 살펴보면 17번 시에서는 "가는 물 흐르는 빛 사마가 틈을 지나듯[逝水流光隙駟駸]"이라는 『부부고』의 시구를 "순식간에 흐르는 세월 사마가 틈을 지나듯[倏忽流光隙駟駸]"으로 바꾸었고, 49번 시에서는 "추나라에서는 일찍이 대장부를 말하였고[鄒國曾稱大丈夫]"라는 『부부고』의 시구를 "맹자는 일찍이 대장부를 말하였고[鄒孟曾稱大丈夫]"로 바꾸었다. 전체적으로 시의 의미를 구체화하여 선명하게 드러나도록 수정하였다고 보인다. 그런데 이와 달리 『부부고』에 있는 글자가 누락된 경우도 찾아볼 수 있다. 『순암집』 1권의 57번 시 「산거(山居)」의 경우 『부부고』에서는 첫 구가 "성기고 게을러 애초에 세상과 어울리지 못해[疎慵本無適俗姿]"로 되어 있는데 『순암집』에는 첫 구의 두 번째 글자를 누락하였다. 이런 모습 역시 황덕길이 보기에 시의 내용이 안정복의 평소 행적과 어울리지 않는다고 판단한 결과가 아닐까 생각되지만 정확한 이유는 확인하기 어렵다.

이렇게 보았을 때 『순암집』에 수록된 시는 『부부고』에 수록된 시 가운데 편집에 오류가 있거나 의미가 구체적이지 못한 시를 수정하고 정리한 결과물이라고 할 수 있다. 따라서 『순암집』의 시가 『부부고』의 시를 정선(精選)한 것은 분명해 보인다. 그러나 『부부고』에 수록된 시에서 153제 238수의 시를 산삭함으로써 『순암집』에 수록된 시만으로는 안정복의 시 세계를 올곧게 이해하기 어렵게 만들었다는 문제 역시 적지 않다.

4. 문학을 바라보는 안정복의 시선과 시문학의 실제

안정복의 시를 정리하고 안정복의 문학관을 살펴보기 위해 『순암집』과 『부부고』에서 문학에 관한 그의 언급을 찾아보면 가장 많이 나오는 것이 문학에 "능하지 못하다.", "익숙하지 않다.", "즐기지 않는다."라는 것이다. 그러나 그와 같은 언급에도 불구하고 안정복은 자신과 주변 인물들을 위해 적지 않은 시를 남겼다. 따라서 안정복의 이런 언급을 액면 그대로 받아들이기는 쉽지 않다. 하지만 그렇다고 해서 안정복이 스스로의 문학관에 대해 구체적으로 어떤 언급을 남겼다고도 보이지 않는다. 그것은 그가 밝힌 문학에 대한 얼마 되지 않는 언급 대부분이 단편적인 논의에 그치거나 당대의 보편적인 인식과 궤를 같이하기 때문이다.

하지만 안정복의 글을 살펴보면 문학을 바라보는 그의 시선을 일부 확인할 수 있는데, 이를 살펴보기 가장 편한 글이 『순암집』의 18권과 『부부고』의 1책, 12책에 수록되어 있는 두 편의 서문이다. 『순암집』의 18권과 『부부고』의 1책에 수록된 글은 「백선시서(百選詩序)」이고, 『순암집』의 18권과 『부부고』의 12책에 수록된 글은 「팔가백선서(八家百選序)」이다. 물론 이 두 편의 서문에서 확인할 수 있는 내용을 곧장 안정복의 문학관으로 치환하기는 쉽지 않지만, 이 글을 통해 문학을 바라보는 안정복의 시선을 추정할 수 있다.

두 편의 서문 중 「팔가백선서」는 안정복이 손서(孫壻)인 권선(權僎)의 요청에 따라 편찬한 『팔가백선(八家百選)』의 서문이다. 안정복은 명나라의 모곤(茅坤)이 편찬한 『당송팔대가문초(唐宋八大家文抄)』에서 100편의 글을 뽑은 뒤 비평을 달아 『팔가백선』을 만들었는데, 이 글은 그 서문이다. 또 안정복은 집안의 자제들에게 시를 가르치기 위해 고대부터 당(唐)나라까지 시인들이 창작한 시를 형식별로 구분하고 각각 100수의 시를 선별하여 『백선시(百選詩)』를 만든 뒤, 단가(短歌)와 3·4·6언시 등을 모아 잡체(雜體)라고 하여 책의 끝부분에 붙였다. 그리고 송(宋)·원(元)·명(明)나라 시인들의 시와 염락제현(濂洛諸賢)의 시를 모아 속편을 만들었는데, 「백선시서」는 이 『백선시』의 서문이다. 이 두 편의 서문은 모두 후학의 교육과 학습을 위해 안정복이 편찬한 책의 서문이라는 공통점을 지닌다. 먼저 「팔가백선서」를 살펴본다.

「팔가백선서」에서 안정복이 언급한 주된 내용은 시대에 따른 문장의 변화이다. 안정복은 당대 지식인 일반의 인식과 같이 육경(六經)의 글을 최상으로 삼고 이후 세대가 내려올수록 문도(文道)가 쇠퇴했다고 보았다. 그는 서한(西漢)까지는 그래도 볼만 하지만 위진남북조(魏晉南北朝) 이후로는 색태(色態)만 꾸미고 이치에 근본하지 않아 볼 것이 없다고 여겼다. 특히 수(隋)·당(唐) 이후로는 과문(科文)이 나와 빼어난 재주와 뛰어난 학문을 지닌 사람이라고 하더라도 모두 과거(科擧)의 문장에 빠져들었다고 비판했는데, 그런 그가 당송팔가의 문장에 주목한 것은 그들의 글이 육경에 근본했고, 그들이 옛사람들의 문기(文氣)로 글을 지었기 때문이었다.

> 도(道)란 형이상(形而上)의 것이어서 말로 표현할 수 있는 소리와 냄새가 없다. 그래서 문자를 만들어 도(道)를 밝혔으니 육경(六經)의 글이 그것이다. 이후로 도(道)는 비록 하나이지만 문(文)은 시대에 따라 달라졌으니, 춘추시대(春秋時代)의 문(文)이 『서경(書經)』의 전모(典謨)만 못했고, 전국시대(戰國時代)의 문(文)이 춘추시대(春秋時代)만 못했다. 이단(異端)이 벌떼처럼 일어나고 처사(處士)가 멋대로 의론(議論)하여 제각기 그들의 학문으로 문(文)을 짓는 상황이 되어서는 비록 기이하고 뛰어난 문장으로 사람들을 놀라게 한 것이 있었지만 성인(聖人)의 도(道)에 견주어 보면 어긋난 것이었다. 서한시대(西漢時代)는 경술(經術)을 숭상하여 문장의 기세가 전아(典雅)하고 아름다워 볼 만하지만, 유자(儒者)들은 전주(箋注)에 빠지고 높은 지위에 있는 사람들은 왕도(王道)와 패도(霸道)가 뒤섞여 옛날과 비교해 본다면 훨씬 떨어진다. 동경(東京) 이후로는 문장의 기세가 날로 나약해졌는데, 위진남북조(魏晉南北朝)와 당(唐)나라 초기에 이르러서는 더욱 심해져 단지 색태(色態)를 꾸미는 것만으로 잘한다고 여겨 남을 기쁘게 하는 데 힘쓰고 이치에 근본한 글은 없었다. …… 여덟 군자는 시대에 앞뒤가

> 있고 문(文)에도 고하(高下)가 있지만 모두 육경(六經)에 근본했으니, 이단(異端) 제자(諸子)들이 각자 문(文)으로 이름을 날리면서 스스로를 높이는 것과는 비교할 수 없다. 수당(隋唐) 이후로는 다시 과거(科擧)의 문(文)이란 것이 있어서, 사군자(士君子)로서 이 세상에 태어난 사람은 비록 세상에서 빼어난 재주와 남들을 뛰어넘는 학문이 있더라도 머리를 숙이고 나아갈 수밖에 없었다. 여덟 군자는 과거(科擧)의 문(文)이 나타난 뒤에 태어났으나 고인(古人)의 문장 기세로 공령문(工令文)의 규격(規格)을 본떴기 때문에 후세에 문(文)을 하는 사람들은 모두 이들을 종주(宗主)로 삼는다. …… 이를 미루어서 거슬러 올라간다면 진한(秦漢)의 고문(古文)도 배울 수 있을 것이다.[26]

이 글에서 나타나는 문학을 바라보는 안정복의 시선은 당대 지식인 일반의 보편적인 인식과 유사하다. 특히 시대가 내려올수록 문장이 쇠퇴했으며, 과문(科文)이 나타나면서 문장의 폐단이 정점에 이르렀다고 본 것은 당대의 보편적인 관념과 같은 것이다. 그런데 안정복은 육경의 문장을 문장의 기준으로 여겼고, 진(秦)·한(漢)의 고문(古文)이 지니고 있었던 경술(經術)의 숭상과 전아(典雅)한 문기(文氣)를 높

---

26 安鼎福, 『順菴集』, 권18(『覆瓿稿』 12冊), 「八家百選序」, "道是形而上之物, 無聲臭之可言, 於是焉有文字, 明其所以然, 六經之文是也. 繼是以後, 道雖一而文以代異, 春秋之文, 不如典謨, 戰國之文, 不如春秋, 至於異端蠭(蜂)起, 處士橫議, 各以其學爲文, 雖不無奇章傑作, 可以聳動人者, 而求之於聖人之道則悖矣. 西漢尊尙經術, 文氣典雅, 彬彬然可觀也. 然而儒者溺於箋注, 高者雜於王伯, 比之於古, (則)瞠乎下矣. 東京以後, 文氣日趨於弱, 至於魏晉南北朝唐初而甚焉, 徒以組織色態爲能, 務以悅人, 而本之理則無矣. …… 八君子也代有前後, 文有高下, 皆本於六經, 非若異端諸子之各以文名而自雄者比也. 隋唐以後, 復有所謂科擧之文, 士君子之生此世者, 雖有高世之才絶人之學, 不得不屈首而就之. 八君子生於科擧之後, 而以古人之文氣, 效工令之規格, 是以後世爲文者, 莫不以是爲宗. …… 然推此而上溯, 則秦漢古文, 亦可幾矣."(『부부고』에 추가된 글자를 ( ) 안에 표기하였다.)

였다. 그가 당송팔가의 문장을 뽑아 『팔가백선』을 만든 것 역시 그것 때문이었다. 안정복은 당송팔가의 글이 육경에 근본한 것이며, 고인(古人)의 문기(文氣)를 지니고 있다고 여겼다. 그렇기 때문에 그들이 비록 공령문(工令文)이 유행하던 시대에 태어나 공령문의 격식을 본떠 문장을 지었지만, 후세에 문장의 종주가 될 수 있었고, 따라서 이들의 문장을 익혀 나간다면 진한의 고문이나 그 이전 시기의 고문을 배울 수 있다고 여겼다. 결국 안정복이 당송팔가에 주목한 것은 그들의 문장이 훌륭했기 때문이기도 하지만, 그들의 문장이 진한 고문이나 그 이전 시기 육경의 문장으로 되돌아갈 수 있는 지남(指南)이 될 수 있다고 여겼기 때문이다.

당송팔가는 표면상 화려하지만 내적으로 공허했던 이전 시기의 문장에 대한 반성을 바탕으로 진한 이전의 고문이 추구했던 간결하지만 분명한 의미를 전할 수 있는 문장의 창작을 추구했던 인물로 알려져 있다.[27] 안정복의 글과 당송팔가에 대한 대체적인 평가를 정리해 보면 안정복이 추구했던 문장의 최종적인 모습은 육경을 근본으로 한 진한 이전의 고문이었고, 이 문장으로 가기 위해 당송팔가의 당송 고문을 익혀야 한다는 것이다. 이 생각을 확장해 보면 안정복은 문장이란 형식보다 내용에 중점을 두어야 하는 것이고, 그 표현은 성인의 말씀을 담고 있는 육경을 기준으로 하여야 하며, 그 내용은 성인의 정신에 부합하는 것이어야 한다고 여겼다고 볼 수 있다. 이런 생각은 선조 이후 영·정조 때까지 약 200여 년간 우리나라를 풍미했던 의고문(擬古文)의 창작 의식과 흡사한 것이면서, 허목 이후 근기 남인계열 문인

27 김학주(1977). 166~181쪽.

들이 지니고 있었던 보편적인 문장관과 부합하는 것이다.

또 다른 글인 「백선시서」 역시 「팔가백선서」와 비슷하다. 이 글에서 안정복은 문장을 작은 기예로 여겼고, 성(性)의 움직임이 정(情)이고 그 정(情)이 말로 구현된 것이 시(詩)라고 보았으며, 풍아(風雅)의 시가 주(周)나라와 공자(孔子)를 거치면서 성대해졌다가 주나라의 멸망과 함께 없어졌다고 했다. 또 굴원(屈原)을 거쳐 소무(蘇武)와 이릉(李陵)에 와서 5언시가 나타났고 이후 7언시와 율시가 나왔으며, 한나라 이후 시가 하나의 격식으로 굳어졌고 시도(詩道)가 크게 변했지만, 육조(六朝)시대의 화려한 수식보다는 한위(漢魏)의 질박함이 좋은 것이고 더 좋은 것은 육조와 한위의 중도를 얻은 당시(唐詩)인데 당시 중에서는 성당(盛唐)의 시가 가장 뛰어나다고 했다.

> 문장(文章)은 하나의 작은 기예이고 시(詩)는 또 그 한 분야의 기예인데, 옛사람들이 무엇 때문에 이것을 취하여 진지하게 말하기를 그치지 않았던가. 성(性)이 움직인 것이 정(情)이니, 정(情)에는 희노애락(喜怒哀樂)의 감정이 있는데 이 감정이 소리로 드러나는 것에는 구(謳)·음(吟)·탄(歎)·이(訑)의 구분이 있다. 이것을 글로 표현하는 것에서 시도(詩道)가 일어나 꾸밀 것도 없이 성정(性情)의 본연(本然)을 따르니, 그렇다면 시가 문장에서 어찌 적은 것이겠는가. 일찍이 여러모로 살펴보고 논하건대, 풍아(風雅)의 정격(正格)은 「갱재(賡載)」에서 시작되었고, 그 변격(變格)은 「오자지가(五子之歌)」에서 시작되었다. 이로부터 내려오면서 작자(作者)가 점점 많아지다가 주(周)나라에 이르러 크게 갖추어졌으니, 시를 진술하게 하여 풍속을 살펴보고, 교묘(郊廟)와 향당(鄕黨)에서도 시를 쓰지 않는 곳이 없었다. 공자께서 305편으로 정리하여 후세에 전함에 이르러서는 시(詩)의 도(道)가 성대했다. 아, 주(周)나라가 쇠하면서 시가 없어졌으나, 굴원(屈原)이 그 도(道)를 얻

어 이소(離騷)를 만들었고, 소무(蘇武)와 이릉(李陵)이 그 도(道)를 얻어 오언시(五言詩)를 지었으며, 이어서 칠언시(七言詩)가 만들어지 또 이어서 율시(律詩)가 만들어졌다. 한(漢)나라 이후로 시(詩)가 별도로 하나의 격식이 되었는데, 삼백편(三百篇)의 시와 달라서 시(詩)를 진술하는 의리(義理)를 듣지 못했다. 사람마다 망치와 정을 들고 제각기 문호(門戶)를 열어 시도(詩道)가 마침내 크게 변했다. 그러나 그 변화를 논한다면 한위(漢魏)는 문식(文飾)보다 실질(實質)이 많고 육조(六朝)는 실질(實質)보다 화부(華浮)가 많았다. 이 두 가지의 중도(中道)를 잃어 국풍(國風) 시인(詩人)의 격식을 갖춘 시는 당시(唐詩)인데, 당시(唐詩)는 또 초(初)·성(盛)·만(晩)의 구분이 있으니 성당(盛唐)이 더욱 뛰어나다. 만약 한위(漢魏)에서 실질(實質)을 구하고 육조(六朝)에서 문화(文華)를 찾고 성당(盛唐)에서 체재(體裁)를 취한다면 후세에서 시를 말할 때 이것을 넘어설 것이 없을 것이다. …… 배우는 사람들에게 시라는 것이 풍월을 읊조리고 기교를 자랑하는 바탕일 뿐만이 아니라는 것을 알게 하려는 것이다. 만약 이로부터 미루어 올라간다면 삼백 편이 남긴 뜻을 알 수 있을 것이고, 성정(性情)에 근본했다는 뜻도 알 수 있을 것이다.[28]

28 安鼎福, 『順菴集』 권18(『覆瓿稿』 1冊), 「百選詩序」, "文章一小技, 而詩又爲其偏藝, 則古人曷取乎斯而津津言之不已耶. 夫性之動爲情, 情有喜怒哀樂之感, 發之聲而有謳吟歎詫之不同, 於是焉文之以詞而詩道興, 不假修飾而率由於性情之本然, 然則詩之於文章, 豈淺淺也哉. 嘗歷考而論之, 風雅之正, 始于賡載, 其變者兆于五子, 降是而( )作者漸繁, 至周大備, 陳詩觀風, 而郊廟鄕黨, 莫不用之. 及乎夫子定著爲三百五篇, 以傳後世, 詩之道, 於斯盛矣. 噫, 周衰而詩亡, 屈原得之以爲騷, 蘇·李得之以爲五言, 繼是而七言作, 又繼而律詩作. 自漢以後, 詩別爲一格, 與三百篇之詩不同而陳詩之義無聞, 人執椎鑿, 家開門戶, 而詩道遂大變矣. 然就其變而論之, 則漢魏質過於文, 六朝華浮於實, 得二者之中, 備風人之體, 惟唐爲然. 唐又有初盛晩之分, 盛其尤卓然者也. 若能求質實于漢魏, 採文華于六朝, 取體裁于盛唐, 則後世言詩, 無過于是矣. …… 盖欲使學者知詩不獨爲嘲風弄月, 矜巧衒奇之資而已. 若能自此推而上之, 則可以得三百篇之遺旨, 而本乎性情之義, 亦庶幾矣."(『부부고』에 결락된 글자를 ( )로 표기하였다.)

이 글에서 확인할 수 있는 안정복의 의식은 「팔가백선서」에서 볼 수 있는 것과 같다. 특히 이 글의 마지막 부분을 보면 안정복은 시를 풍월을 읊조리거나 기교를 자랑하는 재료가 아니라 공자가 『시경』을 산삭하며 그 속에 담아둔 뜻을 찾아가는 것이고, 인간의 성정을 올바른 방향으로 교정해 나가는 수단이라고 보았다는 것을 알 수 있는데, 이런 생각은 형식보다 내용을 중심에 두고, 내용의 기준을 성인의 육경에 두었던 그의 문장관과 같은 것이다.

그러나 그렇다고 해서 안정복이 "문필진한 시필성당(文必秦漢 詩必盛唐)"의 의고적(擬古的)·복고적(復古的)인 의식을 지녔다고 단언하기는 쉽지 않다. 그것은 이 글의 생략된 부분에서 안정복이 "송(宋)나라 사람들의 시는 시를 논하는 사람들이 의론(議論)에 가깝다고 비판하지만, 그러나 유명하고 뛰어난 작품은 자연히 감출 수 없는 것이 있다. 그래서 지금 이름난 작가들의 시 약간 편을 가져다 속편이라고 하고, 원(元)·명(明)나라 이하의 것도 대략 취했으며, 염락제현의 시도 덧붙였다."[29]라고 한 것으로 보아 안정복이 반드시 성당의 시를 따라야 한다고 생각한 것은 아니었다고 보이기 때문이다. 특히 그가 위의 글에서 "만약 한위에서 실질을 구하고 육조에서 문화(文華)를 찾고 성당에서 체재를 취한다면 후세에서 시를 말할 때 이것을 넘어설 것이 없을 것이다."라고 했다는 점에서 안정복은 하나의 시 형식이나 한 시기의 시를 무조건 추종하지 않았다고 할 수 있다.

특히 『팔가백선』과 『백선시』가 손서(孫壻)와 집안 자제들을 교육하

29 安鼎福, 『順菴集』 권18(『覆瓿稿』 1冊), 「百選詩序」, "宋人之詩, 論者譏其涉于議論, 然而名章傑作, 自有難揜者矣. 今取諸名家若干篇, 謂之續篇, 元明以下, 亦略取之, 而附濂洛諸賢之詩."

기 위한 책이었다는 점에서 서문의 내용은 도덕적이고 교육적인 경향을 띨 수밖에 없고, 목표는 구체적이고 명확해야만 했을 것이다. 그런 점에서 안정복이 이 두 편의 서문에서 형식보다 내용을 강조하고, 내용의 기준을 성인의 육경으로 삼은 것은 당연한 것이다. 그런데 안정복은 「팔가백선서」에서 육경에 근본한 진한과 그 이전 시기의 고문을 학습의 구체적인 대상으로 설정한 것과 달리 「백선시서」에서는 학습해야 할 구체적인 대상을 거론하지 않았다. 구체적인 학습의 대상을 정하기보다 오히려 한위 · 육조 · 성당이라는 각각의 대상에서 배워야 할 것이 무엇인지에 대해 거론하고, 그것들을 통합하여 시를 배우도록 권했다.

이 두 편의 서문을 가지고 문학을 바라보는 안정복의 시선을 단언하기는 쉽지 않다. 또 이 글에서 살펴본 안정복의 인식과 당대 지식인 일반의 보편적인 인식을 확연히 구분하기도 쉽지 않다. 그렇지만 이 두 편의 글을 통해 문학을 바라보는 안정복의 시선이 유가적(儒家的) 문학관을 바탕으로 한 것이며 성인의 육경을 기준으로 삼아 형식보다 내용을 강조한 것이었다고 할 수는 있을 것 같다. 또 안정복이 시와 문장의 학습 대상과 내용을 구분하고 있었다는 점에서 그가 시와 문장의 창작 목적과 방법, 의미와 가치를 구분하고 있었다고 생각할 수도 있을 것 같다.

그런데 안정복의 글을 보면 다양한 부분에서 문장이나 시율(詩律)로 언급되는 문학의 가치를 회의하거나 부정하는 내용들을 발견할 수 있다. 그가 족인(族人) 안경시(安景時)에게 준 편지[30]나 세자익위사(世子

30 安鼎福, 『順菴集』 권7, 「與安可中 景時 書 戊寅」, "子弟輩隨其才志之所存, 勸以一層

翊衛司) 익찬(翊贊)으로 재직할 당시 서연(書筵)에서 있었던 일을 기록한 「계방일기(桂坊日記)」를 보면[31] 문학의 가치를 회의하고 의심하는 모습을 볼 수 있다. 이 글들에서 안정복은 문장이란 그다지 전심할 것이 아니라고 했다. 안정복은 문장을 통해서도 한 시대에 명성과 명예를 얻을 수는 있지만 문장은 끝내 어떤 것도 이루어줄 수 없다고 했다. 안정복이 문학의 가치를 완전히 부정했다고 할 수는 없지만, 그는 언제나 도학(道學)과 수양(修養), 지행(志行)의 학문을 문학의 앞에 두었다.

황최(黃最)와 권호(權儫)의 묘지명에서 안정복은 황최와 권호가 모두 문학보다 지행(志行)과 경전(經傳)을 우선했던 사실을 높였다. 안정복이 황최가 "문장을 짓는 능력을 재능이 아니라 부지런함으로 얻었다."[32]고 했던 말과 권호가 "문학으로 이룬 허명(虛名)보다 학문으로 이룬 실덕(實德)이 더 큰 가치를 가진다."[33]고 했던 말을 이들의 묘지명에 그대로 옮겨 놓은 것은 안정복 역시 이들의 이야기에 동의했다는 뜻으로 이해할 수 있다. 즉 안정복은 문학으로 이룬 명예는 헛된

激仰之道, 不專爲功令之學如何. 能文章善詞令, 雖或得當時之聲譽, 末梢果何樹立."(『覆瓿稿』에 나오지 않음)

31 安鼎福, 『順菴集』 권16, 「壬辰桂坊日記」, "時賓客奏曰; '外間傳言, 邸下好文詞, 古人以爲雕虫篆刻, 願勿專致意焉.' 東宮遜辭答之, 臣因奏曰; '盖帝王之學, 固不以文辭爲貴, 必用力於帝王之文章.' "(『覆瓿稿』에 나오지 않음)

32 安鼎福, 『順菴集』 권23, 「成均進士獨醒齋黃公墓誌銘 並序○己亥」, "遠近從學者咸萃, 必以志行爲先而文藝爲餘事. …… 嘗言吾於文, 非以才也, 勤以得之."(『覆瓿稿』에 나오지 않음)

33 安鼎福, 『順菴集』 권24(『覆瓿稿』 14冊), 「權儫墓誌銘 己酉」, "幼穎悟力學, 及長, 能貫穿經史, 兼善程文, 藝苑輒居前列. 壬寅菊製, 初命律詩試士被選, 召見頒賞. 由是華聞益播, 生耻之曰; '以文致虛名, 何如懋學有實德.' 勔心經傳, 用力於日用彛倫, 雖切問近思, 而歸重於踐履."

것이기 때문에 경전(經傳)을 중심으로 한 학문을 통해 이룬 실덕이 더 큰 것이고, 문학 창작 능력은 부지런히 학습해 나간다면 누구나 얻을 수 있는 것이라고 여겼다고 할 수 있다. 결국 안정복이 생각하기에 좋은 문장, 훌륭한 시는 수양된 덕성(德性)을 지닌 사람이 창작할 수 있는 것이다.

> 경의(敬義)와 효제충신(孝悌忠信)의 가르침을 듣고서 종신토록 실천했고 육경(六經)과 성리(性理)의 뜻을 널리 궁구하여 문장을 지었는데, 이치가 밝고 말이 통달했으며 기(氣)가 굳세고 질실(質實)하여 한 시대의 문필을 든 사람들이 모두 으뜸으로 추앙했다.[34]

> 공은 타고난 자질이 매우 높아 청명(淸明)·온수(溫粹)하고, 마음을 쓰고 일을 행할 때 고인(古人)을 기준으로 삼았다. 문장을 지을 때는 또 육경(六經)에 근거하면서 의장(意匠)과 묵척(墨尺)은 선진(先秦)과 양한(兩漢)에서 취하여 다듬어 반고(班固)에서 얻은 것이 많았고 그 이하는 논하지 않았다.[35]

첫 번째 글은 성여신(成汝信)의 문집인 『부사집(浮查集)』의 서문이고, 두 번째 글은 박이문(朴履文)의 묘지명이다. 이 글에서 안정복은 성여신과 박이문의 글을 높게 평가했는데, 이들은 문장을 창작하기

34 安鼎福, 『順菴集』 권18(『覆瓿稿』 11冊), 「浮查集序 乙巳」, "得聞敬義與孝悌忠信之訓, 終身服習, 博究六經性理之旨, 發爲文章, 理明而辭達, 氣健而質實, 一時操觚者, 咸推爲首."

35 安鼎福, 『順菴集』 권22(『覆瓿稿』 8冊), 「通訓大夫行司憲府掌令知製教古心齋朴先生墓誌銘 並序」, "公天禀甚高, 淸明溫粹, 處心行事, 要以古人爲準則. 其爲文, 亦根於六經, 而意匠墨尺, 取裁于先秦兩漢, 得於班椽者爲多, 自以下不論也."

위해 육경과 성리(性理)의 뜻을 널리 궁구했다. 그리고 선진(先秦)과 양한(兩漢)에서 의장(意匠: 정교한 구상이나 착상과 고안)과 묵척(墨尺: 창작이나 평가의 기준)을 가져왔다. 이들은 육경의 문장을 기준으로 삼고, 진한의 고문이 지니고 있었던 경술의 숭상과 전아한 문기(文氣)를 지닌 문장을 창작하고자 했다.

> 공은 문장으로 자처하지 않으나, 이제 이 문집을 읽어보면 그 글이 평온하면서도 이치가 순탄하고 그 시는 담박하면서도 고아(古雅)하니, "덕이 있는 사람은 반드시 말을 남긴다."는 말을 믿을 만하구나.[36]

> 공의 시문(詩文)은 평담하면서도 유려하고 조리가 있는데 붓을 잡은 즉시 지어도 그 글이 평온하지만 이치가 순탄하고 사정에 절실하여, 평소 문장을 잘한다고 이름난 사람도 그들 스스로 따라갈 수 없다고 했는데, 어지러운 원고로 남아 있어 출간되지 못했다.[37]

> 자제들을 가르칠 때는 과거 공부에 급급하지 않게 하고 반드시 실행하도록 간곡하게 타일렀다. 시율(詩律)에는 일찍이 뜻을 두지 않았으나, 읊은 시가 충담하여 맛이 있었으며, 남에게 준 편지나 남을 대신해서 쓴 소장(疏章)도 능력을 다하지 않은 것이 없었다. 자제들이 이를 베끼려고 하면, "쓸데없이 그렇게 하지 마라."고 했으니, 또한 실행에 힘쓰고 화려한 문장을 경시하여 스스로 만족해하지 않은 뜻을 볼 수 있다.[38]

---

36 安鼎福, 『順菴集』 권18(『覆瓿稿』 17冊), 「釣隱集序 庚子」, "公不以文章自居, 而今讀是集, 其文怡然而理順, 其詩淡然而古雅, 信乎有德者必有言也."

37 安鼎福, 『順菴集』 권26(『覆瓿稿』 10冊), 「通政大夫鍾城都護府使白華齋黃公行狀 乙巳」, "公詩文平淡條暢, 操筆立成, 怡然理順, 切於事情, 素號能文者, 自以爲不及, 在亂藁未出."

38 安鼎福, 『順菴集』 권27(『覆瓿稿』 14冊), 「歙谷縣令獨坐窩金公行狀 己酉」, "訓誨子

인용한 첫 번째 글은 한몽삼(韓夢參)의 문집인 『조은집(釣隱集)』의 서문이고, 두 번째는 황익재(黃翼再)의 행장, 세 번째는 김광악(金光岳)의 행장이다. 이들은 모두 문인이라기보다 유가적 사상과 행실에 뛰어난 학자들이었다. 그런 점에서 이들에 대한 평가가 문학적 성가를 중심으로 하기 어렵지만, 안정복은 이들의 문장이 문장에 전념한 사람, 문장으로 이름난 사람의 문장보다 뛰어나다고 했다. 그리고 이들의 문장에 대해서는 평온하면서도 이치가 순탄[怡然而理順]하다고, 시에 대해서는 담박하면서도 고아[淡然而古雅]하거나 충담하여 맛이 있다[冲淡有趣味]고 평가했다. 이렇게 본다면 안정복이 생각하기에 좋은 문장, 좋은 시란 평온하면서도 이치가 순탄해야 하고, 담박하면서도 고아하고 충담하면서도 맛이 있어야 하는데, 그 맛은 평담하면서도 유려하고 조리가 있는 것으로 사정에 잘 들어맞는 것이어야 한다.

그렇다면 이런 시문을 창작하기 위해서는 어떻게 해야 하는가. 안정복은 문장의 근본을 육경으로 보았고, 문장 가운데 가장 좋은 문장을 육경의 문장으로 간주했다.[39] 안정복이 문장의 근본을 육경으로 본 것은 문장이란 도(道)를 따라 나오는 것이기 때문이다. 안정복은 도와 문장이 체(體)와 용(用)의 관계를 가지며, 도가 밝지 못할 경우 문장은 격(格)이 떨어지고 근본을 상실한다고 여겼다. 문장은 도가 없으면 근본이 없고 도는 문장이 없으면 밝힐 수 없다고 한 안정복의 말[40]은

弟, 不汲汲於科臼, 而必諄諄以實行. 其於詩律, 未嘗經意, 而所詠冲淡有趣味, 其於與人書札代人疏章, 亦莫不盡其瞻美, 子弟欲騰出, 則曰; '且漫毋爾爲也.'亦可見務實行畧文華, 而不自滿足意也."

39 安鼎福, 『順菴集』 권8(『覆瓿稿』 13冊), 「答李仲章 天燮 書 丁未」, "天下文章, 莫過於六經."; 安鼎福, 『順菴先生文集』 9卷(『覆瓿稿』 13冊), 「答南稺簡 履默 書 丁未」, "六經四書, 是文章之本原."

그가 지녔던 도[六經] 중심의 문학 인식을 선명하게 보여준다.

안정복은 76세 되던 해에 중장(仲章) 이천섭(李天燮)에게 보낸 편지에서 서한(西漢) 이후 문장의 변화상과 각 시기 문장의 문제점에 대해 논했는데, 양한(兩漢)의 문장은 경술을 숭상하여 그 문장이 전아했으며 사정에 절실하여 후세에서 따라갈 수 없다고 추켰지만, 위진 이후의 문장에 대해서는 화려하게 꾸몄지만, 외모만 가꾸어 음욕(淫欲)을 가르친 것과 같은 데다가 노장(老莊)·석가(釋迦)의 학문까지 가세하여 큰 액운이라고 했다. 이후 당의 한유(韓愈)에 와서 쇠퇴한 문장을 일으켰지만, 배우(俳優)의 장난질과 같고 글로 도에 들어간 것이어서 「원도(原道)」 이 외에는 인정할 만한 글이 없다고 했다. 이어 안정복은 후세의 고문가들이 화려한 말솜씨를 바탕으로 까다롭고 괴상한 글을 쓰거나 순조롭지만 지리하고 허황된 글을 쓰는 두 병폐 중 하나에 빠져있다고 했다.[41]

이렇게 비판한 다음, 안정복은 이와 같은 병폐를 극복한 글로 육경

---

40 安鼎福, 『順菴集』 권8(『覆瓿稿』 13冊), 「答李仲章 天燮 書 丁未」, "文者由道而出, 道不明, 則其文不過如諸子之類而失其本矣.; 安鼎福, 『順菴先生文集』 9卷(『覆瓿稿』 13冊), 「答南稺簡 履默 書 丁未」, "道與文有體用之別, 文非道無本, 道非文不明."

41 安鼎福, 『順菴集』 권8(『覆瓿稿』 13冊), 「答李仲章 天燮 書 丁未」, "西漢以後, 尊尙經術, 諸儒之箋註行而其文典雅, 當世名卿碩輔之章奏, 皆切於治體, 兩漢文章人才, 非後世所可及矣. 魏晉以後, 藻繪綺麗, 無異於冶容而誨淫, 加以莊老釋佛之學, 可謂斯文之大厄. 幸而至唐, 韓吏部出而能起八代之衰, 傑然爲大家. 然而非明道而爲文, 實由文而入道. 以愚觀之, 原道一篇外, 無可許者, 其餘雄章傑作, 非不多矣, 而此公大抵以文章爲戲劇, 筆力所到, 奇正錯出, 常變互生, 先儒所謂文似相如, 殆類俳者是也. …… 後世所謂能古文者, 不過多讀莊馬, 助其辭華, 旁獵先秦古文之艱棘句語, 務爲深僻之辭, 飾其淺短之見, 使人不能讀去, 謂之古文, 古文豈如是哉. 又有以是爲病者, 務順其文, 支離其語, 汗漫其辭, 陳談陋說, 街言巷語, 雜採成篇, 謂之曰古人辭達之義, 辭達之義, 豈如是哉."

의 달통한 글을 들었다. 안정복은 육경의 글은 천인(天人)과 물리(物理)를 관통하여 숨길 수 있는 것이 없을 정도로 깊고, 범선이 달려가고 얼음덩이가 굴러가듯이 막힘이 없을 정도로 쉬우며, 말이 바르고 이치가 순조로워 두루두루 모든 것에 통한다고 했다. 안정복은 주자(朱子)의 글만이 여기에 해당하는 것으로 누구나 쉽게 이를 수 있는 것이 아니라고 했다.[42]

이런 생각을 가졌던 안정복은 육경의 문장과 같은 달통한 글을 짓기 위해 '작문 방법의 궁리(窮理)'를 권했다. 글을 짓는 사람이 글을 짓는 방법을 궁리하지 않으면 다른 일에 현혹되어 글에 전심하지 못한다고 했다. 또 안정복은 '작문 방법의 궁리'를 위해 '다독(多讀)'을 강조했다.

> 학문하는 사람은 반드시 의리를 궁구하고 글을 짓는 사람은 반드시 그 방법을 연구해야 하니 그런 뒤에야 내가 터득한 것이 되어 다른 잡기에 현혹되지 않을 것이다. …… 경서를 읽고 난 여가에 또 아울러 공부해야 할 것이 있으니 『강목(綱目)』을 열 장이나 열다섯 장씩 읽든지, 『고문초(古文抄)』 중 마음에 든 수십 편의 글을 읽어 고인의 사적과 글을 짓는 방법을 아는 것이 매우 좋을 것이다.[43]

---

42 安鼎福, 『順菴集』 권8(『覆瓿稿』 13冊), 「答李仲章 天燮 書 丁未」, "六經之文, 果是辭達, 而其深也, 貫天人通物理而無所隱, 其易也, 馳風帆走氷匏而無所礙, 言正理順, 曲暢旁通, 如是而後, 可謂辭達, 此亦豈易言哉. 以愚觀之, 惟朱子可以當之."

43 安鼎福, 『順菴集』 권9, 「答壆書 庚午」, "凡爲學者必窮其義理, 作文者必窮其蹊徑, 然後庶爲吾所得而不爲他歧之惑矣. …… 讀經之暇, 亦有兼治者, 綱目或十張十五張, 從暇讀之, 古文抄, 亦讀入意者累十篇, 使知古人事迹與作文蹊徑, 至可至可."(『覆瓿稿』에 나오지 않음)

> 남들과 의론(議論)할 때 고금의 사적에 근거하고 경전과 사서(史書)를 넘나들었으며 백가의 자잘한 이야기에 대해서도 두루 알지 못하는 것이 없었다. 남과 이야기할 때는 말이 진지하여 끊이지 않았으므로, 문학하는 선비들 중에서도 좇아와 교유하는 사람이 많아 방문 밖에 늘 신발이 가득했다. 비록 과거(科擧)의 문장에 종사하지 않았지만 박람(博覽)하여 쌓은 학식이 많았으므로 시문(詩文)을 지으면 문리(文理)가 정밀했다.[44]

인용한 첫 번째 글은 안정복이 그의 아들 학(㶅; 安景曾)에게 준 편지이고, 두 번째 글은 정상점(鄭相點)의 행장이다. 이 두 편의 글을 보면 글을 짓기 위한 기초로 안정복이 강조한 것이 '다독'이고, 다음이 다독을 바탕으로 한 '작문 방법의 궁리'였음을 알 수 있다. 정상점의 행장에서 안정복은 박람(博覽)하여 쌓은 학식이 많을 경우 시문을 지으면 자연히 문리(文理)가 정밀해진다고 했는데, 쌓은 학식이 많은 것은 '다독'의 결과를, 문리가 정밀한 것은 '다독'을 바탕으로 한 '작문 방법의 궁리'의 결과를 말한다고 볼 수 있다. 안정복은 「상헌수필(橡軒隨筆)」에서도 글을 짓기 위해서는 경(經)・전(傳)・자(子)・사(史) 속에 산재해 있는 본뜻을 터득해야 그 책을 용사(用事)할 수 있다고 한 동파(東坡)의 이야기를 인용했는데,[45] 이 역시 '다독'과 '작문 방법의 궁리'

---

44 安鼎福, 『順菴集』 권26(『覆瓿稿』 10冊), 「處士不憂軒鄭公行狀 甲辰」, "與人談論, 援據古今, 出入經史, 至於百家稗乘雜說, 無不淹貫. 與人語, 亹亹不休, 文學之士, 多從之遊, 而戶外之屨常滿矣. 雖不從事於功令之文, 而博覽多積, 發爲詩文, 詞理精到."

45 安鼎福, 『順菴集』 권12, 「橡軒隨筆 戶牖雜錄並附」, "偶觀東坡誨人以作文之法, 曰; '儋州雖數百家之聚, 州人之所須, 取之市而足, 然不可徒得也. 必有一物以攝之然後爲己用, 所謂一物者錢是也. 作文亦然. 天下之事, 散在經傳子史中, 不可徒得, 必得一物以攝之然後爲己用, 所謂一物者意是也. 不得錢, 不可以取物, 不得意, 不可以用事, 此

를 의미한다.

문장의 창작 방법으로 '다독'과 '작문 방법의 궁리'를 강조했던 안정복의 인식은 시의 창작에서도 볼 수 있다. 안정복은 이의준(李義駿)에게 준 편지에서 사율(詞律)과 문사(文辭)는 뛰어나도 실학(實學)이 될 수 없고, 지식이 아무리 넓어도 실업(實業)이 될 수 없다고 하고, 이어서 범순부(范淳夫)와 윤화정(尹和靖)·한종유(韓宗愈)·김우옹(金宇顒)이 각각 송(宋)나라의 철종(哲宗)과 고종(高宗), 고려의 충정왕(忠定王)과 조선 선조(宣祖)에게 했던 말을 예로 들어 시문의 가치를 보잘 것 없는 것으로 규정했지만,[46] 박승종(朴承宗)이 소순(蘇洵)의 「목가산기(木假山記)」를 읽고 쓴 기문의 후기로 쓴 글에서는 궁한 사람이 시를 잘 한다고 한 뒤에 그 이유로 경험이 많은 것을 들었다.

> 옛사람이 "궁(窮)한 사람이 시(詩)를 잘 한다."고 했다. 시는 뜻을 말로 표현한 것인데, 궁한 사람은 경험한 것이 많아서 눈앞에 있는 사물이 모두 내 마음에 담겨 있기 때문에 끄집어내어 시를 지으면 남들이 표현하기 어려운 것을 표현할 수 있고 남이 말하지 못한 것을 말하게 되니 이것이 시를 잘 하는 이유이다.[47]

作文之要也.' 余曰; '作聖之道, 布在方策, 不可徒得, 必得一物以攝之然後爲己用, 所謂一物者心也."(『覆瓿稿』에 나오지 않음)

46 安鼎福, 『順菴集』 권9(『覆瓿稿』 6冊), 「與李仲命書 甲午」, "至如零文碎義, 在所當畧矣, 況於詞律文辭雖工, 未必爲實學, 該洽多識雖博, 未必爲實業. 昔宋哲宗好寫唐人詩, 范淳夫勸上寫無逸篇及聖賢警戒之辭以代之, 高宗好觀山谷詩, 尹和靖諫曰; '不知此詩有何好而陛下好之耶.' 高麗忠定王欲觀李杜詩, 韓宗愈曰; '抽黃對白, 無輔於政.' 託以無典守者, 竟不進, 我宣廟嘗索東坡全集, 講官金宇顒曰; '雕虫小技, 圖取科目者之業, 非帝王之所必觀也.' 此皆人臣輔導忠愛之至意也."

47 安鼎福, 『順菴集』 권19(『覆瓿稿』 8冊), 「題朴孝伯讀蘇老泉木假山記後」, "古人曰; '窮者能詩.' 詩所以言志也, 窮者閱歷多, 而眼前物事, 無非吾心之所存, 故發而爲詩,

안정복은 경험이 많은 사람은 눈앞의 사물이 모두 마음속에 있기 때문에 이것을 가지고 시를 쓰면 남들이 표현하기 어려운 것, 말하지 못하는 것을 모두 표현하고 말할 수 있다고 했다. 안정복은 시 역시 다양한 경험(다독)을 자연스럽게 표현하는 방법을 익혔을 때(작문 방법의 궁리) 잘할 수 있는 것이라고 여겼다. 안정복의 이와 같은 인식은 성여신의 행장에서 성여신의 문학적 역량을 칭송한 부분에서도 볼 수 있다. 안정복은 성여신이 한유와 구양수(歐陽脩)의 시, 좌구명(左丘明)·유종원(柳宗元)·한유·구양수의 저서에 익숙하여 시어가 청신(淸新)하고 장려(壯麗)했으며 문장이 뛰어났는데, 이것은 성여신이 기이하거나 고상한 것보다 이치를 위주로 창작했기 때문이라고 추켰다.[48]

안정복의 언급들을 정리해 볼 때 안정복은 시문의 창작 능력을 천부적인 재능보다 훈련된 기능으로 여겼다고 보인다. 또 시문의 본질을 육경에 두고 육경의 글을 재현하기 위해 당송 고문과 진한 고문을 거쳐 선진 고문으로 가는 순차적 학습 단계를 추구했다고 보인다. 이와 함께 안정복은 육경의 글과 같은 달통한 글을 짓기 위해 '다독'과 '작문 방법의 궁리'를 강조했다. 시문의 창작 능력을 훈련된 기능으로 생각했던 안정복에게 '다독'은 '작문 방법의 궁리'를 위한 방법이었고, '작문 방법의 궁리'는 육경에 근본한 시문을 창작하는 방법이었다.

이렇게 보았을 때 문학을 바라보는 안정복의 시선은 전통적인 유가

能狀人所難狀之物, 能道人所未道之語, 此其所以能詩也."

48 安鼎福, 『順菴集』 권26(『覆瓿稿』 11冊), 「成均進士浮査先生成公行狀 乙巳」, "公年七十八, 又遊方丈登上峯, 作游山詩一百八十六句, 效歐陽公廬山高韓昌黎南山詩, 句語淸壯, 傳誦膾炙云. …… 公自少肆力於文章, 才氣出人, 或山寺或學舍, 閉戶涉獵者, 四十餘年, 尤致力於左柳韓歐等書. 爲文未嘗留意, 如寫宿搆, 不尙奇高, 惟以理勝爲主."

적 문학관을 벗어나지 않는다. 그런 점에서 선행 연구에서 안정복의 시를 "학문면려, 우국충정, 강호한정"[49]이나 "경학 공부를 통한 심성 수양, 역사적 인물·사건에 대한 포폄, 일상생활에서 포착한 시적 흥취, 천학(天學)비판을 통한 도학 수호",[50] "민족의식의 주체적 자각과 고취, 충절에 대한 시비와 의리론 강조, 은일에 대한 동경과 일상의 정취, 관물에 대한 자아의 성찰, 천주교 비판과 도학의 수호, 벙어리에 투영된 고독과 소외"[51] 등으로 정리한 것이 비록 안정복의 시를 그의 학문이나 사상과 동일시한다는 문제가 있기는 하지만, 안정복 시의 실상과 완전히 어긋난 것이라고 보기 어렵다.

하지만 이런 정리가 사실이라고 하더라도 안정복의 시를 이렇게만 보는 것에는 적지 않은 문제가 있다. 그것은 그의 『부부고』로 시선을 확장한 백승호가 안정복의 시문학을 "관물에 기반을 둔 생의의 성찰, 평온한 농촌풍경 속의 관풍과 기속, 속담 우리말 시어 사용"[52]으로 언급한 것에서도 볼 수 있듯이 안정복의 시에서도 정(情)과 흥(興)을 중심에 둔 시가 적지 않기 때문이다. 또 여기에 더해 안정복의 시 중 그가 10대에 창작한 두 수의 시를 살펴보면 안정복이 10대 무렵부터 시의 창작에 적지 않게 관심을 두고 신경 썼음을 느낄 수 있다.

동해가 버드나무 봄빛이 들고	海東楊柳春
날은 따뜻해 세상 먼지 전혀 없어	日暖地無塵

49 최준하(2003), 506~512쪽.
50 위경숙(2013), 27~86쪽.
51 강창순(2017), 36~82쪽.
52 백승호(2015), 103~113쪽.

저물녘 푸른 산 어귀로 가니	晩向靑山口
어느 집에서 부처에게 제 지내나.	誰家祭佛神

저물녘 푸른 산 어귀로 가니	晩向靑山口
고운 안개 자욱하고 이끼는 짙푸른데	香煙暗碧苔
바위는 우뚝해 가을 기운 스며들고	巖高秋氣逼
시내 가까이라 저녁 추위 다가들며	溪近晩凉來
이슬 젖은 풀은 푸른 빛 시들고	露卉綠初歇
서리 내린 숲은 붉게 물들며	霜林紅半開
흰 구름 빽빽하여 골짜기 아득하니	白雲深遠洞
신선이 이곳에 돌아온 듯하네.	疑是羽仙廻

여기서 인용한 두 수의 시는 모두 『부부고』에만 나오는 시이다. 『부부고』 2책의 가장 앞에 있는 시로, 『부부고』에는 두 번째 시가 첫 번째 시보다 먼저 실려 있다. 그런데 인용한 첫 번째 시의 제목인 「운흥사(雲興寺)」 아래에 '울산 무오 춘(蔚山 丙午春)'이라고 적혀 있고, 두 번째 시에서도 「유북사(遊北寺)」라는 제목 아래 '무주읍 북 정미(茂朱邑 北 丁未)'라고 되어 있어 인용한 첫 번째 시가 1726년 안정복이 15세에 지은 시이고, 두 번째 시가 1727년 안정복이 16세에 지은 시라는 것을 알 수 있다. 따라서 이 글에서는 『부부고』의 수록 순서가 아니라 창작 순서에 따라 이렇게 배열했다.

두 수 중 첫 번째 시는 봄을 맞아 울산의 운흥사에 가서 쓴 시이고, 두 번째 시는 가을 무렵 무주의 북쪽에 있는 사찰을 찾아가 쓴 시인데, 첫 번째 시의 세 번째 구가 두 번째 시의 첫 구와 같다. 이런 모습으로 보아 이 시들은 안정복이 시를 익히던 시기에 창작한 시로 보이는데, 안정복이 10대에 창작한 시는 현재 이 두 수만 전한다. 이 두 수의 시를 보면 안정복이 당풍(唐風)의 시를 익히고자 했으며, 색감의 대비과 경물의 변화에 주목했음을 알 수 있다.

첫 번째 시에서 안정복은 버드나무를 통해 느낀 봄빛과 따뜻한 날의 깨끗한 풍경에 이끌려 저물녘 녹음이 짙어지는 천성산(千聖山) 어귀로 드는 자신의 모습과 그 산에 있는 운홍사에서 울리는 염불 소리를 시로 읊었고, 두 번째 시에서는 무주읍의 북쪽에 있는 산과 그곳에 있는 사찰을 찾아가 느낀 흥을 읊었다. 무주읍의 북쪽에 있는 산이라고 했으니 이 산은 향로산(香爐山)으로 보이고, 이 산에 있는 사찰 중에서 가장 유명한 사찰이 북고사(北固寺)라는 점에서 이 시의 공간적 배경은 향로산 북고사가 아닐까 생각된다.

첫 번째 시가 절구였던 것과 달리 두 번째 시는 율시여서인지 두 번째 시에서는 다양한 시적 기교가 보이는데, 우선 들 수 있는 것이 대구(對句)의 조직이다. 이 시에서 안정복은 바위와 시내, 우뚝함과 가까움, 가을 기운과 저녁 추위, 스며들다와 다가오다, 이슬과 서리, 풀과 숲, 푸르다와 붉다, 시들다와 물들다 등 유사어와 상대어를 적절히 조합하여 대구를 조직했는데, 여기서 가장 주목되는 것이 색감의 대비이다. 특히 시드는 푸른빛과 물드는 붉은빛의 대비는 단순한 색감 대비에서 그치지 않고 세월의 변화와 영욕·성쇠의 교체를 상징하는 것이기도 하다. 안정복은 이 시에서 향로산의 풍광을 자욱하게 낀 안개와 짙푸른 이끼, 가을 기운 스민 우뚝한 바위와 써늘한 기운 감도는 시내, 빽빽한 흰 구름에 쌓여 아득히 보이는 골짜기로 묘사하여 향로산을 마치 신선의 세계와 같은 신비로운 공간으로 전화(轉化)시켰다. 또 그러면서 동적 이미지를 최소화하여 시를 시각화하면서 시의 공간을 속세의 먼지가 침투할 수 없는 무욕의 청정 공간으로 묘사하여 그 공간에 놓인 자신 역시 속세에 물들지 않은 사람으로 만들었다. 이런 수사적 표현은 상당한 정도의 시작(詩作) 학습을 거친 사람이 할 수 있는 것이라는 점에서 10대 시절 안정복이 시의 학습에 적지 않게 노력했음을 짐작할 수 있고, 그의 시 학습은 당풍의 시를 전범으로 삼은 것이었다고 추정할 수 있다.

그런데 안정복의 시에서 정과 홍을 위주로 한 시의 경우 대부분 『부부고』에서 찾을 수 있는데, 이런 양상은 문집의 편찬이 안정복 스스로가 아니라 그의 제자인 황덕길에 의해 주도되면서, 안정복의 인격과 정신 자세, 학문적 지향을 선명하게 보여주지 않는 시는 모두 산삭했기 때문이 아닌가 추정된다. 따라서 안정복의 시세계 특히 정과 홍을 위주로 한 시세계를 살펴보기 위해서는 『부부고』에 주목해야 한다. 그런 점에서 이 글에서는 『부부고』에 수록된 시 중에서 근체시를 대상으로 하여 정과 홍을 위주로 한 안정복의 시세계를 살펴보도록 한다. 『부부고』의 시를 중심으로 하는 것은 안정복의 시 대부분이 『부부고』에 실려 있으면서도 아직까지 제대로 소개되지 않았다는 점을 고려한 것이고, 근체시를 대상으로 하는 것은 그의 시 대부분이 근체시이기 때문이다.

그런데 안정복의 문집과 『부부고』를 살펴보면 40대 이전의 시가 그다지 많지 않다는 것을 알 수 있다. 문집과 『부부고』에 수록된 그의 시 대부분이 40대 이후에 지은 시로 보이는데, 이는 그가 25세 되던 해에 광주(廣州)의 덕곡리(德谷里)에 정착하여 성리(性理)의 학문을 본격적으로 시작했던 것과 관계있는 것이 아닌가 추정되지만, 정확한 것은 확인하기 어렵다. 이제 시를 살펴보도록 한다.

가을 들판 사물 빛은 정말 화려하여　　秋郊物色正繁華
기러기 피리 울리는 가로 학은 춤추고　　鴈笛橫邉鶴舞斜
양쪽 언덕 단풍 숲은 비단 장막 열었는데　　兩岸楓林開繡帳
배를 탄 사람은 또 거울 속을 지나가네.　　舟中人又鏡中過

……　　□□□□□
앞 숲의 가을 기운 희미하지만　　前林秋氣微
열흘 동안 어둑하게 비가 내려서　　冥冥十日雨
남은 더위 다 걷어 가 버려　　捲却殘暑歸
옷깃 헤치고 처마 아래 앉아 있으니　　披襟當軒坐
달빛 환해 맑은 광채 빛을 뿌려서　　素月流淸輝
서성거리며 차마 여길 못 떠나니　　俳佪不忍去
서늘한 이슬 내 옷을 적시어 드네.　　凉露沾我衣

긴긴 여름 매서운 더위 괴로워하다가　　長夏惱炎熱
긴긴 여름 매서운 더위 괴로워하다가　　長夏惱炎熱
오늘 아침 이른 가을 이르고 보니　　早秋今朝屆
그제야 끓는 물불 고통 면하고　　始免湯火苦
조금씩 맑고 깨끗한 지경에 들어　　漸趁淸淨界
매앰매앰 매미 소리 울려 퍼지고　　嘒嘒蟬聲急
하늘하늘 구름도 다 걷히며　　淡淡雲影解
부는 바람 나의 회포 시원케 하고　　風來爽我懷
솔 꼭대기 내린 이슬 흩뿌려대네.　　露頂松下灑

우연히 지팡이 짚고 나서서　　偶然携杖出
촌사람 시골집에 이르고 보니　　來到野人家
울타리엔 새로 지은 옷 걸려 있고　　籬掛新磨服
뜨락엔 전에 짠 베 펼쳐 있으며　　庭鋪舊績麻

밭두둑엔 아침 해가 마냥 더디고	耕皐朝日晏
들밥 먹는 이랑엔 한낮 연기 퍼지네	饁畝午烟斜
저물녘 집으로 돌아오는 아이 보니	薄暮看兒入
광주리 가득 온갖 채소 좋기만 하네.	滿筐百菜嘉

위에서 인용한 네 수의 시는 『부부고』에 수록된 시 중 경물의 묘사와 함께 경물에서 촉발된 흥을 읊고 있는 시이다. 첫 번째 시는 『부부고』에 111번째 수록된 「직산도중(稷山道中)」이라는 시로 제목 아래 갑자(甲子)라고 적혀 있는 것으로 보아 1744년 안정복이 33세 되던 해에 지은 시로 보인다. 이 시기는 안정복이 본격적으로 성리의 학문에 침잠한 이후이면서 아직까지 성호 이익을 만나지 않았을 때이다. 제목의 직산(稷山)은 천안의 옛 지명인데, 시의 내용으로 보아 이 시는 안정복이 가을 어느 날 배를 타고 직산으로 가면서 접한 풍경과 그 속에서 느낀 흥을 시로 읊은 것으로 보인다.

시는 배를 타고 지나면서 바라본 가을 들판의 풍경 묘사로 시작한다. 안정복은 바라본 가을 들판의 경물이 정말 화려하다고 했는데, 그 화려한 모습이 이어지는 다음 두 구에 묘사되어 있다. 피리 소리 울려 퍼지는 가운데 저 멀리서 오가는 학은 마치 춤을 추는 것 같고, 강 양쪽으로 펼쳐진 언덕의 단풍은 흡사 비단 장막을 펼친 것처럼 화려하고 아름답다. 시의 두 번째 구에 나오는 '안적(鴈笛)'은 기러기가 조각되거나 새겨진 피리를 말하지만, 기러기가 가을에 우리나라에 온다는 점에서 가을에 부는 피리나 피리 소리를 '안적'이라고 한다. 마지막 구에서 안정복은 이런 상황에서 배에 타고 있는 사람인 자신은 또 거울 같은 강 위를 지난다고 했다. 시에 묘사된 내용으로 보면 이 시는 가을의 풍광에 경탄하면서 그 풍광과 하나가 된 안정복을 보여주는 시이다. 이 시에서 안정복은 스스로를 그림 속 풍경의 일부로 만들었는데, 이런 묘사는 경물과 하나가 되고자 하는 안정복의 의식을 보여주는 것이기도 하다. 그래서인지 시 속에서 동적 의미를 지닌 글자들이 동태적(動態的) 역할을 하기보다 동태의 정태적(靜態的) 묘사로 기능하여 동작의 크기를 최소화면서 이 시를 3차원의 입체적 활동사진이 아니라 2차원의 평면적 화면으로 시각화하여 이 순간 느끼는 안정복의 경탄과 흥취를 강조한다.

다음 두 수의 시는 『부부고』에 25번째 수록된 시로 「조추야여천여공부 2수(早秋夜與天與共賦二首)」라는 제목의 시이다. 창작 연대를 정확하게 확인할 수 없지만 이 시 앞의 시가 「차천여운(次天與韻)」이라는 제목으로 무인(戊寅)년 그러니까 1758년 안정복이 47세 때 지은 시라는 점에서 이즈음에 지은 시로 볼 수도 있지만, 이 시 다음 시가 「계유원일차경화제석운(癸酉元日次景和除夕韻)」으로 1753년 안정복이 42세 때 지은 시여서 창작 시기를 비정하기 쉽지 않다.

이 시는 안정복이 초가을 밤 마을 친구인 천여(天與) 정석몽(鄭錫夢)과 함께 지은 시인데, 『부부고』에 정석몽에 관한 시가 중복을 제외하고 모두 12제 23수(24, 25, 48, 89, 90, 102, 142, 143, 146, 147, 171, 201번)가 나오고 문집에도 171번 「차천여 3수(次天與三首)」가 「차정천여 석몽(次鄭天與 錫夢)」이라는 제목으로 『부부고』의 세 수 중 두 번째 수가 수록되어 있는 것으로 보아 안정복과 정석몽은 상당히 가까운 사이였던 것 같다.

시는 가을에 들어서면서 느끼는 흥을 읊은 것인데, 첫 번째 수의 첫 구가 누락되었지만, 전체적인 내용이나 안정복의 홍취를 살피는

데에는 큰 문제가 없다. 시의 첫 번째 수에서 안정복은 열흘 동안 내린 비로 희미했던 가을 기운이 완연해져 처마 아래에서 옷깃을 헤치고 환한 달빛을 받고 있자니, 이 시간 느끼는 흥취가 너무 좋아 차마 떠나지 못하고 서성이면서 옷을 적셔 드는 이슬 기운을 느낀다고 했다. 특별한 수사적 기교를 사용하지 않았지만, 초가을 밤에 느끼는 흥취와 그 시간을 아끼는 안정복의 마음이 시에 잘 드러나 있다.

두 번째 수 역시 초가을의 흥취를 잘 보여주지만, 이 시는 앞의 시보다 수사적 기교가 잘 드러난다. 특히 끓는 물불의 고통과 맑고 깨끗한 지경을 대비하여 여름과 가을의 이미지를 드러내고, 매앰매앰 울려 퍼지는 매미의 울음소리와 하늘하늘한 구름까지 다 걷힌 하늘을 연이어서 가을의 풍광을 강조한 것은 대비와 강조의 시적 기교를 사용한 것이다. 여기에 더해 마지막 구의 불어오는 바람과 소나무 꼭대기에 내려 흩뿌려지는 이슬은 초가을 밤에 느끼는 안정복의 흥취를 더욱 강조하는 역할을 한다. 이 두 수의 시 역시 앞에서 살펴본 시와 같이 동태적인 모습보다 정태적인 이미지를 중심으로 초가을 밤에 느끼는 잔잔한 감흥을 잘 묘사한 시이다.

인용한 마지막 시는 『부부고』에 72번째로 수록된 「전가기소견(田家記所見)」이라는 시이다. 이 시 역시 창작 시기를 확정하기 어려운데, 이 시 앞의 시가 「춘우(春雨)」라는 제목으로 1757년에서 1759년 사이에 지은 시이고, 이 시 이후 창작 시기를 확인할 수 있는 시가 76번째 시인 「경여아(警女兒)」로 1759년 안정복이 48세 때 지은 시라는 점에서 이즈음에 지은 시로 보이지만 역시 확언하기는 쉽지 않다.

시의 내용으로 볼 때 이 시는 늦봄에서 여름 사이의 어느 시점에 마주한 전가(田家)의 풍경에서 느낀 흥취를 묘사한 것으로 보이는데,

그래서인지 이 시를 앞서 살펴본 시와 비교해 볼 때 시의 대상이 되는 풍경이 현실적인 생활공간에 가까운 모습이다. 즉 이 시는 어느 날 안정복이 별다른 의도 없이 그냥 그저 지팡이를 짚고 나서서 농부의 집을 지나 들을 거쳐 집으로 돌아오면서 그 과정에서 본 풍경을 있는 그대로 옮긴 것이다.

시의 수련은 집을 나서 농부의 집에 이르는 과정에 대한 설명이고, 함련은 농부의 집에서 마주한 풍경이다. 함련에서 울타리에 새로 지은 옷이 걸려 있고 마당에는 이전에 짠 베가 펼쳐져 있다고 했는데, 이는 눈에 보이는 모습 그대로이지만 그 이면에는 부지런한 농가의 삶에 대한 긍정이 깔려 있다. 가을 들어 농사일이 한가해졌을 때 이 집의 여인이 쉬지 않고 길쌈을 하여 베를 짜고 옷을 지었기에 겨우내 지은 새 옷과 미처 옷으로 만들지 못한 베가 펼쳐져 있다는 안정복의 생각이 담긴 것이다. 경련은 농가를 지나 들로 나가 마주한 풍경인데, 경련 역시 보이는 그대로의 묘사이지만 농사일에 부지런한 농가의 삶에 대한 긍정이 담겨 있다. 밭두둑에는 아침 해가 더딜 정도로 이른 시간부터 나와 일하는 사람들이 있고, 그 사람들이 잠깐 쉬며 새참을 먹는 곳에는 안개처럼 아지랑이가 피어오른다고 했다.

함련과 경련에서 안정복은 전가의 삶에 대해 어떤 평가도 하지 않았다. 단순히 눈에 드는 그대로를 시로 옮긴 것뿐이지만, 이 시의 함련과 경련은 묘사한 전가의 삶에 대한 안정복의 애정과 긍정을 담은 것으로, 있는 그대로의 묘사 이외에는 어떤 평가도 더할 것 없고 더할 수 없는 완전한 전가의 삶을 표현한 것이다. 그렇기 때문에 안정복은 미련에서 해 저물 때 집으로 돌아오는 아이의 광주리에 담긴 온갖 채소가 너무 좋다고 한 것이다. 이렇게 본다면 이 시는 앞에서 살펴본 세 수의 시와 달리 전가의 삶을 긍정하는 안정복의 의식을 담은 시가 되어 이전까지 살펴본 시와 조금 다른 양상을 보이지만, 이 시 역시 생활의 공간에서 안정복이 느끼는 긍정의 정서와 잔잔하면서도 깊은 흥을 보여준다는 점에서 인용해 보았다.

푸른 물가 옆에 있는 쓸쓸한 산 집에	寥落山齋近碧潯
숲 저 너머 그윽한 새 맑은 소리 전하지만	隔林幽鳥送淸音
이날 이때 되어서 만날 줄 어찌 알았으랴	安期此日時相過
한 곡조 새 노래에 묵은 거문고를 타네.	一闋新詞弄古琴

그대 남녘 돌아가고 벌써 겨울 지났으니	君歸南國已經冬
구름 나무 아득한 채 몇 겹이나 막혔나	雲樹蒼茫隔幾重
양쪽에서 그리워하여 함께 달을 보았을 것이고	兩地相思同看月
봄 든 산도 짝이 없어 홀로 지팡이 짚었을 것이며	春山無伴獨携笻
소식이라도 통하려고 편지로 뜻 전하고	雁通音信書傳意
그리운 정에 만나려고 꿈에 얼굴 보려 했으니	蝶會人情夢對容
옥동(玉洞)의 바람 안개 옛날 그대로라	玉洞風烟依舊在
때때로 바라보니 그리운 마음만 짙어지네.	時時遙望意猶濃

가는 소매 잡고 싶지만 잡아도 별 수 없으니	欲挽征衫挽不得
집으로 가는 그 모습 기뻐 어쩔 줄 모르는데	歸庭行色喜難裁
이별 마음 서글프다 되레 느꺼움 넘치니	別懷雖悵還多感
풍수지탄(風樹之嘆) 남은 생애 홀로 서러움 안아서지	風樹餘生獨抱哀

가을바람 속 한 필 말로 가는 길은 멀고 멀지만	匹馬秋風道路長
이산(理山)의 금수(錦水)가 아득하게 들겠지	理山錦水入蒼茫
사람 인생 만나고 헤어짐 원래 정해짐 없으니	人生離合元無定

헤어질 때 되어서 애를 끊일 필요 없지.　　　不必臨分枉斷腸

위에서 인용한 네 수의 시는 『부부고』에 수록된 시 중 만남과 이별의 정서를 읊은 시이다. 인용한 첫 번째 시는 『부부고』에 21번째 수록된 시로 「차정진운(次正進韻)」이라는 시인데, 제목 뒤에 계유 3월(癸酉三月)이라는 기록이 있어, 이 시가 1753년 안정복이 42세 때 지은 시라는 것을 알 수 있다. 이 시에 나오는 정진(正進)은 안경점(安景漸)으로, 호는 냉와(冷窩)이고 옥천(玉川) 안여경(安餘慶)의 5세손으로 안신형(安信亨)의 아들인데 안정복을 통해 성호의 문인이 되었다. 『부부고』에 안경점에 관한 시가 모두 4제 5수(11, 20, 21, 39번) 나오는데, 이 시를 제외한 나머지 3제 4수의 시는 문집에도 수록되어 있다.

이 시는 예기치 않게 만난 안경점을 반가워하는 마음을 담은 시로, 고즈넉한 물가 옆에 자리 잡은 집으로 뜻밖에 찾아온 안경점을 반기는 마음을 여과 없이 그대로 보여준다. 둘째 구의 숲 저 너머에서 들려오는 그윽한 새의 맑은 울음은 까치가 오면 반가운 손님이 찾아온다는 이야기를 의미하는 것으로 안경점이 찾아올 것을 암시하는 것이지만, 안정복은 이를 예삿일로 넘겨버렸다. 그렇기 때문에 셋째 구에서 안정복은 이날 이때 만날 줄을 어찌 알았겠느냐고 했는데, 이는 생각 못 한 만남에 터져 나오는 반가움의 탄성이다. 그래서 안정복은 마지막 구에서 묵은 거문고로 새 노래 한 곡조를 탄다고 했는데, 이 구의 묵은 거문고는 백아(伯牙)와 종자기(鐘子期)에 빗댄 오랜 우정을, 새 노래는 이제 만난 반가움을 의미한다. 그렇기 때문에 이 시는 반가움의 감정을 직접 언급하지 않았으면서도 시를 읽는 누구나 안정복의 반가움을 느낄 수 있게 하는 시가 된 것이다.

두 번째 시는 『부부고』에 48번째 수록된 시로 「간기정천여(簡寄鄭天與)」라는 시이다. 제목 아래에 정축(丁丑)이라고 적혀 있어 이 시가 1757년 안정복이 46세 때 쓴 시라는 것을 알 수 있는데, 이 시는 『부부고』의 287번 시와 중복된다. 시의 대상인 정천여는 앞서 살펴본 시에 나오는 정석몽인데, 이 시를 보면 안정복과 정석몽이 몹시 친밀한 관계였음을 알 수 있다.

시의 수련 첫 구를 보면 안정복과 정석몽이 이별한 지 한 해가 지났으며, 이별의 이유는 정석몽이 남쪽 지방으로 가서라는 것을 알 수 있다. 또 둘째 구에서 몇 겹으로 막혔다고 한 것으로 보아 이별 이후 안정복과 정석몽의 교유가 쉽지 않았음을 알 수 있다. 함련과 경련은 이별 이후 안정복과 정석몽의 행동을 묘사한 것이다. 함련에서는 안정복이 있는 이곳과 정석몽이 있는 그곳 양쪽에서 서로를 그리워하여 달 밝은 밤이 되면 잠들지 못하고 하염없이 달을 보았고, 신록 짙푸른 봄이 되어도 함께할 사람이 없어 홀로 지팡이 짚고 헤매었을 것이라고 했는데, 이런 표현은 친구 사이의 그리움보다 이별한 남녀의 그리움 묘사에 가까울 정도로 절절한 것이다. 또 경련에서 소식이라도 통하려고 편지를 써서 서로의 마음을 전했고, 너무나 그리운 마음에 꿈에서라도 얼굴을 보려고 했다고 했는데, 이것은 상당히 반어적인 표현으로 아무리 편지를 써도 마음을 전하기 어렵고 아무리 꿈을 꾸어도 꿈속에서조차 만나기 어렵다는 것이다. 이런 표현 역시 친구 사이의 그리움보다 이별한 남녀의 절대적인 그리움 묘사에나 어울릴만한 것이다. 미련은 이런 상황에서 어떤 것도 할 수 없는 안정복의 안타까운 마음을 드러낸 것이다. 이렇게 보면 이 시에는 정석몽에 대한 안정복의 마음이 여과 없이 그대로 드러날 뿐만 아니라 표현 역시 이전까지 살펴본 시와 달리 몹시 절절하다는 점에서 이 시는 안정복의 시 중에서 상당히 특이한 시라고 할 수 있다.

다음 두 수의 시는 『부부고』에 129번째 수록된 시로, 손자 사위인 남사함(南士涵)을 전송하며 쓴 「송남생귀정(送南甥歸庭)」이다. 시의 제목 뒤에 임인 7월 17일(壬寅七月十七日)이라고 적혀 있어 이 시가 1782년 안정복이 71세 때 쓴 시라는 것을 알 수 있다. 남사함에게 준 시는 이 시 이외에도 『부부고』에 181번째 수록된 5언 40구의 고시 「증남생(贈南甥)」이라는 시가 있는데, 같은 제목으로 문집에도 수록되어 있다.

이 시는 부모님의 봉양을 위해 고향으로 돌아가는 남사함을 전송하며 쓴 시인데, 떠나는 남사함을 만류하고 싶지만 그러지 못하는 처지와 남사함을 보내는 안타까운 마음을 담은 시이다. 첫 번째 수의 앞 두 구는 안정복의 안타까움과 남사함의 설레임이 교차하는 상황을 보여준다. 가지 말라고 붙잡고 싶지만 붙잡을 방법이 없는 안정복과 부모님이 계시는 고향으로 돌아가는 것에 들뜬 남사함의 모습은 이별과 재회의 극명한 대비를 보여준다. 뒤의 두 구는 이별을 수긍하면서 홀로 남게 되는 안정복의 회한이다. 보낼 수밖에 없기에 이별해야만 하는 안정복은 당연히 서글픔을 느끼지만, 안정복의 서글픔은 여기서 그치지 않는다. 안정복은 부모님을 찾아 떠나는 남사함을 보면서 돌아가신 자신의 부모님을 떠올리고 더 깊은 서러움에 잠긴다. 이별에 의해 촉발된 그리움이 자신의 처지에 대한 서러움으로 확장된 것이다.

두 번째 수는 이별하고 떠나는 남사함에 대한 안타까움과 이별을 맞는 자신을 다독이는 마음을 담은 것이다. 앞의 두 구에서 안정복은 남사함에게 가을바람을 맞으며 한 필 말로 떠나는 먼 길은 괴롭고 힘들겠지만, 고향인 이산(理山)의 그림 같은 산수가 아득하게 떠오를 것이라고 했다. 이산군이 평안북도에 있으니 안정복이 있는 이곳에서 천 리 멀리 떨어진 곳이고 또 찬 가을이니 가는 길이 그만큼 멀고 또 힘들겠지만, 그래도 고향 산천의 아름다운 풍경이 아련하게 떠오를 것이니 견딜 수 있을 것이라는 말은 남사함에 대한 위로이면서 동시에 자기 스스로를 위로하는 것이기도 하다. 뒤의 두 구는 남사함과 이별하는 자신을 다독이는 것이다. 인생이라는 게 원래 만남과 헤어짐이 정해져 있는 것이 아니어서 만난 사람과는 언제나 헤어지고, 헤어진 사람과는 다시 만나게 되는 것이다. 그러니 지금 남사함과 이별하더라도 언젠가는 다시 만날 수 있을 것이니 아무리 이별이 서글프다고 하더라도 이별로 애를 끓일 필요가 없다는 것이다. 그런데 이런 표현이 대체로 자신의 서글픈 마음을 달래기 위한 명분을 찾는 것이라는 점에서, 이런 표현은 서글프다거나 슬프다는 감정의 직접적인 표현보다 오히려 더 큰 서러움으로 다가온다.

봄날에는 즐겁지 않은 적 없어	春來無日不風流
술 취해선 꽃가지 꺾어 머리에 꽂는데	醉折花枝揷我頭
흰머리에 붉은 꽃이라 너희는 놀리지 마라	白髮紅花君莫笑
그림자 앞에서는 너희와 내가 똑같으니.	影前君我亦同儔

늙은이 나이 팔십 다 되었지만	翁年垂八十
날마다 어린아이와 장난치니	日與小兒嬉
나비 잡으려 다투어 달려가고	捕蝶爭相逐
매미 채려고도 함께 다니며	黏蟬亦共隨
시냇가에선 가재를 잡고	磵邊抽石蟹
숲속에선 돌배를 줍지만	林下拾山梨

흰머리를 끝내 감추기 어려워　　白髮終難掩
때로 남들의 비웃음거리가 되네.　　時爲人所嗤

위에서 인용한 시는 『부부고』에 수록된 시 중 안정복이 장난삼아 썼다고 밝힌 유형의 시이다. 문집에도 안정복이 장난삼아 섰다고 밝힌 시가 모두 네 수 나오고(문집의 37, 43, 94, 98번째 시), 『부부고』에도 문집에 수록된 시 외에 중복을 제외하고 모두 13제 19수(『부부고』의 57, 116, 143, 147, 215, 217, 218, 220, 224, 230, 269, 300, 304번째 시)가 나오지만, 여기서 인용한 시는 다른 시보다 더 해학적인 모습을 보여준다. 특히 여기서 인용한 두 수의 시 모두 안정복이 70대에 쓴 시로 보이는데, 이 시들이 안정복의 구애되지 않는 자유분방함을 담은 시로 세상의 시선을 초탈한 인생의 달관을 느낄 수 있게 한다는 점에서 다른 시들과 구분되는 점이 있다.

인용한 첫 번째 시는 『부부고』에 218번째 수록된 시로 「여소배유화하희음(與少輩遊花下戱吟)」이라는 시이다. 제목 아래 계묘 3월(癸卯三月)이라고 기록되어 있어 이 시가 1783년 안정복이 72세 때 지은 시라는 것을 알 수 있다. 시는 제목과 같이 아이들과 어울리며 허물없는 안정복을 가감 없이 그대로 보여주는데, 이 시를 보면 안정복은 수양을 추구하는 근엄한 어른이 아니라 아이들의 친근하고 허물없는 동네 할아버지 그 이상도 이하도 아니다.

시의 앞 두 구는 봄의 흥취에 젖어 거나하게 술을 마신 안정복을 보여준다. 노년에 들어설수록 계절에 민감해져서인지 봄이 들자 안정복은 자신도 알 수 없는 흥에 빠져 술을 마시고 술에 취해 꽃을 꺾어 머리에 꽂는다. 이런 모습은 다른 어떤 의도를 지닌 것이 아니라 흥에

겨운 안정복의 장난일 뿐이지만, 아이들은 이런 안정복이 우습기만 하다. 평소 근엄했기 때문인지는 모르지만, 온통 하얗게 세어버린 머리에 꽂혀 있는 빨갛게 피어난 꽃은 분명 아이들에게 어울리지 않는 우스꽝스러운 모습으로 다가왔을 것이다. 다음 두 구는 아이들의 이런 반응에 대한 안정복의 답이다. 안정복은 아이들에게 자신의 이런 모습을 놀리지 말라고 했는데, 그 이유는 그림자로 보면 모두 같은 모습이기 때문이다. 즉 아무리 늙은이라고 하더라도 또 늙은이의 흰머리와 붉은 꽃이 어울리지 않는다고 하더라도 그림자로 보면 아이나 늙은이나 또 흰머리나 붉은 꽃이나 다 같이 검을 뿐이다. 그러니 지금 자신의 모습이 어울리지 않아 우스꽝스럽게 보인다고 하더라도 놀리지 말라는 것이다. 이 시를 통해 허물없이 아이들과 어울려서 장난치며 웃고 즐기는 안정복을 볼 수 있다.

다음 시에서는 아이들과 함께 하는 안정복의 모습을 보다 구체적으로 볼 수 있다. 인용한 두 번째 시는 『부부고』에 230번째 수록된 「자희효방옹(自戲效放翁)」이라는 시이다. 제목 아래에 6월 10일(六月十日)이라고 기록되어 있는데, 『부부고』에 이 시 앞의 시인 「유거(幽居)」 뒤에 을사년 6월 1일(乙巳六月一日)이라고 되어 있고, 이 시 뒤의 시인 「자경(自警)」 뒤에 6월 11일(六月十一日)이라고 기록되어 있는 것으로 보아, 이 시는 을사년 6월 10일 즉 1785년 안정복이 74세 때 지은 시로 보인다. 이 시는 제목을 통해 알 수 있는 것처럼 안정복이 육유(陸游)의 시를 본떠 장난삼아 지은 것이다.

시의 수련에서 안정복이 팔십 다 되었다고 했지만, 당시 안정복이 74세였다는 점에서 그가 팔십이라고 한 것은 큰 수를 일러 말한 것일 수도 있지만, 이 시가 5언율시 평기식(平起式) 수구불압운형(首句不押

韻形)이라는 점에서 마지막 두 자를 측성(仄聲)으로 맞추어야 해서 입성 힐(黠)운의 팔(八)자와 입성 집(緝)운의 십(十)자를 사용한 것이라고 할 수도 있다. 이렇게 생각하는 것은 안정복이 시의 형식에 상당히 민감했다고 보이기 때문이다. 수련에서 안정복은 팔십이 다 된 늙은이로 날마다 아이들과 장난치며 하루하루를 보낸다고 했는데, 장난의 구체적인 내용은 함련과 경련에 나온다.

함련에서 안정복은 아이들과 함께 다투어 달려가 나비를 잡고 매미를 채집하는 자신을 묘사했고, 경련에서는 시냇가에서 가재를 잡고 숲속에서 돌배를 줍는 자신을 그렸다. 이런 모습들은 모두 자연 속에서 즐기는 천진한 행위이지만, 팔십이라는 나이에 견주어 본다면 어울리지 않는 부분도 분명히 있다. 그래서 미련에서 안정복은 아무리 아이들과 어울려 즐기고 놀며 웃지만 그래도 허옇게 센 흰머리는 감출 수 없기에 때때로 사람들에게 나잇값을 못 한다는 비웃음을 받는다고 했다. 하지만 시 전체의 분위기로 보았을 때 안정복이 이 비웃음을 싫어했다고 보이지 않는다. 오히려 이런 비웃음을 받는 자신의 삶을 아끼고 즐겼다고 보인다.

이렇게 살펴본 시는 안정복의 시 전체에서 극히 일부분이고 시의 선발 역시 감정과 흥취의 표출을 중심으로 하는 시를 선택했다는 한계가 있지만, 안정복이 생애의 전 과정에서 이런 경향의 시들을 지속적으로 창작했다는 점에서 그의 문학 특히 시문학 세계를 그의 사상과 행적, 학문과 지향으로만 설명하는 것은 안정복의 시에 대한 정당한 이해라고 하기 어렵다. 그러나 그렇다고 해서 그의 시를 그의 사상과 행적, 학문과 지향에서 완전히 분리해 보기도 쉽지 않다.

작은 시내 향해 초가집 높이 열어두어	茅齋高闢小溪湄
작은 풀 그윽한 꽃 색깔마다 기이하니	細草幽花色色奇
왕유(王維) 사는 산 앞으로 구름이 집 가린 듯	摩詰山前雲掩戶
도연명(陶淵明) 집 가에서 버들이 가지 드리운 듯	陶令宅畔柳垂枝
한낮 고요한 회랑에는 새소리만 울리고	廻廊晝寂禽聲碎
바람 맑은 낮 책상은 나그네 꿈이 어울리니	午榻風淸客夢宜
자고 깨고 몸 움직임 분수에 편안하여	興寢節宣安素分
이리저리 쏘다녀도 평생 기약 안 어기네.	逍遙不負百年期

몇 칸 초가집 산 가에 기대 있어	數間茅屋倚山傍
깨끗한 동산 숲에 흥 더욱 길고 기니	瀟灑園林興更長
헤엄치는 물고기를 보러 작은 시내 굽어보고	或翫游魚臨小澗
때때로 약초 찾아 높은 언덕에 오르며	時尋藥草上高岡
바람 맞는 둑의 버들 춤을 추는 듯하고	風前堤柳能垂手
비 온 뒤의 시린 매미 노랫가락 배운 듯해	雨後寒蟬學繞樑
저물녘에 돌아와 눈을 감고 앉으니	向晩歸來瞑目坐
고요한 가운데 사물과 나 모두 잊네.	靜中物我兩相忘

위에서 인용한 첫 번째 시는 『부부고』에 124번째 수록된 「제박장한홍 초당(題朴丈 漢興 草堂)」이라는 시로 제목 아래 무인 5월(戊寅五月)이라는 기록이 있어 1758년 안정복이 47세 때 쓴 시라는 것을 알 수 있고, 두 번째 시는 『부부고』에 248번째 수록된 「우사기소견(寓舍記所見)」이라는 7언율시 2수 중 두 번째 수로 제목 아래에 "무인년 5~6월 역질을 피해 마을 바깥 박태익의 집에서 머물렀다[戊申五六月, 避癘寓洞外朴泰益家]."는 기록이 있는 것으로 보아, 이 시는 1788년 안정복이 77세 때 쓴 시로 보인다. 이렇게 보면 이 두 시의 창작 시기에는

30년의 거리가 있다.

이 두 편의 시는 모두 자연 속에 거처하는 안정복의 마음을 담담하고 조용하게 담아낸 것이어서 앞에서 살펴본 시와 별다른 차이가 없는 것 같지만, 두 편의 시 모두 미련의 마지막 구를 통해 시 전체의 이미지를 다른 양상으로 만든다. 첫 번째 시에서 이리저리 쏘다녀도 평생의 기약을 안 어긴다고 한 마지막 구와 두 번째 시에서 고요한 가운데 사물과 나를 모두 잊는다고 한 구는 이 두 편의 시에서 확인되는 안정복의 자연 속 삶과 그 삶의 흥취를 모두 도덕적 수양과 이어버린다. 즉 그가 자연 속의 삶을 이어가는 것과 그 삶에서 흥취를 느끼는 것이 모두 그의 도덕적 수양과 관계되는 것으로 만든다. 이 말은 뒤집어 안정복이 자연 속에서 도덕적 수양을 이어갈 수 없다면 그는 자연 속의 삶을 영위하지 않았을 것이고 또 그 삶에서 어떤 흥취도 느끼지 못했을 것이라는 말이 된다.

이렇게 본다면 안정복에게 자연은 도덕적 수양의 공간을, 자연 속의 삶은 도덕적 수양을, 자연 속 삶의 흥취는 도덕적 수양의 결과를 의미하여 그에게 자연 속의 삶이나 흥취는 그 자체로 의미를 지니지 못하는 것이 된다. 그의 시 중에서 정과 흥을 담은 시의 상당수가 이러한 경향을 보인다는 점에서 안정복의 시를 그의 사상과 행적, 학문과 지향에서 분리하여 보고자 할 경우 예기치 못한 또 다른 오류를 범할 가능성이 있다.

하지만 그렇다고 하더라도 앞에서 살펴본 시와 같이 안정복의 시에서 감정과 흥취가 우선하는 시 역시 적지 않다. 또 안정복의 시를 그의 사상과 행적, 학문과 지향에서 분리할 수 없다고 하더라도 그것 때문에 그의 시를 문학적으로 폄하하는 것은 적절하지 않다. 그것은 지금까지 살펴본 시를 통해서도 알 수 있듯이 안정복이 생애의 전 시기에 걸쳐 지속적으로 시를 창작했고, 당시(唐詩)를 전범으로 두고 창작 방법에 대해 깊이 고민하여 문학적으로 상당한 수준에 이른 시를 창작했기 때문이다. 그의 시를 보면 그가 동태적(動態的)인 시보다 정태적(靜態的)인 그림 같은 시, 풍경과 색감의 대비에 주목하는 시를 창작했으며, 평이한 글자와 담담한 묘사를 통해서 울림 깊은 시를 창작했음을 알 수 있었다. 그런 점에서 안정복의 시에 대한 접근은 보다 다양한 시각에서 이루어져야 한다.

5. 안정복 이후 세대의 문학 인식

안정복은 다양한 영역에서 후학들에게 상당한 영향을 미쳤다. 그는 스승 이익의 운명 이후 성호학파의 유지에 지대한 역할을 하여, 이익 이후 흔들리는 성호학파의 구심점이 되었다. 그래서인지 안정복은 성호학파의 문인들 중에서 가장 보수적이라는 평가와 함께 이익 학문의 정통 성리학적 가치를 이으려고 노력했다는 평가를 받는다. 또 그래서 안정복은 성리학적 전통이 내·외적인 도전에 직면하고 서구 사상과 문물이 유입되어 전통적인 세계관이 변모하던 상황에서 전통 질서를 고수하고자 하는 보수적인 입장에 선 인물로 간주된다.

안정복의 이와 같은 학문적 자장 아래 형성된 안정복 계열 문인들은 성호학파의 다른 문인들과 달리 학통의 사승관계를 굳게 지켜 학맥을 이어갔다. 이들을 세대별로 구분해 보면 안정복을 직접 사사한 황덕일과 황덕길 등이 제1세대의 문인이 되고, 이 제1세대의 문인 중 황덕길을 사사한 허전(許傳)·안경의(安景禕)·한익상(韓益相) 등이 제2세대를 대표하는 문인이 되며, 제2세대의 문인 중에서 허전을 사사한 권상적(權相迪)·김진호(金鎭祜)·김인섭(金麟燮)·노상직(盧相稷)·박치복(朴致馥)·허훈(許薰) 등이 제3세대의 대표 문인이 된다. 이처럼 안정복의 후대 문인들은 스승을 직접 사사하며 만들어 낸 학통을 그들의 굳은 계보 의식 아래 이어갔다.

이들은 퇴계(退溪) 이황(李滉)을 이어 한강(寒岡) 정구(鄭逑)·미수(眉叟) 허목(許穆)·성호 이익을 거쳐 안정복으로 이어진 학통을 바탕으로 자신들의 학문을 심화·발전시켰고, 하학(下學)을 중심으로 실천궁행(實踐躬行)을 강조하고 서학을 배척했던 안정복의 의식을 이어 19세기 이후 지속된 서세동점의 극단적인 국가 위기 상황에서 벽위(闢衛)와 벽사(闢邪)를 주장하며 국가의 주권과 사상적 정통성을 지키고자 노력했다. 그런데 이들이 스승을 직접 사사하여 학통을 이어서인지 이들의 학문 전 영역에 선대의 영향이 이어졌다고 평가된다. 그렇다면 문학을 바라보는 이들의 인식 역시 선대에 적지 않은 영향을 받았을 것이라고 추측할 수 있다. 따라서 이 장에서는 안정복 계열 문인들의 각 세대를 대표하는 세 사람 황덕길·허전·허훈의 문학에 대한 인식을 안정복과 비교해 보도록 한다.

안정복 계열 문인의 제1세대를 대표하는 황덕길의 문집을 살펴보면 대부분의 글이 학문에 관한 것인데, 학문의 방향과 방법이 상당히 보수적이다. 그가 활동하던 시기 일부에서 보였던 탈주자주의적이라거나 혁신적인 모습을 찾기 어려운 것이 아니라 오히려 원론적이거나 원칙적인 성격이 강하다. 황덕길의 문집에서 확인되는 학문의 보수성은 문학을 바라보는 그의 시선에서도 확인되는데, 문학에 대하는 그의 인식 역시 보수적이고 전통적이다.

> 내가 보니 사장(詞章)을 전공하는 세상의 사대부들은 기이함을 자랑하고 공교로움을 다투어 서로가 높이면서 능사로 삼는다. 아비가 자식을 가르칠 때와 제자들에게 전하여 익힐 때 오언 · 칠언시의 형식을 넘지 않고 우연히 한두 가지 신묘한 것이 있어도 풍류가 너무 심하며 혹 세상의 기호에 부합하지 않으면 헐뜯어 배척하니 과연 이와 같은 것에 능하면 이것으로 가깝게는 부모를 섬길 수 있으며 멀리는 임금을 섬길 수 있겠는가. 이것으로 덕을 높이고 업(業)을 넓힐 수 있겠으며, 이것으로 집안을 바로 세우며 나라를 바르게 하고 풍속의 모범이 될 수 있겠는가. 나는 그렇다고 알지 못하니 또 어찌 이익이 있겠는가. 이익이 없을 뿐만 아니라 또 좇아서 해로움이 있으니 지업(志業)이 날로 방탕해지고 습속(習俗)이 날로 천박해져서 크게는 양(梁)나라와 진(陳)나라의 임금이 그 나라를 잃어버린 것 같을 것이고, 작게는 사령운(謝靈運)이나 설도(薛濤)의 무리처럼 그 한 몸도 보존하지 못할 것이니 사장(詞章)을 해서는 무엇에 쓸 것이며, 사장(詞章)을 해서는 무엇에 쓸 것인가. 내가 학문에 뜻을 둔 뒤로부터 사장(詞章)을 배웠으나 일찍이 혼자서 병통으로 여겼었는데, 염락(濂洛) 여러 현인(賢人)들의 시를 본 뒤로 비로소 처음 학문할 때의 큰 잘못을 깨달아 시속(時俗)에서 숭상하는 것을 통렬히 끊어버리고 곧 손수 소강절(邵康節) · 주자(朱子) · 남헌(南軒) 장선생(張先生)의 시집을 초록하여 아침저녁으로 읊조리고 반복하여 깊이 잠겨 완미한지 몇 해가 지나 대략 그 요령을 이해하였으니 위로 천명(天命)의 정미(精微)함에서부터 아래로 우리들의 보잘 것 없는 말과 행동에 이르렀으며, 산수 · 풍운 · 초목의 무리에까지 이르러 흥을 일으키는 것이 깊고 원대하며 일에 펼치면 명백하고 절실하여 모두 나의 격치(格致)요 실천(實踐)이었다. 지금 이후로 사장(詞章)이기만 한 것은 보잘 것 없고 비루하다는 것을 크게 깨달아 마침

내 써서 스스로 경계를 삼고 또 같은 뜻을 가진 선비들에게 고한다.[53]

이 글은 황덕길이 1784년 35세 때 소옹(邵雍) · 주자(朱子) · 장재(張載)의 시를 모아 만든 『삼선생시(三先生詩)』의 후서(後序)이다. 따라서 이 글에서 황덕길이 추구한 시는 기본적으로 도학적이고 도덕적일 수밖에 없는데, 시를 대하는 황덕길의 인식 역시 전통적이고 보수적이다. 후서를 쓰기 전 서문에서 황덕길은 시대의 변화에 따른 시도(詩道)의 쇠퇴를 말하고, 조식(曹植)과 사령운(謝靈運), 이백(李白)과 두보(杜甫)의 시에 대해서도 비판했다. 그는 소옹 · 주자 · 장재의 시를 높이 보았는데, 그것은 이들의 시가 순(舜)임금의 '언지(言志)'나 공자의 '사무사(思毋邪)'에 부합하기 때문이었다.[54]

53 黃德吉, 『下廬集』 권10, 「三先生詩後序」, "我見之, 世之士大夫攻乎詞章, 誇奇競巧, 相尙以爲能事. 父敎之子, 傳習之弟子, 不越乎五七字之渠, 偶有一二神妙則風流籍甚, 或不間於時好者, 相嗤訾而不齒之, 果能於是, 是可以邇事父乎, 是可以遠事君乎. 是可以德崇業廣乎, 是可以刑于家正于國, 而範其俗乎, 吾未知其可也, 亦奚益焉. 非徒無益, 又從而害之, 志業由而日蕩, 習俗由而日薄, 大者梁陳之君顚厥邦, 小者謝薛之流不獲保其軀, 焉用詞章爲哉, 焉用詞章爲哉. 愚自知學, 學爲詞章, 嘗竊病之, 及觀濂洛諸詩, 始知初學之大謬, 痛刮俗尙, 乃手抄邵朱張三先生詩集, 朝夕諷詠, 反覆沈潛者有年, 略會其要領, 上自天命精微, 下曁吾人庸言庸行, 以至山水風雲草木之彙, 起興深遠, 敷事明切, 皆吾格致也, 皆吾實踐也. 而今以後, 大覺其詞章而已者, 卑卑而陋也, 遂書之以自警, 且告同志之士."

54 黃德吉, 『下廬集』 권10, 「三先生詩序」, "詩亡蓋千五百有餘年, 降而漢, 靡而六朝, 變而唐. 中間作者往往接武, 華麗致于曹謝而無實, 高大極于李杜而無用. 後之說詩者, 惟以格調氣音情色相上下之, 甚者曰; '非關書也, 非關理也.' 彼哉彼哉, 不可擬夫言詩也. 有宋洛閩諸君子出, 斯文丕變, 正聲復作, 康節發之以平遠閒雅之趣, 考亭彰之以純正剛大之氣, 南軒和之以溫厚高明之思, 彬彬乎詩之大成矣. 帝曰: '言志.' 子曰; '思無邪.' 志心之之也, 無邪性情之正也, 之其至焉, 粹然一出於正者, 三先生是已. 學詩者省括於是, 發軔於是, 庸玉成於是, 不離夫吾之日用天德物則, 而斐然其成章. 推而放諸百家而準, 溯而達之三百篇而造其閫, 庶乎其可也."

이어 후서에서 황덕길은 시속의 풍속과 풍류에 젖어 세상에 영합하는 시문의 창작을 부정했다. 그는 염락제현의 시를 기준으로 격치와 실천을 할 수 있는 시를 추구하여, 소옹·주자·장재의 시를 배운다면 찬란하게 문장을 이룰 것이라고 했다. 그런 점에서 그가 추구한 시는 『시경』의 본지에 다가설 수 있는 시로, 도덕적 수양과 실행을 위한 격치(格致)와 실천의 도구였다. 그는 이런 내실을 갖추지 못한 시를 위한 시를 부정했다. 그런 점에서 황덕길이 시를 부정하고 시의 가치를 인정하지 않았다고 할 수는 없지만, 그가 격치와 실천에 보탬이 되지 못하는 순문예적이고 순문학적인 시에 부정적인 시선을 두었다는 점에서 그가 시를 문예라기보다 수양의 도구로 인식했다고 할 수 있다. 이렇게 본다면 시를 바라보는 황덕길의 시선은 안정복보다 더 보수적이었다고 할 수 있다.

실제로 황덕길의 시를 살펴보면 대부분의 시가 인간의 도덕적 수양과 행위에 보탬이 될 수 있는 격치(格致)와 실천(實踐)의 도구로 기능하고 있어, 그가 시의 창작을 수양을 위한 보조적이고 수단적인 행위로 인식했다는 생각을 가지게 된다. 이런 생각은 그의 시가 고시를 중심으로 하고 있으며, 근체시와 고시를 막론하고 시의 내용이 도덕과 수양, 학문을 중심에 두고 있다는 점에서도 쉽게 확인된다. 또 그의 시가 보여주는 모습은 그가 평생을 두고 우러러보았던 스승 안정복의 시와 대체적으로 유사하지만, 도덕과 수양, 학문에 대한 침잠과 면려라는 주제만을 놓고 본다면 오히려 안정복보다 훨씬 더 강화된 모습이다. 그래서인지 남아 전하는 그의 시는 고시의 창작 경향이 월등히 크고, 시의 표현도 산문화된 직설적인 서술을 중심으로 한다.

안정복 계열 문인들의 제2세대를 대표하는 허전 역시 문집을 통해 그의 문학관을 확인하기 어렵다. 그러나 그의 문집 11권부터 13권까지에 있는 서문을 통해 문학관의 편린(片鱗)을 찾을 수 있는데, 이를 보면 허전이 재도적인 문학관을 지녔다고 생각된다. 하지만 다른 한편으로 이 글들을 통해 그가 시에 익숙했고 문학을 즐겼으며, 문학작품의 형식과 내용에 깊은 이해가 있었다는 생각 역시 가지게 된다. 그런 점에서 허전이 문학에 대해 전통적 · 보수적인 관념을 지녔지만, 문학에 상당히 능했다고 할 수 있다. 그래서인지 허전은 문학을 도덕의 구현체로 간주하였으며,[55] 습속과 성률에 구애되고 화려하게 꾸며내는 시문을 부정하고 진실하고 순수한 문학을 추구했다.[56]

이렇게 본다면 문학을 바라보는 허전의 시선은 기본적으로 안정복과 같은 것으로, 안정복에서 황덕길을 거쳐 그 자신에게 이어진 전통적인 것이었다고 할 수 있다. 그런데 문학을 대하는 허전의 시선에는 전통적인 관점과 다른 부분도 있다. 그것은 그가 '불평즉명(不平則鳴)'과 '궁이후공(窮而後工)'이라는 관념을 부정한 것과 독창성을 강조한 것에서 살필 수 있다.

> 450여 편이 베틀에서 나온 것 같아 절로 일가(一家)를 이루었으니 꾸미거나 화려한 모습, 본뜨거나 베끼는 뜻이 조금도 없고 오로지 사물에 따라 흥을 일으켜 마음을 붙여 말한 것이니 이것은 그 화평(和平)하고 담박(澹泊)한 기상이 넉넉한 것이고 곤궁하고 근심하며 시름겨운

55 許傳, 『性齋集』 권13, 「雙淸堂遺稿序」, "文章者, 道德之蘊乎中而發乎外者也. 故未有道德而無文章者也, 亦未有文章而無道德者也."

56 許傳, 『性齋集』 권13, 「下南集序」, "又其他詩賦序記等雜著, 皆可見平日用功之勤摯矣. 盖翁之文章, 浸沉乎經傳, 優游乎百家, 故凡有所作爲, 如禹之治水而行其所無事, 布帛出自機杼而無雕刻之態. 苟假之以鳴國家之盛, 則其於黼黻笙鏞何有哉."

> 영향은 드러나지 않은 것이다. 여기에서 한유(韓愈)가 「송맹동야서(送孟東野序)」에서 "사물은 화평함을 얻지 못하면 운다."고 한 것을 나는 믿지 못하겠다. 봄 새와 가을벌레가 무슨 불평(不平)하여 울 것이 있으며 당우(唐虞)의 문사(文辭)가 어찌 불평(不平)한 것을 운 것이겠는가. 내가 이전에 시경(詩經)의 변풍(變風)과 변아(變雅)를 읽으니 이것은 시세(時世)와 풍속(風俗)의 변화를 말하는 것이지 시인 성정의 변화가 아니었다. 그렇다면 때에 따라 시에 드러나고 말로 형용되는 것일 뿐이다.[57]

위의 글에서 볼 수 있듯이 허전은 '불평즉명'과 '궁이후공'이라는 관념을 부정했다. 그런 점에서 문학을 바라보는 그의 시선이 안정복 이후 황덕길을 거쳐 자신에게 이어진 관념과 다른 모습을 보이는 것은 분명하다. 그러나 이 차이를 본격적인 인식의 차이로 인정하기는 쉽지 않다. 그것은 그가 '불평즉명'과 '궁이후공'이라는 관념을 부정한 것이 좋은 시를 창작하기 위해서는 다스려진 세상이라는 문학 외부의 상황과 작자의 문학적 역량이 함께 갖추어져야 한다는 것을 강조하기 위해서였기 때문이다.

또 허전은 이 부정을 통해 관료 문인의 문학을 긍정했는데, 그는 「능산시집서(菱山詩集序)」에서 "맹교(孟郊)의 차가움과 가도(賈島)의 수척함은 단지 명이고 시운이다. 곤궁함이 시와 무슨 관계가 있겠는가."[58]라고 했다. 이 말은 시의 창작에서 곤궁이라는 작자의 상황은

57 許傳, 『性齋集』 권13, 「緋巖遺稿新刊序」, "凡四百五十餘篇, 出自機杼, 自成一家, 少無雕篆浮艷之態, 蹈襲依樣之意, 惟因物起興, 寓心發言, 是其和平澹泊之氣像有餘, 而窮愁鬱邑之影響不露. 於此焉韓昌黎送孟東野序所謂物不得其平則鳴云者, 吾不信也. 春鳥秋虫, 有何不平而鳴, 唐虞之文辭, 豈以鳴不平者哉. 余嘗讀詩之變風變雅, 是謂時世風俗之變, 而非詩人性情之變也. 然則隨其時而發於詩形於言而已矣."

시의 수준과 가치를 결정하는 조건이 아니라는 것이다. 오히려 「칠가집서(七可集序)」에서 그는 "맹교도 과거에 급제한 사람이고, 가도도 진사였으니 오히려 빈한하고 곤궁한 늙은 서생은 아니다."[59]라고 했다. 이런 언급은 '불평즉명'과 '궁이후공'의 부정을 통한 관료 문인의 문학에 대한 긍정이라고 볼 수 있는데, 이는 그가 당시 우부승지(右副承旨)·병조참의(兵曹參議)를 거치며 정헌대부(正憲大夫)·숭록대부(崇祿大夫)에 올랐다는 자신의 상황에 기인한 것이기도 하다.

> 소철(蘇轍)이 말하기를 태사공이 천하를 유람하여 명산(名山)과 대천(大川)를 두루 보았기 때문에 그 글이 소탈하고 광대하여 기이한 기운이 있다고 했고 마존(馬存)도 말하기를 『사기(史記)』라는 책이 명산(名山)과 대천(大川)에 힘입어 지어졌다고 했는데 세상에서는 대체로 그 말을 믿으나 그러나 나는 적이 의심스러운 부분이 있다. 가령 사마천(司馬遷)에게 산천의 도움이 없도록 하였다면 그가 시들고 막혀 한 기운을 내서 문장을 이루어 『사기』를 지을 수 없었겠는가. …… 장작소감(匠作少監) 조순화(趙舜華)가 금강산(金剛山)을 유람하고 돌아와서 동유록(東遊錄) 한 권을 지었는데 내가 가져다 보니 발이 이를 만하고 눈이 이를 만하며 마음이 미칠만하고 좋아할 만하며 두려워할 만하고 놀랄만하며 의심스러워할 만한 곳을 하나하나 기(記)로 쓰고 서(序)로 쓰며, 시(詩)로 노래하고 부(賦)로 풀어냈으니 참으로 소리를 가진 그림이다. 내가 다 본 뒤에 말하기를 "기이하구나 그대의 글이여. 나로 하여금 앉아서 내외의 금강산을 두루 유람하도록 하여 상쾌한 것이 마치 시원한 바람에 씻고 차가운 문에서 날아오른 듯하게 하는구나. 기이하구나 그대의 글이여. 비록 그러나 그대도 사마천의 유람을 빌려

58 許傳, 『性齋集』 권12, 「菱山詩集序」, "夫郊之寒島之瘦, 直命也時也. 窮何與於詩哉."
59 許傳, 『性齋集』 권13,「七可集序」, "郊亦登第者, 島亦進士者, 猶非窮措大老書生也."

> 온 것인가. 사마천의 글은 절로 사마천의 글이고 그대의 글은 절로 그대의 글이며 산천(山川)은 절로 산천의 산천이니 산천에 대해 글은 둘이지 하나가 아니네."[60]

이와 함께 허전은 시문의 독창성을 강조했는데, 위의 글을 보면 그가 전범의 추구보다 문기론(文氣論)에 기반한 개성이나 독창성에 주목했다는 것을 알 수 있다. 허전은 사마천의 글이 높게 평가받는 것은 그가 접한 풍경이나 경물이 뛰어나서가 아니라 사마천의 문학적 역량이 뛰어나서였다고 했다. 허전은 이 글에서 누군가의 글을 모방하거나 뛰어난 풍경을 글로 옮기는 것만으로는 훌륭한 시문을 만들 수 없다고 했는데, 이 말은 훌륭한 문학 작품은 자신만의 특성 즉 기질에 근거한 개성과 독창성을 담아야 한다는 것으로, 허전이 문기론에 기반한 개성과 독창성에 주목하고 있었음을 보여준다.

그러나 허전이 '불평즉명'과 '궁이후공'을 부정하고 전범보다 독창성의 가치를 강조했다고 하더라도 문학을 대하는 그의 인식은 본질적으로 전통적이고 보수적이다. 허전이 「오헌기(吾軒記)」에서 "이름은 실체의 손님이고 문장은 도의 그릇이니 손님은 일찍이 실체를 떠날 수 없고, 그릇은 일찍이 도를 떠날 수 없다."[61]라고 한 것에서도 볼 수

---

60 許傳, 『性齋集』 권12, 「東遊錄序」, "蘓子由謂太史公行天下, 周覽名山大川, 故其文疎蕩有奇氣, 馬子才亦云史記一部, 在名山大川, 世多信其說, 然余竊惑焉. 使子長而不有山川之助, 則其將萎薾消沮, 不能出一氣成文章而作史記耶. …… 匠作少監趙君舜華, 遊金剛而歸, 有東遊錄一卷, 余取視之, 凡足可至目可及心可悅可怕可驚可疑者, 一一記之序之詩歌之賦敷之, 眞有聲畫也. 余覽訖曰奇哉. 君之文也, 能使余坐而遊內外金剛, 灑然若濯淸風狃寒門. 奇哉, 君之文也. 雖然, 君亦藉子長之遊者耶. 子長之文, 自子長之文, 君之文, 自君之文, 山川自山川之山川, 文之於山川, 二而非一也."

61 許傳, 『性齋集』 권13, 「吾軒記」, "名者實之賓也, 文者道之器也, 賓未嘗離乎實, 器未

있는 것처럼, 그는 본질적으로 문학을 도에 부수되는 것으로 인식했고, 좋은 시문은 작자의 도덕에 의해 이루어진다고 여겼다. 여기에 더해 허전은 문학의 성쇠에 관해서도 안정복이나 황덕길처럼 '세대점강이쇠(世代漸降而衰)'라는 전통적인 인식을 지녔다. 그런 점에서 허전이 일부분에서 안정복이나 황덕길과 다른 모습을 보였다고 하더라고 문학을 바라보는 그의 시선은 본질적으로 안정복 이후 황덕길을 거쳐 그에게 이어진 보수적이고 전통적인 인식과 같은 것이었다.

안정복 계열 문인들의 제3세대를 대표하는 인물 중 한 사람인 허훈이 문학을 대하는 인식 역시 안정복이나 황덕길·허전과 같이 도를 중심과 본질에 두는 도덕 우위의 관념이었다. 그는 고대의 문은 도와 하나여서 도와 문이 나누어지지 않았는데, 후대로 내려오면서 시대가 쇠미해지자 도에서 문이 분리되어 도와 문이 나누어지게 되었다고 보았다. 이런 인식은 안정복이나 황덕길·허전과 같은 것으로 문학의 효용을 도의 전달과 교육에 둔 것이다. 그런데 허훈의 인식은 작지만 여기서 한 걸음 나아간다.

> 부자(夫子)께서 말씀하시기를 "덕(德)이 있는 사람은 반드시 말하는 것이 있지만, 말하는 것이 있는 사람이 반드시 덕(德)이 있는 것은 아니다."라고 하셨으니, 덕(德)이 있는 사람에게 문장(文章)이 있는 것은 당연하지만, 세상에는 덕(德)이 없어도 문장(文章)에 능한 사람이 있다는 것입니다. 예를 들어 장자(莊子)·열자(列子)·순자(荀子)·한비자(韓非子)·사마천(司馬遷)·사마상여(司馬相如)·유흠(劉歆)·반고(班固) 같은 무리들을 덕(德)이 있다고 한다면 안 되지만 문장(文章)을

嘗離乎道."

잘하지 못한다고 한다면 이 또한 안 될 것입니다. 그러나 성인(聖人)이 지은 것과 비교하면 몇 층이나 떨어질지 모르니 도덕(道德)이 부족해서 그런 것입니다. 이것이 귀하게 되기 부족한 이유입니다. 저들이 만약 "도덕(道德)은 말하지 말고 문장(文章)에 힘써야 할 뿐이다."라고 하면 족하는 "도덕(道德)은 근본이고 문장(文章)은 말엽인데, 도덕(道德)이란 허공을 휘저어 얻을 수 있는 것이 아니다. 먼저 심학(心學)을 밝힌 그런 뒤라야 도덕(道德)이 있게 되니, 도덕(道德)이 있으면 자연스럽게 드러나 문장(文章)이 되는 것이다."라고 해야 합입니다. 이것은 진실로 넘어뜨리고 때려 부숴도 깨지지 않는 주장입니다. …… 비록 사업이 찬란하게 빛나도 심성(心性)에 관한 상투적인 이야기가 없으면 "이 사람은 우리 무리가 아니다."라고 하고 비록 문장(文章)이 우아하고 바르더라도 심성(心性) 등의 제목이 없으면 "이 사람은 문인일 뿐이다."라고 합니다. 저 사업이 찬란하게 빛나고 문장이 우아하고 바른 사람이라면 어찌 일찍이 바른 심술(心術)에 근본하지 않았겠습니까. 그런데 단지 심(心)과 성(性)을 이야기하지 않았다고 해서 도리어 비난을 당하게 되면 어찌 원망이 없겠습니까. 만약 낙양(洛陽)과 민중(閩中)의 정호(程顥) · 정이(程頤) · 주자(朱子) 같은 여러 노선생(老先生)께서 이와 같은 속학(俗學)을 보셨다면 민망하게 여겨 꾸짖어 금하셨겠습니까 아니겠습니까? 지금 심성(心性)에 대해 잘 이야기하는 사람이 있어 그에게 치평(治平)에 대한 계책을 세우도록 하면 눈만 감고서 한 가지 계책도 내지 못하고, 아름다운 문장을 짓도록 하면 멍하게 한마디 말도 내지 못하니 진실로 이야기하는 것이 몸에 익히는 것만 못하고, 이야기하는 것이 일에 실행하는 것만 못한 것입니다. 그러므로 우리 유자(儒者)들이 급급하게 강학(講學)하여 구하는 것은 의리(義理)입니다. 의리(義理)가 마음속에 무젖어들어 드러나 도덕(道德)이 되면 이 도덕(道德)이 참된 도덕(道德)이고, 드러나 사업(事業)이 되면 이 사업(事業)이 참된 사업(事業)이며, 드러나 문장(文章)이 되면

이 문장(文章)이 참된 문장(文章)입니다.[62]

이 글을 보면 허훈이 도에 최상의 가치를 두면서도 문학의 독자적 가치를 일정 부분 수용했다는 것을 알 수 있다. 하지만 그렇다고 허훈이 문학의 독자성을 전면적으로 인정했다고 하기는 어려운데, 그것은 그가 덕이 없는 작자의 작품도 뛰어날 수 있지만 그 작품은 성인이 지은 것과 비교할 때 몇 층이나 떨어진 것이고 그것은 도덕이 부족해서이며, 그렇기 때문에 귀하게 되기에 부족하다고 했기 때문이다. 그러나 그렇다고 하더라도 그의 인식은 안정복 이후의 안정복 계열 문인들에게서 대체적으로 확인되는 재도적인 문학 인식에서 한 걸음 나아간 것이다. 이렇게 보는 또 다른 이유는 허훈이 도덕의 수양이 문학의 본질이기는 하지만 도덕의 수양만으로는 최상의 문학을 창작할 수 없으니, 도덕의 수양과 문학적 훈련이 동시에 이루어져야 한다고 보았기 때문이다.

이런 의식을 지녔던 허훈은 문인의 존재 가치에 대해서도 긍정했

---

62 許薰, 『舫山集』 권7, 「答或人」, "夫子曰: 有德者, 必有言, 有言者, 未必有德. 有德者之有文章, 固也, 世或有未有德而能於文者, 如莊列荀韓兩司馬歆固之徒, 謂之有德則不可, 而謂之不能於文, 則亦不可耳. 然較聖人之作, 不知落下幾層, 以其歉於道德故也. 此不足爲貴. 彼如曰道德毋論, 文章當務云爾, 則足下當云道德本也, 文章末也, 道德不可摸空得之. 先明心學, 然後有道德, 有道德則自然發爲文章, 斯固攧撲不破之論. …… 雖事業光耀, 而不落心性上套話, 則曰此非吾徒也, 雖文章雅正, 而不立心性等篇目, 則曰此但文人也. 彼事業光耀, 文章雅正者, 何嘗不本之心術之正. 而只坐於不論心不說性, 反遭其駁, 豈不寃哉. 若使洛閩諸老先生, 見俗學如此, 則其將爲之憪然而呵禁乎否乎. 今有善論心性者, 而使畫治平之策, 則眊然而不能出一猷, 使撰文章之美, 則芒然而不能措一語, 誠以論之不若認之於體, 說之不若行之於事耳. 故吾儒之所汲汲講求者是義理, 而義理洽浹于中, 發之爲道德, 而道德是眞道德, 發之爲事業, 而事業是眞事業, 發之爲文章, 而文章是眞文章."

다. 허훈은 당나라 이고(李翺)의 「복성서(復性書)」가 한유의 「설성(說性)」보다 뛰어나고, 이고의 「유회부(幽懷賦)」에 담긴 넓고 기이한 말은 구양수를 감탄하게 만들었다[63]고 하면서 문인의 존재 가치를 긍정했다. 이렇게 문학과 문인의 존재를 긍정했던 허훈은 당시 학자들이 문학의 가치를 부정하는 이유를 당대 학문의 폐단에서 찾았다. 허훈은 당대의 학문을 공령학과 사장학·훈고학(訓詁學)으로 구분한 뒤 각각의 학문이 지닌 폐단을 적시했는데, 허훈은 이런 폐단이 모두 문장을 통해 나타나기 때문에 학자들이 문학을 부끄럽게 여기지만, 이런 폐단을 문학 자체의 문제라고 여기지 않았다.[64]

또 「답심운가 기택(答沈雲稼 琦澤)」에서는 경술문장론을 강조하면서 내용과 형식이 모두 경전에 부합해야 고문일 수 있다고 했고,[65]

---

63 許薰, 『舫山集』 권16, 「晩寤遺稿序」, "世之譚者, 每稱文人無用, 吾不敢信也. 李習之, 唐之文人耳, 著復性書, 推明本源, 實過韓文公說性, 不可謂不闗乎道也, 作幽懷賦, 怪神堯以一旅取天下, 後世以天下不能取河北, 書生胸裏, 有此恢奇語, 歐陽公所以歎賞不已者也."

64 許薰, 『舫山集』 권7, 「答張舜華 錫英○己卯」, "蓋今之爲學, 其弊有三, 功令之學, 尋摘章句, 曲成言語, 求悅時眼, 睹榮媒進, 陋焉而已, 詞章之學, 師心逞臆, 偭背規矩, 徒事粉飾, 萎靡不振, 僞焉而已, 訓詁之學, 離經論道, 騰理口舌, 不探本原, 轉尙枝蔓, 冗焉而已. 滔滔世儒, 不于彼則于此, 傳變謬症, 漸成難治. 此足下所以耻其爲文, 賺及古人, 自不覺其言之過中耶."

65 許薰, 『舫山集』 권7, 「答沈雲稼 琦澤○辛巳」, "夫文與道, 不可離而爲二. …… 宋時兩程子, 闡明六經之旨, 至朱子而大備, 纖悉委曲, 明白懇懇, 複繹不病於枝蔓. 此註疏文體, 自與古文不同, 其開發後學, 功侔天地. 然儒者之所宗, 莫如堯舜孔子, 其言之理勝, 莫如易詩書春秋, 易詩書春秋, 固不可學而能, 文字根柢, 豈可捨此而他求哉. 有明諸子崛起於文弊之餘, 離於道而騖於奇, 爲險峭艱僻之詞, 號爲古文, 天下靡然從之, 承註襲謬, 不知其所謂古文, 實非古文也. 識者有憂, 辭而闢之, 闢之固是也, 若懲於此, 使學者不劬精於古文, 則無乃矯枉而過直乎. …… 薰亦知斯道之有在於俗士詞章之外, 而若曰爲道者, 不宜爲文, 恐墮了一偏. …… 蓋非文無以載道, 而文之不行, 亦道之不行也. 然則爲道者, 不可以遺文而徒質也."

「답이강초 가직(答李强初 嘉稙)」에서는 자신이 추구한 고문은 내용과 형식, 실질과 수사가 함께 갖추어져 말과 이치가 모두 일정한 수준에 이른 글이라고 했다.[66] 이렇게 보았을 때 허훈은 본질에 주목하되 형식과 본질의 조화를 추구했음을 알 수 있다. 그런데 그는 내용이 충실해지면 형식은 자연스럽게 갖추어진다고 보았으면서도 다독다작(多讀多作)이라는 학습을 강조하고[67] 표절과 모방을 부정했다. 「여심운가(與沈雲稼)」에서 염계(濂溪)와 두 정자, 횡거(橫渠)의 글이 외적인 차이에도 불구하고 본질적인 면은 동일하다[68]는 허훈의 언급은 표절과 모방을 통해 선현의 글과 형식적이고 표면적인 유사성을 추구하기보다 본질과 내용이 질적으로 유사한 글을 창작하는 것이 더 중요하다는 것인데, 이런 의식은 형식과 수사에서 작자의 개성을 긍정하게 한다.

이런 인식은 시의 창작에서도 확인된다. 허훈은 시의 창작과 평가에서 가장 중요한 것은 작자의 내면 즉 작자의 성정이라고 했다.[69]

---

66 許薰, 『舫山集』 권9, 「答李强初 嘉稙○戊戌」, “吾所謂古文, 乃自然而成者也, 非謂其句讀之類古人而已. 若取其句讀而已, 則向來滄弁輩之所爲, 亦可曰眞古文乎.”; 『舫山先生文集』 卷9, 「答或人」, “古人之於文, 未嘗專尙乎質. 凡辭理俱暢, 華實幷著者, 非古之作乎. 若徒取其質而謂之古, 則是但知橧巢之爲古制, 而不知明堂之爲古制也, 但知瓦罇之爲古器, 而不知雲罍之爲古器也而可乎.”

67 許薰, 『舫山集』 권10, 「答朴士弼」, “大抵爲文, 刊去枝蔓, 然後體裁精簡, 而若徑欲精簡, 則易歸於短澀疎漏, 辭不達意, 須多讀多作, 工夫到熟, 則自然中式, 行所當行, 止所當止, 豐而不衍, 約而無欠, 乃成好文字耳.”

68 許薰, 『舫山集』 7卷, 「與沈雲稼」, “若但守其說, 不以朱先生所行之道, 體之於吾身, 雖淹貫先生之論述, 摹仿先生之文章, 刻畫而止耳, 奚益於己哉. 然則所學在先生之道, 若其詩文體裁, 不必問其似與不似也. 宋儒之文, 已自不同, 濂溪簡俊, 二程明當, 橫渠沈深, 而不害爲道同. 今時則不然, 作文引用朱子書, 作詩衣被朱子語, 謂之學問中人, 斯果善學朱子者耶.”

69 許薰, 『舫山集』 권15, 「贈李器汝序」, “凡詩文, 不根於是心之正而達乎理, 强爲夸辭艶語, 以求悅人之目者, 皆僞也.”; 『舫山集』 권15, 「石霞詩稿序」, “論詩品而不先論人,

허훈은 시가 작자의 본성에 근본하고 작자의 기질에서 드러나는 것이기 때문에 시어의 구사가 작자를 닮는다고 보았다. 그래서 허훈은 올바른 마음과 이치의 통달을 목적으로 하지 않고 과장된 말이나 잘 꾸민 말을 사용하여 인정받으려고 하는 시는 모두 거짓이라고 여겼다. 허훈이 이렇게 생각한 이유는 시가 사람의 선하고 악함과 나라의 다스려짐을 보여주어야 하기 때문이었다.

이런 생각을 가지고 있었던 허훈은 좋은 시를 짓기 위해 사진(寫眞)의 묘사 기법을 강조했다.[70] 그가 생각한 사진은 존재하는 실재적인 형태를 근본으로 하지만 그 실재적인 형태를 넘어서는 것이다. 허훈은 시에 묘사된 경물이 작자의 관찰과 경험을 바탕으로 경물의 외면적인 형태와 함께 이면적인 속성을 동시에 드러낼 때 바르게 묘사되었다고 여겼다. 이와 함께 허훈은 시의 창작을 위한 경험과 유람을 강조했다. 그는 「송서덕일유가야산서(送徐德一遊伽倻山序)」에서 선인의 시를 익혀 시에 능한 것은 시의 표면적이고 형식적인 부분에 능한 것일 뿐이기 때문에 참된 시를 배우기 위해서는 시의 본질에 익숙해져야 하고 또 자신의 내적 역량을 확대해야 한다고 했다.[71] 이와 함께 허훈은 작자의 안목을 확장하기 위한 유람과 지식의 습득을 위한 독

不徒失其詩, 幷失其人, 蓋其人恬者語澹, 和者語婉, 剛者語峭, 雄者語壯, 詩固根乎性而發乎氣. 故其爲語各肖其爲人, 不可掩."

70 許薰, 『舫山集』 권2, 「金官十六詠 幷序」, "夫詩家之賦景, 與畫家之寫同. 畫水者之水, 習水焉, 然後當盡水之奇變, 畫山者之山, 習山焉, 然後當盡山之體勢. 若徒閉戶揮毫, 成嵬然者而指曰山, 成瀊然者而指曰水, 則詎能描眞山眞水哉."

71 許薰, 『舫山集』 권15, 「送徐德一遊伽倻山序」, "方治詩, 剔腐陳, 務裁新語. 然謂詩猶射也, 射以的爲志也, 選唐人佳作, 手抄口誦之不已, 斯其的乎. 然學詩猶學琴也, 操縵而工其聲, 不若先之乎山之峩水之洋, 而尋其玅於聲之外, 將攜伴入伽倻之山, 搜名亭古刹, 淸流翠壁之可以助奇氣, 而增吾格而進吾境. 眞善學詩者也."

서를 강조했는데, 유람과 독서라는 학습의 두 측면 중 어느 하나라도 온전하지 않으면 좋은 시를 창작할 수 없다고 보았다.[72]

물론 이런 언급만으로 허훈이 오롯이 시인의 개성이 발현된 독창적인 시를 추구했다고 하기는 어렵다. 그러나 그가 시인의 개성이 담긴 시를 긍정했다고 볼 수는 있을 듯하다. 또 허훈이 시의 창작에서 작자의 개성을 긍정했다고 볼 수 있지만, 그 개성의 발현을 전범의 틀을 완전히 벗어나는 정도로까지 추구했다고 보기도 어렵다. 그러나 그가 전범의 틀에 얽매인 시를 좋은 시로 보지 않았던 것은 분명하다. 이런 모습은 허훈이 문장의 창작에서 본질과 내용을 중시하면서도 학습과 함께 개성을 긍정했던 것과 같은 양상이다. 그런 점에서 문학을 대하는 허훈의 인식은 안정복 이후 이어진 전통적인 관념에 뿌리를 두면서 문학의 독자성을 향해 가지를 뻗은 것이다.

문학을 대하는 황덕길과 허전, 허훈의 인식을 이렇게 정리해 보면 문학을 바라보는 안정복의 시선과 안정복 계열 후대 문인들의 시선은 다양한 지점에서 만난다. 이들 모두 스스로 자신의 문학관을 구체적으로 밝히지 않았을 뿐만 아니라 문학에 대한 언급 대부분이 "즐기지 않는다."거나 "잘 알지 못한다."는 것이었다. 하지만 이들의 문집에 수록된 작품들을 볼 때 이런 언급은 이들의 상투적이고 관습적인 표현 아니면 겸사에 지나지 않는다. 하지만 그렇다고 해서 이들을 시인이나 문장가와 같은 위치에 두기도 어렵다. 그것은 문학을 대하는 이들의 인식이 전통적인 관념을 크게 벗어나지 않기 때문이다.

---

72 許薰, 『舫山集』 권15, 「西遊錄序」, "得於江山者, 得於眼也, 得於古人之書者, 得於心也. 眼不可以不資乎遊, 非遊囿於境, 心不可以不涵乎書, 非書囿於識. …… 使古作者言語, 注吾心靈, 則發之爲詩, 材益富而神益王, 而語益雋, 斯其所以大之也."

안정복이나 그의 학문적 자장 아래 형성된 안정복 계열 문인들의 경우 시와 문장의 학습 대상과 내용, 창작 목적과 방법, 의미와 가치를 구분하였고 이를 선명하게 인식하고 있었다. 그런 점에서 이들 모두 문학에 대한 각자의 확고한 인식을 지녔다고 생각되지만, 현재 전하는 자료로는 그 인식을 구체적으로 확인하기 어렵다. 표면적으로 볼 때 이들 모두 문학에 큰 가치나 의미를 두었다고 생각되지 않는다. 이들에게서 공통적으로 찾을 수 있는 인식은 도를 중심과 본질에 두는 도덕 우위의 문학관이다. 이들은 모두 문학을 도덕의 구현체로 보아 훌륭한 작품을 창작하기 위해서는 도덕적인 수양이 먼저 이루어져야 한다고 여겼고, 육경을 기준으로 형식보다 내용을 강조하여 도학과 수양, 지행의 학문을 문학의 앞에 두었다. 문학보다 경전을 중심에 둔 학문을 통해 이룬 실덕이 더 큰 것이고, 문학은 부지런히 학습한다면 누구나 이룰 수 있는 것으로 여겼다. 이들이 좋은 문장이나 훌륭한 시는 수양된 덕성을 지닌 사람이 창작할 수 있는 것이라고 여겼다는 점에서 이들에게 문학은 도덕의 구현체였고, 문학의 효용은 도의 전달에 있었다. 그래서 이들은 시대가 내려올수록 문학이 쇠퇴했고, 과문·과시가 나오면서 문학의 폐단이 정점에 이르렀다고 보았다.

안정복은 육경을 문장의 기준으로 보았고, 진한 고문이 경술을 숭상하고 전아한 문기를 지닌 것을 높였다. 그는 육경을 근본으로 한 진한 이전의 고문을 문장의 최종 목적지로 여겼는데, 이런 생각은 결국 문장은 형식보다 내용에 중점을 두어야 하며, 표현은 성인의 육경을 기준으로 해야 하고, 내용은 성인의 정신에 부합하는 것이어야 한다는 것이다. 안정복이 이렇게 생각했던 것은 문장이 도를 따라 나오는 것이라고 보았기 때문이다. 그는 도와 문장이 체와 용의 관계를 가지기 때문에 도가 밝지 못하면 문장은 격이 떨어지고 근본을 상실한다고 여겼다.

문학에 대하는 안정복의 인식은 세대를 건너가며 그대로 이어진 것 같다. 안정복 계열 제3세대의 대표 문인 중 한 사람인 허훈은 경전의 문장을 고문으로 규정하고 고문을 최상의 경지에 놓인 글로 인정했는데, 이런 인식은 안정복과 같은 것이다. 그러나 허훈이 내용과 형식이 모두 경전에 부합해야 고문일 수 있다고 여겼지만, 그가 생각한 고문은 선현이 쓴 글을 의미하는 것이 아니라 내용과 형식, 실질과 수사가 함께 갖추어져 말과 이치가 모두 일정한 수준에 이른 글을 말하는 것으로, 본질에 주목하되 형식과 본질의 조화가 이루어진 글을 말한다. 이런 모습은 큰 걸음은 아니지만, 허훈이 안정복보다 문학의 독자성에 한 걸음 다가간 것으로 볼 수 있게 한다.

안정복은 시가 풍월을 읊조리거나 기교를 자랑하는 재료가 아니라 공자가 『시경』을 산삭하며 그 속에 담아둔 뜻을 찾아가는 것이고, 인간의 성정을 올바른 방향으로 교정해 나가는 수단이라고 여겼다. 그래서 안정복은 시가 완성도를 갖춘다면 형식은 문제가 아니라고 생각했다. 오히려 그는 한위 · 육조 · 성당 각각에서 배워야 할 것을 통합하여 시를 배우라고 했는데, 이런 주장은 형식보다 내용을 중심에 두고 내용의 기준을 성인의 육경에 두었던 그의 문장관과 같은 것이다.

안정복의 시론 역시 후대 안정복 계열 문인들에게 깊은 영향을 미쳤다. 문장관처럼 안정복 이후 안정복 계열 문인들의 시론도 기본적인 관점은 안정복과 같다. 그를 직접 사사한 황덕길이 염락제현의 시를 기준으로 격치와 실천을 이룰 수 있는 시를 추구한 것은 황덕길의 시론이 안정복의 시론을 벗어나지 않는다는 것을 보여준다. 특히 황덕길이 공자가 산삭한 『시경』의 본지에 다가설 수 있는 격치와 실천의 도구가 될 수 있는 시를 추구하여 염락제현의 시를 배우고자 했고, 이러한 내실을 갖추지 못한 시를 위한 시를 강하게 부정한 것은 시를 대하는 황덕길의 인식을 분명히 하는 것이면서 그 인식이 안정복과 같은 궤에 있음을 보여주는 것이다.

그러나 문학을 대하는 안정복과 그의 후대 문인들의 인식이 기본적인 지점에서 동일한 양상을 보인다고 해서 이들의 인식이 모든 면에서 같은 것은 아니다. 특히 구체적인 창작론에서는 각기 다른 면모를 보이기도 한다. 안정복의 경우 '창작 방법의 궁리(窮理)'와 '다독(多讀)'을 주장했는데, 이는 안정복이 시문의 창작 능력을 천부적인 재능보다는 훈련된 기능으로 간주한 것이다.

허전은 당시 문인들이 흔히 말한 '불평즉명(不平則鳴)'과 '궁이후공(窮而後工)'을 부정하고 전범(典範)보다 작자의 독창성을 강조했다. 이는 허전이 문학 외적인 조건과 작자의 문학적 역량이 함께 갖추어져야 한다는 것을 강조한 것이면서 관료 문인의 문학을 긍정한 것이다. 또 그는 전범의 추구보다 문기론(文氣論)에 기반한 개성과 독창성의 가치에도 주목했다.

허훈은 안정복 계열 문인들 중에서 문학에 가장 유연한 모습을 보여 전면적이라고 하기는 어렵지만 문학의 독자성을 상당 부분 인정했다. 그는 도덕의 수양이 문학의 본질이기는 하지만 도덕의 수양과 문학적 훈련이 동시에 이루어져야 한다고 했고, 문인의 존재 가치를 긍정했으며, 다독다작(多讀多作)이라는 작문의 학습을 강조하고 표절과 모방을 부정했다. 시의 창작에서도 작자의 내면을 중시했으며, 사진(寫眞)의 묘사 기법을 강조하고 경험과 유람 그리고 지식의 습득을 위한 독서를 강조했다.

그러나 이와 같은 차이가 있다고 하더라도 문학을 대하는 안정복과 안정복 계열 후대 문인들의 인식은 본질적인 부분에서 유사한 경향을 보인다. 이런 현상에는 안정복의 후예들이 안정복에 대해 지녔던 의식이 적지 않은 영향을 미쳤다고 보인다. 학통의 사승관계를 굳게 지켜 학맥을 이어갔으며, 스승을 직접 사사(師事)하며 만들어 낸 그들의 굳은 계보 의식이 그들의 시원(始原)인 안정복에 대한 굳은 숭모의 감정을 만들었으리라고 보는 것은 당연하다. 특히 안정복 계열 문인들의 글을 보았을 때 그들에게 안정복은 대부분의 경우 사고와 행위의 기준이 되었다. 여기에 더해 안정복 계열 문인들은 학문적 토대가 같고, 정치·사회적 환경이 유사했다. 그렇기 때문에 문학을 대하는 안정복과 안정복 계열 후대 문인들의 인식이 본질적인 부분에서 유사한 경향을 보이는 것은 당연한 일이라고 할 수 있다.

하지만 그렇다고 해서 안정복 계열 문인들이 안정복의 학문 세계 모든 부분에 동의하거나 안정복을 무조건적으로 추종했다고 할 수 없듯이 문학을 대하는 인식에서도 본질적인 부분을 같이하면서 구체적인 창작 방법에서는 조금씩 차이를 보이며 서서히 변화해 나가는 모습을 보였다. 그 변화의 방향은 문학의 독자성, 작자의 개성 인정이다. 안정복에서 황덕길과 허전, 허훈으로 내려오면서 이들은 점차 문학의 독자성과 작자의 개성을 인정하는 경향을 보인다. 그 움직임이 확연한 변화를 담은 큰 걸음이라고 할 수는 없지만, 변화의 발걸음이 계속된 것은 분명하다.

6. 맺음말

안정복의 시를 살펴보면 그의 시가 그의 학문적 지향과 같은 궤에 있음을 확인할 수 있다. 그의 시 대부분에서 찾아볼 수 있는 기본적인 내용이 학문에 대한 면려, 심성의 수양에 관한 것이기 때문이다. 이런 모습은 그의 시가 그의 삶을 보여주는 구체적인 시현체(示現體)이며, 그의 시를 통해 그의 삶을 보다 깊이 있게 이해할 수 있음을 보여주는 것이다.

그러나 안정복의 시가 그의 학문과 사상의 결과물인 것은 분명하지만, 안정복의 모든 시가 그의 학문이나 사상의 결정체라고 보기는 어렵다. 그의 시에도 낙담하고 좌절하는 인간의 고뇌와 기뻐하고 놀라며 즐거워하는 흥취, 철없는 어린아이 같은 장난기가 담겨 있다. 그렇기 때문에 안정복의 시에 대한 접근은 단일한 시선이 아니라 다양한 관점에서 다가갈 필요가 있고, 그렇게 그의 시에 다가갔을 때 그의 시가 지니는 실체적 진실, 그가 삶에서 느꼈던 다면적인 감정을 살필 수 있다.

특히 안정복의 시를 보면 그가 시의 학습에 상당히 노력하였고, 시의 창작에 익숙했다는 것을 느낄 수 있다. 그가 창작한 대부분의 시가 한시의 기본 작법을 준수하고 있으며, 대구의 배열에 고심한 흔적을 쉽게 찾을 수 있다는 점에서 그가 시의 학습에 노력했고 창작에 익숙했다는 것을 알 수 있다. 또 그는 당풍의 시에 주목했다고 보이는데, 그래서인지 그의 시는 색감의 대비가 뛰어나고 경물의 변화에 민감하며, 동태적이기보다 정태적인 표현을 위주로 한 회화적인 시가 많다.

물론 안정복의 시를 문학에 주력한 문인의 시와 비교해 본다면 문학적으로 모자란 부분이 적지 않다. 시적 기교의 측면이나 감정의 분출과 표현의 자유로움에서 상당한 정도의 거리를 확인할 수 있다. 하지만 이러한 거리에도 불구하고 안정복의 시는 담담한 표현 속에 깊은 울림을 담고 있다. 터져 나오는 흥이 아니라 슬며시 빙긋 짓는 미소이고, 설움에 복받쳐 목메어 우는 울음이 아니라 소리 죽인 목멘 흐느낌이지만, 그의 시에 담긴 그의 웃음과 눈물은 진한 여운으로 전해진다. 그런 점에서 안정복의 시는 관심 가지고 다가가 볼 만한 충분한 가치가 있다.

하지만 아직까지 안정복의 시는 연구자들의 시선에서 벗어나 있다. 그 이유는 대체로 안정복의 학문적 지향과 성취에 의한 연구자의 선험적 인식 그리고 그의 시에 대한 접근의 어려움 때문이라고 보인다. 이미 언급한 것처럼 안정복의 시가 문학적으로 상당한 성취를 이루었다고 보이지만, 그의 시를 문인의 시와 같은 관점에서 재단하고 평가하였을 경우 부족한 부분이 적지 않다. 더욱이 그는 강한 주자학적 의리관(義理觀)과 전통적이고 원칙적인 사유와 행동을 했던 조선 후기 남인계열의 대표적인 실학자이자 역사학자였다. 그는 문학에 주력한 문인이 아니었다. 그렇기 때문에 그의 시에 대한 접근과 평가에는 이 부분에 대한 고려가 필요하다. 이 부분에 대한 고려가 문학적 성취를 왜곡하거나 과장하는 것이어서는 안 되지만, 이 부분에 대한 고려가 없을 경우 안정복의 시는 정당한 평가를 받지 못할 가능성이 있다.

그런데 안정복의 시에 대한 다양한 관점의 접근을 위해서는 무엇보다 그가 창작한 시의 전체적이고 실체적인 면모가 온전하게 밝혀져야 한다. 그러기 위해서는 가장 먼저 『부부고』의 정리와 번역이 이루어져야 한다. 현재까지 알려진 자료 중에서 안정복의 시를 가장 풍부하게 담고 있는 자료가 『부부고』이지만, 아직 이 책이 정리되거나 번역되지 않았다. 어지럽게 나열된 작품들이 중복되어 실려 있고 정확한 내용을 확인할 수 없는 부분이 상당하지만, 안정복의 시세계에 접근하고자 했을 때 현재까지 이 책은 기본 자료이자 가장 중요한 자료가 될 수밖에 없다. 그렇기 때문에 『부부고』의 정리가 하루속히 이루어져야 하고, 그 정리를 바탕으로 한 번역이 이루어져야 한다. 안정복의 시문학을 넘어 안정복에 관심 가진 연구자들의 더 많은 노력이 필요해 보인다.

參考文獻

安鼎福, 『覆瓿稿』 9권, 단국대학교 석주선기념박물관 연민문고, 유물번호 21311.

安鼎福, 『順菴覆瓿稿』, 국립중앙도서관, 한貴古朝93-2.

安鼎福, 『順菴覆瓿稿』 上下, 『한국사료총서』 56, 국사편찬위원회, 2012.

安鼎福, 『順菴先生文集』 1~5, 『한국역대문집총서』 951~955, 경인문화사, 1994.

安鼎福, 『順菴先生集』, 『한국문집총간』 229~230, 한국고전번역원, 1999.

安鼎福, 『順菴全集』 1~4, 여강출판사, 1984.

安鼎福, 『順菴集』, 국립중앙도서관, 한貴古朝46-가53; 古3648-45-21; 古3648-45-16.

安鼎福, 『順菴叢書』 1~2, 성균관대학교 대동문화연구원, 1970.

許 傳, 『性齋先生文集』, 『한국문집총간』 308~309, 한국고전번역원, 2003.

許 薰, 『舫山先生文集』 1-4, 『韓國歷代文集叢書』 1046~1049, 景仁文化社, 1994.

黃德吉, 『下廬先生文集』, 『한국문집총간』 260, 한국고전번역원, 2000.

黃德壹, 『拱白堂集』, 『한국문집총간』 260, 2000.

강창순(2017), 「順庵 安鼎福의 文學硏究」, 상지대학교 일반대학원 석사학위논문.

김귀혁(1999), 「順菴 安鼎福의 學文觀과 實踐」, 延世大學校 敎育大學院 석사학위논문.

김사억(1965a), 「동사강목 해제」, 『역사과학』, 과학백과사전 종합출판사.

_____(1965b), 「안정복의 역사관과 그의 조국역사 편사에 대하여(1)(2)」, 『역사과학』, 과학백과사전 종합출판사.

김영숙(2006), 「安鼎福의 詠史詩에 나타난 역사·문학성과 역사의식」, 『퇴계학과 유교문화』 38, 경북대학교 퇴계학연구소.

김학주(1977), 『중국문학개론』, 신아사.

박종훈(2013), 「安鼎福의 啞器說, 破啞器說의 主題 意識」, 단국대학교 일반대학원 석사학위논문.

박철상(2012), 「覆瓿」, 『단국대 소장 연민문고 〈동장귀중본〉 해제집』, 문예원, 2012.

백승호(2015), 「세상을 향해 소리 내고픈 벙어리-順菴 安鼎福 한시 연구」, 『韓國漢文學硏究』 58, 한국한문학회.

위경숙(2013), 「順菴 安鼎福 漢詩의 硏究」, 성균관대학교 일반대학원 석사학위논문.

윤재민(2004), 「18세기 광주와 문학-順庵 安鼎福의 「靈長山客傳」을 중심으로」, 『한국실학연구』 8, 한국실학학회.

______(2015), 「順菴 安鼎福의 文學과 學問」, 『韓國漢文學硏究』 58, 한국한문학회.

윤재환(2019a), 「문학을 바라보는 순암 안정복의 시선」, 『민족문화』 53, 한국고전번역원.

______(2019b), 「순암 안정복 한시의 수록 양상 검토」, 『국학연구』 38, 한국국학진흥원.

______(2023), 「順菴 安鼎福과 순암 계열 문인들의 문학론-문학론의 영향을 중심으로」, 『東方漢文學』 97, 동방한문학회.

최준하(2003), 「順庵 安鼎福 文學의 一考察 : '詩'와 '傳'을 중심으로」, 『語文硏究』 43, 어문연구학회.

| 順菴 |

순암 안정복의 서학론에 관한 연구

조현범 | 한국학중앙연구원 교수

1. 머리말

2. 안정복과 서학 관계 연구사

3. 「천학문답」 분석: 『진도자증』 인용 양상

4. 안정복과 근기 남인 신서계 인사들

5. 맺음말

1. 머리말

순암(順菴) 안정복(安鼎福, 1712~1791)은 1746년 음력 10월 17일 34세의 나이로 성호(星湖) 이익(李瀷, 1681~1763)을 찾아간다. 선생의 문하에 들어 가르침을 받고자 했던 세월은 오래되었으나 가난하고 질병과 우환이 잦았던 바람에 그날이 되어서야 비로소 만나러 갈 수 있었다고 하였다. 겨우 하룻밤 유숙하고 돌아온 것이었지만, 그날의 감동을 잊을 수 없었던 탓인지, 아니면 본인의 성품이 원래 꼼꼼해서 그랬는지, 안정복은 그날 밤 저녁상을 받았던 일까지 『함장록(函丈錄)』에 적어두었다. 밥은 한 그릇에 차지 않았고, 반찬은 흰 사기 접시에 조금 담긴 새우젓, 나박김치 한 접시, 토호(土瓠)로 끓인 국이 전부였다고 한다. 이런 세세한 것들까지 적어놓았을 만치 안정복은 차분하고 꼼꼼한 성품을 지녔다고 짐작된다.

또 언제부터 적었는지는 모르겠으나 책력의 빈 곳이나 뒷면에 그날 그날 있었던 일들을 기록하였다. 26세 되던 해인 1737년 이래로 남아 있는 안정복의 책력 일기를 보면 사소한 일 하나도 빠뜨리지 않고 적어두는 그의 습관이 잘 드러난다. 그러면서 매사에 신중하게 생각하고 행동했다. 34세에 이르러서야 이익을 만나고 편지를 왕래하면서 스승으로 섬겼다. 그 이전까지는 오로지 독학으로 자신의 학문을 쌓아 올렸다. 그런 탓인지 자득(自得)의 기풍이 어린다. 다른 사람의 말에 쉽게 휘둘리지 않고 스스로 독립적으로 판단하고 실증적으로 사고하려는 자세를 엿볼 수 있다.

이러한 모습은 그가 서학(西學)을 접하고 서학 서적들에 대해 비판을 가할 때나 서학에 경도된 후배 학자들을 타이를 때에 잘 드러난다.

서학 비판론을 전개할 때는 무작정 휘몰아치듯이 비난하지 않고, 차분히 서학이 중국과 조선에 들어온 역사를 문헌으로 검토한 다음에 자신이 읽은 서학 서적에 나오는 주장들을 정리하여 조목조목 논리적으로 반박하였다. 근기(近畿) 지방에 사는 남인(南人)들 가운데 서학을 따르는 후배 학자들이 생겨나자, 진심에서 우러나오는 간곡함을 담아서 그들을 바른길로 인도하려고 애썼다. 자신의 설득이 먹혀들지 않았을 때조차도 실망하고 섭섭해할지언정 그들을 내치거나 먼저 나서서 결별을 선언하지는 않았다. 근기 남인이 신서계(信西系)와 공서계(攻西系)로 나뉜 것은 그의 사후에 가서야 본격화된 일이었다.

안정복의 학문적 여정에서 서학과 대면한 일이 어느 정도의 중요성을 지니는지, 과연 그 반향이 안정복의 학문 세계에 어느 정도 반영되었는지를 알기는 어렵다. 하지만 이익의 학문을 따르는 성호학파 문도들에게 서학 문제는 가장 예민한 사안이었다. 그리고 1791년의 진산사건(珍山事件)을 기점으로 하여 엄청난 격동이 성호 문인들에게 몰아닥쳤다. 안정복은 이러한 위험성을 예감한 듯 후학들에게 편지를 보내어 서학 공부를 그만두도록 설득하고, 서학 비판서를 지어 서학의 해악이 후학들에게 미치지 않도록 애썼다. 그러므로 그의 서학 인식과 비판을 연구하는 것은 안정복의 학문과 생애를 조명하는 데 빠질 수 없는 주제라 하겠다. 이하의 본론에서는 먼저 안정복과 서학의 관계에 관하여 기존에 제출되었던 연구의 흐름을 주제별로 검토하고, 그런 다음에 향후 연구되어야 할 과제들을 몇 가지 제시하였다. 이 글에서는 기존 연구에서 다루어지지 않았던 주제들 가운데 두 가지를 선택하여 자세하게 논구하고자 한다. 먼저 안정복의 저술인 「천학고(天學考)」와 「천학문답(天學問答)」에 나타난 서학서 『진도자증(眞道自

證)』의 인용 양상을 검토하겠다. 이어서 안정복의 서학 비판에 대응하는 근기 남인 신서계 인사들의 동향과 그들이 천주교를 신봉하게 되면서 어떤 인식의 변화를 거치게 되었는지를 살펴보도록 하겠다. 이러한 논의들은 안정복의 서학론이 지녔던 의의와 한계를 차례로 보여줄 것이다.

2. 안정복과 서학 관계 연구사

1) 연구 자료의 발굴과 확대

서학에 대한 안정복의 인식, 남인 내부에서 서학을 수용한 인사들과 안정복의 관계, 나가서 안정복의 서학 비판 등을 연구하기 위해서는 우선 안정복이 남긴 자료들의 발굴과 분석이 이루어져야 한다. 이런 면에서 안정복과 서학의 관계를 다룬 기존 연구들이 어떤 자료들을 사용하였는지를 살펴보는 것이 필요하다. 안정복과 서학에 관한 연구에서 가장 먼저 사용한 자료들은 안정복이 남긴 서한들이었다. 그 이후에 안정복의 저술에 관한 연구가 이루어졌고, 안정복의 일기에 주목하는 연구가 나오기 시작하였다. 그리고 최근에 와서는 안정복의 독서 발췌록인 『잡동산이(雜同散異)』가 재조명됨으로써 안정복의 서학론을 연구할 수 있는 새로운 자료의 가능성이 드러나고 있다. 이를 차례대로 살펴보면 다음과 같다.

안정복의 서학 인식을 다룬 최초의 연구는 최동희(1976)에서 이루어졌다. 최동희의 연구는 ① 안정복이 스승 이익에게 올린 1757년과

1758년 편지, ② 권철신(權哲身, 1736~1801)의 편지에 대한 답장으로 보낸 1784년 편지 세 통, ③ 『순암집(順菴集)』에 실린 「천학고(天學考)」와 「천학문답(天學問答)」, ④ 채제공(蔡濟恭, 1720~1799)에게 보낸 1786년 편지, ⑤ 이헌경(李獻慶, 1719~1791)이 안정복의 저술과 같은 제목으로 지은 「천학문답」에 관해서 훌륭하다고 칭찬하면서 이헌경에게 보낸 1789년 편지를 연구 자료로 사용하였다. 최동희는 이렇게 다섯 가지 자료를 이용하여 안정복이 서학에 대해서 어떤 태도를 가지고 있었는지 논했다.[1] 그 이후 안정복과 서학의 관계를 연구할 때는 위의 서한들과 저술을 주된 연구 자료로 하였다.

안정복이 서학에 관하여 남긴 저술들은 중국에서 예수회 선교사들이 간행한 서학 서적들을 구해서 읽고 성리학자의 관점에서 비판적으로 평가한 내용을 담고 있었다. 그래서 안정복의 서학 인식이 어떠했는지를 종합적으로 살펴보는 데 요긴하다. 안정복의 서학 관련 저술로는 안정복의 친필 초고를 모아놓은 책[2] 『부부고(覆瓿稿)』 제10책에 들어 있는 「천학설문(天學設問)」과 「천학혹문(天學或問)」, 『부부고』 제13책에 들어 있는 「천학고(天學考)」, 그리고 안정복의 현손 안경원(安兢遠)이 정리하고 그의 양자 안종엽(安鍾曄)이 1900년에 목판본으로 간행한 『순암집』 소재 「천학고」와 「천학문답」, 이렇게 다섯 편이 있다. 『부부고』의 「천학고」와 『순암집』의 「천학고」는 중간중간에 글자를 달리하는 부분이 있지만 거의 동일한 글이다.[3] 반면에 「천학설문」과 「천학혹문」은 「천학문답」으로 완성되기까지의 과정을 보여주

1 최동희(1976), 66~79쪽.

2 서종태(2011), 70쪽.

3 서종태(2013), 42~46쪽.

는 초고 형태의 글이다. 따라서 이 글들의 저술 시기와 상호 관계를 체계적으로 정리하는 작업이 필요하다.

안정복의 서학 관련 저술들이 어떠한 과정을 거쳐서 성립되었는지에 관한 문제는 강세구에 의해서 본격적으로 논의되었고,[4] 함영대가 이를 확장하였다.[5] 이어서 서종태의 연구를 통하여 안정복의 서학 관련 저술에 관한 문헌학적 검토의 문제는 거의 일단락되었다. 서종태가 최종적으로 정리한 안정복의 서학 관련 저술이 지어진 순서는 다음과 같다. 안정복은 1784년 11월 14일 이전의 초겨울에 「천학설문」을 지었다. 그 뒤 좀 더 체계적인 형태의 저술을 만들 목적으로 「천학설문」을 「천학고」와 「천학혹문」으로 개편하여 1785년 3월부터 초고를 만들고 그해 12월에 수정본을 완성하였다. 그리고 남한조(南漢朝, 1744~1809)가 「천학혹문」을 받아 읽고는 그 제목을 바꾸는 것이 좋겠다고 권하자, 그 지적을 받아들여 1790년에서 1791년 7월 20일 사이에 「천학문답」으로 제목을 바꾸었다.[6] 서종태의 연구로 안정복의 서학론을 연구하는 데에 필요한 저술 자료와 그 성립 경위가 대부분이 밝혀졌다. 그러므로 앞으로는 「천학설문」에서 시작하여 「천학혹문」을 거쳐서 「천학문답」으로 완결되는 과정에서 어떤 내용이 어떤 이유로 추가되고, 또 어떤 부분이 어떻게 삭제되거나 변경되었는지를 실증적으로 분석하는 작업이 이루어져야 할 것이다. 이러한 작업은 이승훈(李承薰, 1756~1801)이 북경에서 세례를 받고 돌아와서 이벽(李檗, 1754~1785)[7] 등과 협력하여 천주교 신앙공동체를 결성하였던 1784년

4 강세구(2012), 294~300쪽.

5 함영대(2012), 209~210쪽.

6 서종태(2013), 29쪽.

을 전후한 시기에 안정복의 서학 이해에 어떤 변화가 일어났는지를 보여줄 것이다.

안정복의 편지들은 저술과 달리 생생한 정보를 많이 담고 있다. 서학 서적들을 독서하면서 가졌던 생각들을 진솔하게 드러내는 부분도 있으며, 근기 남인 가운데 일부 인사들이 서학을 받아들인 일에 대해서 어떻게 생각하고, 어떻게 대응했는지를 잘 보여주는 대목들도 들어 있다. 그래서 안정복이 보낸 편지에서 서학에 대한 인식과 대응 양상을 보여주는 부분을 찾아내어 분석하는 작업은 최근까지도 진행되고 있다. 조지형의 연구에 의하면 『순암집』에 실린 11통과 『부부고』에 실린 14통, 그중에서 동일 서간이 양쪽에 모두 실려 있는 경우는 하나로 계산할 때 총 19통의 서한이 안정복의 서학론을 분석하는 데 자료로 쓸 수 있다고 한다.[8] 여기에는 최동희의 연구 이래로 많이 연구자들이 반복해서 사용하였던 안정복의 편지들, 즉 이익에게 보낸 두 통의 편지, 권철신에게 보낸 세 통의 편지, 채제공에게 보낸 한 통의 편지, 이헌경에게 보낸 한 통의 편지 외에도 12통의 서한이 더 추가되었다. 이 12통의 서한은 이재남(李載南), 류옥경(柳玉卿), 이기양(李基讓), 남필복(南必復), 윤신(尹愼), 이천섭(李天燮), 황덕일(黃德壹), 오석리(吳錫履)에게 보낸 것들이었다. 조지형은 총 19통의 서한을 분석하여 안정복의 서학론을 연구하였다. 이로써 서학 관련 내용을 담

7 이벽의 이름 '벽'의 한자 표기가 자료마다 다르다. 그런데 이벽 자신이 지은 제문과 그의 집안에서 편찬한 족보를 비롯한 대부분의 자료에 '檗'으로 되어 있다. 그러므로 '벽'의 한자 표기는 '檗'으로 하는 것이 맞다는 서종태의 연구를 따른다. 서종태(2024), 13쪽.

8 조지형(2023), 34~36쪽.

은 순암의 서한 자료는 상당한 정도로 발굴되었다고 할 수 있다.

안정복의 서학론을 연구하기 위한 자료로서 서한과 저술을 넘어서 가용 자료의 범위를 넓힌 데는 김현영의 연구가 중요한 역할을 하였다.[9] 그는 현재 국립중앙도서관에서 『안정복 일기』라고 명명하여 소장하고 있는 자료에 주목하였다. 김현영에 따르면 이 자료는 안정복이 책력에 메모 형식으로 적은 일기다. 물론 이 책력에 쓰인 일기 전체가 안정복의 것은 아니며, 안정복의 아들 안경증(安景曾), 손자 안철중(安喆重)과 안필중(安弼重), 증손자 안효근(安孝根)의 일기까지 포함되어 있다고 한다. 그중에서 안정복이 적은 일기 부분에는 안정복이 집안사람들, 같은 남인 계통의 인물들, 그리고 이웃 사람들과 교류한 흔적이 잘 나타나 있으며, 안정복이 이택재(麗澤齋)를 만들고 제자들과 강학하는 모습, 그리고 『동사강목』의 편찬과 관련된 단편적인 사실들을 찾아볼 수 있다.

이와 더불어 김현영은 『안정복 일기』에서 "순암과 순암 주변 인물들의 서학에 대한 이해와 수용 과정에 있어서의 충돌의 모습"을 구체적으로 볼 수 있다고 하였다.[10] 특히 『안정복 일기』 제51책에 들어 있는 1785년 책력의 음력 10월 9일 이면에는 이기양이 이택재로 찾아와서 언쟁을 벌였던 일이 적혀 있다. 김현영은 이 기록을 소개함으로써 안정복이 당시에 천주교를 받아들인 근기 남인 인사들과 어떤 소동이 벌어졌는지를 생생하게 보여주었다. 앞으로 안정복의 책력 일기가 전부 번역 간행된다면 안정복과 근기 남인 사이에 서학 수용을 둘

9 김현영(2017)

10 김현영(2017), 216쪽.

러싸고 벌어졌던 다양한 모습들에 관한 확장된 연구가 나올 것으로 기대할 만하다.

또한 최근에는 안정복이 중국과 조선의 문헌들을 읽으면서 주요 내용을 간단히 적어둔 독서 발췌록인 『잡동산이』를 재조명하는 연구가 활발하게 진행되고 있다. 한 연구에 따르면 『잡동산이』 제34책에는 명말 청초 시기의 유학자 전겸익(錢謙益)의 문집 『유학집(有學集)』에 들어 있던 시문들을 초록한 내용이 실려 있다.[11] 전겸익의 문집에는 당나라 때에 중국으로 전파된 네스토리우스 교파 경교(景教)에 관하여 소개하는 글 「경교고(景教考)」가 들어 있다. 그리고 안정복은 「천학설문」에서 전겸익의 「경교고」를 인용하였다. 이러한 사례로 유추하자면 『잡동산이』의 곳곳에는 안정복이 중국 문헌에서 읽고 초록한 서학 관련 기록들이 들어 있을 것으로 추측된다. 이에 관한 연구는 안정복이 「천학고」를 지으면서 어떤 중국 문헌들을 사용하였는지를 밝히는 데 도움을 줄 것이다.

2) 안정복의 서학서 독서 범위

다음으로 안정복의 서학론에 관한 기존 연구들에서 안정복이 어떤 서학 서적들을 읽고 자신의 서학 비판론을 정립하였는지를 어디까지 밝혔는가 하는 점이 궁금할 수밖에 없다. 왜냐하면 안정복의 서학론이 스승이었던 성호 이익이나 선배였던 신후담(愼後聃, 1702~1761)의 서학론과 어떤 점에서 차별성을 지니고 있었는지를 살피려면 서학에

11 부유섭(2024), 8쪽.

관한 안정복의 지식이 어떤 수준이었는지를 파악해야 하기 때문이다. 그래야만 안정복의 서학론이 지니는 위상을 이해할 수 있다. 먼저 이익은 중국에서 이지조(李之藻, 1565~1630)가 예수회 선교사들의 여러 저술을 모아서 1628년에 편찬한 서학 관련 총서 『천학초함(天學初函)』을 통해 『천주실의(天主實義)』(1603), 『영언여작(靈言蠡勺)』(1624), 『직방외기(職方外紀)』(1623), 『천문략(天文略)』(1615) 등 중요한 서학 서적들을 접했다. 그리고 제자인 신후담 역시 이익과 마찬가지로 『천학초함』에 실린 이런 책들을 통하여 서학에 관한 정보를 얻었다.[12]

그렇다면 안정복이 읽은 서학 서적은 과연 어떤 것들이었을까? 최동희는 안정복이 스승 이익에게 올린 편지에서 거론한 서학서가 세 가지 있었음을 말하고 있다.[13] 이를 보면 안정복은 1757년까지 『천주실의』, 『기인십편(畸人十篇)』(1608), 『변학유독(辨學遺牘)』(1615~1628)을 읽었음이 분명하다. 그리고 최동희에 따르면 안정복은 1784년 권철신에게 쓴 두 번째 편지에서 이기양이 안정복에게 『칠극(七克)』(1614)을 빌려 달라고 한 사실을 적었다.[14] 또 최동희는 안정복이 「천학문답」에서 삼혼설(三魂說)을 비판하는데, 그 내용은 『영언여작』에 나오는 것이라고 하였다.[15] 이것을 보면 안정복이 『칠극』과 『영언여작』도 읽었을 것으로 추측할 수 있다.

원재연은 안정복이 서양의 과학과 기술에 대해서 가지고 있었던 지식이 대부분 스승 이익에게서 온 것이라고 보았다. 특히 농업에 필요

---

12 강병수(2021), 144~146쪽.

13 최동희(1976), 66쪽.

14 최동희(1976), 70쪽.

15 최동희(1976), 80쪽.

한 수리(水利), 국방에 필요한 병기(兵器) 등의 부분은 『성호사설(星湖僿說)』의 내용이 『성호사설유선(星湖僿說類選)』에도 실려 있고, 또 안정복이 평소에 조금씩 모아놓은 글들인 『잡동산이』에서도 그대로 유지되고 있는 것으로 보인다고 하였다.[16] 그러므로 안정복은 이익의 저술을 통해서 접했거나, 이익이 가지고 있었던 서학 서적을 빌려서 읽음으로써 서양의 과학과 기술에 대해서도 어느 정도를 알고 있었다고 할 수 있다. 만약 그렇다면 안정복의 서학 서적 독서 범위에는 『천학초함』에 들어 있던 『태서수법(泰西水法)』(1612)과 같은 글도 포함되어 있었을 것이다.

조지형은 안정복의 제자 황덕일이 지은 『삼가략(三家略)』을 분석하면서 『천주실의』, 『영언여작』, 『기인십편』, 『칠극』 등과 함께 『이십오언(二十五言)』(1604) 등이 거론되고 있음을 밝혔다.[17] 그리고 황덕일이 리마두(利瑪竇, Matteo Ricci), 양마낙(陽瑪諾, Manuel Diaz), 애유략(艾儒略, Giulio Aleni), 필방제(畢方濟, Francesco Sambiasi), 웅삼발(熊三拔, Sabatino de Ursis), 방적아(龐迪我, Diego de Pantoja) 등 예수회 선교사들의 이름도 언급하였다고 한다.[18] 이들은 모두 『천학초함』에 실린 서학 서적들의 저자이다. 그러므로 황덕일은 스승 안정복을 통해서 『천학초함』에 실린 내용들을 접한 것으로 보인다.

이상으로 보아 안정복의 서한이나 저술, 제자의 글 등에서 확인할 수 있는 서학서는 『천주실의』, 『기인십편』, 『변학유독』, 『칠극』, 『이십오언』, 『영언여작』, 『태서수법』 정도이다. 이 서학서들은 모두 『천

---

16 원재연(2007), 17쪽.

17 조지형(2014), 381쪽.

18 조지형(2014), 384쪽.

학초함』에 들어 있었다. 그러므로 조지형 등의 기존 연구에서 밝힌 바와 같이 안정복의 서학서 독서 범위는 이익이나 신후담과 마찬가지로 대체로 『천학초함』을 바탕에 두고 있었다.

이러한 사실은 안정복이 1785년에 작성한 장서 목록을 통해서도 확인할 수 있다. 이 목록은 안정복의 책력 일기에 적혀 있는데 김현영의 연구에 소개되어 있다.[19] 전부터 집안에 내려오던 서책의 목록인 「가장서책구질(家藏書冊舊帙)」에는 서학 서적이 보이지 않지만, 안정복 본인이 갖춘 서책의 목록인 「자비서책질(自備書冊帙)」에 『천주실의』, 『기인십편』,[20] 『영언여작』, 『변학유독』, 『직방외기』, 『수법(水法)』[21] 등의 책 이름이 보인다. 그리고 이어지는 책력의 뒷면 상단을 보면 좌측 끝에 "등초 칠극 급 역상서 일(謄抄 七克 及 曆象書 一)", "등우 서양서 일권(謄又 西洋書 一卷)"이라는 구절이 있다. 마지막 구절 다음은 책력을 다시 제책하면서 말려들어가 보이지 않는다. 아마 서학 서적의 이름이 적혀 있을 것으로 짐작되지만 확인할 수 없다.[22]

이 글에서 주목하고자 하는 것은 『순암집』에 실린 「천학고」와 「천학문답」에서 명시적으로 『진도자증(眞道自證)』(1718)이라는 서학 서적이 인용되어 있다는 사실이다. 안정복이 『진도자증』을 인용한 것은 이익이나 신후담에게서 찾아볼 수 없었던 독특한 양상이다. 과연 안

19 김현영(2013), 26~27쪽.

20 김현영(2013), 26쪽에는 『畸人十篇』이 『疇八十卷篇』으로 잘못 판독되어 있다.

21 『태서수법』을 약칭한 것으로 추측된다.

22 국립중앙도서관 원문 서비스를 통하여 열람한 결과이다. 그러므로 『안정복 일기』 51(인터넷으로 제공하는 원문 서비스에서는 『안정복 일기』 5로 분류되어 있다.)의 제86장 실물을 확인하면 가려진 부분에 적힌 책의 제목을 정확하게 알 수 있을 것이다.

정복은 어떤 경위로 『진도자증』을 입수하여 읽고, 그 일부 내용을 자신의 저술에 인용할 수 있었을까? 앞으로 안정복이 읽은 서학 서적의 범위를 파악하여 그의 서학 지식을 논할 때 『진도자증』에 관하여 밝히는 것이 하나의 과제가 될 수 있다.

3) 안정복의 서학 비판론

안정복이 서학을 비판한 논점들은 다양한 연구자들이 다루었다. 먼저 최동희는 천주의 존재에 대한 비판, 영혼 개념에 대한 비판을 안정복의 서학 비판론에서 핵심적인 내용으로 보았다.[23] 이원순은 「천학문답」의 31개 항목을 요약하여 정리한 다음에, "안정복은 「천학문답」을 통하여 천주학의 기본 교설인 인간창조론, 원조재조론(原祖再祖論), 야소구속론(耶穌救贖論), 삼혼론, 영혼불멸설, 천당지옥론, 수도방법, 동신제(童身制)의 문제를 유학에 입각하여 다각적으로 검토하고 비판한 끝에 유학만이 정학(正學)임을 다시금 천명하였다."라고 평가하였다.[24]

안정복의 서학 비판론을 가장 체계적으로 정리한 것으로는 금장태의 연구가 대표적이다.[25] 금장태가 제시한 안정복의 서학 비판론을 분야별로 나눈다면 ① 천주 강생(降生)의 우주론, ② 사회질서의 윤리적 준칙, ③ 영혼 불멸의 구원론, 이렇게 세 가지 영역으로 파악할 수 있다. 이를 중심으로 안정복의 비판론을 정리하면 다음과 같다.

금장태에 따르면 안정복은 서학에서 말하는 천주와 유교(儒敎)의 상

---

23 최동희(1976), 75~80쪽.

24 이원순(1986), 173쪽.

25 금장태(2003), 144~155쪽.

제(上帝)가 같은 존재를 말한다고 인정한다. 그러나 섬기는 방법에서는 현격히 다르다고 보았다. 즉 유교에서는 상제를 모시되 인격적인 수양을 기본으로 한다. 하지만 서학에서는 사사롭게 죄과(罪過)를 면하기를 구하는 데 치중한다. 나아가서 안정복은 성리학에 기초한 천(天), 태극(太極), 리(利)와 기(氣) 개념으로 천지만물의 이치를 설명하면서 마테오 리치가 태극과 리 개념을 비판한 것을 적극적으로 반박하였다. 그래서 상제와 태극의 리는 하나의 존재에 대한 두 측면이고, 두 가지로 갈라놓을 수 없다는 것이다.

금장태는 안정복의 서학 비판이 천주 개념에서 출발하여 예수의 강생설로 이어진다고 하였다. 안정복에게는 하늘의 상제가 친히 강생하였다는 주장, 십자가에 못 박혀 죽어 목숨을 다하지 못했다는 주장, 예수가 지상에서 온갖 신비한 이적을 일으켰다는 주장 등은 우매하고 무지한 말이며 상제에 대한 용납할 수 없는 모욕으로 받아들여졌다. 아마 서학에서 주장하는 바가 안정복이 가지고 있었던 유교적 천, 상제 개념과는 심각하게 충돌하는 내용이었기 때문일 것이다.

우주론에 이어서 사회질서를 유지하는 데 필수적인 윤리적 준칙의 면에서도 안정복은 서학이 이단이라고 확신하였다. 안정복은 이단의 조건을 규정하면서 노자(老子), 석가(釋迦), 양주(楊朱), 묵적(墨翟)이 이단인 까닭은 허무와 적멸과 무부무군(無父無君)의 가르침을 폈기 때문이라고 하였다. 그러므로 서학 역시도 부모에 대한 효와 임금에 대한 충을 거스르는 교리를 갖고 있어서 이단에 해당한다. 안정복이 볼 때 현세적 삶을 도덕적으로 이끌어 가는 데는 관심이 없고 오로지 내세에 천당의 보답을 바라는 것이 바로 서학의 폐단이다. 또한 자기 육신을 원수로 여기는 태도는 육신이 태어난 근원이 부모인데, 부모를 원수로 대하는 것이다. 세상을 살아가면서 자신의 허물을 성찰하고 욕심을 극복하여 다스리는 노력을 하지 않고, 세속을 원수로 삼는 것은 군신의 의리를 끊는 것이므로 이런 태도 역시 이단이 된다. 그러므로 안정복은 자기 육신과 세속을 부정하는 서학은 인륜에 역행하여 무부무군의 이단이라고 주장하였다. 또한 안정복은 서학의 가르침이 안으로 자기 마음을 다스리는 공부를 하지 않고 오로지 바깥의 마귀만을 원수로 여긴다고 보았고, 이는 본말이 전도된 생각이라고 비판하였다. 이에 덧붙여 원죄설에 대해서도 안정복은 비판적인 평가를 내린다. 인간의 시조가 저지른 죄로 인해 모든 인류가 그 벌을 받는다는 것은 이치에 합당하지 않다는 것이다.

금장태는 안정복이 서학 비판론에서 가장 역점을 둔 것은 서학의 영혼 개념, 그리고 영혼 불멸에 바탕을 둔 구원론인 천당지옥설이라고 하였다. 안정복은 기의 모이고 흩어짐으로 귀신의 존재를 설명하는 성리학의 귀신론에 근거하여 서학에서의 영혼 불멸이라는 주장이 불교와 다를 바 없다고 배격하였다. 그러면서 조상에게 제사를 드릴 수 있는 근거는 기가 흩어지는 데 느리고 빠른 구별이 있어서 그렇다고 주장하였다. 다만 흩어지지 않는 기가 있을 수 있음에 대해서는 완전히 부정하지는 않았다. 금장태는 안정복의 귀신론이 완전 소멸론으로 귀결되지 않음은 안정복 자신의 독특한 견해라고 보았다.

그러나 안정복은 사람이 죽은 뒤에 그 영혼이 흩어지지 않고 천당과 지옥으로 가게 된다는 주장은 이단이라고 여겼다. 이 지점에서 안정복은 서학을 불교와 같다고 여겨 불교에 대한 비판의 연장선 위에서 서학을 비판하였다. 금장태가 보기에 안정복이 불교와 서학의 일치점으로 간주한 것은 바로 천당과 지옥이었다. 특히 지옥의 참혹한 형벌은 상제의 지극히 어진 마음과 모순된다고 지적하였다. 그리고 천당과 지옥이 유한한데 인류의 영혼을 어떻게 다 수용할 수 있느냐는 안정복의 비판은 천당과 지옥을 기의 질료(質料)로 인식하는 성리학의 인식 태도에서 나온 것이라고 금장태는 설명한다. 금장태에 따르면, 안정복은 현세 중심의 도덕성에 기반을 둔 유교의 가치관에 근거하여 서학의 천당지옥설에 따른 내세의 구원을 추구하는 신앙을 개인의 사사로운 이기심에 사로잡힌 것으로 바라보았다. 따라서 안정복의 서학 비판론에서 가장 강조된 것은 하늘이 부여한 본연의 성[本然之性]을 가꾸어 사욕을 버리고 천리를 추구하는 성리학적 수양론의 태도이다. 안정복의 관점에서 보자면, 서학은 현세에서 선을 행하라고 하지만, 내세에 천당으로 가고자 하는 사사로운 욕심에 이끌린 것이므로 이단에 불과하다.

금장태는 안정복의 서학 비판론이 지닌 특성을 세 가지로 정리하였다. 첫째, 성호나 하빈(河濱)의 서학 비판과는 달리 천주교 신앙집단과 직접 대면하면서 전개한 비판이었다. 둘째, 비판이기는 하지만 토론을 위한 상호이해의 기초를 마련하는 비판론이었다. 셋째, 서양 과학은 비판의 대상으로 삼지 않았다. 그래서 금장태는 유교와 서학의 갈등이 전개되는 과정에서 보자면 안정복의 서학 비판론이 잠복기와 발현기 사이에 존재하였던 일종의 과도기에 해당하는 성격을 지니고 있었다고 평가하였다.

함영대는 금장태의 연구를 보완하는 차원에서 안정복의 서학 비판론이 지닌 인식적, 논리적 구조를 ① 위정척사 의식의 이념적 경사(傾斜), ② 유교적 세계관과 현실 궁행(躬行)의 논리, ③ 한역서학서에 대한 폭넓은 독서와 정통한 교리 이해, ④ 전근대적인 과학인식의 한계

노정(露呈) 등으로 정리하였다.[26] 그런 다음에 함영대는 "순암의 「천학문답」은 벽이단(闢異端)의 의식 아래에서 서학을 비판했지만, 적어도 대상이 되는 한역서학서를 직접 독서하고 유학의 입장에서 그 득실을 검토하여 정립된 것으로, 『이학집변(異學集辨)』에 비해 상대적으로 상당히 아카데믹한 학술비판서"라고 평가하였다.[27] 함영대가 언급한 『이학집변』은 영남 유생 류건휴(柳健休, 1768~1834)가 쓴 서학 비판서로서, 안정복의 「천학문답」마저 서학 비판에 철저하지 못했다고 비판한 저술이다. 함영대는 류건휴가 서학 서적을 직접 읽지 않은 채 서학 비판을 전개하였기 때문에, 오히려 안정복이 더 정밀한 서학 비판론을 제시했다고 보았다.

안정복의 서학 비판이 담고 있는 내용에 대해서 최동희, 이원순, 금장태, 함영대 등에 의해서 총론적이고 종합적인 분석과 평가가 이루어졌다. 그런데 안정복의 서학 비판론을 좀 더 분석적으로 고찰하려면 안정복이 서학서의 어떤 부분을 어떻게 읽었으며, 또 이에 대해서 어떤 관점에서 비판론을 전개했는지를 살펴야 한다. 말하자면 안정복의 서학 비판론에 담긴 논리적 구조를 드러내는 것도 중요하지만, 그러한 비판을 가능하게 만든 안정복의 서학 서적 독서 내용을 정밀하게 추적하는 작업도 필요하다는 것이다. 즉 각론에 해당하는 분석적 연구가 앞으로의 과제라 하겠다.

이와 관련하여 강세구의 연구가 선구적이다. 강세구는 「천학문답」이 마테오 리치의 『천주실의』를 겨냥하여 썼다고 보고, 「천학문답」의

26 함영대(2012), 211~220쪽.

27 함영대(2012), 225쪽.

31개 문답을 간추린 다음에 이와 관련된 『천주실의』의 출처들을 제시하였다.[28] 이러한 작업은 안정복이 서학 서적을 어떤 방식으로 읽고 자신의 비판론을 완성하였는지를 밝히는 데 초석이 될 것이다. 다만 마테오 리치의 『천주실의』만을 대상으로 하였다는 점, 그리고 『천주실의』의 해당 구절들을 구체적으로 제시하고 「천학문답」의 구절들과 대조하지는 않았다는 점 등은 앞으로 더 진전된 연구가 나올 수 있는 여지를 남겨 놓았다.

또한 안정복의 「천학문답」에는 기존 연구에서 쟁점화하여 다루는 비판론 외에도 구체적이면서 정밀한 논의들도 여럿 담겨 있다. 가령 안정복이 제15번 문답과 제22번 문답에서 비판한 그리스도론, 제17번 문답에서 서사(西士)의 천학 공부와 유자(儒者)의 성신(誠身) 공부를 비교한 수양론, 제27번 문답에서 설명한 성사론(聖事論), 제30번에서 소개한 마귀론(魔鬼論), 그리고 「천학고」에서 다룬 경교비(景敎碑) 관련 문헌 인용 등의 문제는 안정복이 어떤 서학 서적들을 읽고 인용하였는지를 밝힐 필요가 있다. 그러므로 안정복의 저술을 좀 더 치밀하게 분석하는 세부적인 논의가 앞으로의 연구 과제라 하겠다.

4) 안정복의 서학론이 미친 영향

서종태는 안정복의 「천학설문」, 그리고 이를 개편한 「천학고」와 「천학혹문」이 어떤 인물들에게 읽혔는지를 자세하게 밝혔다.[29] 먼저 「천

28 강세구(2012), 301~309쪽.

29 서종태(2013), 26~29쪽.

학설문」은 이기경(李基慶)의 외사촌이면서 정통 유학을 따르던 심유(沈浟)의 질문에 답하기 위하여 쓴 것이며, 나중에 안정복의 제자 권진이 등사하여 읽었고, 또 다른 제자 황덕길(黃德吉)과 황덕일도 읽었다. 그리고 성호학파에 속하는 인물들을 넘어서 오석리, 이헌경 등과 같은 남인들도 안정복의 저술을 읽고 천주교를 배척하는 지침서로 활용하였다고 한다. 이어서 안정복의 문하에 드나들었던 남한조, 정종로(鄭宗魯), 이천섭(李天燮) 등에 의해 안정복의 서학 비판 저술은 영남 지역으로도 전해졌다. 특히 이상정(李象靖)의 제자였던 남한조는 「천학혹문」을 읽고 「안순암 천학혹문 변의(安順菴天學或問辨疑)」를 저술하였고, 역시 이상정의 제자인 신체인(申體仁)은 안정복의 「천학설문」, 이헌경의 「천학문답」, 조술도(趙述道)의 「운교문답(雲橋問答)」 등을 읽고 천주교를 배척하는 글인 「천학종지도변(天學宗旨圖辨)」을 저술하였다. 이처럼 안정복의 천학 비판론인 「천학설문」, 「천학고」, 「천학혹문」 등이 성호학파의 소장 학자들, 근기 지방의 남인 유학자들, 나아가서 영남의 유학자들에게도 영향을 미쳐 사학(邪學)인 천주교를 배척하고 정학(正學)인 성리학을 수호하는 사상을 형성하였다는 점이 기존 연구를 통하여 밝혀졌다.

조지형은 안정복의 제자 황덕일과 황덕길이 안정복의 학통을 계승하면서 안정복의 서학 비판론도 함께 이어받았음을 보였다. 특히 황덕일의 저술 『삼가략』을 분석하여 안정복의 영향을 입증하였다. 즉 황덕일의 논점 역시 안정복이 서학을 논리적으로 비판한 내용과 크게 다르지 않으며, 안정복의 서학 인식을 충실하게 계승하고 있었음을 보여준다는 것이다.[30] 김선희도 서종태의 논의를 이어받으면서 안정복의 「천학문답」이 남한조를 거쳐 영남 남인들에게 전파되어 영남 남인의 척사론을 형성하는 데 일정한 영향을 미쳤음을 말한다. 남한조를 거쳐서 류건휴에 이르면 안정복의 서학 비판마저 불충분한 것이었다고 보고 한층 더 강화된 서학 비판론이 등장하였다는 것이다.[31]

또한 조지형은 안정복의 저술이 영남 남인들에게 미친 영향을 실증적으로 연구하였다. 즉 남한조가 안정복과 이익의 저술을 읽고 이를 비판적으로 평가한 두 가지 저술, 즉 「안순암 천학혹문 변의」와 「이성호 천주실의발 변의(李星湖 天主實義跋 辨疑)」를 분석하였다. 조지형에 따르면 남한조는 일부 대목에서 안정복보다 더 강경한 논조로 서학을 비판하였다. 그래서 근기 남인들을 중심으로 이루어지던 서학 비판의 논의가 영남 지역의 남인에게 퍼지는 시발점이 된 인물이 바로 남한조이고, 남한조는 안정복의 서학 비판을 계승하는 측면을 지니고 있었다는 것이다.[32] 이처럼 안정복과 영남 남인들 사이에 서학 비판론이 어떻게 계승되었는지는 이후로도 계속 학자들의 관심을 받았다. 전성건은 안정복의 저술이 남한조를 비롯한 영남 남인에게 전해졌을 뿐 아니라 남한조는 「안순암 천학혹문 변의」를 써서 안정복의 입장마저 너무 온건하다고 비판하였으며, 그의 제자 류건휴에게 가서는 훨씬 공격적인 비판서 『이학집변』이 나타났다고 하였다.[33]

이처럼 안정복의 서학 비판론이 성호학파 후학들에게 미친 영향, 당대의 근기 남인들에게 미친 영향, 나아가서 영남 남인들에게 미친 영향 등은 계속 연구의 대상이 되었다. 그리하여 안정복의 저술들이

30 조지형(2014), 358쪽.

31 김선희(2015), 474쪽.

32 조지형(2018), 357쪽.

33 전성건(2019), 198~199쪽.

어떤 과정을 거쳐서 전해졌고, 또 어떻게 읽혔는지에 관하여 많은 사실들이 밝혀졌다. 이러한 연구들을 통해서 보자면 안정복의 서학 비판이 사학을 배척하고 정학을 옹위하자는 벽위론(闢衛論)을 외치는 인사들에게 많은 동조를 얻었던 것은 분명한 사실이다. 그렇지만 안정복이 실제로 서학을 단념하고 정학으로 돌아오기를 그토록 바랐던 권철신이나 이기양과 같은 인물들에게는 안정복의 저술이 그다지 효과를 발휘하지 못하였다.[34] 이승훈과 정약종(丁若鍾), 권철신 등은 안정복의 「천학문답」과 같은 체계적이며 논리적인 서학 비판론을 접하였음에도 아무런 영향을 받지 않았고, 천주교 신앙공동체를 결성함으로써 그들 자신의 길을 갔던 것이다. 그렇다면 왜 안정복의 서학 비판이 근기 남인 신서계 인사들에게 그다지 영향을 미치지 못했는지, 그 까닭이 어디에서 기인하는지를 탐구하는 과제가 아직 남아 있다고 하겠다.

5) 향후 연구의 과제들

지금까지 안정복과 서학에 관한 기존 연구들이 어떻게 이루어져 왔는지를 간단히 개괄하였다. 새로운 연구 자료가 발굴되고 확대된 과정도 살펴보았으며, 안정복이 서학에 관해서 가지고 있었던 지식의 범위가 어느 정도인지를 알려주는 연구도 소개하였다. 그리고 기존 연구에서 안정복의 서학 비판론을 어떤 논리적 구조로 설명하였는지를 간추리면서 앞으로의 연구 과제를 제시하였다. 또한 안정복의 저술이 미친 영향에 관한 연구 성과들을 소개하면서, 안정복의 서학론

34 강세구(2012), 313쪽.

이 영향을 미친 범위에 신서계 인사들의 동향도 포함해야 한다고 주장하였다. 그러면 안정복과 서학의 문제에 관하여 향후 연구의 방향과 과제를 몇 가지 제안하고자 한다.

첫째, 안정복의 서학론이 차지하는 위상을 종합적으로 평가하는 작업이 필요하다. 그러자면 안정복 이전과의 연관성, 안정복 이후와의 연관성을 함께 검토해야 한다. 안정복 이전과의 연관성에서 이익과 신후담의 서학 비판과의 연관성을 해명하는 문제와 안정복 이후와의 연관성에서 황덕일, 남한조, 류건휴 등과의 관련성을 해명하는 문제는 기존 연구에서 상당한 부분들이 밝혀졌다.[35] 앞으로는 안정복의 저술을 그 이후에 나온 척사론 계통의 글, 예를 들자면 홍정하(洪正河, 1731~1805)가 『천주실의』, 『만물진원(萬物眞原)』, 『진도자증(眞道自證)』, 『성세추요(盛世芻蕘)』, 이렇게 네 종류의 서학 서적을 읽고 비판한 『사편증의(四編證疑)』,[36] 고종 때의 문신 윤종의(尹宗儀, 1805~1886)가 천주교를 배척하면서 지은 『벽위신편(闢衛新編)』,[37] 그리고 비슷한 시기에 나온 경상북도 상주의 유학자 김치진(金致振, 1822~1869)이 지은 『척사론(斥邪論)』[38] 등과 비교 검토하는 작업도 필요하다. 이러한 시도는 이익을 필두로 하여 신후담을 거쳐 안정복에 이르러 일단락된 서학 수용 논쟁이 그 이후 천주교 탄압의 시기를 통과하면서 어떤 변화와 굴절을 겪었는지를 종합적으로 조명하는 것으로서, 조선 후기 서학 관련 논쟁의 역사에서 안정복의 저술과 활동이 지니는 의의를 밝혀줄 것이다.

35 함영대(2012; 2013); 조지형(2014); 김선희(2015); 조지형(2018); 전성건(2019).
36 전용훈(2021), 10쪽.
37 최보윤(2024), 67쪽.
38 최정연(2023), 107~108쪽.

둘째, 서학을 이단으로 배척하는 사상 활동의 예비적 전제로서 불교 비판론을 살펴보는 연구가 더 필요하다. 안정복의 불교 비판론에 관해서는 강세구가 선구적인 업적을 쌓았다.[39] 하지만 앞으로 안정복의 불교 비판론과 서학 비판론을 함께 검토하면서 그 연속성과 불연속성을 다루어야 할 필요가 있다. 고려 말부터 정도전(鄭道傳)을 비롯한 신진 사대부 유학자들에 의해서 전개된 불교 비판이 있었기 때문에, 서학 비판은 그러한 사상적 토대 위에서 이루어졌을 것이다. 혹은 불교 비판이 선이해로 작용하면서 서학을 오해한 측면도 있었을 수 있다. 그런 점에서 조선시대 벽이단의 사상사적 흐름 속에서 불교 비판과 서학 비판을 연결하여 고찰하면 안정복의 서학론 또는 서학 비판론의 성격이 좀 더 입체적으로 드러나지 않을까 한다. 이를 위해서는 안정복의 불교 비판론이 독창적인지, 정도전, 권근(權近), 이황(李滉), 이이(李珥) 등 앞선 유학자들의 논의를 그대로 계승하였는지를 우선 살펴야 한다. 따라서 정도전의 『불씨잡변(佛氏雜辨)』과 『심기리편(心氣理篇)』에서 시작하여 여러 종류의 불교 비판 논서들을 검토하면서 안정복의 불교 비판론과 서학 비판론이 맺고 있는 상호 관계를 밝히는 연구도 앞으로 필요한 작업이다.

셋째, 안정복의 서학론을 실증적으로 분석하는 연구가 필요하다. 안정복이 어떤 서학 서적들을 읽었는지, 어떤 부분을 가져와서 어떻게 평가하였는지를 다루는 작업이다. 이를 위해서는 다양한 서학 관계 문헌들과 대조하는 작업을 먼저 수행해야 한다. 그런 다음에 서학 문헌들에서 특정한 구절들을 추출하는 사유 방식을 분석해야 하고,

---

39 강세구(2012), 254~269쪽.

그러한 사유 방식이 담고 있는 의미도 추적해야 한다. 앞에서 소개하였듯이 안정복의 「천학문답」에 실린 구절들을 마테오 리치의 『천주실의』와 대조하는 작업은 이미 강세구에 의해서 이루어졌다. 하지만 앞으로 좀 더 확장된 작업이 나올 여지는 충분히 남아 있다. 왜냐하면 안정복은 「천학문답」에서 『천주실의』 외에 다른 서학 문헌도 인용하고 있기 때문이다. 이 글에서 주목하고자 하는 서학 문헌은 『진도자증』이다. 이 『진도자증』은 안정복이 「천학문답」을 짓던 바로 그 시기에 처음 조선에 전해졌다. 그러므로 「천학문답」의 서학 서적 인용 양상에 관한 분석적인 연구는 안정복의 서학 서적 독서에 관하여 새로운 사실들을 밝힐 수 있을 것이다.

넷째, 안정복의 서학 비판을 스승인 성호 이익, 그리고 선배인 신후담의 서학 비판과 관련짓고, 또 안정복의 서학 비판이 후학들인 남한조, 류건휴 등 영남 남인의 서학 비판에 미친 영향에 관해서는 이미 여러 연구를 통하여 상당한 부분들이 밝혀졌다. 그런데 안정복의 「천학고」와 「천학문답」이 근기 남인 가운데 천주교를 받아들인 인사들에게 왜 영향을 주지 못했는지에 관해서는 그다지 연구되지 못했다. 왜 이승훈, 이벽, 이기양, 권일신, 정약종 등은 안정복의 만류에도 불구하고 서학을 신봉하게 되었는지, 그리고 남인 계열의 유학자들은 무슨 이유로 신서계와 공서계로 나뉘고 말았는지, 이러한 문제에 관해서 좀 더 상세한 연구가 필요하다고 본다. 이하에서는 셋째 문제, 즉 「천학문답」에 나타난 『진도자증』의 인용 양상, 그리고 넷째 문제, 안정복과 신서계 인사의 관계에 관하여 몇 가지 소견을 제출하고자 한다.

3. 「천학문답」 분석: 『진도자증』 인용 양상

안정복이 서학을 비판하는 글, 특히 「천학고」와 「천학문답」을 지으면서, 중국에서 활동하던 예수회 선교사들의 저서들에서 어떤 구절들을 어떤 방식으로 인용하면서 자신의 비판론을 전개하였는지를 다룬 기존 연구로 강세구의 연구를 소개하였다.[40] 강세구는 안정복이 마테오 리치의 『천주실의』를 염두에 두면서 「천학문답」을 썼다고 보았다.[41] 그래서 주로 「천학문답」과 『천주실의』 사이의 관계를 다루었다. 하지만 안정복은 「천학고」와 「천학문답」에서 여러 종류의 서학 서적을 인용하였다. 명시적으로 출전을 밝힌 부분도 있지만, 서사(西士)의 말이라고만 하면서 서학 서적의 구절을 가져온 대목도 있다. 그의 글에 등장하는 서학 서적의 제목으로는 『천주실의』만이 아니라, 『직방외기』, 『진도자증』, 『칠극』, 『기인(畸人)』 등도 보인다.

18세기 초엽 중국에서 활동한 프랑스 출신의 예수회 선교사 드 샤바냑이 지은 천주교 교리 해설서 『진도자증』은 특별히 주목할 만한 서학 서적이다.[42] 왜냐하면 이 책이 처음 조선에 들어온 것은 이승훈

40 강세구(2012), 301~309쪽.

41 강세구(2012), 298쪽.

42 『眞道自證』은 프랑스 출신의 예수회 선교사 에메릭 드 샤바냑(Emeric de Chavagnac, 沙守信, 1670~1717) 신부가 지은 서학 문헌이다. 1701년 중국 廣東省 廣州에 도착하여 주로 江西省 일대에서 선교 활동을 벌였던 드 샤바냑 신부는 1717년 饒州에서 사망하였다.(Louis Pfister, *Notices Biographiques et Bibliographiques sur les Jésuites de l'Ancienne Mission de Chine(1552~1773)*, Tome II, Chang-Hai: Imprimerie de la Mission Catholique, 1934, pp. 567~570.) 『진도자증』은 그의 사후인 1719년 북경에서 간행되었다. 1785년 북경 교구에 부임한 교구장 알렉산델 데 구베아(Alexander de Gouvea, 湯士選, 1751~1808) 주교는 드 샤바냑 신부의 『진도

이 1784년 봄에 북경에서 돌아올 때로 알려져 있기 때문이다. 따라서 안정복이 「천학고」와 「천학문답」을 짓기 시작하던 을사년(1785년) 음력 3월에 『진도자증』은 천주교에 입교한 남인 계열 신서파(信西派) 학자들에게 막 소개된 책이었다.[43] 안정복은 사위 권일신(權日身, 1742~1791) 또는 외손 권상문(權相問, 1769~1802) 등을 통해서 『진도자증』을 입수하였을 것으로 추정된다. 그런데 을사년 3월 9일(양력 4월 17일)에는 형조(刑曹)의 관헌들이 명례방(明禮坊)의 김범우(金範禹) 집에서 천주교 신자들의 회합을 적발하는 사건이 벌어졌다.[44] 그러자 안정복은 남인 학자들 사이에서 천주교가 퍼지는 것을 막아야 한다는 사명감을 가지고 「천학고」와 「천학문답」을 쓰기 시작하여 그해 음력 12월 20일에 끝냈다.[45] 안정복은 서학 비판을 전개하면서 예전에 읽은 적이 있었던 『천주실의』나 『직방외기』, 『칠극』, 『기인』 외에도 새로 입수한 『진도자증』을 참고하였다. 그러므로 안정복의 「천학고」와 「천학문답」은 당시 천주교 신자가 된 남인 계통의 후배 학자들을 염두에 두고 쓴 것이라 할 수 있다.

자증』이 천주교 선교에 매우 유익한 책이라고 생각하여 자신의 인준을 거쳐 1796년에 다시 간행하였다. 그 뒤 1818년부터 1926년 사이에 여러 차례 복간되었다.

43 『부부고』 제10책에 실린 「천학고」와 제13책에 실린 「천학혹문」의 첫머리에는 “乙巳 三月”이라고 되어 있다. 그러므로 안정복이 「천학설문」을 개작하여 「천학고」와 「천학혹문」을 쓰기 시작한 시점이 1785년 음력 3월이었음을 알 수 있다. 서종태의 논문(2013) 부록에 원문이 영인되어 있다. 56쪽과 60쪽 참고.

44 조현범(2022), 69쪽.

45 『순암집』에 실린 「천학문답」에는 부록 앞에 “을사 가평일 우이자 씀[乙巳 嘉平日虞夷子書].”이라는 구절이 있다. 嘉平은 臘月을 가리킨다. 가평일을 嘉平節로 보면 조선에서는 동지 후 세 번째 未일을 의미한다. 1785년 을사년의 동지 후 세 번째 未일은 음력 12월 20일(양력 1786년 1월 19일)이다. 그러므로 안정복은 「천학고」와 「천학문답」을 을사년 3월에 시작하여 12월에 끝냈다고 추정할 수 있다.

안정복의 서학 비판이 "상당한 학술적 검토의 과정을 거쳐 풍부한 내용을 담지하고 있다"는 평가가 있었다.[46] 나아가서 "경학(經學), 예학(禮學)과 사학(史學)에 걸쳐 박학다식했던 그의 학문과 교양을 유감없이 발휘하여 성실하게 논지를 폈다."라고도 말한다.[47] 과연 안정복이 서학에 관하여 어느 정도의 이해를 갖추고 있었으며, 또 그의 비판이 어떤 수준이었는지를 가늠해 보려면, 실제 그의 저술에서 서학 서적의 인용 양상을 구체적으로 추적하는 작업이 필요하다. 기존에 강세구의 연구로 『천주실의』의 인용 양상은 어느 정도 밝혀졌다고 보고, 이 글에서는 안정복이 당시 조선에 새로 들어온 서학 서적인 『진도자증』을 어떻게 인용하였는지를 살펴보도록 하겠다.

안정복이 「천학고」와 「천학문답」에서 『진도자증』을 명시적으로 인용한 곳은 ① 경교비에 관한 설명(175쪽), ② 원죄론 비판(204쪽), ③ 천주 강생설 비판(207쪽), ④ 예수의 보편적 사랑에 대한 반박(207쪽), ⑤ 천주 명칭에 관한 설명(219쪽), 이렇게 다섯 군데이다. 명시적으로 인용하지는 않았지만, 구절을 대조한 결과 『진도자증』을 인용한 것이 분명한 부분은 두 군데이다. 현세 부정론 비판(199쪽)과 마귀의 기원에 관한 설명(225쪽)이 그것이다.[48] 이하에서는 안정복이 인용한 『진도자증』의 해당 구절이 구체적으로 무엇인지, 그리고 안정복은 해당 구절을 어떻게 이해했는지를 살펴보겠다.

---

46 함영대(2012), 197쪽. 함영대에 따르면 이렇게 평가하는 대표적인 논자는 최소자이다.

47 이원순(1986), 165쪽.

48 괄호 안의 쪽수는 안정복 저, 이상하 역(2020)의 쪽수를 가리킨다.

1) 경교비에 관한 설명

안정복은 천학, 즉 서학이 중국에 들어온 것이 오래된 일임을 밝히기 위하여 「천학고」를 썼다. 그래서 시대별로 중국의 여러 서적에 등장하는 서학 관련 내용들을 간추려서 소개하였다. 그런 점에서 「천학고」는 일종의 '천학 동전고(東傳考)'라고 할 수 있다. 안정복은 『명사(明史)』에 나오는 구절을 인용한 다음에, 명말 청초의 인물인 목재(牧齋) 전겸익(錢謙益, 1582~1664)이 쓴 「경교고(景敎考)」에서 일부를 발췌하여 실었다. 이 내용은 안정복이 자신의 글을 필사해 놓은 기록인 『부부고(覆瓿稿)』 제10책의 「천학설문(天學設問)」에도 들어 있다.[49] 서종태의 연구에 따르면 「천학설문」은 안정복이 천주교에 관하여 쓴 최초의 저술이며, 지은 시기는 1784년 겨울 중에서도 11월 14일 이전의 초겨울이라고 한다.

안정복은 1784년 권철신에게 쓴 세 번째 편지에서 말하기를, 류옥경이 "전목재가 쓴 「경교고」 한 대목"을 적어서 보내주었다고 하였다.[50] 이 편지에 실린 「경교고」의 한 대목은 「천학고」에 실린 부분과 똑같다. 그러므로 안정복은 류옥경이 발췌하여 보내준 부분을 그대로 자신의 「천학설문」에 넣었다고 말할 수 있다.[51]

---

49 서종태(2013)의 부록에 탈초(36쪽)와 원문(49쪽)이 실려 있다.

50 안정복 저, 이상하 역(2016), 383쪽.

51 앞서 안정복의 서학론에 관한 연구 자료의 새로운 가능성을 언급하면서 『부부고』의 중국 문헌 독서 기록에 서학 관련 내용이 들어 있을 수 있다고 지적하였다. 전겸익의 『유학집』을 읽고 시문들을 뽑아서 정리한 것이 『부부고』 제34책에 실려 있기 때문이다. 그러면 안정복은 『유학집』을 읽으면서 「경교고」도 함께 읽었을 가능성이 있다. 그런데 왜 류옥경이 「경교고」를 필사해서 보내주었다고 권철신에게 말했으며, 또 「경교고」 가운데 류옥경이 보내준 부분만을 「천학설문」에 넣었는지 알

이처럼 「천학설문」에는 전겸익의 「경교고」에서 뽑은 구절만 들어 있었다. 그런데 『부부고』 제13책에 들어 있으며, 을사년(1785년) 3월에 썼다고 되어 있는 「천학고」의 같은 구절에는 전겸익의 「경교고」에서 가져온 구절에 새로운 협주를 추가하였다.[52] 그리고 이 협주는 『순암집』 제17권의 「천학고」에도 그대로 들어가 있다. 협주의 내용을 소개하면 다음과 같다.

> 살펴보건대 경교(景教)란 서사(西士) 경정(景淨)이 지은 비문에 나오는 말이다. 그 책 『진도자정(眞道自訂)』에 기록하기를, "명나라 천계(天啓) 3년에 관중(關中)에서 땅을 파다가 허물어진 담장 밑에서 비석 하나를 발굴하였다. 그 비석에는 성교(聖教)의 교리가 간략하게 기록되어 있었으며, 성교의 인사(人士) 72인의 이름이 새겨져 있었다. 경교는 당나라 정관(貞觀) 9년에 중국에 들어왔으며, 비석을 세운 때는 당나라 건중(建中) 2년 정월이다." 전목재가 찬술한 것이 바로 이것이다. 전목재는 당시 사람으로서 서사(西士)와 종유(從遊)하여 사실을 잘 알았을 터이니, 그의 말은 더욱 믿을 만하다.[53]

위의 인용문에서 안정복이 『진도자정』이라고 적은 것은 『진도자증』의 오기임이 분명하다. 왜냐하면 『진도자증』에 해당 구절이 똑같이 나오기 때문이다.[54] 그런데 『부부고』 제13책의 「천학고」와 『순암집』

수 없다.

52 서종태(2013)의 부록에 탈초(45쪽)와 원문(67쪽)이 실려 있다.

53 안정복 저, 이상하 역(2020), 174~175쪽.

54 沙守信(1721), p. 307. "大明天啓三年, 關中官命起土, 獲一石碑於敗牆基下. 碑約記聖教之理, 勒傳聖教之士七十二人. 知唐太宗貞觀九年入中國, 建碑之時, 係唐建中二年正月所立."

제17권의 「천학고」에는 동일하게 『진도자정』이라고 잘못 적었다. 왜 그렇게 되었는지 자세한 사정은 알 수 없다. 한편 『진도자증』은 경정이 지은 책이 아니다. 경정은 당나라 때 활동하던 네스토리우스 교파의 서양인 선교사 아담(Adam)의 중국식 이름이고, 『대진경교유행중국비(大秦景教流行中國碑)』의 비문을 지었다고 알려진 인물이다. 『진도자증』을 지은 사람은 청나라 때 주로 강서(江西) 지역에서 활동한 프랑스 출신의 예수회 선교사 드 샤바냑(de Chavagnac, 沙守信) 신부였다.[55] 그래서 전겸익이 당시 사람이어서 서사와 종유하였다는 것은 명말 청초 시기에 활동했기 때문에 예수회 선교사들과 만났을 가능성이 있다는 말인데, 이것을 잘못 해석하면 전겸익이 경교비를 지은 경정과 같은 시대 사람으로서 경정 등 네스토리우스 선교사들과 만났을 것으로 오해할 수 있다.

드 샤바냑은 『진도자증』에서 경교비를 설명한 경위는 다음과 같다. 먼저 천주의 강생이 어찌하여 중국에서 이루어지지 않고 유다 이스라엘 땅에서 이루어졌는지, 그 까닭이 무엇인지를 묻는다. 그런 다음에 천주가 유다 땅에 강생한 이유를 다섯 가지로 설명한다. 이어서 천주의 도가 사방으로 전해져서 중국에도 일찍 전해졌다고 말한다. 그러면서 경교비를 그 근거로 들었다. 드 샤바냑은 경교비가 건립된 시기와 발견된 시기에 관한 자세한 사항을 마누엘 디아스의 글 「경교비송전(景教碑頌詮)」에서 가져와서 협주의 형태로 소개하였다. 안정복은 『진도자증』에서 이 구절을 읽고, 전겸익의 「경교고」를 요약한 부분에

55 드 사바냑의 생애와 『진도자증』의 서지 사항에 관해서는 김보름(2024), 238쪽을 참고할 수 있다.

새로 추가한 것이다.

2) 현세 부정론 비판

안정복은 「천학문답」의 제12번 문답에서 “서사가 현세를 배척하는 것은 단지 그 학문이 다른 것에 불과한데, 어찌하여 심하게 배척하는가?”라는 질문을 설정하고, 이에 대해서 다음과 같이 답한다.

> 내가 어찌 심하게 배척하겠는가. 다만 그 주장이 옳지 않음을 밝히고자 하는 것일 뿐이다. 이 현세에 살고 있고 보면, 의당 현세의 일에 진력해야 할 것이니, 여기에 더 보탤 일이 무엇이 있겠는가. 서사의 말을 가지고 한번 말해보겠다. 그들은 말하기를, “지금의 세상은 괴로운 세상이다.”라 하고, 또 “현세는 잠시 머물러 가는 세상이다.”라 하고, 또 “현세는 사람의 세상이 아니라 금수(禽獸)의 본처(本處)이다.”라 하고, 또 “이 세상은 금수의 세상이다.”라 한다. 이런 까닭에 서양의 현사(賢士) 흑랍(黑臘)이라는 자는 늘 웃기만 하였으니 세상 사람들이 허물(虛物)을 쫓아다니는 것을 보고 웃는 것이며, 덕목(德牧)이라는 자는 늘 곡하였으니 세상 사람들이 불쌍해서 곡하는 것일 뿐이다.[56]

위의 인용문 가운데 “현세는 잠시 머물다가 가는 세상[現世暫世也]”이라는 구절은 안정복이 직접 그 출처를 밝히지는 않았지만 『진도자증』에서 가져온 것이다. 해당 구절의 전후 맥락을 보면 다음과 같다.

> 성경에 따르면 현세는 잠시의 세상으로, 마치 시험을 치르는 장소와

56 안정복 저, 이상하 역(2020), 198쪽.

> 같은 그런 곳이다. 선대의 사람들은 이미 시험을 쳤고, 지금은 우리가 시험을 치고 있다. 장차 올 사람도 또한 마찬가지이다. 시험이 끝나면 세상도 다한다. …… 예수께서 이윽고 구름을 타고 내려오시니, …… 만민의 숨겨진 선함과 악함이 환하게 드러난다. 예수께서 곧 자기의 위엄과 권능을 드러내고 표창과 징계를 행하여 선한 자는 위로 올라가게 하고 악한 자는 아래로 떨어지게 하신다. 선한 자는 그의 영혼과 육신이 함께 온화한 모습으로 예수를 곁에서 모시면서 그 영원한 복을 받는다. 악한 자는 그의 영혼과 육신이 함께 홀연히 땅이 열리는 것을 목도하고 우레처럼 아래로 떨어져 영원한 고통을 받는다.[57]

『진도자증』에서는 현세의 유한함을 말하면서, 예수의 재림과 심판을 설명하기 위하여 현세가 잠깐 지속될 뿐임을 강조하였다. 그리고 현세가 끝나면 영원한 복락이나 영원한 고통이 지속되는 궁극적인 세상이 펼쳐질 것이라고 말한다. 그러니까 유한한 현세와 예수 재림 이후의 영원한 세계를 대비하는 논리에서 나온 것이다.

이어서 "현세는 사람의 세상이 아니라 금수의 본처", "이 세상은 금수의 세상", 그리고 흑랍(黑蠟, 헤라클리토스)과 덕목(데모크리토스)의 일화는 모두 『천주실의』에서 가져온 것이다.[58] 『천주실의』에 이런 말이 등장하는 맥락은 다음과 같다. "현세라는 것은 사람의 세상이 아니

---

57 沙守信(1721), p. 284. "蓋據聖經之義, 現世暫世也, 如試場然. 先代之人已試, 今試吾儕矣. 其將來者, 亦若是. 試畢而世界窮盡. …… 耶穌乃乘雲而降, …… 萬民之隱善隱慝, 炯然大昭, 耶穌卽顯其威權, 行其彰癉, 命善者而上升, 惡者而下墮. 善者並其神形, 雍容而侍耶穌之側, 膺其永福, 惡者並其神形, 忽睹地開, 如雷崩下墜, 長受永苦." 번역문은 샤바낙 저, 유은희 역(2013), 122~123쪽을 참고하였다.

58 利瑪竇, 『天主實義 上卷』, 「第三篇 論人鬼不滅 大異禽獸」; 송영배 · 임금자 · 장정란 · 정인재 · 조광 · 최소자 옮김(1999), 118~121쪽.

라 동물들이 본래 거처하는 곳이어서 동물들은 이곳에서 스스로 흡족하게 여기며 넉넉해 하지만, 인간에게 이 세상은 잠시 기거하며 사는 곳에 불과하여 평안하지 못하고 만족하지도 못한다. 인간의 본집은 현세가 아니라 내세에 있고, 인간들 사이가 아니라 하늘에 있다." 즉 인간이 지향해야 할 곳은 잠시 머무는 현세가 아니라 하늘나라라는 것이다.

안정복은 중국 현인들의 말을 인용하면서 이 세상이 잠시 머무는 객사(客舍)와 같은 것이니, 어찌 오래도록 연연할 것이겠는가 하면서 『진도자증』의 잠세론(暫世論)에 대해서는 어느 정도 수긍한다. 다만 이어지는 구절에서 현세를 금수의 세상이라고 말하는 것에 대해서는 격렬히 비판한다. 하늘의 양기와 땅의 음기가 서로 만나서 만물이 생겨나는 것이 세상의 이치이고, 만물 가운데에서도 가장 깨끗하고 맑은 기질을 받은 것이 사람인데, 어떻게 현세를 금수의 세상이라고 말하느냐는 것이다. 안정복의 생각은 현세를 유일한 세계로 보는 유교적 세계관에서 나온 것이다. 그리고 이것은 서학 서적이 제시하고 있는 천주교의 세계관과는 확연하게 구별된다. 그런 점에서 안정복은 천주교의 현세 부정론을 도저히 받아들일 수 없는 것으로 비판하였다.

3) 원죄론과 그리스도론 비판

「천학문답」 제15번 문답은 "서학을 하는 자들은 원조(元祖), 재조(再祖)라는 말을 하는데, 들려줄 수 있겠는가?"라고 묻는 것으로 시작한다. 여기서 원조는 인류의 첫 번째 조상인 아담을 말하며, 재조는 두 번째 조상이라는 뜻인데, 원죄에 물든 아담의 혈통에 묶이지 않은 새로운 인류의 조상, 즉 예수 그리스도를 가리킨다. 즉 천주교에서는 원조인 아담의 잘못으로 인하여 원죄가 생겨났고, 예수의 희생으로 말미암아 원죄가 해소되었다고 말한다. 그래서 예수는 인류의 두 번째 조상이라는 것이다. 그리고 아담과 예수를 대비하여 원조와 재조라고 일컫는다. 그런데 예수를 재조라고 부르는 표현은 『천주실의』에서는 찾을 수 없으며, 대신에 『진도자증』에는 분명하게 등장한다. 그러므로 안정복이 원조와 재조가 무엇이냐고 묻는 것 자체가 『진도자증』을 읽고, 그에 대한 비판을 구상하였음을 말해준다. 안정복은 원조 아담으로 발생한 원죄에 관해서 다음과 같이 설명한다.

> 원조는 위에서 말한 아담이며, 재조는 지금 일컫는 천주 야소이다. 『진도자증』에 "천주가 원조를 낳아 천하 만민의 조상으로 삼고 특별히 은혜를 베풀어 마음대로 살게 하였다. 이 원조는 성정이 착하고 아름다워 모든 이치를 다 환히 아니, 천지간의 만물이 그의 명을 천주의 명처럼 따랐다. 이에 사악한 마귀가 시기하여 그를 제거할 방법을 꾀하였다. 천주는 이 기회에 원조를 한번 시험해 보고자 하여 사신(邪神)을 시켜 유혹하게 하니, 원조가 본분을 잃고 은혜를 잊은 채 마귀를 좇아 천주의 명을 거역하였다. 그러자 천주의 인자하던 마음이 의노(義怒)로 바뀌어 죽은 뒤에 지옥의 고통을 받게 하였으며, 그의 자손들도 대대로 같은 벌을 받았다."라고 하였다.[59]

안정복이 인용한 『진도자증』의 구절은 하나로 이어지는 특정한 문장이 아니다. 『진도자증』에서는 인류의 기원과 최초의 순수함, 마귀의 유혹과 타락, 천주의 분노와 처벌, 원죄의 대물림 등을 여러 장에

59 안정복 저, 이상하 역(2020), 204쪽.

걸쳐서 자세하게 설명하였다. 안정복은 『진도자증』의 서술 가운데 핵심적이라고 판단한 구절들을 뽑아서 요약하였다. 『진도자증』에서 안정복의 인용과 일치하는 부분들을 추리면 다음과 같다.

> 성경의 풀이를 살펴보면, 천하 만민의 무리는 원래 하나의 조상에 속하며 한 남자와 한 여자가 낳았으니, 모두 같은 뿌리이며 본디 한 집안이다. 그 남자의 이름은 아담이며 여자의 이름은 하와로 인류의 원조라고 불린다. …… 천주께서는 원조에게 특은을 내리시어 안과 밖이 터럭만큼도 흠도 없게 만드셨다. 안으로는 본성이 순전히 선하고 욕심이 없고, 그 정(情)은 순전히 아름답고 어지럽지 않으며, 명오(明悟)는 모든 이치를 다 비추니 …… 천지 만물이 복종하기를 마치 천주의 명처럼 하였다.[60]

> 사악한 마귀가 …… 마침내 시기하여 은혜를 잃게 하려고 계략을 꾸몄는데, 천주께서 이를 이용해 인간의 마음을 시험하려고 하셨다. 이기면 공을 세워 은혜가 보존되며 패하면 죄가 드러나고 은혜는 없어지는 것이었다. 슬프도다. …… 스스로 배반하여 마귀를 따르고 마귀에게 순종하여 천주의 계명을 어겼다. …… 천주의 인자함은 의노(義怒)로 변하였고, 우리 인간의 높은 지위는 버리고 마귀의 심부름꾼이 되었다. …… 죽어서는 천당의 복락은 터럭만큼도 얻지 못하고 지옥의 고통은 더욱 피하지 못한다. …… 이에 그치는 것이 아니다. 대대로 자손들도 그 죄의 벌을 받을 뿐 아니라 죄에 물들지 않은 자가 없다.[61]

---

60 沙守信(1721), pp. 245~246. "按聖經大訓, 天下萬民之衆, 原屬一祖, 係一男一女所生, 皆同根而本一家也. 其男名亞當, 女名厄娃, 號爲人類之原祖. …… 蓋天主之於原祖, 特恩縱之, 令其內外毫無玷焉. 內則其性純善而無欲, 其情純美而不亂, 明悟則萬理具照, …… 天地萬物, 遵若主命." 번역문은 샤바낙 지음, 유은희 옮김, 『진도자증』, 97~98쪽을 참고하였다.

과연 안정복의 요약은 『진도자증』의 해당 부분에서 중요한 지점들을 골고루 뽑은 것이었다. 다만 왜 천주가 인간의 마음을 시험하려 하였는지, 그리고 왜 아담은 마귀의 유혹에 넘어갔는지에 관해서는 언급하지 않았다. 『진도자증』에서 천주의 시험은 유혹을 이김으로써 공을 세워 은혜를 보존하도록 하려는 것이라고 설명하며, 아담의 죄지음은 스스로 돌아서서 마귀를 좇음에서 나온 것이라고 설명한다. 하지만 안정복은 이어지는 답변에서 천주의 시험을 이치에 맞지 않은 것이라고 비판한다. 안정복의 비판은 원죄론 비판이라 할 만하다.

> 어찌 상제는 마귀의 거짓말을 듣고 몰래 마귀를 시켜 아담의 마음이 진실한지 시험하였겠는가. 아담이 참망(僭妄)한 마음을 가지고 있었다 하더라도 상제는 의당 다시 주의를 주고 권면하여 고치게 하기를 어진 아버지가 자식에게 하듯이, 좋은 스승이 제자에게 하듯이 해야 했을 것이다. 그런데 어찌 상제로서 이런 일을 했단 말인가. 설사 아담에게 죄가 있다고 하더라도, 그 죄는 그 자신에 그쳐야 할 것이지 어찌 만세의 자손들이 같은 벌을 받는 이치가 어디 있단 말인가.[62]

안정복은 아담과 원죄론에 대해서 비판한 다음에, 제15번 문답을 계속 이어가면서 인류의 두 번째 조상, 즉 예수에 대해서 비판한다. 이 부분은 천주교 신학에서 그리스도론이라고 불리는 부분이기도 하다. 즉 창조주와 예수 그리스도의 관계, 그리고 그리스도의 구속(救贖)

---

61 沙守信(1721), pp. 248~250. "邪魔 …… 遂忌而謨失之, 而天主卽乘此欲試人心, 勝焉而功立恩存, 敗焉而罪彰恩廢. 悲哉. …… 自反而從魔, 順魔而方命 …… 天主之仁慈, 轉而爲義怒, 吾人之隆位, 委而爲魔役. …… 死則天堂之樂毫不能得, 地獄之苦尤不可逃. …… 匪直此也. 其世世子孫, 不特同受其罪之罰, 而無不染其罪之汚." 번역문은 샤바낙 지음, 유은희 옮김, 『진도자증』, 99~101쪽을 참고하였다.

62 안정복 저, 이상하 역(2020), 205쪽.

에 관한 것이다. 안정복은 재조의 일에 관한 물음에 대해서 답하면서, 『천주실의』에 나오는 천주 강생, 세상 구원, 승천 등의 내용을 소개하였다. 그러면서 천주가 하늘에서 지상으로 강생하였다면, 예수가 세상에 있던 시절에는 하늘에 천주가 없었다는 말이냐고 의문을 제기한다. 그리스도론에 나오는 성육신(成肉身, incarnation) 교리, 즉 창조주 신이 인간의 모습으로 지상에 강생하였다는 교리는 창조주의 신성과 인성이 결합하여 인간으로 지상에 탄생하였지만, 창조주의 신성 자체는 전지전능하며 온 우주에 편재한다는 주장을 담고 있다. 하지만 안정복은 신성과 인성의 결합이라는 개념을 받아들일 수 없었다. 그래서 다음과 같이 비판을 이어간다. 특별히 이 부분에서는 『진도자증』에 나오는 구절들을 인용하면서 믿을 수 없는 주장이라고 비판한다.

> 『진도자증』에 "성경에 의하면, 천주가 원조의 자손 중에서 한 사람을 다시 세워서 인류의 재조로 삼았다고 하였고, 또 천주의 성자로서 진짜 천주와 다르지 않다고 하였다."라고 하여, 친히 강생하였다는 말과 다르니, 그 학문을 믿을 수 없는 것이다. 또 『진도자증』에 "야소는 모든 사람의 죄를 자신의 책임으로 여겨 자신의 소중한 생명을 버리고 십자가에 못 박혀서 죽었다."라고 하였다. 이미 상제가 친히 강생하였다 하고 또 진짜 천주와 다름이 없다 해놓고서 감히 "십자가에 못 박혀 죽어 천수를 다 누리지 못했다."라고 한단 말인가. 그 우매하고 무지하여 존엄한 천주를 업신여기는 것이 심하다. 이런 말들을 십분 온당하다고 여겨 믿고 따를 수 있겠는가.[63]

여기서도 안정복은 『진도자증』에서 여러 장에 걸쳐 설명한 내용들

63 안정복 저, 이상하 역(2020), 207쪽.

가운데 일부 구절만을 발췌하여 비판의 논거로 삼았다. 먼저 인류의 두 번째 조상에 관해서는 다음의 내용에서 가져왔다.

> 성경에서는 또 말하기를, "천주께서 원조의 자손 가운데 한 사람을 다시 세워서 인류의 재조(再祖, 두 번째 조상)로 삼으셨으니, 무너진 세상의 일을 또한 다 그 자신에게 맡겨서 그를 통하여 길을 열고 세상을 구원하고자 하셨다."라고 하였다.[64]

여기서 안정복이 강조하는 부분은 예수가 원조의 자손이므로 곧 인간이라는 점이다. 그다음에는 예수가 곧 천주라는 구절을 찾아서 덧붙였다. 『진도자증』에 실린 원래 구절은 다음과 같다.

> 신이하도다. 성경에 실린 구세주 예수가 바로 이분이다. 예수는 천주이기만 한 것도 인간이기만 한 것도 아니라 천주 성자이시니, 기쁜 마음으로 자기의 위격에 인성을 결합하시어 진실로 한 분의 참된 인간이시면서 참된 천주가 된 분이다. 참된 인간이어서 영혼과 육신을 가짐이 인간과 다름이 없으시며, 참된 천주여서 성삼위 가운데 제이위(第二位)이신 성자는 실제로 성부와 성신과 같으니 본디 하나의 실체이시며, 하나의 본성이시며, 하나의 천주이시다. 참된 인간이면서 천주이신 분은 예수라는 한 위격이 천주성과 인성을 가지므로 실제로 결합하여 한 분이신 구세주가 되셨다.[65]

---

64 沙守信(1721), p. 261. "聖經又言: '天主於原祖子孫中, 再立一人, 爲人類之再祖, 將壞世之事, 亦盡付之於其躬, 以之開道救世矣.'" 샤바낙 지음, 유은희 옮김, 『진도자증』, 107쪽 참조.

65 沙守信(1721), p. 267. "異哉. 聖經所載救世耶穌卽此也. 夫耶穌, 非徒爲天主, 非徒爲人, 乃天主聖子, 甘心結合一人性於己位, 而誠爲一眞人而眞天主者也. 眞人, 以有靈魂有肉軀, 如人無異, 眞天主, 以聖三中第二位聖子, 實如聖父聖神, 本一體一性一天

이렇게 예수가 곧 아담의 자손이라는 주장, 그리고 예수는 진짜 천주라는 주장, 이렇게 두 개의 주장을 나란히 놓고, 안정복은 그것이 모순적인 주장이라고 비판하였다. 물론 안정복이 인용하고 있는 『진도자증』에서는 신성과 인성의 결합으로 천주 강생을 설명하고 예수와 천주의 관계를 제시하였다. 그렇지만 안정복의 사유 구조에서는 논리적 모순으로 비칠 수밖에 없었다.

이어서 안정복은 예수의 십자가 희생이 인류의 죄를 대신 씻어 구원한 것이라는 그리스도 구속론(救贖論)에 대해서도 비판한다. 안정복이 인용한 부분을 『진도자증』에서 확인하면 다음과 같은 구절들이다.

> 그분은 끝내 자기에게 만민의 으뜸으로서 져야 하는 책임이 있다는 이유로 만민의 죄를 자기 책임으로 삼으셨습니다. 자기의 보배로운 목숨을 버려 만민을 위하여 희생(犧牲)을 대신하여 보속(補贖)을 이루고 돌아가셨습니다.[66]

> 천주의 의노를 푸시고자 …… 스스로 희생 제물이 되시어 십자가 위에서 돌아가신 것이다.[67]

안정복은 위의 두 문단에서 한 구절씩을 따서 문장을 만든 다음에, 친히 강생한 상제가 십자가에 못 박혀 죽어 천수를 누리지 못했다는

主. 眞人而天主者, 因耶穌一位, 有天主性與人性, 實結合而成一救世者.” 샤바낙 지음, 유은희 옮김, 『진도자증』, 111쪽 참조.

66 沙守信(1721), p. 273. “其終因己有萬民元首之責, 卽以萬民之罪爲己任, 損己之寶命, 爲萬民代犧牲, 以補贖而死.” 샤바낙 지음, 유은희 옮김, 『진도자증』, 114쪽 참조.

67 沙守信(1721), p. 274. “其所以熄天主之義怒者, …… 乃躬代犧牲, 釘於十字架而死.” 샤바낙 지음, 유은희 옮김, 『진도자증』, 115쪽.

것이 말이 되느냐고 비판한다. 그래서 오히려 존엄한 천주를 업신여기고 능멸하는 말들이라고 여겼다. 그런데 여기서도 보듯이 『진도자증』에서 주장하는 핵심적인 교리는 "만민을 위하여 대신 희생이 되어 보속하고자", "스스로 희생 제물이 되어" 십자가에서 처형되었다는 구속론이다. 하지만 지고하고 지엄한 존재인 상제가 죄인의 누명을 쓰고 처형된다는 설정 자체가 안정복의 상제 관념에서는 도저히 납득할 수 없는 주장이었던 셈이다.

4) 예수의 보편적 사랑에 대한 반박

안정복은 「천학문답」의 제22번 문답에서 이렇게 묻는다. "야소는 세상을 구원하고자 십자가에 못 박혔다. 그는 천지 만물을 뒤흔들 수 있으면서도 자신을 못 박은 사람을 해치지 않았으니, 지극한 인(仁)이 아니고서야 그럴 수 있겠는가?"[68] 안정복은 예수가 십자가에 못 박힐 때 천지 만물을 뒤흔들 수 있는 권능을 가지고 있으면서도 자신을 못 박은 사람을 해치지 않았다는 구절을 인용하면서 출처를 명시적으로 밝히지 않았다. 이 구절을 『진도자증』에서 확인하면 다음과 같은 대목에서 가져왔음을 알 수 있다.

> 예수를 잡아가려는 사람이 이르자 응대하여 말하시길 "나다"라고 하였더니 수 백인이 나뒹굴었다. 이후에 자기를 잡을 것을 허락하며 말하기를 "제자들(즉 예수의 문도들)을 다치게 하지 말라"라고 했다. 이에 악인들이 명령을 들었다. 이는 비록 사람들에게 해를 입었으나 스스로

68 안정복 저, 이상하 역(2020), 215쪽.

> 원한 뜻은 손상되지 않았고, 비록 험하게 죽음에 이르렀으나 전능한 덕은 더욱 밝게 드러난 것이다. 또 해침을 당하는 중에도 그 전능함을 드러내시어 지극한 인자함이 사라지지 않았다. 십자가에 못 박힐 때 천지만물을 진동시킬 수 있었지만, 자신을 못 박은 사람조차 한 사람도 다치게 하지 않았다.[69]

안정복은 예수가 내보인 절대적인 사랑의 계명에 대해서 인(仁)의 원리로 반박한다.

> 무릇 원수에는 두 종류가 있다. 만약 나를 해친 원수라면 옛날의 군자 중에 이렇게 한 사람이 많이 있었다. 그러나 임금이나 아버지의 원수인데도 이렇게 하라고 하면 의리를 크게 해치는 것이다. 이는 내가 겸애를 주장하는 묵자의 부류를 두고 하는 말인데, 이 경우(천학)는 더 심한 자들이다.[70]

안정복이 말하는 윤리적 준칙은 친친(親親)의 원리라고 할 수 있다. 모든 사람에 대해서 똑같이 사랑으로 대하는 것이 아니라, 효제(孝悌)의 대상을 부모와 형제에서 출발하여 가족, 친척, 가문, 지역, 국가, 천하로 넓혀가고, 충신(忠信)의 대상도 살아 있는 임금과 뜻을 같이 하는 가까운 벗에서 출발하여 선왕이나 지인으로 범위를 넓혀가는 차등의 윤리로 대해야 한다는 것이다. 이러한 안정복의 윤리 관념은 철

---

69 沙守信(1721), p. 280. "覓耶穌者至, 而應之者曰: '是予', 數百人卽仆矣. 後許其執己, 而曰: '毋傷群弟.' (卽耶穌之門徒) 於是, 衆惡聽命. 是雖被人所害, 而自願之意不失, 雖阨而至死, 而全能之德彌彰. 且也被殘之下, 顯其全能, 而至仁不泯. 被釘於架, 能震撼天地萬物, 而不傷一釘己之人." 사바낙 지음, 유은희 옮김, 『진도자증』, 120쪽 참조.

70 안정복 저, 이상하 역(2020), 215쪽.

저히 유교적 의리론에 입각해 있었다. 그래서 예수의 정신과 행적은 유교에서 말하는 지극한 인(仁)과는 거리가 멀다고 비판한 것이다.

5) 천주 명칭의 보편성에 관한 설명

「천학문답」의 제25번 문답은 천주라는 명칭에 관한 것이다. 즉 중국의 서적에도 천주라는 명칭이 나오냐는 것이다. 이에 대해서 안정복은 유교 경전에는 찾아볼 수 없지만, 『사기(史記)』의 「봉신서(封禪書)」, 『한서(漢書)』의 곽거병전(霍去病傳)」과 「김일제전(金日磾傳)」, 그리고 『한무고사(漢武故事)』 등에 천주라는 말이 나온다고 하였다. 그러면서 이들 문헌에 나오는 천주는 불교의 부처와는 다른 것이며, 오늘날 천주학을 하는 자들이 천주의 화상을 그려 놓고 예배하는 것과 비슷한 풍습이 옛적부터 있었던 것 같다고 추측하였다.[71]

그러면서 안정복은 그 책 『진도자증』 중 "야소(耶穌)가 태어나자 성모(聖母)가 안고 성전(聖殿)으로 가서 천주대전(天主臺前)에 바쳤다."라는 구절을 인용하였다. 과연 『진도자증』에는 해당 구절이 들어 있다.[72] 그 맥락은 예수가 제왕의 궁궐이 아닌 마구간에서 탄생하였고, 생후 여드렛날에 '예수'라는 이름을 받았으며, 생후 사십일에 성모 마리아가 예수를 안고 성전에 가서 봉헌하였다는 사실을 설명하면서 예수가 고난과 십자가 못 박힘을 겪을 것임을 미리 보여주는 행적이라고 말한 것이다.

71 안정복 저, 이상하 역(2020), 219쪽.

72 沙守信(1721), p. 276. "耶蘇之生, 聖母抱之往聖殿, 獻於天主臺前."

하지만 안정복이 『진도자증』의 구절을 인용한 까닭은 예수를 천주 대전에 바쳤다면, 예수 탄생 이전에 이미 천주라는 명칭이 있었다는 점을 지적하기 위한 것이었다. 즉 예수가 태어난 시기인 한(漢)나라 애제(哀帝) 이전의 중국 문헌에도 천주라는 명칭이 등장하며, 예수가 태어난 지역에서도 이미 천주라는 명칭이 있었으므로, 예수는 곧 천주가 아니라는 주장이다. 따라서 「천학문답」의 제25번 문답 자체에 천주 명칭의 문헌적 전고를 찾고, 예수와 천주가 별개의 존재라는 점을 강조하려는 노력을 반영하고 있다.

6) 마귀의 기원에 관한 설명

안정복은 「천학문답」의 제30번 문답에서 마귀의 기원에 관한 물음을 제기한다. 즉 "도교, 불교, 서사들이 마귀라는 말을 많이 하는데, 마귀는 과연 어떤 신이기에 천주도 막지 못하여 악행을 하도록 두는 것인가?" 하고 묻는다. 이 물음은 앞서 다루었던 천주교의 원죄론과도 연결된 것이다. 즉 아담과 하와를 유혹하여 죄를 범하게 만든 마귀가 도대체 어떤 존재이기에 전지전능하다는 천주조차 마귀의 소행을 막지 못했는지 묻는 것이다. 그러므로 직접적으로 사탄 혹은 루시퍼라고 불리는 존재, 악의 근원으로 일컬어지는 존재가 어떻게 해서 생겨난 것인지를 설명해야만 답변이 될 수 있다. 이에 대해서 안정복은 다음과 같은 답변을 제시하였다.

> 그들은 이렇게 주장한다. "처음에 천주가 명하여 순수한 신(神)을 만드니, 그 품성이 지극히 아름다웠다. 이를 아홉 등급으로 나누어 천주의

명령을 받들도록 했기 때문에 이름을 천신(天神)이라 하였다. 또 거대한 신이 있었는데, 오만하고 방자하여 스스로 천주에게 버림을 받고 악신(惡神)의 괴수가 되었다. 천주가 그를 지옥에 떨어뜨리고 이름을 마귀라 하였다. 천주가 그를 잠시 놓아주어서 선한 사람의 공력을 단련시키고 악한 사람의 죄를 응징하도록 하였다." 선인의 공력을 단련시킨다는 것은 천주가 마귀를 시켜서 선한 사람을 유인하여 악한 일을 하라고 시켜보아서 그 공부가 어떤가를 시험하는 것이다. - 이하는 원문이 결락되었음.[73]

마귀의 기원에 관해서는 안정복이 예전에 읽었던 『천주실의』에도 언급이 나온다. 하지만 『천주실의』에는 아홉 등급의 천신이나 악신의 괴수, 선한 사람의 공력을 단련시키고 악한 사람의 죄를 응징한다는 내용이 나오지 않는다. 『천주실의』에서 마귀에 관하여 설명하는 대목을 인용하면 다음과 같다.

옛날 천주께서 하늘과 땅을 창조하셨고 곧바로 여러 신들의 무리도 창조하셨습니다. 그 가운데 거대한 신이 하나 있었는데 노제불아(輅齊拂兒, 루시퍼)라고 불렀습니다. 그는 자기를 영특하고 밝다고 보고 곧 "나는 천주와 동등하다고 할 만하다."라고 오만하게 말하였습니다. 천주는 노하여 그 추종자 수만의 신들을 함께 마귀로 변하게 하여 그들을 지옥에 떨어뜨려 두었습니다. 이로부터 하늘과 땅 사이에는 비로소 마귀가 생기고 지옥이 있게 되었습니다.[74]

---

73 안정복 저, 이상하 역(2020), 225~226쪽.

74 利瑪竇, 『天主實義 上卷』, 「第四篇 辨釋鬼神及人魂異論而解天下萬物不可謂之一體」; 송영배 외 옮김(1999), 191쪽.

안정복도 『천주실의』의 이 구절을 읽고 서학이 이단 학문임을 확신하게 되었다고 한다.[75] 매우 인상적으로 읽었음에 분명하다. 그러나 안정복은 「천학문답」에서 마귀가 어떤 존재인지를 설명할 때 『천주실의』에 실린 내용을 인용하지 않았다.[76] 그러면 안정복이 「천학문답」의 제30번 문답에서 소개한 마귀 기원설은 어디에서 온 것인가? 안정복은 명시적으로 출처를 밝히지 않았다. 다만 구절을 대조한 결과, 『진도자증』에 동일한 구절이 실려 있음을 확인하였다.[77] 『진도자증』에는 훨씬 더 자세하고 길게 서술되어 있다. 안정복은 그중에서 핵심적인 내용만을 요약하여 인용하였다. 그런데 안정복은 이 문답을 끝맺지 않았다. 『부부고』의 「천학혹문」에는 이 문답이 아예 실려 있지 않으며, 『순암집』의 「천학문답」에는 "이하결(以下缺)"이라고 되어 있다.

「천학문답」의 제31번 문답은 서학을 비판하는 내용의 문답이 아니라, 사실상의 결론에 해당하는 간추리는 말이다. 그러므로 어떤 이유에서 「천학문답」을 더 이상 쓸 수 없는 상황이 발생하였을 수도 있다. 하지만 제31번 문답 뒤에는 다시 두 개의 문답으로 된 부록이 있다. 스승 이익이 서학을 옹호하였다는 세간의 소문을 불식시키는 내용이다. 또는 "이하결(以下缺)"이라는 말은 『순암집』을 편찬하면서 안정복

---

75 함영대(2012), 207쪽.

76 「천학문답」의 마귀 기원 설명이 『천주실의』에 실린 내용과 다르다는 점은 노용필도 이미 지적한 바 있다. 그러나 안정복이 구체적으로 어디에서 가져왔는지는 밝히지 않았고, "『천주실의』의 것이 아니므로 주의를 요한다."라고만 하였다. 노용필(2018), 97쪽.

77 沙守信(1721), pp. 241~242. "厥初太始, 上主有命, 生有純神, 其性絶美, 各正無邪, 品分九等, 以供主令, …… 故曰: '天神', 又有鉅神一, …… 傲嫚自足, …… 彼固爲惡神之魁, …… 於是, 上主絶之極之, …… 名曰: '魔鬼' …… 天主暫放之, 以煉善人之功, 以癉惡人之罪."

의 초고에서 일부를 삭제한 흔적일 수도 있다. 그러므로 왜 제30번 문답이 왜 완결되지 않았는지 여전히 의문이 남아 있다.

이 장에서는 안정복이 「천학고」와 「천학문답」에서 서학 서적을 어떤 식으로 인용하였는지 그 양상을 살펴보기 위하여 『진도자증』을 사례로 하여 조사하였다. 이미 「천학문답」과 『천주실의』의 관계에 대해서는 자세하게 연구된 바가 있어서, 아직 연구가 미진한 「천학고」 및 「천학문답」과 『진도자증』의 관계에 주목하였다. 그런데 안정복은 『진도자증』을 명시적으로 인용할 때 "그 책 진도자증[其書 眞道自證]"이라고 일컬었다. 이 말에 담긴 의미를 새겨볼 필요가 있다. 어쩌면 안정복은 서학을 비판하는 글을 지으면서 이벽, 이승훈, 권일신 등이 북경에서 가져와서 교리 학습으로 읽고 있던 '바로 그 책 『진도자증』'에 실린 내용을 직접 인용하면서 서학을 비판하고 있으니, 자신의 충고를 귀담아들으라는 훈계의 의미가 담긴 것은 아닐까 한다.[78]

---

78 2023년 11월 6일에 열린 제13회 실시학사 공동발표회에서 이 글의 논평을 맡았던 서종태 교수는 안정복이 「천학고」와 「천학문답」을 지은 목적이 이미 그의 지도력이 미치지 못하는 권철신 무리보다는 아직 천주교에 물들지 않은 소장 학자들이 천주교에 빠지는 것을 막기 위함이 아니었겠는가 하고 논평하였다. 온건한 소장 학자 심유가 안정복에게 천주교에 관해서 문의하자 안정복이 「천학설문」을 지어서 보내주었고, 또 자신의 문도들인 권진, 오석리, 이헌경 등에게도 같은 글을 보내주었으니, 바로 그런 이유에서 나온 행동이었다는 것이다. 안정복의 의도가 그러했으리라는 점은 충분히 납득할 만하다. 다만 안정복이 새로 들어온 천주교 서적인 『진도자증』을 인용함으로써 당시 천주교에 빠져 있던 후학들을 겨냥한 측면도 분명히 담고 있었을 것으로 본다.

4. 안정복과 근기 남인 신서계 인사들

서종태의 연구에 따르면 안정복은 1784년 초겨울에 「천학설문」을 지었고, 1785년 음력 3월에 「천학고」와 「천학혹문」으로 개편하여 12월에 수정본을 완성하였다.[79] 이 시기에 이벽, 이승훈, 권일신 등은 천주교 공동체를 결성하여 정기적으로 모임을 열기 시작하였고, 급기야 형조 관헌들에게 적발당하면서 서학을 둘러싼 논란이 벌어졌다. 이들은 모두 근기 남인에 속한 신진 학자들로서 안정복과 긴밀한 연관을 지니고 있었다. 특히 권일신은 안정복의 사위이기도 하였다. 그러므로 안정복이 서학을 비판하는 글을 짓고 있을 때 근기 남인 신서계 인사들이 어떤 행보를 보이고 있었는지를 파악하고, 또 안정복이 편지와 저술로 천주교에 경도된 후학들을 설득하였음에도 효과를 발휘하지 못한 이유를 밝히는 것은 안정복의 서학 비판이 지닌 영향력을 평가하는 문제에서 중요한 연구 과제이다.

이승훈은 1783년 동지사 서장관으로 북경에 가는 부친 이동욱(李東郁)의 자제군관으로 따라가서 북당을 방문하고 프랑스 예수회 선교사 드 그라몽 신부[80]를 만나 천주교 교리를 배워 세례를 받고 돌아왔다.

---

79 서종태(2013), 29쪽.

80 프랑스 출신의 예수회 선교사 장-조셉 드 그라몽(Jean-Joseph de Grammont, 1736~1812?) 신부는 1768년 중국에 도착하여, 청나라 궁정 수학자의 자격으로 북경에 파견되었다. 1785년 이후에는 廣東省 廣州에서 활동하였다. 1790년에 황제의 허락을 얻어 다시 북경으로 돌아왔다. 사망한 연도와 장소에 관해서는 1808년 마카오 사망설, 1812년 북경 사망설의 두 가지가 있다.(Louis Pfister(1934), *Notices Biographiques et Bibliographiques sur les Jésuites de l'Ancienne Mission de Chine(1552~1773)*, Tome II, Chang-Hai: Imprimerie de la Mission Catholique, pp. 958~962.)

이승훈은 자신이 가지고 온 천주교 서적들을 이벽에게 건네주었다. 이벽은 두문불출하고 이 책들을 읽은 후에 이승훈, 정약전, 정약용, 권철신, 권일신 등 주변 인물들을 권유하고 다니기 시작하였다. 그리하여 마침내 1784년 늦여름 무렵에 천주교 공동체가 탄생하였다. 이들은 수표교 부근에 있던 이벽의 집에서 모이기 시작하였다. 가담한 사람들이 많아지자, 몇 달 뒤에는 명례방에 있던 김범우의 집으로 모임 장소를 옮겼다. 이 모임은 1785년 양력 4월 17일 형조의 관헌들에게 적발되면서 비로소 세상에 그 모습을 드러냈다.

안정복이 서학을 이단으로 규정하고 그 잘못된 점들을 하나하나 논박하는 글을 짓게 된 것은 자신이 아끼던 젊은 선비들이 천주교에 가담하여 문제가 되고 있다는 사실을 직접 접하면서 이루어진 일이었다. 하지만 안정복이 그들에게 편지를 보내어 서학 공부를 중단하고 정학으로 돌아오도록 설득하고, 또 막 초고가 완성된 「천학설문」을 베껴서 읽도록 권하였음에도 그의 말은 효력을 발휘하지 못했다. 심지어 안정복더러 지옥에 갈 사람이라고 저주를 퍼붓는 말도 안정복에게 들려왔다.[81]

그들은 왜 돌아오지 않았을까? 물론 1791년에 가서 진산사건이 터지고 천주교가 조상 제사를 거부한다는 사실을 알게 되자 처음에 호기심으로 천주교에 가담했던 남인 학자들은 대부분 천주교를 버리고 다시 유학자로 돌아왔다고 말할 수 있다. 하지만 설령 그들이 돌아왔다고 하더라도 안정복의 말에 설득되고 안정복의 저술에 감화를 입은 탓은 아니었다. 제사 문제를 둘러싸고 천주교가 유교 사회와 첨예한

81 안정복 저, 이상하 역(2016), 383쪽.

갈등을 유발하였고, 또 조정에서 이를 용납하지 않았기 때문이었다. 게다가 조상 제사 거부 방침을 수용하고 영원히 유교적 가치관으로 돌아오지 않은 인물들도 더러 있었다.

안정복의 논변에 설득력이 없었기 때문일까? 그들은 무슨 책을 읽고 무슨 생각을 했길래 안정복의 권유를 받아들이지 않은 것일까? 안정복과 그들은 전혀 다른 책을 읽었던 것일까? 그들이 매료된 것은 무엇이었을까? 일단 신생 천주교 공동체가 출현하던 경위, 그들이 학습하던 새로운 천주교 서적들의 정체, 근기 남인 신서계 인사들이 남긴 기록에 담긴 자기 진술들, 이렇게 세 가지 측면에서 다루어 보자.

1) 천주교 신앙공동체의 형성과 확산

1784년 봄에 동지사 일행과 함께 귀국한 이승훈은 이벽을 만났다. 자신이 북경에서 북당을 찾아가서 세례를 받았다는 사실을 알리고, 애초의 약속대로 선교사들이 준 천주교 서적들을 이벽에게 주었다. 이벽은 집을 한 채 빌리고 거기에 틀어박혀 이승훈에게서 받은 책들을 탐독하였다. 그런 뒤에 이벽은 주변의 동료들에게 천주교를 전파하기 시작하였다.

이벽이 가장 먼저 다가간 사람들은 정약전 형제였다. 이벽에게는 정약전 형제의 배다른 형 정약현(丁若鉉)에게 시집갔다가 일찍 죽은 누이가 있었다. 4월에 누이의 기일이 되었을 때 이벽은 정씨 형제들이 살던 마재로 가서 누이의 기제사에 참석하였다. 그리고 한양으로 돌아오는 배에서 정약전과 정약용 형제에게 천주교에 관하여 새로운 이야기를 소개하였다.[82] 이에 대해서는 정약용은 자신의 자찬묘지명(自

撰墓誌銘) 집중본(集中本)에서 "갑진년 여름 이벽을 따라 두미협(斗尾峽)에서 배를 내려 비로소 서교(西敎)를 듣고 한 권의 서적을 보았다." 라고 간략하게 적었다.[83] 그런데 정약용은 중형 정약전의 묘지명 끝부분에서 좀 더 자세하게 이야기하였다.

> 갑진년 4월 15일에 맏형수의 기제(忌祭)를 지내고 나서 우리 형제(정약전과 정약용으로 추정됨)와 이덕조(李德操)가 한배를 타고 물길을 따라 내려올 적에 배 안에서 덕조에게 천지조화의 시작과 육신과 영혼의 생사(生死)에 대한 이치를 듣고는 정신이 어리둥절하여 마치 하한(河漢)이 끝이 없는 것 같았다. 서울에 와서 또 덕조를 찾아가 『실의』[『천주실의』]와 『칠극』 등 몇 권의 책을 보고는 비로소 마음이 흔연히 서교(西敎)에 쏠렸으나 이때는 제사지내지 않는다는 말이 없었다.[84]

정약용의 회고에 따르면 이벽이 정약전, 정약용 형제를 만나서 천주교 교리를 설명하고 세례를 받도록 이끈 것은 1784년 음력 4월 15일(양력 6월 2일)부터 시작된 일이었다. 그리고 1784년 여름에는 정조가 내린 『중용(中庸)』에 관한 질문들에 대해서 정약용이 답변을 준비하는 데에 이벽이 도움을 주었다. 정약용은 수표교 근처에 있던 이벽의 집으로 찾아가서 함께 의논한 다음에 정조의 질문에 대한 답변서를 작성하여 제출하였는데, 정조는 많은 태학생(太學生)의 답변 가운데 정약용의 답변을 칭찬하고 1등으로 삼았다.[85] 아마 이러한 과정에

82 서종태(2024), 50쪽.
83 정약용 저, 정태현 · 이정섭 · 김도련 역(1985), 103쪽.
84 정약용 저, 정태현 · 이정섭 · 김도련 외 역(1985), 96쪽.
85 서종태(2024), 49쪽.

서 이벽은 정약용을 천주교로 이끌었을 것이다.

그런데 안정복이 책력에 적은 일기에도 1784년 늦여름 무렵에 이벽이 천주교 공동체를 결성하기 위하여 부산하게 움직이는 모습이 보인다.[86] 1784년 7월 27일(양력 9월 11일)부터 8월 6일(양력 9월 20일)까지 약 열흘 동안의 일기에 나오는 이벽의 행적을 살펴보자.[87]

1784년 (73세) 갑진년[88]

7월 27일 목인규(睦仁圭)[89] 시보(時甫),[90] 교리(校理) 이자연(李子淵, 자 성욱(星勛), 무인(戊寅)생), 박지화(朴志和, 자 성육(聖育), 기해(己亥)생), 헌납(獻納) 홍종책(洪宗簀, 자 공필(公弼), 갑인(甲寅)생), 지평(持平) 홍극호(洪克浩)[91]가 문안하였다. 필선(弼善)[92] 권엄(權𥽤, 자 공저(公著), 기유(己酉)생),[93] 덕조(德操, 이벽), 진사(進士) 권급(權伋, 자

---

86 안정복의 책력 일기에 등장하는 안정복과 주변 인물들의 동향에 관해서는 조현범(2022), 62~64쪽을 참고하였다.

87 이하에서 인용할 안정복의 책력 일기 원본은 국립중앙도서관에 소장되어 있다. 본고는 국립 경국대학교 안병걸 명예교수께서 번역본을 간행하기 위하여 탈초하고 초역한 원고를 활용하였다. 귀중한 자료를 제공해주신 안병걸 교수께 감사드린다.

88 안정복의 일기에 등장하는 인물의 이름과 字 그리고 의미가 모호한 문장들의 해석과 관련하여 귀중한 조언을 해주신 서종태 교수께 감사드린다.

89 睦仁圭(1758~1807)는 남인 내에서 서학을 비판하던 餘窩 睦萬中(1727~1810)의 차남이었다.

90 睦仁圭의 자는 邦瑞로 알려져 있다. 時甫라는 자를 쓴 대표적인 인물은 李潤夏(1757~1793)였다. 이윤하는 李睟光의 후손으로서 종손 李克誠에게 아들이 없어서 11세에 양자로 들어갔다. 부친 이극성은 성호 이익의 사위였으며, 이윤하 본인은 권철신, 권일신의 매제였다.(강석진(2015), 172쪽.) 하지만 목인규 역시 時甫를 자로 썼을 가능성은 충분히 있다.

91 洪克浩(1731~?)는 풍산 홍씨이며 충청남도 온양 사람이다. 부친은 洪純輔이고, 외조부는 睦元光이다. 1783년 증광시에 문과 급제하였다. 관직은 지평, 장령, 부사과 등을 역임하였다.

92 弼善은 왕세자의 교육을 담당하던 세자시강원 소속의 정4품 관직이다.

경사(景思), 무오(戊午)생), 덕수(德叟)[94·95]

8월 3일 직소에서 나와 초동(草洞)으로 돌아갔다. 유생[柳得星]과 아들 위(威), 형중(瑩仲)[96]의 아들, 이실(李室)[97]이 찾아왔다. 필흥(必興)[98], 금동(金洞)의 9인, 그의 대인 영령(永領, 기유(己酉)생), 덕조(이벽), 숙겸(叔謙)[99], 유생(유득성)이 한 상 차려와서 공궤했다.[100]

8월 6일 저녁에 윤구(潤九)가 또 와서 술을 공궤하였다. 덕조(이벽), 성오(省吾, 권일신), 정범래(鄭範來), 이수(耳叟),[101] 권호[102](權僞, 자 산여(山如), 기묘(己卯)생)[103]

1784년 7월 5일(양력 8월 20일)에 73세의 안정복은 정조로부터 계방

---

93 權徽(1729~1801)은 이벽의 장인이었다.

94 德叟는 안정복 집안의 집사 역할을 하였던 柳得星의 자이다. 柳生과 덕수는 모두 유득성을 가리킨다. 그는 안정복의 생가 증조부 安健行의 처부 柳敬身의 서출 후손이다.

95 『安鼎福日記』〈1784年 7月 27日〉, "睦生仁圭時甫, 李校理星勛戊寅, 子淵, 朴志和聖育己亥, 洪獻納宗簣公弼甲寅, 洪持平克浩 問. 權弼善徽公著己酉, 德操, 權進士伋景思戊午, 德叟."

96 瑩仲은 李世瓘의 자이다.

97 李室은 안정복의 손녀 가운데 李基誠에게 시집간 손녀를 가리킨다. 안정복의 아들 안경증에게는 딸이 넷 있었는데, 南泳 또는 南沫, 이기성, 權佲 또는 權僎, 韓致健에게 시집갔다.

98 必興은 안정복의 손주사위 權佲의 자이다.

99 叔謙은 權佲의 아버지 權益彦의 자이다.

100 『安鼎福日記』〈1784年 8月 3日〉, "出直還草洞. 柳生及子威, 瑩仲子, 李室, 來見. 必興, 金洞九人, 其大人永領己酉, 德操, 叔謙, 柳生, 餽床饌."

101 耳叟는 안정복의 제자 黃德吉(1750~1827)의 자이다.

102 權僞(1759~1785)는 본관이 안동이며 호는 懼齋이다. 權心彦의 아들인데 27세로 요절하였다. 황덕길이 행장과 제문과 애사를 지었다.

103 『安鼎福日記』〈1784年 8月 6日〉, "夕潤九又來饋酒. 德操, 省吾, 鄭君範來, 耳叟, 權僞山如己卯."

(桂坊, 세자에 대한 강학을 담당하는 관서, 세자시강원이라고도 함)의 익찬(翊贊) 관직을 제수받았다. 그리고 7월 11일에는 정조가 사관을 보내어 거취를 묻자, 7월 20일에 출사하겠다고 하였다. 그리하여 안정복은 7월 18일 아우 안정록(安鼎祿)과 함께 서울로 갔다. 초동(草洞)에 있는 한선(韓膳)의 집에 머물렀다고 한다. 그러면서 관직을 제수받은지 보름만인 21일에 사직서를 올렸다.

그러한 와중에 같은 성호학파의 문인들과 지인들이 각기 시차를 두고 무리를 지어 안정복을 찾아와서 인사하고 돌아갔다. 그런데 이때 7월 27일(양력 9월 11일)과 8월 3일(양력 9월 17일), 8월 6일(양력 9월 20일) 이벽도 다른 사람들과 함께 안정복이 묵고 있던 곳을 방문하였다. 당시 수표교 부근에 살고 있던 이벽이 스승같이 따르던 안정복을 여러 번 방문한 것은 하등 문제가 될 일이 아니었다. 그런데 정황상으로 보면 이벽이 이승훈, 정약전, 정약용 등과 서울에서 자주 모여서 모종의 일을 진행하고 있었던 흔적으로 짐작된다. 말하자면 1784년 늦여름 서울에서는 이벽, 이승훈, 정약전, 정약용 등이 천주교 집회를 시작하였거나 준비하고 있었을 것이다.

그렇다면 이벽을 비롯하여 신서파(信西派)에 속한 남인들이 안정복을 찾아간 데에는 분명히 까닭이 있었을 것이다. 당시는 신후담(1702~1761), 윤동규(尹東奎, 1695~1773), 이병휴(李秉休, 1710~1776) 등이 모두 별세한 뒤여서 근기 지방의 성호학파 문인들 사이에서는 안정복의 명망이 자못 높았다. 그러므로 서학을 통하여 천주교를 받아들인 이벽 등은 안정복의 지지를 얻어내거나 최소한 공개적으로 천주교를 배척하는 말을 하지는 않겠다는 대답을 얻어낼 필요가 있었다. 그러나 안정복은 천주교로 기울고 있던 몇몇 후배 학자들의 동향을 매우 근심스럽게 생각하였다. 그래서 「천학설문」을 지어 경종을 울릴 필요가 있다고 판단하였던 것 같다.

그러면 이번에는 경기도 양근에 거주하던 권철신, 권일신 형제가 천주교에 입교하게 되는 과정을 살펴보자. 샤를 달레[104]의 한국 천주교 역사서에는 이벽이 1784년 음력 9월 양근에 있던 권철신 형제의 집을 찾아가서 천주교에 관하여 설파하였다고 한다. 그리고 셋째 권일신은 즉시 입교하였고, 장남 권철신은 처음에 망설이다가 얼마 후에 천주교로 입교하여 세례를 받았다고 하였다.[105]

권철신과 권일신이 이벽의 설득으로 실제로 천주교를 신봉하게 되었는지에 관해서 안정복의 자료를 통해서 확인해 보자. 안정복은 1784년 음력 12월 3일 권철신에게 편지를 보냈다.[106] 그 편지에는 권철신이 그 이전에 보냈던 편지의 내용 일부가 인용되어 있다. 권철신이 했다는 말에서 주요한 내용을 간추리면 다음과 같다.

> 철신은 전일에 문의(文義)에만 얽매여 있고 실지 소득은 없어 큰 죄를 짓고 말았으니, 스스로 생각건대 조석(朝夕)으로 허물을 고치기에도

---

104 프랑스 출신의 파리외방전교회 선교사 샤를 달레(Claude-Charles Dallet, 1829~1878) 신부는 1852년 인도 남부의 마이수르(Maïssour) 지방으로 파견되었다. 1859년 간질로 인하여 프랑스로 돌아왔다. 1863년에 다시 인도로 갔지만 다시 병이 도져서 1867년 다시 프랑스로 돌아왔다. 1878년에 선교사 관련 자료를 수집하기 위하여 베트남 통킹 지방에 갔다가 이질에 걸려 사망하였다.(Gérard Moussay et Brigitte Appavou(2004), p. 135.)

105 샤를 달레 저, 안응렬 · 최석우 역(1979), 311쪽.

106 서종태 교수는 안정복이 권철신에게 편지를 보낸 정확한 날짜가 1784년 음력 12월 3일이라는 사실을 『부부고』 제10책에서 찾아내 주었고, 안정복이 권철신의 편지에 담긴 의미를 천주교와 관련지어 추론한 맥락을 일깨워 주었다. 이에 지면을 빌려 감사드린다.

> 겨를이 없을 터에 어찌 감히 다시 논설을 늘어놓겠습니까. 그리하여 그동안 저의 미혹한 소견을 기록해 두었던 것을 모두 찢어버리고, 이제 죽기 전까지 오직 입을 다물고 자신을 수양하여 큰 잘못에 빠지지 않는 것이 아마도 최상의 방법이라고 생각합니다.[107]

권철신의 편지에서 위의 구절을 읽은 안정복은 처음에는 권철신의 글이 불교의 기미를 많이 띠고 있다고 생각했다. 왜냐하면 죽기 전까지 오직 입을 다물고 자신을 수양하여 큰 잘못에 빠지지 않고자 한다는 권철신의 말을 불교에서 하듯이 참선을 하고, 불공을 드려 극락왕생하기를 빌겠다는 뜻으로 해석했기 때문이다. 그러나 이내 권철신의 말에 숨은 뜻이 불교가 아니라 천주교임을 깨달았던 것 같다. 아마 당시에 권철신과 이기양이 천주교에 빠졌다는 소문이 들리자, 권철신이 그 이전에 편지에서 했던 말이 떠올랐을 것이다. 그래서 같은 1784년에 권철신에게 보낸 또 한 통의 서한에서 다음과 같은 말을 하였다.

> 전해 듣기로 양학(洋學)이 크게 번지는데 아무 아무개가 주동자이고, 아무 아무개가 그 다음이고, 그 나머지 따라 동화된 사람들이 얼마나 되는지 모른다고 하기에 너무나 놀랐습니다. 이미 남들에게 소문이 낭자하게 퍼졌고 보면, 서로 좋아하는 사이에 곧이 사실을 은폐할 필요가 없을 것입니다.[108]

또 같은 편지에는 다음과 같은 구절도 나온다.

---

107 안정복 저, 이상하 역(2016), 368쪽.

108 안정복 저, 이상하 역(2016), 371쪽.

듣건대 덕조(德操; 이벽의 자)가 다소의 서책을 가지고 갔다고 하니 지금쯤 이곳을 지났을 터입니다. 그런데 나를 찾아보지 않았으니 그 까닭을 알지 못하겠습니다. 어찌 공부의 길이 달라 서로 얘기할 것이 없기 때문이 아니겠습니까.[109]

안정복이 권철신에게 보낸 두 번째 편지에서 확인할 수 있는 것은 이미 권철신 등이 천주교를 신봉한다는 소문이 널리 퍼져서 더 이상 숨길 수 없는 형국이 되었다는 점, 그리고 이벽이 천주교 관련 서적들을 가지고 다니면서 사람들에게 천주교를 전파하는 일을 하고 있었지만, 안정복이 천주교를 반대한다는 사실을 알기 때문에 안정복과 대면하는 일을 피하고 있었다는 점이다. 안정복은 같은 해인 1784년에 세 번째 편지를 권철신에게 보냈다.[110] 이 편지에서는 권철신과 몇몇 유학자들이 천주교에 경도된 것을 기정사실로 인정하면서 천주교의 잘못된 점을 반박함으로써 그들을 바로잡으려는 내용이 실려 있다.

지금 듣건대 아무 아무개가[111] 서로 약속해서 신학(新學)을 공부하고 있다는 소문이 오가는 사람들 입에 낭자하니, 이들은 모두 공의 절친한 벗 아니면 공의 문도들입니다. 공이 만약 억제했으면 이렇게까지 날뛸 리가 있겠습니까. 공이 그들을 억제하지 못했을 뿐 아니라, 또 덩달아 파란을 더 조장하는 것은 무슨 까닭입니까? 접때 국손(菊孫;

109 안정복 저, 이상하 역(2016), 372쪽.

110 이 편지는 李晩采의 『闢衛編』에도 실려 있으나 축약된 부분도 있고 좀 더 자세한 부분도 있다.

111 이만채의 『벽위편』에는 안정복의 편지 초본에는 아무개가 아니라 廷藻(李家煥의 자), 天全(정약전의 자), 子述(이승훈의 자), 德操(이벽의 자), 이렇게 네 명의 이름이 거론되었다고 한다. 이만채 편찬, 김시준 역주(1984), 98쪽.

> 권일신의 아들로서 권철신에 입후한 권상문을 가리킴)이 이곳에 들러 이러한 문제를 대략 얘기하기에, 나는 그렇지 않을 것이라고 했는데도 그가 계속 강변하여 마지않았습니다. 나는 그것이 이미 그의 집안에서 듣고서 그렇게 말하는 것임을 알고 있었습니다.[112]

이처럼 안정복이 권철신에게 보낸 세 통의 편지, 그리고 안정복의 일기에 실린 이벽 관련 기록 등으로 보건대, 이벽은 1784년 갑진년 한 해 동안 부지런히 다니면서 천주교를 전파하고 신자들을 규합하였음을 알 수 있다. 그리고 일차적으로는 이승훈이 이벽의 활동에 호응하였다. 이어서 정약전, 정약종, 정약용 형제가 천주교에 가담하였고, 음력 9월부터는 권철신, 권일신 형제도 세례를 받고 천주교 신자로 활동하기 시작하였다.

안정복이 권철신과 이기양에게 편지를 보낸 것은 1784년 음력 12월의 일이라고 하였다.[113] 이벽이 권철신 형제의 양근 집을 찾아간 것은 1784년 음력 9월이었다. 그리고 안정복이 권철신 형제의 천주교 신봉 사실을 알게 되어 설득하는 편지를 여러 차례 보낸 것은 1784년 음력 12월까지의 일이다. 그러므로 1784년 음력 9월부터 12월 사이에 권철신 형제는 천주교 신자가 되어 본격적으로 활동을 하기 시작하였다고 볼 수 있다.

정약용은 「녹암 권철신 묘지명(鹿菴權哲身墓誌銘)」에서 이벽이 감호를 방문하여 10여 일을 묵은 뒤에 돌아갔는데, 그때 권일신은 열심히 이벽을 따랐지만, 권철신은 서교를 믿지 않았다고 하였다.[114] 하지만

---

112 안정복 저, 이상하 역(2016), 377쪽.

113 이만채 편찬, 김시준 역주(1984), 97쪽.

안정복과 권철신이 주고받은 편지를 보면 약간 다른 정황을 발견하게 된다. 안정복은 1784년 가을부터 권철신이 천주교로 경도되기 시작한 것으로 판단하였고, 여기에는 권철신이 썼던 편지의 구절이 중요한 근거가 되었다.[115]

이처럼 1784년 늦여름부터 가을 사이에 이벽이 서학에 우호적인 남인 학자들을 중심으로 천주교 신앙공동체를 결성하여 정기적으로 모이기 시작하자, 이러한 움직임은 남인들 사이에서 소문이 나게 되었다. 그러자 이가환(李家煥)이 이 소식을 듣고 이벽을 설득하려고 나섰다. 이 일이 언제 있었는지, 그리고 어떻게 진행되었는지에 관해서는 정약용이 이가환의 묘지명에서 다음과 같이 기록하였다.

> 지난 건륭 갑진년(1784) 겨울 망우(亡友) 이벽이 수표교에서 처음으로 서교(西教)를 선교할 때 공이 이 소식을 듣고 말하기를 "나도 지난날 『천주실의』와 『칠극』의 책을 보니, 그 내용이 비록 좋은 가르침이나 정학(正學)은 아니었는데, 이벽이 이 서교로 오도(吾道)를 변역시키고자 하는 것은 무엇 때문인가?" 하고, 드디어 수표교로 가서 이벽을 꾸짖었으나, 이벽이 능란한 말솜씨로 서교를 설명하며 자신의 주장을 철벽처럼 고수하므로 공은 말로 다툴 수 없음을 알고 드디어 발을 끊고 가지 않았다.[116]

---

114 정약용 저, 정태현 · 이정섭 · 김도련 역(1985), 78쪽.

115 권철신은 훗날 1801년에 신문을 받을 때 이벽이 양근을 방문했을 당시가 아니라 한참 뒤에야 천주교를 믿게 되었으며, 1791년 진산사건이 터진 후에는 믿지 않았다고 진술한 바 있다. 그러므로 과연 안정복의 추측이 정확한 것이었는지에 관해서 의문을 제기할 여지는 남아 있다.

116 정약용 저, 정태현 · 이정섭 · 김도련 역(1985), 55쪽.

정약용의 회고에 따르면, 1784년 겨울에 이가환이 이벽을 설득하여 천주교를 포기하게 하려고 수표교를 찾아갔고, 두 사람은 열띤 논쟁을 펼쳤으며, 이벽의 논변을 압도할 수 없었던 이가환은 이벽과의 토론이 무용지물이라고 느껴서 이벽과의 교류를 끊었다는 것이다. 이벽과 이가환이 천주교를 주제로 하여 토론을 벌였다는 기록은 황사영(黃嗣永)의 백서(帛書)에도 등장한다. 그런데 황사영은 정약용과는 정반대로 말하였다. 즉 "제자들을 권유하여 교리를 가르치고 아침저녁으로 이벽 등과 비밀리에 왕래하며 열심히 하였다."라고 적었다.[117] 이가환이 천문 역상학에 깊은 관심과 조예를 가졌음은 분명하다. 하지만 이가환의 학문과 생애를 연구하는 학자들은 그가 천주교를 받아들여 신앙을 실천하였기 때문에 1801년 신유년의 사옥에서 사학의 괴수로 지목당한 것이 아니었다고 본다. 그보다는 남인들이 처한 정치적 상황 때문에 빚어진 사건이었다는 것이다.[118]

이가환과의 토론 이후에 이벽은 이기양과도 토론을 벌였다. 이기양도 이가환과 같이 『칠극』과 같은 서학 서적을 읽은 적이 있었으며 덕을 닦는 데 도움을 주는 내용도 있지만 정학은 아니라고 생각하고 있었다. 결국 이기양도 천주교 교리로 철저하게 무장하고 자신의 주장을 굳게 지키고 있던 이벽을 유학으로 돌아오게 할 수 없다는 사실을 깨닫고 토론을 중단했다고 한다.[119] 이렇듯 이가환이나 이기양과 같은 인물의 명성을 이용하여 천주교를 확산하려던 이벽의 노력은 좌절되었다. 그렇지만 정약전, 정약용 형제, 권철신, 권일신 형제를 천주교로

117 황사영 저, 여진천 역(1999), 91쪽.
118 김선희(2024), 411쪽.
119 서종태(2024), 57쪽.

끌어들였으며, 이후에는 중인층에 속한 인물들인 최창현(崔昌顯), 최인길(崔仁吉), 김종교(金宗敎), 김범우(金範禹) 등을 입교시켜 천주교 신앙공동체를 확대해 나갔다.

2) 안정복과 신서계 인사들의 인식 차이

앞서 연구사 검토에서 살펴보았듯이 안정복의 서학서 독서 범위를 보여주는 서적들은 『천주실의』, 『기인십편』, 『변학유독』, 『칠극』, 『이십오언』, 『영언여작』, 『태서수법』 정도이다. 이 책들은 모두 『천학초함』에 들어 있었다. 그런데 이승훈은 1784년 초에 조선으로 돌아오면서 북경의 천주교 선교사들로부터 여러 종류의 천주교 서적들을 받아서 가져왔다. 이승훈도 어떤 책을 가져왔는지 기록을 남기지 않았고, 이벽도 이승훈으로부터 어떤 책을 받아서 읽었는지 적어두지 않았다. 그래서 직접적으로 이승훈이 가지고 온 책의 목록을 알 수는 없다. 차기진은 이기경과 홍낙안(洪樂安) 등의 진술을 토대로 하여, 이승훈이 가져온 책들은 『기하원본(幾何原本)』이나 「수리정온(數理精蘊)」과 같은 서양 수학 서적, 그리고 『진도자증』과 『성세추요』 등의 천주교 교리 해설서였다고 추정하였다.[120] 그리고 『교요서론(敎要序論)』, 『성교절요(聖敎切要)』 등 새로운 종류의 교리서, 『수진일과(袖珍日課)』, 『천주성교공과(天主聖敎功課)』 등의 기도서도 들어왔을 것으로 본다.[121]

추측하자면 북경의 선교사들이 이승훈에게 준 천주교 서적들은 두

---

120 홍낙안은 『진도자증』과 『성세추요』가 이승훈의 귀국 이전에는 보이지 않던 책이라는 진술을 남겼다. 차기진(1992), 40쪽.

121 차기진(1992), 41쪽.

종류였을 것이다. 먼저 이제 막 천주교 신자가 된 이승훈이 숙지해야 하는 내용을 담은 책으로 매일 바쳐야 하는 천주교 기도문을 모아놓은 기도서, 신앙을 다지는 데 필요한 신심(信心) 서적과 묵상(默想) 서적이 있었을 것이다. 아울러 이승훈이 동포들에게 천주교를 널리 알리고 전교하는 데 도움을 줄 책도 주었으리라 추측된다. 여기에는 중국에서 한문으로 간행한 대중용 교리서들이 속한다. 대중용 교리서는 『천주실의』나 『영언여작』 등과는 달리, 암송을 위한 문답식으로 되어 있어서 쉽고 간결한 문체에 내용도 복잡하지 않다. 그리고 약식 세례인 대세(代洗)를 비롯하여 천주교의 성사 예절과 미사 전례를 소개하는 책들도 이승훈이 가지고 왔을 것이다. 1784년 초에 이승훈이 어떤 천주교 서적들을 가지고 돌아왔는지를 보여주는 간접적인 증거는 그로부터 7년 뒤에 작성된 천주교 신자 색출 기록에서 발견할 수 있다.

충청도 관찰사 박종악(朴宗岳)은 1791년 겨울 내포와 충주 지방에서 천주교 신자들을 적발하면서 함께 압수한 서적들의 목록을 남겼다.[122] 여기에는 『이십오언』이나 『칠극』처럼 원래 『천학초함』에 들어 있어서 예전부터 조선에 유입되었던 책도 있지만 새로운 서적들이 많이 보인다. 먼저 천주교 교리를 쉬운 백화체(白話體) 한문으로 풀어서 정리한 교리서 『만물진원』과 『성세추요』가 발견된다. 이어서 천주교 세례를 받기 위하여 암송해야 하는 교리 문답인 『성사문답(聖事問答)』, 『천주십계언서(天主十誡諺書)』가 있고, 매일 바쳐야 하는 기도문을 모아 둔 기도서인 『성교일과(聖教日課)』가 있다. 그뿐 아니라 각종 특수한 기도문을 담은 기도서인 『점성수경(點聖水經)』, 『성모매괴경(聖母

122 박종악 저, 신익철 · 권오영 · 김문식 · 장유승 역(2016), 89~92쪽.

玫瑰經)』, 『구은축문(求恩祝文)』 등도 있었으며, 미사에 참례할 때 지켜야 하는 규정들을 담은 책으로 보이는 『여미사규정언서(與彌撒規程諺書)』도 있다. 아울러 1년의 각 날짜에 배당된 천주교 성인들의 행적과 교훈을 날짜별로 실은 성인 전기인 『성년광익(聖年廣益)』도 압수 서적 목록에 등장한다. 이러한 서적들은 이승훈이 1784년 북경에서 직접 가지고 왔거나 이승훈이 1789년에 북경으로 보낸 윤유일(尹有一)이 선교사들로부터 받아서 가지고 온 것들이다. 그랬기에 충청도 내포 지방의 천주교 신자들이 가지고 있다가 1791년 겨울에 압수되었던 것이다.

안정복이 별세한 뒤의 일이기는 하지만 1795년 연초에 북경 주교가 파견한 중국인 선교사 주문모(周文謨) 신부가 조선에 들어왔다. 그가 조선인 신자들에게 천주교를 가르칠 목적으로 가지고 온 책들도 있었을 것이다, 이 책들에 대해서는 1801년 탄압 사건 당시 자료들을 모은 『사학징의(邪學懲義)』 끝에 실린 압수 서적 목록을 통해서 확인할 수 있다. 여기에는 박종악의 『수기(隨記)』에 실린 목록에 비하여 훨씬 더 방대한 압수 서적 목록이 나온다.[123] 이 목록에 실린 책들의 유형은 박종악의 압수 서적 목록과 대동소이한데, 쉬운 문체로 간결하게 적은 교리문답, 묵상서, 성인 전기, 기도서, 성사 예절서 등이 주류를 이룬다. 이런 서적들은 천주교의 정당함을 논변하는 이론적인 내용을 담기보다는, 각종 성사를 비롯하여 천주교 신앙을 실천하는 데 필요한 세부적인 지침들을 제시하고 있다. 그래서 사변(思辨)보다는 실천을 더 중시하는 책이었고, 일단 천주교 신앙을 받아들인 사람에게는

123 조광 역주(2022), 286~310쪽.

대단히 강력한 확신을 심어주는 효과를 발휘하였다.

이상의 사실들로 추론하자면 안정복의 설득이 효과를 발휘하지 못한 까닭은 신생 천주교 신자들이 학습용으로 읽기 시작한 천주교 서적이 안정복이 주로 참고한 서적들과 그 성격이나 내용이 달랐다는 점에서 찾을 수 있다. 즉 이승훈의 귀국 이전에 조선의 유학자들이 알고 있던 서학 지식은 대부분 『천학초함』에 담긴 책들을 통해서 얻은 것이었다. 이 책들은 예수회 선교사들이 중국의 유학자들을 대상으로 천주교를 소개하는 것으로서, 유교의 기본 개념들을 차용하여 천주교 교리를 친숙하고 알기 쉬운 논리로 설명하고 있었다. 하지만 이승훈의 귀국 이후부터는 새로운 책들이 들어왔다. 이 책들은 『천학초함』에 들어 있던 계몽적인 천주교 해설서와는 달리, 천주교의 핵심 교리를 암송용으로 정리하고, 천주교 신앙을 실천하는 요령을 담고 있는 것이었다. 이벽을 비롯하여 서학을 신앙으로 받아들인 초기 천주교 신자들은 바로 이런 책들을 읽으면서 새로운 논리를 구축하였다.[124]

천주교에 가담한 근기 남인 신서계 인사들은 더 이상 서학의 주장이 논리적으로 옳은지 그른지를 따지는 일에 그다지 큰 관심이 없었다. 그래서 안정복의 논변이 큰 설득력을 발휘하지 못했던 것일 수 있다. 이미 신서계 인사들과 안정복의 생각은 상상 이상으로 멀어져

124 황사영은 이가환이 천주교를 믿게 된 계기를 설명하면서, 이벽으로부터 천주교 성인전 『聖年廣益』과 기타 천주교 서적들을 모두 가져다가 정신을 쏟아 거듭 읽고는 믿기로 결심하였다고 말하였다.(황사영 저, 여진천 역(1999), 90쪽.) 과연 황사영의 말대로 이가환이 천주교를 받아들였는지는 의문의 여지가 있지만, 당시 천주교에 입교한 남인 신서계 인사들이 『천학초함』에 들어 있는 천주교 해설서를 넘어서 교리문답, 성인전, 기도서 등 이승훈이 새로 들여온 천주교 서적을 읽고 천주교를 받아들였음을 보여주는 단서가 되는 내용이다.

있었다. 서학의 천주와 유교의 상제가 같은지를 따지거나, 영혼이 불멸하는가 아니면 필멸하는가를 논쟁하는 것에 별로 관심이 없었을 수 있다. 이미 그들은 답을 가지고 있었기 때문이다. 즉 천주교 사제가 베푸는 성체성사를 받음으로써 영혼을 구하는 일이 시급하다고 생각했다. 반면에 안정복은 「천학문답」에서 영세가 불교의 수계(受戒)와 같고, 고해(告解)는 뉘우치는 것이고, 세례명이 법명과 같다고 생각하는 수준이었다.[125] 그러므로 안정복이 「천학문답」에서 서학을 비판한 내용에 대해서 이벽, 이승훈, 권일신 등 근기 남인 신서계 인사들은 새로운 천주교 서적을 통해서 획득한 교리 지식으로 충분히 반박할 수 있다고 여겼을 것이다.

3) 신서계 인사들의 진술

과연 천주교를 받아들인 신서계 인사들은 새로운 유형의 천주교 서적을 접하고 어떤 새로운 관념을 형성하였을까? 이 문제를 구체적으로 해명하는 데 사용할 수 있는 자료들은 대단히 제한적이다. 왜냐하면 1785년의 형조 적발 이후로 신서계 인사들이 자신들의 생각을 드러내 놓고 표방하지도 않았으며, 직접 남긴 글도 적기 때문이다. 그래서 천주교 내부에서 전승되는 기록이나 북경을 거쳐서 유럽에 전달된 서한 자료들을 분석할 수밖에 없다.

먼저 이벽이 지었다고 알려졌던 『성교요지(聖教要旨)』가 있다. 이것은 이승훈의 호를 딴 문집인 『만천유고(蔓川遺稿)』에 들어 있는데, 함

125 안정복 저, 이상하 역(2020), 222쪽.

께 수록된 「천주공경가(天主恭敬歌)」와 더불어 이벽의 저술이라는 주장이 있었다.[126] 그래서 한국인이 지은 최초의 신앙 고백이 담긴 문헌이라는 의의를 부여받은 적이 있었다. 하지만 『성교요지』에 나오는 용어들이 천주교에서 사용하지 않는 것이며, 『성교요지』는 물론이고 『만천유고』 자체가 위작일 가능성이 있다는 지적이 나왔다.[127] 그리고 미국 개신교 북장로회 선교사 윌리엄 마틴[128]이 1863년 중국 상해에서 간행한 중국어 학습서 『쌍천자문(雙千字文)』의 1897년 수정판을 『성교요지』와 대조하여 같은 문헌임을 입증하는 연구들이 나왔다.[129] 결국 김양선 목사가 수집하여 1967년 숭실대학교에 기탁함으로써 세상에 알려진 문헌 『성교요지』는 위작으로 밝혀졌다. 그러므로 분석 대상으로서의 가치를 상실하였다.

다음으로 1789년 이승훈이 북경으로 보낸 편지가 있다. 이 편지는 현재 원본이 발견되지 않았다. 대신에 편지를 받은 북경의 프랑스 라자리스트(Lazarists) 선교사들이 프랑스어로 번역하여 로마 교황청에 보냈던 것이 포교성성(布教聖省) 문서고에 소장되어 있다. 한문 서한을 프랑스어로 번역하였기 때문에 원문을 짐작하기는 어렵다. 다만 대략적인 내용은 파악할 수 있다. 이승훈의 편지에는 또 다른 편지가

126 이성배(1979)의 연구가 대표적이다.

127 윤민구(2014).

128 윌리엄 마틴(William Alexander Parsons Martin, 1827~1916)은 1849년 미국 맥코믹(McCormick) 신학교를 졸업하고 미국 북장로회 해외 선교부에 들어갔다. 1850년 중국의 浙江省 寧波에 도착하여 중국어를 배우고 선교 활동을 시작하였다. 1860년 건강 때문에 잠시 미국으로 돌아갔다가 1862년에 다시 중국으로 와서 上海에서 활동하였다. 특별히 신임 선교사 훈련에서 사용할 중국어 교재를 만드는 일에 관심을 기울였다. 1916년 북경에서 폐렴으로 사망하였다.(Ralph Covell(1978) 참조.)

129 김현우 · 김석주(2019); 황재범(2020).

첨부되어 있다. 1785년 형조의 적발 사건 이후에 천주교 공동체와 잠깐 거리를 두었던 이승훈이 활동을 재개하면서 북경에서 보았던 성직자 제도를 모방하여 주교와 신부를 임명하고 성사를 거행한 적이 있었는데, 어떤 천주교 신자가 책을 읽다가 이것이 교리상으로 잘못된 행위임을 발견했다고 알리는 내용의 편지였다. 두 통의 편지는 1789년 무렵에 작성된 것으로서 초기 천주교 공동체의 자기 진술이 들어 있는 자료라 할 수 있다. 이어서 이승훈은 1790년에도 한 통의 편지를 북경으로 보냈다. 이 편지도 프랑스어 번역본으로 현존한다.

이승훈은 1790년에 보낸 편지의 답장을 1791년 초에 받게 된다. 여기에는 조상 제사를 지내면 천주교의 교리에 어긋나므로 금지한다는 북경 주교의 명령이 들어 있었다. 조선의 천주교 신자들이 북경 주교의 명령에 복종하면서 조선 사회와 천주교는 화해할 수 없는 적대적인 관계로 들어가게 되었다. 그리고 그 첫 희생자는 모친상을 당하여 신주를 세우지 않고 집안 사당에 모셨던 신주들도 함께 불태운 윤지충(尹持忠)과 이에 동조한 권상연(權尙然)이었다. 두 사람은 1791년 체포되어 참수되었다. 그런데 윤지충이 전라도 감사 정민시(鄭民始) 앞에서 공술(供述)했던 내용이 『정조실록(正祖實錄)』에 전한다. 그리고 이와 유사하면서 더 상세한 내용을 담은 글이 당시 천주교 신자들 사이에 「죄인 지충 일기」라는 제목으로 퍼졌다. 이 글의 원문은 현재 발견되지 않았다. 대신에 1860년 무렵에 프랑스 선교사 앙투안 다블뤼 주교[130]가 원문을 구해서 프랑스어로 번역한 원고가 남아 있다.[131]

---

130 마리-니콜라-앙투안 다블뤼(Marie-Nicolas-Antoine Daveluy, 1818~1866) 주교는 파리외방전교회 소속의 조선 대목구 선교사였다. 1844년 프랑스를 떠나서 아시아로 왔으며, 1845년 페레올 주교, 김대건 신부 등과 함께 조선으로 입국하였다. 1855년

여기에는 윤지충의 교리 지식과 신앙 고백이 담겨 있다. 그래서 초기 천주교 신자들의 의식을 파악하는 데 중요한 자료가 된다.

그 밖에 초기 천주교 신자들이 가지고 있었던 교리 지식을 알려주는 자료로는 정약종의 한글 천주교 교리 해설서가 있다. 정약종은 1801년 신유년의 사옥으로 체포되기 직전에 한글로 쓴 천주교 입문서 『주교요지(主敎要旨)』를 남겼다. 그는 『천주실의』, 『성세추요』 등 중국에서 들여온 서학 서적들을 활용하면서도 자기 생각을 보태어 한글 천주교 서적을 만들었다.

이상의 것들이 대략 초기 천주교 신자들의 신앙과 천주교 이해를 보여주는 자료들이다. 그 내용과 안정복의 저술을 비교하면서 둘 사이의 초점 불일치, 내지 관심 사항의 차이를 파악해 보자. 그러면 안정복의 저술이 왜 신서계 인사들의 천주교 신봉을 막지 못했는지, 또는 거꾸로 말하면 왜 신서계 인사들은 안정복의 설득에도 불구하고 천주교로 넘어갔는지를 이해하는 데 도움을 줄 수 있을 것이다.

금장태에 따르면 안정복의 서학 비판에서 핵심적인 논점은 유교의 천(天), 태극(太極), 리(理) 개념을 거부하는 천주 개념의 불합리성, 세속을 원수로 삼고 군신의 의리를 끊는 비윤리성, 불멸하는 영혼이 천당이나 지옥으로 간다는 주장의 허황함 등이었다.[132] 이에 대해서 신서계 인사들이 논박하는 글을 지은 적은 없다. 다만 신서계 인사들이 쓴 편지나 저술에서 안정복의 비판에 대한 대답이라고 여길 만한 요

베르뇌 주교에 의해서 부주교로 임명되었다. 1866년 체포되어 보령에서 처형되었다.(Gérard Moussay et Brigitte Appavou(2004), p. 117.)

131 조현범(2018), 143~149쪽.

132 금장태(2003), 119~128쪽.

소들을 찾아볼 수 있다.

먼저 천주에 대한 관념을 살펴보자. 1791년 윤지충이 전라감사 정민시 앞에 끌려가서 심문을 받았을 때 답변한 내용이 있다. 정민시가 이렇게 묻는다. "네 마음과 행실을 다스리기를 원한다면 우리 경서(經書)가 족하지 않으냐? 어찌하여 이단에 빠져 네 신세를 망치려 하는 거냐?" 이에 대해서 윤지충은 대답한다. "저는 결코 이단에 빠진 것이 아닙니다." 그러자 정민시가 되묻는다. "그러면 천주교가 이단이 아니란 말이냐?" 윤지충의 대답은 이러하다. "천주는 대부(大父)시요, 하늘과 땅, 천사들과 사람들, 그리고 만물을 지으신 분이시니, 그분을 섬기는 것을 이단이라고 부를 수 있겠습니까?"[133]

윤지충의 대답에서 보듯이, 초기 천주교 신자가 된 인사들은 천주의 존재를 리(理)로 설명할 것인지, 아니면 기(氣)로 설명할 것인지에 관심이 없었다. 만물을 지어낸 창조주로서 세속의 아버지를 넘어서는 크나큰 아버지임을 믿고 섬기는 일이 중요했다. 즉 논리적 분석의 영역에서 천주의 존재를 파악하는 것이 아니라 믿음과 실천의 영역에서 천주의 속성과 권능을 진리로 받아들였다. 그래서 정약종은 『주교요지』에서 천주에 대해서 "본디 계시고 스스로 계시며, 시작이 없으시고 마침이 없으시며, 아니 계신 곳이 없으며, 무궁히 능하시고 온전히 아시는 분"이라고 설명한다.[134] 이런 점에서 보자면 근기 남인 신서계 인사들은 삼라만상의 운행 원리를 이기론적 존재론으로 설명하는 성리학적 사유를 버리고, 형상이 없고 지극히 신령한 존재인 천주의 권

---

133 앙투안 다블뤼 저, 유소연 역(2014), 12쪽.

134 정약종 저, 성·황석두루가서원 편(1997), 16~19쪽.

능에 의해 천지 만물이 생겨났다는 일원론적 창조론을 받아들였다고 말할 수 있다.

다음으로 안정복은 육신과 세속과 마귀를 원수로 여기는 천주교의 교리가 부모의 은혜를 저버리고 군신의 의리를 끊는 비윤리적인 주장이라고 비판하였다. 이에 대응하는 초기 천주교 신자들의 생각을 찾아본다면 현세를 원죄로 물든 곳이라고 바라보는 죄 이론을 세계관의 바탕에 두고 있다는 점이다. 즉 첫 인간이었던 두 사람이 마귀의 꼬임에 넘어가서 천주의 명령을 어김으로써 "즐겁던 세상이 홀연히 괴로운 세상이 되었으며, 육신의 병과 영혼의 병이 사람을 해치므로, 사람은 천주의 자식되는 높은 지위를 잃고 마귀의 종이 되어 일생토록 괴롭고 수고롭다가 죽은 후에 더욱 무궁한 괴로움을 받게 되며, 또 그 만세 자손이 한 가지로 원죄로 말미암아 벌을 입어 죄의 더러움에 물들어 태어난다."[135]

흥미롭게도 안정복은 원죄가 후손에 이어진다는 교리의 불합리성을 지적하였는데, 이에 대해서 정약종은 상식적인 비유를 들어가면서 오히려 합당하다고 주장하였다. 만약 조상이 임금에게 죄를 얻게 되면 그 자손을 대대로 변방에 충군하고 노비로 삼는 법이 있지 않으냐는 것이다. 그러니 원조인 아담이 죄를 지어 벌을 받게 되면, 그 자손까지도 죄에 연루되는 것이 역시 마땅하다는 논리이다.

마지막으로 안정복은 천주교의 천당과 지옥의 교설을 비판하면서, 벌을 피하고 상을 받으려는 이기적인 욕심에서 나온 생각이며, 있는지 없는지도 모르는 천당에 가고자 하는 마음 자체가 허무맹랑하다고

135 정약종 저, 성·황석두루가서원 편(1997), 59~61쪽.

지적하였다. 하지만 이에 대해서 초기 천주교 신자들은 성사를 통한 구원이라는 새로운 관념을 가지고 있었다. 안정복도 천주교의 의례 문화에 대해서 어느 정도 알고 있었다. 그래서 대부(代父), 성수, 회개, 별호(세례명)의 존재를 불교의 법사 · 율사, 연비(燃臂), 참회, 관정(灌頂)과 유사한 것으로 설명하였다.[136] 즉 천주교의 세례 성사를 불교의 수계 의식에 지나지 않는다고 본 것이다. 하지만 초기 천주교 신자들은 세례 성사와 더불어 견진(堅振) 성사와 성체(聖體) 성사 그리고 미사도 알고 있었으며, 이런 성사를 받음으로써 죄를 씻고 영혼을 정화하여 천당에 갈 수 있다고 생각하였다. 그래서 성사를 대단히 중요하게 여겼으며, 심지어 성사를 자체적으로 거행할 수 있도록 성직자단(聖職者團)을 구성하기도 하였다. 이것이 나중에 사제만이 할 수 있는 것임을 깨닫고 중지하기는 하였지만 조선의 초기 천주교 공동체가 확장되는 데 중요한 역할을 하였던 것은 분명하다. 이런 점으로 보자면 안정복의 서학 비판론은 천주교에 가담한 근기 남인 신서계 인사들이 가지고 있었던 새로운 관념, 즉 성사를 통한 구원론과는 상당히 거리가 있는 것이었다.

이승훈을 비롯한 초기 천주교 신자들이 천주교 성사에 관해서 어떻게 인식하였는지를 알려주는 자료들은 이승훈의 서한 자료에 잘 나타나 있다. 이승훈은 1789년 북경의 선교사들에게 보낸 서한에서 다음과 같이 말한다. "신부님들이 없어서 고해(告解) 성사도 보지 못하고 있는 형편이라, 저의 동료 천주교 신자들은 끝없는 불안 속에서 살고 있습니다."[137] "수많은 사람이 신앙을 받아들이게 되었습니다. 그런데

136 안정복 저, 이상하 역(2020), 221~222쪽.

그들이 어찌나 열렬하게 세례를 베풀어 달라고 간청하던지, 저는 모든 사람의 요청대로 제가 북경에서 세례를 받을 때 행해졌던 예절에 따라 많은 사람에게 세례를 베풀어 주었습니다."[138]

1785년 양력 4월 17일 명례방의 중인 김범우 집에서 모임을 열던 천주교 신자들은 형조 관헌들에게 발각당했다. 그래서 한때 모임을 중지하였다가 이듬해에 다시 모였다. 이 모임에서 이승훈은 동료 신자들의 요청을 받아들여 고해 성사 규칙을 제정하고 견진 성사와 미사를 거행할 수 있는 성직자단을 결성하였다. 다음은 이승훈의 1789년 편지에 나오는 말이다.

> 천주교 신자들은 서로가 서로에게 고해할 수 있는 방법에 대해 토의를 하고자 1786년 봄에 모임을 가졌습니다. 그리고 갑은 을에게, 을은 병에게 고해를 할 수 있지만, 갑과 을이 혹은 을과 병이 서로 맞고해를 하는 일은 없도록 결정하였습니다. 천주교 신자들은 같은 해 가을에 다시 모임을 가졌습니다. 이 모임에서 그들은 미사를 집전하고 견진성사를 주는 일을 제가 맡아 하도록 결정하였습니다. 저는 그들의 권유를 받아들였을 뿐만 아니라 다른 열 명에게도 미사를 드릴 수 있는 권한을 주었습니다. 미사와 견진성사 예절들은 여러 책들과 시과경에 나와 있는 예절들을 따르되, 어떤 것들은 빼기도 하고 어떤 것들은 첨가하기도 하였습니다. 그리고 기도문들은 저희 기도서에 나와 있는 것 중에서 택해서 사용하였습니다.[139]

137 윤민구 역주(1999), 93쪽.
138 윤민구 역주(1999), 97쪽.
139 윤민구 역주(1999), 99~101쪽.

하지만 사제가 아닌 사람이 미사를 집전하거나 고해 성사와 견진 성사를 베푸는 것이 잘못된 행위라는 주장이 제기되었다. 이승훈이 1789년 편지에 동봉한 어느 천주교 신자의 편지에는 다음과 같이 구절이 나온다.

> 지난 마지막 모임에서 많은 논의를 거친 끝에 제가 미사와 견진성사를 집전하는 일을 맡아보도록 결정이 났었습니다. 그리고 저는 여러분 명령에 순순히 따르려고 하였습니다. 하지만 집에 돌아와서 우리 성교회에 대한 책 여러 편을 아주 집중적으로 찬찬히 읽어 보고는 저는 그만 기절초풍하고 말았습니다. 왜냐하면 사제품을 받으면 인호를 받게 되는데, 바로 이 인호가 없는 사람은 사제의 직무 가운데 그 어떤 것도 수행하려고 해서는 안 된다고 여러 책에서 말하고 있기 때문이었습니다. 그런데 공(公, 이승훈)께서는 그라몽 신부님한테서 이런 인호를 받지 못하였기 때문에 저희를 사제품에 오르게 할 권한이 없는 것입니다. 그러니 공께서 그동안 하셨던 일보다 더 무모한 일이 또 어디에 있겠습니까?[140]

이 편지의 저자가 누구인지는 아직 밝혀지지 않았다. 프랑스어 번역본에는 히웬 쉔(Hiuen Chen)의 편지라고만 되어 있어서 실제 이름이 무엇인지 확정되지 않은 것이다. 어쨌든 그는 자신들의 성사 집전 행위를 중단해야 한다고 주장하였다. 아울러 성체에 대한 분명한 인식을 보여주었다.

다른 책들을 볼 것 같으면 서품을 받지 않아 인호를 받지 못한 사람

---

140 윤민구 역주(1999), 79~81쪽.

은 그 누구도 우리 주님의 몸을 축성할 수 없다고 하였습니다. 그러니 저희에게 사제품을 허락한 공이나, 공으로부터 우리 주님의 몸을 축성할 수 있는 권한을 부여받은 저희나 어찌 독성죄(瀆聖罪)를 안 지었다고 변명할 수 있겠습니까?[141]

자체적으로 결성한 성직자단을 해체하고 약식 세례인 대세(代洗) 이외의 모든 성사 행위를 중지하자 천주교 공동체에 큰 위기가 찾아왔다. 이러한 점은 이승훈의 1789년 서한에 잘 나와 있다.

> 성사가 중단된 다음부터 저희는 마치 의지할 데 없는 사람들처럼 매일 고통과 불안 속에서 지내며 구원받을 수 있기만을 밤낮으로 갈망하였습니다.[142] 주님의 사제이며 봉사자이신 신부님들 앞에 엎드려 간절히 비오니, 부디 주님께서 흘리셨던 피를 생각하시고 사도들의 모범을 따르시어 저희를 불쌍히 여기시고, 죄의 무게에 짓눌려 살면서도 빠져나갈 길조차 모두 막혀버린 이 사람들이 다시금 생기를 찾고 새롭게 살아갈 수 있도록 해주시옵소서.[143]

이승훈은 1789년에 북경으로 윤유일을 보내어 자체적인 성사 집전의 문제에 대해서 문의하였고, 그에 대한 답변을 받았다. 그러자 1790년에 다시 북경으로 서한을 보내어 해결 방안을 제시하였다.

> 저희 자신을 구원하기 위해 저희가 할 수 있는 유일한 치료 방법은

141 윤민구 역주(1999), 85쪽.
142 윤민구 역주(1999), 105쪽.
143 윤민구 역주(1999), 105쪽.

회개이므로 그 방법에 의지하라고 권유하셨습니다. …(중략)… 저희의 나약함과 저희가 지은 수많은 죄와 그리고 아직도 저희를 짓누르고 있는 인간적인 두려움을 생각해 볼 때, 회개를 한다고 해서 어찌 저희 마음이 후련해질 수 있겠습니까? 그러니 저희는 어쨌든 간에 저희를 직접 가르쳐 주고, 좀 더 확실하게 도와줄 수 있는 사제 한 분을 모셔야겠습니다. 그러지 않고서 어떻게 이 깊은 구렁텅이에서 저희를 다시 꺼내 줄 수 있겠습니까?[144]

이렇게 천주교 성직자를 조선 천주교에 파견해 달라는 이승훈의 요청은 1795년에 중국인 주문모 신부가 조선으로 밀입국하면서 실현되었다. 그럴 정도로 조선의 신생 천주교 공동체는 성사를 중시하였고, 이것은 이승훈이 북경에서 가지고 들어온 새로운 천주교 서적들을 학습한 결과였다. 안정복이 읽고 분석하였던 서학서에서 찾아볼 수 없었던 내용이다.

지금까지 안정복의 서학 비판에 대해서 근기 남인 신서계 인사들이 어떻게 여겼을지 추측하였다. 여기에 추가하여 조상 제사 거부에 관한 사안을 논하도록 하자. 이 문제는 안정복이 별세하던 무렵인 1791년에 가서야 본격적으로 발발한 사안이어서 안정복의 서학 비판론에 포함되지는 않았다. 다만 「천학문답」의 제29번 문답에서 공자에게 바치는 제사인 석전(釋奠)에 참석하는 문제를 둘러싸고 어느 상사생(上舍生), 즉 성균관에 기숙하는 유생과 그의 벗이 나눈 대화가 등장한다. 거짓 형상을 설치해 놓고 제사를 지내면 마귀가 와서 먹지, 어찌 공자의 신이 와서 먹을 수 있겠느냐고 하면서 인가(人家)의 제사

144 윤민구 역주(1999), 107~109쪽.

도 마찬가지라는 말을 그 벗이 했다는 것이다.[145] 과연 안정복이 이 구절을 언제 썼는지를 문헌 검토가 필요하다. 『부부고』에 들어 있는 「천학설문」과 「천학혹문」에는 이런 구절이 들어 있지 않다. 나중에 1785년 음력 12월 20일 「천학문답」이 완성된 뒤에 실린 구절이다. 그렇다면 1785년 당시 성균관에서 기숙하던 이승훈이나 정약용이 이벽과 나눈 대화였을 가능성이 높을 것이다.

제사 문제는 1791년 진산사건을 통해서 본격적으로 터졌다. 초기 천주교 공동체가 북경의 선교사를 통해서 받아들인 제사와 신주에 대해서 가지고 있었던 생각은 윤지충을 통해서 드러난다. 물론 상당히 많은 근기 남인 신서계 인사들은 윤지충과 의견을 달리하여 천주교를 버리고 떠났다. 그렇기는 하지만 윤지충을 비롯하여 권일신과 정약종 등은 제사와 신주에 대한 북경 주교의 명령을 그대로 따랐다. 그러므로 윤지충의 진술 속에서 제사 폐지와 신주 소각의 정당성을 어떻게 주장하였는지를 살펴보고, 그것이 지닌 사상사적 의미를 짚어볼 필요가 있다. 앞서 윤지충이 전라감사 정민시의 심문을 받은 뒤에 썼다고 알려진 기록을 소개하였다. 이 기록에는 신주 문제를 둘러싼 두 사람의 대화가 등장한다.

> 정민시: 네가 그 신주들을 네 부모처럼 모셔서 땅에 묻었다면 그것까지야 그럴 수 있다지만 신주들을 불에 태웠다니 사람이 어찌 그렇게 할 수 있느냐?
>
> 윤지충: 만일 제가 그것을 제 부모로 여겼다면, 제가 어찌 그것을 불사

145 안정복 저, 이상하 역(2020), 223쪽.

를 마음을 가질 수 있겠습니까? 하오나 저는 거기에 제 부모의 어떤 것도 있지 않다는 것을 아주 명확하게 알기에 그것을 불태웠습니다. 그것을 묻든 불사르든 그것들은 예외 없이 먼지로 돌아가는 것들이니 거기엔 크든 작든 위중할 것이 없습니다.

정민시: 너는 사람의 신주를 불태운 죄에 대한 형벌을 국법에 따라 받아야함을 시인하느냐?

윤지충: 만일 제가 부모님이 신주 안에 계신다고 생각하며 그것을 불태웠다면 형벌은 마땅할 것이나, 거기에는 제 부모의 것이라고는 전혀 없다는 것을 아주 명백하게 알고 하였으니 무슨 죄가 있을 수 있겠습니까?

정민시: 네가 서양에 있다면야 네 말이 정확하다 할 수 있으나 우리 왕국에서는 국법에 따라 처벌되어야 한다.

윤지충: 사회에서는 5대가 지난 신주들은 모두, 심지어 양반들도 그것들을 파묻는데, 그들도 엄히 벌하십니까?

정민시: 성현들의 규정에 따르면 이 기간(5대)이면 사람의 혈육에 대한 본분과 의무가 끝난다.[146]

다블뤼 주교가 기록한 다른 자료에도 비슷한 내용으로 윤지충의 주장이 나온다.

사람이 죽으면 육신은 흙으로 돌아가고 영혼은 하늘나라로 가든지 지옥으로 갑니다. 죽은 이의 집에 남아 있을 수 없고, 또 남아 있어야 할 영혼도 없습니다. 이는 제가 확실하게 알고 있는 증명된 명백한

146 앙투안 다블뤼 저, 유소연 역(2014), 21~22쪽.

사실입니다. 그러므로 위패 나무 조각 하나를 모셔두고 거기에다 제사를 지내며 음식을 바치는 것은 부모님에게 거짓된 도리로 효심과 사랑을 표현하는 것입니다. 이 위패가 무엇입니까? 산에서 잘라 온 나무 조각 위에다 장인(匠人)이 재단하고 거기에 끌이 지나간 것 아닙니까. 그런데 이 장인의 수고가 부모님의 영혼이 거기에 와서 머물게 할 수 있는 것입니까? 그러니 이 위패들은 아버지도 어머니도 아닙니다. 그저 나무토막에 불과합니다. 그런데 제가 어떻게 그것들을 아버지나 어머니처럼 여겨 받들 수 있겠습니까? 우리 참된 천주교는 당연히 그러한 미신을 금합니다. 더욱이 저는 그리스도인이고 하느님의 계명을 지킵니다. 그래서 저는 그 물건들을 불태웠습니다.[147]

이러한 내용으로 보자면 윤지충을 비롯하여 조상 제사를 거부하는데 찬성한 초기 천주교 신자들은 조상에게 올리는 제사나 공자에게 바치는 석전은 현실의 군주와 부모를 초월하는 더 크고 참된 대군대부(大君大父) 천주에게 바치는 미사로 대체되어야 한다고 생각했다. 그래야 참다운 효도, 참다운 충성을 바치는 것이라고 보았다. 하지만 이러한 생각은 당시 조선의 유교 사회와 조화를 이룰 수 없는 것이었다. 그래서 조선 천주교는 지속적인 탄압을 당했으며, 비판의 대상이 되었다. 아마 안정복도 생전에 이러한 사태를 예견한 것은 아니었지만, 조선에서 천주교가 걷게 되는 순탄치 않은 길을 짐작하였다. 그래서 남인 후학들에게 거듭하여 경고하면서 유교적 가치로 돌아오라고 설득하였다.

147 한국 천주교 주교회의 시복 시성 주교 특별 위원회(2005), 61~63쪽.

5. 맺음말

안정복은 사물의 이치와 현상을 궁구(窮究)할 때 그 역사적 연원을 밝히는 일을 우선하였다. 그런 점에서 안정복은 성리학자이면서 역사가로서의 면모를 지닌 인물이었다. 서학을 대할 때도 마찬가지였다. 조선에 서학 서적들이 처음 들어온 것이 선조(宣祖) 말년이지만, 어떤 선비가 사행(使行)을 따라 연경(燕京)에 갔다가 서양 서적들을 가지고 와서 1783년과 1784년 사이에 재기 있는 젊은이들이 천학설(天學說)을 주장하기 시작하였다고 조선 서학의 연원을 밝혔다. 그래서 「천학고」를 써서 서학이 중국과 조선에 들어온 일의 전거(典據)를 찾는 작업을 시작하고, 「천학문답」을 지어서 천학, 즉 서학의 그릇됨을 드러내 보이고자 하였다.

안정복이 역사가로서 중국과 조선에서 서학의 연원을 탐구하고, 성리학자로서 서학의 논리적 허구성을 혁파하고자 한 노력은 조선의 서학 논쟁사에서 매우 드문 사례로 평가할 수 있다. 왜냐하면 안정복 이전에는 서학이라는 새로운 사상 조류를 소개하거나 그 장단점을 논평하는 데 머물렀으며, 안정복 이후에는 서학 신봉자들이 조상 제사를 거부한 것을 계기로 하여 조선 사회가 서학을 배척하고 탄압하는 일로 일관하면서 서학 비판론도 대부분 논리적 정밀성보다는 고정 관념으로 짜인 상투적인 부정론에 머물렀기 때문이다. 그러므로 안정복의 서학 이해, 그리고 안정복 당대에 서학을 신앙으로 받아들여 천주교 신자가 되었던 근기 남인 신서계 인사들과의 관계 등을 따져 묻는 작업은 안정복 연구에서도 중요한 의의를 지닌다.

이러한 문제의식으로 이 글은 안정복의 서학론이 지닌 성격과 의미를 밝히고자 하였다. 먼저 안정복과 서학의 관계에 관한 연구의 역사를 살펴보았다. 안정복과 서학의 관계를 탐구하는 연구에서 가장 기초적인 것은 그가 남긴 서학 관련 자료들을 발굴하고 자료의 외연을 확대하는 일이다. 그래서 기존 연구들이 안정복의 서한들을 발굴하고, 저술들의 형성 과정을 추적하고, 일기와 독서 발췌록 등으로 연구 자료를 확대하는 과정을 소개하였다. 이어서 안정복이 서학에 관한 지식을 습득하기 위하여 읽었던 서학 서적들의 범위가 어느 정도였는지를 기존 연구들이 밝힌 바를 토대로 재구성하였다. 안정복은 주로 『천학초함』에 실린 몇몇 서학 서적들을 통하여 서학이 어떤 가르침이며, 무엇을 주장하는지를 파악하였던 것으로 보인다. 다만 기존 연구들이 지적하지 않은 점, 즉 안정복이 『진도자증』을 읽고 자신의 서학 비판론에 활용하였다는 사실로 좀 더 진전된 연구의 가능성을 엿볼 수 있었다. 안정복과 서학의 관계에 관한 연구사에서 백미에 해당하는 것은 그의 서학 비판론을 분석하는 연구들이다. 기존 연구들이 어떤 점들을 밝혔고, 아직 성과가 미진한 부분은 어떤 것들인지를 보임으로써 앞으로의 연구 과제를 제시하였다. 이어서 안정복의 서학론이 당대와 후대의 성리학자들이 서학 비판론을 전개하는 데에 미친 영향을 다룬 기존 연구들로 어떤 것들이 있는지를 개괄하였다. 이러한 연구들이 안정복의 서학론이 지니는 역사적 의의를 잘 보여주었지만, 안정복이 그토록 아꼈던 근기 남인 후학 중에서 천주교를 신봉하게 된 인사들에게는 그의 영향력이 왜 그렇게 제한적이었는지를 해명하는 문제가 아직 남아 있다고 하겠다.

이러한 연구사 검토를 통하여 이 글은 두 가지의 연구 과제를 설정하였다. 첫째는 안정복이 읽은 서학 서적 가운데 아직 다루어지지 않은 『진도자증』이 그의 「천학고」와 「천학문답」에서 어떤 식으로 인용되고 있었는지를 밝히는 것이다. 둘째는 안정복이 서학 비판론을 전개하던 시점인 1784년과 1785년에 서학 신봉자들이 천주교 신앙공동체를 형성하였던 만큼, 이 시기에 안정복과 근기 남인 신서계 인사들의 동향, 신서계 인사들의 신앙 형성에 영향을 준 서학 서적들의 특성, 이를 반영한 신서계 인사들의 진술 등을 분석하는 일이다. 그래서 첫째 과제를 달성하기 위하여 제3장에서 안정복이 ① 경교비 관련 설명, ② 현세 부정론 비판, ③ 원죄론과 그리스도론 비판, ④ 예수의 보편적 사랑에 대한 반박, ⑤ 천주 명칭의 보편성에 관한 설명, ⑥ 마귀의 기원에 관한 설명, 이렇게 여섯 가지 주제를 다룰 때 『진도자증』을 어떻게 인용하였는지를 밝혔다. 그리고 둘째 과제에 관해서는 제4장에서 1784년 천주교 신앙공동체가 출현하던 시기에 신서계 인사들의 동향을 안정복이 남긴 자료들과 관련지어 탐구하고, 안정복과 신서계 인사들의 인식 격차가 벌어지게 된 직접적인 요인으로서 새로운 천주교 서적들의 도입을 논하였으며, 신서계 인사들이 직접적으로 진술한 자료들을 통하여 그들의 생각이 안정복과 얼마나 달랐는지를 드러내 보이고자 하였다.

안정복은 말년에 개인적으로 불행한 일을 여러 차례 겪었다. 안정복이 63세 되던 1775년 정월에 부인 성씨가 먼저 세상을 떠났다. 1788년에는 권일신에게 시집보냈던 딸이 전염병을 앓다가 숨을 거두었다. 1791년 7월에 안정복이 운명하였고, 같은 해 11월에 사학의 괴수로 지목된 사위 권일신이 귀양길에 오르기 직전에 장독(杖毒)으로 사망하였다. 안정복이 국손(菊孫)이라 부르며 귀여워했던 외손 권상문은 10년 뒤인 1801년 연말에 사학죄인으로 참수되었다. 안정복이 그토록 우려하던 서학 문제로 인하여 사위와 외손이 모두 죽임을 당했다. 안정복이 편지를 보내어 설득하고 글을 지어 경계한 보람도 없이 근기 남인들의 한 축이 신유년의 옥사로 무너지고 말았다. 그런 점에서 안정복의 삶 속에서 서학이 드리운 그늘을 짚어보는 일은 역사의 소용돌이 속에서 개인의 무력함을 절감하게 한다.

그럼에도 안정복의 서학론을 살펴보는 까닭은 동양과 서양의 세계관이 맞부딪치는 지점에서 발생한 순도 높은 비판적 인식의 사례를 안정복에게서 찾을 수 있기 때문이다. 안정복이 보여준 성실한 탐구의 자세와 치열한 성찰의 태도는 조선에서 서학 논쟁의 수준을 한 단계 끌어올리는 역할을 하였다. 그러나 안정복에게서 빛났던 이런 지성의 반짝임은 지속되지 못하였다. 노론이 남인을 정치적으로 공격하는 호재로 천주교 문제를 들고나오기도 하고, 또 조상 제사를 거부하는 천주교에 대한 증오가 증폭되기도 하면서 19세기 조선 사회에서 서학에 관한 학문적 토론은 안정복의 서학론을 마지막으로 하여 사라지고 말았다.

參考文獻

1. 원전자료

『安鼎福 日記』, 국립중앙도서관 소장.

박종악 저, 신익철 · 권오영 · 김문식 · 장유승 역(2016), 『隨記: 정조의 물음에 답하는 박종악의 서신』, 한국학중앙연구원 출판부.

샤를 달레 저, 안응렬 · 최석우 역(1979), 『한국천주교회사 상』, 한국교회사연구소.

안정복 저, 이상하 역(2016), 『교감역주 순암집 2』, 성균관대학교 출판부.

안정복 저, 이상하 역(2020), 『교감역주 순암집 5』, 성균관대학교 출판부.

앙투안 다블뤼 저, 유소연 역(2014), 『조선 주요 순교자 약전』, 내포교회사연구소.

윤민구 역주(1999), 『윤유일 바오로와 동료 순교자들의 시복 자료집 제4집』, 천주교 수원교구 시복 시성 추진위원회.

이만채 편찬, 김시준 역주(1984), 『천주교 전교박해사(벽위편)』, 삼경당.

정약용 저, 정태현 · 이정섭 · 김도련 역(1985), 『국역 다산시문집 7』, 민족문화추진회.

정약종(1997), 『주교요지』, 성 황석두 루가 서원.

조광 역주(2022), 『역주 사학징의 II』, 천주교 서울대교구 순교자현양위원회.

한국 천주교 주교회의 시복 시성 주교 특별 위원회(2005), 『'하느님의 종' 윤지충 바오로와 동료 순교자 123위 시복 자료집 제1집』, 한국천주교중앙협의회.

황사영 저, 여진천 역(1999), 『황사영 백서 해제, 누가 저희를 위로해 주겠습니까』, 기쁜소식.

利瑪竇(Matteo Ricci) 저, 송영배 · 임금자 · 장정란 · 정인재 · 조광 · 최소자 역(1999), 『天主實義』, 서울대학교 출판부.

샤바낙 저, 유은희 역(2013), 『진도자증』, 순교의 맥.

沙守信(Emeric de Chavagnac),『眞道自證』, 鐘鳴旦(Nicolas Standaert), 杜鼎克(Ad Dudink), 王仁芳(Wang Renfang) 主編,『徐家匯 藏書樓 明淸 天主教 文獻 續編, 第二十六冊』, 台北: 台北利氏學社, 2013.

Gérard Moussay et Brigitte Appavou(2004), *Répertoire des Membres de la Société des Missions Etrangères*, Paris: Archives des Missions Etrangères,

Pfister, Louis(1934), *Notices Biographiques et Bibliogrphiques sur les Jésuites de l'Ancienne Mission de Chine(1552~1773)*, Tome Ⅱ, Chang-Hai: Imprimerie de la Mission Catholique.

Ralph Covell(1978), *W. A. P. Martin: Pioneer of Progress in China*, Washington, D.C.: Christian University Press.

2. 연구 논저

강병수(2021),『하빈 신후담의 학문 세계』, 다홀미디어(에스앤아이팩토리).

강석진(2015),「박해시대 이윤하 가족의 신앙생활과 순교」,『교회사학』12, 수원교회사연구소.

강세구(2012),『순암 안정복의 사상과 학문세계』, 성균관대학교 출판부.

금장태(2003),「안정복의 서학비판이론」,『철학사상』16, 서울대학교 철학사상연구소.

김보름(2024),「정약용의 '영명지체(靈明之體)', 그 연원과 함의」,『공존의 인간학』11, 전주대학교 한국고전학연구소.

김선희(2015),「19세기 영남 남인의 서학 비판과 지식 권력: 류건휴의『이학집변』을 중심으로」,『한국사상사학』51, 한국사상사학회.

_______(2024),「금대 이가환의 서학 연구와 그 국면들」, 김언종 외,『실시학사 실학연구총서 19, 금대 이가환 연구』, 학자원.

김현영(2013),「순암 이택재 장서의 형성과 산일」, 김현영 외,『순암 안정복의 일상과 이택재 장서』, 성균관대학교 출판부.

_______(2017),「『順庵日記』箚錄 - 서학 관련 기록을 중심으로」,『고문서연구』51, 한국고문서학회.

김현우 · 김석주(2019),「이벽의 〈성교요지〉는 위조 문헌인가」,『기독교사상』729, 대한기독교서회.

노용필(2018), 「안정복, 이규경의 이마두 『천주실의』 인용 양상 비교 검토」, 『교회사연구』 52, 한국교회사연구소.

부유섭(2024), 「『잡동산이』 내 중국본 초서 양상과 장황(章潢)의 『도서편』에 대하여」, 『2024년 전통한국연구소 학술대회 자료집, 조선 후기 근기 지식인의 지적 자원과 네트워크－순암 안정복의 〈잡동산이〉 분석』, 한국학중앙연구원 전통한국연구소.

서종태(2011), 「순암 문집의 정본화를 위한 일 방안」, 『성호학보』 10, 성호학회.

______(2013), 「순암 안정복의 〈천학설문〉과 〈천학고〉·〈천학문답〉에 관한 연구」, 『교회사연구』 41, 한국교회사연구소.

______(2024), 「이벽(李檗)의 시학 탐구와 천주교 수용 과정 및 복음 진파 진략」, 『교회사학』 25, 수원교회사연구소.

원재연(2007), 「안정복과 이벽의 서학 인식」, 『교회사학』 4, 수원교회사연구소.

윤민구(2014), 『초기 한국천주교회사의 쟁점 연구』, 국학자료원.

이성배(1979), 『유교와 그리스도교－이벽의 한국적 신학원리』, 분도출판사.

이원순(1986), 『조선서학사연구』, 일지사.

전성건(2019), 「천학에 대한 조선 후기 지식인의 대응 양상」, 『양명학』 55, 한국양명학회.

전용훈(2021), 「조선후기 『만물진원(萬物眞原)』의 유통과 서학 비판론」, 『교회사연구』 58, 한국교회사연구소.

조지형(2014), 「순암 서학 인식의 계승과 확장, 황덕인의 〈삼가략〉」, 『누리와말씀』 36, 인천가톨릭대학교 복음화연구소.

______(2017), 「18세기 서학 비판의 맥락」, 『교회사연구』 50, 한국교회사연구소.

______(2018), 「손재 남한조의 순암과 성호 저술에 대한 변의」, 『교회사학』 15, 수원교회사연구소.

______(2019), 「안정복의 「천학문답」에 대한 비평과 반서학적 인식의 확산」, 『국학연구』 38, 한국국학진흥원.

______(2023), 「서간을 통해 본 안정복의 서학 인식과 대응 양상」, 『신학전망』 220, 광주가톨릭대학교 신학연구소.

조현범(2018), 「윤지충의 폐제분주(廢祭焚主) 논거에 대한 일 고찰」, 『종교연구』 78-1, 한국종교학회.

______(2022), 「순암 안정복의 기록에 나타난 조선 천주교의 초기 상황」, 『藏書閣』 48, 한국학중앙연구원.

차기진(1992), 「蔓川 李承薰의 교회 활동과 정치적 입지」, 『교회사연구』 8, 한국교회사연구소.

최동희(1976), 「안정복의 서학비판에 관한 연구」, 『아세아연구』 56, 고려대학교 아세아문제연구원.

최보윤(2024), 「『벽위신편(闢衛新編)』에 나타난 윤종의(尹宗儀)의 척사론」, 『한국사상사학』 77, 한국사상사학회.

최정연(2023), 「김치진의 『척사론(斥邪論)』 역주본 해제」, 『한국철학논집』 76, 한국철학사연구회.

한자경(2005), 「18세기 조선 유학자들의 천주실의 비판」, 『철학연구』 69, 철학연구회.

함영대(2012), 「순암 안정복의 서학인식과 『천학문답』」, 금장태, 정순우 외, 『순암 안정복의 서학인식과 교육사상』, 성균관대학교 출판부.

______(2013), 「순암 안정복 연구의 현황과 과제」, 『한국실학연구』 25, 한국실학학회.

______(2017), 「조선후기 근기남인의 독서노트 - 순암 안정복의 초서롱」, 『한국문화』 78, 서울대학교 규장각한국학연구원.

황재범(2020), 「『성교요지』(聖敎要旨)의 원본 마틴 선교사의 『쌍천자문』(雙千字文) 연구」, 『신학사상』 190, 한신대학교 신학사상연구소.

안정복 사회사상의 자료적 근거와 성격

정호훈 | 서울대학교 규장각한국학연구원 교수

1. 머리말

안정복(安鼎福)의 생애와 학술을 규정하는 주요 면모의 하나는 그가 사회사상에 대한 풍부한 견해를 구상하고 이를 정치적으로 실현하고자 했다는 점이다. 이를 반영하고 있는 자료로는 『임관정요(臨官政要)』, 광주(廣州) 경안면(慶安面)의 『이리동약(二里洞約)』, 『목주정사(木州政事)』 등을 들 수 있다. 각 자료는 그 담고 있는 내용이나 적용대상에 따라서 성격이 조금씩 다르다.

『임관정요』는 수령이 군현을 다스림에 필요한 사유와 지침을 다루고 있는 목민서(牧民書)이다. '수령정치(守令政治)'[1]를 위한 자료인 셈인데, 그런 면에서 이는 정치사상을 담고 있는 자료의 성격을 지닌다. 그러나 여기에는 수령정치가 대상으로 하는 군현(郡縣)의 향촌, 그 속에서 살고 있는 인민의 삶이 구체적으로 제시되어 있으므로 또한 사회사상을 살피기에 적합한 자료이기도 하다.

경안면의 『이리동약』은 안정복이 45세 되던 해, 이 지역의 사족(士族) 정총(鄭熜)[2]과 의논하며 광주부(廣州府)의 경안면 이리 지역을 운

1 근래 홍해뜸(2022)은 '수령정치'의 개념하에 조선 후기 목민서를 살핀 연구를 진행했다. 수령정치는 군현의 최고 권력자인 수령의 군현 운영이 군현 내 여러 신분계급과의 정치적 소통 속에서 이루어짐을 의미한다. 이 개념에서는 수령은 개인의 도덕 품성 및 군현 운영을 위한 지적 능력을 갖추는 한편으로 군현 내 여러 세력의 역 관계를 적절히 고려하고 조절하며 군현을 운영하는 것이 중요한 방법이 됨을 강조했다.

2 『順菴集』 권18, 「慶安二里洞約序 丙子」, "吾洞數十年來, 風斁俗敗, 便作互鄉之難言, 而猾任頑校, 又憑城社而恣橫, 如之何民不窮而俗不渝也. 外侮之來, 固無可奈, 而禮義根於人心之固有, 若因其固有者而修明之則可矣. 此鄭孔南之所以拳拳于此, 而託余而立條者也." 정공남은 鄭熜을 가리킨다.(『順菴覆瓿稿』 下, 祭鄭孔南(熜)文)

영하기 위해 작성했다. 관찰사(觀察使)나 수령과 같은 지방관 혹은 지방 권력과는 상관없이, 동 단위의 민간 영역에서 자발적으로 만든 자치적 성격의 규약이다. 다루고 있는 지역의 범위와 무관하게, 그 지역에 사는 사람들을 대상으로 한 조직과 그 운영 규칙을 싣고 있는 점에서 안정복 사회사상의 특성을 가장 잘 보여준다.

『목주정사』는 안정복이 충청도 목천(木天) 현감으로 재직하는 동안 실천했던 여러 경험을 망라한 자료이다. 그가 평소 지녔던 군현 운영에 대한 사유가 수령의 정치적 행동으로 구현되는 면모를 보여준다. 앞의 자료들보다 늦은 시기에 작성된 점, 수령의 정치 현장을 반영하고 있는 점이 특징이다.

그간 안정복의 사회사상에 대한 연구는 이들 자료를 이용하며 풍부하게 이루어져 왔다.[3] 연구가 본격 진행된 시기는 20세기 후반부터이다. 연구자들은 이 시기 우리 학계에서 제기된 문제의식과 방법론을 활용하며 이들 자료가 담고 있는 역사성을 적극 드러내고자 했고 그 노력은 지금도 이어지고 있다. 그런 결과로 안정복 사회사상의 주요 문제는 거의 거론되었다고 할 수 있다. 향정론, 자치규약, 민간의 자율적 향촌 방위 구상, 군현 운영과 형정(刑政)의 방법 등은 그 과정에서 드러난 주요 명제였다.

안정복의 사회사상에 대한 검토는 몇 가지 사안에서 돌이켜볼 요소가 있는 것으로 판단된다. 무엇보다 현존하는 자료가 만들어지는 과

3 潘允洪(1984); 김수태(1987); 韓相權(1987); 崔洪奎(1989); 오환일(1993); 김유혁(1993); 심재우(1998); 金泰永(1999); 盧惠京(2004); 원재린(2004); 이명희(2005); 임형택(2007); 김보경(2009): 김선경(2010); 원재린(2010); 원재린(2011); 홍해뜸(2023) 참조.

정을 충분히 살폈던가 하는 점이다. 특히 『임관정요』가 그러하다. 『임관정요』는 안정복이 젊은 시절 구상하고 틀을 잡은 뒤 그가 46세 되던 해에 완성했다. 초기 구상단계에서 그는 '목민요술(牧民要術)', '치현보(治縣譜)', '백리경(百里鏡)'과 같은 여러 이름을 생각했다가 최종 『임관정요』로 마무리하는 것을 볼 수 있다. 긴 시간이 소요되었으므로 그 과정에서 사유의 변화가 많이 일어났으리라고 유추할 수 있다. 그간의 연구에서는 이점에 대한 해명이 부족했던 것으로 보인다.

더불어 『임관정요』의 다양한 이본(異本)[4]을 어떻게 처리해야 할 것인가 하는 점도 중요한 사안이다. 현존 『임관정요』는 그 구성이나 내용에서 통일되지 않는 이본이 다수 존재하고, 그 이본 상호 간의 관계가 정리되지 않아 안정복이 최종 정리한 저술이 무엇인지, 그리고 그 형태가 어떠한지 특정되지 않았다. 적지 않은 이본의 존재는 『임관정요』가 조선에서 다채롭게 활용되었음을 보여주는 징표이지만, 이본 내부의 서로 다른 내용이 안정복의 사고를 그대로 보여 준다고는 볼 수 없다. 이질적인 여러 모습을 일괄해서 안정복의 생각이라고 판단할 때 생겨날 수 있는 오류는 적지 않을 것이다. 그간의 『임관정요』를 활용한 연구 혹은 『임관정요』의 번역에서 이 점은 크게 주목되지는 않았다. 가능하다면 『임관정요』의 정본(定本)을 만드는 작업도 필요할 것이다.

안정복 사회사상의 연구에서 제기되는 또 다른 어려움은 각 자료가 가지는 위상과 성격을 어떻게 고려하며 활용할 것인가 하는 점이다. 『임관정요』와 『목주정사』는 수령 또는 지방 권력의 처지에서 군현의

4 여기에 대해서는 본문의 2장에서 다룬다.

향촌 사회, 그 사회 속에 살고 있는 사람들을 포착하고 있다. 반면 『이리동약』은 이 동리에 살고 있던 사람들이 주체가 되어 만든 조직의 규약이다. 지방관의 정치 혹은 공권(公權)과 연결되어 있지만, 그렇다고 해서 지방관의 정치와 직접적인 상관관계가 있었던 것은 아니었다. 전 2자가 정치적 성격이 강하다면 『이리동약』은 그렇지 않다. 이들 자료는 그러므로 상호 독립적인 성격이 강하다.

자료의 성격이 이러하기에 연구자들의 자료 이용과 사회사상의 성격에 대한 판단은 자료 상호 간의 유기적인 측면을 고려하기보다는 각각의 개별성을 주목하는 양상을 강하게 띠고 있다. 『이리동약』을 주목하고 중시하는 경우에는 자치적 성격이 부각된다.[5] 반면 『임관정요』와 『목주정사』는 그다지 고려되지 않는다. 『임관정요』를 주목하는 경우, 『이리동약』에 대한 관심이 현저히 약해진다.[6]

『임관정요』와 『이리동약』을 두루 활용하면서 안정복의 사회사상을 살피는 연구도 있다.[7] 두 자료가 안정복이 사회를 이해하는 시각과 방법을 담고 있으므로 동시에 파악해야 한다는 지향이 연구자의 의식 밑바닥에 가로놓여 있다고 할 수 있다. 그러나 이 경우는 『임관정요』와 『이리동약』이 가진 자료의 성격 차이를 변별하지 않고 뒤섞어버리는 한계를 보인다. 필요에 따라 양 자료의 요소를 임의적으로 선택하는 양상도 나타난다.

---

5 潘允洪(1984); 崔洪奎(1989); 김유혁(1993); 이명희(2005); 임형택(2007); 김보경(2009)

6 韓相權(1987); 심재우(1998); 盧惠京(2004); 원재린(2004); 김선경(2010); 원재린(2010); 원재린(2011); 홍해뜸(2023) 참조.

7 韓相權(1987); 金泰永(1999); 盧惠京(2004)

각 자료는 성격을 달리하면서도 서로 연관되어 있었다. 군현과 동리(洞里)는 공간의 측면에서 위계상 구별되어 있고 공간의 정치적 성격 또한 다르다. 겉으로 보기에 두 공간은 분리되어 있었다. 그러나 안정복은 양자의 관계를 깊이 고려하고 있었다. 안정복은 서로 상관없는 듯하지만 그렇지 않은 점을 살피면서 『임관정요』를 저술하고 『이리동약』의 틀을 세웠다. "모든 정교(政敎)는 반드시 동약(洞約)이 시행된 뒤에야 쉽게 거행할 수 있다."[8]는 『임관정요』의 언명은 군현의 수령 정치가 동약과 불가분의 관계에 있음을 알리는 분명한 선언이었다. 이런 점을 염두에 둔다면 안정복의 사회사상은 『임관정요』와 『이리동약』의 관계, 그리고 두 자료가 설정하는 구조를 충실히 재구성하면서 살펴야 할 것이다.

안정복의 사회사상을 검토하는 방식과 시각 또한 중요한 문제가 된다. 그간 안정복의 사회사상 이해에서 큰 획을 그은 것은 한상권의 연구였다.[9] 한상권은 사회사상에 대해 사회가 안고 있는 모순을 해결하기 위한 사유체계로 전제, 모순의 구조 및 그 모순을 타파하는 힘에 대해 주목하고, 그 모순을 타파하는 힘으로 민(民)의 성장을 상정하였다. 그리하여 그는 『임관정요』 등의 여러 자료에서 향촌사회에서의 민의 성장을 확인할 수 있는 요소들을 적극적으로 추출하고 그 변화의 가능성을 확인한 뒤 안정복 사회사상의 성격을 판단했다. 그가 보기에 안정복은 개량주의적 입장에서 사회를 이해하고 이를 바꾸어 나갈 생각을 구축하였다. 이러한 평가는 근본적인 변화에 대한 구상과 전망을

8 『臨官政要』, 「時措 · 敎化章」
9 韓相權(1987)

전제한 위에서 이루어졌는데, 여기서 평가와 판단의 근간이 되는 '근본적인 변화'는 신분적 위계적 사회질서를 전면적으로 부정하는 일, 곧 양반-상천민으로 구성된 신분제를 혁파하는 의미를 가진다.

안정복의 사회사상을 '향정론(鄕政論)'과 연관하여 살핀 김태영의 연구[10]도 중요한 성과이다. '향정'은 향촌의 운영을 - 그 주체의 성격이 여하하든 상관없이 - 정치적인 맥락에서 파악하는 용어로 파악된다. 김태영은 『이리동약』에 주목하고 동약 구상이 가진 정치적 개성을 대단히 강조하였다. 그가 보기에 『이리동약』은 양반이 주도하여 상민층을 이끌어가는 향정 구상이며, 이는 궁극적으로 국왕이 주도하는 왕정(王政)의 시행과 성격상 맥락을 같이 한다고 이해했다. 김태영은 안정복이 왕정의 실현은 국가의 군주에게 그 책임이 주어진 것만은 아니며, 한 가문, 작은 동리에서도 실현될 수 있다는 왕정관을 지니고 있었고, 이것이 『이리동약』의 구상으로 구현되었다고 보았다. 안정복에게서 확인할 수 있는 이러한 향정관에 대해 김태영은 "민생의 말단 현장이야말로 중앙의 정치판 못지않게 중요한 비중을 가질 수 있다는 새로운 실학적 인식의 일단"으로 파악될 수 있다고 했다. 안정복의 사회상으로부터 새로운 요소를 찾아내고 이로부터 실학의 이름을 부여한다고 할 때, 그것은 향촌의 기본조직인 동리의 향정을 중시하는 요소에서 확인할 수 있다는 이해였다. 이러한 인식은 안정복과 실학의 상관성은 어떠한가라는 물음에 대해 20세기 후반 학계에서 시도된 대답의 한 양상이라 할 수 있을 것이다.

원재린은 김태영의 '향정론' 개념을 주목하고 이를 수령의 군현 운

---

10 金泰永(1999)

영의 측면에서 적극 파악하고자 했다.[11] 군현의 운영에 형정(刑政) 혹은 법이 가진 역할을 주목하고, 이러한 향정 운영이 집권체제의 강화를 도모하는 당시 조선 정부의 정치적 지향과 궤를 같이한다는 것이 그의 판단이었다.

안정복의 사회사상에 대한 이들 주요한 연구는 안정복의 사회 조직, 사회 운영 등 사회 전반에 대한 사유가 궁극에서는 정치적 인식과 연결되어 있고 그 범위 내에서 포괄할 수 있는 것임을 알려준다. 이러한 이해는 아마도 안정복이 생각한 군현과 동리의 운영이, 주체는 다르지만, 그 범위를 국가 차원으로 확장하여 다루지 아니한 데서 오는 자연스런 모습일 것이다.

이 글에서는 기존 연구에 나타난 여러 성과, 그리고 새로운 연구의 여지를 생각하며 안정복의 사회사상을 정리하고자 한다. 첫째, 『임관정요』의 서지상 최종의 모습은 어떠한지를 확인할 것이다. 이를 위해 『임관정요』 여러 이본의 구성과 그들 간의 차이, 『임관정요』의 성서(成書) 과정 등을 검토하게 된다. 이 과정에서 『임관정요』를 둘러싸고 안정복의 사유가 변화하는 양상 또한 유의할 것이다.

둘째, 안정복의 군현과 동리 운영에서 구현되는 사회사상을 수령의 공권(公權)과 인민의 정치적 관계 혹은 인민 내부의 여러 권력 관계와 연관하여 이해하고자 한다. 『임관정요』―『이리동약』―『목주정사』의 세 자료 속에서 드러나는 각 사회 영역의 독자성과 더불어 계통적으로 위계성을 갖추는 측면도 동시에 고려할 것이다.

11 원재린(2010); 원재린(2011)

2. 주요 자료의 성격: 『임관정요』의 이본과 성서(成書) 과정

1) 『임관정요』 이본의 다양성

『임관정요』는 「정어(政語)」, 「정적(政績)」, 「시조(時措)」의 3편으로 구성되어 있다. 이 서로 다른 성격의 편목은 『임관정요』 완성 당시 획정되었다.[12] 「정어」·「정적」편은 수령정치의 근본 원리와 모범적 사례를 유교 경전과 중국의 역사서로부터 가려서 편찬했고, 「시조」는 조선의 군현에서 수령의 실제 정치에 적용할 수 있는 내용을 담고 있다. 「정어」·「정적」이 강(綱)이라면 「시조」는 목(目)의 성격을 지닌다. 이는 3편으로 책을 구성할 때 「정어」·「정적」편은 '본편', 「시조」편은 '속편'으로 나누고 달리 부르는 모습으로 나타난다. 이 체재에서 중심을 이루는 것은 첫째와 둘째 편이고 현실에 적용할 수 있는 현재성은 셋째 편에서 확인할 수 있다.

『임관정요』는 다양한 이본이 존재한다. 대부분의 이본은 「정어」·「정적」의 본편, 「시조」의 속편을 두루 갖추고 있다. 그러면서도 이들 세 요소를 넘어서는 내용도 많이 포함하는 이본도 있다. 여러 이본 가운데 안정복의 편찬본에 가장 가까운 필사본은 무엇인지 충분히 검토되지 않은 형편이다. 현재 우리 학계의 『임관정요』 연구 및 번역[13]은 적지 않게 이루어졌지만 판본에 대한 기본적인 판단을 전제하고

---

12 『順菴集』 卷18, 「臨官政要序 丁丑」, "書凡三篇, 曰政語, 聖人之訓也. 曰政績, 已行之效也. 曰時措, 謦說之酌時而斟之者也."

13 金東柱(1973); 원재린(2012). 김동주 번역본은 「시조」편, 원재린 번역본은 「政語」·「政績」·「時措」 3편을 모두 번역했다.

있다고 보기에는 어려운 점이 있다.

아래 자료는 지금까지 알려진 『임관정요』의 이본들이다. 아직 검토해야 할 자료가 많이 남아 있을 수 있지만 중요 이본은 여기에 망라되어 있다고 보아 무방하다.

〈표 1〉『임관정요』 이본의 체재 비교

번호	표제(標題)	권수제(卷首題)	체 재	소장처	비 고
1	製錦編	臨官政要	臨官政要 序 臨官政要 上篇: 政語[16장] 臨官政要 下編: 政績上[2장] 政績下[3장] 臨官政要 續編: 時措[21장] 臨官政要 부록[4]: 鄕社法, 朱子社倉事目, 王陽明十家牌法, 韓監司社政範十一則	국중 한古朝31-497	-상편 첫 면과 속편 첫 면에 '海平尹后奉藏' -순암전집(여강)에 수록됨 -『임관정요』 하편 「정적」 하의 〈治盜章〉 아래에 '鋸箭法[7조]' · '禁松作契節目[23조]' 실림 -『임관정요』 부록의 목록에 '朱復牧民心鑑'[13장]이 적혀 있으나 내용은 없음 -〈農桑 · 戶口 · 敎化 · 軍政 · 賦役 · 詞訟 · 去奸章〉 아래에 '守令七事' 해당 항목 부기 예) 農桑=守令七事 一農桑盛 -〈농상장〉: 근래 德山 士人 李囍煥이 龍尾車를 만들고 안산의 李祖煥이 그 제법을 전했다는 이야기 있음
2	臨官政要	臨官政要	臨官政要 上[16장] 臨官政要 下[7장]	국중 한古朝31-134	-『임관정요』 하편 「治盜」 다음에 〈鋸箭法〉, 〈禁松作契節目〉 2편 수록 -하편 끝장: '蕉軒畢'
3	臨官政要續編	臨官政要續編	時措: 21장 臨官政要 附錄: [5]:鄕社法, 朱子社倉事目, 王陽明十家牌法, 韓監司社政範十一則	국중 한古朝31-128	-'朱復牧民心鑑'[13장]은 목록에 제목만 실려 있으며 본문은 없음 -〈농상장〉: 근래 德山 士人 이희환이 용미거를 만들고 안산의 이조환이 그 제법을 전했다는 이야기 있음
4	政要	臨官政要續編	臨官政要續編 時措[21장, 부록 3장]	국중 한貴古朝31-65	-안정복 친필 -「時措」의 각 장에 차서 번호 -부록: '鄕社法', '朱子社倉事目', '王陽

					明十家牌法' -〈농상장〉: 근래 德山 士人 이희환이 용미거를 만들고 안산의 이조환이 그 제법을 전했다는 이야기 없음
5	治縣譜 政要 本草	百里鏡	百里鏡 牧民要術. 부록: 保甲法	국중 한古朝31-72	-근대 改裝: 百里鏡 附保甲法 -목록을 기록한 면에 '牧民要術 附保甲法' ; '百里鏡 附保甲法' 표기 -권수제에 '牧民要術' '治縣譜'를 지우고 '百里鏡'이라 씀 -'목민요술 부록'의 保甲法을 鄕社法으로 수정 -왕양명의 十家牌法을 添入한다는 메모 -보갑법 詳正 시 소용 서책: 23종 -마지막 장: '목민요술 백성 다스리는 종요로운 術이라'
6	臨官 政要	臨官政要	目次 序 目錄 臨官政要 上[7장] 臨官政要 下[政績 上-2장, 政績 下-3장] [紙筩法, 禁松作契節目, 韓監司社政範十一則] 臨官政要 續篇[21장] '治郡要法'	장서각 K2-2060	-속편 말미 〈治盜章〉 다음에 治郡要法 -〈농상〉: 근래 德山士人 이희환이 용미거를 만들고 안산의 이조환이 그 제법을 전했다는 이야기 있음 -東萊人鄭敬朝肅卿印 -장서각 소장본은 장서각, 조판재산목록(朝版財產目錄)-朝鮮板之部 K2-4664에 수록되어 있는 자료로 판단됨 -장서각 소장본은 1책으로 표제가 임관정요 全으로 적혀 있고, 임관정요서의 첫장에 장서인 李王家圖書之章이 찍혀 있다. 소유주는 동래정씨 정경조(鄭敬朝)였음을 장서인을 통해 알 수 있다.
7	臨官 政要	臨官政要	序 臨官政要 目錄 臨官政要 上編[16] 臨官政要 下編[政績上, 政績下] 臨官政要 續編目錄 臨官政要 續編[21장, 부록1, 부2]	미국 버클리대학교 동아시아도서관[아사미문고]	-臨官政要目錄: 政語[16], 政績上[2] 政績下[3] -임관정요속편 목록: 21장, 부록1[향사법] 부2[주자사창절목, 왕양명십가패법] -〈농상장〉: 근래 德山士人 이희환이 용미거를 만들고 안산의 이조환이 그 제법을 전했다는 이야기 없음

8	臨官政要[1책] 臨官政要續編[2책]	臨官政要[1책] 臨官政要續編[2책]	臨官政要序 臨官政要上編目錄 臨官政要 上編 臨官政要下編目錄 臨官政要 下編[政績 上2, 政績 下3] 臨官政要續編目錄[時措21, 부1]	일본 경도대학 가와이 문고	-〈농상〉: 근래 德山 士人 이희환이 용미거를 만들고 안산의 이조환이 그 제법을 전했다는 이야기 있음 -임관정요속편목록의 부1은 鄕社法 -향사법의 말미에 적혀 있는 "旴戊午至晦呵筆書"는 필체가 본문과 다름. "後八字依他書加書"라고 적어 둠 -이어 "他書有加朱子社倉節目 六張半. 半張十行, 一行十九字. 又合附加王陽明十家牌法五張半, 其字行如右."라고 적어둠
9	臨政要覽	臨官政要	臨官政要序 臨官政要 上編[7장] 臨官政要 下編[政績 上-2장, 政績 下-3장, 缿筩法, 禁松作契節目, 韓監司社政範十一則] 臨官政要續編[21장, 治郡要法],	연세대학교 학술정보원 고서(I) 353.9 임정요 필	-2책: 1책은 牧民攷 2책은 臨官政要, 臨官政要續編 -농상장: 근래 德山士人 이희환이 용미거를 만들고 안산의 이조환이 그 제법을 전했다는 이야기 있음
10	臨官政要	臨官政要	臨官政要 上編[政語] 臨官政要 下編[政績 上2장, 政績 下 3장, 缸筒法, 禁松作契節目, 韓監司社政範十一則] 臨官政要 續編: 時措[21장] 治郡要法	서울대학교 규장각 奎15445	-1冊(77장)
11	臨官政要	臨官政要	序 臨官政要 上編 臨官政要 下編	서울대학교 규장각 古5120-64	

위 여러 자료로 본다면 「정어」·「정적」편과 「시조」편은 늘 같이 묶이어 제책되었지만, 유통 과정에서 시조 편만 별도의 책으로 만들어져 이용되기도 했음을 확인할 수 있다. 이는 「시조」편이 현장에 직접

적용할 수 있는 목민서로서의 현재성을 지니고 있었기 때문이었을 것이다. 이럴 경우 흔히 『임관정요속편(臨官政要續編)』이라는 표제를 달았다.[14]

이들 이본은 몇 유형으로 나눠볼 수 있다. 첫째, 「정어」, 「정적」, 「시조」의 3편을 모두 가지고 있는 형태, 둘째, 「정어」·「정적」편만으로 구성되어 있는 형태, 셋째, 「시조」편만으로 제책하여 별권으로 만든 형태, 넷째, 「정어」·「정적」·「시조」편 외에 기타 자료를 포함하고 있는 형태 등이다.

『임관정요』가 「정어」·「정적」·「시조」편으로 만들어져 있으므로, 첫째와 둘째, 셋째 유형은 그 범위 내에서 이루어진 이본이라고 할 수 있다. 형태상 모두 안정복의 글이라고 인정할 수 있다. 물론 이들 이본에 실린 여러 문장이 동일하게 안정복이 정리한 것인가 하는 점은 별개의 문제가 된다. 안정복이 편찬한 체재 속에 들어 있는 문장이지만 안정복이 직접 쓰지 않은 경우도 확인된다.

네 번째 유형은 형태상 큰 문제를 드러낸다.[1, 2, 3, 6, 9, 10] 이 유형의 『임관정요』에는 「항통법(缿筩法)」, 「금송작계절목(禁松作契節目)」, 「한감사지정범십일칙(韓監司祉政範十一則)」, 「치군요법(治郡要法)」의 네 자료가 전부 혹은 일부 실려 있다.

「항통법」은 항통을 설치하여 민간에서 발생하는 여러 폐단과 관정(官政)의 득실을 파악하기 위한 방법을 담고 있다. 이 방법을 수록하고 있는 『임관정요』의 판본에서는 작은 병이나 또는 대나무 통이든지 간에 얻기 쉬운 재료를 사용하여 항통을 만든 뒤, 반드시 굳게 밀봉하고

14 여기에 해당하는 자료는 국립중앙도서관 소장본 한古朝31-128; 한貴古朝31-65.

곁에 작은 종이가 들어 갈만한 구멍을 내어 그 종이가 밖으로 도로 나오지 않도록 한다고 그 제작법을 거론한 뒤, 각 면(面)의 규모를 고려하여 1～2개 혹은 2～3개 항통을 보내되 반드시 이장(里長)에게 서로 전하여 마을에 달게 하고, 한 달이 지난 뒤 항통을 거두어 열어 보도록 했다. 관리의 이름이나 양반의 이름, 도둑의 이름도 항통에서 나올 수 있는데, 이때 관리나 양반은 스스로 두려워하며 위축될 것이라 하였다.[15] 이 방법은 영조 대에 작성된 『목민고(牧民攷)』에 '항통법'이란 이름으로 실려 있다.[16]

「금송작계절목(禁松作契節目)」은 국가의 금송 정책에 맞춘 군현에서의 대응책을 담고 있다. 이 절목에서는 20여 개의 항목을 설정하고, 동리에서 소나무를 관리하는 규정을 담았다. 주요한 내용으로는 각 동(洞)에서 경계를 나누어 정하고 '금송계(禁松契)'를 결성하여 각각의 동리(洞里)로 하여금 자발적으로 벌목을 금지하고 소나무를 잘 기르도록 하며, 각 동리에서는 2명을 도유사(都有司)로 삼고 가좌(家座) 순서에 따라 매일 산을 2명씩 순찰하며, 계의 가좌 순서에 따라 산지기를

---

15 정약용은 항통법에 대해 "缿筩의 법은 백성들을 불안에 떨게 하는 것이니, 절대로 시행해서는 안 된다. 鉤鉅로 탐문하는 방법도 속임수에 가까우니 군자가 할 일이 아니다.(缿筩之法, 使民重足側目, 決不可行. 鉤鉅之問, 亦近譎詐, 君子所不爲也.")고 하며 그 사용을 극구 배척했다.(『與猶堂全書』 제5집 정법집 권19, 『牧民心書』 권4, 吏典六條○察物 吏典第五條) 정약용의 항통법에 대한 비판과 부정은 '政要'를 겨냥했다. '정요'의 항통법 규정이 『목민심서』에는 자세히 실려 있다.(政要缿筩說云: "居官政令, 未必盡善, 而外人旣不能規諫, 奸吏從中而壅蔽, 民怨紛興, 漠然不聞, 廉察豈可已乎. 若遣私人, 疑謗又騰. 古人缿筩之法, 能察銖兩之姦, 誠良法也.") 이때 그가 본 '정요'는 안정복의 친필본 혹은 아사미문고본의 '정요'와는 무관하다고 판단된다. 이들 필사본에는 이 내용이 실려 있지 않기 때문이다. 반면 『목민고』에 실려 있는 '정요'에 항통법이 들어 있으므로, 정약용이 비판한 대상은 이 책일 가능성이 높다.

16 『牧民攷』(장서각 B12FB11) 『목민고』 1, '항통법'

두며, 각 동리별로 벌목을 금하는 구역을 정해서 관리하며, 산소금양처(山所禁養處)와 각 가문의 묘지기와 권찰(權察)[17]의 묘호(墓戶)도 또한 모두 계(契)에 포함시키도록 하며, 양반 묘소의 소나무를 본 주인이 자른 경우라 할지라도 금령을 위반한 것으로 처리하며, 산택(山澤)은 본 주인에게 맡겨서 관리하고 벌목하게 하되, 예전부터 개인적으로 기르던 것 모두를 각 이(里)의 금송계(禁松契)에 포함시키고 관할하는 경계 내에서 1년초(草) 이외의 것을 함부로 베는 것은 절대로 금하며, 소나무를 벌목하면 나무의 크기와 벌목 수에 따라 태를 치거나 관에 보고하여 다스리도록 했다. 이 절목은 『목민고』를 비롯한 여러 자료에 실려 있다.[18]

「한감사지정범십일칙(韓監司祉政範十一則)」(이하 「정범」)은 감사를 지낸 한지(韓祉, 1675~?)가 작성했다. 한지의 당색은 서인-소론에 속한다. 숙종-영조대 여러 관직을 거쳤다.[19] 안정복은 한지와 그의 「정범」에 대해 잘 알고 있었던 것으로 보인다. 한지의 아들 한덕일(韓德一)은 안정복이 오랫동안 교유하던 친구로, 안정복은 수령정치의 방법을 두고 그와 많은 의견을 주고받았다.[20] 아마도 안정복은 한지-한덕일 부자의 목민 경험에 많은 영향을 받았을 것이다. 「시조」편의

17 權察 : 특정 임무를 정식 관직이 아닌 임시 관직으로 하여금 살펴보게 하는 것.

18 『牧民攷』(장서각 B12FB11)에 수록된 절목의 이름은 '禁松契節目'이다.

19 한지는 西人이 숙종대에 老少論으로 분당될 때, 趙持謙과 함께 三司에서 소론의 주요 논객으로 활동했던 韓泰東의 아들이다. 1705(숙종 25)년에 문과에 합격하여 1707년부터 삼사를 두루 거친 뒤, 1718년 충청감사, 1720년 전라감사, 1727년 의주부윤 등을 역임하였다.

20 『順菴集』에 실려 있는 안정복과 한덕일이 주고받은 편지를 통해 이를 확인할 수 있다.(『順菴集』 권5, 「與韓咸之 德一 書 己卯」; 『順菴集』 권5, 「答韓咸之書 庚辰」; 『順菴集』 권5, 「答韓咸之書 癸未」; 『順菴集』 권5, 「與韓咸之書 甲申」)

〈접물장(接物章)〉에서 안정복은 한지의 사례[21]를 소개하기도 했는데, 이 또한 안정복이 한씨 부자에게 영향 받은 모습일 것이다. 한지의 『정범』에 대해서도 안정복은 알고 있었으리라 여겨진다.

「치군요법(治郡要法)」은 약 50여 항목에 걸쳐 군현을 운영함에 필요한 기본 방식을 정리하고 있다. 『목민고』에도 실려 있고,[22] 『치군요결』[23]이란 이름으로 독립된 도서로도 유통되었다.

이들 여러 자료는 형태로나 내용으로 보아 안정복이 직접 정리했다고는 볼 수 없다. 의문스러운 점은 이 자료들을 안정복이 직접 『임관정요』의 일부로 편제했을까의 여부이다. 안정복이 이 자료를 찾아서 「시조」편 등에 붙였다면 『임관정요』의 한 내용으로 포괄해야 할 것이다. 사실이 그렇지 않다면 이는 『임관정요』에서 배제할 필요가 있다. 현재 『임관정요』의 번역[24] 혹은 연구에서는 대체로 이들 자료를 『임관정요』로 인정하고 있다.

이 과제를 처리하기 위해서는 『임관정요』의 성서(成書) 과정을 살필 필요가 있다. 안정복이 『임관정요』를 만들어 가는 과정을 자료상으로 확인할 수 있다면, 『임관정요』 완성본의 전체 모습을 이해함에 도움을 받을 수 있을 것이다.

---

21 『臨官政要續編』, 〈接物章〉, "近世. 韓監司趾. 淸儉自持. 而厚於恤族. 自宰全義. 時祭先塋, 局內旁親許多並葬者, 備送祭物曰, 自吾祖視俱至親. 豈有彼此豐薄之異. 終身行之, 此蓋薄於自肥, 故能及人, 如此也."

22 『牧民攷』(장서각 B12FB11)

23 『治郡要訣』(奎 12357)

24 김동주의 번역본에서는 〈위정장〉 이래 21장을 둔 후 부록으로 '향사법', '사창', '항통법', '금송작계절목', '치군요법'을 실었다. 독자로서는 이 구성으로부터 사실 여부와는 무관하게 '향사법'과 더불어 '항통법', '금송작계절목', '치군요법'을 안정복이 끌어들여 편제했음을 느낄 수 있다.

2)『임관정요』의 성서 과정:『백리경』과『임관정요속편』

「연보」에 의하면『임관정요』는 두 단계를 거쳐 완성된다. 27세 되던 해『치현보(治縣譜)』를 작성하였고, 46세 되던 해 이를 수정·보완하여『임관정요』란 이름으로 마무리하였다.[25] 최종 책명『임관정요』에서도 볼 수 있거니와, 두 책 사이에 일어난 변화는 적지 않았다.『치현보』에서『임관정요』까지 걸린 20여 년의 시간은 자기 색채가 뚜렷했던 젊은 학자가 대학자 이익(李瀷)을 만나고 여러 학자들과 교유하며 자신의 학문 세계를 크게 확장하던 움직임과 맞물린다.『치현보』와『임관정요』 사이에 일어나는 변화는 일차적으로 안정복의 학문과 경험의 성장을 보여준다고 할 것이다.

이런 과정을 염두에 둔다면『임관정요』를 연구하기 위해서는 27세 당시의『치현보』의 구성, 내용에 대한 이해가 먼저 필요하고, 46세에 완성된 책의 형태가 어떠한지 살펴야 한다. 현재 이를 확인함에 도움이 되는 자료는 두 종류가 있다.『치현보(治縣譜)』[26],『정요(政要)』(『임관정요속편(臨官政要續編)』—이하『정요속편(政要續編)』으로 부름)[27]가 이 그것이다.

안정복의 친필본으로 판단되는 앞의 두 자료는 상호간 구성이 조금 다르다.『치현보』는『임관정요』의「시조」편,「정어」·「정적」편과 관련이 있는 내용이 정리되지 않은 채로 담겨 있다.[28]『임관정요』를 구

---

25 『順菴年譜』, "三十三年丁丑. 先生四十六歲. '臨官政要成.' 〈自戊午歲始草, 初名治縣譜, 至是更加增刪, 改名政要.〉"

26 국립중앙도서관 한古朝31-72

27 국립중앙도서관 한貴古朝31-65. 표제는 '政要', 권수제는 '臨官政要續編'이다. 자세한 내용은 앞의 〈표 1〉의 4번 참조.

성하는 세 요소가 원자료 형태로 실려 있는 셈이다. 물론 작업의 중심은 「시조」편에 있었다. 「시조」편은 완성된 형태는 아니지만 목차를 갖추고 있었고 본문과 부록의 구성이 뚜렷했다. 반면 「정어」·「정적」편에 해당하는 부분은 목차 없이, 담을 내용을 초서로 적어 두었다.

『정요속편』은 「시조」편만을 싣고 있다. 목차와 21개의 장을 갖추어 싣고, 중간중간 단어를 수정하거나 보완하는 내용을 가필하기도 했다. 전반적으로 「정어」·「정적」편과 분리된 독립된 내용이 단정하게 정서되어 있음을 살필 수 있다.

두 책은 형태가 다르지만 공통적으로 『임관정요』의 「시조」편을 싣고 있어 『임관정요』의 성서 과정을 살핌에 도움이 된다. 일단 이 글에서는 「시조」편을 중심으로 『치현보(治縣譜)』가 『임관정요』로 변화하는 과정을 검토하고자 한다.

『치현보』는 『순암연보』에 나오는 『임관정요』의 첫 이름이다.[29] 국립중앙도서관 소장본에서 그 실제 모습을 볼 수 있다. 이 소장본은 표제를 『치현보』라고 하고 그 옆에 '정요본초(政要本草)'라고 적어 두었다. 한편 이 책에서는 또 다른 이름으로 '목민요술(牧民要術)', '백리경(百里鏡)'을 적어 두어, 책 이름에 적지 않은 변화가 있었음을 보여준다.[30] '치현보', '백리경', '목민요술' 사이의 명칭 변화의 원인, 변경의 시점은 분명하지 않다. 하지만 안정복은 책을 처음 편찬할 때에는 '목

---

28 물론 「시조」편이 「정어」·「정적」편 관련 내용에 비해 훨씬 더 깔끔하게 정리되어 있다. 이를 본다면 『치현보』는 처음에는 「시조」편을 중심으로 집필했다고 할 수 있다.

29 『順菴年譜』, "三十三年丁丑, 先生四十六歲, 七月, '臨官政要成.' 〈自戊午歲始草, 初名治縣譜, 至是更加增刪, 改名政要.〉"

30 국립중앙도서관 소장본 『치현보』는 開粧하면서 표제를 『百里鏡』이라 했다.

민요술'이란 이름을 쓰려고 했던 것으로 보인다. 표지에 '목민요술(牧民要術) 부보갑법(附保甲法)'으로 적어 두었던 것을 지우고 '백리경(百里鏡) 부보갑법(附保甲法)'으로 표기한 점, '목민요술'과 '치현보'로 적어 두었던 책명을 지우고 권수제(卷首題)를 '백리경'으로 적은 점,[31] 부록으로 실은 〈향사법〉에 대해 '목민요술(牧民要術) 부록(附錄) 향사법(鄕社法)'으로 적은 데서 이를 엿볼 수 있다.

〈표 2〉『목민요술』에서 『백리경』으로의 서명 변화를 보여주는 자료

표지	권수제		부록의 향사법 '牧民要術 附錄 鄕社法'	백리경 끝 표지 政績 시작 표지
	수정	참고		
		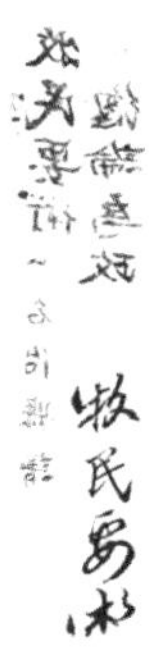	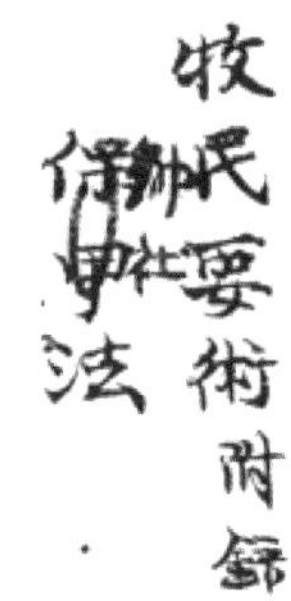	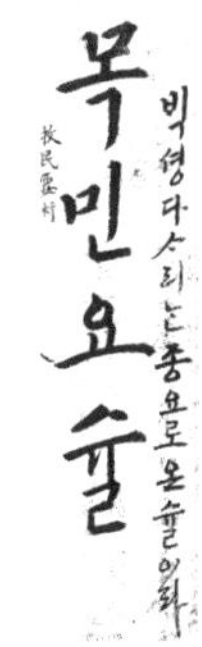

『치현보』는 본문 26항목, 부록 1항목으로 구성되어 있다. 본문의

---

31 안정복은 卷首題를 쓰고 그 다음 "爲政者, 當以不忍人之心, 行不忍人之政."으로 시작되는 본문을 작성하다가 이를 폐기했다. 권수제 다음 새로 들어갈 내용이 있었기 때문이다. "國家之興亡, 在於生民休戚. …… "이 그 문장이다. 폐기된 권수제가 들어있는 폐이지를 뒤집어 한글로 '목민요술'이라 썼는데, 그 이면에 "牧民要術 ○○治縣譜"라 작성된 권수제가 보인다.[표2의 권수제 참고]

26항목은 〈위정총론(爲政總論)〉, 〈처사심(處事審)〉, 〈풍속찰(風俗察)〉, 〈균호구(均戶口)〉, 〈득인(得人)〉, 〈위면임(委面任)〉, 〈교화(敎化)〉, 〈흥학(興學)〉, 〈사전(祀典)〉, 〈순야(巡野)〉, 〈근농(勤農)〉, 〈전정(田政)〉, 〈제부(制賦)〉, 〈군정(軍政)〉, 〈조적(糶糴)〉, 〈진휼(賑恤)〉, 〈청송(聽訟)〉, 〈수예(樹藝)〉, 〈금령(禁令)〉, 〈거간(巨奸)〉, 〈치도(治盜)〉, 〈어하리(御下吏)〉, 〈예상관(禮上官)〉, 〈양로(養老)〉, 〈시폐(時弊)〉, 〈잡조(雜條)〉 등이다. 다만 이들 항목은 목차의 형식으로 정리되어 있을 뿐 본문 내에서 구체적으로 드러나 있지는 않다. 어떤 항목은 두주(頭註)의 형식으로 적어 두기도 했지만, 장 제목이 보이지 않은 경우도 있다.

항목의 이름으로 보자면 군현 수령이 수행해야 할 과제가 주제별로 정리되어 있다는 인상을 받는다. 실제 안정복은 『치현보』의 본문이 시작되기 직전 목록 면에 "이 책은 칠사(七事)를 강(綱)으로 삼아 조목을 나누어야 한다."[32]고 적어 두었다.

부록 1항목은 〈향사법(鄕社法)〉이다. '향사법'은 본래는 '보갑법(保甲法)'으로 적었다가 이와 같이 수정했다. 중국의 보갑법을 원용하여 〈향사법〉을 구상했기에 처음에는 그와 같이 불렀던 것으로 보인다. 안정복이 참고한 보갑법은 명말 청초의 격변기를 살았던 유종주(劉宗周)가 구상했던 것으로 안정복은 이를 『속설부(續說郛)』에서 확인했다.[33] 『치현보』를 편찬하며 안정복은 부록에 자료를 더 보완하려고 했던 모양이다. 〈향사법〉이 시작되는 곳에 왕양명(王陽明)의 '십가패법(十家牌法)'을 첨가해야 한다고 짤막하게 적어 두었다.[34]

---

32 『治縣譜』, 2면, "此書, 當以七事爲綱而條分."

33 『治縣譜』, "~~保甲法~~[此卽]古鄕遂之遺意也. 歷代施行, 雖修廢之不同, 而至于明猶存焉, 觀于劉宗周之保甲之說, 可攷矣.〈說見續說郛〉"(삭제 표시는 원문 그대로임)

본문 26장은 목차에서 확인할 수 있지만 실제 본문에서는 찾기 어렵다. 편장을 드러내는 제목이 없고, 실려 있는 본문도 특별한 차서(次序) 없이 나열되어 있을 뿐이다. 나열된 자료 위에 두주 형식으로 편장의 이름을 표기해 두긴 했지만 선명하지 않고, 또 목차에 실린 편장과도 일치하지 않는 경우가 있다. 출발은 했지만 많이 부족한 편이었다. 안정복은 『치현보』의 문제로 '편제(篇題)의 증삭(增削)', '조목의 미정(未精)', '조목(條目)의 실서(失序)', '문리(文理)의 불아(不雅)', '양법(良法)의 유망(遺忘)', '의정(儀節)의 미정(未定)' 여섯 가지를 들고 하나하나 해결해야 함을 책의 첫머리에 적어 두었다.[35]

『정요속편』은 체재가 짜임새 있게 구성되어 있다. 본문 21장, 부록 3항목이다. 본문을 구성하는 편장은 『정요속편』의 목록에서 장마다 번호를 붙여 그 차서를 드러내 보였다.

> 一爲政章, 二持身章, 三處事章, 四風俗章, 五臨民章, 六任人章, 七接物章, 八御吏, 九用財章, 十農桑章, 十一戶口章, 十二敎化章, 十三軍政章, 十四賦役章, 十五田政章, 十六糶糴章, 十七賑恤章, 十八刑法章, 十九詞訟章, 二十去奸章, 二十一治盜章

이와 함께 '수령칠사(守令七事)'에 해당하는 경우에는 그 사실을 작은 글씨로 부기해 두었다. '수령칠사'는 국가에서 규정한 수령의 핵심 업무로 '농상성(農桑盛)' 이하 일곱 가지이다.[36] 복잡하기 그지없는 수

---

34 『治縣譜』, "王陽明十家牌法, 當添入."

35 『治縣譜』, 2면, "篇題之增削者, 當更攷. 條目之未精者, 當更定. 條目之失序者, 當類付. 文理之不雅者, 當潤色. 良法之遺忘者, 當增入. 儀節之未定者, 當細書[詳錄]."

36 '守令七事'는 다음과 같다. 1. 農桑盛, 2. 戶口增, 3. 學校興, 4. 軍政修, 5. 賦役均,

령의 업무를 일곱 가지로 간추려 정한 점이 특이한데, 국가에서는 수령 재임 기간 동안 이를 실현하기를 요구했다. 수령의 고과(考課) 또한 이 '칠사'가 기준이 되었다.[37] 아래는 「시조」편의 편장과 부기한 '수령 칠사' 관련 사항이다.

10. 農桑一七事一 農桑盛, 11. 戶口一七事二 戶口增,
12. 敎化一七事三 興學校, 13. 軍政一七事四 軍政修,
14. 賦役一七事五 賦役均, 19. 詞訟一七事六 詞訟簡,
20. 去奸一七事七 奸猾息

부록으로는 〈향사법〉을 싣고, 그 뒤에 '주자사창절목(朱子社倉節目)', '왕양명십가패법(王陽明十家牌法)'을 참고자료로 붙였다. 이들 두 자료는 제목 앞에 '부(附)'라고 적어 부록과 구분했다. 『치현보』와 비교하여 『정요속편』에서는 '주자사창절목', '왕양명십가패법'이 더 늘어났다.

본문은 각 장의 제목을 쓰고 해당 내용을 열거하는 방식으로 구성했다. 서체로 보자면 일률적으로 정리했음을 확인할 수 있다. 1차 정서(淨書)라 할 수 있다. 그런데 일부 장에서는 1차 정서 후 조목을 수정하거나 새로운 조목을 부기(附記)했다. 세주(細註)를 첨가하는 경우도 있었다. 〈위정장(爲政章)〉, 〈임민장(臨民章)〉, 〈어리장(御吏章)〉, 〈농상장(農桑章)〉, 〈형법장(刑法章)〉 등에서 이를 볼 수 있다.

---

6. 詞訟簡, 7. 奸猾息.
정약용은 세조대 인물 徐居正이 남긴 기록에 '守令五事'라는 표현이 나오는 것으로 보아 '수령칠사'는 성종 이후에 개정한 것이라고 판단하였다.(『與猶堂全書』 제5집 政法集 권16, 「牧民心書」 권1, 辭朝)

37 『經國大典』, 「吏典」, 〈考課〉, "每歲季, 本曹具諸司官員實仕及雜故, 觀察使具守令七事實跡啓聞. 七事 農桑盛, 戶口增, 學校興, 軍政修, 賦役均, 詞訟簡, 奸猾息."

이러한 사실은 1차 정서 후에도 『정요속편』이 적지 아니 변화했음을 보여준다. 부기하거나 가필한 내용은 다음과 같다. 모두 8곳에 이른다.

〈표 3〉 『정요속편(政要續編)』에서 1차 정서 후 가필된 내용

번호	장	위치	내용	비고
1	爲政	첫 조목 [首條]	爲政章首條 守令辭朝日，有七事講. 或上親問，否則退詣政院，承旨受講. 講畢，承旨讀傳教. 命曰: '守令之職，自有七事，愛民爲要. 近年以來，凋瘵已極，連歲飢饉，民不了生，多盤捄恤，期於蘇復. 法外橫斂，盡爲革罷，私行乞簡，一切禁斷. 朝廷命令之下，盡心奉行，以副自上惠之意.' 赴任後，別謄一本，揭于視事廳，朝夕觀省.	'위정장' 제목과 '高麗顯宗九年' 사이에 '守令辭朝云云見上衣張' 追記 '위정장' 본문 시작되기 전에 '爲政章首條' 추기
2	爲政	'黜陟之'와 '本朝' 사이.	按元史至正四年，詔定守令黜陟之法，六事戶口增田野闢詞訟簡盜賊息賦役均及常平得法也. 蓋麗朝本於此矣.	'黜陟之'와 '本朝' 사이，세주가 들어간다는 점 표시. '元史順帝至正四年云云見衣丈'
3	爲政	마지막 조목	赴任後，傳令各面，使之備陳民弊. 若其事關軍國，不可任意變革之外，如管於官字者，皆當商量，可革除者，革除之，使民曉然知之可也.	'위정장' 끝나는 면에 기입
4	農桑	'唐末張全義' 조목과 '欲興水利' 조목의 사이	高麗崔瀣送安梁州序曰: '梁州寅貧，素稱難治，及李元尹之貶守于此也. 公知其弊，先相土[上]田，深其溝洫，而使人必治荒田幾畝，仍出力轉償. 又以故俗不閑於農，皆晩出早罷，隨其地分差人勸課. 每人十爲保，每保作一簡，先至者受之，授次至者，次次相授，寅後者無所授. 帶簡而作，至罷，出帶簡者罰之，以後至之罪. 方其時也，日未辨色，公已在田間，如是十日，人爭爲之. 梁之荒田，闢之幾盡，而簡亦不用矣. 今擧李公之政，何患乎. 梁民之貧不可以致富哉. 若夫富而教之之術，則子旣從事於斯之矣.	'농상장'의 첫 조목 '唐末張全義 …… 是爲法' 아래에 '高麗崔瀣送安梁州序云云 見卷末丈' 라고 써 둠 첨지 : '此間當書高麗云云，見末衣丈.' 뒤표지 衣丈에 기록 『拙藁千百』 권1에 실려 있음 '教之之術'은 '教之教術'로 적혀 있음

5	臨民	마지막 조목	近世, 一種要譽成習, 故自好之士, 或矯枉過正. 若近於便民愛民之政, 則謂之要譽, 而却不爲之. 噫自古及今, 爲政, 莫過於便民愛民而已. 若謂近名而不爲, 則是不幾於見放飯流歠者, 而廢食哉. 彼以其名·我以其賓, 亦何用心於其間哉.	조목
6	禦吏	마지막 조목	郡邑之吏, 率是凡民中翹楚也. 不可一向勒之以法, 亦當導之以教 擇其年少有才識者, 教之讀書, 皆有課程, 決訟類聚. 無寃錄等書, 亦使之習慣, 才優者, 超擢受以優任, 以勸勵之.	조목
7	戶口	5조목 '近來漏戶……愼之'의 細註로 첨가	按綱目元魏孝文帝太和九年 …… 土豪則長存也, 可勝痛哉.	細註 모두 93자
8	刑法	1조목 '刑法雖……而處之'의 세주로 첨가	今俗官長有付過之令, 此正好意. 昔有李某者, 戒人曰 爲人上者, 下人有罪, 重可治, 須勿遽斷. 可遲留若經宿 渠之情實可得, 而吾之喜怒得當, 可免倉卒傷人之患. 此說可法 康誥曰 : "要囚服念, 五六日, 至于旬時, 丕蔽要囚", 亦此意也.	細註

『정요속편』의 완성은 국립중앙도서관 소장본인 『정요속편』에 가필한 내용을 온전히 반영할 때 가능할 것이다. 그렇다면 『정요속편』을 정리하여 마무리한 책은 현존하는가가 문제가 된다. 지금까지 발견된 자료 가운데 이들 내용을 온전히 담은 안정복의 친필본 혹은 그가 간여한 것으로 확인할 수 있는 이본은 확인되지 않는다. 다만 필자가 살펴본 바로는 현재의 여러 이본 가운데 『정요속편』에 가장 가까운 자료는 아사미문고본 『임관정요』[38]의 속편이다.

38 아사미문고본 『임관정요』는 미국 버클리대학교 동아시아도서관[아사미문고](고려대학교 한국학자료센터 http://kostma.korea.ac.kr 검색일: 2025.1.20.)에서 책의 전체 내용을 볼 수 있다.

이 책은 '서문', '임관정요목록', '임관정요 상편[16]', '임관정요 하편[「정적」 상, 「정적」 하]', '임관정요속편목록', '임관정요속편[21장, 부록1, 부2]'으로 구성되어 있다. 속편만 떼어서 비교하면, 『정요속편』과 구성이 동일하다. 본문의 각 장별 내용 또한 『정요속편』에서 가필한 내용, 수정된 글자와 문구를 반영하며 깔끔하게 정서하고 있다.

그런데 흥미롭게도 아사미문고본 『임관정요』에 반영된 가필은 〈표 15〉에서 확인할 수 있는 모든 내용이 아니다. 〈표 15〉의 5번~8번만 반영하고 있다. 말하자면 아사미문고본은 미완성인 셈이다. 아사미문고본의 장별 조목과 가필된 내용의 반영 상황을 표로 정리하면 다음과 같다.

〈표 4〉 아사미문고본 『임관정요』의 장별 조목수와 가필 반영 상황

장	아사미문고본	가필의 반영	장	아사미문고본	가필의 반영
爲政	10		教化	19	
持身	14		軍政	13	
處事	13		賦役	12	
風俗	3		田政	11	
臨民	10	1	糶糴	21	
任人	8		賑恤	15	
接物	13		刑法	13	1
御吏	19	1	詞訟	36	
用財	9		去奸	4	
農桑	13		治盜	9	
戶口	11	1			

책을 정서한 후에, 또다시 누군가 새로 수정하거나 더한 흔적도 확인되지 않는다. 이렇게 본다면 이 책은 국립중앙도서관 소장본 『정요

속편』의 정서본(淨書本)의 하나라 해도 무방하다.[39] 하지만 아사미문고본이 『임관정요』의 최종 완결본이라고 단언할 수는 없다. 아사미문고본이 『임관정요속편』에 확인되는 가필을 모두 반영하고 있지 않기 때문이다. 이 경우는 모두 〈위정〉, 〈농상〉의 두 장에서 찾을 수 있다. 〈표 15〉의 1번~4번까지 해당한다. 이들 미반영 내용은 〈표 15〉의 5번~8번에 비하면 몇 가지 특징이 있다. 첫째, 이들 항목 혹은 세주는 본문의 빈 공간이 아니라 책의 앞뒤 공란에 적혀 있는 경우가 많다. 둘째, 이들 항목은 대체로 작은 글씨로 빠르게 흘려 썼다. 아사미문고본에 반영된 가필된 내용이 좁은 공간에서나마 깔끔한 글씨로 정서된 것과는 형태가 다르다.

이런 점을 생각하면 국립중앙도서관 소장본 『정요속편』과 아사미문고본은 다음과 같은 사정을 보여준다. 첫째, 아사미문고본은 안정복 『정요속편』에서 1차로 정서된 글, 그리고 추가 1차 가필을 반영하고 있다. 아사미문고본이 안정복이 정리한[혹은 누군가에게 시켜서 정서한] 그 실물인지는 불확실하지만, 책의 성립 과정에서 보면 2차 정서본이다. 둘째, 2차 정서본 이후 안정복은 가필할 사정이 생기자 2차 정서본의 저본에 이를 그대로 기입하였다. 2차 가필이다. 가필할 지면이 부족하였기에 안정복은 책의 앞뒤 빈 공간을 활용하였다. 안정복이 2차 정서본을 활용하여 추가로 내용을 보완하지 않은 것은 2차 정서본이 그를 떠나 있었음을 의미한다.[40] 셋째, 현 국립중앙도서관 소

39 『임관정요』가 아사미문고에 어떤 경로로 편입되었는지, 그 시점은 언제인지 현재로서는 분명하지 않다

40 〈농상〉장에는 서양의 水利法을 활용하자는 의견이 실려 있다. 그런데 대부분의 이본에는 '德山에 사는 士人 李囍煥이 龍尾車를 만들고 安山의 李祖煥이 그 제법을

장 『정요속편』은 2차 정서본에 2차 가필이 더해진 형태이다. 이를 온전히 반영한 책은 3차 정서본이 될 것이다. 『순암연보』에서 '『임관정요』가 완성되었다'는 기록은 「정어」·「정적」편과 더불어 「시조」편이 충분히 정리되었다는 의미로 이해할 수 있다. 물론 그것이 아사미문고의 2차 정서본인지 아니면 국립중앙도서관 소장의 2차 정서·2차 가필본을 가리키는지는 분명하지 않다.

이와 같이 『임관정요』의 속편[時措]은 『치현보』에서 『정요속편』(1차 정서 및 1차 가필), 아사미문고본(2차 정서), 『정요속편』(2차 정서 및 2차 가필)으로의 변화 과정을 거치며 정리된 것으로 보인다. 이 가운데서 이 책의 성서 과정을 결정적으로 보여주는 것은 『치현보』에서 『정요속편』(2차 가필본)으로의 변화이다. 『치현보』는 27세에 집필을 시작하여 자료를 모으고 체재를 구상하던 초기의 초본(草本)이다. 안정복이 『치현보』의 한 면에 앞으로 해야 할 여러 과제를 적어 둔 것이 그대로 『임관정요』의 출발이 되었다. 『정요속편』은 46세 완성본이 만들어지기 얼마 전에 정리되었다고 할 수 있다. 완성본은 적어도 아사미문고본과 같은 정서본(淨書本)에서 그 가능성을 타진해볼 수 있다.

이런 점을 염두에 둔다면 「항통법(缿筩法)」, 「금송작계절목(禁松作

전했다는 이야기'가 실려 있지만 『政要續編』과 아사미 문고본에는 없다. 이희환과 이조환의 용미거 사용 사실은 다른 사람들이 가필했을 가능성이 있지만 필자는 일단 이 내용을 안정복이 가필한 것으로 상정하고 논의를 전개한다.

『임관정요』의 정본을 만드는 일은 앞으로 수행해야 할 중요한 과제 가운데 하나로 생각된다. 김동주는 『임관정요』를 번역하면서 여러 이본의 원문을 비교하는 일을 한 적이 있다. 안정복의 손에서 이루어진 『임관정요』의 구성을 확정하지 않은 상태에서의 작업이기에 많은 한계가 있으나 이 작업은 정본 편찬에 충분히 활용할 수 있다.

契節目)」, 「한감사지정범십일칙(韓監司祉政範十一則)」, 「치군요법(治郡要法)」과 같은 자료를 품은 『임관정요』 이본은 『임관정요』가 유통되는 과정에서 누군가가 이 자료들을 첨가하여 작성했다고 할 수 있다. 하나 같이 수령정치의 현장에서 적용함에 절실한 내용을 담고 있고 또 이들 구체적인 내용은 원래의 『임관정요』에는 빠져 있었기에, 관심을 가진 이용자들이 관련 자료를 찾아 넣어 유통한 것으로 볼 수 있다. 안정복의 손에서 이루어진 『임관정요』 완성본의 전모는 아사미문고본과 『정요속편』을 중심에 두고 판단해야 할 것이다.

3. 정치적 사고의 지속과 확장: 『치현보』에서 『임관정요속편』으로

『치현보』·「시조」편을 중심으로 볼 때, 『치현보』에서 『임관정요속편』, 그리고 아사미문고본(이하 2차 정서본)으로의 변화는 무척 흥미로운 사실을 보여준다. 초기에 가졌던 생각들이 뒷 시기에도 지속되는 경우도 있고, 초기의 자료들 혹은 생각들이 바뀌며 사라지는 경우도 있다. 초기에는 없던 자료와 생각이 새롭게 보완되기도 했다.

『치현보』와 『임관정요속편』 곧 「시조」편에서 읽을 수 있는 수령정치의 주요 원칙과 구상을 중심으로 그 계승의 양상을 주목해 보고자 한다. 이들 내용을 살피면 대체로 안정복이 노년 들어 지니고 있던 정치적 사유는 젊은 시절에 이미 형성되어 있었던 것으로 보인다. 이는 세상과 정치를 바라보는 안정복의 시각과 견해가 시간이 갈수록 풍성해지고 노숙해질 수 있었던 주요 요인이었다고 할 수 있을 것이다.

초기의 자료와 생각이 지속되는 대표적인 사례는 〈향사법(鄕社法)〉이다. 『치현보』에 제시된 〈향사법〉은 거의 수정 없이 『정요속편』에 이어지고 2차 정서본에도 수록되었다. 안정복은 이 제도가 삼대(三代) 향수(鄕遂)의 유의(遺意)를 지니고 있으며 역대 여러 나라에서의 시행을 거쳐 명나라에서도 여전히 존재했다는 인식으로 이 제도의 역사성을 살피고, 삼대 성인의 정치가 이로써 가능하다고까지 이해했다. 안정복은 이 제도에 대해 명말 청초의 학자 유종주(劉宗周)의 보갑설(保甲說)을 크게 참조했다.[41]

> 이 '향사법'은 곧 고대 향수(鄕遂) 제도의 유의를 담고 있다. 역대(歷代)에 걸쳐 시행하는 동안에 비록 수치(修治)되고 폐패(廢敗)됨이 일률적이지 않았으나 명나라에 이르러서도 그 법은 여전히 존속했다. 유종주(劉宗周)의 보갑법에 대한 설명을 보면 고증할 수 있다.〈설명은 『속설부(續說郛)』에 보인다〉 이 제도가 성립된 뒤에야 생양(生養)을 이룰 수 있고, 교령(敎令)을 행할 수 있고, 풍속을 동일하게 할 수 있고, 옥송(獄訟)을 그치게 할 수 있고, 도적을 없앨 수 있고, 외적을 방어할 수 있어, 성왕의 정치를 부흥시킬 수 있다. 우리나라의 향제(鄕制)는 분명하지 않아 고법과 같이 할 수 없다.[42]

안정복은 〈향사법〉을 '향사의 적(籍)', '향사의 정(政)', '향사의 교(敎)', '향사의 예(禮)', '향사의 양(養)', '향사의 비(備)', '향사의 금(禁)' 등 일곱 내용으로 구성했다. 향사의 인구 파악, 정치와 교육, 경제, 군사적 방비, 예의와 금제 등을 두루 포괄하는 내용이다. 『치현보』의

41 『治縣譜』, 附錄, 〈鄕社法〉

42 『治縣譜』, 附錄, 〈鄕社法〉

향사는 조선의 면(面)에 해당하는 규모의 향의 주민[43]을 일목요연하게 파악하고, 이를 일정 규모로 편제한 행정 단위였다. '향사법' 시행의 기본 바탕은 이 향사 조직이었다. 편제는 다음과 같다.

〈표 5〉 '향사법(鄕社法)'의 편제

명칭	규모	책임자	책임자 신분	책임자 조건
통(統)	5가(家)	통수(統首)	양천(良賤)	연장우산자(年長優産者)
갑(甲)	2통(統)	갑장(甲長)	양천(良賤)	지려근간자(智慮勤幹者)
사(社)	10갑(甲)	사정(社正)	중서(中庶)	공정해사자(公正解事者)
향(鄕)	취사(聚社)	향사(鄕師)	사족(士族)	치덕구우자(齒德俱優者)

안정복은 향의 규모를 조선의 면에 견주어 설정했다.[44] 통(統) - 갑(甲) - 사(社) - 향(鄕)의 지방 편제는 기존 오가작통(五家作統)을 기본으로 한 면리제(面里制)에 대응한다.[45] 향사의 조직이 조선의 실정에서 그다지 생소한 것은 아닌 셈이다. '향사의 적(籍)', '향사의 정(政)', '향사의 교(敎)', '향사의 예(禮)', '향사의 양(養)', '향사의 비(備)', '향사의 금(禁)'은 향사 조직에서 구현되는 행정적인 업무, 교화와 교육, 군사 조직과 군사 훈련, 국가의 금제와 사회적 예법과 연관이 있다. 안정복은 이것이 제대로 구현되면 국가의 국방이 튼튼해지며 질서가 단단해지고 민들의 삶이 향상된다고 보았다. '향사법'의 힘은 아마도 지방민에 대한 탄탄한 조직화, 끊임없는 교육과 금제를 통한 사회적 규율,

43 『治縣譜』의 〈鄕社法〉에서 民은 형태상 '土着'과 '流寓'로 구분하고, 신분 직역과 관련해서는 '士族', '品官', '中庶', '庶人[在官]', '良民', '公私賤', '工匠', '僧尼', '化士', '倡優', '巫覡', '流乞'로 나누었다

44 『治縣譜』, 附錄, 〈鄕社法〉, "我國之面, 卽古之鄕也."

45 여기에 대해서는 오영교(2001) 참조.

어느 누구도 일탈 하지 못하게 하려는 공권의 노력에서 나올 것이다. 느슨한 대민 장악과 교육, 질서 유지책과는 대비되는 모습을 볼 수 있다. 어찌 보면 '향사법'이 작동하는 사회는 엄격한 통제의 모습을 지닐지도 모르지만, 안정복은 이 제도가 '국가를 공고히 하고 인민을 편하게 함[固國便民]'을 가능케 한다고 보았다.

안정복의 '향사법' 구상은 그의 젊은 나이에 시작된 것으로 보인다. 안정복은 『치현보』에서 '보갑법'을 정리한 시점을 1738년(무오(戊午), 영조 14) 곧 27세 되던 해로 적어 두었다.[46] 이미 그 전부터 자료를 읽고 정리하고 있었다면 관심을 가지고 생각을 모은 시점은 그보다 훨씬 일렀다고 보아 무방하다. 『임관정요』에서 〈향사법〉이 차지하는 위상으로 본다면, 안정복이 『임관정요』의 핵심적인 문제를 이미 집필 시점에 구체적으로 지니고 있었음을 알 수 있다.

안정복은 '향사법-보갑법'을 구상하고 정리하며 많은 자료를 참고했다. 『가례』, 『소학』, 『속통해(續通解)』, 『주자대전(朱子大全)』, 『대학연의보(大學衍義補)』 등의 중국 서적, 이황(李滉)의 『퇴계집(退溪集)』, 이이(李珥)의 『율곡집(栗谷集)』, 정구(鄭逑)의 『한강집(寒岡集)』, 『농가집성(農家集成)』, 『반계수록(磻溪隨錄)』,[47] 『경민편(警民編)』 등의 조선 서적 등 모두 23종이다.[48] 이황이나 이이, 정구와 같은 인물들의 책은 아마도 향약 이해에 도움이 되었을 것이다. 『반계수록』을 참고했다는

---

46 향사법이 정리된 시점을 안정복은 '戊午至晦'라 적었다.(『治縣譜』, 附錄, 鄉社法)

47 '磻溪隨錄은 '盤溪隨錄으로 잘못 적혀 있다.

48 『治縣譜』, 附錄, 〈鄉社法〉, '保甲法詳正時所用書冊'. 원래는 24종을 적어 두었는데, 1종은 까맣게 지워버렸다. 어떤 책일지 궁금해지는데, 이때 이미 王陽明의 '十家牌法'을 거론하고 있었기에 '王陽明全集'일 가능성도 배제할 수 없다. 이들 서목은 『임관정요』의 완성본에서는 빠졌다.

사실[49]은 그의 배움과 사유가 북인계 남인의 핵심 정치사상과 이미 깊숙이 접속하고 있었음을 보여준다.

김정국의 『경민편』을 거론하는 점은 흥미롭다. 안정복이 볼 수 있었던 『경민편』의 실체가 무엇인지는 분명하지 않지만, 시간으로 따져보면 1730년에 간행된 이정숙(李廷熽) 증보본일 가능성이 높다.[50] 안정복은 이 책에 대해 "사재(思齋)의 『경민편』은 풍속을 이끌고 교화를 일으킴에 도움을 주는 양서(良書)의 하나이다."[51]라고 칭송했다. 이것은 안정복이 조선의 민인들이 저지르는 일상의 범죄를 막기 위해서는 그들에게 범죄에 따른 형량을 알려주되 그보다 먼저 교화의 계몽을 실시해야 함을 강조한 『경민편』의 방법[52]에 크게 공감한 데서 오는 평가일 것이다.

『치현보』에 있던 내용이 지속되는 또 다른 사례는 '억강부약(抑强扶弱)'의 정치에 대한 비판이다. 억강부약은 강자가 약자를 지나치게 압박하고 침해하는 데서 일어나는 사회적 문제를 해결하기 위한 방안의 하나로써 18세기에 등장했다. '강자(强者)를 억누르고 약자(弱者)를 부양한다'는 의미를 갖는다. 그러나 안정복은 날로 명분과 풍속에 문제가 생기고 상하의 사회 정치적 위계가 무너지는 상황에서 억강부약의

---

49 『연보』에는 1744년(영20)에 『磻溪隨錄』을 처음 읽었다고 했다. 안정복 33세 때의 일로, 무주에서 광주로 이거한 지 8년째 해이다. 읽은 곳은 桃渚洞의 柳發의 집이었다. 여기에 대해서는 함영대(2018) 참조.

50 여기에 대해서는 정호훈(2023) 참조.

51 『治縣譜』, "思齋警民篇, 導俗興化之一良書也."

52 『경민편』 자체에 관한 서술은 『臨官政要續編』에서는 빠졌다. 그러나 이 책에서 제시한 방법을 안정복은 깊이 주목했던 것으로 보인다. 『경민편』의 방법에 대해서는 정호훈, 앞의 책 참조.

방법은 '교왕과정(矯枉過正)'의 문제를 낳는다고 비판했다.

> 요즘 들어 명분이 문란해지고 상하가 서로를 해친다. 풍속이 날로 나쁘게 변하고 국맥(國脈)이 점점 깎여 나가는 것은 모두 이로부터 연유한 것이다. 그런데 한 부류의 사람들이 '억강부약'이라는 논리를 만들어 내고 있으니, 이는 잘못된 일을 바로잡아 정상으로 돌리는 것과는 거리가 있다. 그들은 항상 귀한 자가 천한 자를 학대하고, 윗사람이 아랫사람을 침해한다는 것만 염려하고, 천한 자가 귀한 자를 능멸하고 아랫사람이 윗사람을 해롭게 한다는 점은 근심하지 않는다. 이 같은 폐해는 흙으로 만든 산이 무너지고 기와가 깨지는 것과 같은 상황을 만들어 마침내 수습할 수 없게 될 것이다.[53]

이 생각은 『정요속편』에도 변함없이 이어졌다. 『정요속편』〈위정〉장에 같은 내용이 그대로 실려 있다.[54] 신분 계급 사회에서 일어나는 여러 문제를 풀기 위해 유연하게 대응하며 다양한 노력을 펼치는 것은 반드시 필요하지만, 그 위계의 사회를 유지하는 근본적인 힘과 방법은 그대로 지켜야 한다는 것이 안정복의 생각이었다.

『치현보』부터 『정요속편』에 이르기까지 억강부약의 정치에 대한 안정복의 변함없는 비판은 안정복의 정치적 사유를 이해함에 매우 중요한 근거가 된다. 이 생각은 소론계 목민서의 정치론과 대비된다.

---

53 『治縣譜』, "近世名分殽亂, 上下胥殘, 風俗之日揄, 國脈之潛削, 皆由於此矣. 一種人, 創出抑强扶弱之論, 矯枉過正. 常慮貴之虐賤, 上之侵下, 而不患賤之淩貴, 下之賊上, 其弊之流, 必至於土崩瓦解, 而莫可收拾也."

54 『政要續編』, 爲政章, "近世名分殽亂, 上下胥殘, 風俗之日揄, 國脈之潛削, 皆由於此矣. 一種人, 創出抑强扶弱之說, 矯枉過正. 常慮貴之虐賤, 上之侵下, 而不患賤之淩貴, 下之賊上, 其弊之流, 必至於土崩瓦解, 而莫可收拾也."

힘 있는 세력을 억누르고 힘이 약한 계층을 부양한다는 억강부약의 방침은 영조대 초반의 국정 운영에서 지속적으로 강조되고 군현 단위에서도 큰 반향을 일으켰다.[55] 『목민고(牧民攷)』와 같은 목민서에서도 '억강부약'의 논리가 주요하게 다루어졌는데,[56] 안정복은 이에 대해 분명히 반대하는 태도를 취했던 것이다.[57]

동계·동약의 설치와 운영에 대한 생각 또한 『백리경(百里鏡)』 이래 지속되었다. 동계는 『백리경』에서 사용한 용어이고 동약은 『정요속편』에서 주로 사용했다. 동계는 조직의 의미, 동약은 조직과 결합된 규약의 의미가 더 강하지만 성격은 기본적으로 같다고 할 수 있다. 『치현보』에서 안정복은 사족 가운데 나이와 덕망이 있는 자를 택하여 그를 집강(執綱)으로 삼고 동계를 운영할 것을 제안한다.[58] 이는

---

55 영조 3년 10월 30일, 咸昌 幼學 郭鵬世가 올린 소에서 이 시기 억강부약에 기초한 수령 정치의 일단을 볼 수 있다. "咸昌幼學郭鵬世疏曰(중략)'竊覸近來, 臣不知有君, 子不知有父, 夫妻衰薄, 夫婦之情乖矣. 至於無勢士夫, 受辱於皁隷, 富豪常漢, 侵辱士夫, 庶孽凌其嫡長. 抑有方伯守令, 以抑强扶弱, 爲治民之第一務, 無勢士夫, 受辱於常漢, 不惟抑之, 又從以鞭扑之 ; 富厚常漢之凌辱士夫者, 不惟扶之, 又從而激成之. 今之士夫, 卽漢之父老, 唐之耆舊也, 所以綱紀庶民, 維持風俗, 爲國家緩急之需者, 于今三百餘年, 豈可一朝, 鞭扑士夫, 激成常漢, 使等級至於凌夷?"(『承政院日記』, 영조 3년 10월 30일)

56 『牧民攷』, 民訴, "근래 고을의 수령들이 스스로 강자를 억누르고 약자를 편드는[抑强扶弱] 정치를 한다고 하면서도 진짜 세력이 강한 자를 누르지 못하고 도리어 외롭고 약한 양반으로 하여금 억세고 사나운 상민에게 능멸을 받게 만든다.(近來, 守宰自託於抑强扶弱, 扶弱之政, 未能制得眞箇豪悍, 而反使孤弱兩班, 見凌於强悍常漢.)" 『목민고』의 이본에 대해서는 김선경(2010) 참고. 『목민고』의 정치사상에 대해서는 김용흠(2010)의 글이 참고 된다. 근래 김용흠, 백승철에 의해 『목민고』, 『신편 목민고』가 번역되었다.[김용흠(2013); 백승철(2014)]

57 이 지점에서 살피면 18세기 여러 형태로 나타난 목민서에서 정치적 성향과 연관하여 개별 자료의 특성을 읽어 낼 수도 있다. 이에 대한 최근의 노력은 홍해뜸(2022) 참조.

사족이 중심이 되어 결속한 조직, '사적으로 결속한 규약[私自結約]'의 성격을 가진다. 안정복은 이를 통해 향약이 점진적으로 행해질 수 있다고 보았다.

사족에게 집강을 맡기고 이로부터 향약의 실현을 전망하는 『치현보』의 견해는 기본적으로 사족을 예우하는 태도와 맞물려 있었다. 안정복은 사족에 대한 이러한 예우가, 집강과 같은 존위(尊位)로 하여금 전정과 군정·군역 도망자의 추착(推捉)과 같은 일을 시키는 관장의 태도와는 정반대의 성격을 가진다고 보았다.[59] 말하자면 동계를 설치하고 사족이 중심이 되어 이를 운영함을 권장하는 안정복의 태도는 사족을 예대(禮待)하지 않는 현실에 대한 강한 비판과 연관되어 있었다.

안정복은 『정요속편』에서 이러한 생각을 보다 적극적으로 펼쳤다. 동약의 설치 방식을 구체화하고 집강의 역할을 분명히 했으며 동리에서의 사족(士族)의 존재를 뚜렷이 부각시켰다.

> 동약의 설치는 해당 고을에 살고 있는 민호(民戶)의 많고 적음을 고려하여 정한다. 가령 한 고을에 5백 가(家)가 살고 있으면 혹 반으로 나누어 2개의 계(契)를, 혹 3개로 나누어 3개의 계를 만들어야 할 것이다. 만약 계호(契戶)가 점차 줄어들어 하나의 계를 온전히 유지하기 힘든 경우 반드시 계원(契員)과 상의하여 혹 합하거나 혹 나누어야지 하나하나 떼어서 고르지 못하게 분열시켜서는 안 된다.[60]

---

58 『治縣譜』, "洞契之設, 盖私自結約, 一以敦風化, 一以恤緩急. 士族中有年德位望者, 爲之執綱, 此可以爲鄕約之漸也."

59 위와 같음.

60 『臨官政要續編』, 〈敎化章〉

풍속을 교화시키는 정치는 오로지 집강(執綱)【세속에서는 존위(尊位)라고 부른다】에게 그 책임을 맡기고, 사송(詞訟)은 풍헌(風憲)에게 전적으로 맡긴다. (그리고) 작은 일은 스스로 결정하게 하고, 중대한 일만 관에 올려 처리하도록 한다. (그러나) 오랫동안 책임을 맡겨두면 반드시 멋대로 사안을 조종하여 도리어 민에게 해를 끼치는 자가 생길 것이니 이런 자는 엄격하게 법에 따라 처벌해야 한다.[61]

동계·동약의 설치와 사족 중심의 동리 운영에 대한 안정복의 집요한 관심은 억강부약의 정치 현실에 대한 비판과 마찬가지로 안정복의 정치적 사유, 지방 군현 운영에 대한 그의 개성을 잘 보여준다. 안정복은 소론계의 『목민고』에서 나타나는바, 공권이 사족을 억압하는 방식의 군현 운영에 대해서는 대단히 비판적이었다.

4. 수령의 군현 운영과 동약(洞約)

『임관정요』는 수령정치를 위한 저술이다. 『임관정요』의 출현은 18세기 다양한 성격의 목민서가 만들어져 유통되는 현상과 궤를 같이한다. 안정복은 여느 목민서와 마찬가지로 수령이 군현을 운영함에 실현해야 할 내용을 정리하여 『임관정요』를 만들었다. 그런데 안정복에게 이 책은 수령이 참고해야 할 서적의 수준을 넘어, 수령의 군현 운영에서 반드시 구현해야 할 정치적 이상과 목표를 담고 있었다. 안정복은 그가 파악한바, 군현 운영의 여러 문제와 모순을 해결하려는 내

61 『臨官政要續編』, 〈敎化章〉

용을 이 책에 담았다. 이 책은 일종은 수령의 군현 운영에 대한 개혁 구상이기도 했다.

안정복은 군현 운영의 성공을 위한 조건으로 무엇보다 동약의 시행을 꼽았다. 동약은 동리를 단위로 하는 조직이자 그 조직을 이끄는 규약이었다. 『임관정요』에서 그는 동약의 필요성을 거론하고, 목천의 현감으로 재직하면서는 실제 관내 동리에서 이를 실행하고자 했다.

> 모든 정교(政教)는 반드시 동약(洞約)이 시행된 뒤에야 쉽게 거행할 수 있다. 부임한 뒤에는 동리에 동약이 있는지 없는지를 묻되 (동약이) 있으면 그 동헌(洞憲)을 거둬들여서 미비한 약조(約條)는 정리하며, 폐정(弊政) 가운데 제거되지 않은 것은 혁파해야 할 것이다. 이때 본 동에 거주하는 사족(士族)들과 상의해서 민심이 따르도록 힘쓴다. 동약이 없다면 약조를 세워 시행할 것을 권장한다.[62]

> 가만히 생각건대, 풍속을 이끌고 교화를 일으킴은 반드시 한 마을에서부터 시작해야 할 것이다. 《주관(周官)》의 다스림도 모두 비(比) · 여(閭) · 족(族) · 당(黨)에서부터 시작했던 것이다. 그래서 이제 여기에 의거하여 동계(洞契)를 다듬어서 밝히려고 하는데, 이미 깨트려진 동은 다시 조직하고 이미 나눠어진 동은 서로 다시 합쳐서 반드시 모두 1백 호가 차도록 해야 하며, 잗다랗고 소소한 촌락들을 각자 동(洞)이라고 일컫도록 해서는 안 된다. ……중략…… 각 면의 상호(上戶)와 사대부의 집에서 이 일을 주관하여 어리석은 백성들을 인도하고 이끌어서 서로 단결하여 동계를 결성하고 독법(讀法)하도록 함으로써 향약(鄕約)이 점차 정착되도록 한다면 어찌 좋은 일이 아니겠는가. 동계가 결성된 뒤에는 각 건에 대한 조목을 당연히 별도로 갖추어야 할 것인바, 이는 다시

---

62 『臨官政要續編』, 〈教化章〉

고을 안의 여러 군자들과 함께 의논하여 조처할 생각이다.[63]

앞의 자료는 『임관정요』에 실려 있고, 뒤의 자료는 목천현감 시절에 작성했다. 동약을 중시하는 안정복의 생각은 그가 가진 정치적 원칙과 밀접한 관계가 있다. 교화의 정치가 그것이다. 안정복은 수령정치에서 가장 중요한 일 중의 하나로 군현민의 교화(敎化)를 들었다. 교화에 대한 이상은 유자라면 누구나 가지기 마련이었는데, 그의 교화에 대한 관념은 유별났다. 안정복이 동약은 정교를 가능하게 하며, 모든 교화가 동리에서 시행된다고 한 것은 모두 이 생각에서 온 것이었다.

안정복은 이 시기 군현 운영의 큰 폐단 중의 하나로 엄혹한 형벌의 시행을 거론했다. 형벌에 앞서 교화가 선행되어야 함에도 현실은 그렇지 않으니, 교화가 형벌에 앞서 시행되도록 특별한 노력을 기울여야 한다는 것이 그의 생각이었다.[64] '선교화(先敎化) 후형벌(後刑罰)'의 관념은 유가의 오랜 전통이거니와 현실은 그렇지 않았던 것이다. 안정복은 누구보다 이를 강조했다. 『치현보』를 저술하며 '선교화 후형벌'을 내세우는 『경민편』을 참고했던 사정도 이와 무관하지 않을 것이다.

이와 더불어 동약은 무엇보다 수령이 '민심(民心)을 따라 정치를 할 수 있는' 기반이었다. 수령의 정치는 민심을 온전히 따를 때 순조롭게 진행될 수 있다는 것이 안정복의 생각이었다. '순민심(順民心)'의 정치론[65]이라 할 수 있다. 여기서 '민심을 따르는 일'의 범위는 넓고 단순

63 『順菴集』 권16, 「木州政事」, 〈諭各面結洞文 丁酉〉

64 『臨官政要續編』, 〈敎化章〉

하지 않았는데, 단적으로 정치는 군현 내의 공론 혹은 여론을 따라야 한다는 것이었다. 이는 물론 인민의 요구에 굴복하여 그 스스로 명예를 구하는 일도 아니고, 또 수령이 가진 강력한 권한과 권위, 힘을 발휘하여 위력으로 군현민을 이끄는 것도 아니었기에 그 실행이 쉽지는 않았다.[66]

안정복이 지니고 있던 '순민심'의 의식은 그가 생각하고 있던 수령의 군현 운영의 두 가지 중요 사안 가운데 하나였다. 안정복은 수령이 군현을 이끎에 유의해야 할 핵심 사안으로 군현 내의 여러 폐단을 해소하는 일, 민심을 따르는 일 두 가지를 들었다. 전자의 폐단을 해소하는 일은 부세 혹은 군역의 운영과 관련하여 나타나는 어려움, 권력의 자의적 운용과 민에 대한 침탈 등과 연관이 있다. 군현 곳곳에서 발견하는 문제를 해결하지 않고서는 민생의 안정, 정상적인 군현 운영이 힘들기 때문에 이들 문제는 수령이라면 반드시 신경을 써서 해소해야 될 일이었다. 안정복은 이를 '해정(害政)'이라 하고 이의 해결을 급선무로 삼았다.

민심을 따르는 일은 해정의 제거와는 약간 성격을 달리한다. 해정의 제거책이 수령의 군현 운영에서 구체적인 변화를 만들어 낼 수 있다면, 민심을 따르는 일은 군현 내 여러 의견을 청취하고 절충하며 수령의 일방적인 판단과 일의 시행에서 일어날 수 있는 사회적 불만

---

65 韓相權(1987)

66 이를테면 韓德一에게 보낸 편지에서 안정복은 '順民心'의 의미를 다음과 같이 논하고 있다. "近來一種議論, 如有順民之事, 則自脩之士, 或慮有要譽之道而曲避之, 此所謂君子避名 無爲善之路者也. 奈何有心於其間乎. 或者以爲末俗頑悍, 惟以威令脅之, 欲與人心力戰, 拂人心而有爲政之理耶."(『順菴集』 권5, 「與韓咸之書 甲申」)

을 억제할 수 있는 가능성을 가지고 있었다.

민심을 따라 군현 정치를 수행한다는 그의 원칙이 동약의 시행으로 드러나는 데에는 그가 생각한바, 동약이 가진 독특한 성격과 연관이 있다. 안정복이 구상한 동약은 '경안면 이리동약'의 경험을 통해 이미 확립되어 있었다. 조직의 형태, 조직을 이끄는 규범, 그리고 그러한 조직을 수령정치의 기반으로 생각하는 이념이 여기에는 옹골차게 맺혀 있었다.[67]

『이리동약』에서 안정복은 동약의 조직을 상계(上契)와 중·하계(中下契)로 구성했다. 상계는 양반이 참여하고 중·하계는 중인과 상천민이 참여했다.[68] 각 계는 또한 명부를 달리 작성하여[69] 그 신분을 분명히 했다. '이리동약'은 요컨대 신분으로 엄격한 구분을 갖는 조직이었다. 이러한 구성은 조선 후기에 등장하던 상계와 하계의 신분 위계적 동계 조직을 원용한 것이었다고 할 수 있다.

안정복은 상계와 중·하계의 조직과 직역을 다음과 같이 설정했다. 먼저, 동리의 일체 사무를 관장하는 집강을 제외한 모든 직역은 중하계의 구성원에서 뽑도록 했다. 집강에 대해 그러한 언급이 없는 것은 사족에게 이 일을 맡기므로 굳이 드러낼 필요가 없었기 때문으로 보인다. 이러한 직역 구성은 이리 동리 내의 실제 공무(公務)를 중인과 상민이 중심이 되어 풀어나가도록 했음을 보여준다. 사족은 이들을

67 『順菴集』 권15, 「廣州府慶安面二里洞約」

68 『順菴集』 권15, 「廣州府慶安面二里洞約」, 〈諭下契文〉, "惟我洞中上下契幾百家, 則亦可謂不少矣."; "此洞士夫入約者少而庶民多, 故右所論節目, 皆爲下契設, 而至若上契之所當行者, 則自有呂氏鄕約, 在今以時宜通變而條列于下."

69 『順菴集』 권15, 「廣州府慶安面二里洞約」, "記名籍二, 俗稱座目, 上契一冊, 中下契一冊, 皆以齒序錄. 中下契, 則又分卷爲上下篇以別之."

대상으로 한 향약 규약을 따로 두는 데서 볼 수 있듯,[70] 동리의 구체 업무 수행에는 빠져 있었다.

이리동약의 조직을 맡아 운영하는 직역은 집강을 비롯하여 모두 8가지로 나뉜다. 집강(執綱), 부임(副任), 기로(耆老), 유사(有司), 장무(掌務), 사령(使令), 고직(庫直), 색장(色掌)이 그것이다. 집강과 기로는 특별한 일이 없으나 사망하지 않으면 평생 그 일을 맡았다. 부임 및 유사 이하의 직역은 1년에 한 번씩 교체하도록 했다. 물론 실제로는 한번 일을 맡으면 그 경험이 중요하게 평가받을 수 있기 때문에 각 직역의 임무가 1년에 그치지는 않았을 것이다.

여러 직역 가운데서 눈에 띄는 것은 3명의 기로이다. 이들은 양반이 아님에도 동리에서 가장 나이가 많은 사람들 중에서 뽑기에 사회적 경험이 풍부하고 장로로서의 권위를 가질 수 있었다. 안정복은 아마도 그 점을 주목했을 것이다. 이들의 역할은 규약을 어긴 자가 있으면 동회에서 여러 촌의 두목(頭目)과 논의하여 벌을 결정함에 있었다. 집강이 최고의 지위에 있었지만, 실제 동회의 주요 업무 특히 상벌과 관련된 업무를 이들이 맡아서 처리하는 점이 매우 흥미롭다. 안정복은 동의 운영이 양반에게만 전적으로 맡겨질 수 없음을 익히 알고 있었다.

『이리동약』에 규정된 각 직역과 그들의 신분, 맡은 업무 들을 정리하면 아래와 표와 같다.

---

70 『順菴集』 권15, 「廣州府慶安面二里洞約」, "凡敎法之興行, 必自在上者始, 名爲士夫而持身居家之道, 待人處事之節, 有使庶民腹非而心笑者, 則豈能取重而觀法哉. 此洞士夫入約者少而庶民多, 故右所論節目, 皆爲下契設, 而至若上契之所當行者, 則自有呂氏鄕約, 在今以時宜通變而條列于下."

〈표 6〉『이리동약』의 조직과 직역

지위	수	소속 · 자격	역할	임기
집강(執綱)	1	상계(上契) 동 가운데 나이와 덕망을 모두 갖춘 자(洞中齒德俱優者)	풍속을 돈독히 하고 환난을 구휼하며 호오를 공정하게 함. 동리의 모든 일 처리(敦風俗振紀綱, 恤患難公好惡, 一切洞事)	중요한 이유가 없으면 바꾸지 않음(非有大故則不遞)
부임(副任)	1	중계(中契)		1년 임기(一年相遞)
기로(耆老)	3	중하계(中下契) 나이가 가장 많은 사람(年最高者)	동회를 설행할 때 규약을 어긴 자가 있으면 삼노가 여러 촌의 두목과 논의하여 벌을 결정함(凡洞會時, 有犯約者, 皆令三老與諸村頭目決罪.)	세상을 떠난 후 다음 연차의 노인이 이음(身死後次老代陞)
유사(有司)	1	하계(下契)		1년 임기(一年相遞)
장무(掌務)	1	하계(下契)	동약의 문서 관장(掌洞約文書)	1년 임기(一年相遞)
사령(使令)	2	공사천(公私賤)	호령을 준행함(遵號令)	1년 임기(一年相遞)
고직(庫直)	1	하계(下契)	보미의 출납 관장(掌保米出納)	사고가 없으면 바꾸지 않음(非有故不遞)
색장(色掌)	1	하계(下契)	상여 상하 장등물을 관장(掌喪轝上下裝等物). 동중에 상사가 일어나면 상여를 장식하여 감(洞中有喪則裝飾以赴)	사고가 없으면 바꾸지 않음(非有故不遞)

이리동약의 목표는 동리가 안정적이고 평화적으로 질서를 유지하며 존속할 수 있도록 함에 있었다. 이를 위해 안정복은 동리 내 상하계의 구성원들이 지켜야 할 요소를 규약으로 만들어 실천하고자 했다.

동약의 운영은 3중의 면모를 보인다. 우선, 상계와 중하계가 모두 모여 동회(洞會)를 열고, 동약에서 규정한 선악(善惡)의 규약을 확인하고 또 포상과 처벌을 가했다. 상계와 중하계의 규약은 동일했다. 안정복은 실천 규범을 선과 악으로 나누어 각기 16가지씩 정하고, 그 실천 사항을 장부에 기록하여 남기도록 했다. 선악의 규범은 대체로 가족 및 친족 간, 동리 내, 관청과의 관계, 유교적 문화 등 크게 네 영역에 맞추어 설정되었다. 정리해보면 다음과 같다.

선한 행위

가족 윤리: 8조목[71]

1. 부모를 잘 섬기는 일 2. 형제 사이에 우애하는 일 3. 제사를 잘 봉행하는 일

4. 상제를 잘 지내는 일 5. 자제들 교육을 잘하는 일 6. 어른 공경을 잘 하는 일

7. 처첩과 잘 화합하는 일 8. 친척과 친하게 지내는 일

동리 공동체: 8조목[72]

1. 이웃과 화목하게 지내는 일 2. 빈객 접대를 잘하는 일 3. 시혜를 널리 펴는 일

4. 동약을 잘 준수하는 일 5. 쟁투를 잘 화해시키는 일 6. 환난의 구휼을 잘하는 일

7. 남의 원통하고 억울한 일을 잘 풀어주는 일 8. 시비곡직을 잘 분변하는 일

악한 행위

가족 윤리: 7조목[73]

---

71 『順菴集』 권15, 「廣州府慶安面二里洞約」, "能事父母, 能友兄弟, 能奉祭祀, 能盡喪制, 能敎子弟, 能敬長老, 能和妻妾, 能接賓客, 能親族戚."

72 『順菴集』 권15, 「廣州府慶安面二里洞約」, "能睦鄰里, 能廣施惠, 能遵約令, 能解鬪爭, 能救患難, 能伸冤枉, 能卞曲直."

73 『順菴集』 권15, 「廣州府慶安面二里洞約」, "不孝父母, 不友兄弟, 男女無禮, 踈薄正妻, 臨喪不哀, 祭祀不敬, 親戚不睦."

1. 부모에게 불효함 2. 형제 사이에 우애하지 않음 3. 남녀 사이에 무례함
4. 정처(正妻)를 소박(疎薄)함 5. 상을 당해서도 애훼(哀毁)하지 않음
6. 제사에 불경함
7. 친척과 화목하게 지내지 않음

동리 공동체: 6조목[74]
1. 거짓을 꾸며 남을 무함함 2. 이웃과 불화함 3. 남의 경조사에 찾아가지 않음
4. 윗사람으로서 아래 사람을 능멸함 5. 아랫사람으로서 윗사람을 능멸함
6. 강자(强者)라고 하여 약자(弱者)를 능멸함

유교적 풍습과 윤리: 2조목[75]
1. 이단(異端)을 지키고 받듦 2. 음사(淫祀)를 숭상함

관청과의 관계: 1조목[76]
1. 수령의 정사를 시비함

『이리동약』에서는 이들 선과 악의 규범에 대한 실행에 대해 선적(善籍)과 악적(惡籍)의 장부를 두고 구성원들의 선악 행위를 엄격하게 기록하여[77] 해마다 정기적인 동리의 회의를 통하여 확인하고 상과 벌

74 『順菴集』 권15, 「廣州府慶安面二里洞約」, "搆虛誣人, 鄰里不和, 慶弔不問, 以上淩下, 以下淩上, 恃强淩弱."
75 『順菴集』 권15, 「廣州府慶安面二里洞約」, "遵奉異端, 崇尙淫祀."
76 『順菴集』 권15, 「廣州府慶安面二里洞約」, "是非官政"
77 『順菴集』 권15, 「廣州府慶安面二里洞約」, "記善籍一. 上契則僉員同議, 中下契則公

을 내리도록 했다. 이 모든 행위는 관의 개입 없이 동리 내에서 자율적으로 실행하도록 했다.

> 선행을 표창하고 과실을 규탄하는 등의 일은 (집강이) 의당 삼로(三老)와 함께 의논하며, 죄를 다스려야 할 사람이 있으면 동약(洞約)에 따라 5등급으로 나누어 벌하되 삼로가 여러 촌장(村長)들과 더불어 벌여 앉아서 죄를 다스리게 한다. 이것은 무리와 함께 한다는 취지인 것이다.[78]

한편 『이리동약』은 규약의 규정과 실천에서 하계와 상계로 구분했다. 초점은 하계에 모여져 있었다. 하계에 대한 규정이 매우 상세하고, 그 처벌의 범위와 수준 여러 등급으로 나뉘고 또 엄중했다. 반면 사족에 대해서는 '여씨향약(呂氏鄕約)'을 시의에 맞게 재규정하여 동약에 제시했을 뿐 별다른 의식을 치르지는 않았다.[79] 사족과 중인 · 상천민을 엄격히 구분하는 신분제적 발상이 동약의 제정과 운영에 기본적으로 작동하고 있음을 알 수 있다.

하계의 동리민에 대한 선과 악의 규정을 먼저 살피면 다음과 같다. 먼저의 인륜에 대한 약조이다. 앞의 16가지 선(善)의 강령 범위 내에

員察之. 會日告于執綱記之, 以爲勸勉之道. 記過籍一, 亦如上儀, 會日告于執綱記之, 以爲箴規之道. 有能改過者, 則後會爻周其過條."

78 『順菴集』 권15, 「廣州府慶安面二里洞約」, "凡彰善糾惡等事, 當與三老幷議. 若有治罪者, 依洞約五等罰, 三老與諸村長列坐, 使之治罪, 是與衆同之意也."

79 『順菴集』 권15, 「廣州府慶安面二里洞約」, 諭下契文, "此洞, 士夫入約者少而庶民多, 故右所論節目, 皆爲下契設. 而至若上契之所當行者, 則自有呂氏鄕約, 在今以時宜通變而條列于下."
呂氏鄕約附條를 설정하여 德業相勸, 過失相規, 禮俗相交, 患難相恤 4조를 거론하고 각 조별로 그 의미와 실행 조목을 설명했다.

있되 훨씬 구체적인 점이 특징이다.

> 부모를 보면 나를 낳아준 은혜를 생각하고 효도와 공경을 다한다.
> 형제를 보면 같은 혈기(血氣)가 나누어진 것을 생각하고 우애와 사랑을 다한다.
> 어른을 보면 자신의 나이가 젊은 것을 생각하고 공경을 다한다.
> 존귀한 자를 보면 자신의 지위가 낮은 것을 생각하고 공손함을 다한다.
> 족척(族戚)을 보면 같은 할아버지에게서 나온 친족임을 생각하고 도타운 정과 화목함을 다한다.
> 이웃을 보면 같은 마을에 사는 의리를 생각하고 우호(友好)를 다한다.
> 부부 사이는 의리가 중하므로 화순(和順)의 도리를 다할 것을 생각한다.
> 노복과 상전은 분의(分義)가 엄중하므로 충성을 다할 것을 생각한다.
> 남녀가 서로 만나면 예의를 차려서 혐의를 분별한다.
> 친구 간에 교제할 때는 의리를 기본으로 하여 신의를 지킨다.
> 분수에 가당치 않은 마음이 생기면 "지위에는 높고 낮음이 있으니 함부로 위를 넘보아서는 안 된다."고 한다.
> 속이려는 마음이 생기면 "일이란 성실하고 신의가 있어야 하니 의롭지 않은 것을 꾸며대어서는 안 된다."고 한다.
> 싸우고 싶은 마음이 생기면 "이것은 장차 나를 상하게 할 것이다. 어찌 부모가 낳아주신 몸을 가지고 용맹만 믿고 화를 즐겨할 수 있겠는가." 한다.
> 훔치고 싶은 마음이 생기면 "이것은 장차 나를 죽게 만들 것이다. 어찌 하늘이 부여한 선한 성품을 가지고 욕망을 좇아 삶을 망각할 수 있겠는가." 한다.[80]

80 『順菴集』 권15, 「廣州府慶安面二里洞約」, 〈諭下契文〉, "見父母, 則思生我之恩而盡孝敬. 見兄弟, 則思同氣之分而盡友愛. 見長者, 則思己之年少而盡其敬. 見尊貴, 則思己之位卑而盡其恭. 見族戚, 則思同祖之親而盡敦睦. 見鄰里,則思同居之義而盡和好.

중하계의 구성원들에게 내린 악행 규정은 다음과 같다. 부모와 친척 관계, 신분제적 관계, 예법의 시행, 동리 내에서의 공동체적 범죄, 동리민과 공권과의 관계 등에서 일어날 수 있는 악행 등 모두 14종류에 해당한다.

부모 및 친척

1) 부모에게 불효하는 경우 : 봉양을 성실히 하지 않는 것, 어버이 뜻을 거스르는 것, 부모로 하여금 항상 근심 걱정하는 마음을 가지게 하는 것은 모두 불효이므로 무거운 벌이 있다. 그리고 욕설을 퍼부으며 몰아내는 등의 악행이 있을 경우에는 나라의 율(律)이 매우 중한바, 의당 관에 고하여 죄를 다스린다.

2) 형제간에 불화하는 경우 : 형이 그르고 아우가 옳은 경우에는 똑같이 벌한다. 옳고 그름이 반반이면 형은 가볍게, 아우는 무겁게 벌한다. 형이 사사로운 혐의로 아우를 때리면 중벌(中罰)로 처리한다. 아우가 형을 때리면 누가 옳고 그름을 논할 것 없이 상벌(上罰)을 내려 쫓아낸다.

3) 가도(家道)가 패란(悖亂)한 경우 : 아내가 남편을 때리면 상벌(上罰)을 내리며, 상처가 있으면 관에 고발한다. 죄 없는 아내를 때리면 중벌(中罰)을 내리고, 상처가 있으면 상벌하며, 칼날 같은 흉기로 상처를 입히면 관에 고발한다. 아내의 말을 듣고 봉양을 성실히 하지 않거나 골육(骨肉) 사이를 이간하면 상벌하되, 서인(庶人)은 아내도 함께 벌한다. 정처(正妻)를 소박하면 상벌한다.

夫婦義重, 思盡和順之道. 奴主分嚴, 思盡忠誠之節. 男女相見以禮而別嫌, 朋友相交以義而有信. 有非分之心, 則曰位有尊卑, 不可妄有希覬. 有詐僞之心, 則曰事當誠信, 不可造作非義. 有鬪狠之心, 則曰是將傷我也, 豈以父母所生之身, 恃勇而樂禍乎. 有偸窃之心, 則曰是將殺我也, 豈以天賦本善之性, 殉慾而忘生乎?”

4) 친족 간에 불목하는 경우 : 항상 때리고 욕하면 중벌한다. 길흉사에 묻지 않으면 중벌한다. 서로 조면(阻面)하고 보지 않으면 상벌하되, 서로 감정을 풀게 하여도 따르지 않는 자는 내쫓는다.

이웃 및 동리 공동체 질서

5) 이웃 간에 불화하는 경우 : 환난이 있을 때 서로 도와주지 않으면 상벌한다. 노상 욕하고 때리면 중벌한다. 서로 조면하고 보지 않으면 중벌하되, 서로 감정을 풀게 하여도 따르지 않으면 상벌한다. 방탕한 자를 머물러 지내게 해주면 중벌한다.
6) 약헌(約憲)을 준수하지 않는 경우 : 이의(異議)를 달기를 좋아하면 차중벌하되, 고치지 않으면 차차로 처벌 등급을 올린다. 자신의 능력을 자랑하느라고 약헌을 비난해서 사람들의 마음을 들썩이게 하면 차상벌한다. 모임에 늦게 도착하면 하벌하되, 진시(辰時)를 지나서 온 것을 늦게 도착한 것으로 한다. 좌중에서 떠들면 하벌한다. 좌중에서 무례한 짓을 하면 그 경중에 따라 벌한다. 모임에서 먼저 가버리면 하벌한다. 까닭 없이 불참하면 차중벌하되, 누차 범하는 자에 대해서는 처벌 등급을 올려서 내쫓는 데까지 이른다. 스스로 죄가 있음을 알고 일부러 피하고 참석하지 않으면 중벌한다. 약령(約令)을 따르지 않으면 그 경중에 따라 벌하되, 누차 범하는 자에 대해서는 차례로 처벌 등급을 높이고, 고치지 않으면 내쫓는다.[81]
7) 세력이나 권세를 믿고 마을에서 함부로 횡포를 부리는 경우 : 자신의 부를 믿고 남을 업신여기는 자는 하벌하되, 고치지 않으면 벌의 등급을 높인다. 남의 것을 빼앗아 매매하면 차중벌(次中罰)하고 매매한 물건은 원래의 약인(約人)에게 되돌려 준다. 세력을 믿고 분란을 일으키는 자는 상벌한다. 공임(公任)의 신분으로 세력을 빙자하여 침

81 『順菴集』 권15, 「廣州府慶安面二里洞約」, 〈諭下契文〉

탈하고 능멸하는 자는 사안에 따라 처벌하되 중대한 것이면 관에 고발한다. 공임(公任)의 신분으로 몰래 관부(官府)에 호소하여 약한 백성들을 음해하는 자는 중벌하되 사건이 중대하면 관에 고발한다. 술에 취하여 주정하고 욕지거리하면 차중벌하고, 술을 빙자하여 악한 짓을 마구하면 벌의 등급을 높인다. 관리나 장교(將校)가 업무를 빙자하여 작폐하면 비록 동민(洞民)이 아니더라도 죄목을 적발하여 관에 고발해서 죄를 묻는다. 빚을 주고 지나치게 받아내면 중벌한다. 사람을 유인하여 불러내면 상벌한다. 관청의 영(令)을 빙자하여 동약(洞約)을 회피하려 하면 중벌하되, 누차 범하는 경우에는 벌을 가중하여 내쫓는데까지 이른다. 용맹을 좋아하여 싸우는 자는 범한 정도에 따라 벌을 논하되, 무릇 구타행위에 대해서는 먼저 노소와 존비를 가린 다음 곡직(曲直)과 선후(先后)를 따지며, 중상일 경우 곡직을 불문하고 관에 고발한다. 벌을 상벌에서부터 하벌까지 참작하여 결정한다. 도박을 하거나 방랑하는 자는 중벌한다. 살인죄에 대해서는 원범(元犯)과 수종(首從) 여부를 막론하고 원래부터 정해진 국법이 있으므로 논하지 않는다. 남을 저주한 자는 상벌하고 관에 고발하여 내쫓는다. 몰래 남의 목숨을 해치려 하다가 발각되면 상벌하고 관에 고발하여 내쫓는다. 남의 집에 방화하면 상벌하고 관에 고발하여 내쫓으며, 사람이 죽었을 경우에는 살인죄에 대한 율과 같다. 남의 분묘를 불태우면 상벌하되, 고의적으로 범한 자는 관에 고발하여 내쫓는다. 소송하기를 좋아하여 그치지 않으면 차중벌한다.

8) 옳지 않은 일을 많이 하는 경우 : 관문서를 위조하면 관에 고발한다. 동네의 문기(文記)를 위조하면 상벌한다. 다른 모든 위조 행위에 대해서는 모두 국법이 있다. 남을 무함하여 헐뜯으면 중벌한다. 사사로운 혐의로 남을 무함하면 중벌한다. 이웃끼리 모함하면 중벌하되, 고치지 않으면 모두 벌의 등급을 올린다. 동네 사람의 과실을 다른 동네에 전파하면 차중벌한다. 도적에 대한 율(律)은 본래부터 국법이

있으므로 논하지 않는다. 남의 재물을 훔치면 상벌하되, 경미하면 차벌(次罰)로 한다. 볏단이나 곡식단을 훔치면 차상벌하되, 경미하면 차벌(次罰)로 하고, 훔친 물건은 빼앗아서 돌려준다. 남의 전지에 침범하여 경작하면 중벌하고 전지는 본 주인에게 돌려준다. 곡식밭에 소를 놓아먹이면 하벌하되, 피해 입은 곡물의 양에 따라 징수하여 갚아준다. 남의 봇도랑 물을 훔치면 하벌한다. 농사를 게을리 하고 놀기만 하면 중벌한다.

상진과 존장

9) 상전에 대해 불충하는 경우 : 명령을 따르지 않거나, 속여서 이익을 취하거나, 다른 곳에서 원망하고 욕하는 것이 모두 불충이므로 무거운 벌이 있다. 욕하거나 행패부리거나 구타할 경우에는 나라에 중한 율이 있는바, 관에 고발하여 죄를 다스린다.

10) 존장(尊長)을 능욕(凌辱)하는 경우 : 부모에게 욕설을 퍼부으면 상벌하고 관에 고하여 내쫓는다. 조부모에게 욕설을 퍼붓는 것도 같다. 백부 · 백모 · 숙부 · 숙모와 장형(長兄)에게 욕설을 퍼부으면 상벌한다. 오촌숙(五寸叔) 및 아내의 부모 · 외삼촌 · 종형(從兄)에게 욕설을 퍼부우면 차상벌(次上罰)한다. 같은 마을에 사는 양반에게 욕설을 퍼부으면 상벌하고 관에 고발하여 내쫓는다. 나이가 월등하게 많은 사람에게 욕설을 퍼부으면 차상벌한다.

11) 높은 분 앞에서 무례한 행위를 하는 경우 : 부모나 시부모 앞에서 걸터앉는 자와 보는 데서 말을 탄 채로 지나가는 자는 차상벌한다. 백부 · 백모 · 숙부 · 숙모와 형이 보는 데서 걸터앉거나 말을 탄 채로 지나가는 자는 차상벌하며, 나머지는 이에 따라서 차등을 둔다. 양반이 보는 데서 걸터앉거나 말을 탄 채로 지나가는 자는 차상벌한다. 양반집 앞에 말을 탄 채로 지나가는 자는 차중벌(次中罰)한다. 상계(上契)에 대해 배례하지 않는 자는 중벌한다. 부모나 시부모 앞에서 말씨

가 공손하지 못하거나 표정까지 바꿔가며 힐난하는 자는 상벌하며, 나머지는 이에 따라 차등을 둔다. 모든 존항(尊行) 및 장로(長老)한 사람 앞에서 공손하지 못하게 말하거나 힐난하는 자는 그 내용에 따라 참작하여 결정한다.

12) 남녀 간에 분별이 없는 경우 : 남녀 간에 부담 없이 농지거리를 하면 차중 벌한다. 남의 아내나 딸을 몰래 간통하면 상벌하되, 화간(和奸)한 경우에는 여자도 같은 죄로 다스린다. 남의 아내나 딸을 강간하면 상벌하고 관에 고발한다. 추행한 자는 상벌하고 내쫓되, 범한 바가 중하면 관에 고발한다. 유녀(遊女)와 간통하면 차중벌한다. 저희들끼리 교제하여 간통하고 부부가 되면 의논하여 벌한다.

예법 질서와 문화

13) 예법을 따르지 않는 경우 : 거상(居喪) 중에 주정하고 욕지거리하면 상벌한다. 상중에 아내를 맞으면 상벌하고 천역(賤役)으로 강등시킨다. 조부모 · 백부 · 백모 · 숙부 · 숙모 · 외조부모 · 형제의 장례 전에 아내를 맞으면 중벌한다. 상장(喪葬)을 때맞추어 하지 않으면 상벌하되, 형세에 따라 참작해서 정한다. 기일(忌日)에 절에 가서 재(齋)를 올리면 의논하여 벌한다. 신사(神事)를 행하기를 좋아하면 의논하여 벌한다. 해가 다 가도록 제사를 지내지 않으면 상벌한다. 요술(妖術)로 사람을 현혹시키면 상벌하고, 심한 자는 관에 고발하여 내쫓는다. 의관(衣冠)이 분수를 넘거나 참람하면 중벌한다.

국가적 의무의 준행

14) 조부(租賦)의 철저한 이행은 인민(人民)들이 특히 경계하며 두려워해야 할 사항이다. 전삼세(田三稅)는 실로 국가의 정공(正供)으로서, 잡역(雜役)을 감면하여 모두 그 속에 포함시켰으니, 혜택을 받음이 큰 것이다. 조적(糶糴)은 더구나 저축을 위한 대법(大法)으로서, 난시(亂

時)에는 군수(軍需)로 쓰고 평시에는 백성들의 주림을 구제하는바, 관계되는 바가 지극히 중하니 소홀히 할 수 있겠는가. 봄철의 곤궁한 때를 당하여 빚을 내려 해도 얻을 수가 없어서 환곡을 타 와서 살아왔으니, 의당 힘을 다하여 갚기를 도모하여 나라의 은혜에 보답해야 할 것이다. 그런데도 간혹 관망하면서 납부하지 않고 감면하는 영이 내리기를 바라는 사람이 있고, 또 도피하여 해를 넘기면서 봉고(封庫)할 때를 기다리는 사람이 있으니, 비록 그 속에는 정세가 불쌍한 사람도 있지만, 결국은 완악한 백성으로 귀결되고 마는 것이다. 이러한 자는 훗날 동네에 돌아오면 역시 논의하여 벌해야 한다.[82]

하계민에게 부여하는 규약은 그 범위가 매우 포괄적이고 또 오륜의 윤리에 철저하다. 오륜을 중심으로 하는 유가의 윤리가 이미 조선 초부터 강조되고 있었지만, 『이리동약』만큼 그 규정이 촘촘하고 구체적인 경우는 쉽게 만나기 힘들다. 동리의 하천민들도, 지위와 지식을 불문하고, 상위의 신분과 계급이 중시하고 또 실천하고자 했던 그 윤리 규범을 충실히 따라야 한다는 의식을 이 동약에서 읽을 수 있다. 안정복은 인간의 본성은 본래 악하지 않으나 습관이 그렇게 만든 것이며, 악행에 대한 성인의 가르침과 왕자(王者)의 제법(制法)은 그들을 선(善)으로 되돌림을 목표로 한 것임을 내세웠다.[83] 성인과 왕자가 제정

82 이 조항은 위치가 모호하다. 5종류의 처벌 뒤에 실려 있지만, 내용으로 보면 동리민의 악행 규정으로 포함시켜 보아야 할 것이다.(『順菴集』 권15, 「廣州府慶安面二里洞約」, 〈諭下契文〉, "謹租賦, 尤人民之所當惕念者也. 田三稅, 實國家惟正之供, 而雜役蠲減, 盡在其中, 爲惠大矣. 糶糴尤是儲畜之大法, 世亂則爲軍需, 時平則恤民饑, 所關至重, 其可忽哉. 當春饑窘, 請債不得, 而受以生活, 當竭力圖償, 以報國恩. 而或有觀望不納, 冀下蠲減之令, 亦有逃避至歲, 以待封庫之時, 雖其中有情勢可矜者, 而終歸於頑民之科. 如此者後日還歸洞中, 亦當論罰."

83 『順菴集』 권15, 「廣州府慶安面二里洞約」, 〈諭下契文〉, "人性豈惡哉, 習爲不善, 多行

한 윤리와 규범의 사회적 실천을 동리의 상천민들에게 관철하려는 의도가 강렬하게 드러나는 모습을 볼 수 있다.

악행에 대한 이리동약의 규정은 도덕적 규범과 그를 어기는 범죄에 대한 처벌이 동시에 공존하고 있다. 윤리가 선악 판단의 기준이 되고 그 선상에서 처벌은 정당성을 갖는다. 이전의 동약에서 규범과 처벌이 이처럼 자세하고 구체적인 경우가 있었던가 하는 생각이 들 정도로, 안정복의 『이리동약』은 특별한 모습을 보여준다. 안정복은 형벌과 윤리적 교화를 둘로 나누어 보지 않았고, 이는 그가 젊은 시절 주목했던 『경민편』의 방법[84]과도 깊이 통한다. 안정복은 벌칙에 대해 고관 또는 동리 축출을 해야 할 중범죄를 제외하고는 모두 5등급으로 나누었다.

처벌 규정은 다음과 같다. 거악(去惡)의 벌목은 12가지이다. 벌목은 각 조목 별로 상(上), 차상(次上), 중(中), 차중(次中), 하(下)의 다섯 등급으로 나누고, 심하면 고관(告官)하고 그렇지 않으면 동리 내에서 처리하도록 했다.[85]

不義, 是以聖人設敎, 王者制法, 皆所以警不肖而歸之善也. 罰目如下."

84 여기에 대해서는 정호훈(2023)에서 자세히 다루었다.

85 『順菴集』 권15, 「廣州府慶安面二里洞約」, 〈諭下契文〉, "罰分五等. 上罰笞三十, 次上罰笞二十五, 中罰笞二十, 次中罰笞十五, 下罰笞十.〈年老有病, 不堪受笞者, 免冠伏地, 杖其子, 無子者杖其弟.〉 黜罰.〈俗稱損徒. 未改過前, 不通水火, 不恤憂患, 不相耕耘. 若鄰里與之相通則論罰, 不悛, 與之同罰, 俟一二年顯有改效然後, 本村保正告約中, 會時面責許參. 凡罰雖輕者, 不可定以酒盆. 徵責酒食, 爲國俗莫大之弊, 不可更啓其端.〉"

〈표 7〉『이리동약』의 처벌 규정

등급	벌칙	비고
상벌(上罰)	태(笞) 30	나이 들고 병이 있어 태벌을 받을 수 없는 자는 관을 벗고 땅에 엎드리고 그 자식에게 태벌을 가한다. 자식이 없으면 그의 아우에게 태벌을 가한다.(年老有病, 不堪受笞者, 免冠伏地, 杖其子, 無子者杖其弟.)
차상벌(次上罰)	태 25	〃
중벌(中罰)	태 20	〃
차중벌(次中罰)	태 15	〃
하벌(下罰)	태 10	〃
추방의 벌(黜罰[損徒])	동리 추방	5등급의 벌을 줄 수 없는 경우

동리에서 시행하는 태 30 한도의 벌칙은 수령이 자단(自斷)할 수 있는 태벌 50의 규정[86]과 비교될 정도로 무척 엄하다. 수령이 행사할 수 있는 태벌과 그렇게 큰 차이가 없다. 이는 정약용이 『목민심서(牧民心書)』에서 구상했던 수령의 태벌 규정에 비해서도 무척 중벌이었음을 알 수 있다. 정약용은 범죄의 유형에 따라 최대 태 50에서 태 20까지 실행하는 것이 적절하다고 보았다.[87] 수령들의 용형(用刑)이 지나치게 무거우므로 가능하면 완화해야 한다는 것이 그의 생각이었다.

『이리동약』에 보이는 이러한 처벌의 엄중성은 한편으로 『이리동약』의 자치성이 강력하고, 동리 공동체가 가지는 힘이 막강했음을 알려준다.

---

86 『牧民心書』「刑典」, 〈愼刑〉, "守令所用之刑, 不過笞五十自斷, 自此以往, 皆濫刑也."

87 여기에 대해서는 심재우(2020) 169쪽 참조.

〈표 8〉『목민심서』의 사안별 수령이 실행할 수 있는 형벌 시행 지침

유형	民事	公事	官事	私事
緩刑	苔 30	苔 20	苔 20	없음
峻刑	苔 50 / 小棍 7	苔 30 / 訊杖 7	苔 30 / 訊杖 10	없음

군현의 개입 없이 무척 무거운 벌칙을 가하도록 규정한 『이리동약』의 모습은 안정복이 이러한 조직에 대해 자치적인 역할을 적극 인정했음을 의미한다. 물론 그 자치의 범위는 한정적이다. 동리 내부 구성원들 사이의 민형사상 갈등, 조세와 군역 등 동리 구성원들이 책임져야 할 공적 부담, 살인과 강도 등 구성원들이 벌이는 강력 범죄 등은 동약 내부의 규제와는 상관이 없었다.

요컨대, 『이리동약』에서의 상계와 중하계 구성원에 대한 규정은 동민들이 강한 힘을 지니고 이 작은 공간을 자치적으로 운영할 수 있도록 설계되었다. 구래의 경험과 규약을 활용했기에 안정복만의 창의는 아니었지만, 그 담고 있는 내용으로 살핀다면, 구체적이고 조직적이며 실현 가능성이 높았다. 이럴 경우, 굳이 군현의 공권(公權)이 큰 힘을 기울여 동리에 일일이 개입하지 않아도 동리의 운용이 수월하게 이루어질 수 있음이 기대되었다.

그렇다고 하여 안정복의 군현 운영 구상 속에서 동리에 대한 수령의 정치적 행정적 파악이 배제되어 있었던 것은 아니다. 『임관정요』 속에서 안정복은 각 동리를 맡아서 수령의 정치적 역할을 수행할 수 있는 직역과 인물을 배치하고자 했다. 권농관(勸農官)이 그 대표적인 존재이다.

> 수령은 법전에 의거하여 각 동(洞)마다 권농관 1명을 두어야 한다【면(面)은 너무 넓어서 돌아다니며 살피기 불편하기 때문에 지금은 각 동마다 둔다】. 권농관은 재산이 넉넉하고[富實]하고, 근면한 자를 가려서 임명하되 다른 요역(繇役)을 빼주어 농사를 권장하는 일[務農]에만 전념할 수 있게 해준다.[88]

각 동마다 권농관을 1명씩 두게 되면 군현 내 그들의 수는 적지 않을 것이다. 이들에게 그들이 해야 할 요역(徭役)을 면제해주어 오로지 농사를 권장하는 일에만 집중하도록 했다. 수령은 권농관을 매개로 군현의 공권을 각 동에 전파하고 각 동에서 농사를 문제없이 지을 수 있도록 하게 된다. 이들 권농관으로는 재산이 넉넉하고 근면한 자를 가려 뽑아 맡긴다는 『임관정요』의 발상은 흥미롭다.[89] 안정복은 『임관정요』 곳곳에서 군현의 공사(公事)를 담당하게 될 군현민을 뽑고자 할 경우 그 조건을 경제적인 부력, 근면성에서 구하였다.

안정복은 새해가 시작되는 정월에 권농관을 뽑아 그해 농사일을 관장하도록 했다. 한번 뽑은 사람은 여러 차례 바꿀 수 있겠지만 오랫동안 이 일을 맡길 필요는 없다는 것이 안정복의 생각이었다. 법전에서 각 동마다 권농관을 두게 한 규정은 『경국대전(經國大典)』「호전(戶典)」'무농(務農)' 편과 연관이 있다.[90] 『경국대전』에는 각 면마다 1명씩 권농관을 두게 했으나 안정복은 그 단위를 동리로 좁혀 잡았다. 15세기 사회 사정으로는 담을 수 없는 변화가 18세기에 만들어졌

88 『臨官政要續編』〈農桑章〉, "爲守令者, 當依法典, 各洞置勸農一人.〈一面太廣, 巡檢難便.〉 擇富實勤幹者差之, 除他繇役, 使之專意務農."

89 한상권은 이러한 점에 대해서 안정복이 초기에는 빈민 중심의 사회사상가였으나 후기에 이르면 부민 중심의 사회사상가로 변모한다고 이해했다.(한상권, 앞의 글, 317쪽)

90 『經國大典』에는 각 면마다 권농관을 두도록 규정했다.(『經國大典』, 「戶典」, 〈戶籍〉, "京外, 以五戶爲一統, 有統主. 外, 則每五統有里正, 每一面有勸農官地廣戶多, 則量加." 그들의 신분 혹은 국가의 특혜 등에 대해서는 별다른 언급이 없었다.(『經國大典』, 「戶典」, 〈務農〉, "凡農事, 耕種須早, 除草須勤. 守令, 勸諭四面, 使趁時耕耘, 且助不給, 勿差役, 勿徵發. 觀察使, 考勤慢殿最. ○ 勸農官, 擇勤謹者差之, 用心勸課, 勿使陳荒.")

음을 볼 수 있는 모습이다.

권농관의 역할은 적지 않았다. 『임관정요』에서 특히 주목할 내용은 동리 내에서의 소의 도살과 매매를 그들이 관장하도록 한 점이다. 이는 영조 정부가 추진한 우금(牛禁)[91] 정책과 연관이 있다. 정부에서는 소를 다수 기르고 보호할 목적으로 소를 함부로 잡지 못하게 하고 이를 어길 경우 처벌하도록 했다. 그러한 분위기가 『임관정요』에도 그대로 반영된 것으로 보인다.

> 농사에 힘쓰는 정치는 농사짓는 소를 우선으로 삼았으니 소를 함부로 죽이는 일을 금지하는 법[牛禁法]을 자세히 밝혀 소가 없으면 농사를 짓기가 어렵다는 뜻을 널리 알린다. 만약 멋대로 소를 도살하는 자가 있으면 법률에 따라 엄히 다스리며, 경내(境內) 사람들이 소를 매매할 때에도 반드시 권농관의 수표(手票)가 있어야만 허락하며, 수표가 없는 자는 도적으로 간주하여 벌을 논한다【여러 읍에서 모두 이 방법을 사용하면 소도둑이 사라질 것이다】.[92]

> 각 동(洞)의 권농관에게 명령하여 소를 보유한 가호(家戶)의 대장을 만든 다음, 전지(田地)를 경작할 때가 되면 소 주인으로 하여금 먼저 자신의 전지를 경작하게 한 뒤 소가 없는 사람들의 전지를 경작하게 빌려준다. 가령 한 마을에 10호(戶)가 살고 있으며 경작할 전지가 10결(結)인데 소를 보유한 사람이 3명, 소를 못 가진 자가 7명이라고 하면 권농관은 전지를 경작할 날짜를 헤아려 정한 다음 순서대로 경작하게

91 김대길(2006)

92 『臨官政要』〈農桑章〉, "務農之政, 以牛爲先, 當申明牛禁, 曉諭非牛難農之意, 擅自屠殺, 依律重勘. 境內之人, 以牛買賣, 必有勸農官手標, 然後許之. 無標者, 從盜賊論.[列邑皆用此法, 則牛盜絶迹矣.]"

한다. 경작이 끝나면 관에 다음과 같이 보고한다. "○○마을은 △일부터 시작하여 △일 날 밭 갈기가 끝났다."【수전(水田, 논) · 한전(旱田, 밭) · 조경전(早耕田) · 만경전(晩耕田)으로부터 근경전(根耕田)[93] · 면전(綿田)[94]에 이르기까지 모두 등급별로 나누어 각각 보고한다】. 관에서는 수시로 염찰(廉察)하되, 혹 시간이 있으면 (수령이) 직접 전지를 돌아보면서 해당 고을의 사람들을 불러놓고 권농관의 능력 여부를 징험하여 상이나 벌을 준다.[95]

권농관의 역할에 대한 『임관정요』의 세세한 규정은 동리를 근간으로 하는 군현 지역에 대한 공권의 정치가 매우 촘촘하고 엄격하게 이루어짐을 보여준다.

이 측면에서 보면, 군현의 수령은 권농관과 같은 존재를 통하여 동리를 공적으로 규율하는 한편으로 동리에게 일정한 영역을 믿고 맡기고, 상하계로 구성된 동리는 필요하면 공권에 의존하되 독자적으로 자신의 공간을 운영할 수 있었다. 이 측면에서 보면 군현의 공권과 동리 양자는 상호 의존적이면서 또 개별 독자성을 지니고 있었다고 할 수 있다.

안정복이 『이리동약』을 설계하며 가졌던 마음은 동약의 조직과 운영에 대한 믿음이었다. 그것은 곧 동약을 운영하는 민들의 자율성에 대한 신뢰이기도 했다. 『임관정요』에서 그리고 목천현감을 지내면서 동약의 의미를 강조한 것은 모두 그 때문이었다. 그가 절친 한덕일(韓德一)에게 편지를 보내어 "정치라는 것은 왕자(王者)와 패자(霸者)를

93 根耕田 : 그루갈이, 즉 二毛作할 수 있는 田地.

94 綿田 : 면화 밭.

95 『臨官政要續編』, 〈農桑章〉

막론하고 오직 민심을 따르는 데 있을 뿐"[96]이라고 했던 것도 바로 그러한 마음에서 나온 것이었다.

이상 정리한 대로 안정복은 자신이 살고 있던 향촌의 공간을 운영해 나감에 필요한 방법과 이념을 정리해서 여러 자료로 남겼다. 『임관정요』, 『이리동약』, 『목주정사』 등이 그 대표적이다. 안정복은 이들 자료를 통해, 향촌에서의 삶의 원칙과 개인·공동체에서 풀어 가야 할 과제에 대해 자신이 익히고 고민했던 유교적 이념·역사적 사실·현실의 사회적 문제 등 여러 요소를 바탕으로 충실히 정리하고 그 해법을 구하였다. 여러 자료에 보이는 안정복의 생각은 한편으로는 지극히 정치적이고 한편으로는 사회적인 성격을 지니고 있었다. 이러한 복합적인 모습은 아마도 신분제에 기초하여 작동하던 이 시기의 특질에서 오는 것이라 할 수 있을 것이다. 안정복의 사유는 정치적인 면과 사회적인 요소가 구별되지 않을 정도로 혼효되어 있었다.

안정복은 자신이 살고 있던 사회를 군현의 공권과 자율의 동리 두 공간으로 구분하고 그 공간의 상호성을 살피는 가운데 사회를 움직여 나가는 방식을 모색했다. 군현의 공권(公權)과 그 관내의 동리는 정치적으로 위계성을 강하게 지니고 있었지만, 안정복은 동리의 독자적

---

96 『順菴集』 권5, 「與韓咸之書 甲申」, "大抵爲政, 無論王伯, 惟在順民心而已." 안정복이 한덕일에게 편지를 보냈던 1740년(영조 40)에 한덕일은 星州牧使로 재직 중이었다. 그는 1739년에 이 직을 맡았다가[『承政院日記』, 영조 39년 1월 25일(癸未), "吏曹口傳政事, 以韓德一爲星州牧使."], 1741년 초에 혹독하게 用棍하여 몇 명을 죽인 까닭에 장100 盡奪告身의 처벌을 받았다.[『承政院日記』 영조 41년 5월 2일(丙子), "又以義禁府言啓曰, 時囚罪人星州牧使韓德一口招公事判付內, 特施制書有違私律, 勘處放送事, 判下矣. 韓德一, 以制書有違私律, 杖一百盡奪告身, 而杖則依例收贖, 放送之意, 敢啓. 傳曰, 知道."]

운영 특히 정교(政敎)·교화(敎化)와 관련된 사항에 대해서는 동리를 전적으로 신뢰했다. 동리의 자치성을 긍정하고 지지하는 면모였다.

안정복이 보였던 이러한 사고는 동리와 동리의 인민에 대한 재발견이라 할 수 있다. 그는 군현이 가진 강한 권력과 권위가 어떤 지점에서는 철저하게 제한되어야 한다고 생각했다. 군현 권력이 지닐 수 있는 폭력성에 대한 억제였다. 동시에 군현의 주요 구성을 이루는 최말단 생활공간인 동리의 능력, 생명력을 최대한 긍정했다. 안정복에게서 동리는 군현의 제반 정치사회적 과제를 담당하는 공간, 군현이 부여하는 경제적 부담을 전적으로 해결해야 하는 공간만으로만 포착되지 않았다. 신분제의 틀 내에 있었기에 근대를 운위하는 것은 무리였지만, 동리는 군현 차원에서 기대할 수 있는 질서를 담당할 수 있는 믿음의 공간이었다.

군현 공간 내에서의 기본적인 힘으로 동약을 주목한 점은 안정복의 사유의 중요한 발견, 나아가 그 사유가 한 단계 더 나아가는 하나의 상징이었다. 안정복 사고의 이러한 면모는 정약용의 『목민심서』에서 군현을 아래로부터의 변화의 공간으로 설정하는 사고[97]의 한 기원일 수도 있다.

안정복의 정치적·사회적 사고가 군현과 동리를 중심으로 구상되고 펼쳐진 요인은 무엇이었을까? 이에 대한 검토가 필요할 것으로 보인다. 『임관정요』, 『이리동약』과 같은 자료를 정리하고 이를 실천하고자 한 모습은 안정복의 학술의 특성을 살핌에 매우 독특하다. 이 점은 그가 과거로 발신(發身)하여 중앙의 여러 관직을 맡은 경험이 없는 점과도

97 정호훈(2018) 참조.

연관하여 이해할 수 있다. 그의 정치적 사유가 성장하고 틀 잡히는 시기에 안정복은 제천(堤川), 무주(茂朱), 광주(廣州)와 같은 지방을 옮겨 살았고, 그러한 경험은 지방에서 다양한 권력이 작동하는 모습을 그가 관찰하고 정리하게 하는 계기가 되었을 것이다. 『임관정요』와 『이리동약』에서 확인할 수 있는 군현과 동약에 대한 세밀한 구성과 정리는 이러한 사정과 깊이 연관된 모습이라 것이다.

그러나 반드시 그러한 요건만이 그가 군현과 동리를 중심에 두고 사고하게 하는 요인으로 작용하지는 않았을 것으로 보인다. 애초 그의 사유의 기반이 그러한 성격을 지니고 있었던 것은 아닌가 하는 생각을 하게 된다. 그는 학문의 과정에 '상달(上達)'의 문제 보다는 '하학(下學)'을 우선시하고 또 그 실천에 집중하고자 했다. 『하학지남(下學指南)』을 젊은 시절부터 준비하고 체계화하여 하나의 책으로 편찬한 사정을 살피면[98] 그의 학문의 성격이 어떠한지를 충분히 알 수 있다. 그는 일상의 생활에서, 자기가 경험하고 이해하고 구현할 수 있는 문제를 찾아서 정리하며, 이를 실천하고자 하는 의지가 강렬했던 것으로 보인다. 그가 국가와 같이 거대한 영역의 문제보다는 동리−군현에서의 정치사회적 변화에 큰 관심을 기울였던 점도 이와 연관이 깊었다고 할 수 있다.

---

98 강세구(1994); 원재린(2003); 함영대(2020); 박지헌(2024)

5. 맺음말

지금까지의 논의를 정리하고, 앞으로의 과제를 다음과 같이 설정하고자 한다.

『임관정요』와 이 책을 활용한 기존 연구에서 『임관정요』에 대한 판본 연구가 충분하게 진행되지 않았다. 그런 까닭에 『임관정요』가 어떻게 만들어지고 또 사회에 영향을 미쳤던가와 같은 기본적인 지식에 대한 이해가 부족했다. 더불어 현존하는 여러 이본과 이본 간의 관계에 대한 이해도 충분하지 않았다.

이번 글에서는 안정복의 두 필사본 자료 『치현보』와 국립중앙도서관 소장본인 『임관정요속편』의 상호 관계, 그리고 『임관정요속편』을 깨끗이 정서한 상태로 볼 수 있는 아사미문고의 『임관정요』 속편을 상호 검토하여, 『임관정요』 속편의 성서 과정을 구체적으로 드러낼 수 있는 가능성이 있는가를 타진했다.

필사본 상호 간의 형식상의 차이와 더불어 내용상의 변화를 꼼꼼히 살핀다면, 앞으로 『임관정요』를 풍부하게 이해할 수 있는 길이 더 넓어질 것으로 기대된다. 이와 더불어 『임관정요』의 정본(定本)을 마련하고 이를 기초로 한 연구와 번역의 필요성 또한 확인할 수 있다. 안정복의 생애와 사상을 연구함에 『임관정요』가 차지하는 비중은 적지 않다고 할 수 있다. 하지만 지금까지 『임관정요』의 이본을 정리하고 정본을 확인하지 않은 상태에서 연구를 진행한 사실은 굉장한 한계를 안는 것이라 할 수 있다.

『임관정요』의 성격을 해명하기 위해서는 『임관정요』 내부의 지식세계에 대한 해명이 입체적으로 이루어져야 하고, 동시에 18·9세기에 유통된 여러 목민서와의 비교 검토가 다양한 각도로 시도되어야 할 것이다. 이를 위해서는 기존 연구의 방식 특히 20세기에 이루어진 여러 성과에 대한 검토가 치밀하게 진행될 필요가 있다.

안정복 사회사상의 특질은 동리(洞里)의 재발견에서 구할 수 있다. 안정복은 면의 하부 단위인 자연촌락 동리에 '동약'을 마련하고 이를 바탕으로 동리를 운영하게 되면, 그 상위 단위의 정치 공간 혹은 생활 공간으로서의 군현의 운영과 유지가 훨씬 원활해지리라고 생각했다. 그가 생각한 동약을 갖춘 동리는 양반과 중인 · 상천민의 신분제가 작동하고 있었지만, 중인과 상민의 교화 영역의 참여가 활발하며 자치적으로 움직일 수 있는 힘을 가지고 있었다.

이러한 동약을 갖춘 동리의 존재를 믿는 안정복의 사유는 '순민심(順民心)'의 정치의식과 결부되어 있었다. 안정복의 생각은 한편으로 보면 '구태의 도덕의식'으로 무장한 것처럼 보이지만, 다른 면에서는 정치를 시행하고 사회를 운영해 나감에 조직으로 편제된 인민의 활발한 활동이 중요한 힘으로 작용함을 드러내 보였다.

안정복의 정치적 · 사회적 사고가 군현과 동리를 중심으로 구상되고 펼쳐진 것은 그가 과거(科擧)로 발신하여 중앙의 여러 관직을 맡은 경험이 없는 점과도 연관하여 이해할 수 있다. 그의 정치적 사유가 성장하고 틀 잡히는 시기에 안정복은 제천(堤川), 무주(茂朱), 광주(廣州)와 같은 지방을 옮겨 살았고, 그러한 경험은 지방에서 다양한 권력이 작동하는 모습을 그가 관찰하고 정리하게 하는 계기가 되었을 것이다. 『임관정요』와 『이리동약』에서 확인할 수 있는 군현과 동약에 대한 세밀한 구성과 정리는 이러한 사정과 깊이 연관된 모습이라 것이다.

그러나 반드시 그러한 사정만이 그가 군현과 동리를 중심에 두고 사고하게 하는 요인으로 작용하지는 않았을 것으로 보인다. 애초 그의 사유의 기반이 그러한 성격을 지니고 있었던 것은 아닌가 하는 생각을 하게 된다. 그의 학문은 '상달(上達)'의 문제 보다는 '하학(下學)'을 우선시하고 또 그 실천에 집중하려는 성격을 지니고 있었다. 『하학지남』을 젊은 시절부터 준비하고 체계화하여 하나의 책으로 편찬한 사정을 살피면 그의 학문 방법과 지향이 어떠한지를 충분히 알 수 있다. 그는 일상의 생활에서, 자기가 경험하고 이해하고 구현할 수 있는 문제를 찾아서 정리하고, 이를 실천하고자 하는 의지가 강렬했던 것으로 보인다. 이 시기의 큰 학자들 혹은 성호학파 내부의 여러 학자들과 구별되는 학문의 모습을 안정복은 이와 같이 갖추고 있었다.

군현의 정치, 동리의 정치에 그가 많은 관심을 기울이고 평생 정리하고자 했던 점도 이러한 맥락에서 이해할 수 있는 면이 있을 것이다. 안정복의 생각을 정리함에 유의해야 할 사정으로 보인다.

參考文獻

1. 원전자료

1) 『臨官政要』

『臨官政要』[製錦編](국립중앙도서관, 한古朝31-497)

『臨官政要』(국립중앙도서관, 한古朝31-134)

『臨官政要續編』(국립중앙도서관, 한古朝31-128)

『臨官政要續編』(국립중앙도서관, 한貴古朝31-65)

『治縣譜』(국립중앙도서관, 한古朝31-72)

『臨官政要』(장서각, K2-2060)

『臨官政要』(미국 버클리대학교 동아시아도서관[아사미문고])

『臨官政要』(일본 경도대학 가와이문고)

『臨官政要』(고서(I) 353.9 임정요 필)

『臨官政要』(규장각한국학연구원, 奎15445)

『臨官政要』(규장각한국학연구원, 古5120-64)

2) 조선시기 자료

『順菴集』

『順菴年譜』

『順菴覆瓿稿』 上・下

『與猶堂全書』

『牧民心書』

『經國大典』

『承政院日記』

『牧民攷』

2. 번역서

金東柱(1973), 『臨官政要』(乙酉文庫 133), 을유문화사.

김용흠(2013), 『목민고』·『목민대방』, 혜안.
백승철(2014), 『신편 목민고』, 혜안.
원재린(2012), 『臨官政要』, 혜안.

3. 논저

강세구(1994), 「『하학지남(下學指南)』을 통해 본 안정복(安鼎福) 학문의 성격」, 『진단학보』 78, 진단학회.
金泰永(1999), 「順庵 安鼎福의 鄕政論」, 『韓國實學硏究』 1, 한국실학연구회.
김보경(2009), 「18세기 향촌사회와 유교공동체, 순암 안정복을 중심으로」, 『동양고전연구』 35, 한림대학교 태동고전연구소.
김선경(2010), 「조선후기 牧民學의 계보와 《牧民心書》」, 『朝鮮時代史學報』 52, 조선시대사학회.
김수태(1998), 「안정복의 (安鼎福) 『대록지 (大麓誌)』」, 『백제연구』 18, 충남대학교 백제연구소.
김용흠(2010), 「18세기 '牧民書'와 지방통치 : 『牧民攷』를 중심으로」, 『韓國思想史學』 35, 한국사상사학회.
김유혁(1993), 「안정복의 지방자치사상」, 『자치행정』 59-61, 지방행정연구소.
盧惠京(2004), 「安鼎福과 黃胤錫의 對民政策 비교」, 『韓國思想史學』 23, 한국사상사학회.
박지현(2024), 「順菴 安鼎福의 窮理-力行의 공부론—『下學指南』을 중심으로」, 『大東文化硏究』 125, 성균관대학교 대동문화연구원.
潘允洪(1984), 「順菴 安鼎福의 鄕村自衛論 硏究」, 『군사』 5, 군사편찬연구소.
심재우(1998), 「朝鮮後期 牧民書의 편찬과 守令의 刑政運營」, 『奎章閣』 21, 서울대학교 규장각한국학연구원.
심재우(2020), 「조선후기 수령의 법적 지위와 형벌권 행사의 실상: 『목민심서』를 중심으로」, 『한국문화』 91, 서울대학교 한국문화연구소.
오환일(1993), 「안정복의 사창에 대한 연구」, 『국사관논총』 46, 국사편찬위원회.
원재린(2003), 「순암(順庵) 안정복(安鼎福)(1712~1791)의 하학관과 동사(東事) 이해」, 『한국실학연구』 6, 한국실학학회.
원재린(2004), 「順菴 安鼎福의 刑法觀과 鄕政論」, 『韓國思想史學』 23, 한국사상사학회.

원재린(2010), 「順菴 安鼎福의 時務 인식」, 『韓國思想史學』 34, 한국사상사학회.

원재린(2011), 「조선 후기 星湖學派의 鄕政論 계승 양상」, 『韓國思想史學』 37, 한국사상사학회.

이명희(2005), 「18세기 지방 자치의 구조와 기능에 대한 고찰-순암의 경기도 광주부 이리동약을 중심으로」, 『한국실학연구』 9, 한국실학연구회.

임영걸(2021), 「연세대학교 소장 『만오만필(晩悟漫筆)』의 작자에 대한 고찰」, 『한국한문학연구』 81, 한국한문학회.

임형택(2007), 「《牧民心書》의 이해 - 다산 정치학과 관련하여」, 『韓國實學硏究』 13, 한국실학연구회.

정호훈(2018), 「『목민심서』 군현(郡縣)으로부터의 정치개혁 구상」, 『다산과 현대』 11, 강진다산실학연구원.

崔洪奎(1989), 「朝鮮後期 廣州와 水原지방의 鄕約(상) : 安鼎福의 二里洞約과 禹夏永의 鄕約說을 중심으로」, 『畿甸文化』 5, 기전문화연구소.

韓相權(1987), 「順庵 安鼎福의 社會思想」, 『韓國史論』 17, 서울대학교 국사학과.

함영대(2018), 「『반계수록』의 전승과 『잡동산이』」, 『한국실학연구』 35, 한국실학연구회.

함영대(2020), 「조선 학자들의 경전 독서 차례에 대한 인식 논리 - 『격몽요결(擊蒙要訣)』과 『하학지남(下學指南)』의 사례를 중심으로」, 『동방한문학』 83, 동방한문학회.

홍해뜸(2022), 『조선후기 목민서 편찬과 수령정치론 연구』, 연세대학교 대학원 사학과 박사학위논문.

홍해뜸(2023), 「임관정요(臨官政要)를 통해 본 순암 안정복의 수령정치론」, 『韓國思想史學』 74, 한국사상사학회.

| 順菴 |

순암 안정복의 경학과 예학

–인식과 실천의 정합성을 중심으로

함영대 | 경상국립대 한문학과 부교수

1. 문제제기

2. 경학관과 해석의 초점

3. 예학의 인식과 실천

4. 남는 문제

1. 문제제기

순암(順菴) 안정복(安鼎福)의 경학(經學)과 예학(禮學)에 대한 연구는 근래 꾸준히 진행되고 있다.[1] 『순암집(順菴集)』에는 「경서의의(經書疑義)」나 「송종록(送終錄)」 등 경학과 예학과 관련한 단편을 모은 작품이 일부 수록되어 있으나, 문집을 비롯하여 별책으로도 본격적인 작품이 충분하지 않은 상황을 고려한다면 이는 적지 않은 성과로 판단된다. 아울러 적층되고 있는 연구 성과를 통해 순암 안정복의 경학과 예학에 대하여 경학과 예학에 대한 인식, 해석으로서의 특징적 면모, 나아가 실천적 측면 등에서 점차 그 실체적 면모가 규명되고 있다.

『동사강목(東史綱目)』에 대한 연구의 성과로 확인된 것이지만, 안정복은 사실(史實)에 대한 철저한 고증을 통해 역사적 진실에 다가가려는 시도를 보여 주었다. 하지만 동시에 강목체(綱目體) 특유의 의리사관(義理史觀)을 통해 그 역사적 사실을 판단하는 뚜렷한 의리적 시각을 보여주고 관점을 견지하고 있다는 점도 간과할 수 없다. 그런 점에서 순암의 학문적 성격에 대해서는 좀 더 심층적인 탐색이 요청된다

1 최근의 성과를 검토하면 다음과 같다. 박종천(2013), 「성호학파의 친족의식과 의례생활－광주 안씨 종계를 중심으로」, 『한국실학연구』 26, 한국실학학회.; 김경숙(2017), 「18세기말 순암 안정복의 상장례와 居喪생활」, 『고문서연구』 50, 한국고문서학회.; 김수경(2020), 「순암 안정복의 『시경』 인식 고찰」, 『한국실학연구』 39, 한국실학학회.; 전성건(2020), 「순암 안정복의 『가례』 연구와 그 방향」, 『한국실학연구』 39, 한국실학학회.; 함영대(2020), 「순암 안정복의 四書 인식」, 『동양고전연구』 81, 동양고전학회.; 변은미(2022), 「현토를 활용한 『맹자』 해석 논의 고찰－성호 이익의 『맹자질서』와 순암 안정복의 「경서의의」를 중심으로」, 『어문논집』 95, 민족어문학회.; 함영대(2022), 「광주 안씨 고문서의 경학자료 연구－삶의 저변과 경학자료 및 서목을 중심으로」, 『장서각』 48, 한국학중앙연구원.; 김정운(2023), 「안정복의 가례 관념과 실천」, 『한국사상사학』 75, 한국사상사학회.

고 할 것이다.

순암은 본원(本源)을 중시하고 하학(下學)을 지향하는 학문적 태도를 보여주는데, 이는 반계(磻溪) 유형원(柳馨遠)의 저술이나 성호(星湖) 이익(李瀷)을 직접 만나 사승관계를 형성하기 이전인 『하학지남(下學指南)』의 초고를 완성하는 20대 후반에 이미 확립되어 있었던 것으로 보인다. 이는 그 자신이 지녔던 학문에 대한 본래적 성향으로 파악된다. 하지만 성호 이익이라는 걸출한 스승 아래에서 학문적 경향을 달리했던 동학들과의 교류를 통해 그 성격이 좀 더 분명해진 것이 아닌가 한다. 서학(西學)에 대해 깊은 관심을 가지고 있었을 뿐만 아니라 심지어 서교(西教)의 수용에도 상대적으로 개방적이었던 이른바 성호 좌파 학자들의 사유에 대하여, 순암은 자신의 학문적인 입장 외에도 당시 정국의 흐름을 읽으며 학파의 장래를 염려했던 것이다. 이러한 정황은 오히려 순암의 학문 경향이 더욱 보수적으로 강화되는 데 일정 정도 영향을 미친 것으로 이해된다. 예학의 측면에서도 이 점은 여실히 관철되는 것으로 이는 유교적 질서를 재정립하려는 당대의 문제의식을 담고 있다.[2]

순암의 학문에는 도학적(道學的) 요소와 실학(實學)의 측면이 혼재되어 있다고 파악되기도 하였는데, 그 결과 순암을 두고 도학과 실학이 동시에 존재하는 완충형의 학자로 분류하자는 의견이 제시되기도 했다.[3] 하학 중심의 학문관을 형성한 20대부터 33세에는 『반계수록』을 읽었고, 35세 무렵 성호 이익을 예방(禮訪)하는 과정을 통해 구축된

2 이봉규(2000)

3 이동환(2004)

학문체계는 천주교에 대한 비판적 입장으로 이어지는데, 그러한 삶의 행적이 반영된 그의 주된 학문적 관심은 하학과 실용지학(實用之學)이었다는 지적도 있었다.[4]

또한 역학(易學)에 대한 인식과 해석의 시야에서 확인된 것이지만, 순암은 기본적으로 의리학적 목적을 가지는 입장에서 상수역학(象數易學)의 이론을 수단으로 수용하고 있다는 것이 확인되었다. 이는 상대적으로 상수학적 흐름이 강화되던 시기에 '의리'가 지니는 중요성을 강조한 것이라는 점을 짚어낼 수 있다.[5]

예학의 측면에서 순암은 『가례(家禮)』 연구를 통해 절검(節儉)의 정신을 강조한 성호의 예 인식을 계승하면서 구체적인 의절(儀節)에서도 상당 부분은 성호의 지침을 준수한 것으로 파악되었다. 더 나아가 순암의 『가례』에 대한 연구는 실질적인 행례(行禮)를 위한 것이었음이 규명되기도 했다.[6] 안정복의 이러한 예제(禮制)의 실현은 성리학적 의례가 정착된 이후, 형식화되는 절차상의 번잡한 부분이나 현실과 어긋나는 부분들을 조정하고 단순화하는 과정을 통해 그 본래적 의미를 회복하려는 방향을 지향하는 것으로 평가되기도 했다.[7]

이러한 그간의 성과를 검토한다면 순암의 경학과 예학에 있어서 인식과 실천의 정합성 문제는 그의 '실학자상'과 깊은 연관성이 있는 것으로 판단된다. 더 나아가 그 학문이 하나의 관념에 머무르는 것이 아니라 부단한 실천을 염두에 두고 진정성 있게 추구되었던 측면에

4 김인규(2005)
5 엄연석(2009)
6 전성건(2020), 앞의 논문 참조.
7 김경숙(2017), 앞의 논문 참조.

있어서도 이러한 논점은 반드시 살펴보아야 할 사안이다. 그의 인식과 실천이 분리되어 존재했던 것이 아니라 유기적으로 통합되어 일련의 과정이 자연스럽게 일정한 방향성을 가지고 진행되었다는 것이다. 그러한 관점에서 그의 경학과 예에 대한 인식논리와 그 실천의 과정을 응시하며 추적해 본다.

2. 순암 안정복의 경학관과 해석의 초점

순암의 경학관을 검토하기에 앞서 그의 학문적 경향에 대한 점검은 선행될 필요가 있다. 그는 의리론적 측면에서의 경전 해석을 중시했음에도 불구하고 학문에 있어서 철저하게 일상에서의 실천을 중시하는 하학(下學)의 관점을 견지했다. 이 점은 그의 학문관과 경학을 살피는 데 전제되어야 할 것으로 좀 더 전체적인 시야에서 검토해 볼 필요가 있다.

1) 학문적 관심사와 하학(下學)의 논리

순암은 75세가 되던 1786년, 영남의 학자 남한조(南漢朝)에게 보낸 서신에서 공자(孔子) 문하의 교육은 형이하학(形而下學)에 불과하다는 입장을 제시했다. 오래도록 형이하학에 힘써 덕성(德性)을 함양하면 심기가 영명(靈明)해지고 형이상학(形而上學)에 도달할 수 있다는 것이다.[8] 공부의 차이에 따른 천심(淺深)에도 불구하고 학문에 있어 그 경로만큼은 확신했던 것이다.[9] 이는 당시 학계의 병폐에 대한 비판적

인식에서 비롯된 것이다. 성명(性命), 이기(理氣), 사단칠정(四端七情)의 분변에만 골몰하여 오늘 배운 것을 내일 말하고 다니는 세태를 두고 순암은 기생이 예경(禮經)을 외우는 것과 같아 전혀 유익이 없다고 질타했다.[10]

순암은 주렴계(周濂溪)의 「태극도설(太極圖說)」을 우선으로 삼아 도(道)의 근원을 밝히는 것이 퇴계(退溪) 당시에는 시의적절한 것일 수 있지만, 의리의 설이 보편화된 시대는 '손으로 청소하고 시중드는' 구체적인 일들을 수행할 때라고 인식했다. 도의 근원을 밝힌다는 명분으로 여전히 도학(道學)에 골몰하는 것은 당대의 시의적절함으로 판단한다면 "하늘을 속이고, 사람을 속이고, 자신의 마음을 속이는 학문"이라고 일갈했다.[11] 그는 결국 참된 학문은 형이하학을 하는 것이라고 믿었다.

> 이 때문에 저는 (학문은) 형이하학(形而下學)을 하는 것에 불과하다고 여깁니다. 형이하학을 하여 실질적인 것을 얻는다면 안의 명덕(明德)으로부터 밖의 신민(新民)에 이르기까지 여기에 포괄되어 있으므로 허

8 순암의 경학관과 관련한 자세한 논의는 함영대(2020) 참조.

9 安鼎福, 『順菴集』 卷8, 「答南宗伯漢朝書 丙午(1786)」, "常謂孔門教人, 不過『孝經』·『論語』, 此二書, 皆於下學有依據處言之. 是以, 性與天道, 雖以子貢之明悟, 有不得聞也. 下學之久, 涵養德性, 心氣靈明, 上達一事, 隨其工夫所到而得之有淺深矣"

10 앞의 글, "凡爲學, 當觀時弊. 今之學者, 大抵不屑於下學, 而徒役心於性命理氣四七之辨, 今日爲學, 明日便說此道理, 雖自謂學貫天人, 夷考其歸, 與娼家之誦禮無異, 此果何益哉?"

11 앞의 글, "退溪之時, 此道之原本不明, 故必以濂溪圖說爲先, 時義然矣. 當時南冥有手不知灑掃應對之節而口談天理之譏, 此則不知老先生本意而然也. 當今之世, 義理之說, 已爛漫矣, 學者所行, 實不出於南冥之語. 僕亦閱歷多少歲月, 見如此人多矣. 欺天欺人欺心, 而能有爲學乎?"

> 망하고 요원한 것을 떠들어대고 지리하게 말하여 실용(實用)이 없는 짓을 할 필요가 없는 것입니다. 사람의 학문은 수기(修己)와 치인(治人), 두 가지 일에 불과합니다. 이것에 실질적인 공부가 있고 이것에 실질적인 지식이 있으면 자신에게 시험하거나 사업에 시행할 때 어느 것이나 불가한 것이 없을 것입니다.[12]

사람이 학문을 하는 이유는 수기치인(修己治人)에 불과하며, 수기치인에 필요한 실질적인 지식과 실질적인 공부가 있다면 이것으로 충분하다는 것이다. 그런데 이러한 75세 당시의 학문에 대한 인식은 그의 나이 29세가 되는 때에 자신의 학문적 목표로 언명한 '하학(下學)'의 논리에서 이미 제시되었던 것을 좀 더 원숙하게 발전시킨 것이다. 그는 자신의 학문적 목표와 방법론을 제시한 『하학지남』의 서문에서 자신의 학문적 취향을 이렇게 제시한 바 있다.

> 배움이란 앎과 행함을 총괄한 이름이요, 그 배우는 바는 성인(聖人)을 배우는 것이다. 성인은 태어나면서부터 알고 편안히 행하여 인륜(人倫)의 지극함이 되었는데, 성인의 도를 배운다는 것은 성인의 아는 바와 행하는 바를 구하는 것에 불과한 것으로서, 이는 날로 행하는 떳떳한 윤리에서 벗어나지 않는다. 순(舜)임금은 서물(庶物)에 밝으며 인륜을 살폈다 하니, 그것은 여러 사물의 이치를 밝게 알고 특히 인륜에 대해 깊이 살폈다는 말이다. 『대학』에서 격물치지(格物致知)의 뜻을

---

12 앞의 글, "是以, 愚之妄意, 不過下學而已. 下學而得其實, 則內自明德, 外至新民, 包于此矣. 不必高談虛遠, 支離辭說, 無實用也. 人之爲學, 不過修己治人兩端事. 於此而有實然之工, 於此而有實然之識, 則試之吾身, 措諸事業, 無不可矣." 『순암집』의 원문과 번역은, 순암 안정복 선생 기념사업회에서 출판한, 『(校勘譯註)順菴集』(안정복 저, 이상하 옮김, 성균관대학교출판부, 2016)를 참고하였으며, 번역문은 필요에 따라 부분 윤색했다.

논하면서, "먼저 하고 뒤에 할 바를 알면 곧 도(道)에 가깝다." 하였으니, 알아야 할 것이 비록 많지만 의당 먼저 알아야 할 바는 실제로 날로 행하는 떳떳한 윤리에서 벗어나지 않는 것이다. 맹자(孟子)도 말하기를, "요순(堯舜)의 지혜로도 모든 것에 두루 미치지 못함은 먼저 해야 할 일을 급히 여겼기 때문이다." 하였으니, 그 먼저 해야 할 일이란 무엇을 가리키는가. 공자가 말하기를, "아래에서 배워 위로 통한다.[下學上達]" 하였는데, 아래란 비근(卑近)한 것을 말한다. 비근하여 알기 쉬운 것이 날로 행하는 떳떳한 인륜이 아니고 무엇이겠는가. 여기에 힘을 쏟아서 끊임없이 쌓아 나가 많은 괴로움을 두루 겪고 난 뒤에야 마음과 몸이 하나가 되어 어렵게 여기거나 거부할 염려가 없어서 쾌활하고 시원한 경지를 볼 수 있는 것이니, 상달(上達)이 바로 여기에 있는 것이다. 그러므로 이른바 배움이란 다만 하학(下學)일 뿐인 것이다. 성인의 언행이 『논어(論語)』 한 책에 갖추어져 있는데, 그 말은 모두 하학의 비근한 것으로서 알기 쉽고 행하기 쉬운 일이며, 차원이 매우 높거나 행하기 어려운 일은 없다.

그런데 후세에는 학문을 논하는 때에 반드시 '심학(心學)'이니 '이학(理學)'이니 하는데, 심(心)과 리(理) 두 글자는 형태나 그림자가 없어서 더듬거나 잡을 수 없는 것이니 모두가 공중에 매달린 말이다. 공자가 말하기를, "평소 거처할 때에 공손히 하고, 일에 임하여 공경히 하며, 남과 사귈 때는 충성을 다한다." 하였고, 또 말하기를, "말은 진실되고 신의 있게 〔忠信〕 하게 하고, 행실은 도탑고 삼가 〔篤敬〕 하라." 하였으니, 과연 여기에 힘을 쏟아 잠시도 놓지 않고 오랫동안 익혀 나간다면 청명(淸明)이 몸에 있어서 지기(志氣)가 신통하여 마음을 잡으려 하지 않아도 저절로 지켜지고 이치를 연구하려 하지 않아도 밝아져서 저절로 상달의 경지에 이르는 것이다. 후세의 학자는 하학을 비천(卑淺)하다 하여 탐탁히 여기지 않고 항상 천인성명(天人性命)과 이기사칠(理氣四七)의 말에만 얽매이며, 가만히 그 행실을 따져 보면 일컬을 만한 것이 없으면서도 상달을 모르는 것만을 부끄럽게 여긴다. 그리하여 종신토록 학문을 해도 덕성(德性)이 끝내 성립되지 못하고 재기(才器)가 끝내 성취되지 못하여 여전히 학문을 하지 않은 사람의 모양을 하고 있으니 과연 무슨 유익함이 있겠는가. 이는 하학(下學)의 공부를 몰라서 그런 것이다.[13]

이러한 하학에 대한 관점은 새로운 지식의 습득을 강조하는 성호를 뵌 이후에도 변함없이 관철된 것이다. 순암은 47세에 성호 선생에게 올린 편지에서 학문은 상달(上達)이 귀중한 것인데 상달을 하려면 먼저 하학(下學)이 더욱 중요하다고 진언했다. 『논어(論語)』에서 공자는 모두 형상(形象)이 있는 것을 대상으로 가르침을 세웠으니 안씨(顔氏)의 사물(四勿)[14], 증자(曾子)의 삼귀(三貴)[15]가 그 대표적인 것이다. “사

13 『順菴集』 卷19, 「題下學指南 庚申(1740)」, “學者, 知行之總名, 而其所學, 學聖人也. 聖人生知安行, 而爲人倫之至. 學聖人之道, 不過求聖人之知與行, 而不出於日用彜倫之外也. 舜明於庶物, 察於人倫, 言其明知庶物之理而尤致察於人倫也. 『大學』論格致之義, 亦曰: “知所先後, 卽近道矣.” 知雖多般, 而所當先者, 實不出於日用彜倫之外. 孟子亦曰: “堯舜之知, 而不遍物, 急先務也.” 其謂先務, 指何事也? 子曰: “下學而上達.” 下者卑近之稱也. 卑近易知者, 非日用彜倫而何? 用工於此, 積累不已, 備盡多少辛苦境界, 然後心體爲一, 無艱難扞格之患, 而庶幾覩快活灑然之境, 上達卽在此也. 故所謂學者, 只是下學而已. 聖人言行, 具於『論語』一書, 其言皆是下學卑近處易知易行之事, 而無甚高難行之事矣. 後世論學, 必曰心學, 曰理學, 心·理二字, 是無形影無摸捉, 都是懸空說話也. 子曰: “居處恭, 執事敬, 與人忠.” 又曰: “言忠信, 行篤敬.” 果能於此下工, 斯須不舍, 積習之久, 淸明在躬, 志氣如神, 心不待操而存, 理不待究而明, 自能至於上達之境矣. 後世學者, 却以下學爲卑淺而不屑焉, 常區區於天人性命·理氣四七之說, 夷考其行, 多無可稱, 而唯以不知上達爲羞吝, 終身爲學, 而德性終不立, 才器終不成, 依然是未曾爲學者貌樣, 果何益哉? 是不知下學之工而然也.”

14 顔氏의 四勿 : 안연이 공자에게 仁에 대해 묻자 공자는 자신의 개인적인 욕망을 이겨내고 사회적 공적규범인 禮를 회복해야 한다는 가르침을 주었다. 안연이 다시 그 구체적인 절목을 묻자 공자가 대답한 네 가지 금지해야 할 행동준칙이 바로 ‘사물’이다. 예가 아니면 보고, 듣고, 말하고, 행동하지 말라는 것이다. 『論語』 「顔淵

람의 용모와 말, 그리고 일상생활의 동정 그 자체가 천리(天理)의 유행이며, 인간질서와 모든 예의가 다 그 가운데 들어 있는 것이므로 그것이 바로 자신이 평소 배우고 싶은 것"[16]이라는 고백이다. 성호의 가르침을 받는 과정에서도 순암의 일상에서의 도덕실천에 대한 자신의 학문적 지향은 그대로 견지되었던 것이다.

이러했던 순암의 학문에 대한 인식은 만년에 이르러서는 당대 조선 학계에 밀려오는 주자학 내부의 문제와 함께 서학의 동전(東傳)에 대한 우려가 더해져 더욱 초년의 생각을 강화시키는 방향으로 진행되었다.[17] 잘못된 학술의 향배에 대해서는 백발의 나이에 크게 소리치며 통곡한다고까지 그 고통을 토로하면서[18] 이제는 후학에게 학문을 계승해야 하는 입장에서 서학을 추구하는 신진기예들의 동향을 염려했다. 만년에는 신진학자들과의 토론마저도 봉쇄되어 그 시름은 더욱 깊어졌다.[19]

」편 참조.

15 曾子의 三貴 : 증자가 위독하자 魯나라의 家臣 孟敬子가 위문을 왔는데, 이 때 증자가 맹경자에게 알려준 군자가 귀하게 지켜야 할 세 가지 행동 준칙이다. 몸가짐은 포악함과 거만함을 멀리하고, 얼굴빛은 바르게 하되 신실함에 가깝게 해야 하며, 말할 때는 비루하고 어긋난 말을 멀리해야 한다는 것이다. 『論語』「泰伯」편 참조.

16 『順菴集』 卷2, 「上星湖先生書 戊寅(1758)」, "學貴上達, 莫要於下學, 『論語』一部, 皆就有形象處立敎, 而顔氏之四勿·曾子之三貴, 其尤者也. 容貌辭氣之間·日用動靜之際, 無非此理之流行, 天叙天秩在焉. 此雖平日所願學."

17 『順菴集』 卷8, 「答李仲章天燮書 丁未(1787)」, "今世吾道殆將絶矣. 此中染於異學, 非我隻手可障. 惟冀山南諸友益懋大業, 以幸吾道, 死生之望." 이 즈음 순암은 성호 후학들의 서학에 관한 관심과 추구에 이미 상당히 실망하면서 영남학자들에게서 그 학문의 계승을 기대했다.

18 『順菴集』 卷1, 「有感」, "道術派分各自逃, 西來一學又橫豪. 風吹亂葉紛紛去, 月照孤株孑孑高. 丹竈烟消無可奈, 白鬚力盡但嚎咷. 不如且進杯中物, 爲聖爲狂任爾曹."

19 『順菴集』 卷1, 「閉口吟」, "爲士貴學術, 一失便差忒. 中華聖賢訓, 誦習恒戒勅. 忽聞

만년의 순암은 이단의 학문을 하는 사람들을 더 이상 자신의 의지만으로 계도할 수 없다고 판단하고 자신의 허물을 고치는 방향으로 선회했으며[20] 마음공부에 더욱 침잠하는 경향을 보이기도 했다.[21] 천지자연의 섭리에 따라 움직이는 새들에게서 깨달음을 얻고 사욕에 의해 가려진 마음을 살펴 조금의 사욕도 허용하지 않으려는 의지를 견결하게 유지했는데[22] 이는 '존성지경(存誠持敬)'이라는 성리학적 수양으로 더욱 침잠해 가는 과정이었다.[23] 순암은 학문을 일상생활 속에서 실천해야 할 것으로 여겨 일상 밖에서 학문의 어떠함을 찾는 것은 부질없다고 여겼다. 학문적 실천은 자기 발밑에서 시작해야 한다는 것이다.[24]

순암은 가난한 살림으로 인해 빌린 책을 읽어 초록한 것으로 자신

有眞道, 來自西方國. 髦士競信趨, 視之心內畫. 熟路終難忘, 改步誠自愜. 新舊固不合, 未免辨白黑. 朋友貴講討, 此心寧有慝. 一言不能會, 便作陷人賊. 傳說或過中, 人言豈皆直."

20 『順菴集』 卷1, 「次丁思仲-志永-來贈韻 丙午年(1786, 75세)」, "異學方誤人, 群聚牢不破. 在他固無奈, 且當求吾過."

21 『順菴集』 卷1, 「寓舍有感 戊申年(1788, 77세)」, "農夫汲汲力耕犁, 晨起夜歸不暫遲. 我已氣衰無可奈, 欲於心上日孶孶."; 「贈思仲」, "敬義工夫行未到, 誠明事業杳難弘. 眼前物理無非道, 着處存心在戰兢."

22 『順菴集』 卷1, 「觀物」, "無事此靜坐, 擧目觀物態. 鳥聲自和悅, 人語多細碎. 彼由天機動, 此以人慾晦. 於斯愼所取, 毫釐莫相貸"

23 『順菴集』 卷1, 「除日病中口呼」, "善如在外求難得, 本備吾身不待人. 事物原頭皆有理, 誠幾圖上着精神." ; 「次思仲讀心經韻」 "脩身當審危微際, 着力須從格致明. 安宅整治心無怍, 如砥大路任吾行." ; 「漫吟」 "誠明志業難容力, 敬義工夫亦未全. 富貴窮通皆有命, 莫將私意妄探天."; 「送窮日書懷」 "送窮窮不去, 逐貧貧相隨. 窮貧士之常, 欲免將何爲. 存誠誠斯存, 持敬敬自持. 誠敬本由己, 不可須臾離."

24 『順菴集』 卷1, 「省吾來留數旬, 及歸, 口號五言短律二首以贈」, "爲學在日用, 此外儘悠悠 欲至萬丈峯 先自足下由".

의 서재를 채웠는데[25] 그 과정을 통해 만 권의 책을 구할 수 있었다.[26] 순암이 집필한 수많은 작품은 그러한 지독한 독서의 산물이다. 순암 그 자신은 그러한 자신의 초록을 통한 장서구축과 독서, 그러한 바탕 위에서의 저술을 천성적으로 좋아했을 뿐만 아니라[27] 스스로 자부하기도 했다.[28] 그는 학문이 성취된 사람의 경우, 걸음걸이와 말에서 이미 그렇지 않은 사람과 확연한 차이가 난다고 판단했고,[29] 마음을 성찰하고 보존하는 공부를 지속하면 천리(天理)가 환히 보인다[30]는 생각을 늘 가졌는데 이는 순암이 추구한 학문방법론의 한결같은 모습이었다.[31]

그는 도라는 것은 일상을 잠시도 떠날 수 없는 것으로 이 밖의 것은 모두 허망할 뿐이라는 점을 늘 강조했다. 그것을 잘 간직하고 실천하는 것이 바로 양지(良知)라고 역설하기도 했다.[32]

---

25 『順菴集』 卷1, 「題鈔書籠」, "旣無買書錢, 乃有鈔書意. 垂首坐終日, 復以燈火繼. 蠅頭畫蚯蚓, 曾不爲愧耻. 力疲倩人手, 卷終斯置已."

26 앞의 시, "讀書破萬卷, 下筆若有神. 古人不虛語, 此語經歷親. 夜寐人定後, 朝起及淸晨. 孜孜几案間, 日新又日新."

27 『順菴集』 卷1, 「述病」, "平生好讀書, 讀書窮千卷. 乍看領大義, 深思露眞面. 病與老交至, 架上任推轉. 至樂終不忘, 撫玩增眷戀."

28 『順菴集』 卷1, 「題著書籠」, "讀之積年歲, 卷帙踰百千. 胸中如有物, 輪囷欲自宣. 遂起著書意, 編輯夜忘眠."

29 『順菴集』 卷1, 「記夢」, "丙寅五月初六日夜, 夢與人論性理. 其人曰: "凡爲學, 當先驗於行步言語之間. 無心者, 其言輕而疾, 其行急而速; 心存主一, 則言必和緩, 行必安舒. 心常省察, 則一言一行, 皆不放過; 久久習熟, 工夫自成." 覺而思之信然, 賦一絶以識之."

30 『順菴集』 卷1, 「觀物」, "物以天機動, 人惟私欲橫. 省存工不已, 此理漸看明."

31 35세에 처음으로 성호를 찾아뵙고 학문을 청한 순암은 시종일관 성리학적 수양공부를 학문의 종지로 여겼다. 『順菴集』 卷2, 「上星湖先生書 戊辰(1748, 37세)」, "主靜居敬, 自初學至成德, 不過惟此二者而已."

2) 경전 해석의 초점

순암은 경학공부에 있어 신의(新義)를 내세우는 것을 올바르다고 여기지 않았다.

> 제가 생각하기에는 성현의 글을 평정한 마음으로 익숙히 읽고 그 글의 의미대로 뜻풀이를 하여 되도록이면 글 뜻을 평이하고 명백한 쪽으로 보아, 자기 사견(私見)을 주장하지도 말며 별다른 뜻을 세우지도 말아야 할 것입니다. 그저 읽고 또 읽어, 비록 의심이 점차 생기더라도 의심되는 대목을 가지고 전현(前賢)이 말하지 못했던 것이라고만 생각하지 말고, 고인의 말과 맞는지를 찾아보다가 아무리 찾아봐도 맞지 않으면 그 때 가서 혹 사우(師友)에게 묻는다든지 해서 옳고 그름을 바로잡아야 할 것입니다. 전현들이 발명하지 못했던 뜻을 얻었다고 의심하는 대목이 바로 정자·주자가 이미 일고의 가치도 없다고 던져버린 것일지 누가 알겠습니까. 후학으로서는 다만 전현들이 해석해 놓은 뜻을 분명히 알고서 감히 어김이 없이 그대로 받들어 따르기를 마치 왕조의 법령을 따르듯이 해야지만 비로소 뜻이 통일되고 추향(趨向)이 혼란하지 않을 것입니다.[33]

"자기 사견을 세우지도 말고, 별다른 뜻을 세우지 말아야 한다"거나 "후학으로서는 다만 전현들이 해석해 놓은 뜻을 분명히 알고서 감히

---

32 『順菴集』 卷1, 「次退溪集韻, 示趙生英如-學俊-. 庚寅(1770, 59세)」, "道如大路子何疑, 日用須臾不可離. 此外萬端都幻妄, 莫教浮念誤良知."

33 『順菴集』 卷3, 「與邵南尹丈書 癸酉(1753)」, "愚意欲將聖賢之書, 平心熟讀, 隨文解義, 務使文義平易明白, 不主私見, 不立別意, 讀之之多, 雖疑端漸生, 不可以所疑者謂前賢未發之旨, 而求合於古人之說, 求合不得, 然後或質之師友, 以正其得失而已. 其所疑之自謂得前賢未發之旨者, 安知非程朱笆籬邊已棄之物耶? 後學只當明知前賢所釋之義而遵奉之, 若王朝令甲之不敢有違, 然後始有一統之意, 而所趨不亂矣."

어김이 없이 그대로 받들어 따르기를 마치 왕조의 법령을 따르듯이 해야 한다"는 등의 자세로 경전을 바라보는 순암에게 경전해석에서 새로운 견해를 제시한다거나 또 통용되고 있던 주자와 다른 해석을 기대하는 것은 무리일지도 모른다. 그러므로 주자의 해석에 대한 수용에서 순암은 대체로 약간의 이견은 있을지라도 근본적인 회의나 새로운 시각의 제시는 그다지 보여주지 않았다.

순암의 학문적 관심은 근본을 함양하여 방심(放心)을 수습하고, 격물치지(格物致知)로 만물을 인식하고 대응하되 항상 스스로가 자신의 마음의 주인이 되어 일을 의지대로 처리하는 것이다.[34] 이러한 학문적 관심과 경전에 대한 태도는 후에 권철신(權哲身)에게 경전을 공부하는 방법을 전수할 때에도 견지되었다.

> 성현들의 말씀은 모두가 평이하고 명백하므로 굳이 굽은 길로 찾아 들어가서 스스로 의문 속에 자신을 얽어맬 필요는 없는 것이네. 퇴계(退溪) 이자(李子)는 말하기를, "독서를 함에 있어서는 굳이 색다른 뜻을 캐려고 하지 말고, 그 본문(本文)을 놓고 그 본문이 가지고 있는 뜻만 찾으라."고 하셨으니 그 말이 아주 간단하면서도 이치에 꼭 들어맞는 말이라 한 번 잘 생각해 보기 바라네. 경문(經文)은 두 가지 뜻이 있게 마련이니, 후세 사람들로서는 해석할 때 반드시 잘 헤아려 보아서 나와 가장 가까운 쪽을 취해야 하는 것이네. 지금 그대도 독서를 할 때 전의(傳義)와 틀린 곳이 있으면 그 틀린 부분에 대해서 경중을 헤아려서 읊조리고 자세히 음미해 보면 저절로 구별되는 바가 있을

34 『順菴集』 卷2, 「答上星湖先生書 辛未(1751)」, "是以, 欲得一靜僻處, 涵養本原, 收拾放心, 使本地牢固, 然後以之格物而致知, 以之應事而接物, 常使心爲之主而不爲事物所勝, 則不至有紛擾難解之患."

> 것이네. 자신의 사사로운 뜻을 마음속에 걸어두고서 도리어 선유(先儒)들의 말을 자기 뜻에다 맞추려고 한다면, 그것은 절대로 안 되는 일이네. 만약 그렇게 하려면 차라리 자기류(自己流)의 글을 따로 짓는 것이 낫지, 어찌 괴롭게 고서(古書)를 읽을 필요가 있겠는가."[35]

순암은 퇴계의 가르침대로 색다른 뜻을 캐지 말고 그 본문을 가지고 뜻을 찾아야 하며, 자신의 사사로운 뜻을 마음에 걸어둔 채 선유의 의견을 자신에게 맞추려 해서는 안 된다는 점을 강조했다. 그것은 자기류(自己流)의 글을 짓는 것이지 고서(古書)를 읽는 방법이 아니라는 것이다. 이러한 생각의 기저에는 성현의 말씀은 모두 평이하고 명백하다는 경전에 대한 순암 자신의 기본적인 인식이 있었다.

물론 이러한 다소 보수적인 순암의 생각과 후학에 대한 강학 방침은 성호학파 내에서도 반대를 불러왔다. 이를테면 정산 이병휴의 경우 "성인이 천하를 다스림에 있어서는 먼저 언로(言路)부터 열었고 도를 밝히고 학문을 강론하는 일이 얼마만큼이나 중요한 일인데, 후생들의 말문을 막는단 말인가. 그러므로 학문은 스스로 터득하는 것이 중요한 것이지, 꼭 선배들의 말에 얽매일 필요는 없는 것"[36]이라는 취

---

35 『順菴集』, 『順庵年譜』, 「三十六年庚辰, 先生四十九歲. ○十二月 「答權哲身書」」, "聖賢言語, 皆平易明白, 不可探曲以求, 自致纏繞于疑亂之中矣. 退溪李子曰: "讀書, 不必深求異意, 當於本文上, 求見在之義." 此語的當簡易, 試入思議也. 經文固有兩般義, 後人解釋時, 必量度而取其最近者. 今君讀書, 有與傳義不同者, 試就其不同處, 劑量輕重, 諷詠詳玩, 則自有可別之道矣. 我之私意, 橫在肚裏, 却以先儒之說, 求合於己, 是甚不可. 若然則我去自做一般文, 何必苦苦讀古書乎."

36 『順菴集』, 『順庵年譜』, 「四十五年己丑, 先生五十八歲. ○三月 「答貞山書」」, "聖王之治天下, 首開言路; 明道講學, 是何等大事, 而杜閉後生之言議耶? 是以, 學貴自得, 不必泥滯前人言議."

지로 순암의 강학 방침을 반대하기도 했다.

이에 대해 순암은 "그 말이 참으로 옳지만 오로지 스스로 터득한 것을 가지고 먼저 자신의 주장부터 내세우게 될 경우, 사사로운 뜻이 마구 생겨나서 그 폐단이 적지 않을 것"[37]이라고 우려했다. 만약 나이 젊은 후생이 궁리(窮理)와 물격(格物)도 제대로 하지 못하고 의지와 사려도 확고하지 못한 처지에서, 약간의 소견이 있을 경우 곧바로 자기 주장만을 고집하면서, 옛 분들도 몰랐던 것이라고 말하는 습성이 점차 자라난다면, 경박하고 부화(浮華)한 기상만 더해 줄 뿐, 덕을 쌓아가는 공부에는 아무런 도움이 없을 것이라고 주장했다. 신의(新義)를 함부로 제시하는 폐단에 대한 지적이었기 때문에 정산 역시 동의하지 않을 수 없었지만[38] 경전의 해석에 대한 순암의 기본적인 관점은 이처럼 완고한 것이었다.

그러므로 경전의 해석에서도 그 경전의 본질적인 의미의 수용과 활용에 관심을 가졌을 뿐 참신한 견해를 힘써 제시하려고 하지는 않았다. 그러므로 전래의 주석을 분석적으로 비교하거나 주자의 견해를 더욱 세밀하게 부연하는 등의 접근보다는 성현의 경전이 가지는 무오류성, 본문에서 얻을 수 있는 실천상의 유용한 의미, 사실해석에서의 의문점에 대한 검토, 언해의 해석에서 좀 더 본문의 의미를 정확하게 읽는 법이나 본문 자체의 의미를 좀 더 의미심장하게 이해할 수 있는 부가적인 측면에서의 독법이 우선시 되었다.

그럼에도 경전의 해석 가운데 주자학적 해석만으로 모두 경전의 본

37 앞의 글, "下敎誠然, 但恐專以自得, 先立主意, 則未免私意橫生, 流弊不少."

38 앞의 글, "若後生少年, 窮格未到, 志慮未定, 略有所見, 卽自執己意曰: '古人之所不知者', 此習漸長, 則徒益其輕浮躁淺之氣, 而無益於進德之業.' 先生笑而答曰: '此語誠是."

의가 해소되는 것은 아니었기 때문에 순암은 해석상의 간격을 조정하며 자신의 입장을 세울 필요가 있었다.

(1) 경전과 성인에 대한 존모와 해석상의 갈등

순암은 사서(四書) 독법에서 기본적으로 유학에 대한 호교적(護敎的) 입장을 견지했다. 호교의 방법은 경전을 신성시하거나 주요한 경전의 해석에 대해 공자와 맹자의 어법을 부정, 비판하거나 하는 측면에서의 이견을 제시하지 않고 우선 그 성인의 말을 준수할 것을 강조하는 발언으로 제시되었다.

이를테면 『논어』에 대해서는 "『논어』는 순서 없이 성인(聖人)의 언어와 행실을 기록하였으나 가장 정확하고 요약되었으니만큼 괴변을 잘하는 사람으로 하여금 말하게 하더라도 필시 함부로 시비할 곳이 없을 것"[39]이라고 지적했다. 이러한 인식은 논란의 여지가 많은 『맹자(孟子)』의 심동(沈同)의 질문에 대한 맹자의 답변에 대해 "이 장을 보면 성인이 가볍게 말씀하지 않는 것을 엿볼 수 있다. 맹자는 단지 심동이 물은 말에만 답하고 다시 미루어 '쳐서는 안 된다'는 뜻은 말씀하지 않으셨는데 제(齊)나라 사람은 맹자가 제나라를 치도록 권한 것으로 오인했던 것이다."[40]고 옹호하기까지 했다. 『논어』에서 맹의자(孟懿子)가 효에 대한 공자의 답변에 다시 질문하지 않은 것을 번지(樊遲)에게 알려준 것에 대해서는 "성인은 언어에 있어서 털끝만큼도 더 말

39 『順菴集』 卷8, 「答黃莘叟書 戊申(1788)」, "『論語』一書, 雜記聖人言行, 至爲精約, 而使饒舌者言之, 必不無妄加雌黃處矣."

40 『順菴集』 卷11, 「經書疑義 · 孟子」, "'沈同以其私'章: 觀此章, 聖人之不輕言語, 可以想見矣. 孟子只答其所問, 而不更推說不可伐之意, 故齊人誤認以孟子勸伐齊也."

씀하시거나 장황하게 부연설명하지 않으신 것을 또한 볼 수 있다"[41]고 지적하며 논란의 여지가 있는 문답에 대해서도 성인의 위대함과 무오류성을 설명하는 데 치력했다. 이 대목의 진실은 자신의 말을 오해할까 하는 공자의 조바심으로 읽는 것이 더욱 자연스럽다.

순암은 또한 성인을 존모하면서 그 행실까지 추종했다. 이를테면 "서술해 전하기만 할 뿐 창작을 하지 않으며, 믿고 옛 것을 좋아했다.[述而不作, 信而好古]"는 것에 대해서는 "공자께서는 배우지 않고도 스스로 통해서 아시는 성인이시니 무엇을 모르시겠는가?"라고 반문하며 후세 학자들이 스승이 되려는 마음으로 자신의 주장을 내세우는 것에 대해 부정적인 입장을 보였다.[42] 이는 스스로를 한번도 '생이지지(生而知之)'한 자로 자부하지 않았으며, 오히려 '학이지지(學而知之)'하거나 심지어는 '곤이지지(困而知之)'한 것으로 스스로를 설명한 공자에 대해서 후대인들이 공자를 지나치게 우상화한 것이 자명한 것이지만 순암의 성인에 대한 존숭과 존모는 지극한 것이었다. 성인도 사람인 이상 배워야 할 것이 있으며, 성인의 성인다움도 학습의 결과라고 인식했던 성호와는 변별적인 차이가 있는 것이다.[43]

---

41 앞의 글, "『論語』"孟武伯問孝, 子曰: 無違." 又無所問, 故孔子更不答, 而他日言于樊遲, 以達其意, 則聖人之於言語, 無一毫剩語推演張皇, 亦可見矣."

42 『順菴集』卷11, 『經書疑義 · 論語』, "'述而不作, 信而好古.' 述以古人所作而言, 信以我心所信而言, 信其有此理而好之也. 我所欲言, 古人已先言之, 縱有所作, 不出古人範圍, 在我惟信而好之而已. 孔子以生知之聖, 何所不知? 而述古人之作, 信古人之言, 則所謂古人卽伏羲以後羣聖人也. 後世學者多有師心立說, 自作門戶."

43 이우성(1995), 143~144쪽 참조. 여기서 이우성 선생은 "종래의 유학자들은 '성인은 모르는 것이 없다'고 하여 성인의 필법에 대하여 실제 사실이 어떻든 견강부회를 해서라도 자신들의 논리에 합치시키려고 했지만 성호의 이 한마디는 공자를 신성의 세계에서 인간의 사계로 끌어내리고, 절대적인 지위에서 상대적 지위로 바꾸어

순암의 성인에 대한 존중은 공맹(孔孟)에 그치는 것이 아니라 정자(程子)와 주자(朱子)까지도 미치는 것이다. 그는 정자와 주자는 후세의 성인이므로 비록 한두 전주(箋註) 사이에 착오된 곳이 있다 하더라도 이것으로써 그 성인의 대체(大體)를 가릴 수는 없는 것이라고 지적했다. 그는 스스로 자기의 설을 세워서 비방하는 것을 '명나라 이후 여러 선비들의 기탄없는 버릇'이라고 비판하고, 후학들은 마땅히 정주에 대한 성인으로서의 대접을 경계하여 유념해야 할 것이라고 강조했다.[44] 그러므로 『중용(中庸)』의 해석에서 미발(未發)의 의미를 정주(程朱)와 같이 해석하지 않는 것에 대해 비판적인 입장을 거침없이 제기했던 것이다.[45]

그러므로 순암은 육경(六經)과 사서(四書)를 문장의 근본이라고까지 여겼다. 아울러 『중용』은 『주역』의 「계사전(繫辭傳)」에서 나왔고 『맹자』는 『중용』에서 나왔으며, 그 문장의 기운이 또한 매우 비슷하니, 이것은 공자 문하의 문법인 것으로 짐작하여 경학 우위의 문장관을 제기했다.[46]

놓은 것이라 평가했다. 그 결과 연구와 논평의 대상이 되게 하였는데 이는 공자 등 성인에 대한 폄하가 아니라 공자를 좀 더 친밀한 관계로 이해시킴은 물론 사람들이 배워서 공자와 같은 위대한 인격을 이룰 수 있다는 것을 자각시키는 것"으로 평가했다.

44 『順菴集』 卷11, 『經書疑義 · 論語』, "程朱後世之聖人也, 雖有一二箋註間差誤之處, 豈可以是掩其大體耶? 必欲自立己說而詆訿之不已, 此有明以後諸儒之無忌憚也. 後學之所當警念處."

45 『順菴集』 卷8, 「答李士興書 己丑(1769)」, "示諭『中庸』首章未發之義, 此所創聞, 不敢仰對. 凡章句訓詁間小小疑晦處, 此亦有一二致疑者, 而至若此等處, 爲義理大頭腦. 此爲錯解, 將無所不錯矣. 程朱是後來聖人, 此而不從, 將誰從乎? 若此不已, 其流之弊, 將流于小人之無忌憚. 以左右高明之見, 何以念不及此, 而出此千萬意不到之語耶? 如公言而見之, 有何益?"

순암이 견지한 "성인(聖人)은 인륜(人倫)의 극치에 달하여 만세의 표준이 된 분이니, 그 입언(立言)과 수훈(垂訓)은 후인들이 법으로 취할 바 아닌 것이 없다."[47]는 생각은 때로 경전 내에서의 부조리한 정황의 제시로 인해 인식상에서 자체 충돌을 일으키기도 했다. 이를테면 "순(舜)이 부모에게 아뢰지 않고 장가들었다"는 고사를 두고 맹자가 순을 옹호한 것에 대해 순암은 도저히 경전의 내용을 정합적으로 이해할 수 없었다. 그러므로 순암은 이것은 아마 제동야언(齊東野言)일 것이라고 치부하면서 맹자가 인용한 것을 끝내 수용하지 않으려 했다.

> "부모께 아뢰지 않고 장가들었다.[不告而娶]"라는 이 장의 뜻은 전혀 이해하지 못하겠다. …… 가령 자기는 비록 장가들지 못한다 하더라도 상(象)이 있으니, 상이 장가들어 아들을 낳으면 아버지의 뒤를 이을 수 없겠는가? 가령 이 때 고수가 비록 순을 죽이려는 마음을 가졌다 하더라도 천자(天子)가 이미 순을 등용하였을 뿐만 아니라 장차 딸을 순에게 아내 삼아 주려고 하였으니, 그 성위(聲威)와 기세(氣勢)가 대단했을 터인데, 고수가 감히 악독한 성미를 함부로 부릴 수 있었겠는가. 요(堯) 임금 역시 무엇이 무서워서 몰래 사위를 삼았겠는가? 이들의 일은 모두 이해하지 못할 것들이다. 만일 요전(堯典)을 가지고 본다면 두 딸을 시집보낸 것은 '순이 효성으로 가정의 화기(和氣)를 유지하고 지극한 정성으로 집안을 다스리어' 집안사람들이 모두 감화된 뒤에 있었으니, 반드시 이와 같이 난처하지 않았을 것이다.
>
> 이것은 아마 제동야설(齊東野說)이 유행된 것인 듯싶은데 맹자께서 인

---

46 『順菴集』 卷9, 「答南稺簡履默書 丁未(1787)」, "愚常妄謂『中庸』出於「繫辭」, 『孟子』出於『中庸』, 文章筆勢, 亦甚相似. 此恐孔門文法."

47 『順菴集』 卷11, 『經書疑義 · 孟子』, "聖人人倫之至, 而爲萬世標準者也. 立言垂訓, 莫非後人之所取法也."

용하신 것인가? 아니면 혹시 후인의 위조한 말인가? 참람되이 의문점을 기록하여 박아(博雅)한 정론(正論)을 기다린다.[48]

순암은 『맹자』에 등장하는 이 논란은 실제 일어난 일이 아닐 것이라는 입장이다. 집안의 후사를 내리는 일에 대해 순이 굳이 장가가지 못할 형편이라면 상(象)을 통해 할 수 있는 일이고, 고수(瞽叟)의 악독함이나 요(堯) 임금의 형편 등을 고려할 때 전체적으로 경전에 수록된 내용은 이치에 맞지 않는다는 것이다. 여기서 순암이 중시한 것은 '부모에게 알리지 않고 장가가는 것'에 대한 '부정적인 입장'으로 가급적이면 유교적 의례를 충실히 수행할 수 있는 방향으로 이해의 시각을 잡아가는 것이다. 맹자 방식의 순에 대한 옹호가 못내 불편했던 것이다.

또한 의리론의 문제에서 충돌이 발생할 경우에도 순암은 자신의 입장을 유보했다. 이를테면 '맹자불존주(孟子不尊周)'에 대한 주자의 일관되지 못한 서술에 대해 순암은 판단을 유보하며 의문을 제기했다.

주자는 맹자를 배운 분이다. 지금 "맹자는 주나라를 높이지 않았다." 하였으나 『강목(綱目)』에서는 주년(周年)을 크게 썼으니, 이것은 주나라를 높인 뜻이다. 먼 후대에 태어나서도 먼 전대의 역사를 닦을 때 차마 주나라를 높이지 않을 수 없었거늘, 맹자는 주실(周室)이 아직 존재할 때를 당하셨는데 어찌 차마 갑자기 주나라를 높이는 마음이 없으셨겠는가. 천하에는 옳지 못한 의리가 없고, 성현이 하는 일에는

48 앞의 글, "'不告而娶', 此章之義, 專所未曉. …… 假使此時瞽叟雖有殺舜之心, 天子旣登而庸之矣, 將妻之以女矣. 聲威氣勢之如何? 而瞽叟敢肆其惡? 而堯亦何所畏憚而潛爲之納婿乎? 此等事, 皆所未曉. 若以「堯典」觀之, 則'釐降二女'在'不格姦'之後, 不必如是難處矣. 恐是此齊東野說之流行者, 而孟子引之耶? 否則或後人之僞說歟? 僭易記疑, 以待博雅之正論."

옳지 못한 일이 없다.

만일 '맹자가 주나라를 높이지 않았다' 한다면 이것은 주나라를 높이지 않는 것이 옳음이 된다. 주나라를 높이지 않는 것이 옳음이 된다면 이것은 이미 열국(列國)과 대등하게 본 것이다. 열국과 대등하게 보았다면 의당 주년은 열국의 예와 같이 분주(分註)해야 했을 것인데, 또 어찌 크게 쓸 리가 있었겠는가. 주자가 스스로 처리한 것은 이와 같이 하고 맹자를 말한 것은 저와 같이 하였으니, 의심스러울 뿐이다.[49]

맹자가 존주하지 않았느냐의 논점은 송(宋)대 맹자학의 핵심적인 논점으로 군신관계의 분의(分宜)와 관련하여 적지 않은 쟁점이 있는 것이다.[50] 여기서 순암은 주희(朱熹)의 『맹자집주(孟子集註)』와 『통감강목(通鑑綱目)』 서술의 일관되지 않은 문제를 지적한 것이지만, 그 이면에서 군신지의(君臣之義)에 대한 강렬한 명분론적 입장에 내재되어 있는 것이다. 이러한 쟁점에 대해서는 정주(程朱)를 성인시한 순암도 맹목적으로 호응할 수 없었던 것이다. 주자는 스승인 정자의 견해를 계승하여, 맹자 시대에는 이미 주(周) 황실이 천자로서의 권위를 잃어 천명이 바뀌어 가고 있었으므로, 맹자가 양혜왕(梁惠王)이나 제선왕(齊宣王) 등의 제후왕들에게 왕정을 행하라는 '행왕(行王)'론을 제

49 『順菴集』 卷11, 『經書疑義 · 孟子』, "朱子學孟子者也. 今曰: "孟子不尊周."云, 而『綱目』大書周年, 則是尊周之義也. 生乎千載之下, 而脩千載上之史, 不忍不尊周, 則孟子當周室猶存之時, 豈忍遽無尊周之心乎? 天下無不是之義, 而聖賢所爲, 無不是之事矣. 若曰: "孟子不尊周", 則是不尊周爲是, 而不尊周爲是, 則是因與列國等, 與列國等, 則當分註周年, 如列國之例, 又何大書之有? 朱子之自處如是, 而謂孟子則如彼, 可疑也已."

50 黃俊傑(1997), 『中國孟學思想史論』II, 臺灣中央硏究院 文哲硏究所; 함영대(2011; 2016) 참조.

시하여 더 이상 존주(尊周)를 하지 않았다는 '맹자불존주론(孟子不尊周論)'을 제시한 바 있는데 이에 대해 순암은 비판적인 입장을 제시한 것이다.[51]

이러한 해석에서의 갈등은 설사 그 대상이 성인의 경전이거나 성인의 반열로 이해되는 대상이라고 하더라도 맹목적으로 존숭할 수는 없으며 엄연히 역사현실과 의리적 진실에는 부합해야 한다는 순암 스스로의 원칙이 분명하게 있었던 것이다. 이는 경전 해석에서 관철된 그의 역사가로서의 인식론적 정합성이라고 볼 수 있겠다.

(2) 경전의 역사 현실에 대한 고려

순암은 시(詩)는 그 작품의 취지를 이해하여 시인의 성정에 있는 것을 헤아려야 한다[52]고 판단했다. 『시경(詩經)』 읽기에 있어 마음으로 체득하는 과정을 중시한 것이다.[53] 순암은 다음과 같은 「빈풍(豳風)·동산(東山)」편 제2장을 직접 풀어 이 시를 어떻게 감상해야 하는지를 설명한 바 있다.[54]

내 동산(東山)에 갔다가 한참을 돌아오지 못했노라.

我徂東山, 慆慆不歸.

---

51 함영대(2009) 참조.

52 『順菴集』 卷16, 「函丈錄」, "凡讀詩, 當細玩諷誦其意之所在, 則庶測古人性情之所在矣." 이와 관련한 연구는 함영대(2023) 참조.

53 『順菴集』 卷6, 「與鄭君顯(赫東)書」, "讀詩無別意, 古人已言之矣. 不過曰求其性情之正而已. 夫子論詩, 數語盡之, 當體其意而讀之耳. 四書·性理之書, 則有可以字字句句求之者矣.; 詩則不如是, 統看大意及比·興之義, 次看分章立言之淺深, 次看每句志向之所存, 則其人情密察, 庶可無所逃矣."

54 해당 부분에 대한 자세한 분석은 김수경(2020) 참조.

내 동쪽에서 돌아올 땐 보슬비가 부슬부슬 내렸지.

我來自東, 零雨其濛.

하눌타리의 덩굴 열매 달린 채 집으로 뻗어 자랐겠고,

果臝之實, 亦施于宇.

쥐며느리는 방을 차지하고 납거미는 문에 줄쳤겠지.

伊威在室, 蠨蛸在戶.

사슴 발자국 마당에 가득하고, 반딧불 밤길 가득하건만

町畽鹿場, 熠燿宵行.

두렵기는커녕 거기가 내 그리던 곳이라네　　不可畏也, 伊可懷也.

「빈풍(豳風)·동산(東山)」 편의 제2장은 대체로 남편이 전쟁터에 나가고 여인 혼자 살자 집이 황폐해져 수리할 수 없을 정도가 되었기에 그 말이 이와 같은 것이네. 집에 비록 부녀가 있어도 어떻게 남편이 있을 때처럼 매사에 무탈할 수 있겠는가! 부인은 오직 음식을 맡을 뿐이니, 우물 일이나 부엌일은 혹 할 수 있더라도 나머지는 할 수 있는 바가 아니라네. 게다가 남자가 집에 없으면 사람들의 왕래도 없게 되어 처마를 소제하지 않고 집안도 청소하지 않을 것이니 하눌타리 덩굴이 뻗어 자라고 쥐며느리가 생기는 일을 모두 면할 수 없다네. 옛날에 상농부(上農夫)는 식구가 8명이지만 아래로는 일부일처(一夫一妻)의 경우도 있게 되니, 남편이 전쟁터로 가면 집안에 아내 한 명만 있게 되네. 설령 여정(餘丁)이 있어도 군대를 크게 동원할 경우에는 반드시 갈작(竭作)하기 마련인데, 갈작(竭作)이란 장정들을 모조리 전역(戰役)에 동원하는 것을 말하네. 그렇다면 집안에 남정(男丁)이 없는 곳이 많겠지.[55]

---

55 『順菴集』 卷6, 「與鄭君顯(赫東)書」, "東山二章, 槩言丈夫出征, 家人獨居, 室宇荒廢, 不能脩理, 故其言如此也. 家中雖有婦女, 安能事事不愆, 如男子時耶! 婦人惟能主饋, 井竈之任, 容或爲之, 其他非所能也. 且男子不在家, 則無人往來, 簷宇不除, 室堂不掃

순암은 시인이 묘사한 정황이 가지는 의미를 자세하게 소개하여 전역(戰役)으로 남편이 출정할 때 집안에서 발생할 수 있는, 전혀 과장된 것이 아닌, 있을 법한 일임을 반복적으로 제시한다. 상농부(上農夫)에서 일부일처(一夫一妻)에 이르는 당시 사회 구조까지 제시해줌으로써 시인이 노래한 정황을 시대적 정황으로 재구성하였다. '상농부', '갈작(竭作)' 등의 어휘 사용은 그가 이를 역사적 사실로 구현하고자 한 의도를 선명하게 보여준다. 아울러 시의 수사적 표현에 현혹되지 않고 이 시를 이해해야 함을 날카롭게 지적하기도 했다.

> 무릇 이 시는 윗자리에 있는 이가 지은 것으로, 집이 황폐해지고 아내가 남편을 그리워하는 모습을 대신 말하여 그 감정을 곡진히 나타낸 것일 뿐, 꼭 이런 사실이 있어서 이런 말을 했다고 할 수 있겠는가! 맹자가 "그 말을 가지고 뜻을 해쳐서는 안 된다."고 한 것이 이를 두고 한 말이네. 가령 「대아(大雅) · 운한(雲漢)」편의 (가뭄이 심해) "주(周)나라 남은 백성들, 살아남을 자 없을 지경이네."라는 대목을 보더라도 사람이 많이 죽어 호구(戶口)가 부쩍 줄었음을 말한 것으로 보면 괜찮겠지만 실제로 백성이 한 사람도 남지 않았다고 말한 것으로 볼 수야 있겠는가![56]

그리고 정역(征役) 기간이 길었다 한들, 쥐며느리가 방에 차고 납거

; 果贏之施 · 伊威之在, 皆所不免也. 古者上農夫八人, 其下則至于一夫一婦, 而一夫出征, 則家中惟有一婦在矣. 假使有餘丁, 凡師旅之大者, 則必竭作.; 竭作, 盡赴征役之謂也. 然則家無男丁者亦多矣."

56 앞의 글, "大抵此詩, 在上者爲之, 代言其室家荒廢, 家人思念之狀, 以盡其情而已 ; 安可必謂之有是事然後爲是言耶! 孟子所謂'不以辭害意', 是也. '周餘黎民, 靡有孑遺', 若言人民多死, 戶口耗縮則可, 謂之靡有孑遺, 可乎?"

미가 문에 거미줄을 칠 지경이 될 정도의 심함을 과장되게 표현한 것이지, 실제로 벌어진 정도까지는 아니었을 것이라고 추정하였다. 다만 이러한 추정은 단순히 작가의 의지에 의한 것이라기보다는 전체적으로 작품의 문사와 그 역사적 정황에서 읽혀지는 것이다.

고증을 중시하는 그의 역사학적 안목과 성호학파 내에 흐르는 건실한 학풍이 시를 읽을 때에는 정(情)의 소재를 찾는다는 기본 지향에도 불구하고 이렇게 개인의 감정적인 요소를 억제하고 좀 더 객관적인 고전 독법의 형태로 전개되어 갔던 것이다. 사실 순암은 시를 읽음에 반드시 그 시인의 본의를 찾는다는 것을 기필할 수 없다는 것을 냉정하게 지적했는데[57] 이는 이 시가 놓은 역사현실에 대한 고려를 끝내 외면할 수는 없었기 때문일 것이다. 문학적인 수사만으로 모든 진실을 드러낸다고 믿기에 그는 상당히 확고한 사가(史家)로서의 안목을 가졌던 것이다.

(3) 주석자로서의 독자적 관점

순암은 경전해석에서 주석자로서의 독자적 관점을 확고하게 유지하기도 했다. 그의 경전 해석의 시야를 잘 보여주는 『경서의의』의 해석에는 그는 경전 독법의 다각적인 시도를 볼 수 있다. 훈고의 문제, 언해의 해석과 경전의 역사적 사실로서의 판단 문제, 텍스트 이해 문제 등을 거론할 수 있으며, 상당히 독특한 해석상의 관점도 찾아볼 수 있다. 그 대표적인 사례를 중심으로 주석자로서의 독자적 해석의

---

57 『順菴集』 卷3, 「與邵南尹丈書 己卯(1759)」, "愚淺之見, 每以爲爲說而不可必得詩人本意, 不如熟讀詳味, 不失其性情之正, 而爲處心行事之實, 古序以下, 後來羣賢之說, 皆取其長, 爲吾之用而已!"

국면을 제시했다.

먼저 순암은 경전의 해석에서 훈고의 문제를 간과하지 않는다. 『맹자』에는 제도에 대한 정확한 이해와 관련하여 적지 않은 논란이 등장하는데, 순암은 그 각각의 경우를 좀 더 면밀하게 파악하려고 했다. 이를테면 '존현사능장(尊賢使能章)' 중 '전이부정(廛而不征), 법이부전(法而不廛)'에서의 '전(廛)'은 시택(市宅)이고, '전무부리지포(廛無夫里之布)'에서의 '전(廛)'은 전지(田地) 백무(百畝)를 받은 것인데, 이는 『한서(漢書)』「양웅전(揚雄傳)」의 훈고로 허행(許行)의 사례를 확인한 것이다.[58] 이 '전'자의 훈고에 대해 순암은 관심을 놓치지 않고 '허행장'에서 다시 거론하면서 '일전(一廛)'이란 '전(廛)'은 시택(市宅)이 아니고 바로 경작민(耕作民)이 사는 곳이니, 곧 오묘택(五畝宅)이다[59]라고 지적했다. 이는 경전의 경제 관련 제도와 관련하여 훈고에 상당한 주의를 기울인 흔적이다.

이 외에도 '이혜장(夷惠章)'에 등장하는 '불설(不屑)'에 대해 『서경(書經)』「다방편(多方篇)」의 용례를 함께 제시하면서 『자휘(字彙)』의 사전적 정의를 인용해 해석에 고증을 더했다.[60] 이는 비록 많지 않은 사례이지만 훈고와 정확한 명물제도의 파악에 대해 상당히 주의를 기울인 점을 엿볼 수 있는 것이다.

해석 방법상에 두드러진 특징 가운데 하나는 현토의 수정이다. 그

58 『順菴集』 卷11, 「經書疑義 · 孟子」, " '尊賢使能'章: "廛而不征, 法而不廛", 此廛字市宅也.; "廛無夫里之布", 此廛字受田百. 『漢書』「楊雄傳」: "有田一廛." 晉灼曰百畝, 謂有宅一廛, 則其田百畞. 許行所謂願受一廛, 是也."

59 앞의 글, " '許行'章: "一廛"廛非市宅, 乃耕民之居, 便是五畞之宅."

60 앞의 글, " '夷惠'章不屑屑, 猶『書』「多方篇」: "屑播天命"之屑. 屑, 輕也. 『字彙』曰: "凡遇事物, 輕視不加意曰屑屑." 此訓明白."

런데 그 방향은 해석으로서의 의미를 좀 더 분명하게 하는 것이다.[61]

> '진국막강장(晉國莫强章)'의 '피탈기민시(彼奪其民時)'란 한 구절은, 『언해(諺解)』의 토에 의하면 가설적인 말이 되고 『질서(疾書)』의 토에 의하면 현행의 정사가 된다. 당시 임금이 행하는 바로 말하면 『질서』의 토가 긴절한 것 같지만, 맹자가 이 나라에 계시면서 다른 나라의 정사를 논하셨으니, 가설적인 뜻이 비교적 낫다. 또 주자가 아래 피(彼)자를 나누어 따로 한 구절을 만들었으니, 역시 『언해』를 따르는 것이 타당할 것 같다.[62]

> '제인벌연취지장(齊人伐燕取之章)'의 '운예(雲霓)'는 구름이 끼면 비가 오고 무지개가 나타나면 비가 그치니, 백성들이 탕왕(湯王)이 오기를 바라기를 마치 가뭄에 구름이 비를 내리기를 바라는 것처럼 하고, 탕왕이 오지 않을까 염려하기를 마치 가뭄에 무지개가 나타나서 비를 그치게 할까 염려하는 것처럼 한다는 것을 말한 것이다. '탕일정(湯一征)'에서부터 '해위후아(奚爲後我)'까지는 바로 『서경』의 글이고, '민망지(民望之)' 이하는 맹자가 풀이한 것이다. 지금 『언해』의 토는 잘못된 것 같다.[63]

---

61 이와 관련한 근래의 변은미(2022) 앞의 논문 참조.

62 『順菴集』 卷11, 「經書疑義 · 孟子」, "'晉國莫强'章: "彼奪其民時"一節, 依諺解吐, 則爲假設之辭; 依疾書吐, 則爲見行之政. 以時君所行言之, 則疾書吐, 似爲緊切, 而孟子在此國, 論他國之政, 則假設之意較重. 且朱子分下彼字, 別爲一節, 亦似依諺解爲當."

63 앞의 글, "'齊人伐燕取之'章: "雲霓", 雲合則雨, 虹見則止, 言民之望湯之來, 若雲之下雨; 恐湯之不來, 若霓之止雨也. 自'湯一征'止'奚爲後我', 是『書』文, '民望之'以下, 則孟子所解也. 今諺解吐, 似誤矣." 맹자의 편년과 관련한 문제는 맹자학사에서 중요하게 논의되었는데, 특히 『史記』의 고증에 비판적인 인식을 드러낸 것으로 저명한 것은 崔述 저, 河洛圖書出版社(1965), 『孟子事實錄』(崔東壁遺書); 박준원 역(2010), 『맹자사실록』, 지만지; 梁啓超 저, 이계주 역(1995), 『중국고전학입문』, 형성사.

이러한 정황은 여전히 경전의 본문에 집중하여 정확한 해석을 찾으려는 시도로 이해된다. 특히 당시 통행하고 있던 언해(諺解)에 대한 토의 수정은 성호에게서도 나타나는 것인데, 순암은 성호의 견해를 묵수하는 것이 아니라 비판적으로 검토하는 입장에서 본문의 의미를 정확한 이해하는 자료로 활용했다.

한편 순암은 텍스트에서 지적한 내용에 대한 구체적인 검증에도 관심을 보이는데 그 가운데 하나가 충우로문장(充虞路問章)의 "주나라로부터 이래로 7백여 년이 되었다.[由周以來七百有餘歲]"에 대한 이해이다. 이에 대해 성호는 『질서(疾書)』에서 "무왕(武王) 기묘년(己卯年)으로부터 난왕(赧王) 원년(元年)인 정미년(丁未年), 곧 맹자께서 제나라를 떠나시던 해에 이르기까지는 809년이었다."고 지적한 바 있는데 순암은 그 설명을 그대로 둔 채 다른 주석을 두루 검토하면서 그 개별 자료의 문제점도 아울러 검토한다.

예를 들면 『제왕기년(帝王紀年)』은 공화(共和) 경신년(庚申年)으로부터 비로소 의거할 수 있고 이에 앞선 것은 『사기(史記)』에 보이지 않는다. 소강절(邵康節)은 『경세서(經世書)』에서 책력을 산출할 때 요(堯)임금의 원년을 갑진(甲辰)으로 하자 역대 제왕의 기년이 비로소 정해지고, 후세에서 그 설을 따랐으니, 무왕 원년 기묘는 곧 소강절의 산법에 의한 것인 것을 알 수 있지만, 책력 산출은 위로는 지나간 옛날을 상고하고 아래로는 앞으로 닥쳐올 미래를 셈해서 비록 일지(日至, 동지와 하지)를 미리 정하는 기술이 있다 하더라도 국조(國祚)의 장단과 즉위의 구근(久近) 같은 것이야 어찌 추측해서 알 수 있겠는가 라며 의문을 제기한다. 요 임금의 원년인 갑진년도 무슨 분명한 근거가 있는 것은 아니라고 지적한다. 『죽서기년(竹書紀年)』에는 무왕 기묘년으로부터 난왕 정미년에 이르기까지가 749년이 되고, 『율력지(律曆志)』에는 주나라의 역년(曆年)이 또한 7백여 년에 불과하니 소강절의 설과 같지 않았다.[64]

이러한 텍스트에 대한 구체적 사실에 대한 고증은 순암의 합리적 의심에 의한 고증이다. 기존에 당연시한 사실에 대해서도 사료비평을 통해 검증하고자 한 것인데, 문헌 간의 차이를 두고 이를 비판적으로 파악하려는 시도는 그의 『동사강목』의 '고이(考異)'와 연관하여 볼 만한 대목이다.

또한 순암은 『논어』의 20편 가운데 끝 두 편이 도가 행해지지 않는 당대 현실을 반영하여 은일지사(隱逸之士)를 열거한 것이며, 이는 주자가 『송명신언행록(宋名臣言行錄)』을 편찬할 때 전후집의 편 끄트머리에 모두 처사를 기록한 때의 은미한 뜻과도 같다는 의견을 제시했다. 순암은 '옛사람들이 책을 편한 차서(次序)에는 모두 뜻이 담겨 있다.'고 지적하는데 이는 경전의 텍스트 편성에 대한 일정한 관점을 보인 것으로 공자와 주자는 성인이며 그 도통은 이어지는 것이라는 시각이 내재되어 있다.[65]

---

64 앞의 글, "'充虞路問'章: "由周以來, 七百有餘歲", 『疾書』謂: "自武王己卯, 至赧王元年丁未, 孟子去齊, 乃八百九年也." 按據此則恐不可以八百謂七百餘也. 『帝王紀年』, 自共和庚申, 始有可據, 前于此, 不見于史記矣. 邵子『經世書』, 推演曆筭, 以堯元爲甲辰, 而歷代帝王之紀年始定. 後來因宗其說, 武王元年己卯, 卽邵法也. 曆筭上考往古, 下驗將來, 雖有預定日至之術, 而至若國祚之長短 · 卽位之久近, 何可推測而知之也? 堯元甲辰, 未知有何明據也. 『竹書紀年』, 自武王己卯, 至赧王丁未, 爲七百四十九歲; 『律曆志』, 周歷年亦不過七百餘年, 與邵說不同."

65 『順菴集』 卷11, 「經書疑義 · 論語」, "按『論語』二十篇, 末二篇, 記門人之言及道統之傳, 則此篇實爲末篇也. 已上十七篇, 記聖人之言行備矣. 道不可行而止, 則其勢隱而已, 故此篇歷擧隱逸之士, 其意悲矣. 朱子編『宋名臣言行錄』, 前後集篇末, 皆錄處士,

한편, 순암의 경전독법에는 실무행정에 밝은 해석이 있어 주목할 만하다. 그 해석의 취지가 일반적인 시각과는 상당한 차이가 있어 흥미롭다.

> 청송장(聽訟章)의 '無情者不得盡其辭, 大畏民志'에서 '무정(無情)'은 무지(無知)란 말과 같다. 무정자는 비록 원굴(冤屈)이 있다 하더라도 능히 사리를 변석하여 그 뜻을 개진하지 못한다. 관장(官長)된 자가 반드시 개유하여 그들로 하여금 스스로 그 뜻을 다하게 한 연후에야 민정(民情)이 위로 통하여 막힐 염려가 없게 될 것이다. '대외민지(大畏民志)'의 '외(畏)' 자는 "두려워할 것은 백성이 아닌가.[可畏非民]"라는 '외(畏)'자와 같다. 민지(民志)의 향배(向背)에 따라 치란(治亂)이 판명되는데, 어찌 크게 두려워할 것이 아니겠는가.
> 일찍이 보건대, 세상에 관리가 된 자는 이미 명덕(明德)의 공부가 없고서 백성을 어거할 때에 간위(奸僞)가 있을까 염려하여 반드시 먼저 위학(威虐)을 베풀어 백성으로 하여금 감히 입을 열어 그 진정을 다하게 하지 못하는 자가 많으니, 이것이 어찌 공자의 청송(聽訟)의 뜻이겠는가. 장구에서 '실(實)'을 가지고 정(情)을 해석했기 때문에 또 '허탄(虛誕)' 두 글자를 가지고 대로 들어 말했으니 끝내 의심된 바가 있는데, 이것이 혹 일설(一說)이 될는지? 의심이 있으면 반드시 질정을 한다는 것이 선현들이 후진에게 바라는 바이기 때문에 참람되이 논하여 의심을 기록한다.[66]

亦此意也. 古人編書次序, 皆有意義."

66 『順菴集』卷11, 「經書疑義 · 大學」, "'聽訟'章: "無情者不得盡其辭, 大畏民志." 無情猶言無知. 無情者, 雖有寃屈, 不能卞釋事理, 導達其意. 爲官長者, 必也誘導開曉, 使之自盡其意, 然後民情上通而無壅隔之患矣. '大畏民志'之畏, 與'可畏非民'之畏同, 民志之向背而治亂判焉, 豈非大可畏者乎? 嘗觀世之爲官者, 旣無明德之工, 而御民之際, 恐有奸僞, 必先施威虐, 使民不敢開口而盡其情者多矣. 此豈夫子聽訟之意乎? 章句以

이 해석은 주자와 해석을 달리하는 것으로 매우 드문 사례이면서 순암의 독특한 해석의 관점을 보여주는 것이다. 순암은 진실하지 않은 자에게 진실을 말하도록 엄숙하게 다스려야 한다는 취지의 해석에서 나아가 실제 송사 현장에서의 상황을 상정한다.

곧 일반적인 서민들은 진심(眞心)인가의 여부를 떠나 무지(無知)하기 때문에 그들은 자신의 입장이나 처지를 잘 드러내지 못하기 마련이다. 그러므로 소송을 맡은 지방관들은 우선 그들의 목소리를 듣는 데 좀 더 주의를 기울여야 한다는 것이다. 왜냐하면 그것이 누적될 수 있는 서민 곧 백성들의 불만을 조기에 해소하는 방법이기 때문이다.

이것은 분명 일반적인 본문의 해석과는 다른 것이지만 목천현감(木川縣監)을 역임하며 실무 행정의 경험을 가진 순암이 경전을 읽으며 자신의 경험을 투영한 것이다. 그 방향이 실무행정에서의 실제를 고려하여 백성들의 고민을 경청하고 그들의 의지를 높이 사려는 방향으로 전개되고 있는 점이 주목할 만하다. 이것은 순암 경전해석의 이채로운 점이며, 주석자의 지향이 분명하게 드러난 곳이다.

그런데 그 논점을 달리하는 주석자의 독창성에는 상당 부분 순암이 보고자 하는 당대적 진실이 있으며, 그 저변에는 경전 해석의 다양한 측면에서 나름의 참된 인식을 투영하는 순암의 고투를 확인할 수 있다.

(4) 실천을 지향한 해석적 시야

한편 순암은 『논어』의 해석에서도 실천의 입장을 강조했다. 순암은

實訓情, 故又以虛誕二字對擧而言之, 終有所疑. 此或備一說否? 有疑必質, 先賢之所望於後進, 故僭論志疑."

"옛 사람들은 모두 행실을 중요시했다."고 전제하고 그 사례로 『논어』의 다양한 구절을 인용하면서 그 발언의 순차에 주의하여 해석했다.

이를테면 증자(曾子)는 "익히지 못해 잘 모르는 것을 남에게 가르치지는 않았던가?[傳不習]"라는 학문의 익힘에 대한 말을 "남을 위해 일함에 정성껏 해 주지 못했던 것은 아닐까? 친구와 사귐에 신의가 없었던 것은 아닐까?"라는 충신(忠信)에 관한 언급 뒤에 했음을 지적했고, 공자가 "집에 들어오면 부모께 효도하고, 밖에 나가서는 윗사람을 공경하며 …… 겨를이 있거든 비로소 글을 배우라."라고 말할 때에 효제(孝悌) 다음으로 학문을 말했다는 사실을 상기했다.

이어 자하(子夏)의 사례도 덧붙였다. 자하는 "어진 사람을 높여 받듦을 여색을 좋아하듯 하고, 부모를 섬김에 힘을 다하며, 임금을 섬김에 몸을 바치며, 벗과 사귀되 언행에 신의가 있다면 비록 배우지 못한 사람이라도 나는 반드시 그를 배운 사람으로 평가할 것이다."하였다. 이에 대해 순암은 "자하와 증자가 행실을 중요시한 것은 동일하지만, 자하는 실행을 힘쓰고 문학을 억제하였으며 증자는 실행을 힘쓰면서 학문을 겸하였으니, 이것이 자하가 증자에게 미치지 못한 까닭이다."라고 지적했다. 순암은 요씨(饒氏)의 "인륜은 임금과 어버이보다 더 중한 것은 없다. 그러나 자하가 '어진 사람을 높여 받듦'을 앞에 둔 것은 선(善)을 좋아함에 성의가 있어야 바야흐로 아래 세 가지의 일을 행할 수 있기 때문이었다. 『중용』의 구경(九經)에 존현(尊賢)을 친친(親親) 앞에 둔 것도 이런 뜻이다."라는 언급을 인용하여 동의를 표했다.[67] 구체적인 행실을 우선 강조한 경전의 사례와 해석을 원용하여

67 『順菴集』卷11,「經書疑義 · 論語」, "古人皆以行爲重. 曾子傳習在忠信之後, 孔子學文

실천을 강조하는 자신의 경학적 지향을 드러낸 것이다.

순암의 실천을 지향하는 경전 해석의 관점은 '성인이 사람을 가르치는 방법'에 대한 이해에서도 잘 나타난다. 순암은 다음과 같은 『논어』의 일련의 구절을 인용하면서 성인의 교학법에 대해 "성인은 비록 도와 덕이 크고 지식이 만물을 두루 알지만 무익한 빈말을 하여 사람에게 뽐내지 않았음을 알 수 있다. 이 때문에 다른 사람의 물음에 답할 때에는 그들이 묻는 것만 답할 뿐, 부연하여 끝까지 설명하지 않고 그들이 스스로 미루어 구하기를 기다렸을 따름이다."[68]라는 결론에 도달한다. 경전의 의리에 대한 이러한 귀납법적 이해 방식은 순암이 경전의 해석을 통해 무엇을 획득하고자 했는지를 유추할 수 있다.

순암은 '성인이 사람을 가르치는 진정'에 대해 탐색했다. 경전의 본문을 해석하면서 합당한 결론에 도달하려고 노력한 것인데 그 내용은 지극히 충실하면서도 실천적이다.

> 공자께서 말씀하시기를,
> "제자들아, 내가 숨기는 것이 있다고 생각하느냐? 나는 너희들에게 숨기는 것이 없다. 내가 행하면서 너희들과 같이하지 않은 것이 없다. 이런 사람이 나다.[二三子, 以我爲隱乎? 吾無隱乎爾. 吾無行而不與二三子者, 是丘也.]"고 하시고, 또 말씀하시기를 "내가 무엇을 아느냐? 나는 아는 것이 없다. 천한 사람이 내게 와서 물어보면 도무지 모르는 사람

居孝悌之下, 子夏又以爲: "雖曰未學, 吾必謂之學矣." 子夏與曾子同, 而子夏務實行而抑文學, 曾子務實行而兼傳習, 此子夏之所以不及曾子也. 饒氏曰: "人倫莫重於君親. 此以賢賢居先者, 以好善有誠, 方能行下三事也. 『中庸』九經以尊賢先親親, 亦此意."

68 『順菴集』 卷11, 『經書疑義 · 論語』, "聖人雖道大德宏, 知周萬物, 而不爲無益之空言以衒人, 可知矣. 是以其答人之問, 答其所問, 而未嘗敷演以究其竟, 以待其自推而求之耳."

이라고 하더라도 나는 처음부터 끝까지 일일이 깨우쳐 가르칠 뿐이다.[吾有知乎哉? 無知也. 有鄙夫問於我, 空空如也, 我叩其兩端而竭焉.]" 하셨다. 안연(顔淵)이 말하기를, "선생님께서는 차례대로 사람을 잘 인도하신다.[夫子, 循循然善誘人.]"고 하였다. 이상 몇 가지를 보면 성인이 사람을 가르치는 방법을 대략 알 수 있다. 그러나 공자께서 말씀하시기를 "알려고 애쓰지 않거든 가르쳐 깨우쳐 주지 않을 것이며, 말해보려 애쓰지 않거든 깨우쳐 주지 않을 것이며, 한 모서리를 들어 보여도 나머지 세 모서리를 미루어 깨닫지 못하면 나는 다시 가르치지 않는다.[不憤不啓, 不悱不發, 擧一隅不以三隅反, 則不復也.][69]""

이외에도 순암은 맹의자의 사례나 관중(管仲)에 대한 평가, 자로(子路)의 위(衛)나라에서의 관직생활에 대한 공자의 대답 등을 예로 들면서 공자의 가르치는 방법이 당대의 제자와 스승 간의 교학법과 어떠한 변별점이 있는지를 이렇게 꼬집었다.

이것으로 보면 성인께서는 반드시 물음이 있기를 기다려 답하셨고, 제자들은 반드시 앎에 정통하지 못하고 행실에 못 미친 바가 있어야 물었다. 답을 들은 뒤에는 앎이 더욱 정통해지고 행실에 더욱 진취되어 마침내는 덕을 이루는 데에 이르렀던 것이다. 그 질문과 답은 모두 실용적이어서 후세에 사제(師弟)들이 한갓 질문과 답으로 그 유능함을 뽐내다가 끝내는 빈말이 되게 하는 것과는 달랐다.[70]

---

69 앞의 글 "聖人教人, 子曰: "吾無隱乎爾. 吾無行而不與二三子者." 又曰: "有鄙夫問於我, 空空如也. 我叩其兩端而竭焉." 顔淵曰: "夫子循循然善誘人." 觀此數條, 聖人教人之術, 槩可知矣. 然而子曰: "不憤不啓, 不悱不發; 擧一隅, 不以三隅反, 則不復矣.""

70 『順菴集』卷11, 『經書疑義 · 論語』, " 試擧數條言之. 孟武伯問孝, 子曰: "無違." 恐武伯不知無違之義, 故語其餘義於樊遲, 使武伯知其義. 又曰: "管仲之器, 小哉!" 或有儉禮之問, 而答曰: "焉得儉, 不知禮." 若使或更問器小之義, 則夫子必有所答矣. 且如子

순암은 “그 질문과 답은 모두 실용적이어서 후세에 사제(師弟)들이 한갓 질문과 답으로 그 유능함을 뽐내다가 끝내는 빈말이 되게 하는 것”이라는 지적에서 알 수 있듯 매우 강렬하게 경전에서의 실질적인 교수법을 지적했다. 이러한 실천적 독법으로서의 경전 해석은 『중용』과 『대학』에서도 견실하게 관철되었다.

순암은 학문에서 대사(大事)를 우선해야 한다는 학자에게 가르침을 주면서 『중용(中庸)』에서 말한 것처럼 도(道)가 사람을 멀리하는 게 아니고, 충서(忠恕)를 하면 도를 실천할 수 있는데 충서는 마음속의 것으로 그것이 발로되는 시점이 도를 실행하는 첫길이라고 지적했다. 이것은 매우 간단하고 알기 쉬운 것이며, 그 아래 장의 서술처럼 멀고 높은 곳은 가깝고 낮은 곳부터 올라간다는 것을 강조했다.

순암은 오랫동안 익히고 살피면 자연히 마음과 도가 합치되고 행실과 도가 동반(同伴)될 것이라고 여겼기[71] 때문에 “사서(四書) 중 긴요한 말에 따라 공부하되 체험하고 실행하겠다는 뜻을 가지고 실천하고 살피면 반드시 소득이 있을 것이고 대사도 뚫기 어렵지 않을 것”이라고 지적했다.[72] 이는 『중용』의 충서에 대한 이해 역시 하학상달(下學

路仕衛, 而夫子未嘗戒之. 盖當時有以先公所命宗社爲重之議, 而子路未之問, 子亦不言, 及其後日正名/之答, 子路又不能問其義, 故夫子不能索言, 而亦不敢輕言其義也. 以是觀之, 聖人之言, 必待其有問而答, 弟子之問, 必以其知有所不透, 行有所不及而問, 及其承聞以後, 知有漸透, 行有漸進, 至于成德, 則其答其問, 皆歸實用, 不如後世師弟之徒問徒答, 以衒其能而終歸空言也.”

71 『順菴集』 卷8, 「答沈士潤潊書 乙未(1775)」, “『中庸』曰: “道不遠人.” 繼而曰: “忠恕違道不遠.” 忠恕二字, 皆在於吾心, 發而爲行道之初程, 豈非簡而易知者乎? 下章又言: “行遠自邇, 登高自卑.” 則其爲道可知矣. 積習體察之久, 自當心與道合, 行與道俱矣, 不可以別般大事言之也. 從來禪學, 有此貌像辭語, 原頭一差, 無所不錯, 而徒懸空注想於大事之得透, 而終無可透矣.”

上達)의 방법론으로 이해하는 실천론적 해석의 투영으로 볼 수 있다.

『대학』의 명덕(明德)장에 대한 이해에서도 경문의 '명덕'이 오로지 성(性)만을 말한 것이지만, 주자가 말한 "허령(虛靈)하고 어둡지 않아 모든 이치를 갖추고 모든 일을 응하는 것이다."는 것은 심(心)을 말하고 겸하여 기(氣)를 말한 것이라고 설명했다. 이것은 대개 리(理)는 무위(無爲)한 것이고 기(氣)는 유위(有爲)한 것이니, 사람의 용공(用工)은 반드시 기(氣)쪽으로 향해 가기 때문이라는 주자의 입장으로 이해하면서도 위의 '명(明)'자는 비록 '격물치지(格物致知)'의 뜻이나, 행(行)도 그 가운데 포함되어 있다."[73]고 하여 행위 실천의 맥락을 한번 강조했다.

순암은 분명 "앞의 '명(明)'자는 지식을 쌓는 공부이고, 뒤의 '명(明)'자는 하늘에서 부여한 명덕으로서 나의 덕(德)의 본체(本體)인 것"이라고 인정하지만 동시에 "그러나 밝히는 공부만 한 채 간직하고 함양하는 공부를 소홀히 할 경우, 한쪽으로 치우친 학문이 되어버리고 명덕의 본체도 보존하지 못할 것"이라고 지적했다. 이는 '지식과 실행이 서로 필요하고 분리되어서는 안 되기 때문'이라는 인식의 일단이다. 그러므로 순암은 "이 구절을 읽을 때는 한 번 읊조리지만 말고 반드시 실질적인 마음으로 찾아보고 실질적인 마음으로 실행해야 실학(實學)이라고 이를 수 있다."고 지적했다.[74]

---

72 앞의 글 "幸望着工于四書切緊之語, 要以體驗實行爲意. 行著習察, 必有所得, 而大事不難透矣. 未審盛意如何."

73 『順菴集』 卷11, 「經書疑義 · 大學」, "經文明德專言性, 而章句釋之曰人之所得乎天者, 是也. 又繼之曰: "虛靈不昧以具衆理而應萬事者也." 是言心而兼言氣. 盖理無爲而氣有爲, 人之用工, 必從氣邊做去故也. 程子曰: "論氣不論理, 不明; 論理不論氣, 不備." 上明字, 雖格致之義, 而行亦包在其中."

74 『順菴集』 卷8, 「與柳敬之諏書 乙未(1775)」, "爲學之要, 不過務實二字. 公向讀『大學』,

명덕을 다산(茶山)의 경우처럼 효제자(孝弟慈)라고 바로 지적하지는 않았지만 '명명덕'의 해석에 실천의 맥락을 거듭 강조함으로써 그 실천적 해석의 지향을 강하게 드러낸 것이다.

3. 예학의 인식과 실천

순암은 자신의 삶을 돌아보며 그 스스로 생애 국면, 국면에서 끊임없이 예학과 관련한 연마를 쉬지 않았음을 토로한 바 있다. 그런데 순암의 예학과 관련하여 주의 깊게 볼 것은 그 예학에 대한 인식과 실천이 매우 긴밀하게 연관되어 있다는 것이다.

> 갑술년(1754, 영조 30)에 거상(居喪)한 후 『가례주해(家禮註解)』를 편찬하느라고 꽤나 심력을 기울였으나, 글이 암초(暗草)로 되어 있어 내가 직접 교검(校檢)하지 않는다면 남들은 이를 판독할 수 없으니, 역시 미완성의 책이나 마찬가지이므로 이 점이 한스럽다. 또 일찍이 『가례』의 목록에 의거하여, 위로 삼례(三禮)에서부터 『통전(通典)』과 염락제현(濂洛諸賢) 및 우리나라 선유의 설에 이르기까지를 엮어서 『가례익(家禮翼)』이라고 이름하였으니, 이 또한 하나의 거대한 저술이다. 그러나 아직 완성하지 못하였으니, 뒤에 어떤 사람이 이것을 완성할 수

試以『大學』首句言之. 所謂明德, 是得之於天, 人皆有之, 若任其昏蔽, 不下明之之工, 則循人欲而墜天命, 其違禽獸不遠矣. 是以, 必欲其明其明德以保守我惟天所降之衷而存養之. 上明字, 卽致知之工也; 下明字, 卽所得乎天之明命而爲我德之本體者也. 徒下明之之工而忽於存省, 則爲偏枯之學, 而明德之本體, 不能自保矣. 此知行之所以相須而不可離者也. 故讀此句, 不徒一番吟詠而已, 必以實心求之, 實心行之. 諸書讀法皆如此, 然後庶幾爲我之有而眞可謂之實學也."

있을지 모르겠다![75]

순암은 참으로 『가례』의 규범을 마련하기 위해 지속적으로 노력했다. 그는 『가례』에 대한 일종의 주석서인 『가례주해(家禮註解)』와 『가례익(家禮翼)』을 단독으로 저술하고 나서 1781년에는 공백당(拱白堂) 황덕일(黃德壹, 1748~1800) 등과 함께 『가례집해(家禮輯解)』를 공동으로 완성했다. 학자들이 『가례』의 문의(文義)에 막혀 예의(禮誼)에 어두울까 걱정하였기 때문이다. 그리고 이 책은 구절마다 주석을 달고 선유의 학설을 부기했다.[76] 그러나 이들 저작은 매우 아쉽게도 현전하지 않는다.

1773년 60대의 순암은 안경점(安景漸)이라는 사람이 자신의 선조 안여경(安餘慶, 1538~1592)을 불천위(不遷位)로 삼고자 하여 가능한 지를 묻는 질문을 받은 적이 있다. 이에 대한 안정복은 "신도(神道)는 총명하고 정직한데, 어찌 분수에 지나친 흠향을 하겠습니까?"[77]라고 답하는 데서 그의 입장을 볼 수 있다. 안정복의 예에 대한 입장은 인정에 이끌려 지나치거나 넘치는 것을 경계하고 역할에 맞는 절차와

75 『順菴集』 卷14, 「示弟鼎祿 子景曾遺書 己卯」, "甲戌居憂後, 編『家禮註解』, 頗費心力, 而文在暗草, 非親自校撿, 則他人不能辨, 亦同未成之書, 是爲可恨. 又嘗欲依『家禮』目錄, 上自三禮, 至『通典』濂洛諸賢我東先儒之說編之, 名曰『家禮翼』, 是亦一副當大篇文字而未能成, 未知後有何人能爲此否也."

76 『順菴集』, 「順菴先生年譜」, "先生嘗患世之學者於家禮, 杜撰文義, 全昧禮宜, 乃逐句註釋, 間附先儒之說, 名之曰'家禮集解'. 自乙亥始草, 未及脩正, 至是與門人黃德壹, 考校而整寫之."

77 『順菴集』 卷7, 「答安正進問目 癸巳」, "盖後世禮節繁縟, 無所防限, 或有濫溢之弊, 祖先之有顯職者, 多在不祧之列, 誠如盛諭文勝之末弊也. 如此者, 其所以尊之, 適所以貽譏. 且神道聰明正直, 豈享濫溢之祀哉." 이하 관례와 관련한 연구는 김정운(2023), 119~123쪽 참조.

명분을 지켜야 한다는 것이었다.

순암의 구체적인 행례에 대한 관점을 잘 보여주는 관례(冠禮)의 경우, 그는 혼례(婚禮)처럼 섭성(攝盛)의 의리가 없기 때문에 관복을 사용할 필요가 없다는 점에 대해서는 성호와 동일한 인식을 갖고 있었다.[78] 그러나 삼가례(三加禮)의 절차와 관련해서 성호는 첫 번째 관을 씌우는 절차, 즉 치포관(緇布冠)을 씌우는 절차는 "예는 근본을 잊지 않는다[禮不忘本]"는 정신에 입각하여 그대로 준행하지 않을 수 없지만, 두 번째와 세 번째 절차는 『가례』대로 지킬 필요가 없으며, 첫 번째 절차에 통합하여 시행하는 것도 무방하다고 생각하였다. 절검의 입장에서 과감하게 축소한 것이다.

구체적으로 순암은 그 의례를 세워 하나하나에 대한 기준을 제시하였는데, 항목에 따라 세목이 매우 구체적이었다. 이를테면 관례에서 초가에 심의(深衣)를 입고, 재가는 조삼(皀衫)을 쓴다고 하였지만, 안정복은 심의는 평소에 가정에 있지도 않고 갑자기 마련하기도 어려운 옷이라고 보았다. 또, 조삼은 송나라 사대부가 평소에 입던 상복(常服)인데 지금 세속에서는 도포(道袍)를 상복(上服)으로 하기 때문에 도포를 사용하면 된다고 하였다.

띠를 두르는 것도 마찬가지였다. 초가(初加)는 고례(古禮)를 따라 치대(緇帶)를 쓰고, 재가(再加)는 가례를 따라 혁대(革帶)를 쓰고, 삼가(三加)는 세속을 따라 청사대(靑絲帶)를 쓰게 하였다. 고례와 시례(時禮)를 병용하는 방식이었다. 신발[履]도 우리나라의 방식을 적용하였다.[79] 순

78 『星湖先生禮說類編』 附錄, 「答安順菴問目」

79 『順菴集』 卷14, 「冠禮酌宜儀節 庚寅 (小孫喆重冠禮時所定)」, "[履] 古禮屨順裳色. 家禮已不然. 而東俗堂上不用屨. 不可一一依古. 故今以一靑鞋用于三加之後. 亦從古皮屨

암은 고례에 신발은 치마 색깔을 따른다고 하였으나 가례에는 이미 그렇게 하지 않았고, 게다가 우리나라의 풍속은 당 위에서 신발을 신지 않기 때문에 일일이 고례를 따를 수 없으니 지금 청혜(青鞋) 하나를 삼가 뒤에 쓰기로 하는데 가죽신[皮屨]을 쓴 고례의 취지를 따랐다고 설명하였다.

순암은 의례의 절차는 고례와 가례를 기준으로 마련하였다. 그리고 당시 우리나라에서 통용되는 풍속을 수용하였다. 사용하는 물품의 종류는 줄이면서, 의례를 거행하는 이유와 각 절차의 의미를 기억하면 된다고 하였다. 중요한 것은 의례를 실천하고자 하는 의지였다. 개인마다 사회적 지위와 경제적 여건이 다르기 때문에 안정복은 이것을 참작해서 일반적인 사람들도 예를 실천하는 사람이 될 수 있도록 의절을 구성하였다.

특히 이 과정에서 주목할 점은 관례를 비롯하여 혼례 등에서 의례의 과정을 하나하나 모두 문서로 남겨놓았다는 것이다.[80] 순암은 혼례에서 형식에 맞는 문서 작성을 강조하였다. 그래서 각 절차에 사용할 서식을 제시하였는데, 납채(納采)의 서규(書規)는 속례(俗例)를 따르고, 사어(辭語)는 사혼례의 구의성문(丘儀成文)을 취하며, 당본(唐本)『만보전서(萬寶全書)』의 서식도 채용하였다.[81] 순암은 서식은 납폐 때만 신랑 집에서 글을 보내고, 이것을 '혼서(婚書)'라고 하며, 신부 집에서는 답장이 없는데 이것은 예법에 위배된다고 지적하였다.

之義. 三加以元服爲重. 而貧窶難備三加之服. 則以一道袍用之. 亦無妨矣."

80 관련 연구는 김정운(2023), 128~129쪽 참조.

81 『順菴集』 卷14, 「婚禮酌宜 納采書式 書規依俗例. 辭語取士昏禮丘儀成文. 下同. 唐本『萬寶全書』書式亦采用.」

그런데 순암은 성호의 예제(禮制)의 축소에 대해 묵수하지만은 않았다. 그는 "성호 선생이 관례 때에 관을 한 번만 씌우도록 제정한 것은, 이것만 실행해도 되겠다고 여긴 것이 아닙니다. 관례는 성인(成人)이 되는 대례(大禮)로서 폐지할 수 없는데도 불구하고 지금은 가정에서 실행하는 사람이 매우 드물게 된 것은, 비록 가난하여 못한다고 핑계를 대지만 사실은 무식해서 그런 것입니다. 그래서 성호 선생이 이처럼 매우 간략한 의절을 만들어 사람마다 실행시키고자 하였으니, 그 뜻이 또한 슬픕니다. 성호 선생도 세 번 관을 갈아 씌우는 고례(古禮)를 실행하고 싶은 마음이야 어찌 그칠 수 있는 것이었겠습니까?"[82]라고 평가하면서 성호 선생의 의도가 삼가례(三加禮)를 온전히 하는 것이었다고 이해했다. 따라서 순암은 세 번 관을 씌우는 절차를 실행하되, 그 대신 사용하는 관(冠)과 복장을 간소화하여 시행하는 방향으로 조정했다. 그 예제의 정신이 깃들어 있는 절차 그 자체는 준수하되 소용되는 물건을 절검한 것이다. 『국조오례의(國朝五禮儀)』와 『격몽요결(擊蒙要訣)』에서는 세 번째 관을 씌울 때 사모(紗帽)와 단령(團領)을 사용하도록 규정하였는데, 이는 모두 관료가 착용하는 관과 복장이다. 이처럼 뒤에 갈수록 더 좋은 관과 복장을 사용하는 것은 세 차례 관을 씌우면서 매번 더 존귀한 관을 사용함으로써 관례자에게 자신의 덕을 수양하는 뜻을 새기도록 가르치는 것이다. 이는 『의례』의 정신에 따른 것이다.

요컨대, 순암의 가례 규정은 『성호예식(星湖禮式)』과 마찬가지로 18

---

82 『順菴集』 卷9, 「答李最壽問目辛亥」, "星湖先生一加之禮, 非謂只此爲可. 冠是成之大禮, 不可廢者. 今人家行之者絶少, 雖委於貧窶, 而實則無識而然也. 先生爲此至簡之儀, 欲使人人行之, 其意亦悲. 欲行古禮三加之禮, 烏可已也?"

세기 이후 향촌 사족이 유교질서를 자신의 처지에 맞추어 재구성하는 한 전형을 보여준다. 이는 성호의 예 인식을 좀 더 자신의 예 인식에 맞추어 전환한 것이다. 성호에게서 예(禮)는 "명분(名分)을 바로잡는 것"[83]이며, 사회적 명분에 맞추어 적절한 형식으로 의례적 위계질서를 정립해야 것이었다.[84] 성호는 이런 인식에 따라 관직이 없는데도 4대 봉사를 하거나, 경제적 형편과 분수에 넘치는 의례적 과시에 대한 비판을 가하였다. 벼슬을 하여 경제적 여유가 있는 사대부의 『가례』와는 달리 "녹(祿)이 없는 서인(庶人)"을 위한 이른바 '서인가례(庶人家禮)'의 구상을 역설함으로써 사대부가 아닌 사서인(士庶人)의 예를 마련했다.[85]

> 대저 지위가 낮으면 재물이 적고, 재물이 적으면 용도가 궁핍하고, 용도가 궁핍하면 일이 간략하게 된다. 간략해야 하는데도 간략하게 하지 않으면 힘이 반드시 미치지 못하는 것인데, 억지로 넉넉하게 하면 민생에 해를 끼치게 되는 것이니, 세상이 다스려지기를 어떻게 논하겠는가? …… 우리 동방은 …… 땅은 척박하고 백성은 가난하여 재용(財用)이 항상 궁핍한데도, 풍속은 사치한 것을 힘써 공연히 높은 체하고 겉치레하느라고 묘사(廟祀)에 이르러서도 남에게 미치지 못하는 것을 부끄럽게 여겨서, 벼슬이 없는 필부와 서인이 매양 경상(卿相)과 견주고, 비록 아무 것도 없는 빈한한 집이라도 죽기를 무릅쓰고 따라가려

83 李瀷, 『星湖僿說』 卷10, 「率禮定名」, "法者本乎禮, 率禮而之制, 違則有刑, 是謂之法, 不本其禮, 法爲虛, 設禮者, 正名爲主也."

84 『星湖僿說』 卷10, 「祭三世」, "故不耕者無盛, 不畜者無牲, 粢盛犧牲, 非其分也."

85 『星湖僿說』 卷10, 「庶人家禮」, "家禮猶諉諸時無立宗之法, 今制許不祧之祀則, 又非朱子之本旨也. 余故曰識禮者, 宜別爲庶人家禮一書, 爲無官者之通行, 斯可矣. 無田則薦而不祭. 故聖賢累言之. 是不獨力之不及, 亦義之不敢也, 此可與知者論."

> 고 한다. 혹 살아서는 잘 봉양하지 않다가도 죽어서는 반드시 분수를 넘으니, 이것은 반드시 행하지 못할 도(道)이다[86]

성호는 분수에 맞지 않게 경제적으로 사치하고 사회적 위계질서를 범하는 풍조를 비판하면서, 구체적인 의절(儀節)과 제찬(祭饌)의 규모까지도 합리적인 의례적 위계질서를 구현해야 한다고 주장했다. 의례에서의 합리적인 위계질서는 정치적 지위와 연계되는 경제적 규모, 경제적 규모와 연동되는 것이다. 사회적 위계질서는 시행자의 실천가능한 적절한 의례적 형식으로 구현될 때 온전하게 이룩될 수 있는 것이다.

> 서인(庶人)이 어찌 감히 사대부(士大夫)와 같겠습니까? 한 달을 넘기는 장례[踰月葬]를 치르지 않아도 갈장(渴葬)은 아닌 듯합니다. 궤식(饋食)하는 의절도 생략하여 생계를 부지하게끔 해야 합니다. 그러므로 우리 집안의 방식은 지극히 곤궁한 처지를 고려하여 규례를 마련하지 않은 것이 없고, 줄일 수 없을 만큼 줄이고 감히 더하지 않았습니다. 따로 『서인가례』 한 부를 만들어서, 바로 당장 몰락하는 처지나 면해 보고자 도모했는데, 비난이 사방에서 이르렀으나 신경 쓰지 않았습니다.[87]

---

86 『星湖僿說』 卷10, 「四世木主」, “夫位卑則財少, 財少則用乏, 用乏則事簡, 簡而不簡, 力必有不及, 强以贍之, 貽害于民生, 世治何論 …… 我東, …… 地瘠民貧, 財用恒乏, 人風務奢虛高飾外, 至夫廟祀耻不及人, 無官匹庶每與卿相比擬, 雖匱竭寒戶抵死企望, 或生不崇, 養死必逾等, 此必不行之道也.”

87 『星湖全集』 卷20, 「答尹幼章 甲戌」, “庶人其敢與大夫士同耶? 不踰月, 恐非渴葬矣. 饋食之節, 更宜刪略, 俾有扶持活計. 故吾家中所處, 無非從至窮至殘處起例, 無可減而有不敢加, 別成庶人家禮一部, 庶幾免目下破落之圖, 譏誚四至而亦不卹也.”

순암은 상제(喪祭)의 실천에서 성호의 예학과 예설에 대체로 충실하였다. 특히 상례의 실천에서는 성호의 『상위일록(喪威日錄)』을 철저히 계승했으며, 자신의 상례에도 그것을 따르도록 유언을 남겼다.[88]

성호의 예식(禮式)에 비추어 볼 때 순암의 예식(禮式)은 기본적으로 검소하고 실행 가능한 방식을 추구하는 성호의 입장을 계승한다. 그러나 관례 형식, 친영(親迎), 제사 범위 등 가례의 중심 체제를 이루는 부분과 관련하여, 순암은 『가례』나 고례(古禮)에 근거하여 예의 본의를 중시하는 관점에서 본래의 격식과 당시의 관행을 수용하면서 성호의 간소함을 보완한 것이다.[89]

그러나 성호와는 달리, 정치적 권세를 지니고 경제적으로 풍족한 상류층이 현실적으로는 온갖 호사를 누리면서도 조상 제사에서는 박하게 하거나, 가난하고 힘없는 하류층이 현실적 곤궁함으로 인해 아예 제사를 폐하는 문제점에 대해서도 날카롭게 비판했다.

> 제사 모시는 예는 마땅히 집이 가난한지 부유한지와 농사가 풍년인지 흉년인지와 한 해 경비의 많고 적음을 살펴서, 그에 따라 절제하여 다음과 같이 일단 삼품(三品)으로 정합니다. 집이 부자이고 농사도 풍년이면 『가례』 대로 변과 두를 각기 여섯 개씩 놓되 지나쳐서는 안 되고, 그렇지 못하면 변과 두를 네 개 또는 두 개를 놓되 정조(鼎俎)와 병면(餠麵) 같은 것은 경우에 따라서 적당히 줄이며, 또 그 이하는 변과 두 각각 하나씩만 차려도 안 될 것이 없습니다. 또 그것도 못하여 예를 차릴 수가 없으면, 비록 현미밥에 나물국이라도 놓아서 제사를 빠뜨리지 않기만 하면 될 것입니다.

---

88 자세한 분석으로는 이민주(2010) 참조.

89 전성건(2020), 19~23쪽 참조.

제가 비록 매우 가난하긴 해도 아주 영락한 것은 아니기에 묘전(墓田)을 그대로 지키면서 오직 절약하며 살아가고 있습니다. 그러나 한 해 동안 제사가 매우 많아서 비록 제기(祭器) 둘씩만 차린다고 해도 연말에 계산해 보면 비용으로 든 돈이 매우 많습니다. 가난한 선비가 돈을 마련하자면 곡식과 바꾸는 길밖에 없는데, 많지 않은 곡식으로 계속 바꾸다 보면 나머지가 얼마나 되겠습니까? 그것이 두려워 금년에는 제사 의식을 다시 정해 묘제(墓祭)는 국제(國制)대로 한식(寒食)·추석(秋夕)에만 행하고, 정조(正朝)와 단오(端午)는 없앴으며, 사당 안에서는 동지(冬至)와 하지(夏至) 두 때만 제사를 행하기로 하였습니다. 그리고 기제(忌祭)가 있는데, 제물은 위에 말한 삼품 중에서 중(中)과 하(下) 두 품만을 쓰기로 하였습니다. 중요한 이유는 우선 남에게 빚을 지고 싶지 않고, 또 물건을 전당잡히기 싫어, 단지 1년 동안 수입을 계산해서 쓰고 싶었던 것입니다.

그러나 토지는 늘 줄어들고 사람 입은 갈수록 더 많아져서, 앞으로는 반드시 이렇게 할 수 있으리라는 보장도 없습니다. 이는 다 제 억지스런 생각에서 나온 것들이라서 아무래도 자신이 없기에 다시 이렇게 여쭙습니다.[90]

90 『順菴集』 卷2, 「上星湖先生書 丁丑」 "妄竊以爲祭祀之禮, 當視其家之貧富, 歲之豐歉, 一年經用之饒乏而爲之節度, 定以三品. 家苟富也, 歲苟豐也, 當如家禮六籩六豆之數而不得過焉, 否則籩豆或四或二, 而鼎俎餠麵之屬, 隨而裁減. 又其下則一籩一豆, 亦無不可. 又不及此, 無以爲禮, 雖糲飯菜羹, 當祭之無闕耳. 鼎福雖甚貧窶, 猶不至於瑣尾, 則只得保守墓田, 一味節嗇, 而一歲之內, 祭祀許多, 雖以二簋之義而享之, 歲末計之, 費錢甚多. 貧士之錢, 惟在於以穀貿之, 穀無多而貿錢不已, 則其餘幾何. 爲是之懼. 年定祭儀, 墓祭依國制, 用寒食秋夕而廢正朝端午, 廟中存二祭, 用冬夏二至, 又有忌祭, 而祭物則於上三品之中, 用其中下二品而裁制焉. 其要不欲負債於人, 不欲典賣物件, 只欲於一歲之中, 觀其所入而爲之. 然而土地內縮, 人口外廣, 亦不能必其如是矣, 此出臆料, 不能自信, 復此仰告."

순암은 성호의 가르침을 준수하되 집안의 형편을 우선 생각하지 않을 수 없는 사정이 있었기 때문에 매우 과감하게 제사의 비용을 줄이는 방향으로 그 예제를 정할 수밖에 없었던 것이고, 그 기준을 명확하게 자신할 수 없었기 때문에 스승에게 이렇게 묻고 있었던 것이다.

예학의 실천과 관련하여 순암 안정복의 구체적인 측면을 보여주는 것이 자신의 장례 절차에 대한 당부인 「송종록(送終錄)」과 「추록(追錄)」이다. 순암은 생전에 자신의 상장례(喪葬禮)를 거행하는 원칙을 자손들에게 유언으로 남겼다. 먼저 54세 때인 1765년(영조 41)에 「송종록」을 쓰고, 19년이 지난 73세 때인 1784년(정조 8)에 「송종록」의 내용을 가감하여 「추록」으로 완성하였다. 그가 70세에 『가례집해』를 저술한 사실을 고려하면, 「추록」은 평생의 연구 결실이 집약되어 있다고 볼 수 있다. 그는 「송종록」에서 상장례의 근간을 스승인 성호 이익의 「상위일록」에 두면서 재량껏 줄여서 실천할 것을 원칙으로 삼았다. 연로한 부모님이 살아 계시지만 자신이 병약하여 걱정을 끼쳐 드리기 때문에 쇄례(殺禮)한다고 스스로 밝히고 있다.[91]

여묘살이와 함께 순암의 상장례 절차에서 주목되는 점은 조석전(朝夕奠) 및 삭망전(朔望奠)에 대한 축소 노력이다. 『주자가례(朱子家禮)』에서는 매일 아침저녁으로 조석전을 거행하고, 매월 초하루에 삭전을 거행하는 것을 원칙으로 하였다. 여기에는 곡(哭)이 동반되었고, 진설(陳設)하는 물품은 조석전에는 향, 차, 초, 술, 과일을, 삭전에는 조석전의 물품에 고기, 생선, 면, 떡, 국, 밥 등의 음식물들이 추가되었다.

---

91 『順菴集』 卷14, 「送終錄」, "余不肖早罹奇疾, 其於奉先以禮, 不能如誠, 今又老親在堂而疾症如是, 重貽其慽, 不孝大矣, 當用殺禮." 안정복과 안정복 가문의 상장례의 실질적인 실천에 대해서는 김경숙(2017), 앞의 논문, 235~240면 참조.

이와 함께 음식물을 올리는 상식(上食)은 식사 때마다 이루어졌고, 새로운 음식물이 있으면 별도로 상식 의식을 갖추어 천신(薦新)하였다. 이렇게 매일 조석전과 상식을 올리고, 매달 초하루에 삭전을 올리는 것은 결코 녹록치 않은 행례 절차이다. 순암은 「상위일록」과 「추록」에서 더욱 간소화된 입장을 제시하고 있다. 조석전을 폐지하고 혹 새로 나온 식물(食物)이 생기면 마땅히 단천(單薦)으로 올리고 곡한다. 삭전만 행하고 원반전(月半奠, 망전)은 폐지한다.[92] 조석전은 설행하지 않는다. 평조(平朝)에 다만 맑은 물 한 그릇만 올리고 곡한다.[93]는 것이다.

두 글이 쓰여진 시점을 고려하면, 삭전만 거행하는 데에서 다소 완화되어 삭망전 거행으로 최종 정리되었다고 할 수 있다. 이 외에 여기에서는 매일 아침저녁으로 식사를 올리는 상식은 언급하지 않지만 기본적으로 거행하면서 추가로 거행하는 전례에 대해서는 조석전을 폐지하고 삭망전만 남겨놓는 형태이다.

이는 『주자가례』 및 『국조오례의』 등의 예법보다 한층 간소화된 모습을 보여주며, 스승 성호의 입장과 비교할 때도 그 스스로 언급하듯이 쇄례의 원칙을 적용하고 있다. 특히 망전은 『주자가례』에 없는 절차임을 고려하면, 그가 망전을 폐지할 것을 고려한 것은 『국조오례의』에 근거하여 시속으로 자리 잡은 절차를 다시 『주자가례』의 예법에 합당한 절차로 회복시키고자 하는 의미를 담고 있다. 이러한 그의 입장이 「추록」에서 조석전의 폐지로 최종 결론을 지은 것은 삭망전을

92 앞의 책, "罷朝夕奠, 或得新物, 當單薦而哭之, 只行朔奠, 而廢月半奠."

93 『順菴集』 卷14, 「追錄」, "不設朝夕奠, 平朝只奠一盂淸水而哭之."

거행하는 시속(時俗)을 수용한 것으로 파악된다.

순암이 제시한 그 구체적인 절차상의 특징을 좀 더 자세하게 살펴보면 초종(初終)에서 담사(禫祀)에 이르기까지 『주자가례』를 충실하게 실천하여 여묘살이가 포함되지 않은 행례 절차를 보여준다. 여묘살이는 17세기를 거치면서 『주자가례』에 대한 이해가 심화되는 과정에서 쇠퇴해갔다. 그 결과 18세기 후반을 살았던 순암가의 상장례에서는 이미 여묘살이가 탈락하여 더 이상 거행하지 않는 상황을 반영하고 있다.

또 다른 특징으로는 조석전을 폐지하고 삭망전을 시행하여 시속(時俗)을 따르고 있다. 『주자가례』에서는 상식과 별도로 매일 아침저녁으로 곡(哭)을 동반한 조석전을 거행하고 매월 초하루에 삭전을 거행하도록 하였고, 『국조오례의』에서는 15일의 망전을 추가하였다. 이는 시속을 형성하여 16세기 이문건(李文楗)은 조석전 및 삭망전까지 설행하고, 17세기에도 조석전과 삭망전을 거행한 사실을 확인할 수 있다. 18세기에 오면, 이익이 「상위속록(喪威續錄)」에서 그 번잡한 폐단을 지적하고 있지만, 그럼에도 오랜 시속이라는 점 때문에 폐지하지 못하고 진설하는 물품을 줄이는 선에서 절충하였다. 그러나 순암은 이에 대하여 쇄례의 원칙을 적용하여 조석전을 폐지하고 삭망전만 남겨놓음으로써 스승보다 한층 간소화된 모습을 보여주고 있다. 그의 쇄례 원칙은 그가 사망한 후 주상자(主喪者)들에 의해 그대로 실천되는 모습을 확인할 수 있다.

「묘제의(墓祭儀)」에서도 절검과 형편을 강조하는 순암의 기본적인 인식은 동일하게 적용되었다.

선대의 묘소에는 조위(祧位)가 있고, 봉사위(奉祀位)가 있고, 부위(祔位)가 있고, 상위(殤位)가 있으며, 또 산신위(山神位)가 있다. 조위는 1년에 한 차례, 매년 10월 초하루에 상묘(上墓)한다. 봉사위는 1년에 두 차례, 한식과 추석에 상묘한다. 부위와 상위는 모두 집에서 마련한 것으로 하며, 제전에서 거둔 것을 쓰지 않는다. 추수한 것을 제사에 쓴 후에는 필시 다소간 남는 것이 있을 터이니, 모두 따로 저축해두고 유사(有司)를 정하여 선대의 묘역에 사용하고, 또 마을 안 일가들의 길흉사 등에 적절히 헤아려서 도와준다. …… ○조위 및 봉사위는 밥 · 국 · 떡 · 면 · 어탕 · 육탕을 각각 한 그릇, 적 세 꼬치, 소채 따위는 김 치 · 숙채 · 생채 · 잡절임[雜菹 · 식해 및 초의 육두(六豆)로 하고, 절육(切肉) 속칭 좌반(佐飯)과 포(脯), 과일 사품(四品)의 육변(六籩)으로 한다. 그러나 만일 힘이 미치지 못하면 사두(四豆) · 사변(四籩)으로 하면 된다. ○상위(殤位)는 밥과 국으로만 하되, 살아있는 사람의 식사와 같이 할 일이며, 찬품(饌品)에 대해서는 논할 필요가 없다. …… 가난하면 집의 형편대로 하는 것이 예(禮)이다. 우리집이 매우 가난하여 살기가 어려우니, 조상을 받들고 싶은 마음이야 무궁하지만, 집안의 능력 유무에 달린 일이므로 이제 그 능력을 감안하여 언급한다. …… ○제사를 마친 뒤에 자손들이 제청에서 음복을 한다. 첫째는 선조의 은혜를 잊지 않겠다는 것이며, 둘째는 그 날의 친족 간의 정의를 펴고자 함이다. 한껏 기쁨을 나누고 파한다.[94]

94 『順菴集』 卷14, 「墓祭儀」, "先墓有祧位有奉祀位, 有祔位有殤位. 又有山神位. 祧位, 歲以十月朔上墓, 一年一次. 奉祀位, 寒食秋夕上墓, 一年二次. 祔位殤位, 皆自家中辦出, 不用祭田所收. 秋收祭用後所餘, 必有多少之數, 皆別儲定有司, 用於先代墓役及巷內一家吉凶等事, 酌定顧助. …… ○祧位及奉祀位, 飯羹餠麵魚肉湯各一器, 炙三串, 蔬菜等屬, 沉菜熟菜生菜雜菹食醢及酢爲六豆, 切肉俗稱佐飯, 脯果四品, 爲六籩, 力若不及, 則四豆四籩可也. ○殤位, 只當以飯羹爲之, 如生人之食而已, 饌品不必論. …… 貧則稱家有無禮也. 吾家貧甚, 無以自存, 享先之心雖無窮, 在家力之有無, 今量力而言之. …… ○祭後子孫飯餕於祭廳, 一則不忘先祖之惠, 一則叙當日親族之情, 盡

「묘제의」에 의하면, 광주안씨 종중은 가난한 살림을 고려하여 현실적 능력에 따라 의절의 형식과 제찬(祭粲)의 규모를 축소할 수 있는 여지를 갖고 묘제를 드리며, 대종중의 상징인 사간공(司諫公) 산소에는 문장(門長)이 제사를 드리고 다른 산소들은 해당 소종가(小宗家)에서 제사를 드린다. 전자는 성호학파 예학의 현실적 절검 정신을 계승하여 반영한 것으로 파악된다. "가난하면 집의 형편대로 하는 것이 예(禮)이다."라는 확고한 의식은 예의 인식과 실천에서 순암이 견지했던 실천 지향의 명백한 표현인 것이다.

이 같은 절차상의 특징을 볼 때, 18세기 후반의 순암가는 『주자가례』 의례를 충실히 따르면서 세부적인 부분에서는 검약의 기준을 적용하여 쇄례 원칙을 적용하고 있다. 성리학적 의례의 정착 단계에서 형식화되는 절차상의 번잡한 부분이나 현실과 어긋나는 부분들을 조정하고 단순화하는 과정을 통해 그 본래 의미의 회복을 지향한 것이다.

그리고 이러한 인식과 실천을 고스란히 보여주고 있는 순암과 순암가의 문헌들은 순암의 예에 대한 인식과 실천이 매우 깊은 연관 속에서 통일적으로 이어지고 있다는 사실을 확인시켜 준다. 이는 예학 방면에서 짚을 수 있는 순암 학문의 성격으로 볼 수 있다. 이를 지켜본 황덕길은 연보에서 집안에서의 예 실천에 대한 순암의 모습을 이렇게 기록했다.

> 집안에서 부모를 섬김에 있어서는 효성과 공경을 다하였으며, 자제를 가르침에 있어서는 예로써 이끌었다. 동생들이 이미 분가(分家)하였는

歡而罷."

> 데도 매번 있고 없는 것을 물어서 집안 살림을 보살펴 주었으며, 친척과 인근 마을 사람들 가운데 혹시라도 곤궁한 자가 있으면 반드시 힘이 닿는 대로 도와주었다. 생활이 검소하고 소박하였으며, 항상 절검하기를 힘썼다. 몇 마지기 되는 돌밭에서 나는 소출이 적었으나, 제사 지내고 손님을 접대함에 있어서 궁핍한 지경에 이르지 않은 것은, 수입을 따져서 지출하였기 때문이다.[95]

순암이 계승하는 광양군파(廣陽君派) 소종가를 포함해서 대다수 광주안씨 종인들은, 상당한 규모의 경제적 기반을 구축했던 각 지방의 명문 종가들에 비해 경제적으로 열악했다. 순암의 고백에서 직접 확인할 수 있거니와, 순암가는 그리 넉넉하지 못한 경제적 형편에도 불구하고 절약과 상부상조를 통한 종계 운영과 묘제 실천을 지속했던 것으로 추정된다. 이는 지위와 재력이 모자라는 향촌에서 '절검'과 '부조'를 통해 친족공동체를 결속하는 양상을 보여준 것으로 평가할 수 있다. 광주안씨 사간공파의 사례는 혈연적 친족질서를 전국적으로 확대함으로써 가까스로 불천위 제사를 모시고 종계를 운영할 수 있는 경제적 기반을 마련했다는 점에서 조선 후기 가난한 문중들이 규모의 경제를 위해 '십시일반(十匙一飯)'의 전략을 취했을 가능성을 선보였다.

이러한 내용은 서성입종론(庶姓立宗論)에 근거하여 '경제적으로 가난하고 정치적 지위가 없는' 서인가례(庶人家禮)의 새로운 가능성을

95 黃德吉, 『順菴先生行狀』, "先生尤用力於日用工程, 著心口耳目手足六箴, 朝晝暮夜四銘, 銘諸障壁, 又刻敬直義方四字, 符揭座右, 及病革, 命侍者索置寢側, 其平日可知也. 居家事親, 盡誠敬, 敎子弟, 繩以禮, 弟妹旣分居, 每稱其有無, 爲經理之, 親戚鄰比, 或有窮匱者, 必隨力賙恤之, 生事素薄, 常務爲節儉, 數頃石田, 歲入頗約, 而供祀禮賓, 不至窘乏者, 量入爲出也."

모색했던 성호의 정곡종회(貞谷宗會) 구성과 묘제 실천의 연장선상에서 이해할 수 있다. 이는 정치권력과 경제력을 모두 갖춘 중앙의 경화세족(京華世族)이나 정치권력은 모자라도 경제력을 갖춘 지방의 재지사족(在地士族)과 달리, 양자를 모두 못 갖춘 양반들이 문화적 차원에서 불천위의 제사를 중심으로 (대)종중의 친족의식으로 새롭게 결속하면서 사족의 문화적 정체성을 확인하고 종계를 통해 상호 부조하는 사회경제적 안전망을 확보함으로써 하층 백성으로 전락하는 것을 막기 위한 의례적-공동체적 실천전략이라고 할 만하다.[96]

4. 남는 문제

이제까지의 우리는 순암 학문의 성격을 인식과 실천의 정합성이라는 논점으로 살펴보았다. 아주 넉넉하다고는 할 수 없는 순암의 경학과 예학의 현전하는 자료는 순암의 학문이 상당히 인식과 실천이 상당히 일관된 방식으로 제시되고 있다는 점을 드러내고 있다. 순암은 주자학에 철저하고 정통론에 매우 뚜렷한 지지의 입장을 지니고 있음에도 불구하고, 그 특유의 하학(下學)에 대한 관심과 사가(史家)로서 역사 사실에 근거하고자 하는 자세로 인해 종종 전통적인 입장이 아닌 상당히 개성적인 의견을 제시할 때가 적지 않았다. 이는 순암 학문의 뚜렷한 개성으로 포착되어야 할 것이다.

순암은 만년에 당대의 학술의 문제를 지적하면서 "'부처와 노자(老

96 박종천(2013)

子)의 해(害)가 양주(楊朱)와 묵적(墨翟)보다 더 심하다.'고 한 옛 사람의 말이 있지만 지금은 '천주교(天主教)의 해가 부처와 노자보다도 더 심하고, 속학(俗學)의 해가 천주교보다도 더 심하다.'"고 지적한 바 있다. 선비가 학문을 할 적에는 그 당시의 폐단을 보아 바로잡아야 할 것[97]이라고 충고하기도 했다.

순암이 지속적으로 하학상달의 관점으로 학문적 기획을 하고 그것을 실천하려 한 것은 당대의 학술의 폐단에 대한 심각한 문제 제기요 그 나름의 대응이었던 셈이다. 그것이 학술관과 경학관 전반을 관통하는데 『경서의의』의 사서(四書)에 대한 해석에서도 그 정신이 여실히 드러났다고 평가할 수 있다.

또한 그의 경전 해석은 다산의 경우처럼 주자학을 새롭게 해석함으로써 주자학적 해석의 문제를 돌파하는 방법 외에 주자학적 해석의 내적인 혁신을 통해서도 그 전환의 여지가 있음을 확인할 수 있다. 그것은 바로 경전의 해석과 그 실천적 맥락의 유기성과 관련되어 있는데 순암에게서는 그것이 하학의 논리와 텍스트의 진실에 대한 진지한 추구로 대응했다고 평가할 수 있다. 아울러 사실 자체에 대한 이해에서의 핵실한 추구와 실천을 전제로 한 경전 이해의 시각도 눈여겨 볼만한 점이다. 이런 점에서 순암은 주자학의 내적 개혁의 한 시도로 적극적으로 평가될 수 있으며, 그런 점에서 조금 결을 달리하는 실학의 전개라고도 할 수 있다.[98]

97 『順菴集』 卷8, 「答李注書休吉基慶書 庚戌(1790)」, "大抵今世學術歧異, 古人云佛老之害, 甚於楊墨, 今則天學之害, 甚於佛老, 俗學之害, 甚於天學, 士之爲學, 當觀時弊而矯之."

98 함영대(2020), 381~382쪽 참조.

이 뿐 아니라 삶과 학문을 분리하지 않으려고 하는 학자로서의 진실한 자세는 예학의 측면에서 뚜렷하게 엿볼 수 있다. 곧 예제에 대한 인식으로서의 의견과 그 실제적인 예제의 적용이 고스란히 남아 있어 그 실천의 측면을 짚을 수 있었던 것인데, 그 점에서도 순암의 학문상에서의 이론과 실천의 정합성은 그대로 관철되었다고 볼 수 있다. 이는 그 내용상의 측면 뿐 아니라 한 학인으로서의 진정성에서 일정한 의미가 부여되어야 할 것이다.

參考文獻

안정복 저, 이상하 옮김, 『(校勘譯註)順菴集』, 성균관대학교출판부, 2016

崔 述 저, 河洛圖書出版社(1965), 『孟子事實錄』(崔東壁遺書)

박준원 역(2010), 『맹자사실록』, 지만지.

梁啓超 저, 이계주 역(1995), 『중국고전학입문』, 형성사.

김경숙(2017), 「18세기말 순암 안정복의 상장례와 居喪생활」, 『고문서연구』 50, 한국고문서학회.

김인규(2005), 「순암 안정복의 학문적 연원과 그 특징」, 『韓國思想과文化』 29, 한국사상문화학회.

김수경(2020), 「순암 안정복의 『시경』 인식 고찰」, 『한국실학연구』 39, 한국실학학회.

김정운(2023), 「안정복의 가례 관념과 실천」, 『한국사상사학』 75, 한국사상사학회.

박종천(2013), 「성호학파의 친족의식과 의례생활 - 광주 안씨 종계를 중심으로」, 『한국실학연구』 26, 한국실학학회.

변은미(2022), 「현토를 활용한 『맹자』 해석 논의 고찰 - 성호 이익의 『맹자질서』와 순암 안정복의 「경서의의」를 중심으로」, 『어문논집』 95, 민족어문학회.

엄연석(2009), 「순암 안정복의 『周易』인식과 象數義理論」, 『철학사상』 34, 서울대 철학사상연구소.

이동환(2004), 「도학과 실학 그 이분법의 극복 - 순암 안정복은 실학자인가」, 『한국실학연구』 8, 한국실학학회,

이봉규(2000), 「순암 안정복의 유교관과 경학사상」, 『한국실학연구』 2, 한국실학학회.

전성건(2020), 「순암 안정복의 『가례』 연구와 그 방향」, 『한국실학연구』 39, 한국실학학회.

함영대(2009), 「맹자 해석의 길항적 측면에 대한 일고-조선 학자들의 맹자불존주설을 중심으로」, 『동양한문학연구』 29, 동양한문학회.

______(2011), 『성호학파의 맹자학』, 태학사.

______(2011), 『성호학파의 맹자학』, 태학사.
______(2016), 『이천년 맹자를 읽다 – 중국맹자학사』, 성균관대출판부.
______(2020), 「순암 안정복의 四書 인식」, 『동양고전연구』 81, 동양고전학회.
______(2022), 「광주 안씨 고문서의 경학자료 연구 – 삶의 저변과 경학자료 및 서목을 중심으로」, 『장서각』 48, 한국학중앙연구원.
______(2023) 「맹자의 '이의역지'론에 대한 조선학자들의 인식논리」, 『근역한문학회』 65, 근역한문학회.

黃俊傑(1997), 『中國孟學思想史論』 II, 臺灣中央研究院 文哲硏究所

순암 안정복 연보

1세(1712, 숙종 38년)

-12월 25일(음력) 충청도 제천현 유원(楡院) 출생. 부친 안극(安極)과 모친 전주이씨(全州李氏)의 장남이다.

4세(1715, 숙종 41년)

-가을에 모친과 서울로 올라와 건천동(乾川洞) 외가에 살다.

5세(1716, 숙종 42년)

-겨울에 천연두를 앓다.

6세(1717, 숙종 43년)

-가을에 모친을 따라 전라도 영광 월산(月山)으로 옮겨 간 외가로 가서 살다.

8세(1719, 숙종 45년)

-겨울에 홍역을 앓다.

9세(1720, 숙종 46년)

-봄에 모친을 따라 서울로 돌아와 남대문 밖 남정동(藍井洞) 집에서 살다.

10세(1721, 경종 1년)

-입학하여 『소학』을 읽다.

14세(1725, 영조 1년)

-7월에 울산부사로 부임한 조부 안서우(安瑞羽)를 따라 경상도 울산에 가서 살다.

15세(1726, 영조 2년)

- 체직된 조부를 따라 전라도 무주 읍내에 가서 살다.

18세(1729, 영조 5년)

- 10월에 성순(成純)의 딸에게 장가들다.

21세(1732, 영조 8년)

- 1월에 아들 경증(景曾)을 낳다.

24세(1735, 영조 11년)

- 11월에 조부가 별세하다.

25세(1736, 영조 12년)

- 10월에 광주 경안면 덕곡리(德谷里)에 집을 짓고 정착하다.

26세(1737, 영조 13년)

- 봄에 비로소 성리학에 뜻을 두어 『성리대전』을 읽다.
- 5월에 『심경』을 읽고 「치통도」와 「도통도」를 짓다.

29세(1740, 영조 16년)

- 『하학지남』을 편찬하고, 「정전설」을 짓다.
- 10월에 딸을 낳다.

30세(1741, 영조 17년)

- 6월에 조모 홍씨가 별세하다.
- 겨울에 여인들이 본받고 지켜야 할 언행을 모은 『내범』을 편찬하다.

35세(1746, 영조 22년)

- 10월에 경기도 안산 첨성촌(瞻星村)에 사는 성호(星湖) 이익(李瀷)을 찾아가 배알

하고 스승으로 섬기다.

36세(1747, 영조 23년)

- 봄에 소남(邵南) 윤동규(尹東奎)에게 편지를 보내어 『서경(書經)』 「태서(泰誓)」의 뜻을 토론하다.
- 9월에 성호를 찾아가 배알하고 온 뒤 관례(冠禮)에 관한 질문 목록으로 편지를 올리다.
- 12월에 성호에게 편지를 올리다.

37세(1748, 영조 24년)

- 12월에 성호를 찾아가 배알하다. 『홍범연의(洪範衍義)』를 집필하다.

38세(1749, 영조 25년)

- 3월에 동몽교관(童蒙敎官)의 말망에 오르다.
- 5월에 후릉참봉(厚陵參奉)에 제수되었으나 부임하지 않다.
- 11월에 장사랑(將仕郞) 만녕전(萬寧殿) 참봉(參奉)에 제수되어 12월에 부임하다.

39세(1750, 영조 26년)

- 8월에 종사랑(從仕郞)에 제수되다.
- 10월에 조봉대부(朝奉大夫)로 승진하다.
- 「잡괘설(雜卦說)」을 짓고 이듬해 「후설(後說)」을 짓다.

40세(1751, 영조 27년)

- 2월에 조산대부(朝散大夫) 의영고(義盈庫) 봉사(奉事)로 승진되어 서울로 가서 사은하다.
- 봉렬대부(奉列大夫)를 거쳐 4월 봉정대부(奉正大夫), 5월 중훈대부(中訓大夫)에 오르다.
- 윤5월에 중직대부(中直大夫)에 오르다. 성호에게 편지를 올려 『주역』에 관해 묻다.

-7월에 성호를 찾아가 배알하다.

41세(1752, 영조 28년)

-2월에 규례에 따라 통훈대부(通訓大夫)로 승진하고 정릉직장(靖陵直長)에 오르다.

-「이순수유사(李醇叟遺事)」를 찬하다. 순수는 이맹휴(李孟休)의 자이다.

-5월에 성호에게 편지를 올려 『맹자』에 관해 묻다.

42세(1753, 영조 29년)

-4월에 장모상을 당해 아산(牙山)으로 가서 장모를 직산(稷山)에 안장하다.

-여름에 『광주지(廣州志)』를 찬하다.

-10월에 규례에 따라 6품으로 승진하고 귀후서(歸厚署) 별제(別提)에 오르다.

-부친의 황달 치료차 용산에 임시로 거처하다. 『이자수어(李子粹語)』를 편차하다.

-12월에 성호에게 편지를 올려 『자치통감강목』에 관해 묻다.

43세(1754, 영조 30년)

-2월에 사헌부 감찰로 관직을 옮기다.

-4월에 부친을 모시고 중부동(中部洞)에 있는 외가로 옮겨 살다.

-6월에 부친이 별세하다. 상중에 건강을 해쳐 평소에 앓던 피를 토하는 증세가 도져 평생의 고질병이 되다.

-8월 갑술일에 부친을 덕곡의 선영에 안장하다.

-12월에 부친의 행장을 찬술하다.

44세(1755, 영조 31년)

-5월에 『가례(家禮)』를 위주로 삼례(三禮) 및 『통전(通典)』과 선유학설(先儒學說)에서 상례(喪禮)를 살피다.

45세(1756, 영조 32년)

-8월에 삼년상을 마치다.

- 겨울에 「광주부(廣州府) 경안면(慶安面) 이리(二里) 동약(洞約)」을 지어 덕곡 마을 사람들을 모아놓고 반포하다.

46세(1757, 영조 33년)

- 정월 초하루에 제례(祭禮)를 개정하고 사당에 고하다.
- 『희현록(希賢錄)』을 완성하다.
- 7월에 성호가 「순암기(順菴記)」를 지어주다.
- 성호에게 편지를 올려 서학을 비판하다.
- 『임관정요(臨官政要)』를 완성하다.

47세(1758, 영조 34년)

- 11월, 안신(安迅)의 『가례부췌(家禮附贅)』를 교증(校證)하고 서문을 짓다.

48세(1759, 영조 35년)

- 『동사강목(東史綱目)』을 완성하다.
- 1월에 성호에게 편지를 올려 『주역』의 선천(先天)과 후천(後天)의 뜻을 논하다.
- 2월에 소남에게 편지를 보내 『시경』의 뜻을 논하다.
- 11월에 성호에게 편지를 올려 여러 나라의 음운과 고금의 역법(曆法)을 논하다.

50세(1761, 영조 37년)

- 4월에 이택재(麗澤齋)를 세우고, 5월 이후부터 후진들과 매달 『소학(小學)』을 강독하다.

51세(1762, 영조 38년)

- 11월에 『성호사설유선(星湖僿說類選)』의 편차를 정하다.

52세(1763, 영조 39년)

- 3월에 『백선시(百選詩)』 7권을 완성하다.

-『사감(史鑑)』 8권을 완성하다.

-12월에 성호선생의 부음을 듣고 심상복을 입다. 「함장록(函丈錄)」을 찬하다.

53세(1764, 영조 40년)

-12월에 소남에게 편지를 보내 스승의 상에 대한 복제(服制)를 논하다.

54세(1765, 영조 41년)

-4월에 「무명오현찬(無名五賢贊)」을 짓다.

-7월에 제용감(濟用監) 주부(主簿)에 제수되었으나 나아가지 않다. 동약을 재정비하다.

-8월에 의금부도사(義禁府都事)로 옮겨 제수되었으나 나아가지 않다.

55세(1766, 영조 42년)

-봄여름 사이에 「도정절찬(陶靖節贊)」을 짓다.

-6월에 「육잠(六箴)」을 짓다.

-10월에 권철신에게 답서를 보내 왕양명(王陽明)의 심학(心學)을 비판하다.

56세(1767, 영조 43년)

-1월에 소남과 정산에게 각기 편지를 보내 사칠설에 대하여 토론하다.

-『열조통기(列朝統紀)』를 편찬하기 시작하다.

57세(1768, 영조 44년)

-5월에 소남에게 편지를 보내 상례에 대하여 토론하다.

-11월에 소남에게 편지를 보내 『대학(大學)』 청송장(聽訟章)에 대하여 논하다.

-12월에 권철신에게 편지를 보내 그가 주자의 『대학장구』의 이견을 제시한 것을 반박하다.

58세(1769, 영조 45년)

-3월에 이기양(李基讓)의 편지에 답하여 『중용(中庸)』의 희로애락에 대하여 토론하다.

-5월에 이병휴의 요청을 따라 「성호예식서(星湖禮式序)」를 짓다.

-8월에 이병휴의 편지에 답하여 중국 혼례 풍습의 오류를 논하다.

-소남에게 편지를 보내 『가례』가 주자의 만년 정론이 아니라고 주장하다.

59세(1770, 영조 46년)

-4월에 모친 전주이씨의 행장을 찬술하다.

-5월에 영남의 학자 이상정(李象靖)과 서신을 통하여 사칠설을 논하다.

-윤5월에 소남에게 편지를 보내 『가례』에 대해 논하다.

-8월에 권철신의 편지에 답하여 사칠설을 논하다.

60세(1771, 영조 47년)

-3월에 소남에게 편지를 보내 『주역』의 본의의 내용에 대한 의문점과 『고려사』 묘제(廟制), 『강목』의 의문처에 대하여 변석하다.

61세(1772, 영조 48년)

-1월에 권철신에게 보낸 답서에서 경학설과 『서경』의 홍범구주를 논하다.

-5월에 익위사(翊衛司) 익찬(翊贊)에 제수되어 서연에 참여, 이후 8차에 걸쳐 『심경』을 강의하다.

-7월에 병으로 상소하여 체차되어 8월에 집으로 돌아오다.

62세(1773, 영조 49년)

-여름에 대신(大臣)이 계방(桂坊)에서 오래 직임을 맡은 사람을 천거할 때 뽑히다.

-8월에 소남 윤동규가 별세하다.

-12월에 익위사 위솔(衛率)에 제수되다.

63세(1774, 영조 50년)

-1월에 서울로 올라와 산림동(山林洞)에 있는 장령(掌令) 성영(成穎)의 집에 우거하다.

-정월 이후 4월까지 네 차례 서연에 참여하여, 『성학집요(聖學輯要)』를 강론하다.

- 7월에 집으로 돌아오다.

64세(1775, 영조 51년)

- 1월에 부인 성씨(成氏)가 세상을 떠나다.
- 가을에 『주자어류절요(朱子語類節要)』 8권을 완성하다.
- 10월에 다시 익위사 익찬에 제수되었으나 나아가지 않다.
- 윤10월에 회인현감(懷仁縣監)에 제수되어 사은숙배하였으나 곧바로 체직되다. 이날 특별 전교로 다시 익위사 익찬에 제수되어 사은숙배하다. 약현(藥峴)에 있는 승지 유훈(柳薰)의 집에 머물다.
- 12월에 동궁이 대리청정하면서 경현당(景賢堂)에서 백관들의 조참(朝參)을 받았는데 들어가 시위(侍衛)로 참여하다.
- 병으로 정사(呈辭)하고 집으로 돌아오다.
- 「반계유선생연보(磻溪柳先生年譜)」를 편찬하다.

65세(1776, 영조 52년)

- 1월에 익위사 익찬에서 체직되다.
- 8월에 이병휴가 별세하다.
- 9월에 목천현감(木川縣監)에 제수되어 서울로 들어가 사은숙배하다.
- 10월에 부임하면서 "孝順父母, 尊敬長上, 和睦鄰里, 敎訓子孫, 各安生理, 無作非爲." 6조를 반포하여 고을 백성의 교화에 힘쓰다.
- 12월에 민정(民丁)을 고용하여 노임을 지불하고 벌빙(伐氷) 작업을 하다.

66세(1777, 정조 1년)

- 정월에 목천에 방역소(防役所)를 설치하다.
- 3월에 아들 안경증이 세상을 떠나다.

67세(1778, 정조 2년)

- 2월에 말미를 받아 집으로 돌아갔다가 7월에 귀임하다.

- 12월에 봉급을 줄여 당해 연도의 결전(結錢)을 반으로 감하다.

68세(1779, 정조 3년)

- 2월부터 4월까지 봉급을 내어 고을의 굶주린 자 2천여 명을 구휼하다.
- 봄에 목천의 읍지인 『대록지(大麓志)』를 편찬하다.
- 민간에 향약(鄕約)의 시행을 권장하다.
- 사마소(司馬所)를 복설하다.
- 4월에 관직을 버리고 향리로 돌아가다.
- 6월에 감사에게 세 차례 사장을 올려 비로소 체직되다.

69세(1780, 정조 4년)

- 4월에 「향사홀기(鄕射笏記)」를 짓고 향사례(鄕射禮)를 거행하다.

70세(1781, 정조 5년)

- 4월에 『가례집해』를 완성하다.
- 6월에 『동사강목』을 들이라는 교지가 내려 승지 정지검(鄭志儉)을 통해 올리다.
- 12월에 돈녕부(敦寧府) 주부에 제수되었으나 부임하지 않다.

72세(1783, 정조 7년)

- 7월에 다시 돈녕부 주부에 제수되다.
- 8월에 장릉령(長陵令)으로 바뀌었다가 다시 헌릉령(獻陵令)으로 바뀌었기에 사은숙배하다.
- 11월에 예조에 사장을 올리다.

73세(1784, 정조 8년)

- 2월에 계방의 추천에 들다.
- 5월에 의빈부(儀賓府) 도사(都事)가 되다.
- 7월에 익위사 익찬이 되다.

- 손자 안철중(安喆重)에게 유계(遺誡)와 송종록(送終錄)을 쓰게 하다.
- 8월 갑신일에 책례(冊禮)의 습의(習儀)에 참가하다. 임금이 위로하며 "불쇠(不衰)"라 하였기에 감격하여 집에 "불쇠헌(不衰軒)"이라는 편액을 걸다.
- 9월에 병을 이유로 사직하고 향리로 돌아가다. 전라도 나주 미천서원(眉泉書院)의 부원장이 되다.

74세(1785, 정조 9년)

- 2월에 소남의 행장을 짓다.
- 3월에 「천학고(天學考)」, 「천학문답(天學問答)」을 짓다.
- 6월에 「위학잠(爲學箴)」 2수를 짓다.
- 『시경명물고(詩經名物考)』를 완성하다.
- 12월에 「좌우명(座右銘)」을 짓다.

75세(1786, 정조 10년)

- 5월에 재사(齋舍)를 텃골에 세우고, 「덕사학약(德社學約)」을 짓다.
- 윤달에 채제공(蔡濟恭)에게 편지를 보내어 천주교를 논박하다.
- 7월에 「동명도(東銘圖)」를 짓다.

77세(1788, 정조 12년)

- 6월에 황덕일(黃德壹)이 전해온 항간의 『성호사설星湖僿說』에 대한 비판에 대하여 답변하다.

78세(1789, 정조 13년)

- 1월에 통정대부(通政大夫)로 승진하다.
- 4월에 미천서원의 유생들에게 편지를 보내 부원장을 사임하고, 또 강학의 규례를 시행하도록 권장하다.
- 8월에 첨지중추부사(僉知中樞府事)에 제수되어 사은하다.
- 9월에 정뇌경(鄭雷卿)의 행장을 짓다.

79세(1790, 정조 14년)

- 봄에 족보를 개수하다.
- 6월에 가선대부(嘉善大夫)로 승진하다.
- 7월에 동지중추부사(同知中樞府事)를 받고 광성군(廣成君)에 습봉(襲封)되다.

80세(1791, 정조 15년)

- 1월에 이헌경(李獻慶)의 만사(輓詞)를 짓다.
- 2월에 최흥원(崔興遠)의 묘지명을 짓다.
- 3월에 망자(亡子) 안경증의 묘지명을 짓다. 단종 충신 권산해(權山海)의 「정충각기(旌忠閣記)를 짓다.
- 6월 신미일에 병환의 조짐으로 가슴이 답답한 증상이 생기다.
- 7월 계사일 오시(午時)에 타계하다. 병신일에 부음을 알리니 임금이 해당 고을에 명하여 별치부(別致賻)를 내리게 하다.
- 9월 병자일에 덕곡에 있는 선영의 안 해좌(亥坐)의 언덕에 부인 성씨와 합장하다.

작성 : 박기완(성균관대 한문학과 박사수료)

순암 안정복 연구 논저 목록[가나다순]

■ 원전

1) 연보 바탕 저술목록

「치통도(治統圖)」, 「도통도(道統圖)」, 『하학지남(下學指南)』, 「정전설(井田說)」, 『내범(內範)』, 『홍범연의(洪範衍義)』, 「잡괘설(雜卦說)」·「후설(後說)」, 『광주지(廣州志)』, 『이자수어(李子粹語)』, 「동약(洞約)」, 『희현록(希賢錄)』, 『임관정요(臨官政要)』, 『동사강목(東史綱目)』, 『성호사설유선(星湖僿說類選)』, 『백선시(百選詩)』, 『사감(史鑑)』, 「도정절찬(陶靖節贊)」, 『열조통기(列朝通紀)』, 『주자어류절요(朱子語類節要)』, 『대록지(大鹿志)』, 『가례집해(家禮集解)』, 「천학고(天學考)」, 「천학문답(天學問答)」, 『시경명물고(詩經名物考)』, 「육잠(六箴)」, 「동명도(東銘圖)」

2) 『하학지남』(국립중앙도서관 소장, 古朝41-25) 권미(卷尾) 저술목록[1]

1. 의문(擬問)
2. 내범(內範) 2책
3. 정변통도(正變統圖) 1장
4. 독사상절(讀史詳節) 24책
5. 의행가례(擬行家禮) 3책
6. 성현도(聖賢圖) 1장
7. 하학지남(下學指南) 2책
8. 동국지리지(東國地理志) 6책

---

1 이우성의 해제에 따르면, 이 목록은 언제 작성된 것인지 알 수는 없으나 순암 저술의 전부가 망라된 것은 아닌 것 같으며 또 그 속에는 순전한 저술이 아닌 것도 들어 있다. 그런데 이 49종의 서명(書名) 가운데도 지금 그 소재가 확실한 것은 불과 10여 종뿐이다.

9. 홍범연의(洪範衍義) 60책

10. 동사강목(東史綱目) 10책

11. 동국문헌통고(東國文獻通考)

12. 광릉지(廣陵志) 2책

13. 동국사문유취(東國事文類聚)

14. 삼성전(三聖傳)

15. 기자통기(箕子通紀)

16. 동국열녀전(東國烈女傳)

17. 남사(南史)

18. 임관정요(臨官政要)

19. 봉설(封說)

20. 희현록(希賢錄)

21. 정전설(井田說)

22. 치통도(治統圖)

23. 동약(洞約)

24. 대학경설(大學經說)

25. 병감(兵鑑)

26. 소학강의(小學講義)

27. 열조통기(列朝通紀)

28. 백선시(百選詩)

29. 사시양성서(四時養性書) 1책

30. 동사보궐(東史補闕) 3책

31. 영남선현전(嶺南先賢傳)

32. 산거록(山居錄)

33. 동국일사외기(東國逸史外記)

34. 동국근사전(東國近思傳)

35. 삼현전(三賢傳)

36. 동국고사전(東國高士傳)

37. 서양기(西陽記)

38. 명물고변(名物考辨)

39. 가례집해(家禮集解)

40. 팔가백선(八家百選)

41. 도통도(道統圖)

42. 학약(學約)

43. 논맹의문(論孟擬問)

44. 어류절요(語類節要)

45. 사설유편찬(僿說類編纂)

46. 사감(史鑑)

47. 목천지(木川誌)

48. 문장발휘(文章發揮)

49. 천학고(天學考)

■ 번역서 및 영인본

국립중앙도서관(2012), 『선본해제 14, 순암 안정복』, 국립중앙도서관 도서관연구소.

__________(2012), 『실학자의 서재, 순암 안정복의 책바구니 : 순암 안정복 탄생 300주년 특별전』, 국립중앙도서관 도서관연구소.

안정복 저; 대동문화연구회 편(1970), 『순암총서』, 성균관대학교 대동문화연구원.

______ 저; 이우성 편(1984), 『순암전집』, 여강출판사.

______ 저; 조선고서간행회 편(1987), 『동사강목』, 경인문화사.

______ 저; 민족문화추진회 역(2006), 『신편 국역 동사강목』, 민족문화추진회.

______ 저; 국사편찬위원회 편(2012), 『순암부부고』, 국사편찬위원회.

______ 저; 한국학문헌연구소 편(1981), 『잡동산이』, 아세아문화사.

______ 저; 송갑준 역(2003), 『임관정요』, 경남대학교 출판부.

______ 저; 원재린 역(2012), 『임관정요』, 혜안.

______ 저; 이상하 역(2020), 『교감역주 순암집 1~7』, 성균관대학교 출판부.

______ 저; 이채구 역(1991), 『국역 하학지남』, 신성문화사.

한국학중앙연구원(2012), 『광주안씨 순암 안정복 종가 고전적』, 한국학중앙연구원출판부.

■ 순암연구총서(순암 안정복 선생 기념사업회 간행)

1. 강세구(2012), 『순암 안정복의 동사강목 연구』, 성균관대학교 출판부.
2. ______(2012), 『순암 안정복의 사상과 학문세계』, 성균관대학교 출판부.
3. 이우성 · 이기백 외(2012), 『순암 안정복의 역사학』, 성균관대학교 출판부.
4. 김태영 · 이동환 외(2012), 『순암 안정복의 경학과 사회사상』, 성균관대학교 출판부.
5. 금장태 · 정순우 외(2012), 『순암 안정복의 서학인식과 교육사상』, 성균관대학교 출판부.
6. 임형택 외(2013), 『순암 안정복의 학문과 사상』, 성균관대학교 출판부.
7. 김현영 외(2013), 『순암 안정복의 일상과 이택재 장서』, 성균관대학교 출판부.

■ 연구저서

강세구(1994), 『동사강목 연구』, 민족문화사.

______(1996), 『순암 안정복의 사상과 학문활동』, 혜안.

강재언(1990), 『서양과 조선-그 이문화 격투의 역사』, 학고재.

김시업(1997), 『순암 안정복』, 광주문화원.

박종기(2006), 『안정복, 고려사를 공부하다: 고려사의 길목에서 만난 조선의 역사가』, 고즈윈.

박지현(2014), 『순암 안정복의 만물유취』, 성균관대학교 출판부.

순암안정복선생기념사업회(2015), 『순암 안정복』, 심산출판사.

심우준(1985), 『순암 안정복 연구』, 일지사.

오항녕(2015), 『조선 역사학의 저력: 순암 안정복의 동사강목』, 한국고전번역원.

이상하(2017), 『순암집: 조선의 학문을 반성하다』, 한국고전번역원.

이응규(1987), 『自然法 · 自然德의 법의식연구: 마테오 리치와 순암 안정복의 자연법사상을 중심으로』, 태림출판사.

이채구(2007), 『순암 안정복의 교육사상 연구』, 문음사.

정구복(1987), 『안정복의 사학사상: 「동사강목」을 중심으로』, 한일문화교류기금.

■ 학위논문

1) 석사학위논문

강병수(1986), 「安鼎福의 思想 硏究: 西學과 性理學에 관한 認識을 中心으로」, 동국대학교 석사학위논문.

김경자(1988), 「순암 안정복의 실학사상연구」, 동국대학교 석사학위논문.

김귀혁(1999), 「順菴 安鼎福의 學問觀과 實踐」, 연세대학교 석사학위논문.

김무성(2009), 「순암 안정복의 천주학 인식」, 부산대학교 석사학위논문.

김영윤(2024), 「안정복의 서교 비판론과 실용적 서학 인식」, 연세대학교 석사학위논문.

김철현(1995), 「조선후기 유학자들의 천주학 비판」, 가톨릭대학교 석사학위논문.

박미순(1991), 「조선조 향약·계의 강신례 연구」, 공주대학교 석사학위논문.

박종훈(2013), 「安鼎福의 〈啞器說〉·〈破啞器說〉의 主題 意識」, 단국대학교 석사학위논문.

배한욱(2022), 「성호우파 문인들의 서학 비판 저술과 반서학적 인식의 계승 확산에 대한 연구」, 인천가톨릭대학교 석사학위논문.

변원림(1972), 「安鼎福의 歷史認識」, 고려대학교 석사학위논문.

서현석(1993), 「安鼎福 哲學思想의 硏究」, 고려대학교 석사학위논문.

손의목(1987), 「東史綱目을 통하여 본 韓國人의 障碍者觀」, 단국대학교 석사학위논문.

아담 보넷(2001), 「下學의 입장에서 본 順菴 安鼎福의 천주교 비판」, 강원대학교 석사학위논문.

위경숙(2013), 「順菴 安鼎福 漢詩의 硏究」, 성균관대학교 석사학위논문.

유재택(1981), 「조선 실학자의 역사교육관」, 서울대학교 석사학위논문.

이구용(1970), 「順菴 安鼎福의 歷史觀: 東史綱目을 中心으로」, 연세대학교 석사학위논문.

이순자(1992), 『18세기 남인에 대한 일고찰: 성호와 순암을 중심으로』, 숙명여자대학교 석사학위논문.

임종대(1984), 「순암 안정복 연구」, 단국대학교 석사학위논문.

전제현(2007), 「『麗史提綱』과 『東史綱目』 史論의 分類와 比較」, 국민대학교 석사학위논문.

정길영(1999), 「安鼎福(1712-1791)의 實際性 追求精神에 관한 硏究: 下學指南을 中心으로」, 강원대학교 석사학위논문.

정태성(1973), 「安鼎福의 國史館에 대한 一考察」, 경희대학교 석사학위논문.

조성수(1975), 「실학파의 서학인식과 그 비판」, 경희대학교 석사학위논문.

조성애(2010), 「순암 안정복의 하학론: 하학지남을 중심으로」, 광주교육대학교 석사학위논문.

최보람(2003), 「조선조 역사서의 평가를 위한 비교 연구: 『東國通鑑』,『東史綱目』, 『海東繹史』를 중심으로」, 이화여자대학교 석사학위논문.

한영태(1988), 「안정복의 사관과 상고사 인식에 관한 고찰」, 부산대학교 석사학위논문.

황현숙(1999), 「順菴 安鼎福의 歷史觀 硏究」, 성균관대학교 석사학위논문.

2) 박사학위논문

강세구(1994), 「〈東史綱目〉 硏究」, 서강대학교 박사학위논문.

강창순(2017), 「順庵 安鼎福의 文學硏究」, 상지대학교 박사학위논문.

이채구(1993), 「安鼎福의 敎育思想 硏究」, 원광대학교 박사학위논문.

최동희(1975), 「愼後聃, 安鼎福의 西學比判에 관한 硏究」, 고려대학교 박사학위논문.

하우봉(1989), 「조선후기 실학자의 일본관 연구」, 서강대학교 박사학위논문.

한만성(2018), 「조선 후기 類書의 자료조직 특성에 관한 연구: 『芝峯類說』과 『星湖僿說類選』을 중심으로」, 전북대학교 박사학위논문.

홍해뜸(2022), 「조선후기 목민서 편찬과 수령정치론 연구」, 연세대학교 박사학위논문.

SEOH, Roy Munsang(1977), 「The principlist tradition of Yi Korean Confucianism and the case of An Chŏng-Bok (1712-1791)」, University of Washington, PH.D.

■ 연구논문

강경훈(1995), 「순암 안정복의 乞冊書札에 대하여 - 安山과 海巖의 南人詞壇을 중심으로」, 『고서연구』 12, 한국고서연구회.

강광원(1991), 「동사강목 연구」, 『력사과학논문집』 16, 과학백과사전종합출판사.

강명관(2004), 「순암 안정복의 여성관」, 『한국실학연구』 8, 한국실학학회,

강병수(1992), 「순암 안정복의 사상연구-그의 이기론을 중심으로」, 『향토서울』 51, 서울역사편찬원.

______(2007), 「조선 후기 성호학파의 단군조선 인식 - 『성호사설』 · 『동사강목』 기사를 중심으로」, 『선도문화』 2, 국제뇌교육종합대학원대학교 국학연구원.

강세구(1986), 「순암 안정복의 『동사강목』 「지리고」에 대한 일고찰」, 『역사학보』 112, 역사학회.

______(1989), 「동사강목의 저술배경」, 『동아연구』 17, 서강대학교 동아연구소,

______(1989), 「동사강목의 저술배경-남인의 참여와 관련하여」, 『칠리 이광린교수 퇴직기념 한국사논문집』, 서강대학교 동아연구소.

______(1990), 「안정복의 역사고증 방법-『東史綱目』 「考異」를 중심으로」, 『실학사상연구』 1, 무악실학회.

______(1991), 「안정복의 국방론」, 『실학사상연구』 2, 무악실학회.

______(1992), 「순암 안정복의 충절론에 대한 일고찰-『동사강목』의 사론을 중심으로」, 『국사관논총』 34, 국사편찬위원회.

______(1993), 「동사강목의 역사체계와 마한 정통론에 관한 고찰」, 『실학사상연구』 4, 무악실학회.

______(1994), 「하학지남을 통해 본 안정복 학문의 성격」, 『진단학보』 78, 진단학회.

______(1995), 「유형원 · 이익과 안정복의 학문적 전승관계」, 『실학사상연구』 5 · 6, 무악실학회.

______(1997), 「拱白堂 黃德壹과 順菴系列 星湖學派의 胎動」, 『실학사상연구』 9, 무악실학회.

______(1997), 「하려 황덕길과 순암 안정복계열 학파의 흥기」, 『동아연구』 34, 서강대학교 동아연구소.

______(1998), 「성호사후 안정복 계열 성호학통의 전개」, 『성호사상학술대회발표요지』, 한양대학교 민족학연구소.

______(1999), 「星湖死後 順菴 安鼎福系列 星湖學統의 展開」, 『역사와실학』 10 · 11, 무악실학회.

______(1999), 「성호학파의 계보 검토」, 『성호학통연구』, 혜안.

______(2000), 「順菴 安鼎福의 高麗認識」, 『역사와실학』 14, 무악실학회.

______(2000), 「안정복의 역사이론 전개와 그 성격」, 『국사관논총』 93, 국사편찬위원회.

______(2014), 「광주 지역 성호학파의 형성과 변천-순암 안정복을 중심으로」, 『성호학보』 15, 성호학회.

강주진(1977), 「동사강목 해제」, 『한국학』 14, 영신아카데미 한국학연구소.

구만옥(2021), 「자연지식에 대한 星湖學派 내부의 담론-尹東奎와 安鼎福의 논의를 중심으로-」, 『한국실학연구』 42, 한국실학학회.

권인호(2000), 「18·19세기 성리학파 경전해석의 특성과 성과」, 『대동문화연구』 37, 성균관대학교 동아시아학술원 대동문화연구소.

금장태(1978), 「안정복의 서학비판론」, 『한국학』 19, 영신아카데미 한국학연구소.

______(2003), 「순암 안정복의 서학 비판이론과 쟁점」, 『조선 후기 유교와 서학』, 서울대학교 출판부.

______(2003), 「順菴 安鼎福의 서학비판이론」, 『철학사상』 16, 서울대학교 철학사상연구소.

김 호(2024), 「18세기 후반 근기(近畿) 사족의 일상 의료와 식치(食治)-순암 안정복가의 단방(單方)을 중심으로」, 『기전문화연구』 45, 경인교육대학교 기전문화연구소.

김경숙(2013), 「안정복의 民願政策과 官民疏通」, 『고문서연구』 43, 한국고문서학회.

______(2017), 「18세기말 順菴 安鼎福家의 喪葬禮와 居喪生活」, 『고문서연구』 50, 한국고문서학회.

김경탁(1963), 「이조 실학파의 성리학설」, 『문리논총』 7, 고려대학교 문리과학.

김경태(2018), 「이익과 안정복의 東國正統論재검토」, 『한국사학보』 70, 고려사학회.

김남일(2011), 「『동사강목』의 편찬 배경과 강목체 기년」, 『한국사학사학보』 24, 한국사학사학회.

______(2012), 「안정복의 『자치통감강목』 書法 이해와 『동사강목』 마한정통론의 강목체 필법」, 『한국사학사학보』 26, 한국사학사학회.

______(2013), 「안정복이 『동사강목』에서 강목체 필법으로 쓴 인물 평가와 그 위계질서-明統系·嚴簒逆·褒忠節 筆例와 기존 강목체 史書와의 비교」, 『한국사학사학보』 28, 한국사학사학회.

김대중(2018), 「안정복의 朝鮮學人遺文수습-『잡동산이』 제22책을 중심으로」, 『한국실학연구』 35, 한국실학학회.

______(2019), 「『잡동산이』 내 碑誌傳狀 수습 양상」, 『한국실학연구』 38, 한국실학학회.

______(2022), 「『잡동산이』 소재 眉叟遺文에 대한 고찰」, 『한국실학연구』 43, 한국실

학학회.

김문식(2000), 「18세기 후반 순암 안정복의 箕子 인식」, 『한국실학연구』 2, 한국실학학회.

______(2021), 「순암 안정복의 정조 보좌 활동」, 『성호학보』 23, 성호학회.

______(2022), 「순암 안정복의 우왕 · 창왕 이해」, 『성호학보』 24, 성호학회.

김민재(2020), 「순암 안정복의 청렴관과 교육적 활용에 대한 일고찰」, 『대동철학』 91, 대동철학회.

김병하(1989), 「안정복」, 『한국경제경영사상사』, 계명대학교 출판부.

김보경(2004), 「순암 안정복의 여성 인식」, 『한국고전여성문학연구』 8, 한국고전여성문학회.

______(2009), 「18세기 향촌사회와 유교공동체 - 순암 안정복을 중심으로」, 『동양고전연구』 35, 한림대학교 태동고전연구소.

김사억(1965), 「동사강목에 대한 해제」, 『력사과학』 4, 과학백과사전종합출판사.

______(1965), 「안정복의 역사관과 그의 조국역사 편사에 대하여(1)(2)」, 『력사과학』 4, 과학백과사전종합출판사.

김성혜(2023), 「순량자로서 교사 - 순암 안정복의 목민론을 중심으로」, 『교육사상연구』 37, 한국교육사상연구회.

______(2024), 「성호와 순암의 사제관계」, 『교육사상연구』 38, 한국교육사상연구회.

김세윤(1986), 「순암 안정복의 조선시대 인식-列朝通紀의 사론을 중심으로」, 『부산여대사학』 4, 부산여자대학 사학회.

______(1994), 「서평 - 『동사강목연구』, 민족문화사」, 『역사학보』 149, 역사학회.

김수경(2020), 「순암 안정복의 『시경』 인식 고찰」, 『한국실학연구』 39, 한국실학학회.

김수자(2015), 「20세기 신채호의 18세기 안정복에 대한 역사인식 - 안정복의 『동사강목』을 중심으로」, 『동방학』 33, 한서대학교 동양고전연구소.

김수태(1987), 「안정복의 大麓誌」, 『백제연구』 18, 충남대학교 백제연구소.

______(1998), 「안정복의 『대록지』」, 『향토연구』 9, 천안향토사 연구소.

______(2021), 「안정복의 『대록지』 보론」, 『한국사학사학보』 43, 한국사학사학회.

김영숙(2006), 「안정복의 영사시에 나타난 역사문학성과 역사의식」, 『퇴계학과 유교문화』 38, 경북대학교 퇴계연구소.

김영철(1993), 「안정복의 지방행정사상-『임관정요』를 중심으로」, 『한국행정사학지』

2-1, 한국행정사학회.

김유혁(1975), 「우리나라 지역사회운동에 관한 시계적 고찰 특히 향약을 중심으로」, 『논문집』 9, 단국대학교.

______(1984), 「안정복의 정치윤리관 소고」, 『고시연구』 123, 고시연구사.

______(1993), 「안정복의 지방자치 사상」, 『자치행정』 59-61, 지방행정연구소.

______(1993), 「안정복의 치군요법」, 『자치행정』 65, 지방행정연구소.

김인규(2005), 「순암 안정복의 학문적 연원과 그 특징」, 『한국사상과 문화』 29, 한국사상문화학회.

______(2013), 「순암 안정복의 학문과 역사인식」, 『온지논총』 36, 온지학회.

김인철(2023), 「『易經心解草稿』의 眞僞 辨證 - 李秉休의 著作可能性과 관련해서」, 『퇴계학보』 154, 퇴계학연구원.

김일권(2011), 「『성호사설』 『만물문』의 실학적 만물관과 자연학」, 『동아시아고대학』 26, 동아시아고대학회.

김정운(2023), 「안정복(安鼎福, 1712~1791)의 가례 관념과 실천」, 『한국사상사학』 75, 한국사상사학회.

______(2023), 「안정복 집안의 운영 방식 - 관념과 실제 사이」, 『성호학보』 25, 성호학회.

______(2024), 「안정복의 일기와 일상 - 사대부의 집안 경영과 의미」, 『성호학보』 26, 성호학회.

김종복(2021), 「실학자들의 발해지리 고증-안정복, 유득공, 한진서를 중심으로」, 『한국실학연구』 42, 한국실학학회.

김철준(1970), 「안정복의 『동사강목』에 나타난 역사인식의 성격 - 『동사강목』 해제」, 『한국의 명저』, 현암사.

______(1976), 「동사강목-정리된 유교사관」, 『한국문화사론』, 지식산업사.

김태영(1999), 「순암 안정복의 鄕政論」, 『한국실학연구』 1, 한국실학학회.

김학수(2022), 「安鼎福과 嶺南學人의 교유 - 18세기 중후반 '京南'과 '嶺南'의 지식문화적 交感」, 『장서각』 48, 한국학중앙연구원.

김현영(2017), 「『順庵日記』 節錄: 서학 관련 기록을 중심으로」, 『고문서연구』 51, 한국고문서학회.

김현용(1977), 「서거정의 『태평한화골계전』에 대하여 - 안정복의 소설 「주단단전」도 아울러 밝힘」, 『인문과학논총』 10, 건국대학교 인문과학연구소.

김홍우(1986), 「정조조의 천주교 비판 - 안정복과 이헌경을 중심으로」, 『한국정치학회보』 20, 한국정치학회.

김효경 · 이혜은(2013), 「조선총독부도서관의 안정복 장서 수집과 자료적 특징」, 『고문서연구』 43, 한국고문서학회.

노용필(2018), 「안정복 · 이규경의 이마두 『천주실의』 인용 양상 비교 검토」, 『교회사연구』 52, 한국교회사연구소.

노혜경(2004), 「안정복과 황윤석의 대민정책 비교 - 목천현을 중심으로」, 『한국사상사학』 23, 한국사상사학회.

문광균(2016), 「순암 안정복의 잡역 운영론과 그 실제-충청도 목천현감 재임 시기(1776~1779)를 중심으로」, 『성호학보』 18, 성호학회.

문석윤(2013), 「順菴 安鼎福의 性理說-「擬問」의 내용을 중심으로」, 『한국실학연구』 25, 한국실학학회.

박수경(2013), 「순암 안정복의 사상과 제도개혁안에 대한 연구」, 『한국행정사학지』 32, 한국행정사학회.

박인호(2021), 「순암 안정복의 북방 인식」, 『한국실학연구』 42, 한국실학학회.

______(2022), 「『동사강목』의 편찬과 유행, 그리고 근대 역사학에서의 수용」, 『성호학보』 24, 성호학회.

박종기(1993), 「동사강목 고려편 검토-안정복의 수택본을 중심으로」, 『성곡논총』 24, 성곡언론문화재단

______(2015), 「필사본 동사강목의 자료 가치와 성격 - 연세대 소장본을 중심으로」, 『동방학지』 171, 연세대학교 국학연구원.

박지현(2015), 「순암 안정복의 類書『萬物類聚』의 체재와 특징」, 『한국한문학연구』 58, 한국한문학회.

______(2018), 「『만물유취』 『秋官門』과 순암 형법관의 기초」, 『한국실학연구』 35, 한국실학학회.

______(2024), 「順菴 安鼎福의 窮理-力行의 공부론—『下學指南』을 중심으로」, 『대동문화연구』 125, 성균관대학교 대동문화연구원.

반윤홍(1982), 「순암 안정복의 鄕村自衛論 연구」, 『군사』 5, 국방부 군사문제연구소.

배우성(1994), 「14장 안정복」, 『한국의 역사가와 역사학 上』, 창작과비평사.

______(2000), 「조선후기 실학자들의 국토관과 지역인식」, 『한국사연구』 108, 한국사연구회.

백승호(2015), 「세상을 향해 소리 내고픈 벙어리」, 『한국한문학연구』 58, 한국한문학회.

변원림(1973), 「안정복의 역사인식」, 『사총』 17 · 18, 고려대학교 사학회.

변은미(2022), 「懸吐를 활용한 『孟子』 해석 논의 고찰-星湖 李瀷의 『孟子疾書』와 順庵 安鼎福의 『經書疑義』를 중심으로」, 『어문논집』 95, 민족어문학회.

부유섭(2020), 「安鼎福의 『雜同散異』와 陳仁錫의 『經世八編類纂』」, 『한국실학연구』 39, 한국실학학회.

서종태(2011), 「순암 문집 정본화를 위한 일 방안」, 『성호학보』 10, 성호학회.

______(2013), 「順菴 安鼎福의 〈天學設問〉과 〈天學考〉 · 〈天學問答〉에 관한 연구」, 『교회사연구』 41, 한국교회사연구소.

손승철(1995), 「18세기 조선인의 일본천황 복권론에 대하여」, 『한국근현대사논총』, 오세창교수화갑기념논총간행위원회.

손혜리(2022), 「안정복의 명나라 유민에 대한 기록과 인식-『잡동산이』를 중심으로」, 『한국실학연구』 43, 한국실학학회.

______(2024), 「『雜同散異』를 통해 본 순암 문학관의 일단-필기패설의 鈔書」, 『한국한문학연구』 92, 한국한문학회.

심경호(1998), 「조선후기 북한강 유역의 학맥과 분포」, 『북한강유역의 유학사상』, 한림대학교 출판부.

심우준(1973), 「순암 안정복의 지방행정론 - 순암 연구의 일단면」, 『논문집』 18, 중앙대학교

______(1975), 「순암 안정복」, 『실학논총-이을호 박사 정년기념』, 전남대학교 호남문화연구소.

______(1978), 「순암의 정전제와 공전제」, 『한국학』 25, 영신아카데미 한국학연구소.

______(1978), 「『하학지남』에 나타난 순암의 독서관」, 『한국학』 19, 영신아카데미 한국학연구소.

______(1980), 「순암 안정복의 천주관: 특히 그의 『천학고』를 중심으로」, 『인문학연구』 7 · 8, 중앙대학교 인문학연구소.

______(1981), 「순암 안정복의 사관」, 『논문집』 25, 중앙대학교.

______(1982), 「순암 안정복의 洞約」, 『논문집』 26, 중앙대학교.

______(1982), 「순암의 四書三經에 대한 釋義」, 『인문학연구』 10, 중앙대학교 인문학연구소.

______(1983), 「순암이 본 중국사의 敍述」, 『한국학 문헌연구의 현황과 전망』, 아세아문화사.

심우준 · 정필모(1974), 「순암 안정복 연구 서설 - 그의 생애와 저술을 중심으로」, 『인문학연구』 1, 중앙대학교 인문학연구소.

안영상(2001), 「순암 안정복의 사단칠정설-성호학파 내부 논쟁을 중심으로」, 『한국실학연구』 3, 한국실학학회.

안유경(2022), 「안정복과 정약용의 인물성이론 해석 고찰」, 『국학연구』 47, 한국국학진흥원.

엄연석(2009), 「순암 안정복의 『周易』 인식과 象數義理論」, 『철학사상』 34, 서울대학교 철학사상연구소.

에드워드 슐츠(2006), 「안정복과 『동사강목』: 고려 무신정권에 관한 그의 견해에 대한 비평」, 『한국실학연구』 11, 한국실학학회.

오보라(2018), 「순암의 시문에 보이는 꿈의 의미」, 『성호학보』 20, 성호학회.

오항녕(2013), 「順菴 安鼎福의 斷代史 編年體, 『列朝通紀』」, 『한국실학연구』 25, 한국실학학회.

오환일(1993), 「안정복의 社倉에 대한 연구」, 『국사관논총』 46, 국사편찬위원회.

______(2000), 「안정복의 사창에 대한 연구」, 『역사와 향촌사회 연구』, 경인문화사.

원재린(2003), 「순암 안정복의 하학관과 "東事" 이해」, 『한국실학연구』 6, 한국실학학회.

______(2004), 「순암 안정복의 형법관과 향정론」, 『한국사상사학』 23, 한국사상사학회.

______(2006), 「순암 안정복의 "목민"관 - 『臨官政要』「政語」분석을 중심으로」, 『한국사상사학』 26, 한국사상사학회.

______(2008), 「순암 안정복의 鄕政方略 - 『임관정요』「時措」분석을 중심으로」, 『대동문화연구』 64, 성균관대학교 대동문화연구원.

______(2010), 「順菴 安鼎福의 時務 인식 - 『東史綱目』의 '按'說을 중심으로」, 『한국사상사학』 34, 한국사상사학회.

______(2010), 「안정복, 현실을 직시하며 실학의 학풍을 일으킨 학자」, 『내일을 여는 역사』 38, 민족문제연구소.

______(2011), 「조선후기 星湖學派의 鄕政論계승 양상 - 李瀷(1681~1762)과 安鼎福(1712~1791) 중심으로」, 『한국사상사학』 37, 한국사상사학회.

______(2013), 「順菴 安鼎福의 牧民사상과 주요 목민책」, 『한국실학연구』 25, 한국실학학회.

______(2014), 「근기남인계 목민학 전통과 『목민심서』」, 『다산과 현대』 7, 연세대학교 강진다산실학연구원.

원재연(2007), 「순암 안정복과 광암 이벽의 서학 인식」, 『교회사학』 4, 한국기독교회사학회.

유근호(1984), 「18세기 벽위파의 서양관 연구」, 『한중정치의 전통과 전개-심촌 추헌수 교수 회갑기념 논문집』, 대왕사.

유재택(1985), 「조선후기 실학적 역사교육관」, 『한국교육』 12-1, 한국교육개발원.

윤재민(2004), 「18세기 광주와 문학 - 순암 안정복의 「靈長山客傳」을 중심으로」, 『한국실학연구』 8, 한국실학학회.

______(2015), 「順菴 安鼎福의 文學과 學問」, 『한국한문학연구』 58, 한국한문학회.

윤재환(2019), 「문학을 바라보는 순암 안정복의 시선 - 시선의 의미와 성호와의 거리를 중심으로」, 『민족문화』 53, 한국고전번역원.

______(2019), 「순암 안정복 한시의 수록 양상 검토 - 『순암집』과 순암 『부부고』 소재 한시를 중심으로」, 『국학연구』 38, 한국국학진흥원.

______(2023), 「順菴 安鼎福과 순암 계열 문인들의 문학론-문학론의 영향을 중심으로」, 『동방한문학』 97, 동방한문학회.

윤혜민(2023), 「순암 안정복의 향례 인식과 향사례 시행」, 『성호학보』 25, 성호학회.

이광신 · 이응규(1986), 「順菴 安鼎福의 豫防法意識 硏究」, 『논문집』 20, 단국대학교.

이광우(2022), 「목천현감(木川縣監) 안정복(安鼎福)의 수령 통치와 그 성격」, 『역사와 실학』 77, 역사실학회.

이구용(1972), 「순암 안정복의 생애와 사상」, 『연구논문집』 6, 강원대학교.

이기백(1999), 「순암 안정복의 합리주의적 史實考證」, 『한국실학연구』 1, 한국실학학회.

이남옥(2017), 「순암 안정복의 성호예학 계승 양상」, 『성호학보』 19, 성호학회.

이돈녕(1979), 「민족사관의 체계적 인식-안정복」, 『역사의 인물』 5, 일신각.

이동환(2004), 「도학과 실학 그 이분법의 극복 - 순암 안정복은 실학자인가」, 『한국실학연구』 8, 한국실학학회.

이명희(2005), 「18세기 지방자치의 구조와 기능에 대한 고찰 - 순암의 경기도 광주부 二里洞約)을 중심으로」, 『한국실학연구』 9, 한국실학학회,

이병도(1988), 「안정복」, 『조선명인전 下』, 조선일보사.

이봉규(2000), 「순암 안정복의 유교관과 경학사상」, 『한국실학연구』 2, 한국실학학회.

이선아(2022), 「18세기 호남과 근기 실학자의 '사이'와 '거리'」, 『동양한문학연구』 63, 동양한문학회.

이승용(2020), 「서간으로 본 성호 이익과 순암 안정복의 교유 양상」, 『성호학보』 22, 성호학회.

이영호(2024), 「순암 안정복의 경학관과 역학에 관한 일고찰」, 『경학』 7, 한국경학학회.

이우성(1966), 「조선후기 근기학파에 있어서의 정통론의 전개-역사파악에 있어서 체계성과 현실성」, 『역사학보』 31, 역사학회.

______(1970), 「해제」, 『순암총서』, 성균관대학교 대동문화연구원.

______(1970), 「『동사강목』 해제」, 경인문화사.

______(1978), 「안정복 『동사강목』」, 『한국을 움직인 고전백선』, 동아일보사.

______(1981), 「안정복과 동사강목」, 『한국의 역사상』, 창작과비평사.

______(1995), 「『동사강목』 해제」, 『한국고전의 발견』, 한길사.

______(1999), 「근기학파에 있어서의 순암의 위치」, 『한국실학연구』 1, 한국실학학회.

이원순(1970), 「안정복의 천학론고」, 『이해남박사 회갑기념 한국사학논총』, 일조각.

______(1975), 『조선후기 실학자의 서학인식」, 『역사교육』 17, 홍지사.

______(1986), 「안정복의 天學 論攷」, 『조선서학사연구』, 일지사

이은주(2008), 「순암 안정복의 喪禮諸具와 喪禮服食觀」, 『성호학보』 5, 성호학회.

이이화(1979), 「보수 경향의 선구자 안정복」, 『역대인물한국사』 6, 신화출판사.

______(1993), 「안정복 : 삼한 정통론으로 역사의 자주성을 밝힌 실학자」, 『이야기 인물한국사 1-사상과 학문의 주역들』, 한길사.

이정행(1997), 「下學指南에 나타난 順菴 安鼎福의 教育思想」, 『사회과학연구』 7, 광주대학교 사회과학연구소.

이채구(1990), 「안정복의 下學指南」, 『교육연구』 9, 원광대학교 교육문제연구소.

______(1996), 「안정복의 교육사상: 조선시대 5대교육서중 하나인 『하학지남』 저술」, 『새교육』 498, 한국교육신문사.

이현주(2023), 「편지를 통한 18세기 가족공동체의 소통양상-순암 안정복가 3대의 가족 간 편지 분석」, 『동양고전연구』 92, 동양고전학회.

임형택(2013), 「성리학과 실학의 관련성 문제-「函丈錄」의 분석」, 『한국실학연구』25, 한국실학학회.

______(2019), 「실학적 지식과 저술의 형태-『迂書』·『雜同散異』·『林園經濟志』」, 『한

국실학연구』 38, 한국실학학회.

장동우(2008), 「조선후기 가례 담론의 등장 배경과 지역적 특색」, 『국학연구』 13, 국학진흥원.

장승희(1999), 「순암 안정복의 성리론 고찰」, 『유교사상연구』 11, 한국유교학회.

전병철(2017), 「順庵 安鼎福의 『南冥集』 箚記에 나타난 南冥 曺植에 대한 인식」, 『남명학연구』 53, 경상대학교 경남문화연구소.

전성건(2020), 「순암 안정복의 『가례』연구와 그 방향」, 『한국실학연구』 39, 한국실학학회.

전수연 · 김민재 · 김용재(2021), 「조선 성리학자들의 양명학에 대한 비판적 인식 검토(6)-성호 이익과 순암 안정복을 중심으로」, 『양명학』 60, 한국양명학회.

전제현(2009), 「兪棨와 安鼎福의 高麗史 認識 - 『麗史提綱』과 『東史綱目』의 史論을 중심으로」, 『한국학논총』 32, 국민대학교 한국학연구소.

전진국(2018), 「안정복의 고조선사 인식」, 『성호학보』 20, 성호학회.

정구복(1985), 「『순암 안정복연구』, 심우준 저 〈서평〉」, 『한국학보』 41, 일지사.

정두희(2003), 「정약종의 주교요지가 한국사상에 미친 영향」, 『교회사연구』 20, 한국교회사연구소.

정락찬(1994), 「順菴 安鼎福의 初等教育思想 - 『하학지남』을 중심으로」, 『교육철학』 12, 한국교육철학회.

정만조(1988), 「조선후기의 향촌교학진흥론에 대한 검토: 지방관의 興學策을 중심으로」, 『한국학논총』 10, 국민대학교 한국학연구소.

______(1997), 「조선후기의 향촌교학진흥론에 대한 검토: 지방관의 興學策을 중심으로」, 『조선시대 서원연구』, 집문당.

정선모(2013), 「安鼎福의 『朱子語類節要』 考」, 『한국실학연구』 25, 한국실학학회.

정수환(2022), 「18세기 廣州 廣州安氏 宗契 조직과 운영의 재구성」, 『장서각』 48, 한국학중앙연구원.

정순우(2003), 「순암 안정복의 공부론과 그 의미」, 『한국실학연구』 6, 한국실학학회.

정철민(2020), 「순암의 공부론에 대한 교육학적 고찰: 하학(下學)을 중심으로」, 『동방학』 43, 한서대학교 동양고전연구소.

조 광(1982), 「조선왕조 시대의 신라인식-동사강목을 중심으로」, 『민족문화연구』 16, 고려대학교 민족문화연구소.

조성애(2010), 「순암 안정복의 하학론」, 『한국교육사학』 32, 한국교육사학회.

조지형(2019), 「안정복의「천학문답」에 대한 비평과 반서학적 인식의 확산 – 損齋 南漢朝의 「安順菴天學或問辨疑」」, 『국학연구』 38, 한국국학진흥원.

______(2023), 「서간을 통해 본 안정복의 서학 인식과 대응 양상」, 『신학전망』 220, 광주가톨릭대학교 신학연구소.

조현범(2022), 「순암 안정복의 기록에 나타난 조선 천주교의 초기 상황–문집, 일기, 고문서를 중심으로」, 『장서각』 48, 한국학중앙연구원.

진영일(1983), 「『동사강목』의 분석적 고찰」, 『논문집』 19, 공주교육대학교.

차장섭(1992), 「안정복의 역사관과 동사강목」, 『조선사연구』 1, 복현 조선사연구회.

천관우(1978), 「『동사강목』 관규」, 『한국학』 19, 영신아카데미 한국학연구소.

최 식(2022), 「『雜同散異』의 異本과 特徵」, 『한국실학연구』 43, 한국실학학회.

_____(2022), 「『雜同散異』의 形成 過程과 抄書·著書」, 『대동한문학』 71, 대동한문학회.

_____(2024), 「安鼎福의 抄書와 『雜同散異』–『破閑集』, 『思齋摭言』, 『於于野談』의 抄書와 特徵을 중심으로」, 『영남학』 91, 경북대학교 영남문화연구원.

최동희(1973), 「안정복의 실학사상」, 『다리』 4, 월간 다리사.

______(1976), 「안정복의 西學 비판에 대한 연구」, 『아세아연구』 19-2, 고려대학교 아세아문제연구소.

______(1976), 「이조말의 그리스도교 비판 : 신후담과 안정복을 중심으로」, 『아카데미논총』 4, 세계평화교수아카데미.

______(1988), 「안정복의 서학비판」, 『서학에 대한 한국실학의 반응』, 고려대학교 민족문화연구소.

최봉영(1983), 「順菴 安鼎福의 性理論 硏究」, 『논문집』 21, 한국항공대학교.

______(1987), 「성호학파의 주자대학장구 비판론: 격물치지설을 중심으로」, 『동양학』 17, 단국대학교 동양학연구소.

______(1987), 「성호학파의 주자대학장구 비판론」, 『논문집』 25, 한국항공대학교.

최성환(2003), 「영정조대 안정복의 학문과 『동사강목』 편찬」, 『한국학보』 110, 일지사.

최윤오(2002) 「순암 안정복의 토지론」, 『한국실학연구』 4, 한국실학학회.

최준하(2003), 「順庵 安鼎福 文學의 一考察: '詩'와 '傳'을 중심으로」, 『어문연구』 43, 어문연구학회.

최홍규(1989), 「조선 후기 광주와 수원 지방의 향약(상): 안정복의 『대록지』와 우하영의 『향약설』을 중심으로」, 『기전문화』 5, 기전향토문화연구회.

하우봉(1988), 「순암 안정복의 일본인식」, 『전라문화논총』 2, 전북대학교 전라문화연구소.

______(1989), 「안정복의 일본관」, 『조선후기 실학자의 일본관 연구』, 일지사.

한상권(1987), 「順庵 安鼎福의 社會思想-민에 대한 인식을 중심으로」, 『한국사론』 17, 서울대학교 국사학과.

한영우(1976), 「실학자들의 사관」, 『월간독서생활』 6월호, 삼성출판사.

______(1988), 「안정복의 사상과 동사강목」, 『한국학보』 53, 일지사.

______(1989), 「18세기 후반 남인 안정복의 사상과 『동사강목』」, 『조선후기사학사연구』, 일지사.

한자경(2005), 「18세기 조선 유학자들의 『천주실의』 비판」, 『철학연구』 69, 한국철학회.

함영대(2008), 「순암 안정복의 학문적 지향과 『孟子疑義』」, 『한국실학연구』 16, 한국실학학회.

______(2010), 「순암 안정복의 서학인식과 『天學問答』」, 『성호학보』 7, 성호학회.

______(2013), 「성호학파의 가족 유대의식과 家範-성호와 순암을 중심으로」, 『한국실학연구』 26, 한국실학학회.

______(2013), 「順菴 安鼎福 硏究의 現況과 課題」, 『한국실학연구』 25, 한국실학학회.

______(2015), 「順菴 安鼎福의 求學의 여정과 講學의 관점」, 『한국한문학연구』 58, 한국한문학회.

______(2017), 「조선후기 근기남인의 독서노트-순암 안정복의 초서롱」, 『한국문화』 78, 서울대 규장각 한국학연구원.

______(2018), 「『반계수록』의 전승과 『잡동산이』」, 『한국실학연구』 35, 한국실학학회.

______(2020), 「조선 학자들의 경전 독서 차례에 대한 인식 논리-『擊蒙要訣』과 『下學指南』의 사례를 중심으로」, 『동방한문학』 83, 동방한문학회.

______(2020), 「순암 안정복의 사서 해석」, 『동양고전연구』 81, 동양고전학회.

______(2022), 「광주안씨 고문서의 경학자료 연구-삶의 저변과 경학자료 및 서목을 중심으로」, 『장서각』 48, 한국학중앙연구원.

______(2022), 「순암 안정복의 「國朝典故雜錄」 분석-『잡동산이』의 성격과 그 항목화 과정을 중심으로」, 『한국실학연구』 43, 한국실학학회.

허권수(2006), 「동아시아 학술과 남명학; 근기남인학자들의 남명에 대한 관심」, 『남명학』 22, 남명학연구소.

허순우(2005),「순암의 편지에 나타난 글쓰기 방식 연구」『한국문화연구』 9, 경희대학교 민속학연구소.

허원영(2006),「안정복의 수령관과 수령행정-『臨官政要』와 『木州政事』에 나타난 賦稅 행정을 중심으로」, 『성호학보』 3, 성호학회.

홍정근(2006),「조선후기 학자 순암 안정복의 주체적 사유」, 『한국철학논집』 19, 한국철학사연구회.

홍창우(2022),「『동사강목』의 후고구려 인식」, 『역사학연구』 86, 호남사학회.

홍해뜸(2023),「『임관정요(臨官政要)』를 통해 본 순암 안정복의 수령정치론」, 『한국사상사학』 74, 한국사상사학회.

황원구(1970),「실학파의 사학이론」, 『연세논총』 7, 연세대학교.

______(1974),「안정목-한국사의 새발견」, 『조선 실학의 개척자 10인』, 신구문화사.

______(1990),「한국의 역사가 안정복」, 『한국사 시민강좌』 6, 일조각.

______(1995),「국학과 조선후기 사회」, 『동아사논고』, 혜안.

황중연(2006),「조선후기 신유학과 서학의 세계관에 대한 차이점」, 『범한철학』 42, 범한철학회.

Andreas Mueller-Lee(2007),「『雜同散異』의 서지학적 문제 그리고 類書와의 관계에 대한 몇 개의 旁註」, 『규장각』 31, 서울대학교 규장각한국학연구원.

작성 : 박기완(성균관대 한문학과 박사수료)

『순암 안정복 연구』 집담회

- 일　시 : 2023년 1월 21일(화) 오후 2:30~5:30
- 장　소 : 재단법인 실시학사 사무실
- 참석자 : 박인호, 조현범, 정호훈, 윤재환, 함영대, 박기완

함영대 지금부터 실학연구총서 제20권, '순암 안정복 연구' 좌담회를 박수와 함께 시작하겠습니다. 저를 포함하여 총 다섯 분이 모여서 작업을 했는데요. 연구팀장이신 박인호 선생님의 한 말씀 듣고 오늘의 좌담회를 시작하겠습니다.

박인호 새로운 해를 맞이하였습니다. 건강에 신경 쓰시고 연구하시는 데 많은 성과가 있기를 기원합니다. 순암과 관련해서는 저희들이 준비한 작업에 다들 열심히 했으니까 좋은 결과가 있을 거라고 여겨집니다. 그래도 실시학사에서 원하는 조건들이 있으니까 저희들이 가능하다면 그런 조건을 맞춰가면서 하면 될 테고요. 일정은 어느 정도 확인하셨으니까 마지막까지 한번 힘을 내봅시다.

함영대 네 고맙습니다. 일단은 발표를 하면 되겠는데 그러기에 앞서 준비하시면서 각각 맡은 분야에 대해서 짧게 짧게 한마디 하고 해당 분야에 대한 발표를 자세히 듣도록 하겠습니다. 먼저 박인호 선생님께서 역사학 분야를 맡아주셨는데요. 관련해서 짧게 코멘트를 듣겠습니다.

박인호 순암(順菴)에 대한 기존 연구로는 『동사강목(東史綱目)』과 『순암집(順菴集)』에 대한 연구가 너무나 많이 이루어져 있었으니까 저로서는 기존의 방식을 그대로 따른다는 건 좀 문제가 있다고 판단을 했고요. 그래서 가능하다면 순암의 원전 자료들을 많이 확보하여 기존의 연구에 대해 전면적인 재검토의 수준까지는 가지 않겠지만 그래도 가능하다면 원전 자료를 통하여 순암의 역사학에 대해서 우리가 혹시 놓치고 있는 부분이 있지 않을까 이를 살펴보는 그런 반성적 검토를 했습니다. 그래서 제목도 재검토라는 명칭을 붙였습니다.

조현범 벌써 연구를 시작한 지 2년이 넘었군요. 처음에 박인호 선생님께서 전화 주셨을 때, 저는 감당하기 좀 어렵다, 폐를 끼칠 것 같다고 말씀드렸습니다. 과연 제가 제대로 했는지 모르겠습니다. 중간발표에서는 주로 순암과 서학의 관계에 관한 기존의 연구들을 정리하였습니다. 어떤 분야에서 어느 정도의 연구가 있고, 쟁점으로는 어떤 것들이 있었는데, 얼마나 해결되었는지, 앞으로 과제가 무엇인지 등을 말씀드렸습니다. 그리고 순암의 서학 비판이 근기(近畿) 남인(南人)들에게 그다지 영향을 미치지 못한 이유가 무엇인가를 다루었습니다. 그런데 순암의 저작 『천학문답(天學問答)』이 본령인데 그거를 빼놓고 이야기하기는 너무 어렵다고 생각했습니다. 그래서 연구를 마무리하면서 『천학문답』을 분석하는 장을 추가하였습니다. 순암이 서학 서적을 어떤 식으로 인용하였는지를 다루는 내용입니다.

정호훈 처음에 제가 받은 제목이 사회사상입니다. 다들 아시겠지만, 안정복(安鼎福)에 대해서 주로 역사학 서학, 이 방면으로 연구가 많이 된 것 같고, 사회사상 쪽으로는 생각보다 연구가 적은 편입니다. 그리고 사회사상이라고 하는 것도 이 영역이 예전에는 사회 신분제, 동약 이런 문제와 연관하여 논의를 해왔는데, 실상 이 요소는 정치적인 문제, 정치 사상적인 요소하고 서로 겹칩니다. 그러니까 사회사상이니 정치사상이니 이렇게 변별해서 쓴다는 것 자체가 어려운 점이 있습니다. 대체로 지금까지는 사회사상 이런 이름으로 연구를 해오다가 최근에 와서는 이 영역을 정치사상과 연관하여 검토하는 과정으로 넘어가고 있습니다. 저는 이번에 연구하면서, 제목은 사회사상으로 잡았지만, 사회와 정치의 문제를 같이 이야기를 할 수밖에 없지 않나 이렇게 생각했습니다. 이러한 현상은 『임관정요(臨官政要)』, 『이리동약(二里洞約)』, 그리고 『목주정사(木州政事)』를 기본으로 하여 사회사상을 검토하는 데서 일어난다고 볼 수 있습니다.

그리고 또 다른 난점은 안정복의 사회사상을 담은 자료의 문제입니다. 특히 『임관정요』가 문제가 되는데, 『임관정요』는 이본이 많습니다. 그런데 여러 이본 중에서 순암이 직접 저술한 내용은 무엇인가, 순암 저술 아닌 자료가 이본에 포함된 것은 무엇인가 하는 점이 명확하게 정리되어 있지 않습니다. 『임관정요』를 활용한 연구사를 검토해 보면 그 작업이 이루어지지 않았음을 알 수 있습니다.

이러한 양상은 아마도 순암 관련 자료를 모으는 게 쉽지 않았을 수도 있고 아니면 굳이 그것에 의미를 둘 필요가 있을까라는 판단을 연구자들이 했기 때문일 수도 있는데, 이제는 여러 이본을 바탕으로 순암의 정본을 정리하는 일이 중요한 과제가 된다고 생각합니다. 이번 연구에서도 이 점에 유의했습니다.

함영대 이 부분은 이번에 처음으로 언급하신 것이죠?

정호훈 그렇죠. 지금까지 학계에서는 거론되지 않은 걸로 생각합니다.

윤재환 저는 순암의 문학에 관한 부분을 의뢰받았습니다만, 작업을 하다 보니 상당히 많은 어려움이 있었습니다. 가장 큰 어려움이 자료에 관한 것입니다. 순암의 문학 작품을 수록하고 있는 자료가 『순암집』이라기보다는 사실 『순암부부고(順菴覆瓿稿)』인데, 문제는 『부부고』가 너무나 많이 들쭉날쭉하고 정리가 안 돼 있는 상황이어서, 그

안에 기록되어 있는 전부를 그대로 믿을 수 없고, 또 그렇다고 해서 이걸 또 무시하고 아니라고 할 수도 없는 그런 문제들이 있습니다.

순암의 문학에 관한 글을 준비하면서 『부부고』에 관심을 가지게 된 것은, 우리가 흔히 이야기하는 도학파 문인 혹은 학자적 문인들의 문학세계가 반드시 그 사람의 사상과 연관되느냐라는 부분에 대한 관심, 그다음에 『부부고』라고 하는 필사 초고본과 『순암집』이라고 하는 문집이 과연 어느 정도의 거리를 가지고 있는가 하는 것 때문이었는데, 이번에 『순암집』과 『부부고』를 1대1로 하나씩 비교하면서 작품을 보다 보니 확실한 건 『부부고』에 있는 작품들이 훨씬 더 많고, 그 가운데 『순암집』으로 옮겨진 건 시문학 작품으로 봐서는 반도 안 된다는 것, 그러니까 훨씬 더 많은 작품들이 『순암집』에 누락이 됐다는 건데, 그렇기 때문에 지금까지 순암에 대해서 이야기한 것은 순암의 문학 작품 특히 시문학 작품을 전체를 보지 않은 상태에서 이야기가 된 것이라고 볼 수 있다는 것입니다.

사실 순암의 『부부고』 소재 시를 가지고 이야기한 최초의 연구자가 백승호 선생, 그다음이 강창순 선생인데, 두 분의 글 속에서 중복되는 시들을 제외하면 사실 『부부고』에만 실려 있는 시들을 소개한 것이 몇 수 안 됩니다.

그래서 저는 『부부고』 속 순암의 시 가운데 순암의 사상과는 좀 거리가 떨어진, 그러니까 순문예적이거나 정서 표출을 위주로 한 시들을 중심으로 뽑아서 이걸 분석해 보는 것이 어떤 의미가 있지 않겠나 생각해서 그런 경향의 시들을 뽑아 봤습니다.

『부부고』 안에 있는 지금까지 전혀 소개되지 않았고 번역도 되지 않은 시로, 순문예적이거나 정서의 표출을 위주로 한 시를 뽑아 번역하는 작업은 지금 거의 다 끝난 상태입니다. 물론 글에는 그중 한 10여 수 정도

들어갈 거니까, 나머지를 가지고 다음 작업을 좀 해볼까 하는 생각이 있습니다. 그런데 문제는 그렇게 해도 순암을 문인, 시인으로 보기는 어려워 보입니다.

순암을 문인으로 평가하기는 애매한 부분이 있습니다. 그렇게 보기는 아주 애매한 어떤 선이 나오는데, 순암을 우리가 흔히 말하는 문장가 혹은 시인, 감성이 철철 넘치는 시인 혹은 문장가로 보는 것에는 사실 좀 많은 주저나 고민을 하게 됩니다. 그렇지만 순암이 시를 못 했다, 또는 즐기지 않았다, 시에 신경을 쓰지 않았다, 연습을 많이 하지 않았다, 이렇게는 절대 이야기할 수 없다고 생각됩니다.

순암의 시를 보면 상당히 중요한 지점이 나타나는데, 순암이 시 창작에 상당히 주의를 기울여 열심히 노력을 했다는 것이죠. 그런데 순암 같은 분의 특징이 감성보다 이성이 발달한 거고, 이분의 의지가 정서적인 면의 분출을 가로막는 지점이 분명히 나타난다는 것이지요. 그래서 우리가 흔히 알고 있는 문장가나 시인들의 문학 작품과는 애초에 방향이 다르다는 것이죠.

그런데 순암의 시에는 정교한 시적 기교, 수사적 노력 이런 것들이 분명히 보이고, 그 속에 담긴 감정은 분명 순암의 감정이죠. 그게 남들이 보면 전혀 이해가 안 될 수도 있지만 순암에게는 아주 꾸밈없는, 아주 솔직한 감정일 건데 그게 드러나는 거죠. 그런데 드러나는 그 감정, 정서가 우리가 보기엔 도덕적이라는 데서 문제가 있을 수 있지만, 분명히 담겨있습니다. 하지만 흔히 말하는 시인과 같이 그냥 감정에 매몰돼 있는 듯한 그런 작품은 거의 보이지 않는다는 그런 특징이 있습니다.

이제 잘 다듬어 순암의 문학에 대해 이야기할 수 있는 어떤 것이 나와야 될 것인데, 이런 특징은 사실 순암뿐만 아니라 순암과 같은 성향을 지니고 있는, 우리가 흔히 이야기하는 학자들의 시가 가진 공통적 속성일 수도 있습니다. 그렇다면 학자들의 정서 혹은 의식 그 자체가 우리가 흔히 아는 문인들과 다른 지점에 놓여있는 것일 수도 있습니다. 그렇다면 선인들의 시를 하나의 틀로 보아서는 안 되지 않을까 하는 생각이 많이 듭니다.

함영대 제가 맡은 부분은 순암 안정복의 경학(經學)과 예학(禮學)입니다. 순암 연구는 너무나 잘 알려진 바와 같이 사학 분야의 연구로 시작이 됐고 그 다음은 『천학문답』 등으로 서학에 관련된 어떤 유학자로서의 전통적인 대응이 특기되어 많이 연구가 되었습니다. 그 뒤에 사회사상 분야로서 『임관정요』라든지 『동약』이라든지 이런 부분이 이제 의미가 있다고 판단되었습니다. 또 목천현감(木川縣監) 시절 집필한 『대록지(大麓志)』가 18세기의 지리지로서 17세기 지리지의 성과를 더 확대하고 발전시키는 방향으로 의미가 있다는 것이 특기가 되었습니다. 그런 연구과정 가운데 상대적으로 좀 덜 주목받았던 것이 바로 이 경학과 예학 분야입니다.

순암은 너무나 잘 아시는 바와 같이 사학 분야에 있어서 굉장히 정통론주의자입니다, 또 『동사강목』은 강목체로 작성되었는데 이는 강력한 의리관이 투영되어야 가능한 것입니다. 그 때문에 순암은 『동사강목』을 쓸 때 역사의 사실 고증을 굉장히 중요했음에도 불구하고 역사의 체례 자체는 강목체라고 하는 강력한 의리 사관을 수용한 묘한 균형을 보여주었습니다.

이런 부분이 경학이나 예학 분야도 투영이 됩니다. 아쉽게도 순암은 경학 분야는 『사서의(四書疑)』라고 하는 내용입니다. 과거 시험을 준비하기 위해서 편편이 모아놓았던 자료입니다. 필기류가 『상헌수필(橡軒隨筆)』로 모아졌다면 필기류가 아닌 이 경학 조문에 대한 자신의 어떤 차록(箚錄) 같은 것들이 이 『사서의』로 나중에 집성이 된 것입니다. 순암이 이걸 작정하고 『사서의』로 만든 게 아니고 나중에 집성된 경우인데 그렇기 때문에 그 편이 작습니다. 분량이 적고, 본격적인 어떤 관점을 보이기가 쉽지 않아서 순암의 경학 분야 연구를 더디게 만든 원인이 되었습니다,

그렇지만 근래 순암 조금 더 본격화되면서 서간이라든지 또 다른 곳에 있는 여러 의견이라든지 이런 것을 모은 경학 자료를 통해서 성리학 분야 또는 역학 분야, 그 다음에 최근에 사서(四書) 분야가 조금씩 개척이 되고 있는 상황입니다. 아직 순암의 경학 분야가 본격적으로 연구가 다 되었다고 하기에는 이른 시기입니다. 일단 제가 기존에 연구됐던 것을 종합적으로 모으면서 제 입장을 정리해 보았습니다.

아울러 예학 분야는 실은 순암이 굉장히 신경을 썼던 분야입니다. 『가례부췌(家禮附贅)』라고 하는 자기 선조 안신(安玑)의 저작을 정리한 것도 있고, 또 『가례익(家禮翼)』이라고 본인이 아주 성의 있게 한번 정리했다는 것도 있고, 『가례집해(家禮集解)』는 본인이 만들었다고도 했는데 아쉽게 다 남아 있지 않아요. 주로 연구대상이 되는 것은 순암이 실제로 활용했던 『송종록(送終錄)』이라는 것입니다. 가례의 실행에 대해서 여러 분들의 의견을 묻거나 또 본인이 지시했던 것에 대한 이제 예학 자료의 편편들에 연구가 되었습니다. 이런 상황이기 때문에 아주 중요한 분야지만 여전히 연구의 성과를 모으고 또 제 관점을 일부 투영해서 정리하는 수준에서 일단 이번에는 마무리할 수밖에 없었습니다. 그래서 '인식과 실천의 정합성을 중심으로'라고 하는 관점으로 연구 성과를 모았고 정리를 하면 예학 분야는 결국 순암은 성호의 뒤를 이어서 '생활 형편껏 예를 수행한다' 이 관점을 철저하게 진행시켰다 생각이 됩니다.

네 그럼 이렇게 간단하게 연구개요를 설명했습니다. 지금 3시인데요. 한 15분에서 20분 내외로 돌아가면서 연구한 결과에 대한 간단한 보고회를 갖도록 하겠습니다.

박인호 기존에 역사학 분야와 관련하여 순암에 대한 연구는 『동사강목』에 대한 연구에 집중되어 있었어요.

근데 저는 기존 연구의 한계를 극복하기 위해서 원자료들을 한번 전반적으로 검토해 보자. 그리고 원텍스트와 지금 알려지고 있는 여러 자료들을 비교하여 과연 어느 것이 순암의 생각을 가장 많이 반영하고 있는가에 대해 판단해 볼 필요가 있었어요.

우선 우리나라 역사와 관련해서는 『동사강목』이 대상인데, 『동사강목』에 대한 연구는 많은데 원전을 뒤져보니까 그 원전 속에서 여러 고민들, 그러니까 정통 의식이라든가 또는 지리에 대한 의식이라든가 이것이 편편이 드러나고 있는 걸로 봐서 『동사강목』이라는 책은 안정복이 평소에 가졌던 이런 것에 대한 고심의 결과였음을 확인할 수 있었습니다.

그러면 현재 남아있는 『동사강목』 가운데 적어도 헌릉에 있으면서 교정봤던 것이 그래도 본인이 생각했던 가장 정본일 거라고 할 수 있을 것입니다. 그 이전에는 전부 다 초고 상태니까요. 그렇다면 지금 우리가 볼 수 있는 것 가운데 헌릉(獻陵)에서 교정했던 게 어느 것인가 이걸 좀 확인할 필요가 있었어요. 근데 제가 보기에 그나마 가장 유사한 것이 규장각본입니다. 이전에 초고본에서 수정한 표시가 있는 것이 규장각본에 다 수정돼 있는 거 보면 그게 최종적으로 수정돼서 올라온 거 아니냐 그러면 우리가 앞으로 『동사강목』을 연구할 때는 규장각본에 좀 주목할 필요가 있을 것입니다.

그 외에 필사본류로 뒤에 나오는 연세대본이나 또는 대영박물관본이 있는데 그건 규장각본 내지는 지금 민족문화추진회(이하 민추로 약칭)에서 뒤에 부록으로 해놨던 교회사연구소본과 큰 차이가 없다는 거죠. 그렇다면 앞으로 『동사강목』을 연구하면서 정본이 무엇이냐고 할 때 규장각본이나 혹은 민추에서 내놓은 교회사연구소본 가운데 어느 것을 연구하여도 큰 문제가 없겠다, 그런 판단이 들었기 때문에 이 부분은 그냥 넘어가도록 하겠습니다.

그다음에 또 하나 주목되는 거는 『동사외전(東史外傳)』하고 『동사보궐(東史補闕)』인데요. 안정복이 『열조통기(列朝通紀)』나 다른 것을 적으면서 『동사외전』을 자꾸 인용을 하고 있어요. 그럼 『동사외전』이라는 게 분명히 있어야 되는데 남아 있는 『동사외전』이라는 책에 보면 발해(渤海)하고 동진(東眞)에 대한 걸 표지에는 적어놨는데 실제 내용은 없어요. 그러면 혹시 다른 곳에 있을지도 모르겠으나 지금 현재는 발견하지 못했습니다.

그다음에 『동사보궐』이라는 책이 남아 있는데 이에는 주로 일본과 관련한 것이 굉장히 많이 남아 있습니다. 이것은 안정복이 기전체(紀傳體)의 서술 체제를 염두에 두었다면 발해, 동진, 일본과 같은 국가들을 다룬 것이 아마 나중에 되면 열전적(列傳的) 형태로 나타나지 않았겠는가 생각합니다. 이건 초보적 단계니까 일본에 대한 모습을 여기 『동사보궐』에서 확인할 수 있는 것입니다. 근데 그중에 가장 큰 특징은 이맹휴(李孟休)의 영향이 너무 많이 있다는 점입니다. 이맹휴는 『접왜고(接倭考)』를 썼는데 자료로 아주 많이 인용하고 있으니까 이맹휴의 영향은 확실히 볼 수 있습니다. 일본관에 대해서는요. 그걸 확인할 수 있습니다.

그다음에 조선시대사에 관련된 정리인데 몇 가지 책이 있었는데 가장 문제가 되는 건 『열조통기』인 것 같아요. 『열조통기』 역시 필사본이 여러 가지가 있는데 우선 순암총서본은 장서각본을 가지고 영인을 떴어요. 근데 이게 과연 안정복의 『열조통기』 원전과 얼마나 가까운 책이냐라고 되묻고 싶은 거죠. 제가 보기에는 이것은 순암의 원전이 아니고 남이익(南履益)이라는 사람이 있는데요. 이 사람이 『반명기전(盤明紀傳)』이라는 책을 썼어요. 근데 장서각본을 보면 표제가 『반명기전』으로 돼 있습니다. 장서각본의 내제명을 보면 무엇인가 도삭(刀削)을 하고 『열조통기』로 바꿔 놨어요. 그러면 그건 사실은 『반명기전』인 거죠. 아마도 그 책 팔아먹을 때 아마 그런 식으로 해서 팔아먹은 겁니다. 그러면 『반명기전』이라는 책은 뭐냐면 남이익이라는 사람이 기전체의 역사서를 만들려는 구상 속에서 만든 것이 『반명기전』이라는 책입니다. 장서각본은 그중에 본기(本紀) 부분이 들어간 거고요. 말박물관이나 이런 데는 6부 가운데 병부(兵部) 부분이 따로 남아 있습니다. 그러면 이것은 과연 어느 정도까지 안정복의 저술이라고 봐야 될 것인가 의문이 있습니다. 그리고 노론계 유서(類書)로 『번천만록(樊川漫錄)』이라는 책이 있는데 이를 보면 『반명기전』이 많이 인용되어 있습니다. 『반명기전』은 노론계의 영향을 많이 받고 있는 것으로 보입니다. 그런데 남이익이라는 사람은 친노론계 소북 계열입니다. 그리고 이 사람은 근처 광주에 살았어요. 경기도 광주에 살았으니까 『열조통기』를 어떻게든 구해 볼 수 있었을 것입니다. 남이익이 편집한 책이 지금 순암총서본에 들어가 있는데 이것을 『열조통기』라고 하는 것은 좀 곤란하다는 것입니다. 그러면 『열조통기』는 무슨 책을 보아야 하는가. 『열조통기』 원본으로 국립중앙도서관본이 있으니까 우리가 안정복의 조선시대관을 살펴보려면 국립중앙도서관본을 봐야 됩니다. 근데 문제는 국립중앙도서관본이 같은 연대 내에서도 순서 없이 월일이 뒤바뀌어져 있습니다. 이걸 그러면 어떻게 할 것이냐는 거죠. 그러니까 어쩔 수 없이 정현동(鄭顯東)이 만든 수보본(修補本)을 참고해야 하는 것입니다. 정현동 수보본은 두 종류가 있습니다. 하나는 규장각본이 있고 또 다른 하나는 문화유산청에서 수집한 이양재본인데 이게 경매에 나와 팔려나가서 지금 어디 있는지도 잘 모릅니다. 그런데 어찌 됐든 이 두 본을 가지고 비교해보면 우리가 이제까지는 규장각본이 일제강점기 때 필사됐다고 해서 자료적 가치가 없는 걸로 알고 있는데, 오히려 더 충실하게 정현동 수보본의 원모습을 가지고 있는 것을 알 수 있습니다. 오히려 이양재본은 그보다 좀 뒤에 필사된 것 같습니다.

그런데 우리가 순암의 조선관을 연구하려면 원본을 무엇으로 할 것인가입니다. 아까도 『임관정요』와 관련해서 정호훈 선생님이 정본화를 말씀하셨는데 원본인 국립중앙도서관본은 너무나 난삽하고 내용도 막 뒤섞여 있습니다. 이걸 가지고 물론 우리가 정본화를 할 수는 있지만 그걸로 정본화하는 게 맞겠느냐 아니면 정현동의 수보본을 가지고 하는 것이 맞겠느냐 고민입니다. 수보본으로 어느 정도까지 안정복의 것을 정확히 추출해 낼 수 있는가, 혹은 둘 사이의 차이를 구분할 수 있는가 이게 고민이었어요. 그래서 나중에 제가 그걸 다시 한 번 말씀을 드리고요. 아무튼 지금 현재 『열조통기』에 대해서는 이 수보본을 가지고 보는 것이 그나마 위험도가 좀 덜하다. 오류를 범할 가능성이 덜하다라고 말씀드릴 수 있습니다. 물론 가장 좋은 거는 국립중앙중앙도서관 원본을 가지고 봐야 된다는 말씀을 드리고요.

우리나라 인물에 대한 안정복의 기술로 『동사보궐』에 보면 전(傳)이 있습니다. 기전체에 방식으로 서술할 때 인물전을 쓰기 위해서 그 전이 만들어졌다고 보면 안정복이 가지고 있었던 기전체 역사 서술 체제에 대한 기본적인 신뢰를 확인할 수 있습니다.

그다음에 지역에 관련된 자료로서 『광주지(廣州志)』는 남아 있는 것이 없는데 다만 지금 남아 있는 『광주읍지((廣州邑誌))』를 보면 안정복이 했다는 말이 그대로 수록돼 있으니까 그것을 통해 어느 정도 안정복의 생각을 추출해 낼 수는 있지 않겠는가 그런 생각이 있습니다. 그다음 『대록지』 같은 경우에는 여러 이본이 있습니다마는 교토대 가와이 문고본이 대체로 원본에 가장 가깝다고 여겨집니다. 규장각본에는 『대록지』 하(下)가 있는데 그것도 원본에 가깝습니다. 그렇다면 『대록지』와 관련해서는 가와이 문고본을 기준으로 하고 규장각본을 참고하여 안정복의 사상을 알아내면 좋겠습니다.

그다음에 중국사에 대해서는 『사론(史論)』하고 『사감(史鑑)』하고 『독사상절(讀史詳節)』이라는 게 있습니다. 『사감』은 삼대(三代)에서 위열왕 23년까지고요. 『독사상절』은 상고기(上古期) 반고(盤古)부터 오대까지 다룬 것이고, 『사론』은 상고기에서부터 원대(元代)까지 간단하게 된 것입니다. 『독사상절』은 16책이나 되니까 이건 양이 좀 많고요. 그리고 이 『사감』이라는 책은 나중에 만든 걸로 보입니다만 삼황오제(三皇五帝)부터 위열왕(威烈王) 23년까지 만든 겁니다. 안정복의 중국사관은 이 세 책을 가지고 보면 된다는 생각이 듭니다.

그러면 이제 안정복의 조선시대 정치사 연구가 가지는 의미를 살펴보고자 제가 『열조통기』에서 안정복의 안설(按設)을 이렇게 뽑아 놨습니다. 『열조통기』에는 안설이 꽤 있습니다. 이제까지는 장서각본을 가지고 보니까 안설 같은 거 다 없어졌으니 순암은 조선시대에 대해 안설이 없다고 오해를 한 거죠. 『열조통기』 원본을 보면 안정복은 조선시대에 대해 굉장히 많은 안설을 남겼습니다. 다만 원본이라고 할 수 있는 국립중앙도서관본과 정현동 수보본에서 남아 있는 안설이 조금씩 다릅니다. 이 경우 예를 들면 정현동 수보본을 보면 순암의 원본에 정현동이 뭔가 덧붙였으니까 그 덧붙인 부분을 우리가 어떻게 이해해야 될 것이냐는 문제가 남습니다. 국립중앙도서관본과 규장각본과 이양재본에서 동일한 안설 부분을 찾아보면 이양재본에서는 굉장히 도덕적인 내용이 더 들어가 있습니다. 그러니까 우리가 안정복의 조선시대에 대한 논리를 살펴보려고 할 때 이양재본이나 또는 규장각본으로 보는 거는 좀 위험하다는 문제가 발생한다는 거죠. 그래서 제가 안설을 추출하면서 원본하고 규장각본하고 이양재본을 3개를 갖다 놓고 비교해 가면서 과연 안정복 것이 어느 것이냐고 이렇게 검토를 해 보았습니다. 그러다 보니까 이양재본에는 '안(按)' 표시가 없는데 국립중앙도서관본에는 '안' 표시가 있는 게 있고요. 그다음에 규장각본에는 또 '안' 표시가 없이 된 것도 있고요. 이게 조금씩 다릅니다. 그래서 가능하다면 국립중앙도서관본에 있는 '안' 표시를 기준으로 해서 안정복의 생각을 찾아나가는 건 맞겠습니다.

그런데 또 하나 문제는 규장각본이나 이양재본을 보면 '안' 표시를 의도적으로 뺀 게 있습니다. 근데 왜 뺐냐하면 그러니까 사실은 '안'이라고 붙일 만한 가치가 떨어진다고 할 까요, 그래서 '안'이라는 표시를 제외했습니다. 예를 들면 안정복의 안설 다음에 어떤 특정 책을 인용했을 경우에 '안'을 삭제하였는데 어떻게 보면 정현동이 잘 편집을 한 거죠. 그건 '안'이라고 넣을 필요 없기 때문입니다. 예를 들어 『동각잡기(東閣雜記)』나 이런 것을 인용했을 경우에 굳이 '안' 표시를 집어넣을 필요가 없다고 보았으니까 정현동은 교열을 진행하면서 그걸 빼버렸어요. 그럴 경우에 안정복의 생각을 정리하면서 그 '안' 표시가 빠진 것까지 '안' 표시를 다시 찾아야 되느냐 그런 고민도 있습니다. 일단은 안정복의 생각을 알기 위해서 국립중앙도서관본에서 '안' 표시가 돼 있는 건 다 찾으면서 차이를 보면서 정리하는 것이 맞겠다고 생각해서 비고에 좀 표시를 해두었습니다.

그다음 '안'의 내용을 보면 교열을 어떻게 하겠다거나 연대 오류를 지적하거나 증거 자료를 제시하면서 무엇이 잘못됐다고 하는 것이 대부분입니다. 다만 내용을 다룬 안설을 보면 당색적(黨色的) 측면이 전혀 없지 않습니다. 오히려 안정복이 남인이니까 조선시대사 서술에서는 굉장히 남인적 색채가 강합니다. 오히려 이런 부분들이 더 주목돼야 되지 않느냐는 것입니다. 예설(禮說)에 대한 안설을 보면 오히려 친남인적인 정치 입장을 분명히 가지고 있습니다. 『열조통기』의 장서각본을 보면 친노론적인 게 있으니까 당색의 입장이 약간 그게 무뎌지잖아요. 그러면 사람들이 어떻게 오해하느냐면 안정복이 조금 객관적으로 세상을 보는 것이 아니냐고 평가해버리는데요. 안정복이 객관적으로 보려고 한 것이 아니라 기본적으로 친남인적인 성향을 가졌으며, 뒤에 책이 편집되면서 이런 부분들이 오해를 불러일으킨 것이라는 거죠.
이러한 후대 편집본이 가지는 문제는 이양재본도 마찬가지입니다. 정현동의 수보본을 보면 정현동이 굉장히 도덕적인 측면을 더 강화시켰습니다. 근데 그 부분을 보지 못하고 내용을 파악하게 되면 순암이 굉장히 도덕적인 관점에서 세상을 보는 것이 아니냐고 평가하게 된다는 것입니다. 그런데 그것은 아닌 것입니다. 제가 정현동의 수보본에 해당하는 규장각본과 이양재본에서 나오는 정현동의 평만 모아 보았습니다. 근데 이것도 애매한 게 어떤 데를 보면 '안'이라고 해서 안정복의 안설인 것처럼 되어 있는 것도 있습니다. 그리고 국립중앙도서관 원본에 가보면 또 없어요. 그러면 이것은 정현동의 안설인 거죠. 또한 정현동 본인은 '우안(愚按)'이라고 했는데 실제로 그렇지 않은 경우도 있습니다. 그래서 항상 원본하고 비교를 해 봐야 되는데 아무튼 이렇게 해서 나온 정현동의 평을 보면 편집 순서라든가 사료의 신뢰성이라든가 자료 오류 이런 걸 지적하는 것이 대부분입니다. 근데 내용을 다룬 안설을 보면 안정복보다 훨씬 더 도덕적이고 유자적(儒者的) 측면이 강화되어 있습니다. 내용평을 보면 도덕적인 감탄사를 넣어가면서 적고 있습니다. 정현동이 안정복보다 훨씬 더 유자적 측면이 강화된 의식을 가지고 있었으며 안설로 표출되는데 우리가 『열조통기』라는 책을 통해서 안정복의 사상을 파악해 보려고 할 때는 이것도 주의해야 될 부분이라는 생각이 듭니다. 그다음 중국사에 대한 부분인데요. 만녕전(萬寧殿)에서 근무할 때 강화부(江華府) 경력(經歷)으로 임상정(林象鼎)이라는 분이 있었습니다. 그런데 임상정은 『임씨사통(林氏史統)』 혹은 『역대사통(歷代史統)』이라고도 하는 책을 쓰신 분입니다. 그런데 안정복의 문집에 나오는 기록을 보면 임상정이 『역대사요((歷代史要))』라는 걸 썼는데 그 가운데 삼대 부분은 내가 쓴 것을 그대로 가져가 덧붙였다고 말을 전하고 있어요. 임상정의 『역대사통』은 여러 도서관에 몇 종류가 있는데 장서각본 『역대사통』이 정본이라고 할 수 있어요. 그래서 임상정의 『역대사통』하고 대응되는 안정복의 『사감』을 비교를 해봤거든요. 그런데 유사합니다. 장서각의 『역대사통』에서 가장 재미있는 점은 『역대사통』에서 권으로 보면 1, 2, 3, 4 이렇게 처음 매겼을 텐데 『자치통감(資治通鑑)』에 따라 위열왕 23년부터 적어 처음에는 삼대 부분이 없었다는 거죠. 그런데 안정복으로부터 도움을 받은 삼대 부분이 위열왕 위에 끼어든 거죠. 끼어들었으니까 장서각본의 『역대사통』에서는 권의 숫자를 다 수정을 합니다. 그러니까 『역대사통』을 보면 삼대 부분은 뒤에 끼워 넣었다는 겁니다. 『사감』를 비교해보면 임상정의 『역대사통』에 들어가 있는 삼대 부분은 안정복이 '내 것이 활용해서 만든 것이다'라고 하는 말이 과언은 아니라는 것입니다. 그리고 안정복 이분은 굉장히 그런 부분에 대해서 민감하게 반응을 하세요. 다른 것도 보면 예를 들면 『동국문헌비고(東國文獻備考)』도 저거 좀 많이 보고 했다고 하는 말하는 등 뭐 이런 부분에 대해서 민감하시거든요. 그러니까 그런 부분을 보면 '삼대 부분은 내 것을 이용해 한 것이다'는 표현은 너무 과한 것입니다. 임상정이 약간은 수정을 했을 테니까요. 그러나 실제로 『사감』과 『역대사통』을 비교해 보면 특히 강(綱) 부분은 거의 유사합니다. 그러니까 안정복의 생각이 여기에 많이 반영됐다는 점은 확인할 수 있습니다.

그다음 『독사상절』은 중국사에 대한 건데 기본적인 시선 자체는 『자치통감』과 『통감강목(通鑑綱目)』에서 나온 거라고 할 수 있습니다. 다만 안정복의 중국사 연구에 대해 우리가 주목하는 거는 무통열국(無統列國)이라든가 정통의 관점 이런 것들을 여기서 단련시켰던 것들이 나중에 『동사강목』의 정통의식과 맞물려 있다는 것입니다. 『동사강목』이 혼자 떨어져서 이루어진 게 아니고 이 중국사에 대한 연구와 다 맞물려서 영향을 받아서 나온 것이 『동사강목』일 거라는 것입니다. 아마 그런 점에서 중국사 연구도 굉장히 주목할 만하다고 하겠습니다. 그리고 중국사 연구에서 특히 주목되는 것은 위열왕 이전의 삼대 부분으로 다른 사람들은 일반적으로 그러지 않는데 안정복은 유서의 『자치통감외기(資治通鑑外紀)』라든가 또는 김이상(金履祥)의 『통감전편(通鑑前編)』이라든가 또는 진경(陳桱)의 『강목속편(綱目續編)』이라든가 이 시기 부분에 대한 많은 책들을 다 끌어 모아서 공부한 다음에 저술하고 있다는 점입니다. 중국사에 대해서도 굉장히 많은 자료를 보면서 했다는 것을 확인할 수 있습니다. 그 결과 중국사에 대한 서술에서 정통의 시대뿐만 아니라 여러 혼란의 시기 예를 들면 오대라든가 이런 시기에도 특정한 관점이 아니라 이런 어떤 책들을 통하여서 자신의 중국사를 보는 관점을 정리했다는 것입니다. 이런 것들이 이전의 역사학에서는 볼 수 없던 내용입니다.

그래서 제가 생각하는 거는 앞으로도 마찬가지입니다마는 안정복의 원전에 대해 접근하여 연구를 진행한다면 이제까지 해왔던 연구와는 좀 다른 이야기를 할 수 있는 방향으로 나아갈 수 있지 않겠는가 생각합니다. 이 연구에서도 저는 그런 점에서 주목을 해서 접근을 시도했습니다.

함영대 고맙습니다. 본격적인 토론은 후에 하겠습니다. 혹시 들으시면서 직관적으로 이거는 좀 체크하고 넘어가야 되겠다하는 부분이 있으시면 지금 잠깐 하셔도 될 것 같습니다.

조현범 아까 정현동이라는 분은 안정복의 제자입니까?

박인호 네, 제자입니다. 광주 쪽에 살았던.

조현범 소북계(小北系)인가요?

박인호 아니요. 정현동은 남인계고 위쪽으로 올라가면 가계가 확인이 됩니다. 『만오만필(晩悟漫筆)』이라고 최근에 성균관대학교의 안대회 선생님이 번역한 책이 있습니다. 그 책의 저자입니다. 근데 문집이 있으면 좋은데 문집은 안 나오고 있습니다. 그러니까 박학한 건 사실이지만, 순암의 제자들 가운데 굉장히 도덕적인 그런 지향성을 가진 유자의 입장이 그대로 있었던 인물입니다. 그런데 또 『만오만필』의 야담 부분에서는 또 그렇지 않은 부분도 좀 있으니까 문집을 봤으면 좋겠는데 없어서 그건 좀 아쉬움이 있습니다.

함영대 실은 저도 굉장히 흥미롭게 지금 이걸 추적해야 된다고 생각합니다. 이 『열조통기』 제작하는 과정에서 정현동의 관여도가 매우 높아요. 그러니까 그저 그런 제자급이 아니라고 생각됩니다.

조현범 거의 공저자 비슷한.

함영대 그렇습니다. 그러니까 관여도가 굉장히 높기 때문에 실은 아까 『열조통기』는 독립적인 연구 대상이잖아요. 당대사 연구이고 또 지금 현재는 서술이 된 게 아니고 자료집 형태로 남아 있거든요. 그래서 당대사를 어떻게 정리하는가를 보면 굉장히 중요한 저작인데 아직 본격 연구는 오항녕 선생님 단편으로 한두 편 쓰신 거 외에 안 돼 있거든요. 그래서 이걸 더 해야 되겠다고 마음은 먹고 있고 번역도 실은 저희들이 하려고 준비를 했었습니다.

박인호 원전 문제를 먼저 해결을 해야 돼요

함영대 『임관정요』도 해당됩니다.

조현범 『열조통기』 사본들은 지금 어디에 소장되어 있나요?

박인호 지금 규장각에 하나 있고요. 근데 규장각 거는 필사를 일제강점기 때 했기 때문에 지금까지는 그게 자료적 가치가 낮은 거라고 평가를 받기는 했습니다만, 제가 보기에는 상당히 충실하게 되어있습니다.

정호훈 그렇죠. 그 당시에 작업에 종사한 사람들은 아주 기계적으로 필사를 했습니다.

박인호 충실하게 정현동의 뜻을 받든 책을 가지고 필사를 했기 때문에 그거는 정현동의 수보본이라고 해도 좋겠다. 그런데 다른 필사본인 이양재본하고 비교해 보면 이양재본은 문장의 중간 가운데에 빠진 부분이 꽤 있어요. 그러나 또 이 두 가지를 비교해서 보면 이양재본에는 정현동의 어떤 생각이 더 들어간 부분이 있습니다. 그래서 어떻게 보면 이 두 『열조통기』는 두 본 모두 중요한 것이라고 할 수 있습니다. 다만 그건 수보본의 경우고요.

원전은 안정복이 직접 쓴 국립중앙도서관본이 있는데 문제는 그건 너무 월일 순서나 내용이나 이런 것이 난삽하게 돼 있으니까 과연 그걸 정본화 한다는 게 무슨 의미가 있으며 또한 연구 자료로 접근하는 데 어려움이 굉장히 많습니다.

함영대 순암총서에 이게 영인되어 있다는 거죠? 가장 정리 안 된 판본이? 이상하네요. 순암 총서 작업은 벽사 선생님이 하신 거거든요. 이게 두 책으로 됐는데 한 책이 온전히 다 『열조통기』예요. 하 책이 『열조통기』거든요.

정호훈 필체가 이상하다는 건가요?

함영대 사실 저는 필체 문제가 아니라 자료의 정리 상태가 가장 초고 형태인 것을 저본으로 삼으셨다는 것이 이상하네요.

박인호 예. 근데 순암총서에 수록한 장서각본은 제가 보기에는 이건 남이익이란 사람이 안정복의 것을 가지고 자기가 편찬하는 기전체의 다른 책에 편집하다가 남은 것이기 때문에 그건 좀 『열조통기』의 원전 부분에서는 배제 내지는 하여튼 유의를 해야 된다고 생각합니다. 근데 이제까지의 연구를 보면 아무래도 영인돼 있으니까 연구 자료로 간편하게 활용이 이뤄진 측면이 있죠. 접근하기 편하니까. 따라서 그걸 가지고 연구를 진행하고 이야기하고 있는데 장서각본은 원전이라는 측면에서는 좀 제외시켜야 됩니다.

함영대 저희들 연구팀은 일단은 독립 저술을 내는 것으로 일단은 상황이 종료되는데 여기에서 나온 여러 가지 연구를 하면서 나온 성과를 가지고 지금 제일 중요한 것이 순암 저작의 정본화 작업이 반드시 필요하다는 것은 다들 동의하는 부분인 듯합니다. 두 번째 순암은 한국사하고 중국사 저작이 상당히 많은데 제가 보기에 우리나라 학자 중에 가장 많다고 생각이 듭니다.

정호훈 아까 말씀하신 순암의 시문 쪽에서 드러나는 경향은 역사에 오랫동안 집중한 사람이 가질 수 있는 무미건조함과 연관이 있지 않을까요.

함영대 실은 제가 지금도 순암선생기념사업회 일을 하고 있습니다만 형편이 된다면 역사가 총서를 내고 싶습니다. 다 아시는 것처럼 순암은 조선시대에 가장 대표적인 사학자입니다. 순암은 『동사강목』이라는 완성된 형태의 저작이 있고 그다음에 한국사 중국사 관련 습작과 완성본이 다 골고루 있어서 이거 다 모으면 20책이 넘거든요. 그래서 한국에도 이런 역사가가 있다는 걸 드러내는 데 제격일 듯합니다. 대표적인 좋은 자료가 다 있으니까요.

정호훈 18세기 조선 학술의 어떤 정점을 보여주는 거죠.

함영대 다만 비용 문제, 자료의 정리 문제 등등이 있어서 아이디어만 세워놓고 묻혔는데 이걸 계기로 다시 한 번 부각이 되면 재원을 마련하여 꼭 해볼 작업이라고 생각해요. 추후에 한 번 다시 논의하기로 하고요. 다음 조현범 선생님 부탁드립니다.

조현범 순암과 서학의 관계에 관한 연구사에서는, 연구 자료가 순암의 서신, 저술, 일기, 독서 발췌록의 순서로 확대되었다는 점, 순암이 읽은 서학 서적의 범위가 대략 밝혀졌다는 점을 우선 말씀드렸습니다. 순암의 서학 비판에서 핵심 논지가 무엇인가에 관해서는 함영대 선생님도 다루신 바가 있죠. 그리고 이원순, 금장태, 강세구, 이런 선생님들께서 많이 연구하셨습니다. 저는 기존 연구를 추려서 정리하는 수준으로 말씀드렸습니다. 그리고 순암의 서학 비판론이 어떤 영향을 미쳤느냐에 관해서 근기 남인과 영남 남인 유학자들의 경우에는 그 영향이 뚜렷한데, 왜 신서파(信西派) 인사들에게는 그다지 영향을 미치지 못했는가를 다루었습니다. 여기까지가 중간발표에서 발표한 내용입니다. 그 뒤에 추가한 것은 『천학문답』의 내용 분석입니다.

강세구 선생님이 『천학문답』과 『천주실의(天主實義)』를 대조하는 작업을 하셨습니다. 『천학문답』이 『천주실의』를 겨냥했다고 보셨기 때문이죠. 그런데 저는 좀 더 주목해야 할 책이 하나 더 있다고 보았습니다. 『진도자증(眞道自證)』이라는 책입니다. 『순암집』에 실려 있는 『천학문답』 최종본에는 일곱 구절에서 『진도자증』을 인용합니다. 근데 이 『진도자증』이 갑진년(甲辰年, 1784)에 이승훈(李承薰)이 세례 받고 북경에 돌아올 때 짊어지고 처음 들여온 책으로 알려져 있습니다. 그 이전에는 『진도자증』에 대한 언급이 없죠.

『칠극(七克)』, 『직방외기(職方外紀)』, 『천주실의』 이런 종류의 책들에 관한 이야기만 있었는데, 조선 유학자들이 서학을 비판하건 서학을 지지하건 천주교 신자가 됐건 아니건 『진도자증』이라는 책을 처음 인용한 사람이 순암이에요. 그러니까 아주 흥미롭습니다. 순암이 『천학문답』을 완성한 것은 을사년 1785년 12월이었습니다. 을사년 3월에 추조(秋曹) 적발 사건이 나거든요. 그러면서 근기 남인에 속한 젊은이들이 대거 잡히는 사건이 벌어집니다. 그러니까 아마 순암 선생은 남인 학자들 사이에서 천주교 퍼지는 걸 막아야겠다는 생각에서 『천학고(天學考)』와 『천학문답』을 쓰기 시작했고 12월 20일에 끝을 냈습니다. 그래서 이 저술들에는 『천주실의』, 『직방외기』, 『칠극』, 『기인십편(畸人十篇)』, 이렇게 기존에 알려진 서학 서적 외에 『진도자증』이 인용되었습니다. 『부부고』에 있는 『천학설문(天學設問)』 앞부분에 중국 사서에 나오는 서학 관련된 기사들을 모은 부분이 있습니다. 거기에는 전겸익(錢謙益)의 『경교고(景教考)』를 인용했는데 그 끝에 『진도자증』이 안 달려 있어요. 『천학설문』 단계에서는 『진도자증』 인용이 없다가, 『부부고』의 『천학고』에 가면 『경교고』를 인용한 뒤에 '『진도자증』에 기록하기를' 이렇게 나옵니다. 안(按) 이하에 나오는 부분은 새로 붙인 구절입니다. 그러니까 을사년 1785년 3월에 『천학설문』을 『천학고』와 『천학혹문(天學或問)』으로 개편하면서 처음 들어가게 된 구절입니다.

한 가지 주목할 지점이 있습니다. 순암이 『천학문답』에서 『진도자증』을 인용할 때 꼭 "기서(其書) 진도자증 왈" 이렇게 나옵니다. "그 책 진도자증"이라는 말을 생각하면서, 저는 순암이 권일신(權日身), 권철신(權哲身), 이벽(李檗), 이기양(李基讓) 이런 사람들에게 "그대들이 지금 읽고 있는 바로 그 책 진도자증에 이렇게 나오는데 이것은 이래서 문제가 있다."라고 말하는 상상을 해보았습니다.

『진도자증』에서 인용했다고 명시적으로 밝히는 부분은 다섯 구절입니다. 그리고 『진도자증』 원문과 대조하여 인용을 확인한 부분이 두 구절입니다. 그래서 『진도자증』에는 그 부분이 어떤 맥락에서 쓰였는지, 그리고 순암이 이 구절들을 어떤 맥락으로 비판하는지를 조사했습니다. 경교비(景教碑)에 대한 설명, 현세 부정론 비판. 원죄론과 그리스도론 비판, 예수의 보편적 사랑에 대한 비판, 천주 명칭의 보편성에 대한 비판 등입니다. 흥미로운 부분은 마귀의 기원에 관한 설명입니다. 『천학문답』의 제30번 문답인데요. 마귀라는 것이 무엇이냐는 이야기인데, 『천주실의』에는 나오지 않는 설명이 들어 있습니다. 그래서 학자들은 순암이 무엇을 보고 마귀의 기원을 말했는지에 관해서 논란이 있었습니다. 순암은 정확히 『진도자증』에 실린 내용을 인용하였습니다.

함영대 그러니까 『진도자증』에 대한 대응서가 『천학문답』이라는 규명은 이번이 처음 하는 거죠? 이전에는 이거 구체적으로 딱 얘기한 데가 있었습니까? 그러니까 이번에 이게 가장 중요한 대목이 되겠군요.

조현범 지금까지는 대체로 『천학문답』을 이야기할 때 『천주실의』에만 주목했죠. 물론 이원순 선생님이 『천학문답』을 소개하면서 『진도자증』에서 인용한 부분을 설명하였습니다. 그렇지만 『진도자증』이 언제 들어왔고 안정복이 왜 이 책을 인용했는지, 어떤 방식으로 인용했는지를 밝히는 작업은 아직 시도된 적이 없습니다.

함영대 특히 30번 질문이 가장 결정적이고 원문 결락 부분이 『진도자증』과 딱 들어맞다?

정호훈 '이하 결'이라고 한 것은 순암이 직접 쓴 걸까요? 아니면 그 표현이 원래는 없었는데, 어느 순간에 해당 내용이 사라지고 『순암집』으로 옮기는 과정에서 그렇게 표기한 것일까요?

조현범 그럴 수도 있겠죠. 그 지금 우리한테 남아 있는 건 『천학설문』하고 『천학고』하고 『천학혹문』, 『부부고』에 있는 거하고 『순암집』에 있는 『천학고』, 『천학문답』 이것밖에 없지 않습니까? 이 사이에 간격이 있을 수 있는 거죠.

함영대 내용이 확연히 다릅니까? 『천학설문』이 『천학혹문』하고 『천학문답』으로 재편되는 사이에 지금 말씀에 따르면 앞부분에는 『진도자증』을 못 봤기 때문에 질문 자체가 달라야 되잖아요. 그러니까 그럼 내용이 완전히 다른 것이 되나요?

조현범 많이 다릅니다. 그러니까 애초에 『부부고』에 들어 있는 『천학설문』과 『천학혹문』은 분량이 적습니다. 『천학혹문』에서도 『진도자증』을 인용하더라도 이런 식으로 길게 나오지 않거든요.

함영대 오히려 『진도자증』으로 인해서 이 책이 어느 정도 볼륨을 가지게 된 거죠?

조현범 그렇죠. 『부부고』에서는 『천학고』가 상당히 비중이 큽니다. 중국의 사서(史書)들에 나와 있는 서학에 관한 기사들을 다 모았기 때문에 그렇습니다. 이에 비해서 『천학혹문』은 분량이 적었는데 『천학문답』으로 재편하면서 늘어났거든요. 그 사이에 순암이 『진도자증』을 면밀하게 독서한 것으로 보입니다.

정호훈 그럴 가능성도 없지 않아 있겠죠.

함영대 이 부분에 대해서는 굉장히 진전된 중요한 논의군요.

정호훈 『진도자증』이 지금 선생님 말씀대로, 그 당시 남인 혹은 그들 신도들이 제일 열심히 읽던, 그 당시로서는 신앙의 측면에서 서학의 요체를 제일 잘 담고 있는 책, 이렇게까지도 볼 수 있는 겁니까? 그에 대한 설명을 주시면 아주 의미가 있겠네요.

조현범 그렇습니다. 이수광(李睟光), 이익(李瀷), 신후담(愼後聃), 이런 분들이 읽었던 서학 서적들은 중국의 유학자들에게 천주교를 소개하는 해설서 계통의 책들이었고요. 그런데 이승훈이 새로 가지고 들어온 책은 천주교 신자가 된 사람들에게 신앙 훈련, 교리 학습을 위해서 만들어진 것이었습니다. 그래서 내용이나 주장들이 스테레오 타입이 되어 있습니다. 천주교 교리를 정확하게 암기할 수 있도록 정돈된 내용으로 되어 있었죠.

정호훈 신도를 위한, 말하자면 이 책은 학문적 요소보다 신앙의 매뉴얼에 조금 더 가깝다?

조현범 그런 책들이기 때문에 그러니까 이때 이승훈이 갖고 들어왔던 책들이 뭔지 목록은 정확하게 안 나와 있지만 『성인전』, 『기도서』, 『교리문답』 그리고 『진도자증』과 같은 종류의 책들이 들어있었을 것입니다. 그러니까 독서 방식이나 독서 내용도 상당히 달라지지 않을까 생각이 듭니다.

박인호 그걸 입증하려면 『진도자증』이 가지고 있는 명성이, 명청(明淸)대 중국에서 이게 어떻게 수용됐는가 이런 것도 한번 같이 거론해야 되지 않을까요?

정호훈 현재 학계에서 『진도자증』 연구가 진행되고 있나요?

함영대 조금씩 나오고 있는 상태입니다. 그런데 소개 수준이지 이렇게까지 독서가 돼서 이렇게까지 영향을 미쳤다고까지 나오는 건 아니죠.

박인호 그리고 『진도자증』에 뭐랄까 문헌적인 부분이 소개되었으면 합니다. 왜냐하면 이 앞에 설명을 보려고 하는데 잘 없습니다.

함영대 안양대 HK연구팀이 이 작업을 하고 있어서, 지금 김보름 선생하고 몇 사람이 하고 있어요. 번역도 하고 동서양 문헌 교류 관련해서 연구를 진행하고 있는 것으로 알고 있습니다.

조현범 『진도자증』 저자와 서지사항에 대해서 좀 더 보완하여 충분한 설명이 들어갈 수 있게 하겠습니다.

박인호 그다음에 이게 어떻게 번역이 됐고 번역의 원본이 또 어떤 것인가 이런 것이 서지적 측면에서 아무튼 좀 설명이 됐으면 좋겠어요. 그러면 이 책이 가지는 중국에서의 영향을 볼 수 있을 것이고 우리나라에서는 왜 안정복이 거기에 주목을 하고 또한 사상적 변이를 일으킬 정도로 영향을 미쳤는가에 대한 설명이 가능할 것 같아요.

함영대 굉장히 흥미롭습니다. 이 『천학문답』 관련해서 그 성격이라든지 의미를 하는 논문은 꽤 있었지만, 이게 『진도자증』의 독서의 대응으로 이게 나왔다는 건 처음 들었거든요.

박인호 근데 역사학 전공자의 입장에서 보면 그 당시에 어떤 정치현실 속에 있었는가, 특히 추조 사건 이후 정부의 대응 방향이랄까 이게 어디에 언급돼 있으면 안정복의 입장도 당시 정치적 위기감 속에서 나왔을 테니까 그게 같이 설명이 되지 않겠느냐 라는 것입니다. 지금은 그런 게 없이 서학 부분만 다루고 있으니까 저희들이 상을 맺기가 좀 어려운 느낌이 있습니다. 그래서 그런 부분에 대한 설명이 보충되면 훨씬 좋지 않을까 싶습니다.

정호훈 정민 선생이 예전에 번역한 『역주 송담유록(松潭遺錄)』의 해제에서 언급하길, 기억이 가물가물합니다만, 순암이 『천학고』 『천학문답』을 냈을 때 남인 내부의 천주교를 믿었던 사람들 그리고 이로 인해 정치적인 곤란을 받는 사람들이 순암에 대해 상당히 비판적인 태도를 취했다고 하던데요. 그러니까, '당신이 살기 위해서 우리를 뭐 이렇게 곤경에 몰아넣는 것 아니냐'고 생각하는 등의 반발이 있었다고 제가 해제에서 본 것 같은데요.

박인호 근데 그 당시 순암의 입장에서는 전국적으로 모두 다 신자들을 붙잡아 가고 있는 상황 속에서 어떤 식으로든 대응 방략을 내야 할 필요는 있었겠죠. 그 고민의 산물인 거는 맞은 것 같아요.

함영대 순암이 그 시기에 굉장히 중요한 역할을 한 것 같습니다. 그러니까 서교(西敎)를 공격했기 때문에 신심이 있었던 분한테는 제대로 알지도 못하고 공격하는 거 아니냐고 하고, 그런데 정작 자기 사위가 권일신이라고 아주 독실한 신자입니다. 『이학집변(異學集辨)』에서는 순암이 서학서를 읽었던 그 자체를 가지고 비판합니다. 왜 거기에 발을 담가서 코멘트를 하느냐 그래서 순암은 나름 진지한 학자로서 이제 이걸 다 읽고 소화를 해서 논점을 가지고 비판을 했는데 한쪽에서는 제대로 모른다고 비판을 받고, 한쪽에서는 그런 거 한다고 비판을 받고, 양쪽에 다 비판받는 상황이 됐습니다만 신후담은 그렇게 이슈가 안 되거든요. 하빈(河濱)도 서학을 비판하는 책이 있음에도 불구하고. 그런데 순암은 집중적인 성토의 대상이 됩니다, 이쪽이나 저쪽이나 그러니까 그런 걸 보면 이론도 이론이지만 그 영향력 부분을 간과할 수 없다는 생각이 듭니다.

윤재환 제가 궁금한 것은 그 당시 사회에서, 그러니까 정말 지식인이나 남인들 사회에서 순암의 위상이 어느 정도 되었는가 하는 것이에요.

함영대 성호 사후에 성호학파 내에서 누구를 스승으로 모셔야 되느냐라는 문제에서 소남(召南) 윤동규(尹東奎)가 있고 정산(貞山) 이병휴(李秉休)가 있고 순암 안정복이 있습니다. 소남하고 순암은 17살 차이가 납니다. 그런데 성호가 돌아가시고 얼마 안 되어 소남이 돌아가십니다. 그럼 이제 남은 사람이 정산하고 순암인데 정산만 해도 이미 그쪽 집안인 데다가 마인드가 상대적으로 진보적이어서 이 남인의 보수층과 소통할 수 있는 라인은 순암밖에 없었던 것 같아요.

윤재환 남인 사회 안에서든 지식인 사회 전체에서든 순암의 위상을 우리가 어느 정도로 비정(比定)해야 할 것인가 이게 상당히 문제가 있거든요. 왜 이런 이야기를 하냐면, 대부분 18세기 들어와서 남인 관료 중 최고의 위치에 있었던 인물을 번암(樊巖) 채제공(蔡濟恭)으로 보는데, 번암의 글 안에 순암과 관계되는 건 딱 두 편이 나올 뿐이에요.

박인호 아마 정치적 차원에서 채제공이 가지는 위상하고 안정복이 사상계에서 차지하는 위상은 좀 다를 것입니다.

윤재환 그런데 그렇게 본다면 순암에 관계되는 후대 문헌의 기록들이 그만큼 풍부해야 하는데, 남인계 안에서도 성호 계열을 제외하고는 순암에 관한 기록들이 얼마나 나오는지 궁금합니다.

박인호 노론 계열이었던 황윤석(黃胤錫)만 하더라도 광주 지역에 사는 안정복이라는 사람이 대단하다 이런 표현을 하고 있습니다. 근데 문제는 그다음 대의 정조대(正祖代)에 가면 각광을 받아서 실제로 등용되고 하고 이렇게 하니까 아마 정조대 위상과 그 이전의 영조대(英祖代) 위상과는 조금 차이가 있지 않을까요.

윤재환 정조대에 순암이 각광을 받게 된 것은 정조가 '불쇠헌(不衰軒)'이라는 이야기를 했기 때문이 아닐까요? 그 기록이 순암에 관한 기록으로 제일 많이 남아 있거든요. 그러니까 18세기 후반의 인물로 순암을 기억하는 사람들이 한 이야기 가운데 가장 많은 게 불쇠헌인데, 지금 이야기를 들으면서도 계속 고민스러운 것이, 성호 계열 안에서 순암의 위상이라고 하는 건 분명합니다만, 그 당시 남인계 전체에서 순암의 위상을 우리가 어디까지로 규정할 수 있는가, 그리고 남인계를 넘어서서 조선 후기 사회 전체에서 순암의 위상을 정확하게 어떻게 비정해 줄 수 있는가 하는 것인데, 이 부분에 대해서는 사실 조선 후기 전체를 보았을 때 고민스러운 부분들이 상당히 있어요.

함영대 그런데 현실적으로는 최고 관직이 목천현감이기 때문에 어떤 한계가 있지 않았을까요?

박인호 채제공 같은 그런 재상급이 아니니까요.

정호훈 실제 인적 교류 범위, 그리고 순암의 글을 읽고 서로 논의하던 그 범위, 이런 것들을 따져보면 그렇게 제한적이지는 않았겠죠.

윤재환 제가 고민하는 게 지금 조현범 선생님 말씀대로 순암의 서학 비판이라고 하는 것이 남인계열 신서파 젊은 문인들 특히 성호계 신서파 젊은 문인들에게 상당히 큰 영향을 미쳤을 건 분명한데, 남인계 특히 성호계 신서파 문인들은 애초 학파의 종장을 정산으로 잡은 계열이기 때문에, 순암의 이야기가 그들에게 애초 큰 울림으로 다가올 수가 없었던 문제가 분명히 있었을 겁니다.
제가 성호와 순암 이렇게 성호계를 쭉 공부해 오면서 느끼는 건, 성호학파가 사실 성호 사후에 해체될 수밖에 없다는 겁니다. 제가 성호에 관한 글을 쓰면서도 이야기했는데, 성호의 사상 자체가 그렇고 제자들을 대하는 것도 그랬고 제자들에게 요구한 것도 그랬기 때문에, 성호학파는 성호 사후에 없어지는 학파가 되었다는 것이지요.

그 상황에서 성호학파의 다음 문인들이 그래서는 안 된다고 자신들의 구심점으로 삼았던 인물들이 정산이었는데, 사실 정산에게 성호집의 교정과 편찬을 맡겼을 때 소남의 반응은 별로 좋지 않았어요. 그리고 순암의 반응 역시도 마찬가지였고. 그런 점에서 순암의 목소리가 당대 사회에서 얼마나 유의미하게 또는 유효하게 퍼져나가고 가치를 가졌을까. 이건 계속 고민 중인 문제입니다.

함영대 이것은 이제 선생님 발표 때 본격적으로 할 때 더 할 수 있는 문제이긴 하지만 냉정하게 말하면 순암은 결국 성호학파 내부의 주류가 되지 못합니다. 황덕일(黃德壹) · 황덕길(黃德吉)도 외부에서 들어온 거잖아요. 그렇게 해서 옆으로 퍼져간 거지 주류를 차지하지는 못한 것이 아닌가 합니다.

박인호 근데 그렇다 하더라도 우리가 앞으로는 좀 주목할 필요가 있는 게 노론계에서는 분명히 안정복에 대해서 굉장히 주목을 합니다. 노론 북학계(北學系)에서도 안정복의 저술에 대해서 나름 주목을 하고 인용도 하고 하니까 과연 그러면 그 부류 내에서의 영향력만 이야기할 것인가 아니면 앞으로 연구에서 조선 후기 전 사상계까지 대상으로 하여 우리가 다시 연구해 볼까는 더 논의해 볼 필요가 있습니다.

윤재환 제가 말씀드리는 건, 있다 없다라는 문제가 아니라 순암이란 인물의 전체적인 모습이 나타나기 위해서는 현재같이 순암을 봐서는 제대로 확인할 수가 없고 관계망을 봐야 한다는 겁니다. 순암이라는 인물을 둘러싼 전체적인 관계망을 구성해서 순암의 당대적 위상을 정확하게 평가해 줘야 하는데, 현재적 관점에서 순암을 바라보면서 그 위상을 마치 당대에도 가졌다고 보고 있는 것이 아닌가 하는 반성이죠. 이렇게 봤을 때 실체적 진실이라고 하는 것은 자꾸 멀어질 수밖에 없지 않는가 하는 문제가 있다고 생각됩니다.

정호훈 권일신, 권철신과 같은 사람들이 정치적으로 문제가 되는 그 상황에서 순암에 대해서도 드러나지는 않았지만, 그를 비판하고 그의 활동을 제약하려고 하는 분위기가 만들어졌을까요? 그러니까 순암이 정상적인 활동을 하다가 사위 권일신과 연관된 문제들이 터지면서 어느 순간에 그를 둘러싼 우호적인 분위기가 다 차단되는 그런 상황.

박인호 남인들의 정치적 상황을 고려하면 그 당시에 남인들은 엄청다 곤경에 처했으니까요.

윤재환 거기서 순암은 더 나쁜 상황이었죠.

박인호 아니 근데 벗어 나왔을까요? 아니면 그냥 자기가 지레 겁먹었던 걸까요.

윤재환 기록들을 보면 공식적으로 순암에게 직접적으로 가해진 제약은 없어 보여요.

박인호 공식적으론 없어요. 그 다 잡혀가는 분위기에 자기한테 뭐 한 말씀 하셔야 안 되겠어요 하니까. 그래도 내가 보기에는 조금 겁먹었어요. 뭔가 나는 서학하고 상관없다. 그리고 자기 밑에 있는 후학들한테도 '야 이거 우리 이대로 있으면 우리 다 죽는다.' 그리고 뭔가

한 말씀 하셔서 나온 해결책의 하나로 이런 게 드러나지 않을까 나는 그렇게 생각해요.
근데 노론 측에서도 안정복을 완전히 무시하든 하지 못했든 이런저런 학문을 한다는 건 다 알고 있었어요.

함영대 그러니까 뭐 독서는 여러 번에 나누어서 했을 수도 있습니다. 그 양이 엄청납니다. 본인이 고백을 했지만 자기가 다 베껴서 책을 거의 만들었다고 했습니다. 이것이 과장이 아닌 것이 『반계수록(磻溪隨錄)』은 양이 굉장히 많은 것인데 그것을 다 베낀 것이 『잡동산이(雜同散異)』에 들어가 있습니다. 두 책으로.
그리고 『잡동산이』 제1책이 진짜 볼 만한데 그게 지금 통행본 말고 순암 친필본 1책에 보면 『도서집성(圖書集成)』에 있는 내용을 필사한 것이 보입니다. 순암도 정조에게 열람을 허락 받았기에 가능했을 것입니다. 왕에게 허락받은 사람만 볼 수 있었던 이 책을 이 때 아니면 못 보겠다는 식으로 들어가서 깨알같이 초서했던 것 같습니다. 그래서 책은 한 책인데 정보량은 진짜 어마어마합니다.

정호훈 그 자료가 『잡동산이』에 있다고요?

함영대 『잡동산이』 제1책에 있습니다.

정호훈 『고금도서집성(古今圖書集成)』에서 필요한 내용을 온 힘을 기울여 옮겨 적었군요.

함영대 정말 대단하게 생각됩니다.

조현범 선생님 아까 거기 순암이 본 김인산의 『통감전편』 있잖아요. 『자치통감전편』 말하시는 거죠? 『자치통감』 나오기 이전 역사를 정리해 놓은 거?

박인호 『자치통감』이 나온 이후 부족했던 그 전대의 역사를 정리한 것입니다. 전편에는 허고(許誥)와 남헌(南軒)의 것도 있습니다.

조현범 순암이 다 구득(求得)을 해서 갖고 있어요?

박인호 구득했는지 베꼈는지 뭐 어떻게 했든 봤겠죠.

조현범 남헌은 알겠는데 김인산은?

박인호 『통감전편』은 김인산의 것이고, 『통감강목전편』에는 허고의 것도 있고 남헌의 것도 있는데 같은 시기를 다루었으나 서로 다른 책입니다. 인산은 원대 김이상(金履祥)의 호입니다. 모두 다 내용이 달라요. 그 외에도 유서(劉恕)의 『통감전편외기(通鑑前編外記)』가 있었어요.

조현범 김이상 그분에 대해서 정말 알고 싶거든요.

박인호 조선에서 꽤 유명하죠. 왜냐하면 『통감전편』을 썼으니까 사람들이 많이 보았죠. 이분이 금화주자학파(金華朱子學派)인데 저서들이 굉장히 주자에 영향을 받는 책이 많아요. 그리고 책이 이것만 있는 게 아니고 저술이 많아서 중국 책들 좀 뒤져보시면 우리나라 유학계에 끼치는 영향이 큰 인물인 것을 확인할 수 있습니다.

정호훈 이제 제 순서입니다. 아까도 말씀드렸습니다마는 사회사상 연구는 주로 『임관정요』, 『이리동약』 등을 가지고 진행해왔는데, 시간적으로는 1980~90년대에 활발하게 이루어졌던 것 같아요. 최근에 와서는 이 주제와 연관된 연구는 거의 이루어지지 않는 듯합니다.

저는 이번에 현존 자료가 만들어지는 과정을 충분히 살펴본다는 측면에서 연구를 시작했습니다. 먼저, 초기의 『치현보(治縣譜)』에서 완성된 『임관정요』로 변화하는 과정, 변화의 구체적인 내용이 무엇인가 하는 점을 검토해 보았습니다.

다음, 『임관정요』의 다양한 이본을 어떻게 처리해야 할 것인가 하는 점을 정리했습니다. 이본 검토는 『임관정요』의 정본을 획정(劃定)하는 문제하고도 연결되는 주요 과제입니다.

더불어, 사회사상 연구에서 제기되는 여러 어려움이 있는데, 그 가운데 하나가 지금 남아 있는 자료들의 위상을 어떻게 세우고 활용할 것인가 하는 점입니다. 순암의 사회사상을 살펴볼 수 있는 기초자료에는 『임관정요』, 『이리동약』, 『목주정사』가 있는데, 『임관정요』는 본인의 정치적인 구상을 담고 있을 뿐만 아니라 또 수령이 군현 운영에 활용해야 할 매뉴얼적인 성격이 강하다면, 『이리동약』은 동리 단위의 자료입니다. 그리고 전자는 공권(公權)의 활용과 연관되어 있다면 후자는 동리 내부의 자치적인 규약을 담고 있어서 성격 자체가 매우 다릅니다. 『목주정사』는 순암이 목천의 현감으로 일을 하면서 자기가 제시하고 또 경험했던 일들을 정리한 겁니다. 세 자료가 나름대로 개성이 있고 또 자기 위상을 가지고 있는데, 이 점을 고려하지 않고 순암의 사회사상을 하나로 뭉뚱그려서 이야기하게 되면 그 과정에서 많은 점들을 놓쳐버릴 위험이 있다고 할 수 있습니다. 이 점이 순암의 세 자료를 살펴보는 과정에서 유의했던 문제입니다.

기존의 연구사를 검토를 해 보면, 크게 세 흐름으로 정리가 됩니다. 우선, 조선 후기 사회의 변화를 내재적 역사 발전의 방법론에 기초해서 이해하려는 방식을 최대한 활용한 연구 흐름이 있습니다. 이 경향의 연구 성과를 오늘날 읽어보면 확실히 그때의 분위기가 어떠했던가를 느낄 수 있습니다. 이 경향을 주도한 한 연구에서는 순암의 사회개혁론이 근본적인 개혁론에 대비되는 개량주의적인 성격을 가지고 있다고 판단했습니다. 근본적인 개혁론은 무엇일까 하는 점을 생각하게 되는데, 어쨌든 20세기 후반 순암의 사회사상에 대한 본격적인 평가의 시각이 어떠한 양상인지를 볼 수 있습니다.

그 다음으로 거론할 수 있는 연구는 향정(鄕政), 향정론(鄕政論)이라는 개념을 가지고 안정복의 사회사상을 살핀 성과입니다. 이때 향정은 동 단위의 향(鄕), 향에서의 정치라는 의미로 사용했습니다. 연구의 대상이 된 것은『이리동약』입니다.『이리동약』에서 이야기하는 내용에서 안정복 사회사상의 핵심을 추출할 수 있다는 연구자의 독특한 생각을 읽을 수 있습니다.

이 연구에서는 '유교 사상에서는 통상 국가를 운영하는 차원에서 왕도를 이야기 해 왔는데, 안정복은 동 단위로부터 왕도의 실현이 가능하다고 보고 있었고 그런 의식이 집중된 것이『이리동약』이다. 여기에는 민생의 말단 현장인 동이야말로 중앙의 정치판 못지않게 중요한 비중을 가질 수 있다는 인식이 들어 있다. 이를 새로운 실학적 인식이라 할 수 있다. 안정복을 실학과 연관하여 이해하려고 하면 이를 빼 놓고 이야기할 수 없다. 안정복은 유자로서의 최고의 이상을 구현하는 공간으로서 국가를 설정한 게 아니고 동 단위로 내려와서 설정했다는 것 자체가 대단히 특별한 모습이다.'라고 하여 안정복 사상의 실학적 요소를 동약의 운영에서 찾았습니다. 아주 독창적인 시각이다 이런 생각이 듭니다.

또 다른 움직임은 순암의 군현 운영 곧 향촌 사회에 대한 인식을 정치운영의 측면에서 파악하려는 연구를 들 수 있습니다. 여기에서는 군현 단위의 정치운영을 '향정'이라고 하는 개념으로 접근하고 이해하려고 시도했는데, 정치적인 측면을 주목한 연구라 할 수 있습니다. 이 시기에

중앙집권 체제가 강화되는 양상 혹은 그런 현상을 반영해서 안정복도 군권 혹은 공권을 강화하는 입지에서 『임관정요』를 구상했다, 그렇게 정리가 되는 것 같아요.
통괄해서 이야기 하자면, 연구의 시각과 방법 그리고 자료의 측면 이 두 가지를 고려하면서 안정복의 사회사상을 살펴야 한다, 이게 제가 가진 판단이었습니다.
아까도 말씀드렸다시피 일단은 여러 자료 중에서 『임관정요』가 제일 문제가 됩니다. 『임관정요』는 이건 기본적으로 정치적 성격이 강합니다. 근데 그 정치적 사고 속에는 향촌 또는 향촌에 살고 있는 여러 인민들의 모습, 사회 신분적인 그런 양상까지 포괄한 사회 사상적 요소가 같이 섞여 있습니다.
『임관정요』는 크게 세 편으로 구성이 돼 있는데, 일단 사회사상과 관련해서 이야기할 수 있는 편목은 세 번째 '시조(時措)'편입니다. 이 시조편은 이본이 많은 편인 데다가 제각기 구성이 다르고 내용도 조금씩 다릅니다. 주목되는 것은 국립중앙도서관 소장본인 『임관정요속편』으로 이는 안정복의 친필본이면서 안정복이 자기 손으로 정리한 최종본이 아닐까 그런 생각이 듭니다. 만일 정본을 만든다면 『임관정요속편』을 중심에 놓고 이야기를 풀어 가야 할 것으로 여겨집니다.
그리고 『임관정요』가 만들어지는 과정 이걸 저는 '성서(成書) 과정' 이렇게 표현을 했는데, 처음 틀을 갖춘 『백리경(百里鏡)』에서 『임관정요속편』까지 보면 내용이 계속 불어납니다. 그러면서도 세 가지 정도는 20대 후반의 생각이 변하지 않고 계속 이어지는 것을 볼 수 있습니다. 하나는 부록의 첫 항목에 실려 있는 향사법(鄕社法)입니다. 처음에는 보갑으로 적어 두었다가 바꾸는데, 이 생각은 『임관정요』까지 똑같은 형태로 유지가 됩니다. 그리고 또 하나 재미있는 것은 억강부약(抑强扶

弱)의 논리, 이는 영조대 아주 두드러지게 나타난 정치론으로 영조가 강하게 추진을 했죠. 그런데 안정복은 『백리경』, 『임관정요』에서 이를 크게 비판합니다. 안정복의 정치적 태도 혹은 향촌 사회를 바라보는 기본적인 시각이 여기에 있다라는 생각이 듭니다. 그 다음, 향촌의 운영에서 사족(士族)의 역할을 크게 강조합니다. 이는 동약에 대한 생각하고도 연결되는데, 『백리경』에서 동약을 설치해서 운영해야 된다고 하고, 『임관정요』에서도 정교(政敎)의 근본은 동약에 있다 이렇게 이야기합니다. 동약은 사적으로 결속한 규약인데 그 중심에 사족이 있습니다. 순암은 이 생각을 젊을 때부터 인생 후반까지 가지고 있었습니다.

이제 마지막으로 남는 문제가 『임관정요』, 『이리동약』, 『목주정사』 이런 자료를 통해서 정리해 볼 수 있는 사회사상의 성격은 뭐냐 하는 점입니다. 세 자료를 유기적으로 보지 않으면 순암의 생각을 제대로 읽을 수 없는데, 저는 아까 위계의 문제를 말씀드렸습니다마는, 수령이 운영해 나가는 군현 그리고 그 군현을 기본적으로 구성하는 동, 이 양자를 동약이라고 하는 기본 규약 혹은 조직을 통해서 결합시키려고 했던 점이 안정복 사고의 골간이었다, 이런 생각이 듭니다. 기본적으로 이 점에서 보면 순암은 동 단위의 자치를 인정하고, 자치를 인정한다고 하는 의미는 사족이 동리를 일방적으로 끌고 가는 것이 아니라 사족을 비롯하여 중인과 상천민들이 고루 참여하여 동약을 조직하고 운영한다는 것인데, 그 동을 기본으로 해서 군현을 운영해 나가면 아무런 무리가 없을 것이다라고 생각했습니다.

이 점에서 보면 안정복은 동의 자치에 절대적인 믿음을 갖는데, 그 믿음은 도대체 어디서 오는 것일까 하는 점도 되새겨 보게 됩니다. 그 믿음은 교화에 대한 강렬한 지향, 정치에서 형벌도 중요하지만 이보다 우선하는 것은 교화이라는 생각과 연결되어 있는 듯합니다. 교화론은 유가의 기본적인 이념이기도 합니다마는 18세기 영·정조 때의 현실을 보면 형벌이 앞서는 양상, 공권이 폭력적으로 강화되는 양상을 볼 수 있겠고, 이에 순암은 교화론으로 돌파를 하려고 했던 것 같습니다. 그랬을 때 교화를 펼칠 수 있는 주동적인 역할을 동이 할 수 있다, 혹은 동이 그 기저의 공간이 될 수 있다고 순암은 생각했고 그것이 동에 대한 강한 신뢰로 이어졌던 것 같습니다. 저는 이 점이 순암의 사상에서 무척 의미 있지 않을까 생각하게 됩니다.

순암이 상정한 그 동은 신분제적인 질서에 의해서 움직이지만, 사족과 중인과 상천민들이 자기 역할을 가지고 고루 고루 참여하는 모습을 띱니다. 이 점은 따지고 보면 순암이 밑으로부터 올라오는 힘들을 최대한 긍정하고 끌어안고 그렇게 해서 변화를 만들어가려고 하는 의도와 연결된 것, 이것이 안정복의 새로운 모습 아닐까 생각해 볼 수 있습니다. 아래로부터의 변화를 중시하는 모습은 정약용(丁若鏞)이 『목민심서(牧民心書)』에서 군현으로부터의 새로운 발상과 변화를 의미 있게 거론하는 것과 상통하는 측면이 있지 않을까 하는 생각도 듭니다.

함영대 제가 『이리동약』 안의 문구를 가지고 한 번 따져본 적이 있습니다. 그 문구를 보면 생각보다 자세합니다. 거기에 어떤 코멘트가 있냐면 이 동약의 핵심적인 가치 중에 하나가 그 지방 수령들의 탐학(貪虐)에 대응하는 대항 차원에서, 이 동리의 이익이나 생존의 문제를 탐학으로부터 보호하고자 하는 그런 취지가 있습니다. 동리 내에서 자체적인 조직을 만들어서 방어권이나 저항력이 좀 있어야 그 탐학으로부터 지켜낼 수 있다 이런 코멘트가 있었던 것을 기억합니다. 그것이 너무 인상적이어서 몇 줄을 인용한 적이 있습니다만 선생님의 말씀을 듣고 보니까 그것이 『목민심서』의 군현으로부터의 정치 개혁 구상하고 다르다는 것이 흥미롭습니다.

정호훈 『목민심서』는 순암의 그런 생각을 발전시켜 갔다고 이제 생각할 수 있는 거죠.

함영대 제가 보기에 다산(茶山)의 경우, 결국 국가가 융성하기 위해서 국가의 구성원들이 어떠한 자세를 가져야 하는가라는 측면에서의 기대와 희구일 뿐, 민을 향해 진정어린 애정을 가지고 그 가능성을 믿는 관점은 아니라고 생각합니다. 그런데 순암은 다산과 달리 중앙의 시각에서 전체상을 구상해 본 적은 없는 것 같습니다.

정호훈 그 사유가 그쪽까지 안 갔어요. 역사를 본 사람임에도 불구하고, 역사를 그렇게 봤는데도.

함영대 기본적으로는 순암은 향촌에서 오래 생활했고 그러니까 국가의 이익보다는 향촌의 이익에 더 생리적으로 가깝다고 생각합니다. 그래서 그 방향이 어떤 국가의 궁극적 발전에 의한 향촌의 어떠함이 아니라 국가는 어떻게 보면 차순위고, 이 동네 사람들이 자신의 생존을 보호하고 조금 더 낫게 살기 위해서 어떠한 방식의 구상을 하는 게 옳으냐라고 생각한 듯합니다.
실제로 국가주의의 목민관(牧民官)으로 갔음에도 불구하고 자기가 실제 정교(政教)를 시행함에 있어서 모든 정교는 반드시 동약이 시행된 뒤에야 수행할 수 있다라고 하는 건 국가주의적 발상이라기보다는 자치의 발상으로부터 이런 아이디어가 있는 것 같습니다. 국가주의적으로 관점으로 적용을 하면 되는데 순암은 그렇지 않았던 것으로 생각됩니다.

정호훈 순암은 그렇지 않았죠.

함영대 네 적용의 관점이 아니라 동약부터 되어야, 동약들을 잘 위로 엮어서 모아가지고 위로 올라가면 잘된다라고 하는 아이디어가 있었던 것으로 보입니다.

정호훈 순암은 목천현감에 가서도 동을 이렇게 먼저 챙겨야 한다는 의식이 있었죠.

함영대 그러니까 우선순위가 있었던 것 같습니다.

정호훈 제가 보기에, 『경세유표(經世遺表)』에서 다산은 국가 경영에서 공과 사를 6대 4의 비율로 나누는 방식을 써야 한다고 하여 국가주의를 상당히 완화시켰는데, 순암은 '국가'를 염두에 둔 변화의 구상은 하지 않았습니다. 그 대신 동과 군현의 관계 속에서, 자치가 가지고 있는 어떤 요소들을 최대한 끄집어내려고 했습니다. 저는 이걸 동과 동약의 재발견이라는 측면에서 살펴보려고 했습니다.

박인호 근데 지금 전반적으로 느낀 게 순암의 사회사상의 어떤 선진성이랄까요? 이걸 너무 많이 이야기하고, 또 발견하고 싶어 하시는 것 같은데 저도 잘 모르니까 동의도 합니다만, 그럼에도 불구하고 아니 정말로 그런가에 대해서는 다시 한번 묻고 싶습니다. 왜냐하면 지방 향촌에서 관리한다는 것은 중앙 정부에 전혀 경험도 없는 지방의 향촌 지식인으로서 할 수 있는 한계에 불과한데 그걸 '향촌의 재발견'으로 포장을 한다면 이게 정말로 이 분의 사상을 제대로 본다라고 할 수 있겠느냐는 것입니다. 또 하나는 이 분이 이런 향촌의 동을 발견하였다고 하더라도 그게 과연 사회의 어떤 진정한 변화를 말하는 건가라는 것입니다. 어떤 정말 사회적인 구조 자체의 변동은 전혀 아닌데요. 그리고 당시에 중앙집권화된 질서 속에서 지방에 가 있던 노론계 목민관들과 과연 차이가 있는 것인가?

정호훈 이재(頤齋) 황윤석이 목천현감을 순암을 바로 이어서 하는데, 황윤석은 순암이 애민의 정치니 교화의 정치니 뭐니 해서 군현 운영을 엉망진창으로 만들었다고 비판했지요. 양자 간에 사유의 차이가 있었다고 생각합니다.

박인호 그런 거잖아요. 뒷사람만 고생시키는 짓이다. 자기는 폼 나게 뭘 이렇게 살 하는데 원래 정부에서 올려야 되는 어떤 세금양이라든 거 다 일정하게 있는데 그런 식으로 동을 자애롭게 운영한다, 지방 자치를 한다고 그러는데 과연 그게 진정한 의미의 발전이냐는 것입니다. 본인의 뭐랄까 어떤 명예이랄까 이런 거 아니었나요.

정호훈 아니 근데 그건 차치하더라도, 어쨌든 양자의 성격은 분명히 다른 것 같아요. 그러니까 좀 강압적으로라는 황윤석의 생각은 노론적 사고가 강하고 또 주자학적인 영향을 많이 받았다 이렇게 이야기할 수 있습니다.

박인호 노론계는 일정한 지배적 체제의 유지랄까 그런 측면에 목적의식이 들어가죠.

정호훈 권력의 운용에 강한 힘을 발휘하려고 하는 그런 거라면은 순암은 그로부터 벗어나려고 했다, 그것이 그의 사유의 특질이다, 이렇게 이야기할 수 있지 않을까 싶습니다.

윤재환 그런 점 때문이 아닐까 생각이 들기도 합니다. 사실 순암 같은 경우 아주 어려서부터 조부를 따라서 지방을 계속 떠돌아다니다가 자리를 잡았고, 사실 중앙관직에 들어가서도 나라 전체의 경영이라는 것을 볼 수 있는 상황이 안 되었기 때문에, 순암으로서는 그렇게밖에 할 수 없었다고 생각할 수 있지 않을까요? 그런데 이런 한계에도 불구하고 그 방향 자체는 긍정적인 것이었다고 이야기할 수 있지 않을까요?

정호훈 그런데 선생님, 그 대목에서 순암은 『반계수록』을 일찍부터 봤단 말이죠.

박인호 그럼에도 불구하고 중앙의 어떤 지배 질서 변화에 대한 사고랄까, 그건 좀 부족하다는 것입니다.

윤재환 큰 틀에서 나라의 경영이라고 하는 것을 직접 보거나 생각할 수 있는 상황이 안 되었다는 점도 순암의 사상에 상당한 영향을 미치지 않았을까요? 동약이라는 것에 초점을 맞추게 됐던 것이 어려서 조부를 따라 이리저리 옮겨 다녔던 것에 영향이 없었을까요? 『이리동약』이 시작된 게 아주 일찍이지 않습니까? 그렇게 본다면 그 부분도 충분히 고려되어야 한다고 생각합니다.

박인호 그럼에도 불구하고 어떤 개혁성이랄까 이런 부분에 있어서는 훨씬 퇴보한 측면을 또 드러내고 있다는 거죠.

정호훈 그 대목에서는 요새 제가 생각이 많이 바뀌고 있습니다. 예를 들어, 근본적 개혁에 비추어 보면 순암은 많이 부족하다고 평가하기도 하는데, 그렇다면 근본적 개혁이 도대체 뭐냐? 반계(磻溪)식의 그 방식이 근본적 개혁이 될 수도 있죠. 그런데, 역으로 아까 선생님도 국가주의를 말씀하셨는데, 반계의 방식을 역으로 뒤집어 놓으면 대단히 강렬한 국가주의적 또는 법가주의적(法家主義的) 사고일 수도 있어요.

제가 몇 번 『반계수록』 학술대회에서 그런 이야기를 했더니만, 어떤 분들은 깜짝 놀라요. 어째서 반계를 그렇게 이야기하냐고.
근본적 개혁이라고 하는 그것의 기준은 사실상 복잡한 측면이 있습니다. 근본적이니 또는 그거보다 좀 떨어지니 하는 방식의 접근을 피해서 평가를 한다면 어떻게 해야 할까. 가치 판단을 피해서 순암을 드러내는 방식은 무엇일까, 이런 점이 고민입니다.

윤재환　그런데 군 단위에 자신의 생각을 적용해 보는 것은 성호도 그런 생각을 한 게 있었거든요. 그러니까 뭔가를 해보고 싶다고 했을 때 가장 기본 단위가 동 단위였으니까 그랬을 수도 있는 거고, 선생님께서 말씀하신 순암의 어떤 의식이 가지고 있는 특징적인 지점이라고 하는 게 나오게 되면 가치 부여를 안 하신다는 건 사실 그게 잘못된 거 아닐까요?

정호훈　아니 제가 가치 부여를 안 한다는 이야기는 개혁적인가 아닌가의 차원에서 거론하는 겁니다.

윤재환　그러니까 양상을 드러내면서 그 양상을 가지고 뭔가를 판단할 수 있게 해 주셔야 하지 않을까요?

정호훈　하여튼 그건 제가 고민 많이 해 보겠습니다. 제가 말씀을 안 드렸는데 순암의 기본적인 사유는 '순민심(順民心)', 그러니까 민심을 따른다는 점 이었던 것 같습니다. 다른 연구자들도 이 점을 주목하기도 했지만.

윤재환　순암의 사상이 분명히 현재의 관점에서 봤을 때 긍정적인 부분이 있거든요. 그러니까 그 긍정적인 부분을 굳이 어떤 논란 때문에 감추는 것도 너무 조심스러우신 게 아닌가 싶습니다.

함영대 그 의지를 구체적으로 실현하는 단계에서 실제로 백성들이 어떠했는지 또 주변이 어떻게 평가했는지는 따져봐야 되는 것이겠죠.

윤재환 그거는 당대적 관점하고 지금의 관점이 다를 수밖에 없는 거죠.

조현범 이걸 표현하는 선생님의 그 개념들이 동의 자치성을 검증하고 지지했다. 군현이 지닌 어떤 공적인 공간하고 동의 자체적인 공간하고 대립시키는 이론이 좀 너무 지나치게 이게 지금 현재 역사학에서 쟁점이 되는 사안 중에 하나잖아요. 이영훈 선생 같은 분은 조선시기에는 이 향의 독자성이라는 건 전혀 없었다. 중국의 신사나 일본의 스타일과는 다른 조선에는 근대로 갈 수 있는 아무런 토대가 되는 자치 지방자치라는 게 없었다 이렇게 주장을 한 거에 대해서. 있었다는 걸 찾아내려고 하신 거죠?

정호훈 아니 뭐 굳이 찾아내려고 하는 게 아니라 그냥 순암에게는 보이니까. 제가 이런 이야기를 왜 했냐 하면 순암 사유에서 이런 점이 보이기 때문입니다. 수령은 태(笞)를 최대 50대까지 칠 수 있어요. 50대를 넘어가면 안 돼요. 『경국대전(經國大典)』에 규정이 있는데, 순암의 동약에 보면 동에서 최대 30대까지 태를 칠 수가 있어요. 동약의 힘이 대단히 강한 거지요. 그러니까 동 단위에 상당히 큰 힘을 몰아주는 거예요. 동에서 동민을 교육하고 윤리 가르치는 일이 일상화 되어 있지만, 뭔가 잘못했을 때 공권으로 보내지 않고 동 자체적으로 30대 태를 치는 것은 상당히 강렬한 형벌 행위죠. 수령 50대에 비하면

20대밖에 차이가 안 납니다. 그래서 저는 동의 자치성은 동 단위에 부여해 주는 힘이 그렇게 약한 건 아니다, 이렇게 생각한 겁니다. 억지로 발견하려고 하는 게 아니고.

윤재환 요즘 개념으로는 사적 징벌인데요.

함영대 네 그럼 윤재환 선생님으로 넘어가겠습니다.

윤재환 "순암 안정복의 시문학과 후대의 영향"이라는 이 제목은 저희들이 처음 모인 자리에서 송재소 선생님께서 잡아주신 거고, 이렇게 목차를 구성하는 게 좋겠다는 이야기를 하셔서 지금 같은 목차가 되었습니다. 그런데 한 인물의 문학에 대해 글을 쓰려면 이 이상의 목차가 나올 수 없기 때문에 이게 가장 기본적인 목차가 될 수밖에 없습니다. 순암의 문학에 대한 연구 현황을 보면 지금까지 소논문 8편과 석사 논문 3편이 전부입니다. 사실 순암의 문학에 대한 연구가 거의 되지 않았고, 문학적으로 관심을 두지 않았다고 보는 게 옳을 것 같은데, 그렇게 된 데는 여러 가지 이유가 있지 않을까 생각합니다만, 제가 보기에 첫 번째 이유는 순암의 다른 지점이 너무 많이 부각 돼서 문학이라는 것이 자꾸 등한시됐다는 것이고, 두 번째는 문학 작품이 정확하게 알려지지 않았고 작품의 수가 그렇게 많이 이야기되지 않았다는 두 가지 이유 때문인 것 같습니다.

그리고 2015년, 16년부터 순암의 『부부고』가 논의되었습니다만, 『부부고』라는 책이 필사 초간본이어서 읽어내기가 복잡하니까 대부분의 연구자들이 순암의 『부부고』를 대상으로 한 글을 거의 쓰지 않았다고 보입니다. 두 편의 선행 연구가 순암의 『부부고』를 대상으로 한 겁니다만, 여기서 소개한 작품은 다 합쳐서 서너 편의 시밖에 안 됩니다. 그 이유는 아무래도 번역 안 된 거니까 접근하기가 쉽지 않았던 거겠죠.

시는 그런 상황이고, 순암의 문장을 다룬 연구는 「영장산객전(靈長山客傳)」 그다음에 「아기설(啞器說)」, 「파아기설(破啞器說)」 이 세 편이 중심이 돼서 지금까지 이야기가 됐습니다. 그러니까 순암의 문학 전체라는 큰 틀 안에서 순암을 이야기한 연구는 별로 없었다고 하는 것이 지금까지의 연구 경향이었지요. 그런데 순암이라는 인물을 문학적으로 접근하는 것이 얼마나 의미 있고 필요한가 하는 것에 대해, 순암이라는 인물을 조금 더 구체적으로 확인하기 위해서는 당연히 필요하다고 보아 순암의 문학에 접근했고, 그러려면 순암의 문집을 확인해야 하는데 이게 두 가지죠. 하나가 『순암집』, 하나가 『부부고』. 『순암집』을 확인해 『순암집』에 나오는 시들을 다 세어보니까 시가 142제 233수가 되는데, 140제 223수가 문집 1권에 있고 나머지 9수가 문집 2권과 19권에 나옵니다. 순암의 문집에 142제 233수가 있는데 참 특이한 게 이 중 6제 6수는 『부부고』에도 안 나옵니다. 그럼 어디서 왔느냐 이게 상당히 애매한데, 『부부고』와 『순암집』을 보다 보면 문장 가운데서도 『부부고』에 안 실린 건데 『순암집』에 실려 있는 게 있거든요. 이건 무슨 말이냐 하면 『부부고』만을 정리해서 『순암집』을 만든 건 아니라는 것입니다.

그런데 이 6제 6수의 시가 하려(下廬) 황덕길이나 황덕일과 관계되는 거 아닌가라는 생각이 많이 듭니다. 이 시들은 순암의 문집을 산삭(刪削)했다고 하는 황덕길이 가지고 있었던 것이 아닌가 라는 생각이 많이 들고요. 그다음 『순암집』에는 『부부고』에 있는 원운(元韻)이 다 빠져 있습니다. 원래 시를 지은 사람의 시가 다 빠져 있고 딱 한 수만 들어 있습니다. 성호의 시인데, 이거는 성호에 대한 인식을 보여주는 것 아닌가 그런 생각이 들고요.

『부부고』를 살펴보면 표지에 공(共)17책 이렇게 돼 있습니다. 그런데 제일 마지막 책에 19라고 돼 있어요. 그러니까 1책부터 19책이 돼야 하는데, 현재 국립중앙도서관 본의 표지에 보면 공17책, 전부 17책이라고 돼 있습니다. 국립중앙도서관본에 있는 책은 15책하고 19책이 합철돼 있고 18책이 없어요. 그러니까 사실 17책 이상은 없는 걸로 볼 수 있죠. 왜냐하면 15책하고 19책이 합쳐져 있고 그다음에 17책이 나오고 18책이 빠져 있으니까 애초에 그랬는지 아니면 어떤 문제가 있어서 그랬는지는 모릅니다만, 전부 19책이라고 돼 있지만 남아서 전하는 건 17책이고 『부부고』가 초고본이어서 그런지 앞에 나오는 시가 뒤에 다시 나오는 경우가 많습니다.

『부부고』 안에서 중복되는 시들이 많은데 제가 중복을 제외하고 정리를 해보니까 295제 471수가 있습니다. 그리고 수록된 순암의 시를 보면 상당히 특징적인 부분이 많이 나오는데, 그 첫 번째가 고시(古詩)가 거의 없어요. 그다음 율시(律詩)보다 절구(絶句)가 많습니다. 이 두 특징이 다 당대 시인들이 보편적인 한시 창작 경향하고 다른 거죠. 이게 무슨 말이냐면 이 시기 근기 남인 계열 시의 가장 특징적인 모습이 고시에서 나오거든요. 그래서 근기 남인 한시의 특징적인 양상 하면 대체로 고시 창작 이렇게 이야기하는데 순암에게서 고시가 그다지 보이지 않습니다. 그다음에 이 시기 시인들이 가장 좋아했던 형식이 칠언(七言) 율시거든요. 그런데 순암은 절구가 더 많아요. 이게 상당히 특징적인 부분인 것은 분명합니다. 이런 특징적인 모습들이 『부부고』에 보인다라는 말씀을 드립니다.

그렇다면 순암의 시를 우리가 어떻게 볼 수 있을까. 그런데 한 가지 문제는 문집에서 『부부고』에 있는 시 가운데 153제 238수를 산삭해버렸어요. 그러니까 『순암집』에 수록된 시가 233수이니 『부부고』의 시 중 238수를 산삭했다는 건데, 이건 반을 넘게 지워버린 거죠. 그러다 보니까

『순암집』에 있는 시만을 가지고는 솔직히 순암의 시문학 세계가 어떤 것인지 온전하게 확인할 수가 없다는 문제가 나옵니다. 그래서 순암을 보기 위해, 순암의 문학에 대해 이야기하기 위해서는 반드시 『부부고』를 봐야 하고, 『부부고』를 거치지 않고 순암에 대해 이야기하는 것은 한쪽 면만 그러니까 황덕길에 의해 정리된 순암의 모습밖에 볼 수 없다는 그런 말씀을 드립니다.

하지만 순암이 문학을 어떻게 생각했는가 하는 건 어디에도 안 나옵니다. 순암의 문집이든 『부부고』든 어디를 봐도 나는 문학을 이렇게 생각했다는 내용이 안 나오기 때문에 정확하게 모릅니다마는 「백선시서(百選詩序)」나 「팔가백선서(八家百選序)」라는 글을 보면 순암이 가지고 있었던 문학에 대한 기본적인 의식이 확인되는데, 그 의식은 대체로 그 당시 문인들 일반이 가지고 있었던, 지식인 일반이 가지고 있었던 의식과 유사한 양상이고 특별하게 다를 것이 없어 보입니다. 다만 한 가지 주목할 지점이 있다면 순암은 문학 창작이 특별히 타고난 재능에 의해서 이루어지기보다 부단한 노력에 의해 이루어질 수 있는 것이다. 그러니까 누구나 할 수 있는 것이라는 생각을 가지고 있었다는 정도가 될 수 있죠.

그렇다고 한다면 순암의 시는 어떤 양상이냐. 이것 때문에 제가 『부부고』에 수록된 시로 『순암집』에 실려 있지 않은 시들 가운데 정서 표출이 우선 되고 정감이 우선 되면서 도학이나 사상과는 조금 멀어져 있는 시들을 다 뽑아봤습니다. 다 뽑아서 자료집에 기재했는데, 물론 글에는 이 중 몇 수 들어가지 않겠지만, 다 뽑아봤습니다. 다 뽑아서 정리를 했는데 솔직히 말씀드리면 순암의 문학 세계는 순암의 사상에서 완전히 벗어날 수 없다. 그러니까 최소한 『부부고』 안에서 정감 표출을 위주로 한 시라고 찾았던 시 안에서도 수양, 인격, 도덕 이게 중심이 됩니다.

또 시를 보고 있으면 뭐가 느껴지냐 하면, 순암이라는 인물이 그럼에도 불구하고 시에 대해 상당한 의미를 부여하고 가치를 부여하지 않았는가 생각됩니다. 왜 그러냐면 『부부고』에 수록된 시 안에서 희작시(戱作詩)들이 상당히 많습니다. 그런데 그 희작시들이 꼬마들에게 주는 것이 많아요. 손자, 동네 아이, 친구. 그런데 그 시들을 보면 재밌어요. 나 뭐하고 놀지. 어떻게 지냈지. 뭐 했지. 이런 게 나오거든요. 그런 시들을 보면서 순암이라는 인물이 시라는 것을 일상적으로 늘 지은 사람이었고, 여기에 대해 상당히 주목하고 있었구나라는 생각을 하면서 또 시 창작 방법과 창작의 기교에 대한 고민을 상당히 많이 한 인물이라는 생각도 하게 됩니다. 왜냐하면 대우(對偶)라고 하는 시에서 짝을 이루는 구를 만드는 방법, 대비와 대조, 그다음 억양과 정감, 이런 것들에 대해 상당히 신경 써서 시를 배열하고 구성하는 모습을 보입니다. 이건 뭐냐 하면 순암이라는 인물이 시의 창작을 정말 별것 아니고 아무것도 아니고 신경을 안 써도 돼 라고 생각하지는 않았다는 거죠.

그리고 또 순암의 시는 아주 솔직합니다. 시가 되게 담백한데 되게 솔직해요. 그건 무슨 말이냐 하면 순암의 시에 나타나는 정서는 사실이라는 거죠. 최소한 순암에게는 사실이죠. 그런데 순암이라는 분이 가지고 있는 의식이 기본적으로 도덕, 수양에서 벗어날 수 없었기 때문에 시 역시 그런 모습을 가진다고 보인다. 이런 생각이 들었습니다. 그러니까 시 자체만을 놓고 봤을 때는 사실 관료 문인 누구의 시와 비교해도 그렇게 떨어지지 않고, 순암이라는 인물을 문학적으로 그렇게 주목하지 않아도 괜찮다. 이렇게 이야기할 수는 없는 사람이다. 물론 그렇다고 해서 16세기의 삼당시인(三唐詩人) 이런 정도까지 비할 수는 없습니다.

왜냐하면 순암은 솔직히 시인이나 문장가라고 보기 어렵죠. 그렇지만 그렇다고 해서 순암의 시가 부족하다. 이렇게 보기도 또 어렵죠. 관료 문인, 학자적인 의식을 가지고 있는 인물이 쓴 시라고 보았을 때 충분히 훌륭한 시다. 저는 그렇게 봅니다. 이게 그다음 제자들에게 이어집니다. 순암을 직접 찾아와 배운 제자 가운데 가장 유명한 인물이 공백당(珙白堂) 황덕일과 하려 황덕길이죠. 그런데 공백당이 먼저 죽고 공백당의 제자들까지 다 하려에게 배우면서 순암의 적전(嫡傳) 제자로 하려가 되었죠. 하려라는 인물은 순암의 명성을 듣고 찾아온 건데 물론 순암의 부친과 하려의 부친이 관계가 있었기 때문에 찾아온 거죠. 이 하려에 의해 순암의 많은 모습이 상당히 정리되어 버린 듯합니다. 왜냐하면 순암의 문집을 정리한 인물이 하려인데, 엄청나게 많은 글을 없애버렸어요. 그러니까 하려가 보기에 순암을 도덕에서 조금이라도 벗어나게 평가할 수 있는 웬만한 글들은 다 없애버린 것 같아요. 하려의 문집도 그렇습니다. 도덕과 관계없는 글들은 거의 안 남아 있어요.

하려의 문집에는 시가 전부 20여 수 정도밖에 안 남아 있어요. 그게 하려에 의해서 그런 거고 하려의 문집을 찾아보면 문학에 대해서는 순암보다 훨씬 더 완고하고 도덕적으로 고정이 돼 있는 모습을 보여줍니다. 그러니까 이런 모습은 순암에게 영향을 받은 것이기도 하지만 순암에게 받은 영향을 하려라는 인물이 스스로 더 강화한 결과가 아닐까 이렇게도 보여요. 그다음에 하려의 적전 제자로 보는 인물이 성재(性齋) 허전(許傳)인데, 성재에 와서는 좀 변합니다. 변하는 이유가 성재는 상당히 높은 관직을 지냈죠. 성재가 오랫동안 관직 생활을 했기 때문에 성재에게서는 문학이 하려보다는 훨씬 더 편안하게 나타납니다. 성재의 영향을 받은 인물은 방산(舫山) 허훈부터 시작해서 상당히 많죠. 그런데 그 인물들에게서는 또 조금 더 발전하는 모습을 보이죠.

그러니까 순암 이후 그 제자들에게 문학이라고 하는 것은 결코 본질적인 것도 아니고 중심이 될 수 있는 것도 아니라는 의식이 있었지만, 시간이 지나면서 문학이 독자적인 위상을 가지고 의미를 지니는 것으로 인식이 돼 가고 있었다. 다만 그 발전의 속도 혹은 그 변화의 속도가 그 당대 사회의 보편적인 모습보다는 조금 늦은 편이었다. 그래서 결국 순암의 제자들에게서 보이는 모습이 조금은 보수적이고 조금은 막힌 듯 한 그런 모습을 보인다. 이렇게 이야기할 수 있을 것 같습니다. 그렇지만 그들이 창작한 작품 자체의 질적 수준을 그렇게 볼 수는 없을 것 같다는 것이 제 생각입니다.

함영대 제 발표는 의리 정신이 투철한 강목체를 구사한 사학가로서 다른 학문 분야에서는 어떠한 경향을 보이느냐 이것을 밝히는 게 중요할 것 같습니다. 경학에 있어서 순암은 어떤 점에서 상당히 고집스럽다고 생각합니다. 젊은 시절에 생각했던 것을 늙을 때 바꾸는 것이 거의 없습니다. 『치현보』 작업도 오랜 기간 했는데 초기 구상을 거의 끝까지 가져가고 『하학지남(下學指南)』도 그렇습니다. 『하학지남』은 20대 때 작성한 것이고 완성을 50~60대에 하는데도 불구하고 거의 생각 자체를 바꾸는 건 아닌 것 같습니다.

반계나 성호를 만나기 전, 순암 스스로 학문은 이런 것이다 또 학문은 이렇게 해야 된다는 의식 자체는 굉장히 확고했다고 생각을 합니다. 그래서 그런 부분에 집중해서 작성했습니다. 경전(經典) 해석에 있어서도 순암은 신의를 내세우는 것을 그다지 중시하지 않고 독실한 실천을 훨씬 중시합니다. 그런 점이 신의나 새로운 지식을 강조하는 성호하고는 경향을 달리하는 부분이 있습니다. 『동사강목』에서 성호가 평가한 것은 사실고증의 엄격한 부분이고 전체적인 강목으로서의 의리사관에 대해서 성호는 솔직히 약간 못 미더워 한 것으로 보입니다. 내가 나이만 조금 더 젊었으면 손을 댔을 텐데 이것도 운명이라는 그런 취지로 언급을 한 것이 있습니다. 그런데 그런 부분들이 역사학 분야에만 관철되는 것이 아니라 경학 분야나 어떤 의리를 투영하는 데에서도 그대로 관철된다고 생각합니다.

주자도 순암에겐 성인이기 때문에 주자의 기본적인 관점이 그대로 관철이 되는데 그렇기 때문에 우리는 순암의 어떤 이런 의식이나 학문적인 경향을 실학이라는 것으로 볼 수 있는가 이런 논점이 늘 문제가 되었던 것 같습니다. 이동환 선생님은 이제 도학과 실학이 같이 있는 분이다 이렇게 절충을 해 보려고도 했고, 또 이봉규 선생님은 이제 진보나 보수라는 용어를 버리고 본원지향(本原志向)이다라는 관점을 세우셨던 것 같습니다.

그런데 실학이라는 것을 재구성하고 재개념화할 때 중요한 것은 어떤 점에서는 실(實)에 대한 관점, 참된 가치와 참된 사실에 대한 관점이 엄연히 존재하기 때문에 우리가 강력한 의리사관을 투영하는 관점이 아니라 철저하고 객관적인 사실 구분을 강조한다면 오히려 저는 이제 순암이 여러 가지 추구했던 방향이 잘 맞을 수도 있다고 생각합니다. 이를테면 고려 후기의 '공민왕(恭愍王)이 신돈(辛旽)의 자식이다'라는 주장은 조선 왕조의 정통성을 논의하면서 꽤 많이 언급되는 것인데, 순암은 거부하면서 객관적인 사실상 그럴 수 없다는 것을 고증하는 데 집중합니다. 당대사에 있어서도 굉장히 중요한 부분, 이를테면 최영경(崔永慶) 옥사 관련 사실이나 세조(世祖)·단종(端宗)과 관련한 부분에 있어서도 사가(史家)로서 순암은 굉장히 철저하게 사실 자체를 고증하는 데 공을 들입니다. 상당히 당시 기휘(忌諱)에 몰릴 수 있는데도 불구하고 말입니다.

서학 분야에 있어서도 순암은 진짜 유학자로서 내 신념과 내가 아는 학문으로는 그럴 수 없다라는 관점에서 비판하는 것이지 다른 색안경을 쓰고 비판하는 점은 없습니다. 어떻게 보면 굉장히 순실하다는 평가에 합당하다고 봅니다. 그런 접근으로 본다면 실학을 새롭게 구성할 때 의미 있다고 생각됩니다. 그 핵심 가치는 바로 순암이 추구했던 주자학 내에서의 실천 실용성의 재인식 내지 강조가 굉장히 중요하다고 생각합니다.

제가 이 글에서는 언급하지 않았지만 순암은 『주자어류절요(朱子語類節要)』를 편성하면서 도학(道學)이나 이기(理氣) 부분을 절략하고 바로 『대학(大學)』부터 시작합니다. 주자학 내부에서부터 실천이나 실용성을 회복해 주자학 내에서의 실세싱을 강조하려고 할 때, 그것의 핵심 가치를 하학(下學)에 둔 것이 아닌가 합니다. 순암은 그것을 기치로 걸었고 하려에게도 가고 성재에게도 가는 부분이 굉장히 중요하다고 생각합니다. 주자학 내부의 실천성을 회복해내려는 구체적 노력으로서 순암의 학문 경로가 중요하다 이렇게 생각합니다.

예학 분야에서는 핵심은 뭔가 하면 결국 예학이라고 하는 것은 생활 속에 실천을 해야 합니다. 그럼 형편이 좋지 않는 사람이 어떻게 실천할 것인가 이 부분이 중요합니다. 순암은 끝까지 생활 속에서 구체적으로 할 수 있는 만큼 하는 것이 중요하다는 관점을 끝까지 관철해냅니다. 이것은 다산하고도 또 다른 부분이고 또 지나치게 절검(節儉) 쪽으로만 갔던 성호하고도 다른 부분입니다. 적당한 절충이 아니고 순암 내에서는 상당히 정합적으로 통일된 것입니다. 자기가 생각하는 내에서의 본질적인 가치를 실현하는 과정에서, 그것의 실현방식으로서의 실질적인 절검입니다. 그런데 그 절검에 대해 순암은 절차는 지키되 실행에 있어서는 간략화하는 방법을 택합니다. 절차까지 줄이지는 않습니다. 그러니까 이런 접근이 어떻게 보면 순암이 추구했던 나름의 방식으로서의 실학(實學)이다라고 생각을 합니다. 제 발표는 여기까지 하겠습니다.

박인호　오늘 저희들의 연구 성과를 종합하면 순암 연구에 있어 순암이 남긴 저작의 원전에 대한 접근의 필요성을 지적하였다는 것입니다. 또 하나는 순암에게 보이는 보수적 인간의 모습에도 불구하고 그것이 가지는 사상사적 특징과 위상에 대한 재평가의 시도가 있었다는 것입니다. 이 점은 이번 연구가 여기 발표에서 그치는 것이 아니라 향후 연구에 중요한 시사점을 제기하는 것이기도 합니다. 이 연구 발표를 통해 안정복에 대한 연구가 새롭게 논의되고 새로운 관점에서 진행되는 계기가 되었으면 합니다.

그동안 같이 연구를 진행하면서 정도 많이 들었는데 여기서 마쳐야 하니 아쉽기도 합니다. 그러나 안정복에 대한 공동 연구를 지속적으로 진행해 나가는 계기로 삼고 싶습니다.

정리 : 함영대(경상국립대 한문학과 부교수)

라

마

사

아

자

차

집필진(원고 게재 순)

박인호 · 국립금오공과대학교 교양학부 명예교수
윤재환 · 단국대학교 국어국문학과 교수
조현범 · 한국학중앙연구원 교수
정호훈 · 서울대학교 규장각한국학연구원 교수
함영대 · 경상국립대 한문학과 부교수

실시학사 실학연구총서 20
순암 안정복 연구

1판 1쇄 발행 2025년 11월 25일

기　획 : 재단법인 실시학사
집필진 : 박인호 · 윤재환 · 조현범 · 정호훈 · 함영대
펴낸이 : 김병환
펴낸곳 : 학자원
주　소 : 서울시 강동구 천호대로 1121
전　화 : 02) 6403-1000
팩　스 : 02) 6338-1001
E-mail : hakjaone@daum.net
등　록 : 2011년 3월 24일 제2011-14호

ISBN 979-11-6247-388-7 94810
979-11-87806-76-9 (세트)

값 48,000원